QUANZHOU YEARBOOK

泉州年鉴2018

泉州日记

2017年泉州每一天

泉州市地方志编纂委员会 编

方志出版社
Publishing House of Local Records

图书在版编目（CIP）数据

泉州年鉴. 2018. 泉州日记 / 泉州市地方志编纂委员会编. -- 北京：方志出版社，2018.12
ISBN 978-7-5144-3464-4

Ⅰ.①泉… Ⅱ.①泉… Ⅲ.①泉州-2018-年鉴 Ⅳ.①Z525.73

中国版本图书馆CIP数据核字（2018）第292044号

泉州年鉴（2018）·泉州日记

编　　者：泉州市地方志编纂委员会
责任编辑：刘方圆
出 版 人：冀祥德
出 版 者：方志出版社
地址 北京市朝阳区潘家园东里9号（国家方志馆4层）
邮编 100021
网址 http://www.fzph.org
发　　行：方志出版社图书经销中心
电话 （010）67110500
经　　销：各地新华书店
印　　刷：福州报业鸿升印刷有限责任公司
开　　本：889×1194　1/16
印　　张：23.5
字　　数：891千字
版　　次：2018年12月第1版　2018年12月第1次印刷
印　　数：0001～1000册
ISBN 978-7-5144-3464-4　定价：280.00元

ISBN 978-7-5144-3464-4
9 787514 434644

目录

CONTENTS

2017
每日记事

1月1日

农历丙申年腊月初四
星期日
温度：15℃—22℃
多云

●泉州市全面启动第三次全国农业普查入户登记工作。

●中国建筑学会室内设计分会第52（泉州）专委会成立授牌仪式在市区领SHOW天地举行。

●市区刺桐路“刺桐之光”夜景工程启用。

●1—5日，“弘一大师在人间”纪念弘一大师诞辰136周年书法展在泉州市台商投资区泉州丝路文化艺术展览馆举行。

●由东南早报、清源山风景区管委会主办的泉州新年撞钟祈福活动在市区清源山南台岩举行。

●由中国闽台缘博物馆和云南迪庆州博物馆主办的“康巴撷珠”中国香格里拉藏族服饰文化展在中国闽台缘博物馆开幕。

●福建省开明画院海丝（泉州）创作交流中心揭牌仪式在市区新门旅游文化街区举行。

●由泉州本土文化公司出品、青年导演杨木生执导的电影《网红大事件》在泉州启动。

●首届晋江农业嘉年华系列活动举行。

●安溪县入选“中国最具投资潜力特色魅力示范县200强”。

●第四届顺美国际陶瓷文化旅游节在德化县举办。

泉州市全面启动第三次全国农业普查入户登记工作

泉州市全面启动第三次全国农业普查入户登记工作。此次农业普查涉及全市153个乡镇（街道），2362个村（居），近150万户农户以及近6000个农业生产经营单位。至3月31日，全市约1.8万名普查员和普查指导员逐村、逐户、逐单位走进农民家里，现场采集农业普查基本信息，完成数据传输上报。为确保农业普查各项工作高质量、高效率完成，泉州市于2016年6月在惠安县辋川镇许厝村开展第三次农业普查市级综合试点工作。与前两次农业普查相比，第三次普查首次利用无人机航测、手持智能终端（PDA）和互联网直报等现代信息技术采集和处理农业普查数据。

CIID（泉州）专委会授牌仪式举行

CIID第52（泉州）专委会成立授牌仪式在市区领SHOW天地举行。CIID常务副理事长、秘书长叶红为泉州专委会授牌。大会同时举行海峡两岸室内设计大赛授权仪式，亚洲新锐室内设计师邵唯晏作主题演讲。国家、省、市有关部门领导、泉州各高校负责人、各相关协会团体、CIID兄弟专委会以及部分建材商家负责人出席大会。CIID是中国建筑学会室内设计分会的简称，由住建部中国建筑学会直接领导。

市区刺桐路“刺桐之光”夜景工程启用

是日起，市区刺桐路夜景工程——“刺桐之光”陆续展现在市民面前。图为位于刺桐大桥头的泉州晚报大厦的亮灯效果。

（图/林劲峰）

泉州新年撞钟祈福活动举行

由东南早报、清源山风景区管委会主办的泉州新年撞钟祈福活动在市区清源山南台岩举行。十个幸运家庭代表与现场数百名自发上山的市民、读者共同撞钟，以既传统又独特的方式，迎接新年。图为活动现场。

（图/泉州晚报社）

安溪县入选“中国最具投资潜力特色魅力示范县200强”

由爱国华商投资促进机构美中经贸投资总商会、世界品牌组织等推选的2016“中国最具投资潜力特色魅力示范县200强”名单，在美国纽约公布，福建省11个县上榜，安溪县名列其中。“中国最具投资潜力特色魅力示范县200强”的推选从2005年开始迄今已有10届。按照科学性、客观性、系统性、公正性、可行性、可比性等原则，从对外开放、创新发展、政府管理、生态文明、商务成本、投资增长五个方面，包括外向度指数、新经济比率、政府管理效率、技术进步贡献率、专利申请数量、生态文明指数、投资增长率、要素成本指数、大专以上人口比例、交易成本指数10个指标，通过统计数据分析、考察调研和专家函评等程序对候选示范县进行综合评价和多轮筛选，最终遴选出200个特色魅力示范县。

《福建日报》刊发郑新聪署名文章《实施人才强市战略 构筑产业创新高地》

《福建日报》刊发泉州市委书记郑新聪署名文章《实施人才强市战略 构筑产业创新高地》，介绍在深化人才发展体制机制方面，泉州市探索出的人才强、科技强到产业强、经济强的泉州路子。全文如下：

创新是第一动力，人才是第一资源。泉州认真贯彻习近平总书记关于深化人才发展体制机制重要指示精神，坚持党管人才，以"数控一代"试点示范、建设国家自主创新示范区为契机，大力激发"产学研用"结合体制机制本身的创新，致力解决人才技术、创新要素积累不足历史问题，努力探索人才强、科技强到产业强、经济强的泉州路子。

泉州市推进新一轮技改，推动"数控一代"由点及面全面推广。黑金刚成为全国首家鞋业智能制造整体运营商（图/泉州晚报社）

实施"平台+项目+人才"计划。泉州是制造业大市，创业基因积淀深厚，技术成果和人才大有用武之地。着眼解决技术成果供给与需求信息不对称问题，推广"公办专营、民办公助、企办补贴"模式，动员市内外科研院所、科技领军人才携手创办新型科研机构，整合建设10个以上"国字号"创新大平台，支持县域建设100家公共技术中心、实验室，第一时间实现新技术—新产品—新产业转化。截至2017年，全市建成国家数控分中心等33个高端平台，集聚1000多位专家、30多位院士，推动大量技术成果"接地气"；晋华集成电路依托台湾研发中心，招聘美日韩等国和中国台湾地区技术骨干100多名；开展"院士专家咨询服务团来泉考察"、"海智"专家泉州行、海外博士海西行等活动，借助"中关村科技服务业产业联盟"，以"团队+项目""星期天工程师"形式，组织专家到千家企业提供研发、咨询服务，实现企业创新转型与人才施展才华互动双赢。优化产业创新生态，建成众创空间59个、聚集创客5000多名，各县域正规划建设1—2个产业定位明确、政务服务高效、达到AAA级以上景区标准的产业社区、特色小镇，积极探索产城融合新样板。

用心营造拴心留人"大环境"。按照"条"与"块"结合、"普惠"与"优待"结合，鼓励各地做大做强人才项目、活动品牌，打造精准、动态、区别化的政策包；针对高端项目、研发平台、技术攻关等需求，探索量身定做、"一卡通"、一企一策、一事一议等服务措施；推出限价房、人才公寓、国际小区、超市民待遇、补助奖励等，让各类人才安家安心；发挥政府资金乘数效应，减少直接补助补贴，逐步转向为各类创新主体增信、分险，将市本级产业、科技、教育专项经费的20%纳入市人才专项资金统筹安排。

强化专业群与产业群对接。弘扬"工匠"精神，培育崇尚技能的劳动价值观，推动本地19所高校与450家亿元企业建立战略合作关系，组建职业院校联盟，建设国家集成电路人才培训基地、福州大学微电子学院等，推广现代学徒制、订单培养，引导校企共建职教集团、实习基地，实现招商与招生、投产与就业同步。

让科研人员"名利双收"。创新是"放"出来的，不是"管"出来的。实行以增加知识价值为导向的分配政策，在研发自主权、经费预算、兼职兼薪等方面采取更务实灵活的措施，探索项目单独核算、股权激励等，提高科研人员收益分享比例。同时，完善服务，尽力帮助科研人员，让他们腾出手脚专心搞科研。

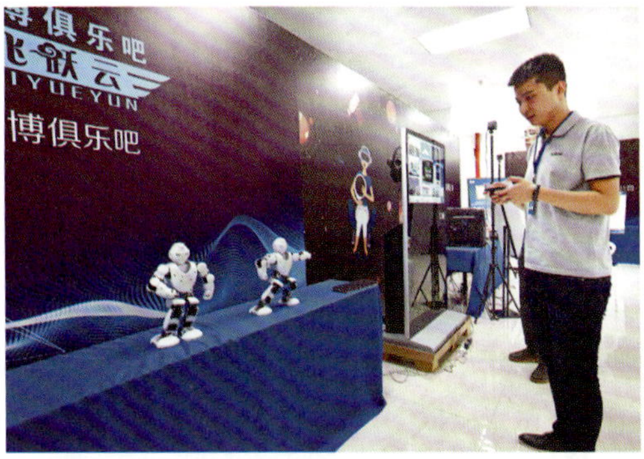

工作人员在泉州软件园展示机器人研发成果（图/丰 宣）

1月2日

农历丙申年腊月初五
星期一
温度：16℃—25℃
多云

●《福建日报》刊发泉州市委书记郑新聪署名文章《实施人才强市战略 构筑产业创新高地》，介绍在深化人才发展体制机制方面，泉州市探索出的人才强、科技强到产业强、经济强的泉州路子。

●2017年"海峡大舞台春晚"在泉州聚龙外国语学校举行，全国各地6000多名观众和演职人员参加演出。

●由石狮市禁毒委员会、石狮市综治办等主办的石狮市首届禁毒公益音乐会——"无毒校园、阳光少年暨五星小学禁毒公益音乐会"在该市德辉商业广场举行。

1月3日

农历丙申年腊月初六
星期二
温度：15℃—22℃
多云

●市政府第一百二十次常务会议召开，研究通过《泉州市人民政府办公室关于促进冷链物流加快发展的实施意见》《泉州市人民政府关于支持农业转移人口市民化财政政策实施方案》。

●国家住房和城乡建设部、文化部、国家旅游局等七部门公布第四批中国传统村落名录，全国1598个村落入选，福建省有104个村落入围，其中泉州市有9个。

●福建省陶瓷行业3D打印公共服务平台在德化县启动。此系比邻三维科技携手德化县科技局全力打造的全国第一家陶瓷行业性3D打印公共服务平台。

●永春县医院、泉州市光前医院、泉港区医院、德化县医院4家医疗机构联合申报成为福建省助理全科医生培训基地之一并通过评审，培训容量121人。

市政府第一百二十次常务会议召开

市政府第一百二十次常务会议召开。会议研究通过《泉州市人民政府办公室关于促进冷链物流加快发展的实施意见》《泉州市人民政府关于支持农业转移人口市民化财政政策实施方案》。会议要求，各级各有关部门要将冷链物流作为公共服务设施纳入土地利用总体规划，加强建设用地保障；完善基础设施，支持低温物流园区、冷藏运输、冷库设施及冷链信息平台建设；拓宽多种融资渠道，降低企业融资成本，并从用电、通行费用等方面，减轻企业负担；同时加大市场监管力度，建立完善农产品准入、监控、查验、追溯制度机制，加快冷链物流健康发展。会议强调，要创新公共资源配置的体制机制，逐步将持有居住证人口纳入基本公共服务保障范围，维护农业转移人口及其子女平等享有公共教育、医疗卫生、公共文体、劳动就业、社会保险、计划生育、社会服务、住房保障等权益。

泉州9个村落入选第四批中国传统村落名录

住房和城乡建设部、文化部、国家旅游局等七部门公布第四批中国传统村落名录，全国1598个村落入选，福建省有104个村落入围，其中泉州市有9个。其中包括：晋江市灵源街道灵水社区、新塘街道梧林社区、龙湖镇福林村，德化县三班镇三班村、三班镇桥内村、三班镇泗滨村、龙门滩镇碧坑村、上涌镇曾坂村，南安市眉山乡观山村。中国传统村落是指保留较大的历史沿革，即建筑环境、建筑风貌、村落选址未有大的变动，具有独特民俗民风，虽经历久远年代，但至今仍为人们服务的村落。传统村落中蕴藏着丰富的历史信息和文化景观，对中国传统文化的传承具有重大意义。2012年起，住房和城乡建设部、文化部、国家文物局等多个部门，就联合启动中国传统村落的征集调查，并陆续公布三批名单。根据住房和城乡建设部等部门发布的文件，各地将对列入“中国传统村落”名录的村落，开展建档和保护规划编制工作。部分村落，还可申请纳入2017年中央财政支持范围。

福建省陶瓷行业3D打印公共服务平台在德化县启动

福建省陶瓷行业3D打印公共服务平台在德化县启动。此系比邻三维科技携手德化县科技局全力打造的全国第一家陶瓷行业性3D打印公共服务平台。作为德化县政府2017年重点引进项目，该平台将借助三维数字化（3D打印）技术改造和提升当地传统陶瓷制品企业的产品开发、生产工艺、供应链条等环节。福建省轻工商会秘书长黄建民表示，3D打印技术在陶瓷行业创新应用价值早已体现。陶瓷是德化县的支柱产业和特色产业，更应该插上现代科技的“翅膀”，助产业实现“腾飞”。此次德化引进“福建省陶瓷行业3D打印公共服务平台”，对全省轻工业特别是区域性轻工业的发展和提升都是一个重要启示。比邻三维科技总经理林逢春表示，比邻三维科技是福建省科技型企业和国家高新技术企业，也是海交所挂牌企业，在3D打印的产业化创新应用方面有过硬的技术实力，已拥有19项专利，为超过500家客户提供专业的3D打印技术服务。

泉州市多家医疗机构联合申报省培训基地通过评审

据省卫计委消息，永春县医院、泉州市光前医院、泉港区医院、德化县医院4家医疗机构联合申报成为福建省助理全科医生培训基地之一并通过评审，培训容量121人。2017年福建省共录取报名助理全科医生的学员434名，学员须先进入助理全科医生培训实践基地进行培训。泉州市通过福建省助理全科医生培训基地评审，意味着2017年参与助理全科医生培训的学员可直接在家门口接受培训。助理全科医生培训基地由临床培训基地和基层实践基地、专业公共卫生机构构成，每个临床培训基地联合不少于2家基层实践基地和1家专业公共卫生机构，共同承担临床培训、基层实践等工作。

市委常委会会议听取市人大常委会市政府市政协党组工作汇报

市委书记郑新聪主持召开常委会会议，听取市人大常委会、市政府、市政协、市中级人民法院、市检察院党组工作汇报。会议指出，市人大常委会、市政府、市政协、市中级人民法院、市检察院党组要把牢坚定正确的政治方向，维护以习近平同志为核心的党中央权威，担当落实党委决策部署的政治责任，确保在各自工作中坚持正确方向、做到步调一致。要履行管党治党主体责任，强化第一责任人责任，增强党内政治生活严肃性，激发干部干事创业担当。要坚持“稳中求进、突围攻坚”工作主线，发挥各自职能作用，多思考、多建议、多督促、多落实。市人大常委会党组要把坚持党的领导同发扬民主、依法行使职权有机统一起来，确保党的主张经法定程序成为全市人民共同意志。市政府党组要推动市党代会部署逐一落地，抓紧启动“项目攻坚年”活动。市政协党组要把围绕“五个泉州”建设建言献策作为重点，开展深度调研、集中议政、有效监督。市法院、检察院党组要落实依法治市部署，深化司法体制改革，化解经济社会转型中的矛盾纠纷，维护公平正义、社会稳定。

泉州市3家企业入选省级第十批文化产业示范基地

省文化厅向社会公示第十批省级文化产业示范基地名单，泉州市晋江五店市传统街区运营有限公司、南安市亿辉油画工艺有限公司、泉州新门旅游文化发展有限公司三家文化企业入选。全省有17家文化企业入选。自2006年省文化厅启动首次评选以来，已评出十批次145家省级文化产业示范基地。参评的同时，还建立健全退出机制，完善《福建省文化产业示范基地评选暂行管理办法》，并于2014年对4家经营不善或改变主营业务的示范基地进行摘牌。在141家示范基地中共有10个单位被评为国家级文化产业示范基地，另有一家为国家级美术类文化产业示范基地，一家为国家级文化产业（试验）园区。借助评选，福建省通过先进文化企业的示范、辐射作用，引导文化产业持续健康快速发展。

晋江五店市传统街区　（图/李芸生）

全市各地创新推出金融产品促进县域特色产业发展

从永春、德化等地金融办获悉，各金融机构结合当地经济产业特色，创新推出多种金融产品，促进县域特色产业发展。永春县已发放“花卉贷”83笔1896万元，发放“林好贷”512户8297万元；21个乡镇发放“美丽乡村贷”44741万元，受益农户4732户；农村住房抵押贷款2233万元；发放“农机具财政补贴收益权质押贷款”176户1386万元。出台《永春县农村小型水利工程产权登记及抵押贷款暂行规定的通知》，推动农信社创新推出“融水贷”，申请人凭借农村小型水利工程产权证向信用社提出申请，并将相关资料送县水利设施登记管理机构核发登记证，即可获得贷款。德化县农村信用联社创新推出“瓷艺贷”金融产品，帮助县、市级以上工艺美术大师和入驻“新秀园”的部分传统陶瓷人才解决融资问题；与县科技局签订“电商互助贷”金融业务合作协议，向32家电商陶瓷企业发放贷款952万元；与县科技局、县陶瓷办签订三方协议，建立400万元双创资金池，推出“瓷艺贷”，用于支持大众创业、万众创新，已发放30家1865万元。农业银行德化支行推出中小企业特色产品简式贷和票据池等，与艺韵陶瓷、“新秀园”和祥山大果油茶3家客户签约授信。

1月4日

农历丙申年腊月初七
星期三
温度：15℃—23℃
多云

●市委常委会会议听取市人大常委会、市政府、市政协、市中级人民法院、市检察院党组工作汇报。

●4—5日，郑新聪、康涛会见到泉州考察的中化集团总裁张伟，双方就推进中化乙烯、石化专属园区等项目建设进行洽谈。

●省文化厅向社会公示第十批省级文化产业示范基地名单，泉州市晋江五店市传统街区运营有限公司、南安市亿辉油画工艺有限公司、泉州新门旅游文化发展有限公司三家文化企业入选。

●由鲤城区精神文明建设指导委员会、鲤城区委宣传部主办，泉州歌舞剧团承办的第五届鲤城区道德模范表彰大会暨“培育和践行社会主义核心价值观‘家在鲤城’专题文艺演出”首演活动在泉州影剧院举行。

●南安市公安局举行首次警察职业荣誉仪式。

1月5日

农历丙申年腊月初八
星期四
温度：16℃—24℃
多云

●郑新聪到安溪县调研脱贫攻坚、灾后恢复重建和项目建设等工作。

●市食品药品监督管理局举行食品安全保障工作演练活动。

●2017福建荟网交流推介会在晋江鞋都双创园举行。

●5—7日，第二届福建门窗幕墙展览会在南安市成功国际会展中心举行。

●5—15日，“大唐怀”首届福建省手工艺精品大展暨新形态下的手工艺发展之路迎新沙龙在中国雕刻艺术惠安传承基地举行。

●泉州市中小学生“我讲海丝故事”英语电视大赛决赛举行。

●泉州本土题材电影《尤仙子传奇》开机新闻发布会在市区闽南影城举行。

郑新聪到安溪县调研脱贫攻坚和灾后恢复重建和等工作

市委书记郑新聪带队到安溪县，开展脱贫攻坚、灾后恢复重建和项目建设等工作调研。郑新聪要求，要坚持抓早抓实抓主动，拉开突围攻坚架势，层层传导目标责任，调度干部力量下沉，精准落实工作举措。要落实脱贫攻坚硬责任，坚持系统推进、稳定成效，对症下药、精准施策，总结推广“空壳村”脱贫的成功经验，重视解决因病因灾致贫返贫问题。要节点倒逼灾后恢复重建，抓紧修复道路交通，确保春节前受灾群众全部搬入新居。要集中力量抓项目落地、促有效投资，突破白濑水利枢纽工程等重大基础设施项目，狠抓产业项目、龙头项目的滚动接续。要矢志不渝推进创新转型，主动融入国家自主创新示范区建设、“中国制造2025”城市试点示范等，拓展光电信息、智能装备、生物科技等新兴产业，探索培育平台经济。

郑新聪在安溪县调研　　（图/陈起拓）

第二届福建门窗幕墙展览会在南安市举行

5—7日，由中国有色金属加工工业协会、福建省品牌建设促进会、南安市总商会主办，固美集团协办，厦门华美韵文化传媒有限公司承办的第二届福建门窗幕墙展览会在南安市成功国际会展中心举行。此次展会主展区约7000平方米，设有200多个国际标准展位，参展企业的数量较2016年翻了一番，展品涵盖门窗幕墙产业链上的全系列产品，包括铝型材、不锈钢、门窗幕墙、建筑玻璃、密封材料、五金配件及加工制造设备。作为配套活动，展会为参展企业量身打造品牌发布会、交流研讨论坛，内容涉及新能源产业、门窗互联网、企业管理、财务内控和铝型材不锈钢等行业。同时，还举行“固美之夜·看见未来”主题演唱会、东南经济论坛、东南亚美食嘉年华、“海上丝路”音乐节四大主题活动。

展会现场　　（图/陈鑫炜）

首届福建省手工艺精品大展在惠安县举行

5—15日，“大唐怀”首届福建省手工艺精品大展暨新形态下的手工艺发展之路迎新沙龙在中国雕刻艺术惠安传承基地举行。大展展出百余件手工艺精品，参展作品除锡雕外，还包括剪纸、漆艺、铁艺、软木画、玉雕、树脂雕等19个大门类。内容涉及人物、山水、花鸟等多种题材，色彩斑斓、造型精妙，具有很强的观赏性和感染力。参展作者来自八闽各地，既有年届八旬的工艺美术大师，也有80后的年轻新秀。

泉州市中小学生“我讲海丝故事”英语电视大赛决赛举行

泉州市中小学生“我讲海丝故事”英语电视大赛决赛举行。大赛旨在贯彻国家“一带一路”的合作发展理念，让青少年跨出泉州，增进交流。赛事历时两个月，共有3100多位选手报名参赛，经过初赛、复赛，小学组、初中组、高中组共有32位选手晋级总决赛。总决赛内容包括两个部分：第一部分要求选手在180秒内用英语做自我介绍以及讲述以“海丝泉州”为主题的故事；第二部分为现场互动，分别是小学低年级组的疯狂单词，小学高年级组的看图作答，初中组的“情境表演”和高中组的口译大师。

泉州综保区首次启动“国内采购、入区退税、集拼出口”模式

晋江卓日进出口贸易有限公司向泉州海关申报出口一票货物至巴西，涉及竹篮、木筐、保鲜罐等十余种家居产品，此系泉州综保区首次启动“国内采购、入区退税、集拼出口”模式。泉州综保区内的物流企业多为“进口型”企业，即进口国外货物以保税形式储存，再根据客户需求配送到国内市场，从而节约税金，增加企业的资金流动性。而卓日公司则是区内首家“出口型”物流企业，该企业汇集全国各地的商品到区内仓库，再根据国外客户的需求集中分拨配送，充分应用综保区入区退税、分批入区集报政策及仓储成本低、报关配套服务全等优点。为促进区内物流业发展，泉州海关以企业需求为导向，从前期备货进区到现阶段申报出口，多次对该企业进行巡访、开展座谈，帮助企业梳理海关优惠政策清单，引导企业用足用好政策。同时，该关针对企业种类杂、货量大带来的查验困难，督促企业做好装箱清单申报及仓库理货管理，并以此为下阶段综保区发展同类业务发挥好前期示范带动作用。

泉州引入直升机空中医疗救援

市急救指挥中心与上海金汇通用航空有限公司签约，直升机空中医疗救援正式引入泉州。与成熟的地面救援网络相比，中国的空中救援还处于发展初期。签约后，泉州将实现及时响应的直升机空中医疗救援服务，构建地空联动的立体化医疗急救网络，为群众提供全方位紧急医疗救援保障，更好地满足群众生命救助需求。直升机空中医疗救援，也被称作为“空中120”，是指将直升机应用于医疗救援工作中，能更快到达事发地，对病人进行简单处理后运送至最近的医院进行救治，系国际上最高效的急救方式，同时也能更便捷地开展危重、疑难疾病由县、市级向省级、专科医院的转诊业务。国家卫生计生委《突发事件紧急医学救援“十三五”规划（2016—2020年）》明确要求推进航空医疗转运与救治。航空医疗救援顺应病患对急救的更高需求，可突破地形、交通条件不利因素，在处置特大型突发事件、防灾救灾、抢险救助等方面发挥重要作用。

全市3个景区获评省级生态旅游示范区

泉州市的惠安聚龙小镇生态旅游区、安溪志闽生态旅游区、德化石牛山景区3个景区被认定为省级生态旅游示范区。此次全省有10个景区获评，这也是泉州市旅游景区首次被认定为省级生态旅游示范区。图为聚龙小镇一角。

（图/吴寿民）

全市首个家事调解工作室落户丰泽区

丰泽区司法局、区妇联联合建立家事纠纷联动化解机制，成立全市首家以个人名字命名的家事纠纷调解工作室——“郭丽娜家事纠纷调解室”。工作室由华大街道南埔社区调委会主任郭丽娜负责日常运作。郭丽娜从事调解工作多年，参与调解成功的案件不计其数，其中不乏家事纠纷、邻里纠纷等类型的案件。

“送健康水进校园”公益活动在惠安县举行

由省渔业互保协会主办的“共同托起明天太阳，送健康水进校园”公益活动为大岞小学捐赠8台节能净水机设备。在到渔港渔村开展宣传活动时，协会工作人员发现渔区饮用水普遍存在盐碱度高的问题，而当地学校因为缺乏资金，该问题始终没有得到根本解决。为践行“渔民之家，会员之家”的办会理念，该公益活动在泉州市全面铺开。

1月6日

农历丙申年腊月初九
星期五
温度：16℃—23℃
阴

●政协泉州市第十二届委员会第一次会议预备会召开，通报政协泉州市第十二届委员会第一次会议筹备工作情况。

●市政协十二届一次会议主席团第一次会议召开，通过大会主席团常务主席名单和大会日程、执行主席日程安排。

●泉州综保区首次启动“国内采购、入区退税、集拼出口”模式。

●市急救指挥中心与上海金汇通用航空有限公司签约，直升机空中医疗救援正式引入泉州。

●泉州市的惠安聚龙小镇生态旅游区、安溪志闽生态旅游区、德化石牛山景区3个景区被认定为省级生态旅游示范区。

●全市首个家事调解工作室落户丰泽区。

●“共同托起明天太阳，送健康水进校园”公益活动在惠安县举行。

1月7日

农历丙申年腊月初十
星期六
温度：16℃—21℃
阴

●市政协十二届一次会议开幕。

●郑新聪到泉州晚报社“两会”访谈室、泉州广播电视台高清转播车和“两会”直播间，看望慰问参与“两会”报道的媒体工作者。

●7—10日，市委书记郑新聪分别到市十六届人大一次会议鲤城、安溪、晋江、石狮代表团和市政协十二届一次会议工商联（二）组，与出席“两会”的代表委员一起审议、讨论市人大常委会、政府、政协、法院、检察院工作报告。

●7—8日，参加市政协十二届一次会议的政协委员分组讨论市政府工作报告和市政协常委会工作报告，陈灿辉分别参加鲤城、中共、经济、工商联（一）组、工商联（二）组、特邀（二）组等小组的讨论。

●市十六届人大一次会议预备会召开，选举产生大会主席团和秘书长，表决通过大会议程。

●市十六届人大一次会议主席团第一次会议召开，推选大会主席团常务主席，通过大会日程安排和全体会议执行主席分组名单。

●市第十六届人民代表大会代表履职基础知识培训班举办。

●2017年泉州市“三下乡”启动仪式暨春节慰问演出在南安市东田镇举行。

市政协十二届一次会议开幕

陈灿辉作市政协工作报告

中国人民政治协商会议第十二届泉州市委员会第一次会议在泉州影剧院开幕。大会主席团常务主席陈灿辉、杨俊峰、苏小青、骆沙鸣、陈铭福、王祖耀、李冀平、王瑞强、陈益、洪川夫、林志建、陈伟平在主席台前排就座。出席开幕式祝贺并在主席台就座的有：市委书记郑新聪，市长康涛，市人大常委会主任陈万里，省人大常委会委员陈海基，市委副书记陈奕辉，市委常委翁祖根、温惠榕、林俊其、孔繁军、林万明、陈铁晗、张永宁、林锦明，市人大常委会副主任吕竞、张建生、朱团能、曾巍，市人大常委会党组成员许文贵、吴友才、蔡思红，副市长陈荣洲、周真平、卢炳椿、农刚、季翔峰，市政府党组成员洪自强、肖汉辉、吕刚，市中级法人民院院长欧岩峰，市检察院检察长高扬捷等。

受市政协第十一届常委会委托，陈灿辉向大会作工作报告。报告指出，五年来，在中共泉州市委领导下，市政协常委会学习贯彻中共十八大、十八届三中、四中、五中、六中全会和习近平系列讲话精神，围绕“五位一体”总体布局和“四个全面”战略布局，落实省委、市委决策部署，把握团结民主两大主题，履行政治协商、民主监督、参政议政职能，为促进泉州市经济社会发展、民主政治建设作出积极贡献。报告从六个方面阐述五年来十一届市政协常委会的工作特色和显著成效：一、围绕工作大局，服务全面改革发展；二、注重务实创新，积极实践协商民主；三、加强民主监督，促进社会治理创新；四、坚持履职为民，助力全面小康建设；五、突出团结民主主题，凝聚力量推动发展；六、激发工作活力，持续提高履职能力。今后五年，是泉州市全面实施“十三五”规划，全面建成小康社会的关键时期，也是政协工作主动作为、多作贡献的重要时期。为做好开局之年的工作，报告对十二届市政协常委会工作提出建议：高举中国特色社会主义伟大旗帜，以马克思列宁主义、毛泽东思想、邓小平理论、“三个代表”重要思想、科学发展观为指导，贯彻中共十八大以来中央各项决策部署、习近平系列讲话精神，按照市第十二次党代会的总体部署，把握团结民主主题，履行政协职能，为促进“新福建”和“五个泉州”建设做出新贡献。市政协要坚定正确方向，贯彻落实市党代会部署；坚持协商民主，助推创新协调绿色发展；发挥政协优势，凝心聚力促进社会和谐；关注民生事业，助力群众幸福指数提升；加强自身建设，提升服务大局履职能力。

会议现场　（图/吴寿民）

2017年泉州市“三下乡”启动仪式在南安市举行

由市委宣传部、市委文明办等主办的2017年泉州市“三下乡”启动仪式暨春节慰问演出在南安市东田镇举行。19个市直有关部门和单位的近500名文艺、医疗、科普、计生、法律、农技、通信工作者，举行文艺演出、科技服务、义诊、普法、计生宣传、书写春联等活动，并送去500多万元的物资、项目和资金。春节慰问演出中，主办方准备了歌舞表演、配乐诗朗诵、小品、戏曲、武术等节目。

市十六届人大一次会议开幕

康涛作市政府工作报告

泉州市第十六届人民代表大会第一次会议在泉州影剧院开幕。会议执行主席郑新聪、陈万里、吕竞、张建生、朱团能、曾巍、许文贵、吴友才、蔡思红、欧阳秋虹在主席台前排就座。主席团其他成员，市长康涛，市政协党组书记陈灿辉，省人大常委会委员陈海基，十一届市政协原主席杨俊峰，市委副书记陈奕辉，市委领导翁祖根、温惠榕、林俊其、孔繁军、林万明、陈铁晗、张永宁、林锦明、许昆贞，以及市政府领导陈荣洲、周真平、卢炳椿、季翔峰、洪自强、吕刚、肖汉辉、农刚，十一届市政协领导苏小青、骆沙鸣、陈铭福、王祖耀、李冀平、王瑞强、陈益、洪川夫、林志建，市中级人民法院院长欧岩峰，市检察院检察长高扬捷，福建炼化有限公司董事长顾越峰，中化泉州石化有限公司总经理张强，华侨大学党委书记关一凡，泉州师范学院院长李清彪，老领导施永康、胡美金、林大穆、尤垂镇、涂瑞南、薛祖亮、傅圆圆、朱明、李建国、林文麟、林荣取、何锦龙、吴汉民、王文泰、洪泽生、潘燕燕、陈全顺、王远东，部分港澳侨台人士等在主席台就座。

市长康涛代表市政府向大会作工作报告。报告分为三部分：一是过去五年及2016年政府工作回顾；二是新一届政府工作及2017年工作目标任务；三是全面提升政府的施政能力和服务水平。康涛指出，过去五年，泉州经济在科学发展中跨越前行，改革在攻坚克难中砥砺奋进，城乡在统筹融合中绽放新颜，文化在传承弘扬中彰显独特魅力，人民在共建共享中有了更多获得感。今后五年，是全面建成小康社会的决胜期，也是泉州加快发展的难得机遇期。政府工作指导思想是：贯彻习近平系列讲话精神和对福建工作的指示，贯彻中共十八大和十八届三中、四中、五中、六中全会精神，树立“四个意识”特别是核心意识和看齐意识，围绕“五位一体”总体布局和“四个全面”战略布局，落实省市党代会部署，践行新发展理念，勇当建设“新福建”领头羊，推进创新驱动发展、供给侧结构性改革，推进经济扩量提质、城市内涵集聚、民生事业提升，加快建设“创新、智造、海丝、美丽、幸福”的现代化泉州。今后五年的总体目标和重要任务是：在实现“十三五”规划目标的基础上，迈向万亿经济强市行列，建设海丝重要门户城市，共建共享美丽幸福泉州，打造一流营商环境。

康涛强调，2017年是新一届政府的第一年，是“稳中求进、突围攻坚、注重长远”的关键一年。2017年主要预期目标是：全市生产总值增长8%，农业总产值增长2.5%，工业增加值增长7.6%，第三产业增加值增长9%；一般公共预算总收入增长5%，一般公共预算收入增长5%；固定资产投资增长13%；实际利用外资增长2%，出口增长2%；社会消费品零售总额增长11%，居民消费价格涨幅控制在3%左右；居民人均可支配收入增长7%；完成节能减排任务。为确保工作目标的完成，康涛提出，要更加注重创新驱动，构筑现代产业版图；要更加注重强农惠农，发展特色现代农业；要更加注重试点牵引，推进改革开放攻坚；要更加注重全域集聚，做大做强环湾中心城市；要更加注重文化引领，增强城市发展软实力；要更加注重绿色低碳，建设生态文明试验区；要更加注重补齐短板，强化民生托底保障。

会议现场　　（图/吴寿民）

1月8日

农历丙申年腊月十一
星期日
温度：13℃—22℃
多云

●市十六届人大一次会议开幕。

●市政协港澳委员、异地商会委员、特邀嘉宾座谈会召开。

●市政协十二届一次会议主席团第三次会议召开，听取各组召集人汇报讨论常委会工作报告和酝酿选举办法（草案）等。

●由城乡统筹发展研究中心《城乡发展参考》与泉州市正源义工中心主办的“中国梦·一颗心”2017首届海丝文化公益论坛在泉州举办。

1月9日

农历丙申年腊月十二
星期一
温度：10℃—17℃
多云

●市十六届人大一次会议第二次全体会议召开，陈万里作市人大常委会工作报告，欧岩峰作市中级人民法院工作报告，高扬捷作市检察院工作报告。

●市十六届人大一次会议主席团第二次会议召开，听取各代表团汇报审议市政府工作、计划、预算3个报告情况等。

●市政协十二届一次会议第二次全体会议召开，围绕实施“两个打造”、推动“两个建设”、着力“六个提升”，进行大会发言。

●市政协十二届一次会议第三次全体会议召开，选举产生新一届市政协领导班子。

●市政协十二届一次会议委员培训会举行。

●澳大利亚中文教育促进会“一带一路”文化访问交流团到泉州七中交流访问。

●9—11日，第15届香港国际授权展举行，泉州动漫文化形象“芳—香姐妹使者”，以海丝文化专题形式展首次亮相。

市十六届人大一次会议第二次全体会议召开

陈万里作市人大常委会工作报告 （图/吴寿民）

市十六届人大一次会议第二次全体会议召开，市十五届人大常委会主任陈万里作市人大常委会工作报告，市中级人民法院院长欧岩峰作市中级人民法院工作报告，市检察院检察长高扬捷作市检察院工作报告。

陈万里报告指出，过去五年，市人大常委会在中共泉州市委领导下，贯彻中共十八大和十八届三中、四中、五中、六中全会精神，贯彻习近平系列讲话精神和对福建工作的指示，坚持党的领导、人民当家作主、依法治国有机统一，紧扣“深入实施‘三大战略’、推进‘五个泉州’建设”总体部署，发挥地方国家权力机关、代表机关、工作机关的作用，全面完成本届常委会各项目标任务，为推动泉州市经济社会发展和民主法治建设作出重要贡献。五年来，共召集本级人民代表大会会议7次，召开常委会会议38次，审议法规草案3项，决定提请省人大常委会审议通过的法规案2项，听取和审议“一府两院”专项工作报告86项，开展执法检查13次、专题询问8次、专题调研157次、满意度测评20项，审查规范性文件445件，作出重大事项决定、决议53项；任免地方国家机关工作人员414人次，组织宪法宣誓31人次，完成614人次的代表资格审查工作。五年来，市人大常委会的工作成效主要体现在五个方面：一、坚持突出特色确保质量，立法工作迈出新步伐；二、坚持围绕中心服务大局，监督工作取得新成效；三、坚持抓住重点规范程序，决定和任免工作实现新进展；四、坚持完善制度强化保障，代表工作激发新活力；五、坚持提升素质改变作风，自身建设得到新加强。今后五年，是全面建成小康社会的决胜期，也是泉州市实施“十三五”规划、开创发展新局面的关键期。陈万里指出，2017年是新一届市人大常委会工作的开局之年。市人大常委会要按照中央和省委、市委的部署要求，履行法定职权，推动人大工作再上新台阶。建议重点抓好以下工作：以“五个泉州”建设为主题，更好地服务全市大局；以增进民生福祉为主线，更好地回应社会关切；以提升法治水平为主导，更好地促进法治建设；以创新工作机制为主调，更好地发挥代表作用；以提高履职能力为主责，更好地加强自身建设。

市政协十二届一次会议第三次全体会议召开 陈灿辉当选政协第十二届泉州市委员会主席

市政协十二届一次会议第三次全体会议召开，选举产生新一届市政协领导班子。会议审议通过市政协十二届一次会议选举办法（草案），协商通过总监票人、监票人名单（草案）。随后，与会委员以无记名投票方式，选举出政协第十二届泉州市委员会主席、副主席、秘书长和常务委员。根据总监票人和总计票人的报告，选举结果有效，陈灿辉当选政协第十二届泉州市委员会主席，骆沙鸣、陈铭福、王祖耀、李冀平、王瑞强、陈益、洪川夫、林志建当选副主席；陈伟平当选秘书长；丁为华等85人当选常务委员。

澳大利亚中文教育促进会访问团到泉州交流访问

澳大利亚中文教育促进会“一带一路”文化访问交流团到泉州七中交流访问。该文化访问交流团系应省侨办邀请，访问团成员包括澳大利亚的华教专家、教育官员和中学校长。该访问交流团参观泉州七中校史馆、体育馆，参加升旗仪式，并与该校师生进行交流座谈。座谈会上，泉州七中校长陈龙斌和悉尼罗棣山中学校长Christine Cawsey签订友好学校意向书，双方表示要加强师生交流与访问。

市政协十二届一次会议闭幕

中国政治协商会议第十二届泉州市委员会第一次会议在泉州影剧院闭幕。会议听取市政协十二届一次会议提案初审情况的报告，审议通过《中国人民政治协商会议第十二届泉州市委员会第一次会议决议》。

就做好十二届市政协工作，市委书记郑新聪提出四点希望。一要注重学习，坚持正确方向。加强协商民主建设，提升民主监督水平。二要发挥优势，助推改革发展。主动融入市委中心工作，深度调研、集中议政、有效监督，把市党代会工作部署转化为政协工作的实践，转化为各人民团体、社会各界人士的共同行动。三要把握主题，凝聚发展合力。加强同各党派团体、社会各界的联系，凝聚各方智慧和力量，宣传推介泉州，多办惠民利民实事，多做“春风化雨”工作，为社会稳定大局增添正能量。四要务实担当，提升履职能力。全市各级政协组织要建设一支“懂政协、会协商、善议政”的政协干部队伍和委员队伍；市政协党组要履行全面从严治党主体责任；政协委员要强化“职务”意识，树立和展示政协委员的良好形象。

市政协主席陈灿辉指出，市政协十二届一次会议期间，委员们以饱满的政治热情和强烈的责任感，就推动泉州市经济社会发展提出许多建设性的意见建议，就如何适应新形势新任务做好今后政协工作，发表了许多真知灼见，全面展示新一届政协委员情系发展、履职为民的精神风貌。陈灿辉表示，十二届市政协要团结在以习近平同志为核心的中共中央周围，高举中国特色社会主义伟大旗帜，在中共泉州市委领导下，继承和发扬人民政协优良传统，依靠政协委员的集体智慧，依靠社会各界的大力支持，按照“维护核心、围绕中心、突出重心、凝聚人心”的基本思路，围绕“五个泉州”建设这一中心工作，履职尽责，扎实工作，在促进改革发展上有新贡献，在凝聚人心上有新作为，在协商监督上有新特色，在参政议政上有新成果，在自身建设上有新面貌，开创政协工作新局面。陈灿辉希望，政协委员强化责任担当，倍加珍惜委员荣誉，倍加珍惜履职舞台，提高能力素质，在政协工作中履职尽责，在本职岗位上建功立业，在界别群众中示范引领，在“五个泉州”建设中彰显委员价值，为推动“五个泉州”建设、在更高水平上全面建成小康社会而奋斗。

会议现场　　（图/吴寿民）

市政协十二届一次会议第四次全体会议召开

市政协十二届一次会议第四次全体会议召开，听取市中级人民法院和市检察院工作情况通报。五年来，全市法院和检察机关在市委领导、人大监督、政府支持和政协民主监督支持下，依法履行好宪法和法律赋予的审判职责和法律监督职责，为泉州经济社会发展提供有力的司法保障。全市法院紧抓执法办案第一要务，服务保障改革发展稳定大局；参与创新社会治理，推动平安泉州、法治泉州建设；深化司法改革创新，加强公正司法制度保障；打造过硬法院队伍，夯实司法事业发展根基；自觉接受各界监督，各项工作取得新进展。全市检察院全面履行检察职能，帮扶企业、助推转型；以人为本，提升群众获得感；惩防并举，维护廉洁高效政务环境；强化监督，维护司法公正和法治权威；勇于探索，推进检察体制改革和机制创新；从严治检，建设过硬检察队伍；自觉接受监督，确保检察权在法治轨道上运行，各项工作取得新成效。

1月10日

农历丙申年腊月十三
星期二
温度：12℃—18℃
多云

●市政协十二届一次会议闭幕。

●市十六届人大一次会议主席团第四次会议召开，听取各代表团汇报审议市人大常委会、市中级人民法院、市检察院三个工作报告情况等。

●市政协十二届一次会议主席团第四次会议召开，审议通过市政协十二届一次会议决议（草案）。

●市政协十二届一次会议第四次全体会议召开，听取市中级人民法院和市检察院工作情况通报。

●10—13日，省政府安委会2016年安全生产目标责任制落实情况考评督查组到泉州，对2016年开展安全生产目标责任制落实情况进行考评督查。

●泉州10人入选福建省首批中小学名校长名单。

●全市乡镇（街道）纪检干部培训班在市委党校开班。

●全国第31个“110宣传日”，市公安局、鲤城公安分局在泉州府文庙开展“公安110，为民保安宁”宣传活动暨2016年度鲤城区“群众点zan的好民警”颁奖仪式。

1月11日

农历丙申年腊月十四
星期三
温度：13℃—18℃
多云

●市十六届人大一次会议第三次全体会议召开，选举产生新一届市人大常委会、市政府领导班子和“两院”领导。

●市十六届人大一次会议闭幕。

●市十六届人大一次会议主席团第五次会议召开，听取各代表团汇报审议有关决议草案情况，决定将有关决议草案提请全体会议表决等。

●市政府召开2017年第一次全体会议，分解落实《政府工作报告》目标任务，动员新一届政府领导班子和各级各部门贯彻“两会”精神。

●全国、全省安全生产工作电视电话会议结束后，泉州市随即召开全市安全生产电视电话会议，就落实全国、全省会议精神，抓好近阶段以及第一季度防范重特大生产安全事故和2017年有关工作作具体部署。

●全省设区市林业局长会议在晋江市召开，传达贯彻全国林业厅局长会议精神，总结交流2016年林业工作，研究部署2017年工作思路。

●泉州市教育基金会特殊教育专项基金捐赠暨颁发仪式在泉州市盲聋哑学校举行，该专项基金共1000万元，分10年颁发。

●由市总工会和东南早报主办的2016年泉州市职工艺术团海选总决赛暨颁奖晚会在市工人文化宫举行。

郑新聪当选市人大常委会主任　康涛再次当选市人民政府市长

市十六届人大一次会议第三次全体会议召开。经选举，郑新聪当选泉州市第十六届人民代表大会常务委员会主任，康涛再次当选泉州市人民政府市长，张建生、朱团能、曾巍、许文贵、吴友才、蔡思红当选泉州市第十六届人民代表大会常务委员会副主任，张永宁、周真平、卢炳椿、季翔峰、洪自强、吕刚、肖汉辉、农刚当选泉州市人民政府副市长，欧岩峰当选泉州市中级人民法院院长，高扬捷当选泉州市人民检察院检察长，欧阳秋虹当选泉州市第十六届人民代表大会常务委员会秘书长，王卫红等27人当选泉州市第十六届人民代表大会常务委员会委员。

郑新聪（右）与康涛（左）握手
（图/陈起拓）

市十六届人大一次会议闭幕

泉州市第十六届人民代表大会第一次会议在泉州影剧院闭幕。会议逐一表决通过关于泉州市政府工作报告的决议、关于泉州市2016年国民经济和社会发展计划执行情况及2017年国民经济和社会发展计划的决议、关于泉州市2016年预算执行情况及2017年预算的决议、关于泉州市人大常委会工作报告的决议、关于泉州市中级人民法院工作报告的决议、关于泉州市检察院工作报告的决议、关于加快全市垃圾分类处理利用的决议、关于进一步加强全市流域水环境保护的决议。

市委书记、市人大常委会主任郑新聪指出，新一届市人大常委会要在市委领导下，依法履职、勤勉敬业，适应新形势、新任务，开创全市人大工作新局面。要把握正确政治方向。坚持党的领导、人民当家作主、依法治国有机统一，自觉把党的领导贯穿于人大依法履职的整个过程，保证党的路线、方针、政策的贯彻落实。要服务中心大局。贯彻省委作出的“再上新台阶、建设新福建”战略部署，围绕市第十二次党代会确定的各项目标任务和此次人民代表大会的要求，讨论决定泉州市经济、政治、文化、社会建设以及生态文明建设方面的重大事项，提高监督水平，完善立法工作机制。要支持保证代表依法履职。发挥代表联系广泛的优势，畅通社情民意反映和表达渠道，深化和拓展代表工作，完善议案建议督办机制，扩大代表对视察、征求意见、执法检查、专题调研等活动的参与，更好回应群众关切，促进各项惠民政策落到实处。要加强人大自身建设。完善人大常委会和机关的各项制度，探索有效开展工作的新形式、新途径，完善工作程序和议事规则，提升人大工作制度化、规范化、程序化水平。

对做好新一届政府工作，郑新聪要求，要全力突围攻坚，积蓄长远发展动力。用好用足国家改革试点机遇，更多从体制机制上寻求突破，推动经济增长步入上升通道，力争“十三五”后三年增速逐年提升。要坚持厉行法治，依法履行政府职能。坚决贯彻市委决策部署，自觉接受人大的法律监督、工作监督和政协民主监督，接受新闻监督和人民群众监督，健全依法决策机制，更好地维护社会公平正义。要着力转变作风，树立务实清廉形象。市政府党组要落实全面从严治党主体责任，党组书记要履行第一责任人责任，抓好班子、带好队伍，班子成员要坚持民主集中制，深化“放管服”改革。要切实提振精神，确保年度目标落实。

闭幕式　（图/吴寿民）

市委常委班子2016年度民主生活会召开

市委常委班子2016年度民主生活会召开。会议学习贯彻中共十八届六中全会精神，学习中央政治局民主生活会、省委常委会民主生活会精神，围绕“两学一做”学习教育要求，对照《关于新形势下党内政治生活的若干准则》和《中国共产党党内监督条例》，聚焦政治合格、执行纪律合格、品德合格、发挥作用合格4个方面进行党性分析，查找存在的突出问题，开展批评和自我批评。会议通报市委常委班子2016年度民主生活会准备工作情况、“三严三实”专题民主生活会查摆问题整改落实情况、2016年民主生活会会前征求意见情况。

市委书记、市人大常委会主任郑新聪在总结讲话时指出，各位常委严肃认真查摆问题，深刻剖析根源，坦诚开展批评，达到“团结—批评—团结”的效果。要以这次民主生活会为新起点，贯彻中共十八届六中全会和中央政治局民主生活会精神，对照“准则”“条例”，落实省委部署安排，提升常委会发现和解决自身问题的能力，提升班子凝聚力和战斗力，更好地肩负起总揽全局、协调各方的重任。要确保问题整改落实到位，对查摆的问题逐项整改、逐条兑现，主动认领班子存在的问题，并在一定范围公开，自觉接受党员、群众的监督。要作勇于自我革命的战士，争做严肃党内政治生活的表率，习惯在相互提醒和督促中进步；增强党员意识，过好双重组织生活。要指导各级开好民主生活会，严格要求，督促各级班子严肃查找问题、深入剖析原因、切实抓好整改。要依靠文化自信坚定理想信念，自觉把坚定理想信念作为党内政治生活的重要主题，学习领会习近平系列讲话，学习中华优秀传统文化、革命文化、社会主义先进文化，让信仰信念真正深沉而执着。要抓好常委会班子自身建设，自觉经常同党中央对表，以上率下推动党风廉洁建设；崇尚实干、狠抓落实，推动中央、省委决策部署在泉州落到实处。

会议现场　　（图/陈起拓）

第六批市级文化产业示范基地授牌

市文化产业示范基地工作会议暨第六批市级文化产业示范基地授牌仪式举行，为新近评选、命名的第六批文化产业示范基地进行授牌。共有30多家文创企业申报评选第六批市级文化产业示范基地，经过评审，泉州市鲤城印记闽南文化发展有限公司、福建省德化县华达陶瓷有限公司等20家文创企业获市级文化产业示范基地称号。会上还宣读省文化厅关于命名第十批省级文化企业示范基地的决定，晋江五店市传统街区运营有限公司、泉州新门旅游文化发展有限公司、南安市亿辉油画工艺有限公司等获第十批省级文化产业示范基地称号。

联合国海陆丝绸之路城市联盟工商理事会考察团访问泉州

考察团观看泉州提线木偶表演　　（图/殷斯麒）

联合国海陆丝绸之路城市联盟工商理事会一行31人访问泉州，考察古城改造规划方面的具体措施，感受最具闽南特色的人文风貌。工商理事会一行走访参观泉州天后宫、德济门遗址、李贽故居、新门文旅街区等，观看传统的南音表演、提线木偶表演、花灯制作艺术等，并了解聚宝城南文化街区改造项目和新门文旅街区改造项目的规划和进展。

1月12日

农历丙申年腊月十五
星期四
温度：13℃—17℃
小雨

- 市委常委班子2016年度民主生活会召开，学习贯彻党的十八届六中全会精神，学习中央政治局民主生活会、省委常委会民主生活会精神。
- 全市财政工作会议召开。
- 全市交通运输工作会议召开。
- 第六批市级文化产业示范基地授牌。
- 联合国海陆丝绸之路城市联盟工商理事会考察团访问泉州。
- 2017年“工业设计与制造业对接会”在晋江市举行。
- 台湾闽南语歌手唐铭良专辑《尚赞》首发会在泉州举行。

1月13日

农历丙申年腊月十六
星期五
温度：11℃—13℃
阴

●泉州市老干部新春通报会召开，向老领导、老同志通报2016年工作情况。

●市工商业联合会（总商会）第十四次会员代表大会召开，选举产生市工商联新一届领导班子。

●泉州市“海丝”申遗工作推进会召开。

●全市创建国家森林城市推进会召开，总结前段创建工作情况，部署下阶段工作任务。

●2017年春运首日。泉州市“文明交通行动计划”领导小组、市发改委和泉州汽车运输总公司等在泉州汽车客运中心站广场举行春运启动仪式及“情满旅途”文明交通宣传服务系列活动。

●泉州市2017年医护人员“热血送暖 为生命接力”无偿献血活动启动仪式举行。

●新型块状运营巴士——“古城1区”社区巴士开通。

●在北京参加完第四届台胞社团论坛的部分嘉宾到泉州参访。

●全国公安机关改革创新大赛颁奖仪式在公安部举行，南安市公安局交警大队科技设施中队中队长陈荣新研发的“道路交通非现场违法智能受理系统”获优秀奖，系泉州市公安机关唯一获奖的项目。

●由中国玉文化研究会、晋江市文化体育新闻出版局主办的首届中国民间藏玉（晋江）展在晋江博物馆开幕。

市老干部新春通报会召开

泉州市老干部新春通报会召开。市委书记、市人大常委会主任郑新聪指出，过去一年，市委、市政府加大政策扶持，标本兼治防控风险；紧抓创新驱动和供给侧结构性改革，加快创新资源集聚，大抓现代服务业发展；实施“项目前期工作活动年”，开展“百日大会战”，组织一批项目集中开竣工；牵头“海丝”联合申遗，推进古城提质新城集聚，加大金融服务实体创新，推进互联互通，打造一流营商环境；补上社会民生事业短板，抓好抢灾救灾和灾后恢复重建，突出打好脱贫攻坚战，加快扩充公共服务资源，履行好生态环保、信访维稳、安全生产“党政同责”；担起全面从严治党主体责任，抓实“两学一做”学习教育、党建项目化管理和市县乡三级换届。新一年，泉州将坚持稳中求进总基调，全力突围攻坚利长远，坚持抓早抓实抓主动，拉开“突围攻坚”架势，开展“项目攻坚年”活动，建好用好国家自主创新示范区、“中国制造2025”城市试点示范。

市工商联（总商会）第十四次会员代表大会召开

市工商业联合会（总商会）第十四次会员代表大会召开。市委书记、市人大常委会主任郑新聪要求，要促进非公经济和非公经济人士健康发展。支持民营经济发展，推进国家级金改区、民综改革试点、综合保税区等重大改革试点。要重视非公经济人士的思想政治教育工作，引导非公经济人士继承发扬光荣传统，践行社会主义核心价值观，争做爱国敬业、守法经营、创新创业、回报社会的典范。要坚守实业坚持创新，全力突围攻坚利长远。聚焦创新驱动，参与国家自主创新示范区和“中国制造2025”城市试点示范，主动对接“数控一代”“智能一代”；迈向新兴领域，投身集成电路、人工智能、虚拟现实以及现代服务业等领域；秉承工匠精神，把主业做强、做精、做久；携手抱团共赢，凝聚泉州籍社团、异地商会的力量，开拓海丝沿线国家和地区的广阔市场。大会选举产生市工商联新一届领导班子，周少雄当选市工商联（总商会）第十四届主席（会长）。

市2017年医护人员无偿献血活动启动

泉州市2017年医护人员“热血送暖 为生命接力”无偿献血活动启动仪式举行。21家市卫计委直属以及驻泉州医疗卫生单位参加活动。图为活动现场。（图/林劲峰 张沼婵）

“古城1区”社区巴士开通

新型块状运营巴士——“古城1区”社区巴士开通。该车型为纯电动观光电瓶车，长约4米，宽仅1.5米，在公交公司投入营运的车型中“身材”最小。除驾驶座位外，车上还有8个座位。由于车辆底盘较低，且不用开关门就可以上下车，乘客搭乘十分便利。落座后，每个位置相互挨着，排与排之间的空间相对宽裕。该车型在充满电的情况下可连续行驶100千米，最高时速为28千米，公交公司方面对车辆的最高限速为25千米。“古城1区”按区域性进行划分，北清路以南、涂门街和新门街以北、新华路以东、温陵路以西约6平方千米的范围内，只要是观光电瓶车能到达的地方，司机都会将乘客送至指定的地点。

“古城1区”社区巴士　（图/泉州晚报社）

市政府党组2016年度民主生活会召开

市政府党组2016年度民主生活会召开。会议学习贯彻中共十八届六中全会精神，学习市委常委班子民主生活会精神，围绕“两学一做”学习教育要求，重点对照《关于新形势下党内政治生活的若干准则》和《中国共产党党内监督条例》，聚焦政治合格、执行纪律合格、品德合格、发挥作用合格4个方面进行党性分析，从思想、组织、作风、纪律等方面查找存在的突出问题，开展批评和自我批评。市政府党组高度重视此次民主生活会，认真制定会议方案，集中学习《关于县以上党和国家机关党员领导干部民主生活会的若干规定》等有关材料，党组成员通过各种形式征求意见，开展谈心交心活动，撰写对照检查材料，为开好民主生活会做了充分准备。

市政府党组书记、市长康涛在总结讲话中要求，市政府党组要贯彻中共十八届六中全会精神，同以习近平同志为核心的党中央保持高度一致，对照“准则”“条例”要求，落实省委、市委部署安排，提升市政府党组发现和解决自身建设存在问题的能力。要推动问题整改到位，对查摆出的问题进行再梳理，逐项制定落实具体整改的时间表、路线图、任务书；对党组存在的问题，党组成员要结合分管工作，主动认领，承担责任，积极整改。要加强政府班子自身建设，严肃党内政治生活，用好批评和自我批评武器，以身作则，以上率下，争当表率。要以作风建设新成效抓好政府各项工作，按照习近平元旦讲话要求，撸起袖子加油干。会上还通报2015年市政府党组专题民主生活会查摆问题整改落实情况。

交通运输部检查组到泉州检查春运工作

交通运输部副部长刘小明带领检查组到泉州检查春运工作，并调研客运站智能安全管理系统试点运行情况。副市长吕刚参加活动。检查组察看泉州客运中心站售票厅、候车厅春运秩序以及重点候车室配备情况，了解与客运站智能安全管理系统相关联的自助售票机、自助检票机、人票证核验、车辆进出站以及安全例检台的运行效果，听取市交通委关于该系统研发及试点运行情况的汇报。就春运及客运安全监管工作，检查组强调，要做好春运服务保障，强化各项服务举措，及时为有困难有需要的旅客，特别是孕婴等重点人群提供帮助，方便群众乘车出行；要总结客运安全监管经验，优化完善智能安全管理系统和公众服务监督平台，提升系统运行效果，适时总结经验，争取在全国推广；要坚守安全底线，引导乘客参与监督，强化对客车安全例检、运行路线、运行时间、进出站等方面的监管，提高行业安全系数。

2017年福建（晋江）迎春花市活动在晋江市举行

14—18日，2017年福建（晋江）迎春花市活动在晋江SM广场展览中心举行。此次活动共设置200个国际标准展位，汇集泉州本地及厦门、漳州、三明、南平、龙岩等地区近百家优质花商。展品包含国兰、富贵子、根雕、水培花卉、多肉植物等近50个品种。此次花市是福建省首次举办的省级花市，也是迄今为止省内规模最大的花市。

泉州少林寺俗家弟子获世界搏击拳王争霸赛冠军

“2017三国雄风—世界搏击拳王争霸赛”在湖北襄阳市诸葛亮体育馆举行。此次赛事由WKF世界自由搏击联合会认证，比赛成绩计入WKF官方排名。争霸赛最受观众瞩目的一场比赛是由现年33岁的泉州少林寺俗家弟子张华对阵现年27岁的俄罗斯自由搏击名将、WKF洲际排名第一位的现役卫冕冠军罗马·圣米尔。最终，张华战胜对手获WKF冠军金腰带。张华有“东海蛟龙”之誉，曾获2013年意大利世界自由搏击锦标赛冠军，有丰富的对外比赛经验。罗马·圣米尔虽然是第一次到中国参加比赛，但其WKF现役洲际第一的排名和80多场职业比赛的经验也是实力不俗。

1月14日

农历丙申年腊月十七
星期六
温度：9℃—13℃
阴

●市政府党组2016年度民主生活会召开，学习贯彻中共十八届六中全会精神，学习市委常委班子民主生活会精神等。

●交通部检查组到泉州检查春运工作。

●2017年泉州市分级诊疗及慢病管理培训工作会议在泉州市第一医院城东分院召开。

●14—18日，2017年福建（晋江）迎春花市活动在晋江SM广场展览中心举行。

●泉州少林寺俗家弟子获世界搏击拳王争霸赛冠军。

●泉港区第六届涂岭猪脚节暨健康小镇特色美食趴活动举行。

1月15日

农历丙申年腊月十八
星期日
温度：9℃—13℃
阴

●泉州市高层次人才新春座谈会召开，郑新聪、孔繁军与来自全市各行各业的高层次人才代表共商人才发展大计。

●15—16日，省工商联（总商会）十届六次执委会在福州召开，表彰32家民营企业文化建设优势企业，包括8家泉州企业。

●第八届海峡两岸闽南语歌星选拔赛总决赛在泉州举行。

●由省教育厅主办的福建省青少年校园足球冬令营在泉州东海湾实验小学开营。

●由泉州古城保护发展工作协调组办公室、中国社会科学院文化研究中心闽南文化研究基地主办的泉州古城旧图书展启动仪式在市区中山中路345号陈光纯故居举行。

●15—21日，泉州师范学院闽台书法文化研究所应台湾艺术大学邀请到台湾访问。

●泉州市曲艺家协会喜迎2017年新春南音联谊演唱会在市区金山老干部活动中心举行。

泉州市高层次人才新春座谈会召开

泉州市高层次人才新春座谈会召开。市领导郑新聪、孔繁军与来自全市各行各业的高层次人才代表共商人才发展大计。座谈会上，在泉州市工作的各领域专家学者代表，结合自身工作实际，就如何发挥人才作用，做好人才工作提出意见建议。市委书记、市人大常委会主任郑新聪指出，泉州有雄厚产业基础，可以成为人才“梦想港湾”。传统消费品制造业在“中国制造2025”城市试点示范带动下，与新技术、新材料、新功能等结合的需求量很大；新兴产业蓬勃发展，龙头项目落地生根，急需大量海内外行业顶尖人才；创业基因深厚，民营企业舍得人才投入，各类人才都能施展拳脚、实现抱负。有“多区叠加”优势，可以成为人才“事业港湾”。泉州将用好用足多项试点“帽子”，建立以“用”为导向的产学研结合新机制，推进“十百千”大院大所计划，在国家自主创新示范区建设中创出泉州特色、打造“泉州模式”。有改善人才大环境的决心，可以成为人才“生活港湾”。泉州正加速推进新城集聚、古城保护、城市修补、生态修复等内涵提升，加速扩容教育、医疗、养老等高端资源，建立条块结合、“普惠”“优待”结合的人才超市民待遇，让各类人才安家安心。郑新聪强调，泉州将建立人才服务清单和责任清单，简政放权、高效服务，营造优质的社会、工作、生活、制度环境。

第八届海峡两岸闽南语歌星选拔赛总决赛在泉州举行

第八届海峡两岸闽南语歌星选拔赛总决赛暨颁奖仪式在泉州广播电视台举行，大陆5强与台湾5强选手共同角逐大赛冠、亚、季军。经过同唱一首歌、个人风采展示和媒体代表评审投票三轮环节的角逐，最终来自大陆的选手方帅获大赛冠军，来自台湾的选手黄丞、林芫灯分获亚军和季军。比赛采用融媒体多平台直播，现场邀请20多家国家、省、市级媒体代表进行现场采访报道。在比赛环节设置上也进行了创新，通过两岸歌手同唱一首歌的形式，增进两岸歌手的沟通交流，表达“两岸一家亲”的主题。为更好地宣传“海丝”泉州和闽台五缘文化，两岸十强选手在赛前还走访10处泉州海丝史迹，专门拍摄宣传推介片作为个人风采展示片和海丝文化主题宣传片，让受众在感受闽南语歌星个人风采的同时，也能领略到泉州独特的“海丝”文化魅力。除两岸专业评委团以外，比赛还引入媒体代表评审团对选手进行人气投票，邀请10家媒体代表和小记者代表对选手的表现进行现场举牌点赞。

福建省青少年校园足球冬令营在泉州开营

由省教育厅主办的福建省青少年校园足球冬令营在泉州东海湾实验小学开营。为贯彻落实《中国足球改革发展总体方案》和《关于加快发展青少年校园足球的实施意见》，推动福建省青少年校园足球运动的普及与发展，培养足球后备人才，根据省青少年校园足球工作领导小组办公室工作安排，省教育厅决定举办全省青少年校园足球冬令营活动。此次冬令营的学员来自全省各地的34所学校，总人数近百人。泉州市有5所小学共16名学员参加此次活动。学员们在福建省各高校优秀足球教练的指导下，开展为期一周的足球基本知识、技术训练和测试学习与培训，以提高足球素养。

泉州古城旧图书展启动

由泉州古城保护发展工作协调组办公室、中国社会科学院文化研究中心闽南文化研究基地主办的泉州古城旧图书展启动仪式在市区中山中路345号陈光纯故居举行。图为图书展现场。

（图/殷斯麒）

市纪委十二届二次全体会议召开

中共泉州市纪委十二届二次全体会议召开，贯彻中共十八届六中全会、十八届中央纪委七次全会和省纪委十届二次全会精神，研究部署2017年全市党风廉政建设和反腐败工作。

市委书记郑新聪要求，要严肃党内政治生活，落实《关于新形势下党内政治生活的若干准则》，严明政治纪律和政治规矩，用好组织生活这个经常性手段，严把选人用人政治关、廉洁关，健全正向激励、反向约束机制，打牢全面从严治党基础。要完善党委（党组）全面监督、纪律检查机关专责监督、党的工作部门职能监督、党的基层组织日常监督、党员民主监督的党内监督体系，以党内监督带动其他监督，发挥好“关键少数”抓“关键少数”和党委巡察的作用，实现上中下联动，同时发力、合力监督，为全面从严治党提供有力支撑。要坚持标本兼治，引导党员干部学习中华民族优秀传统文化、革命文化、社会主义先进文化，保持做人干事的精神风骨；坚持把纪律挺在前面，抓早抓小、防微杜渐；扎紧扎牢制度笼子，查找权力运行过程中的风险点，与时俱进推进制度创新、堵塞漏洞，确保公权力在正确轨道上运行，推进全面从严治党向纵深发展。要严格责任追究，贯彻《中国共产党问责条例》和省委实施办法，以常态化的问责，唤醒责任意识、激发担当精神；运用好责任制检查、市县党委巡察等成果，敢于坚持原则，完善配套措施，推动问责制度落地生根，用好全面从严治党利器。

郑新聪强调，要持之以恒，加强和改进作风建设，既深挖细查无视中央八项规定精神、潜入地下公款吃喝等顶风违纪问题，又注意发现和纠正以形式主义、官僚主义方式对待党中央决策部署等突出问题，推动作风建设往深里抓、实里做。除恶务尽，保持惩治腐败高压态势，实施精准打击，管住关键环节，紧盯关键领域，着力减存量、遏增量，打赢反腐败这场正义之战。重心下移，把推动党风廉政建设向基层延伸作为党建工作项目化管理的重要内容，加强所属部门和乡镇纪委（纪检组）的队伍建设，加大对侵害群众利益的不正之风和腐败问题的惩处力度。各级纪委要履行自身建设主体责任，对照《中国共产党纪律检查机关监督执纪工作规则（试行）》要求，规范工作规程，把纪委的自我监督同接受党内监督、社会监督等有机结合，时刻以党性自律、以职责自警，提高履职能力和工作水平。

泉州市拥军优属慰问分团慰问东部战区陆军部队

泉州市拥军优属慰问分团慰问东部战区陆军部队。市委书记、市人大常委会主任郑新聪代表市四套班子和泉州市人民，感谢全体官兵对泉州经济社会发展的大力支持，表示将发扬双拥共建的优良传统，当好部队官兵的“坚强后盾”。东部战区陆军政委廖可铎向泉州人民致以新年祝福，并表示将加强军民共建，为泉州发展作出新的贡献。市领导康涛、林俊其参加慰问。

晋江市与大型央企中铁置业集团签订战略合作框架协议

晋江市与大型央企中铁置业集团签订战略合作框架协议，双方将在文化旅游、健康养生、城市综合开发等方面开展深度合作。此次晋江市与中铁置业集团的战略合作，将对打造新增长区域，推动文化旅游、生态健康等产业跃升提供有力支撑，为晋江经济社会新一轮发展注入强劲动力。双方将本着“精诚合作、依法运作”的原则，紧扣晋江在区位、产业、政策等方面的特色，发挥中铁置业集团在品牌、资金、管理和资源整合等方面的优势，创新合作模式，完善合作机制，打造央企与地方合作发展的典范。

相关链接：中铁置业集团是世界500强企业中国中铁投资旅游和房地产开发的旗舰企业，业务涵盖大规模城市新区综合开发与房地产开发，全国范围内拥有36家子分公司，初步建立覆盖环渤海、长三角、珠三角中心经济区域及全国各中心城市的全国性战略布局，具有规模优势、资源优势和品牌优势。

1月16日

农历丙申年腊月十九
星期一
温度：11℃—15℃
多云

●市纪委十二届二次全体会议召开，贯彻中共十八届六中全会、十八届中央纪委七次全会和省纪委十届二次全会精神，研究部署2017年全市党风廉政建设和反腐败工作。

●泉州市拥军优属慰问分团慰问东部战区陆军部队。

●晋江市与大型央企中铁置业集团签订战略合作框架协议，双方将在文化旅游、健康养生、城市综合开发等方面开展深度合作。

●安溪县与首家旅游业上市公司——新奥集团旗下北部湾旅游签订战略合作框架协议。

●“百态弥勒·大慈予乐”德化瓷艺大师暨全国书画名家作品创作项目启动仪式举行。

1月17日

农历丙申年腊月二十
星期二
温度：12℃—16℃
阴

●参加省十二届人大五次会议的泉州代表团举行全体会议，推选郑新聪为泉州代表团团长，康涛、陈万里、许文贵、吕刚、陈益为副团长。

●市直部分单位党组（党委）书记抓机关党建工作述职评议会召开，传达省直单位党组（党委）书记抓机关党建工作述职评议会议精神等。

●17—22日，由团省委、团市委、台湾“中华杰出青年交流促进会”主办的“品味海丝古城·文化寻根之旅”第三届海峡两岸高校大学生记者挑战赛在泉州举行。

●“情暖刺桐古城 健康与你同行”——2017年泉州市流动人口关怀关爱暨新市民健康城市行启动仪式在市区西街肃清门广场举行。

●“海丝泉州自‘游’行”旅游攻略揭晓。

●“2016年度绿色低碳发展变革力峰会”在北京召开，恒安集团获“国际碳金奖”。

●达利食品集团第八届爱心敬老金发放仪式在惠安县举行，为惠安县9000多名60岁以上老年人发放爱心敬老金1000万元。

市直部分单位党组（党委）书记抓机关党建工作述职评议会召开

市直部分单位党组（党委）书记抓机关党建工作述职评议会召开。会议要求市直各单位党组（党委）要坚持问题导向，增强机关党建工作实效。要善于引领新常态、把握新趋势。强化主业意识与依规治党，增强党建合力；要善于运用新思维、寻求新突破。推动党建项目化、实践化、效能化运作，提升党建工作的科学化水平。

第三届海峡两岸高校大学生记者挑战赛在泉州举行

17—22日，由团省委、团市委、台湾“中华杰出青年交流促进会”主办的“品味海丝古城·文化寻根之旅”第三届海峡两岸高校大学生记者挑战赛在泉州举行。17日，挑战赛启动仪式在泉州府文庙举行。启动仪式上，来自泉州立成小学、泉州艺校的学生为两岸大学生带来《诫子书》诵读及《八佾舞》表演。活动吸引台湾32所高校、大陆13所高校的百名青年媒体人参加，同时特邀海丝申遗联盟城市广州、南京两座城市的学子参加。在考察采访活动中，两岸青年携手同行，寻海丝史迹、游古城巷弄、访名人故居，挖掘海丝古城泉州的文化底蕴和城市魅力。为创新两岸青少年交流模式、增强互动实效，挑战赛在以往混合组队竞赛的模式上，增加两岸青年媒体人到泉州晚报社和泉州广播电视中心参观、采访行程。两岸青年媒体人参观泉州晚报、东南早报、泉州网、泉州通等全媒体运营平台，并与泉州晚报社采编人员进行交流互动。主办方还编排3条县（市、区）路线，让两岸青年媒体人在探寻海丝文化、闽南文化的同时，更加深入全面体验泉州丰富的闽南民俗文化和多样的传统产业发展。

“海丝泉州自‘游’行”旅游攻略揭晓

市旅游局公布“海丝泉州自‘游’行”旅游攻略大赛获奖情况。为挖掘整合“海丝”泉州旅游资源，强化旅游产品创意，丰富和创新旅游产品体系，泉州市于2016年9月20日起启动“海丝泉州自‘游’行”旅游攻略大赛报名工作。截至2016年11月8日，市旅游局收到100多篇群众投稿。参赛旅游攻略分为经典一日游、两日游、三日游、多日游线路，以及各种特色主题游线路，如古城街巷游（徒步或骑游）、海丝史迹游、宗教朝圣游、绿色生态游、滨海风光游、舌尖美食游等专题。首轮筛选后有37篇攻略入围，并在市旅游局官方微信公众平台上发布。经过第二轮的网络评选及第三轮的专家评选，施晓君的《东南山海经——刺桐古城（三日游）》获得一等奖；郭泽鹏的《来故乡泉州，邂逅一场多元宗教的听心之旅》和陈剑的《五天畅游泉南佛国，留恋海丝起点古城（五日游）》获得二等奖；获得三等奖的是王静雯的《纪念我正在被偷走的那四年》、@枫子—大叔的《忙里偷闲，寻找身边的大闽美景——大泉州，大美丽！》、施怀钦的《温陵泉城多日游》、陈蔚薇的《南国清和——记泉州五日游》、王婺婺的《小城故事多，游狮城侨乡》和罗健飞的《遇见石狮，遇见历史》，另有3篇获得最佳人气、美食专题、弘一法师专题等主题奖。

宗教旅游胜地——泉州清净寺　（图/吴寿民）

恒安集团获“国际碳金奖”

由世界环保（经济与环境）大会组委会主办的“2016年度绿色低碳发展变革力峰会”在北京召开，恒安集团获“国际碳金奖”，集团CEO许连捷被授予“碳金变革者奖”。大会组委会表示，许连捷32年来带领企业坚持走“绿色、低碳、可持续发展”道路，引领并推动中国家庭生活用品行业的变革与提升，恒安集团“追求健康，你我一起成长”的理念，成为全球企业践行可持续发展的典范模式。

林军到泉州走访慰问归侨侨眷

中国侨联党组书记、主席林军，副主席王亚君到泉州走访慰问归侨侨眷。在鲤城区常泰街道华塑社区，林军到贫困归侨侨眷家中，了解他们的居住条件、经济收入、身体状况和实际困难，与他们聊家常、话健康、送祝福，为他们送上春节慰问金，鼓励他们要在党委、政府和侨联组织的帮扶下，增强信心，战胜困难，早日脱贫奔小康。在看望中国侨联原副主席李欲晞的遗属时，林军向遗属表达哀思并致以慰问，并嘱咐基层侨联要多关心和照顾老干部遗属，将侨联大家庭的温暖传递到每个人的心中。

泉州文化旅游发展集团有限公司成立

泉州文化旅游发展集团有限公司（以下简称“泉州文旅集团”）挂牌成立。泉州文旅集团是按照市委、市政府“组建大集团、发展大产业”的战略部署成立的市属国有独资企业，是专业从事文化、旅游、体育产业投资运营的市场主体。泉州文旅集团将秉承“复兴古城文化、发展全域旅游”的宗旨，承担文化、旅游、体育产业投融资平台，资源整合优化平台，项目建设运营平台，城市宣传推广平台四大平台功能，围绕食、住、行、游、购、娱等全产业链条，拓展古城发展、旅游开发、文体投资、城市营销四大业务板块。按照总体规划，泉州文旅集团将以旅游产业为主线，按照“资源整合、项目带动、市场运作、品牌塑造”的思路，发挥四大平台作用，立足四大业务板块，提升经营规模、经济效益、服务质量和品牌影响，打造现代化大型文旅体产业龙头企业。当日，该集团旗下的泉州环湾文体投资有限公司、泉州市云旅游开发有限公司两家子公司同时举行合作签约仪式。

泉州城建集团有限公司成立

市政府召开泉州城建集团有限公司成立工作会议。城建集团的成立，是贯彻落实市委、市政府深化国有企业改革意见的具体措施，有利于发挥资本集中、经营细分的优势，推动泉州市城建类资产的优化整合，提升城市建设水平。城建集团将建立现代企业制度，按照“做强母公司、做专二级公司、做活三级公司”运营思路，发挥城建类财政性项目的投融资主体作用，充当海丝新城开发建设主力军；构建集团城建全产业链条，打造“城市建设运营服务综合提供商”；利用3—4年时间，通过发展产业投资，实施多元化经营，走可持续发展道路，打造泉州市首家资产规模超千亿的旗舰型国有企业。泉州城建集团有限公司注册资本金60亿元，主要业务范围包括土地整理开发、工程建设、公用事业运营、地产置业、产业投资等。首批子公司为泉州市城建国有资产投资有限公司、泉州市住宅建设开发有限公司、泉州市东海投资管理有限公司三家企业。

泉州市医疗保障管理局成立

泉州市医疗保障管理局（简称“市医保局”）挂牌成立，标志泉州市医疗保障管理工作迎来新篇章，城镇职工医保、城镇居民医保、新农合等医保经办机构实现“三保合一”，医疗、医保、医药“三医联动”进入新阶段。新成立的市医保局承担全市城镇职工医保、城镇居民医保、生育保险、新农合管理以及药品和医用耗材集中采购、医疗救助管理、医疗服务价格、药品配送管理等职责，将完善泉州市医疗服务保障体系，发挥医疗保障体制“药品、价格、医保”三元素的整合优势，提高医保基金使用效益，实现医保管理工作的最大限度优化组合，促进医疗服务质量和群众医疗保障水平的提升。市医保局将发挥医保的基础作用，改革医保支付方式和结算制度，加强对医疗服务行为及药品生产、流通等方面的监督制约，理顺医疗服务价格，堵住医疗资源和药品耗材的不必要浪费，遏制消除医药腐败，引导群众正确、合理就医，让医疗机构先向以治病为中心转变，再向以健康为中心转变，为群众健康站好岗、守好门。

1月18日

农历丙申年腊月廿一
星期三
温度：14℃—17℃
阴

●林军、王亚君到泉州走访慰问归侨侨眷，陈奕辉、翁祖根陪同。

●泉州文化旅游发展集团有限公司成立。

●泉州城建集团有限公司成立。

●泉州市医疗保障管理局挂牌成立，标志泉州市医疗保障管理工作迎来新篇章，城镇职工医保、城镇居民医保、新农合等医保经办机构实现“三保合一”，医疗、医保、医药“三医联动”进入新阶段。

●泉州市组织安监、交通、消防等多个部门，到石狮开展节前安全生产检查，调查摸清安全隐患和薄弱环节，防范遏制事故的发生。

1月19日

农历丙申年腊月廿二
星期四
温度：12℃—18℃
小雨

●《晋江洛阳江上游水资源保护补偿专项资金管理规定》出台。

●泉州连续5年名列全省水利工作责任目标考核第一名。

●泉州发出首张网约车从业资格证。

●由市卫计委、市计生协会主办的“情暖鲤城 健康同行——2017年健康大行动启动仪式”在市区芳草园广场举行。

●2017年百锐杯全国青少年足球精英赛总决赛U11、U9组比赛在泉州海峡体育中心举行。

●石狮市文艺工作者之家启用。

●由洛江区河市镇政府主办，泉州农商银行洛江支行承办的“关爱环卫工，共创美好家园”暖春活动举行。

●中国共产党党员、中共泉州市委办公室原调研员（享受副厅职级待遇）退休干部柯仲秋逝世，享年65岁。

《晋江洛阳江上游水资源保护补偿专项资金管理规定》出台

市政府修订出台《晋江洛阳江上游水资源保护补偿专项资金管理规定》。此次修订规定，流域保护补偿专项资金中按因素切块资金与按项目形式补助资金仍保持4：6不变，所作的调整主要体现在资金开支使用范围、按因素切块资金分配办法上。资金筹集方面，晋江、洛阳江上游水资源保护补偿专项资金计划每年筹集3亿元，由下游受益县（市、区）按用水量比例合理分摊。而资金开支范围方面，除其中的2亿元用于两江上游地区流域水资源保护工作、0.8亿元用于扶贫开发工作之外，规定还明确0.15亿元用于两江上游地区水土流失治理工作，0.05亿元用于省属国有林场经营运转。

为体现办大事、要事的精神，规定还扩大资金使用范围。按因素切块资金部分，资金使用范围从原来的4个方面扩展到12个方面，包括饮用水源保护、城乡污水垃圾处理设施建设、委托第三方统一管理运维的乡镇（农村）小型生活污水处理设施日常运维、畜禽养殖业污染整治、重点小流域整治、企业环保搬迁改造、生态修复、造林防护、县域内和县际之间建立实施的生态补偿项目、上级政府（部门）下达的水环境整治任务、各级环保督察查出需整改的水环境整治项目以及跨区域的水环境整治项目。

泉州连续5年名列全省水利工作责任目标考核第一名

省水利厅公布2016年度全省水利工作责任目标考核结果，泉州市获第一名，此系泉州市连续5年获此荣誉。2016年，泉州市水利工作顺利推进，成效显著。防汛抗灾成效突出。有效应对“莫兰蒂”“鲇鱼”等历史罕见超强台风的正面侵袭，保障人民群众生命财产安全。水利项目建设再创历史新高。完成水利投资67.5亿元，投资规模名列全省第一；国家“172水利骨干工程”白濑水库前期工作取得重大突破；七库连通工程全线推进，惠女至菱溪段顺利开工；彭村水库主体工程基本完工，具备下闸蓄水条件；金鸡至第三水厂输水管道工程竣工通水，在全省率先实现中心市区双水源、双通道；全年185个项目超额完成任务，16个重大项目顺利动工，争取国家专项建设基金15.6亿元，获批额度名列全省前茅；策划生成南安“两溪一湾”综合整治工程、永春全面治水等重大水利项目。水资源管理持续走在全国全省前列。落实最严格水资源管理制度成效突出；河长制工作成效凸显；生态文明建设先行先试，率先制定河道岸线和生态保护蓝线规划实施方案；万里安全生态水系建设成效显著。

泉州发出首张网约车从业资格证

48名驾驶员参加全市首场网约车从业资格考试。最终3名驾驶员通过考试，可以领取网约车从业资格证。市交通委相关负责人表示，参加网约车驾驶员从业资格考试，必须符合取得相应准驾车型机动车驾驶证并具有3年以上驾驶经历；无交通肇事犯罪、危险驾驶犯罪记录，无吸毒记录，无饮酒后驾驶记录，最近连续3个记分周期内没有记满12分记录；无暴力犯罪记录；未超过国家法定退休年龄等条件。考试合格后，在公布成绩的当天，符合条件的驾驶员就能到市道管处直属运管所审批窗口领证上岗。

全国青少年足球精英赛总决赛在泉州举行

19—23日，由丰泽区足球协会主办、福建泉圣足球俱乐部承办的2017年百锐杯全国青少年足球精英赛总决赛U11、U9组比赛在泉州海峡体育中心举行。来自北京、上海、广州等全国六大赛区及合作城市的16支冠军球队参赛，并最终决出全国总冠军。此次比赛旨在为全国的足球少年搭建一个展示自我与相互交流的平台，以期通过比赛提升青少年球员的技战术水平，同时发现、选拔更多有天赋的小球员，为中国足球的长远发展贡献力量。

泉州代表团审议省政府工作报告

出席省十二届人大五次会议的泉州代表团，对省政府工作报告及计划、预算报告等进行审议。代表们一致认为，过去一年，全省贯彻习近平系列讲话精神和对福建工作的指示，全面贯彻中共十八大和十八届三中、四中、五中、六中全会精神，落实省第十次党代会精神，经济社会保持平稳健康发展，实现“十三五”良好开局。省政府工作报告旗帜鲜明、主题突出，文风朴实、语言精练，客观反映2016年福建省发展所取得的成绩，提出的新一年工作目标切合福建实际。

全市防汛防台风抗旱形势会商会召开

全市防汛防台风抗旱形势会商会暨提升防汛基础性工作座谈会召开。会议指出，泉州市将加强农村住房灾后重建督查力度，确保群众春节前可搬入新居；落实项目资金，加快推进公路、桥梁的修建进度，按时完成修复任务；加快水利工程水毁修复进度，加大重建资金的筹措力度，汛前完成所有修复任务，全面恢复防洪功能。提升防汛基础性工作，夯实防汛防台风工作基础，并定期上报落实情况，直至完成任务。及早开展防汛安全大检查，市防指在3月中旬前组织督查组分赴各地开展汛前安全检查情况督查。

全省首个体育旅游研究所在泉州成立

全省首个体育旅游研究所“华侨大学海峡旅游研究院体育旅游研究所”在泉州聚龙小镇成立。聚龙养生发展有限公司与华侨大学旅游学院的战略合作签约仪式、“华侨大学智慧旅游研究所聚龙小镇观测中心”成立仪式同时举行，双方将开展学术研究与产学合作。华侨大学旅游学院是教育部最早批准成立的全国八所旅游高等院校之一，拥有全国首家国家级旅游实验教学示范中心和全国唯一的国家级旅游虚拟仿真实验中心。聚龙养生发展有限公司成立十年来，一直以“人文·森林·湖泊·运动”为特色，在“构建世外桃源真品质人居幸福小镇”宗旨下，专注投资创建集养生、温泉、酒店、医疗、运动、文教、人居于一体的大型综合项目——聚龙小镇。此次校企合作，旨在适应新形势条件下海峡西岸经济区经济发展需求，开创休闲养生、体育、休闲旅游开发模式，提升为地方经济建设服务的能力和水平。

首届海峡两岸青少年足球邀请赛在泉州举行

20—22日，由市体育局、团市委主办的“那尔多·贺岁杯”首届海峡两岸青少年足球邀请赛在泉州东海湾实验学校举行。比赛旨在发挥泉州的“五缘”优势，为海峡两岸的青少年足球交流提供一个全新的平台，以期增进了解，相互学习，共同发展。比赛邀请来自台湾、上海、江苏、江西和福建本土的8支球队参加。赛事组织者表示，将把这一赛事办成两岸青少年足球交流的传统赛事，并争取使其规模和影响力逐年扩大。

开幕式　（图/泉州东海湾实验学校）

泉州自由创意艺术作品展览举行

泉州自由创意艺术作品展览在市区华侨新村一古厝内举行。展览持续至2月12日。主办方通过多种自由艺术创作，力求给参观者带来全新的视觉盛宴。知名蜡光画艺术家林经荣用蜡与光带来全新的艺术体验；砖雕艺术家郑培南，用雕刻的艺术表现形式，提升瓷砖的价值；荷兰籍丙烯画家谢瑗吉，作为泉州的外孙女，期待通过作品让人看到奇妙的灵魂；装饰艺术家赖娸菱，以童真画画，像儿童一样描绘美丽家园；连环画艺术家张子川，以见证者的视角，为大家带来熟悉的连环画记忆。

1月20日

农历丙申年腊月廿三
星期五
温度：7℃—13℃
阴

●出席省十二届人大五次会议的泉州代表团，对省政府工作报告及计划、预算报告等进行审议。

●全市防汛防台风抗旱形势会商会暨提升防汛基础性工作座谈会召开。

●全省首个体育旅游研究所“华侨大学海峡旅游研究院体育旅游研究所”在泉州聚龙小镇成立。

●由市卫计委、市红十字会、泉州晚报社、安溪县委组织部主办的“新春扶贫助困送温暖”活动在安溪县湖上乡举行，为56名计生困难户、“二女”困难户、独生子女、贫困户送上价值近5万元的新春大礼包及慰问金。

●20—22日，“那尔多·贺岁杯”首届海峡两岸青少年足球邀请赛在泉州东海湾实验学校举行。

●泉州自由创意艺术作品展览在市区华侨新村一古厝内举行。

1月21日

农历丙申年腊月廿四
星期六
温度：7℃—14℃
多云

●尤权参加省十二届人大五次会议泉州代表团审议。

●参加省“两会”的市领导郑新聪、康涛、陈万里、林万明、许文贵、吕刚、骆沙鸣、陈益等，结合工作实际，各自以代表、委员身份领衔提出一系列建议、提案。

●由福建省游泳协会和泉州四远体育等主办的2016—2017年游泳俱乐部大联盟全国联赛（泉州站）在洛江区举行。

●“迎新春、送春联、读好书”国防教育活动在泉州市府文庙广场举行。

●第三届石狮籍大学生灯谜联谊赛在石狮灯谜传习中心举行。

●由晋江市文体新局、福建省音乐家协会小提琴专委会主办的“新春弦律”小提琴音乐会在晋江市文化中心举行。

尤权参加省十二届人大五次会议泉州代表团审议

省委书记、省人大常委会主任尤权参加省十二届人大五次会议泉州代表团审议，听取意见建议。郑新聪、康涛、吴金程、林秀成、刘文儒、王文礼、黄国富、陈秀玉、许景南、许水深、吴汉宗、洪飞跃等代表围绕实施创新驱动战略、加快产业转型升级、支持企业创新和智能制造发展、防控金融风险等问题提出意见和建议。尤权指出，泉州发展要再上新台阶、再创新辉煌，关键是要闯过转型升级关。要营造创新环境，立足泉州特点和发展实际，以建设国家自主创新示范区和“中国制造2025”试点示范城市为抓手，深化创新体制机制改革，细化支持创新的具体举措。要突出企业家主体作用，更加重视培养一批有长远眼光、有胆量、有见识、懂经营的企业家群体，增强企业家推动转型升级的能力和水平。要完善服务平台，构建“亲”“清”政商关系，为企业转型升级营造好的环境。

尤权参加泉州代表团审议 （图/王虎文）

市领导领衔提出省“两会”建议提案

参加省“两会”的市领导郑新聪、康涛、陈万里、林万明、许文贵、吕刚、骆沙鸣、陈益等，结合工作实际，各自以代表、委员身份领衔提出一系列建议、提案，支持泉州引进科技创新平台和培育高层次人才。泉州市贯彻落实省委、省政府决策部署，围绕建设国家自主创新示范区、“中国制造2025”城市试点示范和国家“数控一代”示范工程，引进和建设一批高水平新型科研机构和科技创新平台，集聚1000多名院士及各行业专家。但与先进地区相比，与泉州庞大的制造业相比，科技创新平台少、研发力量薄弱、覆盖范围不广、院校专业设置与本地产业需求不对称、专业人才紧缺等“短板”问题仍较为突出。建议省里支持泉州在新兴产业及应用高新技术改造传统产业领域，引进、合作、共建一批新型科研机构、产业技术研究院、重点实验室；制定实施以激励创新为核心的分配政策，在研发自主权、经费预算、兼职兼薪等方面，提高科研人员受益分享比例；对走出科研院所、院校到技术成果转化第一线开展服务的科技工作者，在评定职称时给予政策鼓励；对回国工作、符合条件的海外高层次人才开设出入国境简便通道。支持发展集成电路和高端智能装备战略性新兴产业。集成电路和高端智能装备是福建省和泉州市“十三五”及今后一个时期重点发展的战略性新兴产业。泉州市于2016年引入晋华集成电路存储器生产线建设项目，与国家集成电路产业大基金合作设立产业投资基金，规划建设福建省集成电路产业园。晋华投产后可带动上下游聚集发展，形成千亿产业集群。面临国际、国内激烈的竞争，建议省里集中整合省级有关专项扶持资金对集成电路内存芯片和上中游设计、封装测试项目予以扶持。高端装备产业方面，近年来，泉州实施国家“数控一代”示范工程，加快建设洛江、晋江、南安智能装备产业园，形成“数控一代”示范项目产品293个、高端装备产品41个。建议省里对高端装备制造业尤其是智能装备、数控装备，在招标确标和直接采购资格认定上予以“首台套”设备支持。

中科院海西研究院泉州装备制造研究在测试新系统 （图/吴宗宝）

市政协党组2016年度民主生活会召开

市政协党组2016年度民主生活会召开，学习贯彻中共十八届六中全会精神，围绕“两学一做”学习教育要求，重点对照《关于新形势下党内政治生活的若干准则》和《中国共产党党内监督条例》，进行党性分析，开展批评和自我批评。会议指出，要勇于担当主动作为，围绕中心服务大局，增强履职实效。要优化委员管理服务，搭建平台，发挥委员主体作用。要严肃党内政治生活，强化责任制落实，推进管党治党。要加强政协机关建设，提高履职服务水平。

泉州10项目入选第五批省级非遗

省政府公布第五批省级非遗推荐项目名录，10个泉州项目上榜。相关人士介绍，以前提到泉州非遗，人们容易想到戏曲、舞蹈、音乐之类的，传统技艺和医药方面比较薄弱。但此次传统技艺占一大半，有香料、花生、南音乐器、红茶、茶饼和佛雕制作。庐山国佛雕是泉州众多佛雕制作流派中的一种，泉州的佛雕工匠技艺流播到海外，很多国家的佛像雕塑请的是泉州师傅。值得一提的是，留章杰针灸此次也榜上有名。留章杰主任医师生于1911年，1980年去世，是近代针灸大师承淡安的亲传弟子。留章杰被认为是“开拓福建针灸的第一人”，生前担任福建省针灸学会副会长。留章杰针灸是闽南文化的重要组成，现已成立传习所，而且正在进行传承谱系的调查和整理。联合国教科文组织2010年11月将“中医针灸”列入“人类非物质文化遗产代表作名录”，泉州的针灸有冲刺国家级非遗的实力。

相关链接：泉州入选项目：民间文学：南少林传说（丰泽）、李五传说（晋江）；传统音乐：道教音乐（洛江）；传统技艺：香料制作技艺（厦门海沧、永春）、南音乐器制作技艺（泉州台商投资区）、衙口花生制作技艺（晋江）、涂岭红红茶制作技艺（泉港）、武夷清源茶饼制作技艺（丰泽）、安海庐山国佛雕技艺（晋江）；传统医药：针灸（留章杰针灸）（鲤城）。扩展项目名录：传统技艺：木雕（泉州张坂木雕）（台商投资区）；民俗：保生大帝信俗（鲤城）、田公元帅信俗（南安）。

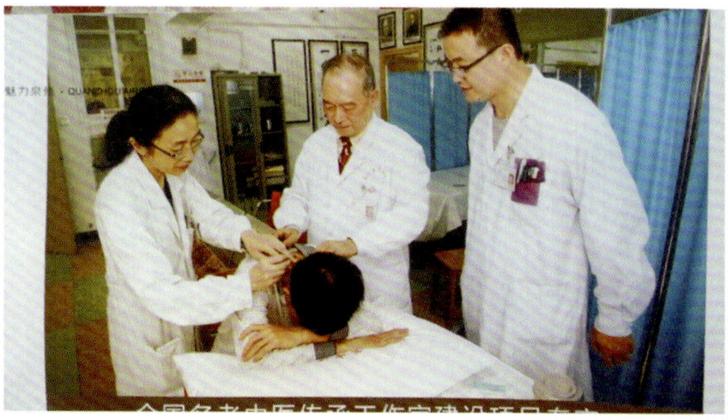

针灸（留章杰针灸）　（图/廖平和）

中心城区29个集贸市场实行每月常态化考评

市食药监局与市城市管理综合考评中心印发《泉州市城区集贸市场考评方案》，1月起对29个中心城区集贸市场实行每月常态化考评，强化对集贸市场的日常监管，规范集贸市场经营管理行为，为市民提供安全舒适的购物环境。此次纳入考评的29个集贸市场分别为鲤城8个、丰泽13个、洛江2个、泉港3个、开发区1个、泉州市城镇集体工业联合社2个。考评内容分为“组织管理、市容和环境卫生、硬件设施、经营管理”四个维度，每个维度细化为若干项目细则，并把每项细则量化成具体分值，实行量化考评。每月常态化开展考评并实行月通报。市城管办有关负责人介绍，将市场考评列入泉州市城市管理综合考评中心考评项目进行每月考评，改变以前阶段性检查为常态化考评，形成长效管理机制。同时，市食药监局在鲤城、丰泽、洛江、开发区四个区分局从街道、社区中聘请64名专职食品安全协管员，实行固定薪酬制，协助从事集贸市场监督管理工作，强化平时的监管。此外，更进一步完善督查机制，指定专门人员负责组织协调，制定定期多部门联合督查机制。针对易反弹难巩固问题情况，开展重点督查、专项督查、全面督查三种不同的类别督查；开展月督查、旬督查和周督查三种不同频次的督查，并定期进行督查通报。

1月22日

农历丙申年腊月廿五
星期日
温度：8℃—16℃
晴

●省十二届人大五次会议闭幕，泉州代表团共提交建议135件。

●市政协党组2016年度民主生活会召开，学习贯彻中共十八届六中全会精神，围绕“两学一做”学习教育要求，重点对照《关于新形势下党内政治生活的若干准则》和《中国共产党党内监督条例》，进行党性分析，开展批评和自我批评。

●省政府公布第五批省级非遗推荐项目名录，10个泉州项目上榜。

●市食药监局与市城市管理综合考评中心印发《泉州市城区集贸市场考评方案》，1月起对29个中心城区集贸市场实行每月常态化考评，强化对集贸市场的日常监管，规范集贸市场经营管理行为，为市民提供安全舒适的购物环境。

1月23日

农历丙申年腊月廿六
星期一
温度：8℃—14℃
晴

●市委、市政府举行2017年新春团拜会。

●市委常委会召开会议，传达贯彻省十二届人大五次会议、省政协十一届五次会议精神，研究通过《泉州市贯彻落实省委省政府环境保护督察组督查反馈意见整改方案》。

●泉州市拥军优属慰问分团走访慰问某集团军和泉州军分区。

●市政府第一次常务会议召开，传达省两会、省政府第一次全体会议以及市委常委会精神，研究并通过《泉州市小流域及农村水环境整治计划（2016—2020年）》。

●市工商联（总商会）十四届一次主席（会长）会议召开，作换届大会工作总结，并讨论通过《泉州市工商联（总商会）企业家正副主席（副会长）工作制度》。

●由市总工会、市旅游局等主办的2017年外来务工人员春节免费游泉州活动启动。

●“唱响泉州海丝迎”春南音演唱会在泉州市工人文化宫南音社举行。

●丰泽区郁金香文化旅游节启动。

●老茶收藏价值高峰论坛暨茶业创新营销平台启动仪式在安溪县举行。

市委市政府举行新春团拜会

市委、市政府举行2017年新春团拜会。市委书记、市人大常委会主任郑新聪指出，过去一年，泉州在省委领导下，上下一心、合力共为，实现“十三五”良好开局。注重思路谋划、务实运作重大项目，召开市第十二次党代会，开展“重大项目前期工作活动年”、百日大会战等，一批打基础、利长远项目快速落地。政企合力、精准施策，实施重点产业转型升级路线图，每季度开展“帮扶企业发展 促进项目落地”活动周。全面深化改革、激发创新活力，获批国家自主创新示范区、“中国制造2025”城市试点示范，“数控一代”创新应用经验在全国推广，清理规范行政审批申报得到国务院通报表扬。加快城市“点线面”提升、启动海丝重要门户城市建设，实施古城保护“六大工程”，推动500多个环湾规划建设项目。倒计时推进脱贫攻坚、加快补足民生短板，全年脱贫4.26万人，兑现36件为民惠民承诺。郑新聪表示，新一年，泉州将更紧密地团结在以习近平同志为核心的党中央周围，主动呼应“再上新台阶、建设新福建”主旋律、最强音，坚持“稳中求进、突围攻坚”工作主线，下力气闯过转型升级关口。

市委常委会会议传达贯彻省“两会”精神

市委常委会召开会议，传达贯彻省十二届人大五次会议、省政协十一届五次会议精神，研究通过《泉州市贯彻落实省委省政府环境保护督察组督查反馈意见整改方案》。会议强调，要领会、把握省委关于泉州要“闯过转型升级关、再创发展新辉煌”的新要求。这是省委在泉州改革发展关键转折时期，从历史脉络、现实制约、长远发展等多个角度，帮忙把脉、把握大势、洞悉规律，对泉州作出的重大判断，提出的奋斗方向和发展思路。要突出抓好创新环境营造、企业家培养、服务平台完善、金融风险防范、信用环境打造等工作，结合建设国家自主创新示范区和“中国制造2025”城市试点示范，逐一梳理、专班负责、专项推进。要坚持抓早抓实抓主动，盯紧一揽子考核目标，在指标进度、项目投资、转型举措、脱贫攻坚、干部力量调度等，拉开“突围攻坚”架势，确保一季度开门红。

市政府第一次常务会议召开

市政府第一次常务会议召开，传达省两会、省政府第一次全体会议以及市委常委会精神，研究并通过《泉州市小流域及农村水环境整治计划（2016—2020年）》。会议指出，2017年是泉州经济发展“突围攻坚”的关键之年。全市要推进工业稳增长，紧抓20项稳增长政策落实，紧盯251个市级工业增长点，加大用电补贴力度，鼓励企业晚停工、早开工；同时，开展“手拉手”产能对接，加强企业间协作。推进“三产”稳增长，其中，物流业方面，要立足泉州产业基础和特色，发展仓配一体化、直供式物流；旅游业方面，以发展文化旅游、商务旅游为重点，吸引高端游客；批发零售业方面，扶持出口企业、内贸批发企业发展，培育壮大线上零售。推进投资稳增长，通过采取指挥部体制、倒排工期、晾晒成绩、责任到人等措施，推动政府性项目建设取得更大突破；同时，加大企业项目帮扶力度，促进晋华集成电路、中化乙烯等一批龙头项目加快投资进度。控制金融风险，通过堵入口、扩出口、增分母等措施守住底线。

2017年外来务工人员春节免费游泉州活动启动

由市总工会、市旅游局等主办的2017年外来务工人员春节免费游泉州活动启动。此活动是泉州市相关部门推动幸福泉州建设的一项具体行动，也是尊重关爱外来务工人员的一项具体举措。外来务工人员（非泉州籍人员）持本人身份证或工会会员证或工会介绍信即可免费游览泉州景区（点），包括清源山风景名胜区、伊斯兰教圣墓和清净寺等。

郑新聪检查节日安全生产、春运和食品安全工作

市委书记、市人大常委会主任郑新聪到中骏世界城、泉州新奥燃气城东门站、客运中心站、泉州动车站等地，检查节日安全生产、春运和食品安全等工作。郑新聪指出，安全生产方面，要紧抓节前大检查、大排查，及时落实问题整改；紧抓重点领域专项整治，特别要加大物流仓库、餐饮场所、烟花爆竹等的安全监督检查和执法力度，全面堵塞安全漏洞；紧抓群体性活动场所安全管理，实行报批制度，强化安保措施，加强关键部位排查。春运方面，要对交通工具及消防救生设施开展全面检查，加强隐患路段整治工作，同时加大执法力度，依法严查、严罚超速、超载、酒驾等违法行为，提升运输服务水平，保证群众安全顺畅出行。市场供应和食品安全方面，要加强监管，严把生产、加工、运输等各个环节，开展专项整治，完善供应应急机制。

烈士张浩王晓冬追悼会举行

张浩和王晓冬烈士追悼会在其生前所在部队东部战区陆军陆航某团举行，市长康涛出席追悼会。10时整，追悼会开始。全场人员向英雄默哀3分钟，16名礼兵（代表张浩烈士军龄16年）鸣枪9响（代表王晓冬烈士军龄9年）向烈士致敬。随后，某集团军领导宣读批准张浩和王晓冬为烈士的通知书和为他们追记二等功的通令。陆军参谋部领导，东部战区陆军领导机关、某集团军领导机关、张浩和王晓冬生前所在团队官兵、泉州市党政军机关、驻地群众、张浩和王晓冬家人和家乡代表800余人，向烈士遗像三鞠躬。军地领导依次与烈士家属握手致哀。张浩和王晓冬烈士的骨灰将被护送回家乡，安葬在当地烈士陵园。

相关链接：19日，陆航某团飞行员张浩和王晓冬驾驶的直升机在夜间训练时坠毁，2名飞行员不幸牺牲。来自江苏灌云的张浩是一级飞行员，是同批飞行员中第一批放单、第一批机长、第一批某型直升机射手，26岁时在同批飞行员中第一个走上中队长岗位，能驾驶多种机型，多次担负模拟教学任务，曾先后2次立三等功，被表彰为“军事训练先进个人”“优秀共产党员”“优秀基层干部标兵”。来自江苏南京的王晓冬是三级飞行员，能驾驶两种机型，是同一批次飞行员中最优秀最年轻的某型直升机射手，2016年被陆航某团评为“优秀基层干部”。

市人大常委会党组2016年度民主生活会召开

市人大常委会党组2016年度民主生活会召开，通报2015年市人大常委会党组专题民主生活会整改措施落实情况、2016年民主生活会准备工作情况及2016年民主生活会征求意见情况。会议强调，要抓巩固深化，坚决维护核心、坚定理想信念、坚守纪律规矩、坚持责任担当，打造更加清朗的党内政治生态，筑牢对党绝对忠诚的思想基础；要抓成果转化，总结经验、树立典型，担负全面从严治党重大政治责任，推进人大机关党的建设；要抓整改落实，聚焦查摆出来的突出问题，列出整改清单，建立台账、明确时限，确保问题整改到位；要抓制度完善，推进人大自身建设，确保新一届人大各项工作再上新台阶。

泉州木偶高甲到泰国新加坡演出

泉州市木偶剧团受中国文化部派遣，到泰国曼谷参加由中、泰两国政府主办的“欢乐春节”系列活动。泉州市高甲戏传承中心受中国文化部派遣，到新加坡参加“春城洋溢华夏情”演出活动。25日，第十三届中泰两国“欢乐春节”活动在曼谷蓝毗尼公园“中泰友谊亭”前举行，泉州市木偶剧团的演员表演经典剧目《元宵乐》与《狮子舞》。从25日起至31日，泉州提线木偶戏在泰国各个重要演出场所进行多场展演活动。25日，泉州市高甲戏传承中心在新加坡牛车水广场进行首场演出，独具特色的泉州戏曲节目《梨园百花颂》《俏·掌婶》《公子游》《十五贯》《神话》《驯猴》等节目相继上演。

1月24日

农历丙申年腊月廿七
星期二
温度：9℃—15℃
多云

●郑新聪检查节日安全生产、春运和食品安全工作。

●张浩和王晓冬烈士追悼会在其生前所在部队东部战区陆军陆航某团举行。

●市人大常委会党组2016年度民主生活会召开，通报2015年市人大常委会党组专题民主生活会整改措施落实情况、2016年民主生活会准备工作情况及2016年民主生活会征求意见情况。

●市政府办下发《关于促进工业企业节后早开机开满机若干措施的通知》。

●首届泉州市“十佳城市管理者”揭晓。

●2017泉州职工网络春晚获奖名单揭晓。

●泉州市木偶剧团受中国文化部派遣，到泰国曼谷参加由中、泰两国政府主办的“欢乐春节”系列活动。

●泉州市高甲戏传承中心受中国文化部派遣，到新加坡参加“春城洋溢华夏情”演出活动。

1月25日

农历丙申年腊月廿八
星期三
温度：9℃—17℃
多云

●郑新聪到泉州晚报社和泉州广播电视台，看望慰问坚守岗位的新闻工作者。翁祖根、陈铁晗参加慰问和调研。

●康涛带领市商务局、农业局、物价局、食药监局等部门主要负责人，开展节前市场供应和食品安全工作大检查。季翔峰参加相关活动。

●泉州市组织收听收看全省春节期间森林防火工作电视电话会议。

●由省文联和晋江市文化体育新闻出版局主办，福建省海峡民间艺术馆和晋江市博物馆承办的“传承·创新——闽南木版年画作品展”在福州三坊七巷省海峡民间艺术馆开幕。作品展持续至2月12日，展出作品97件。

郑新聪看望慰问新闻工作者

市委书记、市人大常委会主任郑新聪到泉州晚报社和泉州广播电视台，看望慰问坚守岗位的新闻工作者。

郑新聪指出，过去一年，泉州晚报社及其所属媒体围绕中心、服务大局，在新闻舆论领域打了好几场大仗、硬仗、漂亮仗。特别是主题宣传抓得准、有声势，浓墨重彩推出省市党代会、“两学一做”学习教育、“重大项目前期工作活动年”等系列报道，紧跟供给侧改革、企业创新转型等重点工作；舆论引导敢发声、有态度，领会党委、政府决策意图，重大事件及时介入，第一时间发布权威消息；突发事件冲在前、有担当，一线记者顶风冒雨、不顾危险，实地报道“莫兰蒂”等台风动向、灾情，及时发布党委政府防台指令。

郑新聪要求，要贯彻习近平关于新闻舆论工作系列讲话精神，把政治方向摆在第一位，坚持党性原则，坚持马克思主义新闻观，坚持正确舆论导向，坚持正面宣传为主，与党委、政府同心同向，激发团结奋进、攻坚克难的强大力量。要围绕市党代会工作部署，报道各地比学赶超态势，造浓“突围攻坚”氛围；多报道企业转型成功经验，解读国家自主创新示范区、“中国制造2025”城市试点示范等政策措施，坚定企业转型信心；唱响核心价值观主旋律，引导社会崇德向善；对外讲好泉州故事，提升海丝重要门户城市知名度影响力。

郑新聪在泉州晚报社看望慰问新闻工作者
（图/陈起拓）

康涛检查春节市场供应和食品安全工作

康涛检查市区春节市场供应和食品安全工作
（图/陈晓东）

市长康涛开展节前市场供应和食品安全工作大检查。康涛强调，春节期间是食品销售和消费的高峰期，各级各相关部门要加强物资调度，保障平价商品供应，关注市场价格动态，适时启动应急预案，防止价格异常波动；要把安全放在首位，完善食品检验制度，细化随机抽检方案，加强检验队伍管理，提高检测准确性和时效性，确保群众吃得安全、吃得放心；要做好人群密集场所的交通疏导、隐患排查、卫生防疫，营造良好的节前消费环境。

闽南木版年画作品展在福州开幕

由省文联和晋江市文化体育新闻出版局主办，福建省海峡民间艺术馆和晋江市博物馆承办的“传承·创新——闽南木版年画作品展”在福州三坊七巷省海峡民间艺术馆开幕。作品展持续至2月12日，展出作品97件，其中有漳州已故工艺美术大师严锦华的作品、晋江博物馆的馆藏品（清朝及民国时期的木版年画）和泉州市工艺美术大师蔡建昌创新的木版年画。开幕式现场还进行拓印表演，让游客了解木版年画的制作过程。

相关链接：闽南木版年画历史悠久，是中国众多年画品种中一个重要的风格类型。兼有北方年画的雄浑质朴与南方年画的精致秀丽，体现出浓郁的地域文化特色，是闽南传统民俗与地域文化的一个重要表征。木版年画作为民间民俗的体现，有风俗节日和婚喜吉庆的特定要求。闽南木版年画绘制过程，一般是经过画工绘稿，再由刻工雕刻在木板上，然后拓印在纸上。常见的题材有门神、财神、老鼠娶亲、昭君和番、陈三五娘等，以及富有地方特色的娱乐性年画，例如神话、通俗文学、连环画等。

市领导到各地开展慰问活动

市领导带领市直有关部门负责人到各地访贫问苦，送去党委、政府的温暖和新春祝福。

在新奥燃气泉州公司，市委书记、市人大常委会主任郑新聪，市委常委、秘书长翁祖根等与困难职工彭辉辉促膝交谈。彭辉辉的父亲在2007年因车祸致病，每年高额的医疗费用让这个普通家庭不堪重负。郑新聪要求，要把群众的冷暖挂在心上，摸查困难群众、职工的基本情况，加大帮扶慰问力度，为困难群众、职工排忧解难。

市长康涛慰问泉州汽车运输总公司困难职工郑明兰。一到郑明兰的住处，康涛就询问了解她的家庭生活情况。得知她身体不好，家中尚有正在读书的女儿时，康涛鼓励她坚定信心，乐观生活，克服眼前困难，将女儿培养成才，未来的日子会越过越好，同时要求各级各部门做好帮扶工作，主动帮助解决实际困难。

市领导陈万里、陈灿辉、陈奕辉、翁祖根、温惠榕、林俊其、孔繁军、林万明、陈铁晗、张永宁、林锦明等也分别慰问泉州市部分困难职工、台胞、归侨贫困户、计生二女户、特困户、低保户、困难劳动模范、困难道德模范、重点优抚对象、计生困难户、困难党员等。

“古泉州（刺桐）史迹”申报2018年世界文化遗产

中国联合国教科文组织全国委员会秘书处致函联合国教科文组织世界遗产中心，推荐海上丝绸之路最具代表性的港口城市“古泉州（刺桐）史迹”作为2018年世界文化遗产申报项目。“古泉州（刺桐）史迹”系列遗产是泉州在以“刺桐”的代称闻名于世的宋元时期（960—1368年），在“海上丝绸之路”进入繁盛阶段的背景下，产生并遗留至今的与海洋商贸、海洋文化相关的诸多史迹与遗址。它们代表宋元时期泉州作为“海上丝绸之路”重要港口城市的航海、贸易运行系统，完整而突出地展现长期建立在农耕文明基础上的古代中华帝国在其海洋文明发展高峰时期的航运设施水平、文化交流与港口城市的建设情况，体现古泉州作为宋元时期东方重要港口城市的历史地位、航海和贸易传统，以及因国际交流而形成的社会文化特征，从不同角度勾勒出10—14世纪泉州作为“海上丝绸之路”重要港口城市的繁盛图景。作为著名历史事件“马可波罗世纪之旅”东西两端的威尼斯和泉州明确见于史籍。截至2017年，全市共有16个遗产点列入“古泉州（刺桐）史迹”，分别为：万寿塔、六胜塔、石湖码头、江口码头、九日山祈风石刻、真武庙、天后宫、磁灶窑系金交椅山窑址、泉州府文庙、老君岩造像、开元寺、伊斯兰教圣墓、清净寺、草庵摩尼光佛造像、德济门遗址、洛阳桥。

相关链接：“古泉州（刺桐）史迹”申报《世界遗产名录》时间表：2017年1月，泉州市将《古泉州（刺桐）史迹》文本和中国联合国教科文组织全国委员会秘书处推荐信送交联合国教科文组织世界遗产中心（法国巴黎）；2月，世界遗产中心登记申报项目，转交给咨询机构（国际古迹遗址理事会）；9月，咨询机构专家实地考察；2018年5月，咨询机构向世界遗产中心递送评估意见和建议；7月，第42届世界遗产委员会（地点待定）审议申报项目，作出决定。

古航标塔——六胜塔

九日山祈风石刻　　（图/吴寿民）

1月26日

农历丙申年腊月廿九
星期四
温度：8℃—16℃
晴

●市领导郑新聪、康涛、陈万里、陈灿辉、陈奕辉、翁祖根、温惠榕、林俊其、孔繁军、林万明、陈铁晗、张永宁、林锦明等分别带领市直有关部门负责人到各地访贫问苦，送去党委、政府的温暖和新春祝福。

●中国联合国教科文组织全国委员会秘书处致函联合国教科文组织世界遗产中心，推荐海上丝绸之路最具代表性的港口城市“古泉州（刺桐）史迹”作为2018年世界文化遗产申报项目。

●丰泽区总工会、匹克集团工会在匹克集团总部宴请留厂外来职工年夜饭。

1月27日

农历丙申年腊月三十
星期五
温度：11℃—18℃
晴

●郑新聪在泉州晚报发表新春致辞。

●泉州武术运动员黄志坤等12位福建选手参加中央电视台春节联欢晚会武术节目《中国骄傲》的表演。由80位世界冠军、亚洲冠军和全国冠军组成的国家武术套路集训队，在《中国骄傲》节目中表演中国功夫。80位运动员中有12位福建籍选手，其中包括来自泉州的国际健将黄志坤。

●全市各地举办“四海一家·欢度除夕”等形式多样的活动，让春节期间留在泉州的来泉务工人员在“第二故乡”过一个轻松愉快、幸福祥和的新春佳节。

●农业部发出公告，永春白番鸭经过初审、专家评审和公示，符合农产品地理标志登记程序和条件，准予实施登记国家农产品地理标志登记保护。

郑新聪发表新春致辞

郑新聪发表新春致辞　（图/陈英杰）

市委书记、市人大常委会主任郑新聪在泉州晚报发表新春致辞。全文如下：

乡亲们，朋友们：

大家好！玉猴辞旧岁，金鸡报新春。在这辞旧迎新的喜庆时刻，我谨代表市委、市人大、市政府、市政协，向全市人民祝福新年！向驻泉部队、武警官兵和公安干警，向节日坚守在工作岗位上的同志们，表示亲切的慰问！向所有关心、支持泉州发展的港澳台同胞、海外侨胞、在外泉商和各界朋友，致以美好的祝愿！

2016年，是泉州极不平凡的一年，也是继往开来的一年。我们深入贯彻党的十八届六中全会精神，坚决维护以习近平同志为核心的党中央权威，积极践行新发展理念，主动呼应“再上新台阶、建设新福建”主旋律、最强音，众志成城防御百年一遇的超强台风，集智聚力开启“创新、智造、海丝、美丽、幸福”现代化泉州新局面。

这一年，泉州经济稳中向好，创新转型步履坚定。我们获批“中国制造2025”城市试点示范、国家综合保税区、国家自主创新示范区；清理规范行政审批申报得到国务院办公厅通报表扬，全国“数控一代”现场会在泉召开，晋华集成电路、中化乙烯、兴泉铁路等重大生产力布局落地建设，改革先行先试、创新重点突破、项目滚动推进，为泉州2021年迈向“万亿经济强市”打下坚实基础。2016年全市GDP达6647亿元、增长8%，一般公共预算收入424亿元、增长9.2%。

这一年，海丝文化魅力彰显，环湾城市展露新姿。古城整体性保护、修缮式改造、家园式管理渐进式展开，“古泉州（刺桐）史迹”正式作为2018年世界文化遗产申报项目报送联合国教科文组织，有望成为我国第53项世界遗产；新城公共文化项目、交通线、景观带等建设提升梯次推进，中外戏剧展演、古城穿越活动、国际公路自行车赛接续上演，骑上“小黄人”漫步古城新区，穿梭传统与现代之间，都能感受泉州千年海丝基因的活态韵味和绵延流长。

这一年，民生账单一一兑现，人民生活水平进一步提升。我们牢记“小康路上一个都不能掉队”嘱托，民营企业、泉籍商会、海外侨团与党委政府同向用力，全年又有4.26万群众告别贫困。36件民生实事、新增的2.6万个公办中小学幼儿园学位、2.7万套安居工程等，让越来越多群众体验到全面建成小康社会的获得感。

莫道春来早，奋进正当时。新的一年，我们将更加紧密地团结在以习近平同志为核心的党中央周围，坚持稳中求进总基调，全力突围攻坚利长远，撸起袖子苦干、实干、加油干，为全市人民过上幸福美好的生活而不懈奋斗。

衷心祝愿全市人民和海内外乡亲春节快乐、身体健康、阖家幸福、万事如意！

泉州武术高手亮相央视春晚

泉州武术运动员黄志坤等12位福建选手参加中央电视台春节联欢晚会武术节目《中国骄傲》的表演。由80位世界冠军、亚洲冠军和全国冠军组成的国家武术套路集训队，在《中国骄傲》节目中表演中国功夫。该节目的舞蹈编导是此次春晚舞蹈总监、原福建歌舞剧院副院长谢南，80位运动员中有12位福建籍选手，其中包括来自泉州的国际健将黄志坤。

永春白番鸭获国家农产品地理标志认证

农业部发出公告，永春白番鸭经过初审、专家评审和公示，符合农产品地理标志登记程序和条件，准予实施登记国家农产品地理标志登记保护。这将提升永春白番鸭产品的知名度和市场竞争力。永春白番鸭原产地为热带的中、南美洲，300年前由台湾引入，在永春特定的环境条件下，经过长期培育，形成独特的地方水禽品种。

市领导走访慰问老干部

市四套班子领导分别登门看望、慰问部分老领导、老同志，向他们致以新春问候。

市委书记、市人大常委会主任郑新聪到施永康、胡美金、林大穆、朱明等老干部住所慰问。郑新聪表示，市委、市政府一定会虚心接受老干部的好建议，推进各项工作，加快建设“创新、智造、海丝、美丽、幸福”现代化泉州。慰问中，郑新聪询问老干部们的身体状况，祝愿他们新春愉快、健康长寿，并嘱咐相关工作人员要把老干部当做自己家里的长辈，继续做好服务保障工作。

市长康涛到李建国、王继超、尤垂镇、涂瑞南等老干部家中走访慰问。每到一处，康涛都与老干部亲切交谈，询问他们的生活起居和健康情况，感谢他们多年来为泉州发展作出的贡献，祝福他们身体健康、家庭幸福、春节愉快。同时希望老干部们在新一年里，一如既往地关心和支持泉州经济社会各项事业发展，多提意见、建议。

市人大常委会党组书记陈万里看望慰问薛祖亮、傅圆圆、周玉堂、王福起等老同志。陈万里询问他们的生活起居及健康状况，并向他们致以新春问候，希望他们保重身体，保持良好心情，老有所为、老有所乐。

市政协主席陈灿辉走访慰问林文麟、林荣取、齐世和、叶聪敏等老干部。慰问中，陈灿辉与老干部们亲切交谈，询问他们的身体状况和生活状况，并向老干部们拜年，祝他们身体健康、阖家幸福。

市领导陈奕辉、翁祖根、温惠榕、林俊其、孔繁军、林万明、陈铁晗、张永宁、林锦明等也分别看望慰问泉州市部分原任地厅级老干部、军休老干部。

泉州GDP全省“十八连冠”

从市统计局获悉，2016年全市实现生产总值（GDP）6646.6亿元，同比增长8.0%。其中，全市工业增加值完成3480.31亿元，总量已连续26年居全省首位。2016年，全市实现生产总值6646.6亿元，一般公共预算收入424亿元，固定资产投资3748亿元，分别比2011年增长62%、75%、145%，经济总量连续18年居全省首位，占全省近四1/4。

央视“农民春晚”东部专场福建安溪主现场首播

央视“过年了——2017年农民新春联欢会”东部专场——福建安溪主现场在央视七套《乡村大世界》首播。此次“农民春晚”彻底让节目回归乡土，打破在北京设立中心演播室的惯例，在全国各地选择五个各具特色的乡村，打造五期节目，为观众奉献五档不同的“年味大餐”，形成“农林牧副渔同唱丰收歌、东西南北中喜庆中国年”的场面。安溪主现场率先登场，也是继2016年央视春晚东会场设在泉州后，央视春节期间综艺节目再次将视角落在泉州。安溪主现场的演出，主打安溪铁观音和藤铁工艺两大品牌。开场歌舞《春来了》拉开演出序幕，紧接着《茶乡轶事》《靠自己的骨头长肉》《想唱就唱》等节目依次上演，最后的歌舞《一茶一世界》掀起晚会高潮，著名歌手龚玥到场献唱，演绎“一茶一世界，幸福满人间”的画卷。安溪县高甲戏剧团团长谢志斌介绍，开场舞蹈《春来了》将安溪高甲戏表演艺术融入其中，展示欢庆的茶歌茶舞；节目后面还将泉州提线木偶艺术与茶艺融合在一起，泉州市木偶剧团演员用提线木偶展示“泡茶”技艺，令人叹为观止。泉州籍知名当代艺术家陈文令表示，中央电视台能在新春佳节之际，把目光投向他的家乡安溪县，是安溪县人民的骄傲，在更大范围展示安溪乃至泉州特色经济文化。安溪铁观音和藤铁工艺能通过央视展现在海内外观众面前，也是一次很好的推介。

安溪主现场　　（图/陈智勇 谢小霞）

1月28日

农历丁酉年正月初一
星期六
温度：12℃—20℃
多云

●市四套班子领导郑新聪、康涛、陈万里、陈灿辉、陈奕辉、翁祖根、温惠榕、林俊其、孔繁军、林万明、陈铁晗、张永宁、林锦明等分别登门看望、慰问部分老领导、老同志，向他们致以新春问候。

●从市统计局获悉，2016年全市实现生产总值（GDP）6646.6亿元，同比增长8.0%。其中，全市工业增加值完成3480.31亿元，总量已连续26年居全省首位。

●央视“过年了——2017年农民新春联欢会”东部专场——福建安溪主现场在央视七套《乡村大世界》首播。此次“农民春晚”彻底让节目回归乡土，打破在北京设立中心演播室的惯例，在全国各地选择五个各具特色的乡村，打造五期节目。安溪主现场率先登场，也是继2016年央视春晚东会场设在泉州后，央视春节期间综艺节目再次将视角落在泉州。

1月29日

农历丁酉年正月初二
星期日
温度：15℃—22℃
阴

●市四套班子领导郑新聪、康涛、陈万里、陈灿辉、陈奕辉、翁祖根、林俊其、孔繁军、林万明、陈铁晗、张永宁、林锦明、周真平、洪自强、吕刚、肖汉辉带队走访慰问坚守岗位的干部职工，对他们一年来的辛勤工作表示感谢，向他们致以新春祝福。

●1月29日—2月2日，由泉港区全民健身领导小组主办、泉港区文体旅游新闻出版局指导的泉港区第五届全民健身运动会暨第三届“环球杯”春节篮球联赛举行。

市领导慰问坚守岗位干部职工

市四套班子领导带队走访慰问坚守岗位的干部职工，对他们一年来的辛勤工作表示感谢，向他们致以新春祝福。

市委书记、市人大常委会主任郑新聪，市委常委、秘书长翁祖根，市委常委、宣传部部长陈铁晗到泉州晚报社和泉州广播电视台，看望慰问一线新闻采编人员和工作人员。郑新聪代表市委、市政府，感谢新闻工作者一年来的辛勤工作。郑新聪指出，过去一年，泉州晚报社、泉州广播电视台围绕中心、服务大局，重大主题宣传出色出彩、对外宣传推介亮点不断、报道突发事件冲锋在前，在一系列宣传战役中展现主流媒体的责任和担当。新一年，新闻工作者要贯彻习近平关于新闻舆论工作一系列讲话精神，把政治方向摆在第一位，担负起职责使命。要围绕市党代会工作部署，多做凝聚人心、鼓舞士气的工作，激发团结奋进、攻坚克难的强大力量。要加大文化体制改革探索，加强队伍建设，做党和人民信赖的新闻工作者。

市长康涛到福建联合石化公司、中化泉州石化公司、中化泉州乙烯项目部慰问坚守岗位的一线职工。每到一处，康涛都询问职工节日期间安排，并代表市委、市政府感谢他们在过去一年为泉州经济社会发展做出的贡献，向他们致以节日的问候和祝福。康涛指出，作为泉州石化产业龙头，2016年，联合石化和中化泉州石化都取得良好业绩，为泉州经济发展和产业结构调整提供重要支撑。希望节日期间，公司要科学调度人员，加快项目建设，同时紧盯关键环节，加大隐患排查，确保生产工作平稳安全；各级各相关部门要加强协调配合，做好外地职工关怀工作，组织交流活动，让他们扎根泉州，安居乐业。

市人大常委会党组书记陈万里，市委常委、常务副市长张永宁到市行政执法局110联动值班室、市政工程管理处大坪山隧道出口管理房、泉秀垃圾中转站、市工人文化宫公交始末站、泉南供水公司，看望慰问在岗工作人员。市领导询问一线工作人员的工作生活情况，并叮嘱相关部门帮助他们解决实际困难，多提供工作便利，让他们得到更多的理解和关爱。

市政协主席陈灿辉慰问泉金航线联检部门、营运客轮站、泉州晋江国际机场等部门和单位的干部职工。在询问安全管理、客运泊位、航班保障等相关事项后，陈灿辉勉励大家做好本职工作，把旅客的生命财产安全放在第一位，用热情周到的服务保证春运工作有序顺利进行。在新一年里再接再厉，突出特色发挥优势，创新工作方式，细化服务举措，提升服务水平。

市委副书记陈奕辉、副市长吕刚到泉州客运中心站、泉州高铁客运站及其派出所慰问一线干部职工。在了解客运站春运情况及安保工作情况后，陈奕辉希望干部职工继续坚守岗位，各级各相关部门要坚持以人为本，关心一线干部职工。

市委常委、秘书长翁祖根，副市长肖汉辉走访慰问市委机要局、市委市政府总值班室、市行政中心武警中队、市行政中心保安大队等部门和单位的干部职工，勉励大家在新一年继续做好本职工作，创新工作措施，为建设“创新、智造、海丝、美丽、幸福”的现代化泉州做出新贡献。

市委常委、泉州军分区司令员林俊其，市委常委、政法委书记林锦明到泉州看守所、强制隔离戒毒所、拘留所、收容教育所、泉州监狱、市戒毒所，慰问监所民警。就节日工作，市领导提出“三个安”要求，一是安全，加强值班备勤，做好安保工作；二是安心，合理排班，做好家属慰问工作；三是安定，营造监所节日氛围，稳定受管教人员的思想、情绪。

市委常委、组织部部长孔繁军，副市长洪自强到国网泉州供电公司、市邮政管理局、中国电信泉州分公司、中国移动泉州分公司、中国铁塔股份有限公司泉州市分公司、中国联通泉州分公司，看望慰问一线职工。春节期间，群众对电力供应和通信顺畅有更高要求，希望大家尽职尽责，确保全市人民欢度新春佳节。

市委常委、统战部部长林万明带队到武警支队一大队二中队、边防支队后渚边防派出所、消防支队特勤大队一中队、鲤城巡特警反恐大队、市公安局网安支队慰问。林万明指出，泉州市经济社会各项事业持续稳定发展，与公安干警的尽职尽责、无私奉献分不开。希望全体公安干警们继续冲锋在前，认真履职，确保市民过上平安、欢乐、祥和的春节。

副市长周真平到泉州市儿童医院、泉州市第一医院、福建医科大学附属第二医院、泉州市急救指挥中心、泉州市第三医院等医疗卫生单位慰问坚守一线岗位的干部职工。

石狮市小康经济指数列全省县级市第一位

由北京甲子征信有限公司和竞争力智库有限公司共同编制的《中国城市小康经济指数报告》出炉，石狮市在报告中的小康经济指数为129.53，列全省县级城市第一位、全国县级城市第23位、全国城市综合排序第44位。

《中国城市小康经济指数报告》坚持“公益性、公开性、公正性”原则，利用各城市公开数据，从经济发展维度，首次测量全国647个城市与全面建成小康社会的目标距离。中国城市小康指数重点考究各城市地区生产总值和城乡居民人均收入是否实现翻番，且人均地区生产总值、城乡居民收入是否达到2010年全国翻一番后的水平。

相关机构以全国城市为研究样本，小康经济指数所使用的数据全部来自公开资料。一是年鉴资料，包括《中国统计年鉴》《各省统计年鉴》《各地市统计年鉴》《中国省市经济发展年鉴》《中国城市统计年鉴》《中国县域统计年鉴》等；二是政府公开信息，包括《各城市国民经济和社会发展统计公报》《各城市政府工作报告》《各城市国民经济和社会发展计划执行情况的报告》《各城市财政预算执行情况的报告》《各城市“十三五”规划》等；三是权威媒体公开报道。报告设定小康经济指数以100为预期点。2014年末，全国小康经济指数为80.27。2015年末，全国小康经济指数为86.28，比上年提升6.01点，增加7.49%。即到2015年末，全国距离完成全面建成小康社会的经济发展目标还有13.72的差距。

石狮市夜景　（图/蔡灵智）

世界晋江晋商发展与国际化创新型品质城市建设座谈会召开

晋江晋商发展促进会会长扩大会暨世界晋江晋商发展与国际化创新型品质城市建设座谈会召开。与会乡贤围绕产业创新转型、高端人才引进、宜居城市建设、异地商会建设等方面建言。晋江市领导表示，过去一年，晋江全力推进国际化战略，举办数场有影响力的国际性大活动，一大批国际大项目扎根晋江；坚持创新变革，在人才引进、创新平台和引导企业创新转型上下足功夫；围绕“先进制造业立市，高新产业强市，现代服务业兴市”的思路，策划引进一批如晋华集成电路等大项目，推动经济大步迈进；推进以人为核心的新型城镇化建设，城市内涵更加丰富，承载力、吸引力越来越强；同时，晋江的干部精气神、党建和体制机制都更有活力。新一年，晋江将以“赛事申办年”“项目攻坚年”“三产跃升年”为主抓手，加快推进“国际化创新型品质城市”建设，希望大家能一如既往支持家乡建设，为了晋江美好的未来携手打拼。

第十三届中国（南安）国际水暖泵阀暨消防器材交易会举行

1月30日—2月1日，第十三届中国（南安）国际水暖泵阀暨消防器材交易会在南安市成功国际会展中心举行。659家企业参展，签订意向合同金额78亿元。此次交易会以“连接世界，智慧共生”为主题，旨在展示南安水暖泵阀、消防器材产业发展成果，推进南安“产业、基地、市场”三者互动发展，展会集产品展览、技术交流、专题研讨、经贸洽谈活动于一体，参展产品突出泵类产品、阀门产品、管道类产品、水暖洁具及消防器材。展会共设展位1470个，比2016年增加200个。紧随国家供给侧结构性改革步伐，南安创新性地提出“泛家居”概念，此次交易会的展商外延也进一步扩大，来自省内以及北京、天津、浙江等全国各地的优秀展商，集中展示包括家具、阀门、水暖、消防器材等在内的智能制造新产品。展会期间，还举行新品发布会、优秀品牌参展商评选、优秀特装评选等多场活动。

1月30日

农历丁酉年正月初三
星期一
温度：10℃—17℃
阵雨

●30—31日，第二十届“银晖杯”乒乓球赛在泉州台商投资区张坂镇举行，全市各地32支代表队150多名运动员参赛，参赛队伍和参赛人数为历年之最。

●由北京甲子征信有限公司和竞争力智库有限公司共同编制的《中国城市小康经济指数报告》出炉，石狮市在报告中的小康经济指数为129.53，列全省县级城市第一位、全国县级城市第23位、全国城市综合排序第44位。

●晋江晋商发展促进会会长扩大会暨世界晋江晋商发展与国际化创新型品质城市建设座谈会召开。

●1月30日—2月1日，第十三届中国（南安）国际水暖泵阀暨消防器材交易会在南安市成功国际会展中心举行。

●永春县达埔镇溪源宫举行闽南年俗“请火”活动，祈福保平安。

1月31日

农历丁酉年正月初四
星期二
温度：9℃—15℃
多云

●全市发放2017年春节期间社会困难群体一次性临时价格补贴2675.67万元，惠及160346名困难群众。

●为稳定春节期间的市场物价，保障困难群众的基本生活，从1月下旬起至2月底，中心市区（鲤城、丰泽）启动猪腿肉、肋条肉、鸡蛋、大白菜、黄瓜、油菜、花菜、圆白菜、上海青、土豆、胡萝卜等品种的平价销售方式。

●由泉州霞洲妈祖宫、台湾澎湖天后宫主办的鸡年“乞龟”暨“米龟、水果龙”点睛、开光祈福仪式在中心市区霞洲妈祖宫举行。

●国家发改委发布全国15个农业转移人口市民化典型案例，作为福建省唯一入选的案例，晋江推进农业转移人口市民化案例入选全国典型案例首篇，经验做法成为各地学习借鉴的示范。

●2017年安海新春团拜会暨安海慈善协会第一届理事会第七次会议举行，晋江安海乡贤陈永建向晋江市养正中学种胜教育基金会捐赠5000万元，向安海龙山寺捐赠500万元（支持龙山寺区域环境整治提升项目）。

全市困难群众春节获价格补贴2675万元

全市发放2017年春节期间社会困难群体一次性临时价格补贴2675.67万元，惠及160346名困难群众。此次一次性临时价格补贴发放对象为民政部门登记在册的城乡低保对象、重点优抚对象、建档立卡贫困对象、农村五保、革命五老人员以及孤儿等，其中城乡低保、重点优抚对象、建档立卡贫困对象每人150元；农村五保、革命五老人员、孤儿每人500元。泉州市在全省率先建立重点时段对社会困难群体的临时性价格补贴制度。自2013年起每年在重阳节对特困失能老人发放一次性价格补贴。2014年进一步完善社会救助和保障标准与物价上涨挂钩联动机制，率先将特困失能老人和特困重度残疾人士纳入挂钩联动机制的补贴范围。

中心市区平价销售模式开启

为稳定春节期间的市场物价，保障困难群众的基本生活，从1月下旬起至2月底，中心市区（鲤城、丰泽）启动猪腿肉、肋条肉、鸡蛋、大白菜、黄瓜、油菜、花菜、圆白菜、上海青、土豆、胡萝卜等品种的平价销售方式。在此期间，各平价商店以价格部门每周公布的同类商品市场均价为基础，按规定的价差幅度下浮，作为平价商品的零售价格。各品种价差幅度为：猪腿肉、肋条肉、鸡蛋5%以上，蔬菜15%以上。同时，每人次购买数量将适当控制，每人次购买量：猪肉每个品种不超过1公斤，鸡蛋和蔬菜每个品种不超过2公斤。市区的新华都、中闽百汇等超市门口醒目位置立牌标示“平价商店”字样以及平价商品品种、规格等级、平价价格、平价期限等。另外，平价商品集中摆放，并在上方或侧面标有“平价商品销售专区”，并标明“监督电话：价格举报电话12358”等字样。

鸡年“乞龟”暨“米龟、水果龙”点睛、开光祈福仪式举行

由泉州霞洲妈祖宫、台湾澎湖天后宫主办的鸡年“乞龟”暨“米龟、水果龙”点睛、开光祈福仪式在中心市区霞洲妈祖宫举行。作为第七次举办这样的活动，泉州霞洲妈祖宫、台湾澎湖天后宫联合制作重4.8万多斤的大米龟，同时还制作了一批小米龟、金钱龟等平安龟、发财龟，供市民在“乞龟”期间“乞得”，象征着万事吉祥顺利的意思，现场还有斋面供游客食用。为期12天的“乞龟”活动结束后，霞洲妈祖宫、澎湖天后宫将与东南早报一起，将用于制作大“米龟”的2.4万多公斤“平安米”中的1500公斤及另外购买一大批食用油等，分发给部分孤儿院、养老院、贫困家庭等。由霞洲妈祖宫及相关部门联合开展的鸡年春节、元宵系列民俗活动在泉州霞洲妈祖宫前、后广场同时举行。活动内容包括歌吹漫步、武术表演、舞龙表演、歌仔戏表演等。

“乞龟”是泉州传统民俗文化活动之一，图为在泉州天后宫，不少市民和游客在摸米龟　　（图/吴寿民）

晋江“市民化”做法成全国典型

国家发改委发布全国15个农业转移人口市民化典型案例，作为福建省唯一入选的案例，晋江推进农业转移人口市民化案例入选全国典型案例首篇。作为全省第一批国家新型城镇化综合试点，晋江坚持“同城同待遇、保障全覆盖”的基本理念，深化户籍制度改革，提高外来人口基本公共服务均等化水平。通过深化户籍制度改革，放开人口落户限制，率先实行“居住证”制度；通过强化公共服务供给，解决外来人口的就业、住房、社保和公共服务等问题；从情感融入和文化融合入手，让流动人口更好地融入。

泉州124家企业入选省级高新技术企业名单

省科技厅公布福建省2016年高新技术企业名单，全省519家企业入选，其中，泉州有124家企业进入榜单。高新技术企业的认定，旨在加大对科技型企业特别是中小企业的政策扶持，培育创造新技术、新业态和提供新供给的生力军，促进经济升级发展。此次泉州入围的企业涵盖电子通信、水暖阀门、消防、日化、机械、石材等多个领域，将迅速带动泉州本土产业转型升级。入选省级高新技术企业可享受多重利好政策。高新技术企业科技成果购买补助额度最高500万元，补助经费用于支持企业开展成果转化后续研发活动。此外，省级高新技术企业和科技服务业企业投保科技保险后，可以申报省科技保险补贴资金。

泉州两个典型获全国志愿服务宣传推选

由中央宣传部、中央文明办等部门开展的2016年宣传推选学雷锋志愿服务“四个100”先进典型活动中，泉州市的陈欠水、石狮阳光太太志愿者协会分别获全国最美志愿者、全国最佳志愿服务组织。中央宣传部、中央文明办等部门在全国开展的2016年宣传推选学雷锋志愿服务“四个100”先进典型活动，即在全国范围内评选出100个最美志愿者、100个最佳志愿服务组织、100个最佳志愿服务项目、100个最美志愿服务社区。

相关链接：陈欠水是惠安县老年志愿者，先后获全国五一劳动奖章等28项市级以上荣誉称号。30多年来，无论是在工作岗位上，还是退休后，始终坚持深入基层、服务群众，全心全意地为老区人民和残疾人、弱势群体服务。石狮市阳光太太志愿者协会曾入选“中国好人榜”、获评第四届福建省道德模范。该队伍里的成员都是女性，经常走访儿童院或敬老院，慰问帮扶困难群体。成立10年来，阳光太太志愿者协会累计募集社会捐款和物资1000多万元，全部用于扶贫济困、尊老敬老、助学兴教等志愿服务活动。

泉州新增4家星级乡村旅游经营单位

福建省乡村旅游经营单位评定结果揭晓，泉州4家乡村旅游经营单位获得星级称号。其中，洛江田格里拉生态园被评定为四星级乡村旅游经营单位，安溪高仁生态休闲农场、惠安女民俗风情园、丰泽武陵生态休闲农场被评定为三星级。至此，全市拥有省级乡村旅游经营单位15家，其中四星级7家，三星级8家。随着泉州市旅游业的升温，不少乡村旅游目的地开始向品牌化发展。除此次获评的4家星级乡村旅游经营单位以外，洛江区虹山乡、永春县一都镇三岭村、泉港红星生态园、安溪国心绿谷茶庄园等也积极开展创建乡村旅游休闲集镇、省级体育旅游休闲基地、省级康养旅游休闲基地等工作，为泉州乡村旅游发展增添动力。

首届净峰湖街惠安女民俗活动举办

“悠悠净时光,千古惠女情”首届净峰湖街惠安女民俗活动在惠安县净峰镇湖街村举行。此次活动包括惠女主舞台区、惠女民俗活动区、惠女活动展区、惠女美食区四项活动等。惠女主舞台区，通过惠女表演、惠女走秀、惠女舞蹈、惠女弹古筝、惠女舞龙，还有魔术、小品、闽南语等形式呈现一场丰富的节目大餐；惠女民俗活动区，以惠安女民俗方针队伍用惠女腰鼓队、惠女擂鼓队、惠女钹钹队伍等表演形式；惠女活动制作区，现场猜谜语、现场观看制作惠女斗笠、惠女服饰、惠女银腰带等惠女元素内容；惠女美食区，免费品尝惠安最地道的特色美食（如地瓜粉团、煎爹、猪母仔、制作元宵圆、炸粿等）。

活动现场　　(图/林劲峰　廖培煌　陈丽萍)

2月1日

农历丁酉年正月初五
星期三
温度：10℃—18℃
多云

●省科技厅公布福建省2016年高新技术企业名单，全省519家企业入选，其中，泉州有124家企业进入榜单。

●市重点项目建设领导小组办公室下发《关于做好春节期间市重点项目建设的通知》，鼓励重点项目节日期间不停工。

●由中央宣传部、中央文明办等部门开展的2016年宣传推选学雷锋志愿服务“四个100”先进典型活动中，泉州市的陈欠水、石狮阳光太太志愿者协会分别获全国最美志愿者、全国最佳志愿服务组织。

●福建省乡村旅游经营单位评定结果揭晓，泉州4家乡村旅游经营单位获得星级称号。其中，洛江田格里拉生态园被评定为四星级乡村旅游经营单位，安溪高仁生态休闲农场、惠安女民俗风情园、丰泽武陵生态休闲农场被评定为三星级。

●由福州晚报与福建大剧院联合策划主办的“我爱榕城·鸡年市民迎春大联欢”，是2017年春节期间福建省规模最大的文化活动之一。泉州“拍胸舞”“采茶扑蝶”“火鼎公火鼎婆”受邀参加榕城市民大联欢活动。

●惠安净峰举办“悠悠净时光，千古惠女情”首届净峰湖街惠安女民俗活动。

●南安美林街道、梧山村共同为2016年度捐资超3万元的16名乡贤、村慈善会会员颁奖。同日，由梧山村慈善会和乡贤共同捐资200多万元建设的村里首个活动中心正式开放。

2月2日

农历丁酉年正月初六
星期四
温度：9℃—16℃
多云—晴

●据海关统计，2016年泉州市外贸进出口总值1541亿元，较2015年同期下降8%，占同期福建省进出口总值的14.9%，进出口规模位列厦门、福州之后，排第三位。其中出口1072.7亿元，下降5%；进口468.3亿元，下降14.3%，外贸顺差604.4亿元。

●统计数据显示，春节七天假日，泉州接待境内外游客204.62万人次，与2016年同期相比增长16.7%；实现旅游收入17.62亿元，同比增长18.5%。

●德化陶瓷工艺精英和陶瓷企业家在德化祖龙宫依照沿袭数百年的礼仪，敬献精心制作的陶瓷新产品为贡品，举行祭祀窑神林炳的典礼。凤凰卫视摄制组专程到场拍摄。

2016年泉州外贸进出口总值1541亿元

据海关统计，2016年泉州市外贸进出口总值1541亿元，较2015年同期下降8%，占同期福建省进出口总值的14.9%，进出口规模位列厦门、福州之后，排第三位。其中出口1072.7亿元，下降5%；进口468.3亿元，下降14.3%，外贸顺差604.4亿元。

2016年，泉州民营企业与外商投资企业仍然是进出口主力军。泉州民营企业外贸进出口843.1亿元，下降6.3%，占54.7%，其中出口690.6亿元，下降6.8%；进口152.5亿元，下降4%。外商投资企业进出口649.8亿元，下降9.5%，占42.2%，其中出口337.5亿元，增长1%；进口312.4亿元，下降18.6%。国有企业进出口48亿元，下降17.5%，占3.1%，其中出口44.6亿元，下降17.8%；进口3.4亿元，下降13.2%。

东盟、欧盟和美国为泉州市主要出口市场，进口则主要来自沙特阿拉伯、南非和美国。2016年，泉州市对东盟出口217.1亿元，仍然保持7.7%的增长；欧盟195.9亿元，下降1.3%；美国149.4亿元，下降2.3%，三者合计占同期泉州市出口总值的52.4%。值得一提的是，不少其他重点出口国家或地区有幅度不一的增长，例如，对日本、韩国、沙特阿拉伯分别出口29.4亿元、22.8亿元、22亿元，同比分别增长7.6%、66%、76.7%。

进口方面，占比较大的几大市场中，南非及欧盟市场均有增长。2016年，泉州市自沙特阿拉伯进口168.5亿元，下降34.2%；南非79.5亿元，增长34.2%；美国31.4亿元，下降24.6%，三者合计占同期泉州市进口总值的59.6%。此外，自欧盟进口30.5亿元，增长11.9%；自东盟进口26.3亿元，下降3.8%。

另外，泉州市与“一带一路”沿线国家和地区的进出口值677.9亿元，同比下降11.9%，占同期泉州市外贸总值的44%，其中出口424.6亿元，下降4.2%；进口253.3亿元，下降22.5%。值得一提的是，泉州与菲律宾贸易明显升温，2016年进出口值125.3亿元，增长35.8%，成为泉州在“一带一路”沿线国家和地区中的第二大贸易国。

春节假期泉州接待境内外游客204.62万人次

统计数据显示，春节七天假日，泉州接待境内外游客204.62万人次，与2016年同期相比增长16.7%；实现旅游收入17.62亿元，同比增长18.5%；旅游住宿设施客房平均出租率为81.7%，过夜游客平均停留天数为1.8天，全市旅游市场呈现健康和谐发展的良好态势。随着泉州“海丝”品牌效应不断显现，到泉州体验古城游、“海丝”游的游客持续攀升，中心市区的民宿、客栈受到自助、背包游客热捧，个别民宿出现“一房难求”的情况。不仅在中心市区，旅游热潮也蔓延到各县（市、区），家庭式自驾短途一日游仍引领春节假日旅游市场，全域旅游逐渐成为新常态。据统计，春节期间，游客中一日游游客178.63万人次，占游客总数的87.3%，比2016年同期增长16.96%。此外，主题旅游景区也在2017年春节期间迎来客流高峰，游客量出现“井喷”增长。其中，海上丝绸之路艺术公园（亚洲园）接待游客9.8万人次；五店市传统文化旅游区接待游客15万人次等。据不完全统计，春节期间，中心市区星级旅游住宿设施客房平均出租率达到90%以上，特别是遍布古城大街小巷内极具闽南元素的民宿客栈，吸引众多天南地北的游客留宿，特色显著的更是一房难求，古城游火爆程度可见一斑。春节期间，首批国家全域旅游示范区创建单位永春县接待境内外游客27.6万人次，与2016年同期相比增长20.5%；第二批国家全域旅游示范区创建单位德化县则接待游客9.25万人次，同比增长4.87%，越来越多环境优美、事物新奇的地方，成为市民游玩的好去处。

永春县五里街镇大羽村，乡村游受到热捧，炮仗花娇艳盛开，引得游客驻足欣赏　（图/陈小阳　姚德纯）

全市2017年项目攻坚年动员部署视频会议召开

市委、市政府召开2017年项目攻坚年动员部署视频会议，第一时间部署2017年经济工作第一要事，号召各级各部门一开年就要把项目工作摆在突出位置，真正抓早抓实抓主动。市领导郑新聪、康涛、陈万里、陈灿辉、翁祖根、孔繁军、张永宁、朱团能、周真平、卢炳椿、季翔峰、洪自强、吕刚、肖汉辉、陈荣洲、林志建参加会议。

市委书记、市人大常委会主任郑新聪指出，2016年以来，泉州相继启动"重大项目前期工作活动年""百日大会战"，重大项目前期工作取得突破，推进机制探索亮点呈现，大抓项目导向得到强化，成绩值得肯定。同时，必须清醒看到，对照稳增长、稳大盘要求，对照转型升级、供给侧结构性改革要求，项目投资的规模、速度、结构，干部的作风、机制的理顺等，都还有很大的差距。各级各部门要坚持问题导向，立即行动起来，下决心解决重大项目接续问题，推动"项目前期年"全面转入"项目攻坚年"，为确保实现稳住基本大盘、促进转型升级、为全省多作贡献的三项基本要求，打下最有决定性的基础。

郑新聪强调，要把项目攻坚作为检验干部能力、作风的"试金石"和"主战场"，树好导向、有奖有罚，真正严厉严肃问责问效。要紧扣工作进度成效、服务质量效率和干部责任担当"三问"检视作为、表扬先进、鞭策落后，在一线考核干部、发现干部，激励各级干部撸起袖子加油干，放开手脚抓项目。

市长康涛指出，各级各部门要在市委的坚强领导下，以更大的决心、更强的举措、更快的速度，打好打赢项目攻坚战。一要盯紧目标任务。落实活动方案，合理制定可操作可执行的具体计划，各项工作都要细化时间节点、落实具体责任人，推进396个在建重点项目和159个预备重点项目，确保全年实现重点项目完成投资1300亿元以上。按"五个一批"推进，每季度组织开展集中开竣工活动，全年确保谋划生成项目400个以上、完成招商（签约）项目150个以上、新开工项目70个以上、建成项目70个以上、技改项目完成投资880亿元、51个重点项目征迁难题取得突破。二要创新推进机制。强化指挥部体制，全市重点项目都要建立专门工作班子负责协调推进，事关全局的重中之重项目要建立指挥部或工作组，指挥部代表市委市政府一线盯项目、总协调、解难题。突破要素瓶颈，把征地拆迁作为重中之重开展攻坚，征迁计划要和项目建设进度相配套、相匹配，县级要落实项目征迁交地、群众安置的主体责任，完善征迁政策；盯紧项目前期，扎实推进以规范自由裁量权为重点的"放管服"改革，多方面拓展融资渠道。加密协调调度，通过日常协调、月调度、季帮促机制，及时解决项目推进中遇到的困难和问题。三要加大督促检查。开展专项督查，坚持督查领导固定、督查团队固定、督查片区和项目固定，做到持续跟踪、全程督办；督查要和绩效考评挂钩，既督查项目也督查人。督查结果要在电视、报纸上"晒"，晒签约、晒开工、晒投资、晒质量、晒成效。要加大项目宣传力度，宣传典型，曝光负面，在全市营造形成大干快上、比学赶超抓项目的浓厚氛围。

副市长吕刚主持会议。鲤城、丰泽、石狮、惠安等县（市、区）相关领导和市住建、卫计等单位负责人在会上作表态发言。

2016年全市受理法律援助案件7064件

从市法律援助中心获悉，2016年全市受理指派法律援助案件7064件，比增15.75%，案件数涨幅居全省首位，受援人总数8814人。2016年，泉州将法律援助对象的经济困难标准由最低生活保障标准放宽至最低生活保障标准两倍执行，符合法援的对象因此大大增加。同时，更多与民生紧密相关的事项，也被纳入法律援助补充事项范围，包括：劳动保障、婚姻家庭、食品药品、就医、就学、就业、土地承包、林权纠纷、城镇化进程中农民权益保障等事项。从全市受理指派的法律援助案件类别看，其中民事案件5137件、刑事案件1894件、行政案件33件。受援人总数8814人，解答各类法律咨询10799人次。农民工受援人4700人，占受援人总数的53.32%。法律援助案件数量的持续增加，让更多的贫弱群体享受到免费的法律援助。

2月3日

农历丁酉年正月初七
星期五
温度：10℃—19℃
多云

●全市2017年项目攻坚年动员部署视频会议召开。

●从市法律援助中心获悉，2016年全市受理指派法律援助案件7064件，比增15.75%，案件数涨幅居全省首位，受援人总数8814人。

●中国文明网"好人365"以惠安青山湾海上志愿救护队为封面人物，大篇幅报道青山湾海上志愿救护队数年来见义勇为的事迹，获得广大网友好评。

2月4日

农历丁酉年正月初八
星期六
温度：13℃—22℃
阴

●市委党建工作领导小组会议召开，听取各成员单位工作情况汇报，研究部署落实全面从严治党主体责任以及党的建设有关工作。

●市委、市政府召开专题会议，听取2017年泉州元宵灯会筹备及安保准备工作汇报。

●肖汉辉到市方志委走访看望全体干部职工。

●《福建日报》头版头条刊发《项目攻坚总动员》文章，介绍泉州在春节长假后第一个工作日召开“项目攻坚年”动员部署视频大会的情况，作为该报新开栏目《撸起袖子干 再上新台阶》重点稿件。

市委党建工作领导小组会议召开

市委书记、市委党建工作领导小组组长郑新聪主持召开市委党建工作领导小组会议，听取各成员单位工作情况汇报，研究部署落实全面从严治党主体责任以及党的建设有关工作。市委领导、市委党建工作领导小组副组长陈奕辉、翁祖根、温惠榕、孔繁军、林万明、陈铁晗、林锦明在会上发言。

市委要求，要推进“两学一做”学习教育常态化制度化，深入学习习近平总书记系列重要讲话精神和治国理政新理念新思想新战略，传承弘扬中华优秀传统文化、革命文化和社会主义先进文化，落实好党委（党组）意识形态工作责任制。要树立大抓基层鲜明导向，强化基层党组织政治功能，推动党风廉政建设向基层延伸，锲而不舍纠正“四风”。要发挥巡察监督利剑作用，全面推进市县党委巡察，强化巡察成果运用，突出整改、严肃处理巡察中发现的违规违纪问题。

市委强调，全市各级党组织要自觉抓好党建主业主责，党组（党委）书记、班子成员要牢记党内职责，真正把党建工作扛在肩上、抓在手中。党建工作领导小组要牵头抓总、强化考核问责，各成员单位要齐抓共管，推动全市党建工作再上新台阶。

泉州市召开元宵灯会筹备及安保准备专题会议

市委、市政府召开专题会议，听取2017年泉州元宵灯会筹备及安保准备工作汇报。市领导郑新聪、康涛、翁祖根、陈铁晗、林锦明、周真平、卢炳椿参加会议。在听取灯会筹备及安保准备工作汇报后，郑新聪强调，一要绷紧安全第一思想，各有关部门一把手作为第一责任人，灯会组织者、参与者、安保人员要严字当头、严密防范，绝不能麻痹松懈。二要建立统一指挥调度机制，各级各有关部门要服从指挥调度，主动跟进配合到位；鲤城、丰泽、台商投资区等三个展区要严格落实属地责任，坚持问题导向，研究过细方案、预案及处置措施。三要层层细化落实责任，各级各有关部门要对照工作方案和职能分工，确保各项工作不断线、不脱节；元宵节期间的灯会、庙会等群众自发民俗活动均要严格做到“一活动、一评估、一方案、一名责任领导、一个工作专班”。四要强化舆论宣传引导，通过各级媒体、网络平台、公告标识等详细发布灯会地点、时间、交通线路等信息，引导市民错峰、文明赏灯；加强安全知识普及教育，引导市民自觉遵守秩序。五要做好防范突发事件应急准备，全面梳理所有安全隐患、关键环节，加强踩线备勤，切实防患于未然；要配足配强安保力量，加强定点值勤、动中巡逻，突出人流引导，有效处置突发状况。

肖汉辉到市方志委走访慰问

副市长肖汉辉在市政府副秘书长杨永裕的陪同下，到市方志委走访看望全体干部职工，向大家致以新春祝福，随后与市方志委领导班子进行座谈。座谈中，市方志委常务副主任张惠评向肖汉辉汇报2016年地方志工作情况和2017年工作计划。肖汉辉在肯定市方志委2016年所取得的工作成绩后，肖汉辉对市方志委新的一年工作提出几点要求：一要抓学习强信念，提升对做好地方志工作重要性的认识，明确地方志工作方向和路径。二要强化依法修志，加大地方志事业发展“十三五”规划的宣传力度，推动全社会修志、读志、传志、用志。三要服务大局显作为，要紧紧围绕市委市政府工作中心，科学安排好落实好新年的工作任务，推动地方志事业科学健康发展。

座谈现场 （图/吴寿民）

泉州市城乡居民保参保率缴费率居全省首位

2016年，泉州市城乡居民保各项工作继续走在全省前列，参保率、缴费率分别达到99.21%和96.14%，双双继续位居全省各设区市首位。其中，城乡居民保缴费率连续五年全省第一。自2012年全省设立城乡居民保缴费率考核指标以来，泉州市缴费率实现平稳增长，基金总量及保费收入连续5年领跑全省各地级市，对全省保费的贡献率逐年提升。2016年，泉州市积极开展城乡居民保参保缴费工作，根据各县（市、区）工作实际，采取“抓大不放小、抓两头带中间”的方法，形成比学赶超的工作氛围，推动泉州城乡居民保缴费率实现全省“五年冠”。至2016年年底，全市364.48万人参保，新增扩面1.74万人，提前并超额完成年度扩面任务；有267.55万人缴纳年度保费3.35亿元，参保率、缴费率这两项主要工作指标均继续领跑全省。

2016年以来，全市各地还调整提高基础养老金标准。提标后，全市基础养老金平均标准118.66元。各县（市、区）的标准具体为：石狮155元，晋江150元，台商区、惠安130元，鲤城、丰泽、洛江、泉港120元，南安110元，安溪、永春、德化均为100元。此外，被征地（海）人员养老保障金标准也有所提高，至2016年年底，全市95.57万人纳入征地养老保障，其中30.04万人每月按时足额领取被征地人员养老保障金6.4亿元，月人均待遇水平189.51元。

越剧《潇潇春雨》在梨园古典剧院上演

由福建省芳华越剧团演出的越剧《潇潇春雨》在泉州市区新门街梨园古典剧院举行，拉开梨园戏2017年元宵演出季的序幕。这是中国戏剧梅花奖“二度梅”获得者、福建省梨园戏实验剧团团长曾静萍首次执导越剧作品。《潇潇春雨》讲述男主人公多年后再次重逢嫁给友人的初恋情人所发生的一系列故事。主人公在爱情、友情、家庭和道德中挣扎。该剧2016年在福州成功首演后，广受各界好评。

清水祖师迎春巡境仪式举行

5—7日，清水祖师迎春巡境活动在清水岩山下的安溪蓬莱举行，当地群众及海内外侨亲上万人以沿袭数百年的传统习俗和极具号召力的信仰祈求风调雨顺、国泰民安。迎春巡境活动包括卜期、扛“大旗”、选“春官”、掘“大旗”、开香、“落座”、请“三忠火”、献茶花、换衫换轿、仪仗队、“等敬”、接头、供斋、做牙等程序。迎春巡境队伍阵容庞大、程序庄重。队伍分为“春官阵”、“火阵”两大部分，民间自行组织的“随香”鼓乐队、民间文艺队，后面是虔诚的信徒，手执大香，紧随其后。

相关链接： 清水祖师迎春巡境民俗相传始自宋代，盛况甲于泉南，影响及东南亚。清水祖师是北宋名僧，他一生“利物为本、济人为志”，造福百姓，留下许多关于修桥造路、行医济民、祈雨祛灾的美丽传说，曾4次受到宋廷敕封，敕赐“昭应广惠慈济善利大师”徽号，八字纶音，享誉至极。其逝世后成为安溪崇善里的境内主佛，其偶像常被善信抬迎下山巡境、医病、祛灾、禳福，并相沿成俗。2010年，“清水祖师信俗”被定为第三批国家级非物质文化遗产。

活动现场 （图/资料图片）

2月5日

农历丁酉年正月初九
星期日
温度：14℃—20℃
多云

●2016年，泉州市城乡居民保各项工作继续走在全省前列，参保率、缴费率分别达到99.21%和96.14%，双双继续位居全省各设区市首位。

●由福建省芳华越剧团演出的越剧《潇潇春雨》在泉州市区新门街梨园古典剧院举行，拉开梨园戏2017年元宵演出季的序幕。

●5—7日，清水祖师迎春巡境活动在清水岩山下的安溪蓬莱举行，当地群众及海内外侨亲上万人以沿袭数百年的传统习俗和极具号召力的信仰祈求风调雨顺、国泰民安。

2月6日

农历丁酉年正月初十
星期一
温度：11℃—16℃
多云

●郑新聪先后带队到市水利局、晋江市进行落实党风廉政建设责任制集体约谈，并交办问题清单。

●郑新聪率队到晋江市，调研节后企业生产和项目复工情况。

●莆仙戏、梨园戏、昆曲、川剧老艺人专场演出在中心市区新门街梨园古典剧院举行。

郑新聪到市水利局和晋江市进行落实党风廉政建设责任制集体约谈

市委书记郑新聪先后带队到市水利局、晋江市进行落实党风廉政建设责任制集体约谈，并交办问题清单。副市长季翔峰参加集体约谈。在听取市水利局、晋江市2016年度落实党风廉政建设党委（党组）主体责任情况汇报后，郑新聪指出，市水利局、晋江市在2016年度推进党风廉政建设和反腐败方面做了不少工作，成效比较明显。但依然存在一些薄弱环节，离全面从严治党的要求还有差距，需要进一步加大工作力度，确保全面从严治党落到实处。

郑新聪要求，要深入学习领会上级精神，严格对照中央、省委和市委的要求，以高度的政治责任感，准确把握各级落实主体责任的具体内容和要求，提高工作的针对性和实效性。党委（党组）书记作为党风廉政建设第一责任人，要落实好“四个亲自”要求，带头廉洁从政，加强对本单位干部的党性党风党纪教育，层层传导压力，增强党员干部的廉政意识；要狠抓“两个责任”落实，强化党内监督，及时分析研判形势，部署工作任务；要全力支持纪委履行监督责任，经常听取汇报，帮助解决问题，强化“不敢腐”震慑力，促进“不能腐”“不想腐”氛围的形成。班子成员要增强“一岗双责”意识，积极主动抓好分管领域党风廉政建设，形成工作合力。

郑新聪强调，要持之以恒落实中央八项规定精神，坚持抓常、抓细、抓长，继续深化“四风”问题治理，使作风建设落地生根。要推进源头治理，切实用法律、纪律和制度规范权力运行，把党风廉政建设的各项要求贯穿到简政放权、转变职能、深化改革的具体实践中，不断加大治本力度。要把握运用好“四种形态”，加大教育提醒、谈话函询和纪律轻处分、组织调整的力度，抓早抓小、防微杜渐。要把推动党风廉政建设向基层延伸作为2017年党建工作项目化管理的重要内容，探索完善基层党风廉政建设制度体系，强化扶贫、涉农领域资金的使用管理和监督执纪问责。

郑新聪到晋江市进行落实党风廉政建设责任制集体约谈 （图/陈起拓）

多剧种名角在泉州同台演出

莆仙戏、梨园戏、昆曲、川剧老艺人专场演出在中心市区新门街梨园古典剧院举行。演出吸引王世泽、计镇华、祁玉卿、林赋赋等多名年过七旬的老艺人同台演出，他们或为剧种的领军人物，或为中国戏剧梅花奖获得者。整场演出由梨园戏下南流派传统剧目《刘秀》拉开序幕。75岁高龄的梨园戏老艺术家林赋赋主演该剧目中的《岑鹏归汉》一折，精彩的演出让现场观众感受到梨园戏别样的风采。莆仙戏传统折子戏《胭脂铺》上演，由来自莆田市莆仙戏艺术传承保护中心的祁玉卿和黄美云等老艺术家携手表演。著名昆剧表演艺术家计镇华出场献演昆剧《长生殿·弹词》选曲，让现场观众感受到昆剧独特的魅力。计镇华曾获中国戏剧梅花奖、上海白玉兰戏剧表演艺术主角奖、首届中国昆剧艺术节荣誉表演奖等众多荣誉，代表剧目有《弹词》《打子》《吃糠遗嘱》等。压轴出场的是76岁的著名川剧表演艺术家王世泽。他与得意弟子、第25届中国戏剧梅花奖得主、成都市川剧研究院副院长王玉梅携手献演川剧传统折子戏《摘红梅》，其取自川剧高腔四大本之《红梅阁》。

李德金到泉州调研外贸工作

7—8日，副省长李德金率调研组到泉州调研外贸工作，并召开座谈会，听取外贸重点企业代表对提升政府服务和外贸竞争优势的意见、建议。市领导郑新聪、康涛、季翔峰参加调研或相关活动。在实地走访海关检验检疫大楼、保税仓及冷链物流仓库后，李德金肯定晋江陆地港的运作模式，要求海关、国检及相关部门要认真借鉴、复制自贸区和“单一窗口”建设经验，持续提升通关一体化、便利化水平。李德金一行还走访恒安新型智能化生产基地和泉州市综合保税区部分企业，了解企业生产经营情况，要求省、市政府相关部门要及时了解企业需求，主动、靠前做好相关服务。

对下一步的发展，李德金指出，一要加快转型升级。政府、企业要强化自我革新，共同转型升级，政府要简政“瘦身”，相关部门要实施标准化管理、降低门槛为企业服务；企业要通过技改等方式降低成本，提高竞争力。二要扶持实体经济。省、市要加快研究出台扩大开放、吸引外资的相关政策，不断提升利用外资质量成效。三要实施品牌战略。发挥泉州的品牌优势，把大企业、大品牌、大产业做大做强，拓展全国乃至国际市场。四要提供优质服务。政府相关部门要转变观念，设身处地为企业着想，依法柔性执法，提升通关等服务效率，用心、用情为企业营造良好、宽松的投资环境。

市委召开常委会会议暨市全面深化改革领导小组会议

市委召开常委会会议暨市全面深化改革领导小组会议，研究通过《关于实施人才“港湾计划”的若干意见》。市委书记、市全面深化改革领导小组组长郑新聪主持会议。市委常委参加会议，市人大常委会、市政协党组主要负责人列席会议。会议指出，若干意见落实中央、省委深化人才发展体制机制改革精神，突出“港湾”理念，切合泉州实际。会议强调，要注重改革创新，针对当前人才工作中存在的体制障碍、机制束缚、服务短板等问题，加大改革创新力度，打破条块限制和体制壁垒，推动若干意见落到实处，构建具有区域竞争力的人才制度体系，增强引才聚才吸引力。要紧扣产业发展，紧贴传统大盘转型、新兴产业培育，结合国家自主创新示范区、“中国制造2025”试点示范城市建设，推动泉州创新节奏走得更快、转型突围更早迈出实质性步伐。要采取项目化推进，细化任务清单和时间表，组织力量扎实推进。要广泛宣传造势，借助主流媒体、宣传阵地加大宣传，打响泉州人才“港湾计划”工作品牌。

世界泉州青年联谊会首届创新创业发展论坛举行

世界泉州青年联谊会首届创新创业发展论坛暨“侨爱精准扶贫”项目捐赠、签约仪式在泉州举行。市领导陈奕辉、季翔峰出席会议。来自中国、新加坡、马来西亚、菲律宾、印尼、泰国、越南、柬埔寨、孟加拉、阿联酋、日本、澳大利亚、美国、加拿大、英国、法国、德国、意大利、西班牙、波兰、巴西、古巴、智利、乌干达、坦桑尼亚等国家“世泉青”代表，和泉州市工商各界企业家和异地商会代表出席有关活动。在“侨爱精准扶贫”项目捐赠、签约仪式上，“世泉青”发出《侨爱精准扶贫倡议书》，呼吁海外侨胞、港澳同胞以及社会各界热心人士关注、支持和参与侨务扶贫事业。市领导陈奕辉、季翔峰出席、见证“侨爱精准扶贫基金”捐赠、签约仪式。陈奕辉在讲话中强调，“世泉青”要以更宽的视野、更广的胸怀、更大的格局、更新的气象来打造“世泉青”品牌，以共同的“根、魂、梦”来书写“世泉青”发展的新篇章，勉励海内外泉籍青年秉承“敢拼会赢”的精神，奋力开拓，同时心系家乡，助力家乡发展。在“世泉青”首届创新创业发展论坛上，“世泉青”会长丁水波、澳洲福建工商联合总会会长高明清分别作《互联网+形势下的发展机遇》《以“一带一路”引领投资，寻求共同开发资源之路》的主题演讲，和与会嘉宾分享他们的经营理念、发展思路和投资方向。

2月7日

农历丁酉年正月十一
星期二
温度：10℃—17℃
晴—多云

●7—8日，李德金率调研组到泉州调研外贸工作，并召开座谈会，听取外贸重点企业代表对提升政府服务和外贸竞争优势的意见、建议。

●市委召开常委会会议暨市全面深化改革领导小组会议，研究通过《关于实施人才“港湾计划”的若干意见》。

●世界泉州青年联谊会首届创新创业发展论坛暨“侨爱精准扶贫”项目捐赠、签约仪式在泉州举行。

2月8日

农历丁酉年正月十二
星期三
温度：11℃—18℃
阴

●从全市科技和知识产权工作会议获悉，2016年，全市专利申请54010件、授权26851件，年度专利申请和授权量连续6年居全省首位。

●8—10日，梨园戏小梨园流派传统剧目《陈三》（残本折戏选场）15折在梨园古典剧院上演。

●8—10日，元宵节南音大会唱分别在泉州南音艺苑和泉州市老干部活动中心举行。

泉州市小流域及农村水环境整治计划出台

泉州市出台《泉州市小流域及农村水环境整治计划（2016—2020年）》，提出到2018年，全面消除劣Ⅴ类水体；到2020年，全市小流域Ⅲ类以上水质比例达到90%以上。同时逐年细化年度目标：到2017年，全市小流域Ⅲ类以上水质比例达到75%以上，消除全市50%劣Ⅴ类水体，杜绝“牛奶溪”的出现。

计划提出通过全面推进农村生活污染治理、深入推进农业污染整治、切实保障农村饮水安全、强化工业污染防治、推动小流域生态保护与修复、加强环境监测与监管执法六项任务举措，全力推进小流域及农村水环境综合整治。具体而言，泉州市计划2016—2020年每年实施农村污水处理设施建设项目180个左右；到2020年，行政村生活污水处置覆盖率达到70%。2020年底前，所有乡（镇）、村实现生活垃圾有效治理，生活垃圾收集处置率达到90%以上；完成非禁养区内现有牛、羊、家禽、兔等其他畜禽养殖场的标准化改造。同时，基本完成供水人口200—1000人的农村饮用水水源保护范围的划定；全面完成已划定的水源保护区（范围）内的违规项目、违法排污口的整治。

计划提出，晋江、洛阳江上游不再审批化工（单纯混合或分装除外）、电镀、制革、染料、农药、印染、铅蓄电池、造纸等可能影响晋江、洛阳江饮用水源水质安全的建设项目。未经市委、市政府同意，全市不再新建制革、造纸、电镀、漂染等重污染行业项目。对未编制相关规划并通过规划环评审查的区域，暂停受理、审批区域内重金属行业相关建设项目环境影响评价文件。同时，泉州将优化产业布局，引导工业企业入区入园。新（迁）建的化工石化、印染、皮革合成革、电镀、造纸等重污染项目必须在符合规划及规划环评的园区内建设。

计划要求各县（市、区）人民政府、泉州台商投资区管委会要逐年确定分流域、分区域、分行业的重点任务和年度目标，向社会公布。实施跨行政区域河流交接断面水质保护管理考核，每年向社会公开并定期公布整治进展。同时，将小流域整治情况纳入党政生态环境保护目标责任书考核内容，并作为对各地环境保护督察的重要内容。

2016年全市专利授权26851件

从全市科技和知识产权工作会议获悉，2016年，全市专利申请54010件、授权26851件，年度专利申请和授权量连续6年居全省首位。其中，发明专利申请5871件、授权1509件，同比增长49.09%和48.67%。近年来，全市知识产权发展环境不断优化。2016年，泉州出台《泉州市新一轮国家知识产权示范城市工作方案》《泉州市专利奖评奖规定》等一系列政策文件，新增知识产权试点示范和优势企业22家，其中国家级6家、省级16家。推动36项专利权质押贷款，授信额度5.75亿元，金额居全省前列。知识产权保护力度不断加大，2016年立案查处各类专利案件228件，同比增长22%，其中专利侵权纠纷案件43件，假冒专利案件185件，按期结案率100%。在全省率先推动县级知识产权局独立开展专利行政执法办案工作，晋江、南安等地独立查处假冒专利案件96件。

梨园戏残本《陈三》首次演出

8—10日，梨园戏小梨园流派传统剧目《陈三》（残本折戏选场）15折在梨园古典剧院上演。第一天演出《睇灯》《答歌》《训女》《投荔》《磨镜》等折，第二天推出《扫地》《赏花》《梳妆》《留伞》《绣孤鸾》《出奔》等折，第三天推出《审陈三》《小闷》《遇兄》《说亲》等折。第一折《睇灯》就是陈三在元宵佳节赏灯邂逅佳人黄五娘的场景。这是泉州市首次推出残本折戏选场《陈三》。《陈三》是梨园戏的经典剧目，全本要连演七个晚上，此次推出的残本《陈三》是由蔡尤本、许志仁、蔡维恭等多位老艺人口述记录下的，共22折，较完整地保留下这部剧目的精华部分，此次三天共演出15折。《陈三》一剧在海内外闽南语系地区有着广泛的影响，雅俗共赏，几百年来历演不衰，深得观众喜爱。“移步游赏”“因送哥嫂”“共君断约”等上百首经典曲目在南曲中广为传唱。

郑新聪到南安石狮开展现场环保检查

市委书记、市人大常委会主任郑新聪带队到南安市、石狮市开展现场环保检查，并召开会议，对南安市、石狮市主要领导和分管领导进行环保工作约谈。市领导翁祖根、张永宁参加检查、约谈。约谈会上，市环保局主要领导点评企业检查情况及南安市、石狮市环保工作有关问题。南安市、石狮市主要领导就做好环保问题整改工作作表态。

检查现场　(图/陈起拓)

泉州市召开新闻媒体座谈会

泉州市召开新闻媒体座谈会，通报泉州市2016年经济社会发展情况和2017年主要工作思路。市领导郑新聪、翁祖根、陈铁晗参加会议。人民日报社福建分社、新华社福建分社、新华网福建分公司、福建日报社、福建省广播影视集团等中央、省级主要媒体代表介绍一年来新闻宣传工作情况。在听取媒体代表发言后，市委书记、市人大常委会主任郑新聪向广大各级新闻媒体、新闻工作者表示衷心的感谢。他指出，长期以来，各级新闻媒体将镜头对准泉州，策划推出一批有影响、有分量、有深度的系列报道，为泉州鼓呼造势，营造良好氛围，有力激发全市人民推进各项事业的精神士气。就学习贯彻习近平总书记关于做好新闻舆论工作系列重要讲话精神，郑新聪与各媒体深入交流。

座谈现场　(图/陈起拓)

2017泉州元宵灯会三大展区正式亮灯

2017泉州元宵灯会新门街传统花灯展区、中骏世界城时尚花灯展区和台商投资区的“海丝之光”座灯展区正式亮灯，三大展区超千盏花灯齐齐点亮。三大展区均吸引众多市民赏灯，现场洋溢着浓浓的元宵气氛。传统花灯展区设在新门街，展出518盏花灯。灯会以传统工艺花灯为主，以“鸡年”为主题，其中也包罗不少创意型花灯，安溪的10盏藤铁永生花花灯，将安溪著名的藤铁工艺与花灯巧妙结合。海丝艺术公园灯会展区以“海丝”为主题，展出129盏（座、组）各种花灯，尤其是大型主题座灯“扬帆起航”和水上座灯“龙船送福”最为亮眼。36盏中小型座灯分别放置在水镜广场两侧，还有元宵汤圆、中国龙，寄语清廉正气的灯扇和“年年有余”等闽南传统特色花灯。中骏世界城花灯展区出入口的落地灯组“金鸡报晓”“海丝福船”“情人花海”，吸引市民驻足，这几组大型落地灯组，采用LED光源，融入时尚、科技、创意元素，花灯更加艳丽。在花灯布置街区的中部，洁白的点状灯如同满天繁星一样倾泻而下。

海丝艺术公园水上座灯“龙船送福”　(图/晚报社)

2月9日

农历丁酉年正月十三
星期四
温度：8℃—14℃
多云

●郑新聪带队到南安市、石狮市，以“四不两直”（不发通知、不打招呼、不听汇报、不用陪同接待、直奔基层、直插现场）形式开展现场环保检查，并召开会议，对南安市、石狮市主要领导和分管领导进行环保工作约谈。

●泉州市召开新闻媒体座谈会，通报泉州市2016年经济社会发展情况和2017年主要工作思路。

●中央电视台《非常传奇》栏目展示泉州提线木偶戏。这一古老的艺术瑰宝引起于丹等嘉宾和现场观众不断的喝彩。

●2017泉州元宵灯会新门街传统花灯展区、中骏世界城时尚花灯展区和台商投资区的“海丝之光”座灯展区正式亮灯，三大展区超千盏花灯齐齐点亮。

●9—15日，由香港大学饶宗颐学术馆、香港福建书画研究会、泉州市社会科学界联合会、泉州历史文化中心等单位举办的“走进饶宗颐先生诗词世界——香港·泉州书法家迎春展”在市区威远楼举行。

●9—12日，泉州市木偶剧团在通政巷24号上演小戏专场，12日举行相公爷春祭仪式。

2月10日

农历丁酉年正月十四
星期五
温度：7℃—12℃
多云—晴

●市委召开常委会扩大会议，按照《中国共产党党内监督条例》规定和《福建省党的领导干部述责述廉工作意见》要求，听取市委常委2016年度述责述廉报告。

●全市国土资源暨卫片执法检查工作会议召开，贯彻全国、全省国土资源工作会议精神，总结部署国土资源管理和卫片执法检查工作。

●市委召开十二届三次全会，酝酿、确定出席中共十九大代表候选人初步人选推荐名单，市委书记郑新聪主持会议。

●由市委宣传部、市发改委、市经信委、市科技局、市住建局、市金融局、市工商联、市城联社、泉州晚报社等单位主办的以“发力供给侧，创新促转型”为主题的2016泉州经济年会在泉州海丝国际中心举办。

市委常委会扩大会议听取市委常委述责述廉报告

市委召开常委会扩大会议，按照《中国共产党党内监督条例》规定和《福建省党的领导干部述责述廉工作意见》要求，听取市委常委2016年度述责述廉报告。市委书记、市人大常委会主任、市贯彻落实党风廉政建设责任制工作领导小组组长郑新聪带头作述责述廉报告，并对市委常委班子成员述责述廉报告进行点评。康涛、陈奕辉、翁祖根、温惠榕、林俊共、孔繁军、陈铁晗、张永宁、林锦明分别在会上进行述责述廉。省委组织部派员到会指导。市委委员、候补委员，市纪委常委，各县（市）区、泉州开发区、泉州台商投资区党政主要负责人参加会议，并对市委常委班子成员述责述廉情况进行评议。

全市国土资源暨卫片执法检查工作会议召开

全市国土资源暨卫片执法检查工作会议召开，贯彻全国、全省国土资源工作会议精神，总结部署国土资源管理和卫片执法检查工作。市委书记、市人大常委会主任郑新聪作出批示，市长康涛作工作部署，省国土资源厅副厅长陈志忠作指导讲话，副市长季翔峰主持会议。会上颁发2017年度县（市、区）政府耕地保护和矿山生态恢复治理目标责任书。

关于2017年工作，康涛要求，一要坚守耕地红线，落实补充耕地任务，严格划定永久基本农田，认真开展土地矿产卫片执法检查。二要注重综合施策，通过统筹重点项目用地指标、创新产业用地机制、推进节约集约用地等，保障经济发展用地需求；坚决落实中央关于房地产调控的重大决策，加快建立房地产平稳健康发展长效机制。三要恪守为民情怀，抓好生态综合整治、地质灾害防治、不动产统一登记等工作，扎实推进民生国土建设。四要坚持先行先试，积极开展晋江“三块地”、自然资源确权登记等改革试点，加快农村“房地一体”权籍调查，稳步推进土地制度改革。五要落实依法行政，严格规范土地出让行为，提升国土资源管理信息化水平，依法依规妥善处置信访、复议，加强党风廉政建设，营造和谐国土环境。

2016泉州经济年会年度峰会举办

由市委宣传部、市发改委、市经信委、市科技局、市住建局、市金融局、市工商联、市城联社、泉州晚报社等单位主办的以“发力供给侧，创新促转型”为主题的2016泉州经济年会在泉州海丝国际中心举办。峰会上，年度经济人物、年度十佳泉属异地商会评选、“清新福建·海丝泉州”年度十大魅力小城镇、年度“城市贡献力”典范项目、年度十佳创客项目、年度十大最富工匠精神企业、年度十大智慧城市建设优秀应用等获奖榜单纷纷揭晓，以智能制造为主题的《2016年度泉州民营经济蓝皮书》发布。峰会上，市工商联主席、七匹狼董事长周少雄分享《传统企业的转型之道》，金诚集团副总裁蒋雪琦带来《新型城镇化进程：民间资本的财富密码——“西湖论金”走进泉州》的主题演讲，而九牧厨卫股份有限公司董事长林孝发则以《智能制造引发产业新变革》为题，讲述他的体会和感受。此外，针对“一带一路”与“中国制造2025”带来的新机遇，福建纳川管材科技股份有限公司董事长陈志江、金诚集团副总裁蒋雪琦、福建省闽发铝业股份有限公司总经理黄长远、冠达星股份有限公司董事长杨建明、福建一品嘉云创信息技术股份有限公司总经理庄伟雄等企业家还以“突破·创新”为主题，通过对话与智慧碰撞，探讨泉州民营企业面临的机遇与挑战，给现场企业家带来启发。

峰会现场　（图/晚报社）

央视《新闻联播》播报泉州元宵灯会盛况

中央电视台《新闻联播》报道台商投资区海丝艺术公园的水上座灯“龙船送福”为主的灯会盛况，这是海丝艺术公园元宵灯会连续两年登上央视新闻。元宵节当晚，央视《新闻联播》播出《花灯璀璨元宵至 良辰美景正当时》，介绍全国各地闹元宵盛况，泉州元宵灯会也在其中。报道提到“闽南的花灯当属福建泉州的灯展，8米多高的龙船是泉州历届水上灯组最大的一组，周边的鲤鱼灯、莲花灯同样华光四射”，画面航拍展示的就是海丝艺术公园内的大型主题座灯“扬帆起航”和水上座灯“龙船送福”。大型主题座灯“扬帆起航”采用现代光源技术，以时尚梦幻的色调，与水中光彩夺目的“龙船”花灯遥相呼应，整个灯会画面流光溢彩，美轮美奂。据悉，2016年元宵节晚上，央视晚间新闻《今晚关注》报道《舍小家顾大家 为了灯火辉煌 他们坚守岗位》，其中报道台商区公安分局民警高凤霞新婚不久，连续多天执勤坚守海丝艺术公园的元宵灯会，报道画面同样展示海丝艺术公园游人如织的赏灯场面，尤其是红房子内悬挂的精美花灯，透露出浓浓的闽南风格与海丝元素。此外，人民网、新华网、光明网等媒体同样将镜头聚焦到泉州。新华网派出新闻无人机团队，用航拍镜头记录下传统花灯展区新门街万人闹元宵，以及村镇妈祖巡游等民俗活动的热闹场景。通过各大媒体平台，上元佳节的美丽泉州成为各大媒体争相报道的“网红”。

泉州元宵灯会期间，赏灯的市民络绎不绝　　(图/晚报社)

泉州市艺术团到菲律宾参加菲中传统文化节演出

11—17日，泉州市艺术团一行50余人受中国文化部委派，到菲律宾参加第17届“菲中传统文化节”暨“泉州新丝路菲律宾行”活动。泉州为此次演出作精心的准备，有提线木偶戏《元宵乐》《驯猴》《钟馗醉酒》；也有闽南歌舞《茉莉花开》《百花争艳》《采茶扑蝶》；还有南少林武术《少林之光》《铁头功》《铁布衫》；同时，泉州知名歌手献唱《爱拼才会赢》《望春风》《儿子》；此外，福建省杂技团也到场助阵，表演杂技《绳技，梦向远方》，展演节目丰富多彩。泉州市艺术团在访演期间，全体演职人员服从主办方密集的演出安排，克服旅途劳顿，不辞辛劳，先后在马尼拉、宿务省和拉瓦格省呈现精彩的艺术表演和独具中国特色的非遗展示，受到极大的欢迎，赢得广泛好评。在展演期间，一场独特的泉州花灯展在菲律宾黎刹公园举行，现场还展示刻纸艺术和花灯制作并赠送给参观者，让当地人零距离感受泉州花灯的艺术魅力。20日，中国驻菲律宾大使赵鉴华专门致信表扬，向泉州市政府给予的大力支持、向艺术团全体演职人员的辛勤努力表示衷心的感谢。赵鉴华表示，泉州艺术团的到访，为增进中菲两国人民间的传统友谊，推动两国文化交流与合作发挥积极的作用。希望越来越多的菲律宾民众喜爱中国传统文化，共享中国传统节日欢乐气氛，共创两国人民世代友好的美好明天。

2月11日

农历丁酉年正月十五
星期六
温度：7℃—13℃
多云—晴

●中央电视台《新闻联播》报道台商投资区海丝艺术公园的水上座灯“龙船送福”为主的灯会盛况，这是海丝艺术公园元宵灯会连续两年登上央视新闻。

●11—17日，泉州市艺术团一行50余人受中国文化部委派，到菲律宾参加第17届“菲中传统文化节”暨“泉州新丝路菲律宾行”活动。

●11—12日，东湖街高甲剧场举行元宵高甲唱腔音乐会。

2月12日

农历丁酉年正月十六
星期日
温度：7℃—14℃
晴

●康涛率队到南安调研节后企业生产和项目复工情况。

●市政府办下发工作方案，明确通过建筑用能方式、材料的改造、优化，采用能源合同方式推动全市公共建筑和公共照明节能改造，至2020年，完成公共建筑节能改造10万平方米，城市公共照明改造2万盏。

●泉州高甲戏剧团首次举办元宵音乐会。

●2017年闽南杯足球冠军赛在厦门海沧体育中心闭幕，泉州市足协代表队获亚军。

康涛到南安调研节后企业生产和项目复工情况

市长康涛率队到南安调研节后企业生产和项目复工情况，召开座谈会听取贯彻落实泉州市2017年项目攻坚年活动情况，强调南安要抢抓项目建设大好时机，大干快上、再创佳绩。每到一地，康涛都亲切慰问企业家和项目一线工作人员，寄望大家继续坚守实业、扎根泉州，做大规模、做强品牌，助力泉州万亿经济强市建设，要求各级各相关部门主动靠前、做好服务，为项目建设和企业生产经营创造良好环境。在肯定南安项目攻坚的成效和措施后，康涛指出，近年来南安按照泉州市委统一部署，勇于走前列打头阵，2017年更应乘势良机，在全市发展大局中干出一番更大事业来。就下阶段工作，康涛强调，一要大抓项目前期，集中力量推动“泉州芯谷”石井园区、“两溪一湾”综合整治等重大项目尽快取得突破性成效；发挥南安异地商会多、海外华侨多的人脉商脉优势，加大项目策划和招商力度，引进落地更多大项目、好项目和高端项目。二要狠抓在建项目，围绕既定的目标任务和时间节点，创新工作机制，拿出管用办法，强力突破征迁瓶颈，一鼓作气，形成气势，确保项目按序时顺利实施。三要用项目用发展带队伍，在项目推动和发展实践中，为广大干部搭建干事创业平台，激发热情活力，锤炼素质能力，强化考核奖惩，打造一支想干事、能干事、干成事的干部队伍。

泉州公共建筑和照明节能改造启动

市政府办下发工作方案，明确通过建筑用能方式、材料的改造、优化，采用能源合同方式推动全市公共建筑和公共照明节能改造，至2020年，完成公共建筑节能改造10万平方米，城市公共照明改造2万盏。其中，对公共建筑的节能改造，包括达不到国家现行节能设计标准的5000平方米以上公共机构建筑和20000平方米以上社会投资公共建筑，主要改造空调、热水、照明等用能系统和建筑外窗。对城市公共照明改造包括改造光源、灯罩和控制系统，推广应用LED照明产品，淘汰白炽灯、高压汞灯和能效未达到国家标准的高压钠灯。

按照“示范先行、循序渐进”的原则，2017年，泉州市率先启动医院、学校、商场超市、宾馆饭店和使用中央空调系统的办公建筑以及城市公共照明节能改造示范。公共机构建筑、城市公共照明节能改造一般应采用合同能源管理方式，按服务类项目进行政府采购，鼓励采用竞争性磋商采购方式择优确定节能服务公司。

此外，泉州加大对节能改造的财政金融支持。除了支持符合条件的项目申报财政部、住房城乡建设部公共建筑节能改造国家试点，争取中央资金支持之外，市级财政负责泉州市本级政府机关及下属事业单位、泉州市属医院和以市为主管理的市直学校的公共建筑节能改造项目补助，根据市住建局及项目主管部门核定的项目节能改造完成情况，对节能率不低于20%的大型公共建筑、节能率不低于15%的其他公共建筑，给予15元/平方米补助。而符合条件的城市公共照明节能改造项目还可按《福建省合同能源管理财政奖励资金管理暂行办法》及当年发布的申报指南申请合同能源管理奖励资金。

泉州高甲戏剧团首次举办元宵音乐会

11—12日，泉州高甲戏丁酉年元宵音乐会在市区泉州高甲剧场连演两场，泉州市高甲戏传承中心首次为广大市民献上一场极具特色的音乐会，现场座无虚席，为民众呈现别样的元宵大餐。整场演出由器乐合奏《侨乡锣鼓》拉开序幕，紧接着大联唱《桃花搭渡》《四季歌》《管甫送》《笋江波》《连升三级》选曲，将大家耳熟能详的高甲戏经典剧目一道呈送到现场观众面前，最后由选自《杜鹃山》的《黄连苦胆味难分》唱段将音乐会掀起高潮。该场音乐会有小戏的联唱、对唱和个人演唱等，通过各种表现形式增强高甲戏的舞台表现形式，引起大家对高甲戏唱腔的重视，让观众从另一个角度感受高甲戏的魅力。中国戏剧梅花奖获得者陈娟娟、国家一级演员陈江锋、国家一级作曲杨双智等参与该场音乐会，这对青年演职人员有很强的引领作用，有助于推动泉州高甲事业的发展。

市政府第二次常务会议召开

市长康涛主持召开市政府第二次常务会议，听取2016年全市安全生产工作和省政府安全生产巡查有关情况汇报，研究并通过《泉州市安全生产举报奖励规定》《泉州市安全生产巡查工作规定（试行）》，以及《泉州市人民政府办公室关于加快培育和发展住房租赁市场的实施意见》《泉州市人民政府办公室关于推进房屋征收货币化安置工作的若干意见》《泉州市市辖区外中心城区实行规划审批结果报备制度》。

会议指出，2016年泉州安全生产形势总体平稳，但仍然存在不少困难问题。各级各部门要按照市委统一部署，始终保持清醒认识，切实推动“党委政府的领导责任、行业部门的直接监管责任、企业的主体责任”落到实处。要坚持问题导向，抓严、抓实省政府安全生产巡查反馈问题和隐患的整改，完善监管体制机制，杜绝问题“回潮”、反弹。要夯实基层基础，通过“智慧安监”信息化平台和安全先进技术装备的应用，提升监管科技化水平；引导企业建立标准化安全生产管理体系，推进安全生产社会化服务，提高安全基础保障能力。

培育和发展住房租赁市场对改善泉州居民住房条件、推进新型城镇化进程等具有积极作用。会议强调，各级各相关部门要通过培育发展住房租赁企业、鼓励房地产开发企业售租并举等，形成一批供应主体；要大力规范住房租赁中介机构房源信息发布、中介服务收费、从业人员管理，鼓励个人将拥有合法产权的住房依法出租；要建立住房租赁信息服务和监管平台，扩大公共租赁住房保障范围，鼓励住房租赁消费；要加大政策支持力度，加强市场及行业监管，支持新建租赁住房，促进住房租赁市场持续健康发展。

推行货币化安置，越来越成为房屋征收补偿安置的重要渠道。会议要求，各级各相关部门要依法确定被征收房屋补偿的市场价值，建立房屋征收评估基础信息，统筹房屋征收安置方式，鼓励推行货币补偿；要积极搭建被征收人自主选购的服务平台，引导被征收人购房自住，促进房地产市场健康发展。

近年来，环湾新城建设、申遗工作等对城市规划管理提出更高要求。会议强调，要强化全市“一盘棋”意识，突出统筹协调，加强中心城区重要区域、地段、节点的规划管控；各有关县（市、区）要严格落实规划审批结果报备制度，共同推动环湾向湾发展；市城乡规划局要进一步完善工作机制，制定备案审查细则和详细管控清单，提升规划设计水平，确保泉州城市总体规划顺利实施。

首届海丝（泉州）京剧票友联谊会开幕式在泉州举行

首届海丝（泉州）京剧票友联谊会、演唱会开幕式在泉州木偶剧院举行。在开幕式演出中，主办方精心准备器乐合奏《泉州乐》、南音《元宵十五》、提线木偶戏《元宵十五》、梨园折子戏《睇灯》、高甲戏《桃花搭渡》等10多个精彩节目，让全国各地的京剧票友充分感受泉州“戏窝子”的独特魅力。活动吸引中国传统文化促进会京剧艺术交流委员会会长徐秀玲、福建省京剧票友联谊会会长丁道荣和来自北京、山东、山西、云南、江西、浙江、宁夏、福建、香港、澳门等10个省、直辖市和地区的21支京剧艺术联谊会队伍参加，总人数160余人，其中年龄最大的京剧票友82岁。

13个泉州品牌获纺织服装行业最高奖

由工信部指导、中国纺织工业联合会主办的“2016中国纺织服装品牌年度工作会议”召开。会议公布一系列榜单：其中，泉州有8家企业入围2016年纺织服装行业自主创新品牌25强榜单。这8家企业分别是：泉州匹克体育用品有限公司、乔丹体育股份有限公司、贵人鸟股份有限公司、鸿星尔克（厦门）实业有限公司、石狮市大帝集团有限公司、泉州市宝峰鞋业有限公司、泉州佰源机械科技股份有限公司、晋江市华宇织造有限公司。此外，5家泉州企业 入围2016年纺织服装行业品牌价值50强，分别是：虎都（中国）实业有限公司、浩沙实业（福建）有限公司、福建七匹狼实业股份有限公司、福建鑫华股份有限公司。另外，七匹狼还入围2016年重点跟踪培育服装家纺自主品牌企业名单。

2月13日

农历丁酉年正月十七
星期一
温度：7℃—17℃
晴

●市政府第二次常务会议召开，听取2016年全市安全生产工作和省政府安全生产巡查有关情况汇报，研究并通过《泉州市安全生产举报奖励规定》等多个议题。

●首届海丝（泉州）京剧票友联谊会、演唱会开幕式在泉州木偶剧院举行。

●13个泉州品牌获纺织服装行业最高奖。

●13—15日，泉州市木偶剧院举行大型木偶神话剧《火焰山》第三代表演人才展演。

2月14日

农历丁酉年正月十八
星期二
温度：8℃—17℃
晴

●市委召开常委会会议，听取2016年全市安全生产工作和省政府对泉州安全生产巡查有关情况汇报，研究下一阶段安全生产工作和巡查问题整改工；研究并原则通过市十六届人大常委会2017—2021年立法规划和2017年立法计划项目。

●康涛带队到泉港，以“四不两直”形式，开展现场环保检查，并对泉港区主要领导和分管领导进行环保约谈。

●全市统计工作会议召开，总结2016年全市统计工作，部署2017年工作任务。

●胡润研究院发布《英雄不问出处—2017胡润社会大学英雄榜》，列出胡润百富榜上前100名没有全日制本科或研究生学历的企业家。这是胡润研究院首次发布此报告。7名泉州籍企业家许荣茂、许世辉、林秀成、陈发树、施文博、许连捷、李贤义上榜。

●福建电影人创作投资的爱情电影《海角有个五店市》在全国上映。

●永春县举办“桃花源，回忆我们的故事”首届中国（永春）全域旅游推介暨情定北溪桃花文化旅游节活动。

●神州优车（福建）信息技术有限公司泉州分公司领到市交通委发放的首张网约车经营许可证，成为泉州首家获得合法营运资质的网约车平台公司。

●“昆仑决城市英雄”（泉州站）2017年赛季2月在惠安举行开赛仪式。

市委召开常委会会议研究立法规划项目

市委召开常委会会议，研究并原则通过市十六届人大常委会2017—2021年立法规划和2017年立法计划项目。市委书记郑新聪主持会议。市委常委参加会议，市人大常委会党组主要负责人列席会议。对立法工作，会议要求，一要强化党的领导。市人大常委会要在市委领导下，推动立法规划、计划顺利实施。二要加强协作配合。市人大常委会要充分发挥在立法工作中的主导作用，确定相关工作机构对立法项目起草工作进行跟踪督促，突出规划、计划的严肃性和权威性；市政府要认真组织起草部门做好法规起草工作，在保证质量的前提下，如期提请市人大常委会审议；市人大常委会、市政府要加强沟通协调，把好起草关，提高立法质量和效率，更好地把立法权优势转化为发展优势。三要深化法治建设。重视立法队伍建设，多措并举解决专业人才缺口问题；加大地方立法工作宣传力度，提高执法人员工作水平，全力推进法治泉州建设。

康涛带队到泉港开展现场环保检查

市长康涛带队到泉港开展现场环保检查，并对泉港区主要领导和分管领导进行环保约谈。市委常委、常务副市长张永宁参加检查、约谈。市环保局主要领导在约谈会上点评检查情况及泉港区环保工作有关问题，泉港区主要领导就做好整改工作作表态。

在富兴钢板有限公司，康涛一行检查发现，企业酸洗车间设施腐蚀严重，地面部分防腐防渗层脱落，盐酸储罐未按规定安装酸性气体报警装置，事故应急池也没有加盖和清空，环境安全隐患十分突出。康涛当即要求执法人员现场调查取证，依法责令企业限期整改。他还强调，环保部门、泉港区要强化统一监管和属地管理责任，共同督促企业把环保主体责任落到实处。随后，康涛一行又到泉港石化园区。检查发现，环保隔离带厂群混杂的问题已启动拆迁整改，但任务仍十分艰巨，园区公共应急池、固废处置设施的建设滞后。康涛要求，环保隔离带搬迁工作要举全区之力，一鼓作气、形成气势、打开局面；公共应急池和固废处置设施建设要细化方案、挂图作战，确保2017年年底全面完成。

康涛强调，一要坚守红线，动真碰硬抓环保。落实环保责任“党政同责、一岗双责”，开展环保督察见事见人见责任，执行环保新规严格较真，让环境保护长出“钢牙利齿”。二要认真查摆，盯紧环保领域薄弱环节。针对厂群混杂、固废处置、污水垃圾处理、空气质量等突出问题，倒逼推进，填补历史欠账，造福子孙后代。三要勇于担当，坚决把整改措施落实到位。突出责任到人、督导督察和整顿提升，确保整改工作序时推进，同时坚决向环境违法行为亮剑，以严厉刚性的执法，让违法企业付出惨重代价。

市统计工作会议召开

全市统计工作会议召开，总结2016年全市统计工作，部署2017年工作任务。副市长吕刚参加。会议要求，新的一年里，全市统计系统要全面贯彻落实市经济工作会议部署，牢牢把握“坚持稳中求进总基调、全力突围攻坚利长远”主线，紧扣重点难点，抓好巩固投资统计月调度机制、深化第三产业统计月调度机制等重要统计工作；要深化统计供给侧改革，增强统计反映转型发展能力；要拓展统计智库功能，进一步提升统计服务水平；要加强统计能力建设，持续提升统计数据质量。各级各部门要进一步重视和加强统计工作，共同推进泉州统计事业发展。

电影《海角有个五店市》上映

福建电影人创作投资的爱情电影《海角有个五店市》在全国上映。此前，制作方在福州闽台艺文园区举办该片MV的发布会。《海角有个五店市》根据闽南真实故事改编，讲述了民国时，庄家陶瓷的继承人庄家树与唱高甲戏的少女吴彩凤的一段刻骨铭心恋情，未料阴差阳错分隔海角两地。半个多世纪后，庄海心带着太爷爷庄家树留下的爱情信物——“陈三五娘盘”从马来西亚来到晋江五店市开启寻根之旅，这段寻根之旅也让庄海心收获爱情。该片六成以上的场景在五店市拍摄。极具闽南特色的皇宫起、红砖厝、三间张、燕尾脊尽在镜头里。

2月15日

农历丁酉年正月十九
星期三
温度：9℃—20℃
晴

●郑新聪带队到德化县龙浔镇、水口镇、赤水镇、杨梅乡，调研农业农村、脱贫攻坚及基层党建工作。

●市政府党组（扩大）会议召开，按照《中国共产党党内监督条例》规定和《福建省党的领导干部述责述廉工作意见》要求，听取市政府党组成员2016年度述责述廉报告。

郑新聪到德化调研农业农村工作

市委书记、市人大常委会主任郑新聪带队到德化县龙浔镇、水口镇、赤水镇、杨梅乡，调研农业农村、脱贫攻坚及基层党建工作。市委常委、秘书长翁祖根参加调研。调研中，郑新聪要求，脱贫攻坚工作总的要围绕“精准”二字做文章。底子要清，建档立卡要认真规范；措施要细，增收脱贫的渠道要一户一策、因人而异；责任要实，干部要真挂包、真帮扶；要标本并举，既解决眼前的脱贫，又设法稳定脱贫；要自力更生，引导贫困户家贫志不短，主要靠自身努力，自我减贫自我脱贫；要加强基层组织建设，结合变化了的情况一手抓党建和村“两委”队伍建设，一手抓稳定村财收入的项目建设。随着新型城镇化步伐加快，人口流动、党员流动带来的农村基层和城市社区党建工作新情况、新问题普遍存在。郑新聪指出，德化为了解决城乡发展“一头重一头轻”的问题，在“精准化”融合和“模式化”推进方面作了许多探索，取得一定的成效。但这项工作是个系统工程，要坚持按照“发现问题、不断研究解决问题”的办法，为农村基层新形势下的党建工作探索经验。

调研现场　　(图/陈起拓)

市政府召开党组（扩大）会听取党组成员述责述廉报告

市政府党组书记、市长康涛主持召开市政府党组（扩大）会议，按照《中国共产党党内监督条例》规定和《福建省党的领导干部述责述廉工作意见》要求，听取市政府党组成员2016年度述责述廉报告。会上，市政府党组成员依次作述责述廉报告；康涛率先发言，并对各党组成员述责述廉报告逐一进行点评。市政府各部门主要负责人参加会议，并对市政府党组成员述责述廉情况进行评议。康涛指出，市政府党组成员述责述廉，体现了自上而下的组织监督、自下而上的民主监督以及同级之间相互监督相结合，形式更加规范，参与人员更多，知悉范围更广。

就进一步加强政府系统全面从严治党工作，康涛强调，一要强化责任担当。市政府党组成员要按照省委提出的“五抓五看”要求，按照市委统一部署，把责任牢牢扛在肩上，把工作紧紧抓在手上，把管党治党作为分内之事、应尽之责，以更高的标准、更严的要求、更实的举措，推动主体责任再强化，真正做到守土有责、守土负责、守土尽责。二要抓好问题整改落实。党组成员要紧紧围绕自身查摆的问题、评议意见中反映的问题，认真制定整改措施，确保问题有效解决。三要发挥模范带头作用。各级政府党组织负责人要始终绷紧廉洁自律这根弦，切实抓好各自领域的党风廉政建设；带头树牢“四个意识”，严格遵守政治纪律和政治规矩；带头贯彻中央“八项规定”精神，教育管理好亲属和身边工作人员、抓好家风建设；带头主动作为，坚决贯彻市委市政府的重要决策部署，切实当好“关键少数”，影响带动“大多数”，共同营造风清气正、干事创业的良好政治生态。四要做到失责必问、问责必严。强化责任制检查，依纪依规问责，坚决维护法纪的权威性和严肃性，以此倒逼主体责任落实，推动全面从严治党不断向纵深发展。

2月16日

农历丁酉年正月二十
星期四
温度：10℃—21℃
晴

●市委举行中心组（扩大）学习会。中央纪委案件审理室副局级纪律检查员、监察专员孙东升，厦门大学法学院教授朱晓勤分别作“全面从严治党”专题讲座和学习《党政领导干部生态环境损害责任追究办法（试行）》辅导报告。

●康涛率队到石狮调研节后重点项目复工情况。

●继全省旅游服务监管暨文明旅游工作视频会议后，泉州市随即召开全市旅游服务监管暨文明旅游工作会。

市委举行中心组（扩大）学习会

市委举行中心组（扩大）学习会。中央纪委案件审理室副局级纪律检查员、监察专员孙东升，厦门大学法学院教授朱晓勤分别作“全面从严治党”专题讲座和学习《党政领导干部生态环境损害责任追究办法（试行）》辅导报告。郑新聪、康涛、陈万里、陈奕辉、翁祖根、温惠榕、陈铁晗、张永宁、林锦明等市四套班子领导干部，市中级人民法院、市人民检察院负责人，市直单位、市属高校、国有企业负责人，市纪委委员等参加学习。

孙东升在讲座中以案释纪，阐述推进全面从严治党的重大意义，解读加强和规范党内政治生活、加强党内监督的主要内容和基本精神，报告主题鲜明、分析深入，为党员干部深入学习领会、全面准确把握六中全会精神作了很好的辅导。朱晓勤结合现实案例，对《党政领导干部生态环境损害责任追究办法（试行）》作了解读，报告事理结合、深入浅出，为党政干部学习理解办法的内涵要求，上了生动一课。

市委书记、市人大常委会主任郑新聪主持学习会并强调，全市各级党组织和党员领导干部要深入学习贯彻十八届六中全会精神、总书记习近平治国理政新理念新思想新战略，旗帜鲜明讲政治，树牢“四个意识”，坚决维护以习近平同志为核心的党中央权威。要发挥“关键少数”表率作用，严格遵守“准则”“条例”，增强政治定力、纪律定力、道德定力、抵腐定力。要担负起政治责任和领导责任，落实十八届中央纪委七次全会部署，按照省委“五抓五看”要求，推动“准则”“条例”落实到每一个党组织、落实到基层，推动全面从严治党向纵深发展，向中共十九大交上改进作风、严明纪律、惩治腐败的优秀答卷。

郑新聪指出，生态建设事关民生、事关永续发展。全市各级党政领导干部要树立生态保护理念，落实中央“1+6”生态文明体制改革方案要求，认真学习办法等生态环保文件法规，自觉把绿色发展贯穿“五个泉州”建设。要严格落实生态环保“党政同责、一岗双责”，进一步规范施政行为；强化责任审计，严格对照办法追责问责，切实增强生态环保责任的硬约束。

康涛率队到石狮调研节后重点项目复工

市长康涛率队到石狮调研节后重点项目复工情况。市政府秘书长廖国文参加调研。走进万弘海洋生物科技公司企业综合性园区，海洋生物复合包装膜产业化项目，已被列入全省海洋经济创新发展区域示范项目，正紧锣密鼓开展生产设备安装试产，当听说项目达产后不仅年产值高达30亿元，也将通过冷链服务，让周边海鲜捕捞大幅增值，康涛十分高兴，鼓励企业进一步加大投入，加快建设，推动项目早日达产；继续加强与科研机构的合作，提升海洋资源综合利用水平。他还要求市直相关部门和石狮市，要进一步优化服务，协调解决好项目推进中遇到的各种问题，为企业发展营造良好环境。座谈会上，康涛充分肯定石狮经济发展和项目攻坚的成效并指出，石狮腹地有限，土地资源相对紧张，但同时也具有生产要素集中、历史“包袱”较少以及海洋、旅游资源丰富等优势。石狮要在泉州市委领导下，精心筹划，积极运作，聚焦项目，戮力攻坚，努力在现代化泉州建设大局中展现更大作为。就下阶段工作，康涛强调，一要立足实际、深度挖潜，创新盘活老厂房资源，依法处置闲置用地，前瞻性保护利用好礁石海岸线等宝贵稀缺资源，策划好的项目，强化招商选资，引进落地高端制造业、现代服务业项目，在有限土地上实现腾笼换鸟、增值提效。二要靠前指挥、强力推进，主官要亲自盯、大力抓，以真抓实干、大干快干的精气神，做好榜样、带好队伍，凝聚力量气势，推动项目逐个抓好落实。三要强化担当、正向激励，完善项目考评机制，突出实干实绩导向，把干部的积极性、主动性充分激发出来，强力突破项目征地拆迁、前期服务等瓶颈，确保项目序时推进，为全市项目攻坚年多创亮点、多出经验。

市十六届人大常委会第一次主任会议召开

市人大常委会主任郑新聪主持召开泉州市十六届人大常委会第一次主任会议。市人大常委会党组书记陈万里，副主任张建生、朱团能、曾巍、许文贵、吴友才、蔡思红，市人大常委会秘书长欧阳秋虹参加会议。副市长季翔峰，市中级人民法院院长欧岩峰列席会议。会议讨论市人民政府、市中级人民法院、市人民检察院有关人事任免议案和市十六届人大常委会代表资格审查委员会组成人员名单的议案，决定提交市十六届人大常委会第一次会议审议；讨论通过市人大常委会2017年工作要点和监督计划、2017—2021年立法规划和2017年立法计划、市十六届人大一次会议代表建议重点办理件督办安排和2016年度规范性文件备案审查情况报告；讨论市人大常委会财经工委关于开展泉州市旅游业专项资金使用管理情况和内司工委关于开展市检察院反渎职侵权工作情况专题调研方案；提出第二次主任会议建议议题。

就加强主任会议成员的自身建设，郑新聪强调，一要加强学习，转变角色。系统地学习和掌握人大工作必备的理论知识、法律知识和业务知识，尽快熟悉、把握人大工作的特点和规律，不断提高履行职责、做好工作的能力和水平。二要注重程序、依法办事。认真贯彻民主集中制原则，既充分发扬民主、广开言路、集思广益，又要注重严格依法办事，充分发挥主任会议的集体领导作用，确保人大各项工作正常运转、有序推进。三要团结协作、和谐共事。以工作为重，以大局为重，真正把班子建设成为“政治强、懂专业、善治理、敢担当、作风正”的坚强领导集体，共同把新一届人大常委会工作做好。四要以身作则，敢于担当。牢牢坚持党的领导，切实增强大局意识，努力改进工作作风，进一步加强能力建设，重视机关干部队伍建设，在人大机关树立风清气正、崇尚实干的良好氛围。五要加强自律，接受监督。严格落实全面从严治党要求，深入学习贯彻习近平总书记系列重要讲话精神，认真执行领导干部廉洁自律的各项规定，带头接受党的监督、法律监督、民主监督和群众监督，不断增强党内政治生活的政治性、时代性、原则性和战斗性，巩固“两学一做”学习教育成果，以优异的成绩喜迎中共十九大胜利召开。

会议现场 （图/王虎文）

斯里兰卡旅游部部长到泉州开展海丝旅游资源考察

17—20日，斯里兰卡旅游部部长约翰·阿马拉通加一行到泉开展海丝旅游资源考察，市长康涛会见考察团一行。康涛对考察团的到访表示欢迎，指出泉州是古代海上丝绸之路的起点城市，古往今来都与斯里兰卡有着深厚友谊，希望今后两地不断拓展商贸、旅游等方面合作，进一步加强两地友好往来。连日来，约翰·阿马拉通加一行先后到天后宫、德济门、开元寺、九日山、清源山、五店市、崇武古城等10余个“海丝”景点进行实地考察，并观看南音、提线木偶、掌中木偶、高甲戏等泉州非物质文化遗产表演，感受泉州多样的文化魅力。

2月17日

农历丁酉年正月廿一
星期五
温度：12℃—24℃
多云

●郑新聪主持召开泉州市十六届人大常委会第一次主任会议。

●17—20日，斯里兰卡旅游部部长约翰·阿马拉通加一行到泉州开展海丝旅游资源考察，康涛会见考察团一行。

●加拿大多伦多泉州同乡联合总会第四届就职典礼暨加拿大多伦多泉州商会成立庆典举行。

●泉州市标准地址二维码管理工作现场会在石狮市召开。

2月18日

农历丁酉年正月廿二
星期六
温度：13℃—20℃
多云

●康涛带队到安溪湖头镇、西坪镇调研美丽乡村建设和茶文化旅游工作。

●全国部分法院家事审判方式和工作机制改革推进会在泉州举行，来自全国十个省、区三级法院及最高法院的代表参加会议。

●18—24日，由泉州市住房和城乡建设局、泉州晚报社主办的“清新福建·海丝泉州”2016年度十大魅力小城镇建设成果展在泉州浦西万达广场举办。

康涛到安溪调研美丽乡村建设和茶文化旅游工作

市长康涛带队到安溪湖头镇、西坪镇调研美丽乡村建设和茶文化旅游工作。在湖头镇山都村，由政府统筹引导、企业出资兴建的三安幸福小镇，2013年底被列入农业部“美丽乡村”建设示范村，成为全国样板。康涛得知当地正大力发展鲜花种植、农村电商、民宿旅游等产业后，他表示赞许，并鼓励政府积极引入新业态，丰富乡村旅游要素；发挥湖头光电产业园优势，着力解决群众就业问题。在西坪镇老茶人的指引下，调研组还登山而上，探访铁观音发源地旧址，详细了解铁观音母树的生长状况和保护情况。康涛一路走一路看，就古民居保护、制茶技艺传承、茶文化旅游开发等内容不时发问。他强调，要把古民居保护与茶乡建设有机融合，引导有资质的施工单位修缮古建筑；要继续弘扬茶人匠心精神，加强茶叶技术人才培养，倡导传统制茶工艺；要利用历史传说，挖掘茶人故事，注入旅游元素，将特色鲜明的乡村旅游和茶文化旅游文章做大做强。

全国部分法院家事审判方式改革推进会在泉州举行

全国部分法院家事审判方式和工作机制改革推进会在泉州举行，来自全国十个省、区三级法院及最高法院的代表参加会议。泉州市中级人民法院和鲤城区人民法院作为典型代表，在会上做经验介绍。最高法院相关领导认为，泉州中院和鲤城法院将家事案件审理与闽南文化区域特点、乡情民俗有机融合，是家事审判工作制度机制不断创新的一种体现。泉州法院把家事审判方式和工作机制改革作为推进司法改革创新和品牌创建的先导工程。2015年年初，泉州法院就全部成立专门的家事法庭，着力构建家事纠纷“家里解”的“泉州模式”。泉州法院专门制定制度文件，为家事审判提供统一的裁判方法和标准，开启泉州法院家事纠纷处理专业化的道路先河。

2016年度十大魅力小城镇建设成果展举办

18—24日，由泉州市住房和城乡建设局、泉州晚报社主办的“清新福建·海丝泉州”2016年度十大魅力小城镇建设成果展在泉州浦西万达广场举办。参加展览的十大魅力小城镇分别是：永春五里街镇、石狮蚶江镇、晋江安海镇、石狮永宁镇、南安梅山镇、惠安崇武镇、安溪虎邱镇、永春蓬壶镇、安溪湖头镇、南安水头镇。展览以图文并茂的形式让市民全方位领略十大魅力城镇的镇容镇貌、历史文化、旅游景点、知名美食、民俗风情等。十大魅力小城镇各有千秋各具特色，湖头镇以光电产业为主导，经济文化旅游多点开花；虎邱镇立足山水茶乡，构思自然与人文相互交融的“茶旅小镇”宏伟蓝图；五里街镇整合美丽乡村资源，以永春白鹤拳为抓手打造功夫养生小镇；蓬壶镇依托特色现代农业，全力打造生态文化旅游名镇；崇武镇围绕滨海建设成为滨海生态文化旅游魅力城镇，传承发展石雕工艺成为名扬四海的石雕生产加工基地；永宁镇精准定位“城市后花园”及“滨海文化旅游休闲区”功能，形成独具特色的滨海古卫城历史文化特色小镇发展格局；蚶江镇做强港口经济，培育“海丝”文化旅游品牌，构筑海丝名镇；梅山镇做足科教文卫强镇文章，文体工贸生态旅游城镇就此崛起；水头镇走石材精深加工道路，石材产业国际地位不断提升；安海镇力促七大产业发展成为著名品牌之都，打响“安平古镇，海丝名城”品牌，建设成高品质的人文旅游目的地。

展览现场　（图/李芸生）

世界闽南文化节发展座谈会在古城泉州召开 世界闽南文化节秘书处常设泉州

世界闽南文化节发展座谈会在古城泉州召开，中国澳门、台湾等文化节举办地代表、专家学者参会，热议如何更好地发挥世界闽南文化节品牌效应，并达成《泉州共识》。根据当天会议达成的共识，世界闽南文化节原则上每年或每两年举办一次，采用申办制。申办者可以是地区和城市的政府部门，也可以是闽南社团或者相关的民间组织，并鼓励海上丝绸之路沿线城市申办。据悉，2017世界闽南文化节将在福建漳州举办。世界闽南文化节秘书处将常设泉州，旨在推动文化节常态化、持续化举办，由泉州市闽南文化促进中心和福建省闽南文化发展基金会负责日常工作。

相关链接：泉州市委、市政府高度重视保护、传承和弘扬闽南文化。2013世界闽南文化节在泉州举办后，泉州又积极与澳门、金门、马六甲等地沟通联系，主动协助和积极参与了2014届、2015届、2016届世界闽南文化节的筹备举办工作。始于2012年的世界闽南文化节，由台湾中华文化总会发起，先后在泉州、澳门、金门、马六甲等地举办，是促进国际社会深入了解中华文化的重要平台，是推动文化交流互鉴的重要载体，也是增进海内外中华儿女尤其是6000多万闽南族群情感认同的重要纽带。

泉州拍胸舞演出　　（图/吴寿民）

泉州全面启动实施人才“港湾计划”

市委、市政府印发《关于实施人才“港湾计划”的若干意见》，围绕破除体制机制障碍，向用人主体放权，为人才松绑，提出人才工作要坚持“两个规律”（遵循社会主义市场经济规律、遵循人才成长规律）、突出“两个主体”（用人主体、人才主体）、深化“两个创新”（体制创新、机制创新），健全完善充满活力的人才发展体制机制，形成系统高效、开放共享的人才成长生态链。

意见从创新人才管理体制以及人才引进、培养、使用、激励、服务机制6个方面提出27条政策措施，加快构建以集聚实体产业人才为核心的人才制度体系。矢志将泉州打造成人才“引得进、留得住、过得好”的梦想港湾、事业港湾、生活港湾。

意见提出整合相关部门人才服务职能，构建“一站式”受理、办结、答复的人才综合服务平台，为人才提供政策咨询、项目申报乃至住房、子女就学、配偶就业、医疗保健等全方位服务。住房方面，对在泉州无住房的高层次人才，给予购房补助或免租人才周转房乃至无偿赠送住房。人才子女就学方面，开辟“特殊通道”，保障高层次人才子女在泉接受优质教育。人才配偶就业方面，由有关职能部门推荐解决就业。医疗保健方面，每年组织高层次人才免费健康体检，对第一至第三层次人才给予享受一、二级医疗保健待遇。

意见提出改革编制和岗位管理，保障和落实用人主体自主权。对符合条件的公益二类事业单位可实行备案制管理；在高校、科研院所、公立医院等事业单位试行“人员控制数”管理；探索实行高层次人才专编专用管理办法；建立人编捆绑、人走编收的编制周转池制度；允许在专业性较强的机关、国有企事业单位设置特设岗位，引进急需的高层次专业人才。

意见指出构筑“产业集聚人才、人才引领产业”的发展格局，重点引进1000名以上急需紧缺的高层次人才、100个以上高层次人才团队，推动人才工作由“服务支撑产业”向“引领产业发展”升级。引才方面，针对优势产业（纺织鞋服、建材家居、食品）、主导产业（石油化工、机械装备、集成电路）、战略性新兴产业（节能环保、新一代信息技术、高端装备制造、新材料、新能源），有的放矢地引才聚才。支持引进人才（团队）申报中央、省级人才项目。聚才方面，立足“人才价值实现”，鼓励建立以“用”为导向的产学研结合机制，推进“十百千”大院大所计划（建设10个以上“国字号”创新平台，100家公共技术中心、实验室、检验检测中心，1000家企业技术中心、工程技术研究中心），推动院士、专家、博士后等工作站建设，加快众创空间发展，构建市场要素齐全的人才创新创业环境。

2月19日

农历丁酉年正月廿三
星期日
温度：12℃—23℃
多云—阴

●世界闽南文化节发展座谈会在古城泉州召开，澳门、台湾等文化节举办地代表、专家学者参会，热议如何更好地发挥世界闽南文化节品牌效应，并达成《泉州共识》。

●市委、市政府印发《关于实施人才“港湾计划”的若干意见》。

●泉州出台《支持农业转移人口市民化财政政策实施方案》，从教育、社保、就业、资金保障等八方面提出具体的财政政策措施，将逐步把持有居住证人口纳入基本公共服务保障范围，使其逐步享有与当地户籍人口同等的基本公共服务。

2月20日

农历丁酉年正月廿四
星期一
温度：15℃—21℃
小雨

●泉州市党政考察团到福州学习考察。

●20—22日，国家安监总局应急救援指挥中心协调部主任范晋生带队的2016年安全生产工作国务院福建第二考核小组一行四人到泉州考核。

●台盟“中央两岸文化工作委员会”在永春县余光中文学馆挂牌设立“两岸文化交流基地”。

泉州市党政考察团到福州学习考察

泉州市党政考察团到福州学习考察。省委副书记、福州市委书记倪岳峰，福州市领导尤猛军、林晓英、王进足、张忠等，泉州市领导郑新聪、康涛、陈万里、陈灿辉、陈奕辉、翁祖根、温惠榕、林俊其、林万明、陈铁晗、张永宁、林锦明等和各地、市直相关部门负责人参加考察、座谈。一路走，一路看，福州在项目招商、城市建设、生态文明建设以及一线考察干部、提振精气神等方面探索出的好经验、好做法，给考察团成员带来有益启示。

倪岳峰代表福州市委、市政府欢迎泉州市党政代表团到福州考察。他说，泉州思想解放、敢为人先、爱拼会赢，推动发展思路新、招数多，许多好经验、好做法值得福州学习借鉴。希望相互之间深化交流合作，取长补短，比学赶超，共同为“再上新台阶、建设新福建”作出新的贡献。市委书记郑新聪代表泉州考察团向福州市委市政府的精心安排表示感谢。他说，通过“看、学、思”，我们很受启发，“一线作战、一线建功”的干部考察工作机制、“引进一个龙头、做出一条产业链”的运作理念，有效激发干部的作为干劲、加快发展动能的转换。通过对标找差，我们很受触动，泉州的干部要把福州作为学习的标杆，反思自身存在的不足，学到真经、悟出道理，学到方法、付诸实践，坚决打好项目攻坚和创新转型突围战。

国务院安委会安全生产工作考核组到泉州考核

20—22日，国家安监总局应急救援指挥中心协调部主任范晋生带队的2016年安全生产工作国务院福建第二考核小组到泉州考核。21日，考核组召开会议听取泉州市2016年安全生产工作情况汇报。市领导康涛、林锦明、肖汉辉，市政府秘书长廖国文参加会议。

会上，市长康涛代表市委、市政府作情况汇报。2016年，泉州认真贯彻国家、省关于加强安全生产工作的重要决策部署，从组织领导、治理措施、监管执法、源头预防、基础建设等五方面着手，加快建立健全安全生产责任体系，全覆盖开展安全生产大检查，不断深化重点领域专项整治，全方位提升本质安全水平，增强安全生产保障能力，安全生产形势持续稳定向好。

在听取汇报后，考核组对2016年泉州在安全生产工作上所作的努力表示肯定，指出泉州各级党委政府高度重视安全生产工作，思路清晰，措施到位，各项工作成效显著。考核组希望，泉州各级各相关部门要继续强化安全意识，充分认识到新形势下做好安全工作的重要性和严峻性，坚持把安全工作作为党委政府的重点工作来抓，不断加强制度保障和政策支持，严格执行“党政同责、一岗双责”，在落实《中共中央、国务院关于推进安全生产领域改革发展的意见》的同时，要立足产业特点，夯实工作基础，整合相关部门的专家、应急、监管、执法等优势资源，形成齐抓共管、互相联动的工作机制，不断将安全生产工作推向深入。

康涛表示，泉州将按照安全生产考核组提出的问题，严肃认真抓好整改落实。深入贯彻意见精神，推动安全监管体制机制改革创新，抓好安全生产责任落实；突出问题导向，持续深化隐患排查，推进重点领域安全整治，强化重点时段、重点领域的安全监管，保持打非治违高压态势，全力遏制事故发生；以创建安全发展城市为载体，进一步创新监管模式，推进安全生产社会化服务，不断夯实安全基层基础。

“两岸文化交流基地”在余光中文学馆挂牌

台盟中央两岸文化工作委员会在永春县余光中文学馆挂牌设立“两岸文化交流基地”。基地的设立，旨在进一步加强两岸文化交流与合作，共建两岸共同家园和命运共同体，倡导“两岸一家亲”的理念，更好地传承中华民族的历史记忆和两岸文化融合。余光中文学馆接待海内外同胞7万多人，该馆不仅是余光中文学研究的基地、余光中文学作品的展示平台，更是海峡两岸文化交流的重要平台，在扩大杰出名人的文学影响力和增进两岸人民的民族认同、文化认同和情感认同等方面发挥重要的作用。

第三届海丝国际艺术节首次筹备工作会召开

第三届海上丝绸之路国际艺术节第一次筹备工作会召开，市委常委、宣传部部长、艺术节泉州市执委会常务副主任陈铁晗主持会议。会上，执委会综合组、开幕式演出筹备组、海丝文化遗产展示组、国际木偶节南音大会唱筹备组、海丝对话策划组、海丝品牌推广贸洽组、古城更新组、国外分会场组及各县（市、区）相关负责人一一汇报前期筹备工作情况及需协调解决的问题。会议指出，各工作组一要尽快成立一支工作团队，抽调具有参加大型活动筹备经验的工作人员，将有较强工作能力和协作精神、能承受较强压力的优秀干部充实到工作组中。二要尽快制定一个工作方案，既要有涵盖全面、详尽的工作计划、实施细案，更要有时间表、进度表和责任清单。三要尽快建立一套工作制度，完善督促检查、沟通协调、信息报送等机制，全力推进各项筹备工作。

市委党校举行春季开学典礼

市委党校举行2017年春季开学典礼　　(图/苏展辉)

中共泉州市委党校举行2017年春季开学典礼，第75期科级干部进修班（分经济建设方向、文化建设方向）共93人参加。本期学习，除了加强学员的理论素养与专业知识外，还将强化学员的精气神与新作为。要求广大学员要认清所处的“时”和“势”，切实提振干事创业精气神，撸起袖子，自我加压，合力共为，为“五个泉州”建设集聚强大正能量。

“中国白”国际陶瓷艺术大奖赛启动仪式在德化举行

由中法文化论坛组委会、泉州市政府、德化县政府主办以“一带一路，共融发展”为主题的“中国白”国际陶瓷艺术大奖赛启动仪式在德化县文庙举行，中法艺术家齐聚世界瓷都，畅谈陶瓷文化。在启动仪式上，专家们进行多个艺术主题发言，其中法国罗丹博物馆馆长卡特琳·舍维约作《伟大艺术家罗丹对雕塑艺术发展的贡献和罗丹美术馆对于国家艺术发展的贡献》、佳士得中国瓷器及艺术品国际主管热拉尔迪娜·勒南作《国际陶瓷艺术发展过程和陶瓷收藏的发展》、法国塞尔弗国家陶瓷艺术中心主任罗曼·萨尔法蒂作《法国国家陶瓷城对于欧洲陶瓷文化发展及烧制工艺的推动》、中法文化艺术研究中心副理事长佳玥作《艺术与文化的关系、品牌建立的关系》、哈佛大学陶瓷中心项目负责人赵梦作《传统陶瓷材料在当代陶瓷艺术中的魅力》等主题分享，中法文化论坛法方秘书长胡欣主持分享会。在互动环节，德化方面的古陶瓷研究专家、工艺美术大师、企业家、陶瓷新秀等代表与分享专家展开互动。他们就专家的分享内容、陶瓷艺术创作、陶瓷文化发展等进行探讨对话。

活动现场　　（图/郭冰德）

2月21日

农历丁酉年正月廿五
星期二
温度：11℃—17℃
阴—阵雨

●第三届海上丝绸之路国际艺术节第一次筹备工作会召开。

●中共泉州市委党校举行2017年春季开学典礼。

●由中法文化论坛组委会、泉州市政府、德化县政府主办以“一带一路，共融发展”为主题的“中国白”国际陶瓷艺术大奖赛启动仪式在化县文庙举行，中法艺术家齐聚世界瓷都，畅谈陶瓷文化。

●为期40天的2017年春运结束。

2月22日

农历丁酉年正月廿六
星期三
温度：13℃—19℃
小雨—中雨

●22—25日，中共中央政治局委员、中央党的建设工作领导小组副组长、中央新疆工作协调小组副组长张春贤到福建就深入学习贯彻中共十八届六中全会精神进行调研。

●全国关工委办公室工作座谈会在泉州召开。

●全市公安工作会议召开。

●全市全面深化改革联络员会议召开，总结2016年改革进展，规划2017年工作。

全国关工委办公室工作座谈会在泉州召开

全国关工委办公室工作座谈会在泉州召开。第十届全国人大常委会副委员长、中国关工委主任顾秀莲，中国关工委常务副主任兼秘书长杨志海，省人大常委会副主任、省关工委执行主任刘群英出席会议。市长康涛致辞，市委常委、组织部部长孔繁军参加会议。会上，泉州市关工委和浙江省关工委分别作《注重提升四种品质，创新引领关心下一代工作发展》和《创办关工委网站，提升办公室工作》的经验交流。

顾秀莲指出，当前，关心下一代事业正站在新的历史起点上，各级关工委办公室要深入贯彻落实习近平总书记系列重要讲话精神特别是对关心下一代工作的重要指示，着眼青少年健康发展要求和时代潮流，坚持开拓创新，加强协调配合，学习借鉴相关部门好经验好做法，打造一支政治坚定、作风优良的干部队伍，推进关工委办公室全面建设迈上新台阶，以优异成绩迎接党的十九大胜利召开。

康涛在致辞中表示，泉州市委、市政府历来高度重视关心下一代工作，各级党政一把手全部兼任同级关工委名誉主任，一批德高望重的老领导到关工委任职，泉州“百万大手牵小手”关爱活动成为全国关工委80个工作品牌之一，市关工委在每五年一次的评选中连续三次被评为“全国关心下一代工作先进集体”，赢得社会的广泛认可和赞誉。下一步，泉州将认真贯彻落实此次会议精神，学习借鉴各地先进经验，进一步加大投入、整合资源、增强合力，推动关心下一代工作再上新台阶。

全市公安工作会议召开

全市公安工作会议召开。市委书记、市人大常委会主任郑新聪，市长康涛对全市公安工作分别作出批示，副市长、市公安局长卢炳椿参加会议。郑新聪在批示中指出，全市公安机关和广大公安干警牢记职责使命，为守护一方平安做了大量工作、付出不懈努力。新的一年，希望全市公安机关认真贯彻习近平总书记关于政法工作重要指示和中央、省委政法工作会议精神，紧抓保安全、护稳定、促和谐各项工作，推进平安建设、法治建设和过硬队伍建设。康涛在批示中指出，2016年，全市公安机关在上级和市委领导下，围绕中心任务，在打击犯罪、打击恶意逃废债、维护治安及公安改革等方面上取得显著成效，多项工作走在全省前列。2017年，全市公安机关将抓住“五大提升工程”，持续深化公安改革，加快推进公安工作和队伍建设提档升级；将加快推动泉州政务信息共享交换平台和“互联网+视频”平安城市公共安全视频服务平台建设，推进公安工作与大数据、云计算等新技术的深度融合，打造警务勤务“新增长极”；深入推进城乡社区警务信息化工作，为基层一线民警配齐移动警务终端并将于7月前100%配发；围绕服务保障全市“项目攻坚年”活动，进一步深化“放管服”改革，蹄疾步稳地推进户籍、出入境、驾考等管理制度改革，努力让广大群众享受更多公安改革成果。

全市全面深化改革联络员会议召开

全市全面深化改革联络员会议召开，总结2016年改革进展，规划2017年工作。市委常委、秘书长翁祖根主持会议。2016年，全市陆续推动一批重大改革，在支柱性、牵引性领域取得关键突破。经济社会事业领域，围绕供给侧结构性改革，实施17个产业转型升级路线图，设立50亿元产业投资基金，助推传统产业转型升级，引导企业有序兼并重组。获批“中国制造2025”试点示范城市，深入推进“放管服”改革；民主法制领域，启动立法工作，市人大常委会制定首部实体法《泉州海上丝绸之路史迹保护条例》；社会治理领域，立体化社会治安防控体系日趋完备，获评为全国公共安全视频监控建设联网应用示范城市等。下阶段，泉州将加强统筹谋划，打开改革新局面，要突出重点，抓住关键，找准要改、要突破的内容精准发力；在简政放权放管结合、新型城镇化、传统制造业供给侧结构性改革等领域探索新经验，持续打响全面深化改革的“泉州品牌”。

张春贤到泉州调研

22—25日，中共中央政治局委员、中央党的建设工作领导小组副组长、中央新疆工作协调小组副组长张春贤到福建就深入学习贯彻中共十八届六中全会精神进行调研。省领导尤权、倪岳峰、王宁、梁建勇分别陪同调研或参加有关活动。在泉州期间，市领导郑新聪、康涛、翁祖根、温惠榕、孔繁军、卢炳椿分别陪同调研或参加有关活动。

在泉州期间，张春贤到贫困乡村、街道社区、高校、企业，深入了解各级党组织和广大党员干部学习贯彻六中全会精神情况，与基层干部群众广泛交流。他说，要把学习贯彻六中全会精神作为当前重要政治任务，组织引导各级党组织和广大党员深入领会精神实质，紧密结合中央对各领域基层党建的决策部署抓好贯彻落实，不断提升基层党建工作水平。

在基层召开的党建工作座谈会上，张春贤强调，刚刚结束的省部级主要领导干部学习贯彻六中全会精神专题研讨班上，总书记习近平特别强调要以解决突出问题为突破口和主抓手，推动六中全会精神落到实处。贯彻六中全会精神和准则条例，关键要在落细落实上下功夫。要在旗帜鲜明讲政治、增强“四个意识”上落细落实，坚决维护以习近平同志为核心的党中央权威，坚决同党中央保持高度一致，确保党中央政令畅通、令行禁止。要在加强党性修养、发扬斗争精神上落细落实，勇于自我革命，不断增强党内政治生活的政治性、时代性、原则性、战斗性。要在抓“关键少数”上落细落实，真正发挥以上率下的作用。要在见诸行动、解决问题上落细落实，以解决突出问题的有力行动和实际效果真正维护党中央权威。要在督促检查上落细落实，不断强化责任担当，切实把全会精神落到实处。

市人大常委会党组（扩大）会听取党组成员述责述廉报告

市人大常委会党组书记陈万里主持召开市人大常委会党组（扩大）会议，按照《中国共产党党内监督条例》规定和《福建省党的领导干部述责述廉工作意见》要求，听取市人大常委会党组成员2016年度述责述廉报告。市人大常委会各工委室负责人、机关党委专职副书记参加会议，并对党组成员述责述廉情况进行评议。市纪委派员到会指导。会上，市人大常委会党组成员依次作述责述廉报告；陈万里带头发言，并对各党组成员述责述廉报告进行点评。就更好地履行党组把方向、管大局、作决策、保落实的职能，陈万里强调，一要增强意识，将信念铭记在心，自觉在思想上政治上行动上同以习近平同志为核心的党中央保持高度一致，深入推动全面从严治党落到实处。二要强化担当，将责任牢扛在肩，深入贯彻落实管党治党各项要求，认真解决存在的矛盾和问题，推动主体责任再强化。三要严抓严管，将工作紧抓在手，聚焦管党治党薄弱环节，抓好问题整改落实，自觉接受党员干部和群众监督。四要率先垂范，将纪律严挺在前，坚决贯彻市委重要决策部署，积极履行法定职权，推动“五个泉州”建设。

市政协召开党组（扩大）会听取党组成员述责述廉报告

市政协党组书记、主席陈灿辉主持召开市政协党组（扩大）会议，按照《中国共产党党内监督条例》规定和《福建省党的领导干部述责述廉工作意见》要求，听取市政协党组成员2016年度述责述廉报告。会上，市政协党组成员依次进行述责述廉；陈灿辉率先发言，并对各位党组成员述责述廉报告逐一进行点评。市政协各委室主要负责人参加会议，并对市政协党组成员述责述廉情况进行评议。陈灿辉强调，市政协党组要以述责述廉为新起点，进一步增强“四个意识”，加强党章党规党纪学习，加强党内政治文化建设；要明确责任抓好落实，强化责任意识，有机结合党建和业务工作，真正落实“一岗双责”，严格执行反腐倡廉法规制度，确保党风廉政建设和反腐败斗争无死角、不遗漏；要严格管理强化监督，加强作风建设，严肃党内政治生活，重视社会舆论和公众监督，不断提高政协履职的公信力和影响力。

2月23日

农历丁酉年正月廿七
星期四
温度：10℃—17℃
阵雨—小雨

●市人大常委会党组（扩大）召开会议，按照《中国共产党党内监督条例》规定和《福建省党的领导干部述责述廉工作意见》要求，听取市人大常委会党组成员2016年度述责述廉报告。

●市政协党组（扩大）会议召开，按照《中国共产党党内监督条例》规定和《福建省党的领导干部述责述廉工作意见》要求，听取市政协党组成员2016年度述责述廉报告。

●福建省闽商资本联合会一行40多人到泉州访问。

2月24日

农历丁酉年正月廿八
星期五
温度：8℃—10℃
小雨

●郑新聪、康涛代表市委、市政府，与各县（市、区）、泉州开发区、泉州台商投资区党政主要负责人签订2017年综治（平安建设）责任书和环保目标责任书。

●泉州市领导干部“学习贯彻党的十八届六中全会精神”专题研讨班开班。

●24—25日，南平市党政代表团到泉州考察，并进行座谈交流。

郑新聪康涛与各县（市、区）党政负责人签订综治责任书

市委书记郑新聪、市长康涛代表市委、市政府，与各县（市、区）、泉州开发区、泉州台商投资区党政主要负责人签订2017年综治（平安建设）责任书和环保目标责任书。市委常委、秘书长翁祖根主持签订仪式。市委常委、常务副市长张永宁通报2016年环保目标责任书完成情况，市委常委、政法委书记林锦明通报2016年综治（平安建设）责任书落实情况。市领导陈万里、陈灿辉、卢炳椿，市中级人民法院院长欧岩峰等参加签订仪式。根据通报，2016年泉州被列为全国首批“公共安全视频监控联网应用示范城市”；综治责任制考评中，德化、晋江、永春、石狮、洛江、惠安居全市前六位。2016年，全市空气质量优良率98.3%，全市13个集中式饮用水水源地水质达标率100%，主要流域19个断面水质达标率100%。

就抓好综治平安建设，郑新聪要求，一要坚决守住不发生重大风险的底线，守土有责、守土尽责，为中共十九大胜利召开、厦门金砖会晤和海丝国际艺术节营造安定稳定的社会环境。二要加强源头性、基础性工作，聚焦排查隐患、防控风险、补齐短板，构筑立体化社会治安防控体系。三要以再创“长安杯”为目标，盯紧压实责任，各级党委要总揽全局、协调各方，各单位各部门要知责明责、真抓真管；要着力推进过硬队伍建设，深化司法体制改革，坚持从优待警，铸就一支信念坚定、执法为民、敢于担当、清正廉洁的政法综治队伍；要以本质安全的要求全面落实安全生产各项措施，严防重特大安全事故发生。

就做好生态环保工作，郑新聪要求，各级各部门要把项目作为环保工作硬抓手，集中力量资源推进七大工程重点项目库，站位全局加速推进一系列环境基础设施建设，持续抓好白濑水利枢纽、七库连通等标杆性工程。要按照国家生态文明试验区建设部署，发挥先行效应，推动年度改革任务尽快落地；探索“接地气”举措，争取多推出一批可复制、可推广的创新做法；注重激励约束引导，有效调动各地积极性。要自觉担当抓责任落实，紧抓“党政同责、一岗双责”，完善责任考核体系，强化问责问效，严守生态保护红线。

泉州市领导干部专题研讨班开班

泉州市领导干部“学习贯彻中共十八届六中全会精神”专题研讨班开班。市委书记郑新聪在首期研讨班上作主题报告，强调要深刻领会总书记习近平在省部级主要领导干部专题研讨班和中央政治局民主生活会上的重要讲话精神，学习福建省领导干部专题研讨班精神，增强思想自觉和行动自觉，驰而不息地落实党中央关于全面从严治党各项部署要求，以党的建设新成效迎接中共十九大胜利召开。市委副书记、市长康涛主持报告会。

结合泉州管党治党实际，郑新聪指出，推动六中全会精神落到基层、落到实处，一要突出维护核心这一最大政治，旗帜鲜明讲政治，推进“两学一做”学习教育常态化制度化，坚决维护习总书记核心地位，确保中央令行禁止。二要突出领导干部这一“关键少数”，既要严格自律，提高党性修养，深入践行“三严三实”；又要履职尽责，担当政治责任和领导责任，切实履行“第一责任人责任”“一岗双责”。三要突出项目化管理这一重要抓手，以解决突出问题为突破口和主抓手，按照“发现问题、不断研究解决问题”的思路，抓紧抓好年度党建工作重点项目，在抓典型带动、品牌引领上多做文章，真正在常和长、严和实、深和细上下功夫。四要突出基层实践这一重点领域，顺应城乡人口流动集聚，凸显基层党组织政治功能，强化流动党员双向衔接、管理机制。打通“最后一公里”，坚持标本兼治，重拳打击整治基层“蝇贪”“微腐败”，推动全面从严治党向基层延伸，让群众更多感受管党治党的实际成果。

同日，市委副书记陈奕辉作开班动员报告。中央、省委党校专家作专题讲座。市四套班子厅级干部；市中级人民法院院长；市人大常委会、市政府、市政协秘书长；各县（市、区）政府主要负责人，泉州开发区、泉州台商投资区党政主要负责人；市直有关单位主要负责人；市各民主党派专职主委或专职副主委参加专题研讨班。

全市组织部长会议召开

全市组织部长会议召开。会前，市委书记郑新聪作出批示。他指出，过去一年，组织工作大事、要事多。全市各级组织部门按照中央、省委和市委的部署要求，坚持围绕中心、服务大局，认真履职尽责，主动担当作为，“两学一做”学习教育、市县乡领导班子换届等工作有亮点、成效好，一些经验做法走在全国、全省前列。广大组工干部始终保持奋发有为的精神状态，主动站位全局，用心思考、扎实工作，是一支执行力很强，肯干事、能干事、干成事的优秀团队。

郑新聪要求，全市各级组织部门要树牢“四个意识”，坚决维护以习近平同志为核心的党中央权威，把十八大以来中央、省委和市委的重大部署一以贯之地抓下去，根据新形势新情况，深化改革创新，全面提升组织工作水平。要按照市委党建工作项目化管理的要求，突出一个“实”字，聚焦主业、精准施策，在推进“两学一做”学习教育常态化制度化、激励干部担当作为、加强非公企业和社会组织党建、实施人才“港湾计划”等方面下功夫，打造更多有影响力、有示范带动作用、有实际成效的泉州党建特色品牌，以优异成绩迎接中共十九大胜利召开。

市委常委、组织部部长孔繁军作工作报告，并部署2017年组织工作。会议要求，全市各级组织部门要着力推进“两学一做”学习教育常态化制度化，在解决基层实际问题上下功夫；要着眼事业发展需要，打造高素质干部队伍，提振干部干事创业精气神；要扎实推动党内政治生活准则落实落地，把要求细化、深化、具体化；要从严从实加强干部经常性管理监督，做到真管真严、敢管敢严、长管长严；要持续做好抓基层打基础工作，全面提升基层党建工作水平；要深入推进党建制度改革，提高改革举措的针对性与实效性；要打响人才“港湾计划”工作品牌，推动人才工作由“服务支撑产业”向“引领产业发展”升级。要带头贯彻全面从严治党要求，努力打造讲政治、重公道、业务精、作风好的模范部门，建设政治过硬、能力过硬、作风过硬的组工干部队伍。

会上，晋江市委组织部、石狮市委组织部、南安市委组织部、安溪县委组织部作经验交流发言。

南平市党政代表团到泉州考察

24—25日，南平市党政代表团到泉州考察，并进行座谈交流。座谈会上，泉州市委书记、市人大常委会主任郑新聪对南平市党政代表团的到访表示欢迎。他说，2017年是泉州、南平结成“山海协作”城市20周年。20年来，两地多次组织党政代表团、企业界人士互访互学，县域互动、项目合作硕果累累，结下深情厚谊。南平围绕全国绿色发展示范区建设，各项工作成效显著，老工业基地、生态环境、武夷新区和区位布局优化调整等优势日益凸显。希望今后两地立足各自产业基础和发展需求，加强沟通协作，整合资源，优势互补，在推动现有项目落实的基础上，拓展在旅游、交通、科技等领域合作新空间，促进两地“山海协作”不断深化，推动新一轮共赢发展再上新台阶。

南平市委书记袁毅表示，南平将围绕“把绿水青山转化为金山银山”，以更宽的视野推动思想解放，以更实的举措推动创新转型，以更大的力度推进项目建设，以更高的效率推动工作落实。经过20年努力，两地开展“山海协作”的基础更扎实、条件更有利、空间更广阔。我们真诚希望两地积极探索协作的新途径、新办法，加大合作力度，拓展合作领域，创新合作机制，推动两地协作取得更加丰硕的成果。

会上，泉州市市长康涛介绍泉州经济社会发展情况，副市长吕刚作招商引资、融资运作、品牌战略等方面典型经验介绍。南平市市长许维泽介绍南平市党政代表团到泉州参观的目的和感受。在泉州期间，南平市党政代表团先后到安踏、晋华集成电路、晋江城市展馆、晋江陆地港实地考察。泉州市领导陈万里、陈灿辉、陈奕辉、翁祖根、张永宁、林锦明、吴友才、卢炳椿、季翔峰、肖汉辉、林志建；南平市领导兰斯文、黄健平、张国旺、马必钢、吴荣才、张培栋、廖俊波、庄莉、罗恩平、钟文龙、黄书荣、黄苏福等参加座谈交流或考察。

2月25日

农历丁酉年正月廿九
星期六
温度：7℃—10℃
小雨

●全市组织部长会议召开。会前，市委书记郑新聪作出批示。会上，市委常委、组织部部长孔繁军作工作报告，并部署2017年组织工作。晋江市委组织部、石狮市委组织部、南安市委组织部、安溪县委组织部作经验交流发言。

●24—25日，南平市党政代表团到泉州考察，并进行座谈交流。

2月26日

农历丁酉年二月初一
星期日
温度：9℃—14℃
小雨—阴

●泉州新增72件福建省著名商标。

●市人社局印发《关于实施培育现代工匠行动计划（2016—2020年）的通知》。

●作为申报2018年世界文化遗产的“古泉州（刺桐）史迹”16个申遗遗产点之一，德济门遗址保护与展示工程正式启动。

●2016年，石狮出口水产品680批、3.54万吨、10442.23万美元，实现量价大幅齐增，出口额首破1亿美元大关，再创历史新高，水产品成为石狮出口产业的新亮点。

●26—28日，黑舞之恋·何群山刻字艺术展举行。这是泉州首次举办刻字艺术展。

泉州新增72件福建省著名商标

福建省工商局发布通知，新认定383件商标为福建省著名商标，泉州市旭丰粉体原料有限公司、泉州市汇久金属材料有限公司、泉州市永祺塑胶电子有限公司、泉州恒毅机械有限公司、福建永信数控科技股份有限公司、泉州市成裕机械设备有限公司、泉州市科盛包装机械有限公司等72家企业的商标入选。泉州作为品牌之都和驰名商标大市，全市现有有效注册商标突破20.2万件。全市拥有马德里商标国际注册数824件，居全国地级市第三位。泉州拥有国家级认定的驰名商标146件，数量位居全国地级市之首。此外，泉州拥有福建省著名商标有1095多个。

泉州实施培育现代工匠行动计划印发

市人社局印发《关于实施培育现代工匠行动计划（2016—2020年）的通知》，提出到2020年，全市新增培养现代工匠3.5万人左右，基本构建起一支适应泉州经济社会发展需要的结构较合理、层次较分明的高技能人才队伍。

为全面推进泉州市实施创新驱动发展战略建设国家自主创新示范区工作，培育泉州市发展产业集群所需的高技能人才，泉州市将着力构建高技能人才基地和公共实训基地体系、高技能人才成长体系、高技能人才政策激励体系、高技能人才市场服务体系等。每年将培育以市级以上技能大师、技术能手为主体的领军高技能人才100名左右；每年培育面向泉州产业集群的骨干层级技师、高级技师600名左右；每年培育高级工以上基础层级高技能人才7000名左右。

在构建高技能人才成长体系上，泉州市将建设高技能人才培养“金蓝领”工程，健全职业技能竞赛体系，广泛开展职业技能竞赛活动，每年组织市级职业技能竞赛项目20个以上，区、县（市）级竞赛项目100个以上，带动行业企业广泛开展岗位大练兵、技能大比武活动；通过职业技能竞赛，每年选拔表彰100名左右泉州市技术能手。此外，泉州市将推进高技能人才考核认定工作，打破学历、资历、身份等限制，探索对在生产经营实践中具有绝技绝活、业绩突出、贡献较大的技能劳动者，予以高级工或技师职业资格的直接认定。

在构建高技能人才市场服务体系上，泉州市将建设高技能人才信息库，由政府部门搭建网络信息平台，吸纳各企事业单位、行业协会和社团组织积极主动参与，鼓励技能人才自愿加入，为市场化配置高技能人才提供基础信息服务；培育专业化服务机构，鼓励和引导人力资源服务机构与职业（技工）院校、行业协会、培训机构开展合作，为企业培养、输送、配置技能人才提供更好的专业化服务，满足市场对技能人才的需求。同时，加强人力资源服务产业园建设，依托各级人力资源产业园，定期发布技能人才需求信息，定期组织人才中介服务机构举办专题招聘会，通过“园区化”一条龙服务，提升技能人才市场服务的精准度。

石狮水产品出口额首次突破1亿美元

泉州出入境检验检疫局石狮办事处的统计数据显示，2016年，石狮出口水产品680批、3.54万吨、10442.23万美元，实现量价大幅齐增，出口额首破1亿美元大关，再创历史新高，水产品成为石狮出口产业的新亮点。2016年，石狮市水产品出口实现量价齐增的良好势头，出口重量和金额创下历史新高。这主要得益于石狮对新兴市场的显著开拓，加上现代化捕捞模式的使用，促进海捕初加工水产品出口优势的进一步扩大。石狮主要出口产品包括冻海捕鱼、冻鱿鱼、冷冻鱼糜和水产罐头等，主要输往东南亚、日本及非洲、澳大利亚等国家和地区。对新兴市场的开拓。统计数据显示，石狮水产品已销往东盟十国中的六个国家，2016年向东盟出口水产品3.06万吨、9026.57万美元，同比增长67.21%和64.32%，其中出口泰国1.37万吨、4681.9万美元，同比增长169.49%和132.55%，泰国超越菲律宾、印尼成为石狮水产品第一大市场；出口越南0.2万吨、778.35万美元，同比增长274.86%和302.68%，同时有26吨、4.68万美元冻鲭鱼输往印度，实现泉州地区水产品首次登陆印度。

市政府召开第三次常务会议

市长康涛主持召开第三次市政府常务会议。会议研究并通过《关于积极发挥新消费引领作用促进转型升级的行动方案》《关于支持福建省大学生创新创业基地（泉州）建设的实施意见》《关于促进高校、科研机构科技创新能力和服务地方发展能力提升的实施意见》《泉州市积极推进“互联网+”行动实施方案》《关于推动机器人产业快速发展的意见》，研究《泉州历史文化名城保护规划（修编）》《西街历史文化街区保护规划》《中山路历史文化街区保护规划》。

会议指出，消费是经济增长的一大动力，消费升级是产业升级、城市发展的重要引擎。会议要求，要立足泉州产业基础，强化引导扶持，抓好城镇商品销售畅通、农村消费升级、旅游休闲、康养家政服务等11项专项行动，力促消费扩容提质，加快培育形成新供给新动力。

会议要求，要加快福建省大学生创新创业基地（泉州）建设和运营，为创业者营造优良环境。要通过市场化运作，整合更多资源，加大高校、科研机构的科技研发创新平台建设力度，建立健全平台开放共享机制，推进科技成果在泉转移转化，完善产学研协同创新体系。要面向泉州科技创新需求，进一步提高政策精准度，多出干货实招，不断拓展覆盖面，最大限度发挥政策效应。

推进“互联网+”是新常态下产业转型升级的新要求。会议指出，要大力拓展互联网与经济社会各领域融合的广度和深度，认真实施“互联网+创业创新”“互联网+协同制造”等11个重点行动计划，加快构建开放、共享的“互联网+”新经济形态。

推动机器人产业发展是实施“数控一代”示范工程，推进“泉州制造2025”建设的重要抓手。会议要求，要大力扶持机器人的研发与生产，推广机器人应用，加快做大机器人产业集群。要针对性开展宣传引导，让更多企业知晓政策、用好政策；并适时对政策实施情况开展“回头看”，及时进行修订调整，确保政策的精准度和实效性。

开展文化名城、文化街区的保护规划，对于保存泉州丰富历史文化遗产，继承和弘扬地方优秀传统文化，处理好城市保护与发展的关键具有重要意义。会议强调，当前正值泉州市推动古泉州（刺桐）史迹申遗的关键时期，各级各相关部门要提高认识，遵循“保护与发展并重”原则，完善文化名城、文化街区保护规划，精心做好业态策划和布局，推动古城“见人、见物、见生活”。

泉州市召开视频会议全面推行河长制

继收听收看全省全面推行河长制工作动员部署视频会和全省农村生活污水垃圾治理工作视频会后，泉州市立即召开视频会议，贯彻落实省政府会议精神。市长康涛、副市长肖汉辉参加会议。

就全面推行河长制，康涛要求，一要抓组织体系，落实“党政同责、属地负责”，以区域为单位设置河长，以流域为单位设置流域河长，做到从区域到流域全覆盖、从大江到小河全覆盖。二要抓工作机制，制定出台泉州实施方案，围绕统筹协调、信息共享、联合执法、督促考核等，建立一套职责明确、顺畅高效的工作机制。三要抓保护管理，明确年度目标任务，实行全域治理、全域保护。

就农村生活污水垃圾治理，康涛指出，要抓紧制定泉州具体实施方案，分解落实到各县（市、区）、乡镇、村庄。一要推进农村生活垃圾统筹治理，完善常态化机制，加快垃圾处理设施建设，推广垃圾“干湿”分离处理。二要着力推进农村污水治理，因地制宜推进污水处理厂、氧化塘、人工湿地等污水处理设施建设；落实省为民办实事项目安排，扎实推进三格化粪池建设、乡镇镇区污水集中收集处理等项目，深化农村“厕所革命”。三要落实资金保障，积极向上争取补助资金，统筹财政资金配套，鼓励社会力量参与污水垃圾设施建设，发动村民参与治理工作。

就当前项目攻坚、申遗、安全生产、防汛等工作，康涛强调，各级各部门要突出责任担当，工作不能推，敢于啃硬骨头；要强化服务意识，围绕工作大局，从各自职责出发，靠前服务、主动服务，一起想办法、出实招，不能简单说不行，要说怎么样做才行；要抓细抓实抓深入，不能浮于表面，真正把各项工作做好。

2月27日

农历丁酉年二月初二
星期一
温度：8℃—16℃
多云

●市长康涛主持召开第三次市政府常务会议，研究并通过《关于积极发挥新消费引领作用促进转型升级的行动方案》等多项议题。

●继收听收看全省全面推行河长制工作动员部署视频会和全省农村生活污水垃圾治理工作视频会后，泉州市立即召开视频会议，贯彻落实省政府会议精神。

●2月27日至3月1日，福建省旅游商品同业协会第五届第一次会长办公会在泉州举行。

●2017年亚洲青少年击剑锦标赛在泰国呵叻举行，由泉州体工队运动员许杰等福建选手组成的中国男子花剑队击败日本队，获得少年组男团冠军，为中国队夺得本届亚洲青少年击剑锦标赛首金。

2月28日

农历丁酉年二月初三
星期二
温度：9℃—17℃
多云

●省委常委、组织部部长王宁率省委第五检查组到泉州，就2016年度泉州市委落实全面从严治党主体责任情况开展集体约谈。

●市委召开常委会会议，研究《泉州市全面推行河长制实施方案》及市级河长制有关工作。

●市委召开常委会扩大会议，部署省委落实全面从严治党主体责任检查组反馈问题整改工作。

●市十六届人大常委会第一次会议召开。会议审议通过“一府两院”研究处理市人大常委会关于防范打击虚假信息诈骗工作专题询问的审议意见情况的报告，审议通过市人大常委会主任会议关于市十六届人大常委会代表资格审查委员会组成人员名单的议案、有关人事任免议案、2016年度规范性文件备案审查情况报告。

●2月28日至3月1日，省消防工作联席会消防工作考核组一行到泉州对2016年度政府消防工作进行考核。

王宁到泉州开展落实全面从严治党主体责任集体约谈

省委常委、组织部部长王宁率省委第五检查组到泉州，就2016年度泉州市委落实全面从严治党主体责任情况开展集体约谈。市领导郑新聪、康涛、陈万里、陈灿辉、陈奕辉、翁祖根、温惠榕、林俊其、林万明、陈铁晗、张永宁、林锦明参加会议。在听取2016年度泉州深化“五抓五看”要求、推进全面从严治党主体责任落实情况汇报后，王宁指出，2016年，泉州扎实推进全面从严治党，许多方面取得明显成效。但同时也存在着一些问题和不足，要高度重视，认真抓好整改落实，对责任人要严肃问责。就深入学习党的十八届六中全会精神、推进全面从严治党、推动问题整改，王宁指出，一要旗帜鲜明地讲政治，二要严肃党内政治生活，三要从严管理监督干部，四要切实履行好全面从严治党政治责任。泉州要以这次检查、集体约谈为契机，坚定不移地推进全面从严治党，抓好班子、带好队伍，为“再上新台阶、建设新福建”作出新的更大的贡献。

市委书记郑新聪表示，市委及班子成员、各县（市、区）、市直各单位将严格按照省委“五抓五看”和省委检查组要求，强化政治担当，压紧压实管党治党责任，严肃对待、逐条对照问题清单、问责建议，制定详细的整改方案，明确时间节点、适时组织督查，并及时上报即知即改情况和整改计划、进展情况，坚决彻底整改到位。要推进标本兼治，全面贯彻准则、条例，推进市县巡察工作，运用好“四种形态”，严厉惩处侵害群众利益的不正之风和腐败问题，持之以恒改进作风，建立长效机制，推动全面从严治党落细落地。

市十六届人大常委会第一次会议召开

市十六届人大常委会第一次会议召开。市人大常委会主任郑新聪主持会议并讲话。副主任张建生、朱团能、曾巍、许文贵、吴友才、蔡思红，秘书长欧阳秋虹参加会议。副市长吕刚，市中级人民法院院长欧岩峰和市人民检察院有关负责人列席会议。会议审议通过“一府两院”研究处理市人大常委会关于防范打击虚假信息诈骗工作专题询问的审议意见情况的报告，并开展审议意见办理情况满意度测评，测评结果为满意。会议审议通过市人大常委会主任会议关于市十六届人大常委会代表资格审查委员会组成人员名单的议案、有关人事任免议案、2016年度规范性文件备案审查情况报告。

会议现场 (图/王虎文)

省消防工作联席会消防工作考核组到泉州考核

2月28日至3月1日，省消防工作联席会消防工作考核组一行到泉州对2016年度政府消防工作进行考核。2016年，全市1474家消防安全重点单位和182家火灾高危单位建立“户籍化”管理档案，建档率100%。2016年，全市严格整治各类火灾隐患，依法严惩各类消防违法行为，确保消防安全。全年全市检查单位2万多家，整改火灾隐患和查处消防违法行为2.1万多处（起），临时查封228家，责令“三停”252家，罚款931万元，拘留17人。对火灾事故，问责不留情，严格按照“四不放过”原则，逐一实施责任倒查。消防工作还纳入市级综治网格平台，实行市、县、镇、社区、网格管理员的“五级运行网络”管理。全市划分社区、单元网格7067个，配备专、兼职网格员26470人，实行定网、定人、定责，全市乡镇（街道）消防安全网格化达标率89.5%。

泉州市在全省率先实施河长制

是日起，全市全面实施河长制，泉州市河长制办公室（简称“市河长办”）挂牌成立。市河长办依托于市水利局设立，来自水利、环保、住建、农业等十多个涉河部门的工作人员正式入驻、集中办公，进入实体化运作状态。泉州市成为全省实施河长制的第一个设区市。泉州市自上而下，以行政区域为单元设立市、县、乡三级河长，以流域为单元设立流域河长。市级河长由市政府主要领导担任，负责领导全市河长制工作。市、县、乡三级设置河长办公室，作为河长制日常协调办事机构。同时，设立河道专管员，负责村级河道管理。河长制将落实以党政领导负责制为核心的责任体系，健全完善“河长牵头、部门协作、分级管理、齐抓共管”的责任机制，盯紧水资源保护、水域岸线管理保护、水污染防治、水环境治理、水生态修复、执法监管等工作重点，迅速跟进编制河流目录、完善河流档案、划定河道岸线蓝线、建设统一监管平台等，推进污染治理、河道整治和生态修复，用过硬的措施解决问题。

福师大闽南科技学院国家级大学生创新创业项目启动

福建师范大学闽南科技学院·中软国际“教育部国家级大学生创新创业训练计划联合基金项目”基地揭牌暨项目启动仪式在该校举行。此次创新创业训练项目，是福建师范大学闽南科技学院建设应用技术型民办学院的重要一步。国家级大学生创新创业项目是深化产教融合、推动高校人才培养模式改革、提升人才质量、解决人才供需矛盾、提升企业发展效益的重要战略举措。该项目是福建师范大学闽南科技学院2016年获得立项的4个教育部产学合作协同育人项目之一。项目启动后，学校将在相关系部中遴选优秀学生参加国创班，开展集教、训、测、评、职、创六位一体的创新创业训练。

黎明职业大学功夫动漫学院揭牌

黎明职业大学功夫动漫学院揭牌，该校与功夫动漫设计有限公司签订战略合作协议。此次校企合作将利用双方的优势资源，依托黎明职业大学文化传播学院动漫制作等专业，在人才培养、就业创业、队伍建设、职业培训、技术创新、“海丝”文化传承传播等方面开展合作。双方将联合以黎明职业大学功夫动漫学院名义进行社会招生、职业培训，力争将该学院打造成全省动漫产业技术技能培训中心、动漫专业学生创新创业中心，并争取在全省范围内起到引领示范作用。此外，校企双方业也将联合探索“二元制”人才培养模式，培养高素质技术技能人才，互享科研设备，组建科研攻关团队，共同申报科技创新平台、公共技术服务平台，协同创新。

安溪2025产业园首批企业集体签约入驻

安溪2025产业园首批企业集体签约入驻，包括香港国泰达鸣集团、福建省大成智能科技有限公司、振丰新材料科技有限公司、尚洪新材料科技有限公司、久一科技有限公司、尚邑模具工业有限公司7家企业。它们或从事高精密机械金属加工，为苹果、微软、谷歌、海尔等国内外知名企业供应产品；或致力于设计研发新材料，广泛应用于机械装备、新能源汽车、智能手机等行业领域。安溪2025产业园位于安溪县龙门镇，规划占地133.33公顷。该产业园将重点促进高端装备制造、智能制造、智能硬件、新能源汽车配套、新材料等新兴产业发展，配套建设产业大厦、产业研发中心、产业测试中心、高端生产体验等项目，构建和发展具有上下游产业关联特色、具有国际竞争力的现代化产业园区。

签约仪式　　（图/刘伯怡）

3月1日

农历丁酉年二月初四
星期三
温度：10℃—21℃
晴

●是日起，全市全面实施河长制，泉州市河长制办公室挂牌成立，泉州市成为全省实施河长制的第一个设区市。

●市河长办第一次全体成员会议召开，全面部署实施河长制各项工作。

●福建师范大学闽南科技学院·中软国际“教育部国家级大学生创新创业训练计划联合基金项目”基地揭牌暨项目启动仪式在该校举行。

●黎明职业大学功夫动漫学院揭牌。

●晋江市2017年“全民动员，绿化晋江”义务植树活动月启动。

●安溪2025产业园首批企业集体签约入驻。

3月2日

农历丁酉年二月初五
星期四
温度：8℃—18℃
晴

●市县乡三级人大换届选举暨省市人代会工作总结会议召开，传达贯彻全省市县乡三级人大换届选举工作总结会议精神，部署下阶段工作。

●“华大讲堂”第64讲举行，著名知识产权专家、中南财经政法大学原校长吴汉东作题为《创新驱动发展与知识产权战略》的报告。

●全市农业农村暨脱贫攻坚工作会议召开，对全市农业农村工作进行全面总结和部署。

●福建省企业与企业家联合会、泉州市企业与企业家联合会与市科技局签订《关于加强科技交流合作协议书》，共同成立泉州创新能力提升行动工作小组。

市县乡三级人大换届选举暨省市人代会工作总结会议召开

市县乡三级人大换届选举暨省市人代会工作总结会议召开，传达贯彻全省市县乡三级人大换届选举工作总结会议精神，部署下阶段工作。会议指出，做好新一届市县乡人大工作和提高各项服务水平，要坚持正确政治方向，把党的领导贯穿于依法履职的全过程，推动省委、市委各项决策部署落实见效；要树立服务大局意识，围绕党的十九大召开，围绕贯彻落实全国两会和省市党代会精神，把握好人大工作着重点；要发挥代表作用，探索完善代表工作机制，支持保障代表依法履职；要加强自身建设，提升依法履职能力，加强干部队伍建设，增强工作整体合力；要抓好会务提升工作，总结提炼好经验，坚持弘扬好做法，聚焦问题补短板，积极探索新思路。

会议现场　（图/王虎文）

“华大讲堂”第64讲举行

“华大讲堂”第64讲举行，著名知识产权专家、中南财经政法大学原校长吴汉东作题为《创新驱动发展与知识产权战略》的报告。市委学习中心组成员陈灿辉、陈奕辉、翁祖根、陈铁晗等，市直有关部门、在泉州各高校、各民主党派负责人、华侨大学校领导和部分师生等参加报告会。吴汉东通过翔实生动的例子，分析创新驱动发展与知识产权战略的关系，阐述知识产权对推动科技创新的保护性作用，就实现知识产权事业新突破、推动创新驱动发展提出对策，并针对如何运用知识产权抢占技术和市场高地发表建议，为泉州市建设国家自主创新示范区、“中国制造2025”试点示范城市、全国质量强市示范城市等提供有益借鉴。

陈灿辉为吴汉东颁发“华大讲堂”主讲嘉宾纪念牌　（图/吴天适）

全市农业农村暨脱贫攻坚工作会议召开

全市农业农村暨脱贫攻坚工作会议召开，对全市农业农村工作进行全面总结和部署。会议指出，要紧抓扶贫攻坚，决不让一个贫困群众掉队。做好产业扶贫、易地搬迁、减负脱贫、政策兜底等工作，做到“到户到人”精准脱贫；加大扶持，拓宽渠道，推进“输血造血”整村“脱帽”；加强动态管理，深化结对帮扶，坚持“落细落实”稳定脱贫。要推进农业供给侧结构性改革。主攻结构调整，推进项目攻坚，突出绿色生态；全面落实河长制，强化基础设施建设，完善公共服务；深化农村产权改革，创新金融服务，培育新型农业经营主体，激发产业活力。要加强党的领导。强化基层党建，创新方式方法，加大考评问责，层层落实责任，抓出脱贫攻坚和农业农村工作实效。

泉州成立创新能力提升工作小组

福建省企业与企业家联合会、泉州市企业与企业家联合会与市科技局签订《关于加强科技交流合作协议书》，共同成立泉州创新能力提升行动工作小组。为贯彻落实创新驱动发展战略，发挥福建省企业与企业家联合会的智库资源优势、服务泉州的优势产业，三方将加强科技交流与合作，联合实施泉州创新能力提升行动，有组织、有计划地开展多种形式的科技合作，提升泉州企业创新能力，促进全市高新技术产业发展。

康涛到丰泽区调研重点项目建设

市长康涛到丰泽区调研重点项目建设工作。康涛指出，要提高思想认识。丰泽区土地资源十分匮乏，要向征迁拆违要空间，向三旧改造要空间，集中时间、集中力量突破瓶颈制约。要层层压实责任，人人承担责任，实行挂图作战，在项目推进中切实体现正向激励、反向约束，确保攻坚任务部署落地生根。要形成工作机制，建立一套市区联动、行之有效的项目协调调度机制，在全市比学赶超中创造佳绩、创造经验。

国家第11督查组到泉州专项督导春季开学情况

国家第11督查组到泉州专项督导泉州市2017年春季开学情况，并召开督查反馈会。督查组分两组察看泉州一中学府校区、丰泽区第八中心小学、华侨大学等学校，察看开学条件保障和学校安全工作方面。2月23日—3月3日，市教育局分9组到基层开展期初工作调研，就开学条件保障、校舍安全管理情况、食品与饮水安全管理、校园安全管理、第二期学前教育三年行动计划等方面部署落实情况进行督导检查。督查组肯定泉州市在春季开学工作方面所作出的努力和取得的成效。

《海角有个五店市》获迈阿密电影节华语电影单元最佳影片金奖

3—12日，第34届迈阿密国际电影节在美国佛罗里达州迈阿密市举办，在华语电影单元中，入围三个奖项的福建本土影片《海角有个五店市》获最佳影片金奖。《海角有个五店市》入围的三个奖项，分别为最佳影片金奖、最佳音乐奖，此外主演王德顺入围最佳男主角奖。

相关链接：迈阿密国际电影节始于1984年，被誉为北美最负盛名的国际电影节之一，也是美国东南地区规模最大、影响最广的国际电影节。华语电影单元是迈阿密国际电影节组委会在亚洲授权设立的首个分站，主要面向中国及所有华语影片参加迈阿密国际电影节主竞赛单元的电影作品。

《海角有个五店市》海报

第三届“海丝”国际艺术节南安分会场启动

第三届海上丝绸之路国际艺术节南安分会场暨洪濑龙阁申报省级非物质文化遗产名录启动仪式在南安市洪濑镇举行。第三届海上丝绸之路国际艺术节由文化部和福建省政府主办，省文化厅、泉州市政府及各主题活动合作单位承办。南安作为第三届海上丝绸之路国际艺术节的分会场，把洪濑龙阁申报省级非物质文化遗产名录作为其中一项重要活动。启动仪式上，南安发出洪濑龙阁申报省级非物质文化遗产名录倡议书，号召各方齐心协力，弘扬传承优秀传统文化，促进民俗文化和经济社会深度融合。

活动现场　　（图/泉州晚报社）

3月3日

农历丁酉年二月初六
星期五
温度：10℃—17℃
晴

●康涛到丰泽区调研重点项目建设工作。

●国家第11督查组到泉州专项督导泉州市2017年春季开学情况，并召开督查反馈会。

●市教育局出台《2017年初中毕业升学考试和普通高中招生工作意见》，规定2017年全市应届初中毕业班学生毕业、升学考试实行“两考合一”。

●即日起，市森林公安局开展“2017利剑行动”，专项打击破坏森林和野生动植物资源的违法犯罪行为。

●市直机关干部职工献血活动在市区东海行政中心广场举行。

●泉州市援藏工作队到西藏昌都市洛隆县敬老院、县五保集中供养中心，与孤寡老人、五保户共度藏历新年，并开展爱心慰问。

●3—12日，第34届迈阿密国际电影节在美国佛罗里达州迈阿密市举办，在华语电影单元中，入围三个奖项的福建本土影片《海角有个五店市》获最佳影片金奖。

●第三届海上丝绸之路国际艺术节南安分会场暨洪濑龙阁申报省级非物质文化遗产名录启动仪式在南安市洪濑镇举行。

●泉港区EPC总承包模式及装配式建筑推介会举行。

●德化县学雷锋主题活动暨“圆梦瓷都 你我同参与”志愿服务行动启动仪式举行。

3月4日

农历丁酉年二月初七
星期六
温度：13℃—23℃
多云转小雨

●市委下发2017年第1号文件——《中共泉州市委 泉州市人民政府关于深入推进农业供给侧结构性改革加快培育农业农村发展新动能的实施意见》，就泉州市2017年农村农业工作提出总要求。

●各地同时举行“项目攻坚年”集中开竣工活动，集中开竣工项目122个，总投资485亿元。

●由团市委主办、泉州市青少宫承办的纪念第54个学雷锋日暨2017年“丝路春晓”文艺晚会在泉州音乐厅举行。

●4—23日，由市文联、市侨联、泉州青年联合会和上海朵云轩主办的“素墨心香”蔡宗伟书法艺术展在马来西亚马六甲举行。

●“阳光心理，快乐成长”未成年人心理健康辅导进社区公益活动在市区中山公园举行。

●由福建中医药大学统战部、福建中医药大学附属第二人民医院党委等主办的大型义诊活动在安溪县参内乡茶博汇音乐广场举行。

市委下发1号文件推进农业供给侧结构性改革

市委下发2017年第1号文件——《中共泉州市委 泉州市人民政府关于深入推进农业供给侧结构性改革加快培育农业农村发展新动能的实施意见》（以下简称《意见》），就泉州市2017年农村农业工作提出总要求。2017年，泉州将以推进农业供给侧结构性改革为主线，以农业增效、农民增收、农村增绿为目标，把增强绿色优质农产品供给放在突出位置，走优质、高效、安全、生态、品牌之路，发展现代农业，深化农村体制机制改革，强化精准扶贫精准脱贫，加快推进社会主义新农村建设。

相关链接：《意见》提出，2017年全市扶持30家生产加工和流通型市级农业产业化龙头企业基地建设、技术改造及订单农产品收购。全年新增农民合作社300家，扶持40家市级农民合作社示范社，扶持40家市级示范家庭农（林）场。在农产品有效供给方面，全市实施耕地地力提升工程，种植绿肥2000公顷、推广应用商品有机肥533.33公顷、实施测土配方施肥13万公顷（次），鼓励粮食适度规模生产，推进连片33.33公顷以上粮食规模化示范基地建设。

根据《意见》，2017年市财政安排1.15亿元扶贫专项资金，实施项目带动脱贫，确保年底全市所有农村贫困人口全部脱贫。泉州市还大力实施整村扶贫和造福工程扶贫搬迁，从全市300个市级扶贫开发重点村中选择30个村开展重点帮扶，选派30名干部驻村开展为期2年的帮扶工作，安排捆绑扶持资金3000万元，给予每个重点帮扶村100万元。完成市级搬迁安置4000人以及省下达的搬迁任务，并扶持一批造福工程集中安置点基础设施建设项目。

家禽养殖场　（图/市农业局）

第一季度122个重点项目集中开竣工

第一季度各地同时举行“项目攻坚年”集中开竣工活动，集中开竣工项目122个，总投资485亿元。

92个新开工项目中，基础设施项目26个，产业项目42个，社会事业24个，总投资379亿元。其中，兴泉铁路泉州段是国家铁路网干线和省“三纵三横”铁路网重要组成部分，全长148千米，总投资153亿元，途经南安、安溪、永春、德化等革命老区，对带动沿线经济社会发展和改善人民生活条件等具有重要意义。总投资15亿元的南安市石材产业展示中心项目，集石材总部、会展、营销、研发、电商、石材文化、工艺设计、信息发布于一体，是石材产业升级换代的重要平台。总投资6亿元的泉州市第一医院城东院区二期项目，将新增床位700张。

30个竣工投产项目中，基础设施项目6个，产业项目19个，社会事业5个，总投资106亿元。其中，总投资32.3亿元的晋江紫帽片区安置房项目，可新增保障性住房5753套。总投资6.7亿元的惠安中仑塑业膜用尼龙切片项目，引进国外大型膜级尼龙6连续式聚合生产技术，尼龙6总产能达11万吨/年，成为国内产能规模较大的生产商。泉州开发区太平洋大容量注射剂生产线建设技改项目，引进4条国内先进的大容量注射剂自动化生产线，年产1亿袋大容量注射剂。

蔡宗伟书法艺术展在马来西亚举行

4—23日，由市文联、市侨联、泉州青年联合会和上海朵云轩主办的“素墨心香”蔡宗伟书法艺术展在马来西亚马六甲举行。展览展出泉州市书法家协会主席蔡宗伟不同时期创作的书法作品52幅，包含楷书、行书、草书等。马来西亚孔教会主席林源瑞表示，马来西亚多元文化汇聚，作为泉州先民下南洋重要的移居国家，更是将书法文化视为珍宝，不断发扬，也涌现一大批优秀的书法家。蔡宗伟书法艺术展在马六甲举行，对于当地书法爱好者是一次难得的学习机会。

宋新潮到泉州调研“古泉州（刺桐）史迹”申遗工作

5—6日，国家文物局副局长宋新潮到泉州调研“古泉州（刺桐）史迹”申遗工作。宋新潮到晋江磁灶窑系金交椅山窑址，洛阳桥及位于桥南北两侧的蔡襄祠、昭惠庙，泉州海交馆，江口码头，泉州府文庙，清净寺，德济门遗址，天后宫，调研“古泉州（刺桐）史迹”申遗各项工作进展情况。在洛阳桥，宋新潮要求遗产点周边环境整治应保留各个时期历史痕迹，体现建筑间的关联性，与文物本体相协调。在泉州海交馆，宋新潮指出，“古泉州（刺桐）史迹”申遗展示馆既要符合申遗文本主题，又要对申遗文本内容进行补充说明，形成互相联系、互为补充的关系。宋新潮指出，泉州市委、市政府举全市之力精心组织、全力推进，全市上下步调一致、通力合作，体现出具有高度责任感、特别能战斗、勇于担当的精神面貌。当前，申遗工作任务依然艰巨，各级各部门应抓紧、抓实、抓细，深化完善申遗价值研究，倒计时全面推进文物修缮、方案编制、环境整治等工作；提升整体认识，处理好文物保护与各方面的关系，通过申遗带动整座城市的文化遗产保护工作，把申遗办成一项惠民工程，提升历史文化水平，提高人民生活水平，提振城市发展信心。

泉州位居国家农业科技园区创新能力全国第四

科技部发布《国家农业科技园区创新能力评价报告2015》。在全国106个参评园区中，泉州国家农业科技园区在创新能力指数排名中居第四位（前三位分别为武汉、济宁、淮安），在创新能力聚类分析中位居I类园区（创新引领区）。泉州国家农业科技园区采取“一区三园”布局，一区即泉州国家农业科技园区，三园即果蔬产业科技园、海洋生物产业科技园和茶叶产业科技园，实行核心区、示范区和辐射区三区联动，构建农业科技创新与成果转化基地、农业科技创业服务基地、现代农业发展示范基地，转化科技成果，培育中小企业，培养创新人才，促进农民增收。泉州国家农业科技园核心区面积9466.67公顷，示范区面积4万公顷，辐射区面积20万公顷。其中，果蔬产业科技园核心区位于泉州台商投资区，由泉州市农科所承建，设立五大基地、一个中心，即引种创新基地、设施农业基地、高优栽培基地、加工物流基地、休闲观光基地和对台农业科技合作交流与培训中心。对台农业科技合作交流与培训中心示范区由种苗科技与休闲农业示范带、设施农业与农产品加工示范带组成，每年自主创新和引进国内外优良品种60个以上、国内外领先技术20项以上、研发新产品8种以上。

“守护古城·共创文明”志愿服务活动启动

由市委文明办、市古城办、鲤城区文明委和东南早报主办的“守护古城·共创文明”志愿服务活动在泉州府文庙广场启动。鲤城区各相关文明单位志愿者现场开展志愿者招募和税法、工商、银行、维权等业务咨询以及卫生保健等便民利民志愿服务。主办方还在古城范围内设置16个签章点，组织开展“‘八不’行为规范”内容签章主题活动，在宣传古城历史文化的同时引导市民朋友自觉遵守“八不”行为规范，不少参与活动的市民在志愿者的带领下主动参与家园清洁志愿服务。同时，主办方还在当天活动途经的12个主要交通路口安排志愿者开展文明交通引导，志愿者们协助交警进行文明交通出行引导，劝导电动车骑士文明骑行，机动车礼让行人等。

活动现场　（图/泉州晚报社）

3月5日

农历丁酉年二月初八
星期日
温度：14℃—21℃
小雨转中雨

●5—6日，宋新潮到泉州调研“古泉州（刺桐）史迹”申遗工作，并就如何推进下一步工作提出要求。

●科技部发布《国家农业科技园区创新能力评价报告2015》。在全国106个参评园区中，泉州国家农业科技园区在创新能力指数排名中居第四位，在创新能力聚类分析中位居I类园区（创新引领区）。

●由市委文明办、市古城办、鲤城区文明委和东南早报主办的“守护古城·共创文明”志愿服务活动在泉州府文庙广场启动。

●“文化助老助健康”主题活动在市区西湖公园举行。

●5—10日，2017年全国男子拳击锦标赛暨第十三届全运会男子拳击第一次资格赛在广东佛山岭南明珠体育馆举行，泉州选手李泉龙获64公斤级冠军。

●石狮市“向雷锋同志学习，环保志愿行”净滩活动在该市祥芝镇祥农码头西侧海滩举行。

●2017年金门—金宁观光半程马拉松比赛举行，泉州晋江选手林妮娜获女子组比赛冠军。

3月6日

农历丁酉年二月初九
星期一
温度：11℃—16℃
阴

●全国人大代表、泉州市委书记郑新聪接受香港《经济导报》记者专访。

●泉州市领导干部“学习贯彻党的十八届六中全会精神”专题研讨班（第四期）开班。

●中国地市报研究会2017年会长会议在惠安县聚龙小镇召开。

●阿里研究院发布“2016年中国大众电商创业排行榜”，泉州成为福建省进入前十榜单的唯一一个地级市。

●全省规模最大的民营医疗机构泉州德诚医院与台湾圣马尔定医院年度运营合作项目在惠安县启动。

●6—10日，惠安县组织到广东佛山、中山、东莞举行旅游推介会。

中国地市报研究会2017年会长会议在惠安县召开

中国地市报研究会2017年会长会议在惠安县聚龙小镇召开。开幕式上，市委常委、宣传部部长陈铁晗代表市委和市委宣传部对会议的召开表示祝贺，并介绍泉州的基本情况。研究会会长、苏州日报社社长刘文洪做主旨发言。刘文洪指出，传统媒体在新形势下要坚持正确的舆论导向，服务地方经济社会发展与大局；要加快媒体深度融合，打造媒体矩阵，提高主流媒体的传播力、影响力；要坚定信心，坚守纸媒阵地，深化体制机制改革，激发创新活力；报业要走多元化经营发展道路，探索新的经营模式。会议围绕在媒体转型的新形势下，如何巩固主流媒体的地位，推进媒体深度融合，深化体制机制改革，优化产业布局等议题展开研讨。三峡都市报社、东营日报社、衡阳日报社、自贡日报社、渭南日报社、鞍山日报社、包头日报社、平顶山日报传媒集团、廊坊日报社、柳州日报社、兰州日报社、金华日报报业传媒集团、泉州晚报社14家研究会副会长单位的社长、总编在会上交流各自的经验做法。

与会的社长、总编在聚龙小镇采风

（图/泉州晚报社）

作为会长会议子活动之一的诗文朗诵会现场

（图/陈小阳）

泉州进入电商活跃城市前十

阿里研究院发布“2016年中国大众电商创业排行榜”，连续第四年对全国城市、县域电商创业进行对比研究。根据排行榜，泉州不仅成为福建省进入前十榜单的唯一一个地级市，同时还包揽省内进入“2016年中国大众电商创业最活跃的50个县”“2016年十大淘宝村集群”“2016跨境电商创业最活跃的25个县”榜单的所有县、市名额。根据阿里研究分析结果，在“2016年中国大众电商创业最活跃的50个城市”排行榜中，前三位分别是广州、金华和深圳，第四至第十位依次为杭州、中山、嘉兴、台州、泉州、温州和东莞。其中，与2015年相比，前五位城市的位次没有变化；泉州上升3名，进入前十，莆田下滑7名，跌出前十。

泉州成为福建省内唯一上榜城市。在“2016年中国大众电商创业最活跃的50个县”排行榜中，泉州石狮、德化分别以第4名、第9名进入前十。其中，石狮作为国内三大鞋服产业货源基地，每年电商销售额超500亿元，交易额近千亿元，货源规模十分庞大，而成熟、完善的供应链体系也成为其发展电商的核心竞争基础。德化则在县政府的引导和扶持下，围绕产业基础和优势，不断推进陶瓷电商，农村电商和跨境电商共振发展。与此同时，安溪、晋江虽未能进入前十排行榜，但也进入最活跃的50个县榜单，名次分别为22名、26名。这意味着，泉州包揽福建省进入“2016年中国大众电商创业最活跃的50个县”的4个席位。

表1　2016年中国大众电商创业最活跃的50个城市排行榜

排名	市	省	名次升降	排名	市	省	名次升降
1	广州*	广东	⇨ 0	26	武汉*	湖北	⇧ 1
2	金华	浙江	⇨ 0	27	常州*	江苏	⇩ -4
3	深圳*	广东	⇨ 0	28	南京*	江苏	⇨ 0
4	杭州*	浙江	⇨ 0	29	丽水	浙江	⇧ 1
5	中山	广东	⇨ 0	30	徐州*	江苏	⇧ 4
6	嘉兴	浙江	⇧ 2	31	邢台	河北	⇧ 8
7	台州*	浙江	⇧ 3	32	宿迁	江苏	⇧ 9
8	泉州*	福建	⇧ 3	33	无锡*	江苏	⇩ -4
9	温州*	浙江	⇩ -2	34	合肥*	安徽	⇧ 4
10	东莞*	广东	⇩ -4	35	石家庄*	河北	⇧ 7
11	湖州	浙江	⇧ 4	36	南通	江苏	⇩ -5
12	揭阳*	广东	⇧ 9	37	连云港	江苏	⇧ 3
13	上海*	上海	⇩ -1	38	青岛*	山东	⇩ -6
14	苏州*	江苏	⇩ -1	39	成都*	四川	⇩ -4
15	北京*	北京	⇧ 2	40	济南*	山东	⇩ -3

全市生态环境保护工作会议召开

全市生态环境保护工作会议召开，贯彻落实2017年全国、全省环境保护工作会议精神，总结部署泉州市生态环境保护工作。会议指出，要认识环保督察更显威慑、“党政同责”责任追究更加严厉、约束企业更为刚性的形势，毫不含糊、认真履行“党政同责、一岗双责”。要把“环境质量只能更好，不能变坏”的要求作为底线，狠抓环保督察、环保部调研发现问题的整改落实，狠抓水、大气、土壤三大环境治理，狠抓环境执法监管。要重点攻坚，坚持发展与保护并重、防治与修复并举、行政约束和法律经济手段并行，推进城乡生活污染治理、工业污染治理和畜禽养殖污染治理三大专项整治，打好水、大气、土壤污染防治三大“攻坚战”。要服务发展，发挥环保引导调控作用，助推传统产业转型升级，服务和支撑实体经济发展。要狠抓整改，针对省环保督察发现的问题，狠抓整改落实，确保按期完成。

全市宣传部长会议召开

全市宣传部长会议召开，学习中共十八大和十八届三中、四中、五中、六中全会精神，贯彻习近平系列讲话精神特别是关于宣传思想文化工作的一系列论述，落实全国、全省宣传部长会议精神，研究部署2017年全市宣传思想文化工作。会议要求，要旗帜鲜明讲政治，把迎接、宣传、贯彻十九大作为首要任务，阐释好习近平系列讲话精神和治国理政新理念新思想新战略。要打好突围攻坚宣传战，围绕市党代会“二二六”工作部署，聚焦“项目攻坚年”活动和企业转型升级，积极宣传发动，凝聚人心、鼓舞士气。要打响城市文化品牌，做好弘扬海丝文化、闽南文化大文章，办好第三届海丝国际艺术节，保持全国文明城市荣誉，积极拓展外宣渠道，提升海丝重要门户城市影响力。要打造过硬宣传思想文化工作队伍，各级党委要坚持党管宣传，各级宣传思想文化部门要主动贴近市委中心工作，深化“走转改”和“基层加强年”活动，开创全市宣传思想文化工作新局面。

康涛到永春德化调研项目攻坚和美丽乡村建设

市长康涛带队到永春县和德化县，调研项目攻坚年活动推进、美丽乡村建设以及农村生活污水垃圾处理等工作。康涛要求，要推进项目攻坚年活动。针对大项目少、发展后劲不足问题，主官要亲自去招商，策划引进落地一批好项目、大项目。致力发展“有根”经济，推动香、陶瓷等特色产业转型升级、做大做强。要打造美丽乡村升级版，加快释放“美丽效应”。抓紧制定整体工作方案、阶段性目标和针对性举措，完善垃圾收集转运和污水处理运行管护机制，改善农村人居环境；做好闽南古民居、古建筑、名树木的普查和保护工作，延续风貌、留住乡愁；引入提升业态，发展乡村旅游，带动群众致富，实现经济、社会、生态效益多方共赢。

康涛在永春县调研　（图/陈晓东）

40位泉州籍富豪上榜2017胡润全球富豪榜

胡润研究院发布《2017胡润全球富豪榜》，上榜富豪的财富计算截止日期为1月15日。40位来自泉州或祖籍泉州的富豪上榜，行业分布在科技、传媒和电信、制造业、房地产等多个领域。其中，SM集团施至成家族（祖籍晋江）成为泉州籍最富有的家族，拥有680亿元资产。榜单显示，2017年新上榜的泉州籍老板分别是来自祖籍晋江的蔡明忠和蔡明兴家族，祖籍南安的黄敏利、许慧卿夫妇，祖籍石狮的蔡文胜家族。

3月7日

农历丁酉年二月初十
星期二
温度：11℃—14℃
小雨

●全市生态环境保护工作会议召开，贯彻落实2017年全国、全省环境保护工作会议精神，总结部署泉州市生态环境保护工作。

●全市宣传部长会议召开，落实全国、全省宣传部长会议精神，研究部署2017年全市宣传思想文化工作。

●康涛到永春县和德化县，调研项目攻坚年活动推进、美丽乡村建设以及农村生活污水垃圾处理等工作。

●全市对外宣传工作会议召开，安排部署下阶段工作。

●全市文联工作会议召开，安排部署下阶段工作。

●40位泉州籍富豪上榜2017胡润全球富豪榜。

●7—8日，全国13家地市报社长、总编组成的采风团，围绕“古泉州（刺桐）史迹”申遗工作，到聚龙小镇、崇武古城、大岞惠女风情园、洛阳桥、五店市文化传统街区、开元寺、中国闽台缘博物馆、老君岩和海交馆开展“海丝”遗迹采风。

●7—9日，21世纪“海上丝绸之路”亚太新经济“她领袖”（晋江）交流对接会举行。

●市检察院、市科协、医高专附属人民医院、丰泽区妇联、丰泽区流管站、源淮社区等举办“三八”妇女节宣传活动。

3月8日

农历丁酉年二月十一
星期三
温度：10℃—14℃
阵雨

●8—9日，刘可清到泉州开展“推进我省交通物流融合发展”专题调研。

●福州大学石油化工学院（泉港校区）落成。

●2017年菲律宾华裔青少年“中国寻根之旅”夏令营——福建丰泽营在黎明职业大学开营。

●由石狮市委宣传部牵头，石狮市文体旅游广电新闻出版局、石狮市教育局主办的国家级非物质文化遗产项目——高甲戏进校园展演活动在该市石光中学启动。

●中国国际露营大会考察团到安溪县，就安溪县体育小镇建设、中国国际露营大会和百城徒步赛落地、露营之家全球服务中心落地的可行性及青少年户外教育营地发展等情况进行考察。

《福建日报》刊发报道《打造审批服务“泉州速度”——访全国人大代表郑新聪》

《福建日报》“二〇一七全国两会”专版刊发报道《打造审批服务“泉州速度”——访全国人大代表郑新聪》。全文如下：

“我们始终坚持‘把麻烦留给审批机关，把便利留给申请人’的原则，努力打通审批服务的‘最后一公里’。”参加十二届全国人大五次会议的我省全国人大代表、泉州市委书记郑新聪在接受记者采访时说，去年，泉州在全省率先开展清理规范行政审批和服务事项申报材料工作，大幅度降低企业和群众办事的难度，增强企业和群众的获得感和满意度。

李克强总理在今年的政府工作报告中提出：“使市场在资源配置中起决定性作用和更好发挥政府作用，必须深化简政放权、放管结合、优化服务改革。”

深化“放、管、服”改革，激发市场主体活力，泉州一直走在全省前列。郑新聪说，泉州清理规范行政审批申报事项获得国务院办公厅的通报表扬，作为32项地方典型经验做法之一向全国推广。

郑新聪说，泉州民营经济发达，民营企业众多。如何不断优化制度环境，释放出企业的“双创活力”，始终是泉州市委市政府努力的方向。近年来，泉州在减政放权、精简事项、减少环节、压缩时限等方面做了大量工作。虽然审批事项少了、运行流程简了、办理时间短了，但仍有不少企业和群众感觉不解渴、不过瘾。究其原因，主要在于审批受理环节设置的申报材料过多过杂，企业和群众在申请前花了大量精力准备材料，结果出现企业和群众“万里长征”准备申请材料，审批机关1天或几天就能办结的“审批假提速”现象，把企业和群众难在审批受理之前。

泉州把群众最期盼和反映最强烈的需求作为改革风向标，在全省率先开展清理规范行政审批和服务事项申报材料工作。泉州对市直42个部门721项行政审批和服务事项所需的11091件申报材料逐一审核论证，探索实行申请人承诺制以及促进审批部门横向、纵向信息沟通和推动关联材料协同办理等多种方式，在市一级砍掉各类不必要的证明证照和材料900件，各县（市、区）也按部署要求取消4700件申请材料。在清理规范过程中，泉州变政府“端菜”为群众“点菜”，对法律法规虽有规定但企业和群众仍难以提供的申报材料，创新采取部门协同、信息共享、申请人承诺和转为后续监管等一系列有力举措，破解了群众办事难，让企业和群众切实享受到改革红利。

“国务院的肯定是对我们工作的鼓励和鞭策。”郑新聪表示，下一步，泉州要进一步深化、提升改革举措，持续总结规范经验、做法，深化关键环节改革，切实做好清理规范行政审批申报工作，彻底打破政策壁垒、打通“信息孤岛”，打造审批服务“泉州速度”。

泉州市启动十二届市委第二轮巡察工作

市委巡察工作动员部署会议召开，部署十二届市委第二轮巡察工作。会议指出，市委巡察办、巡察组要在2016年开展巡察的基础上，结合巡察单位实际，做好准备确保巡察工作有序推进；要以中央巡视工作方针为基本遵循，把握政治巡察定位，聚焦坚持党的领导、全面从严治党，突出监督重点；要把推动整改贯穿巡察工作全过程，确保巡察反映问题即知即改，立行立改，全面整改。

“影雕绝技，巾帼风采”女性影雕工艺师作品展在福州举行

8—19日，由省文联、惠安县政府主办，省海峡民间艺术馆、省手工艺协会、惠安县城联社承办的“影雕绝技，巾帼风采”女性影雕工艺师作品展在福州省海峡民间艺术馆举行，刘碧兰、辛美丽、吴敏达、张秋霞、卢铭澜、许远琴、蔡清如、蒋清兰等18位惠安县女性影雕工艺大师的60余件作品参展。涵盖老、中、青三代女性艺术家，作品既有传统黑白影雕、彩色影雕，也有创新型的玉石画，涉及人物、风景、动物、静物等多种题材，恰如其分地展现了惠安影雕的传承体系和丰富多彩的艺术面貌。

郑新聪就生态建设接受媒体集中采访

福建省全国人大代表张志南、郑新聪、林宝金、郭军、张玉珍、谢智波在福建代表团驻地接受媒体集中采访。新华社、人民日报、中央电视台、中央人民广播电台、大公报、香港商报等16家媒体记者围绕生态省建设的主题争相提问。其中，河长制是各家媒体关注的焦点。张志南、郑新聪、林宝金、郭军就推行河长制将给福建省流域水环境治理带来的益处、如何推进河长制实施、上下游如何开展合作提升河流水环境、健全完善河长制的重要意义等方面，回答媒体记者关心的问题。

郑新聪表示，泉州市建立责任到人的四级河长体系，由市长出任河长，各条河流都有一位副市长担任副河长和流域长，流域途经的县、乡均分段设立河段长，村级还设立河道专管员。作为党委书记，要落实环境保护“党政同责”和“第一责任人”责任，深入具体抓研究部署、督促落实等工作。泉州在经济发展过程中，十分重视生态建设。主要抓四方面工作：一是存量转型。抓传统产业转型升级，不符合环境和生态建设要求的坚决出清。二是增量优选。发展高新集成电路产业、精细循环化工和智能装备制造业。三是专项整治。从2013年起在全市开展跨境流域整治，投入18.5亿元，全市集中式饮用水水源地水质达标率100%。四是机制创新。2005年起，从下游受益县（市、区）依据取水量比例筹集补偿资金，用于上游地区生态环境建设。

创建“全国质量强市示范城市”暨全市质监工作视频会议召开

2017年创建“全国质量强市示范城市”暨全市质监工作视频会议召开，总结2016年创建工作情况，部署2017年创建工作任务。会议要求，要开展质量提升行动，提高“泉州制造”质量水平，扩大泉州品牌体系的影响力和知名度；要强化质量安全监管，创新产品质量监督工作机制，推进各项专项整治工作；要为企业转型升级提供技术支撑，加大技术平台建设力度，为行业协会和企业提供服务。

“关爱自然·美丽泉州”义务植树活动举行

由市直机关文明办组织，市委组织部、市委政法委、市委市直机关工委、市林业局、市信访局和泉州晚报社等11个单位近百名党员志愿者，到泉州森林公园参加“关爱自然·美丽泉州”义务植树活动。图为活动现场。

（图/张九强）

“互联网+双创人才培训进校园”系列活动启动

由市商务局指导、市电子商务中心主办的“互联网+双创人才培训进校园”系列活动启动。第一站是泉州华侨职校，500多名学生到场听讲。为加强电子商务人才队伍建设，迎合泉州市电子商务企业高速发展中的人才需求，引导院校人才培养更紧密契合新兴产业发展，根据《商务部关于加快推进电子商务人才培训工作的指导意见》和《福建省商务厅关于印发〈福建省电子商务人才培训工作方案〉的通知》精神，市电子商务中心举办“互联网+双创人才培训进校园”系列活动。电商是泉州华侨职校的优势专业，就读该专业的学生有700多人，就业方向主要是鞋服、食品等传统企业的电商部门。授课老师王鑫主讲电商团队角色职能分工、内容营销、网红经济、电商创业、社群管理裂变有效架构及运营规划等。王鑫是中国电子商务协会高级讲师、江西省商务学校特聘讲师，拥有5年电商从业经验，曾在阿里巴巴江西渠道服务商B2B部门任职。

3月9日

农历丁酉年二月十二
星期四
温度：12℃—19℃
阵雨

●全国人大代表、泉州市委书记郑新聪和其他福建省全国人大代表在福建代表团驻地接受媒体集中采访。

●2017年创建“全国质量强市示范城市”暨全市质监工作视频会议召开，总结2016年创建工作情况，部署2017年创建工作任务。

●由市直机关文明办组织，市委组织部、市委政法委、市委市直机关工委、市林业局、市信访局和泉州晚报社等11个单位近百名党员志愿者，到泉州森林公园参加“关爱自然·美丽泉州”义务植树活动。

●由市商务局指导、市电子商务中心主办的“互联网+双创人才培训进校园”系列活动启动。

●团市委、省高速泉州管理分公司、福建广电网络集团泉州分公司开展“弘扬志愿精神，共建生态家园”——青年生态园（四期）建设活动。

●泉州市供销合作社、安溪县政府主办的以“发挥供销社独特优势 助力农业供给侧改革”为主题的“送化肥、送科技、送信息”下乡活动在安溪县湖上乡举行。

3月10日

农历丁酉年二月十三
星期五
温度：11℃—15℃
中雨

●全市卫生计生工作视频会议召开，总结部署全市卫生计生工作。

●全市统战部长会议召开，交流典型经验，部署2017年全市统战工作。

●2017年全市志愿服务组织负责人培训班在南安丰州开班，泉州市守护古城志愿者联盟同时成立。

●由市妇儿工委、市妇联、市综治办、市教育局、市司法局主办的泉州市妇女儿童法治微电影征集展播活动启动。

●由市检察院、市科协、市药品检验所、丰泽区科协、市公交公司、丰泽街道源淮社区、市尚和合社工中心主办的“约会灿烂春天，共创绿色家园”植树节活动在市区武陵农场举行。

●南安市“向优秀看齐，当南安先锋”青年干部论坛举办。

●国家体育总局篮球运动管理中心发布《关于命名“全国篮球高水平后备人才基地（2017—2020）”的通知》，命名45个单位为“全国篮球高水平后备人才基地”，南安市体育学校入选。

全市卫生计生工作视频会议召开

全市卫生计生工作视频会议召开，总结部署全市卫生计生工作。会议强调，各级各部门要全力补齐医疗资源短板。按照市委“项目攻坚年”活动部署，紧盯目标任务，强化指挥调度，积极向上争取支持，加大卫生项目攻坚克难力度；创新卫生人才发展机制，加强与国内一流医疗机构交流协作，实施“名医带徒”工程，培养本土人才、引进高层次人才。全面深化医药卫生体制改革。紧抓公立医院改革，加快建立健全现代医院管理制度，推进薪酬制度改革，加强临床重点专科建设；深化基层综合医改，加强县级公立医院龙头建设和基层医疗服务能力建设，突破分级诊疗和城市家庭医生签约服务工作。提高卫生计生服务水平。开展提升医疗服务行动，狠抓医风行风建设，改善诊疗服务环境，提高群众就医满意度；完善联防联控、群防群控机制，提升公共卫生服务水平和应急处置能力；完善全面两孩配套政策，保障妇幼健康；加强计生工作转型服务，争创“新国优”。狠抓卫生计生各项任务落实。强化“一把手”组织领导，严格计划生育目标管理责任制；强化县级政府办医主体责任；重视和支持计生协会工作，提高协会服务群众的能力和水平。

全市统战部长会议召开

全市统战部长会议召开，交流典型经验，部署2017年全市统战工作。会议要求，要发挥优势，抓实抓好重点工作，落实协商民主各项要求，健全完善政党协商机制，支持民主党派在履行职责、参政议政中发挥作用。围绕海丝主题，加快建设南洋华裔族群寻根谒祖综合服务平台，加强与海内外泉州籍乡亲的联谊联系。要加强统战系统自身队伍建设，落实全面从严治党主体责任和“一岗双责”，推进“两学一做”学习教育常态化制度化，做到政治上清醒、理论上坚定。各级统战部门要凝聚政治共识、加强思想引领、维护和谐稳定、服务经济社会发展；要突出重点，主动作为，巩固发展多党合作事业，促进非公经济健康发展和非公人士健康成长，拓展港澳台及海外统战工作，维护民族宗教领域和谐稳定，拓展党外知识分子和新的社会阶层人士统战工作；要加强党的领导，构建大统战工作格局。全市统战干部要坚持正确的政治方向，敢于担当、树好形象，把握工作规律，讲究工作艺术，提升统战工作水平。

2017年全市志愿服务组织负责人培训班开班

2017年全市志愿服务组织负责人培训班在南安丰州开班，泉州市守护古城志愿者联盟同时成立。开班仪式前，守护古城志愿联盟成立仪式率先举行。市委文明办、泉州古城保护办、市行政执法局、鲤城区文明委和东南早报向市民、志愿者团队发出倡议：文明劝导、清洁家园，对身边的海丝遗迹或文保单位的周边环境进行保护、监督；不破坏古城的一草一木、一砖一瓦，共同守护古城，建设家园，助力古泉州（刺桐）史迹申遗。培训班为期三天，安排了志愿服务团队建设与实务操作、团队融合、“互联网+”助推志愿服务发展、全国志愿服务“四个100”先进典型学习交流、品牌队伍建设等一系列课程，旨在丰富志愿者骨干的服务理论知识，提高他们的组织管理水平和实际操作能力。

泉州市妇女儿童法治微电影征集展播活动启动

由市妇儿工委、市妇联、市综治办、市教育局、市司法局主办的泉州市妇女儿童法治微电影征集展播活动启动。图为启动仪式。

（图/吴寿民）

泉州市加快培育和发展住房租赁市场

市政府办发布《关于加快培育和发展住房租赁市场的实施意见》（以下简称《意见》），鼓励住房租赁消费，并出台包括鼓励个人依法出租拥有合法产权的住房、鼓励新建租赁住房等一系列优惠政策。《意见》要求，要健全以市场配置为主、政府提供基本保障的住房租赁体系。培育住房租赁专业化企业及住房租赁新业态新模式，增加租赁市场有效供应，促进住房租赁市场持续健康发展。到2020年，培育一批以住房租赁为主营业务的专业化企业，放宽住房保障门槛，扩大公共租赁住房保障范围。

相关链接：《意见》明确税收、金融等方面的一揽子扶持政策措施。鼓励自然人和各类机构投资者设立住房租赁企业。住房租赁企业除可享受国家有关加快发展生活性服务业在财税、金融等方面的相关支持政策、办理工商登记便利服务外，对住房租赁企业购买库存商品住房用于经营出租业务的，企业所在地的受益财政可按其所缴契税给予奖励；对住房租赁企业5年内房屋租金收入所缴的地方性税收收入，实施以奖代补政策，企业所在地的受益财政可按留成部分的50%给予奖励。支持房地产开发企业将新建住房或库存商品住房转为自持物业用于出租。引导有条件的房地产开发企业，与专业化住房租赁企业合作，采取“订单式开发”，建立“开发＋租赁＋销售”的多样化运营模式。

公租房保障方面，将在本地稳定就业的外来务工人员、新就业大学生和青年医生、教师等专业技术人员，逐步纳入公租房保障范围。推动公租房保障方式从实物保障向租赁补贴转变。各县（市、区）可通过发放住房租赁补贴，帮助符合条件的公租房保障对象在市场上承租住房，租赁补贴发放标准随市场租金变化进行动态调整。征集商品房或安置房房源，并由政府统一购买（收储）作为公租房；向社会征集产权清晰、质量安全、符合保障房条件的房屋，由政府统一承租后，租给住房保障对象居住，政府补贴市场租金与公租房租金差额。

全市人才“港湾计划”政策培训会举行

为帮助各地各单位理解领会泉州市人才“港湾计划”相关政策措施，泉州市举行人才“港湾计划”政策培训会。培训会围绕市委、市政府印发的《关于实施人才“港湾计划”的若干意见》，从问题导向切入，介绍人才“港湾计划”出台的背景、经过及主要内容。培训会还部署2017年度人才工作重点任务。下阶段，泉州市着重从人才体制机制改革、人才服务、人才认定、人才引进等方面开展人才工作。其中，在人才引进方面，按照5年内“引进1000名以上急需紧缺的高层次人才、100个以上高层次人才团队”的既定目标，争取2017年新增引进200名以上的急需紧缺高层次人才、20个以上高层次人才团队。在平台建设方面，力争新增1—2个国家级的科研平台到泉州设立科研成果转化平台，带动“十百千”大院所计划的落实。在体制机制方面，探索改进企事业单位编制管理方式，重点针对高层次人实施“人编捆绑、人走编收”的编制周转池制度，打破人才跨体制流动的“坚冰”。

国家继续教育项目病毒性肝炎和肝病新进展研讨会在泉州召开

由中国医师协会培训部、北京大学第一医院主办，泉州市第一医院协办的国家继续教育项目病毒性肝炎和肝病新进展研讨会在泉州召开。包括国内外专家在内的200多人参加研讨会。研讨会旨在介绍和推广国内外肝病防治领域的最新进展，通过研讨推动国内肝病医师间临床、科研学术交流与合作。涵盖乙型肝炎国内外指南比较、自身免疫性肝病诊断和治疗进展、肝脏血管病变的诊断、肝硬化并发症诊疗指南解读、药物性肝损害、脂肪肝以及酒精肝诊疗指南等多方面内容。中华医学会感染病学分会主任委员、北京大学第一医院感染疾病科主任、肝病中心主任王贵强教授，302医院肝脏肿瘤诊疗与研究中心杨永平教授，首都医科大学附属北京佑安医院肝病重症医学科主任孟庆华教授等国内著名专家领衔的专家组与参加活动的肝病学医护人员进行交流。

3月11日

农历丁酉年二月十四
星期六
温度：12℃—19℃
阴

●泉州市加快培育和发展住房租赁市场。

●全市人才“港湾计划”政策培训会举行。

●由中国医师协会培训部、北京大学第一医院主办，泉州市第一医院协办的国家继续教育项目病毒性肝炎和肝病新进展研讨会在泉州召开。

●江西石城县党政考察团到晋江市，参观考察安踏公司、五店市传统街区、海峡石墨烯产业技术研究院、创客大街、磁灶镇大埔村美丽乡村建设，了解晋江产业发展及城市建设等方面的经验和做法。

●首届晋江紫菜文化节暨“我为晋江紫菜代言”公益活动在晋江市五店市举行。

●“两岸齐携手·种植姐妹林”义务植树活动在晋江市金井镇围头村举行，嫁到台湾的围头新娘和嫁到围头村的台湾新娘在围头村围头海角携手种植姐妹林。

3月12日

农历丁酉年二月十五
星期日
温度：15℃—21℃
阴

●康涛到洛江区调研重点项目建设、美丽乡村建设和精准扶贫工作。

●中国第39个植树节，全市各地各部门开展各类植树活动，号召人们行动起来植树添绿，美化家园。

●市残联和晋江“爱心妈妈”一行十余人到泉港区界山镇鸠林村清莲庵看望慰问。

●由市体育局和泉州市足球协会主办的2017年“卡尔美”杯福建省足球超级联赛（泉州赛区）在泉州海峡体育中心训练场举行。

●2017泉州优质诚信教育培训机构揭晓。

康涛到洛江区调研重点项目建设、美丽乡村建设和精准扶贫工作

市长康涛带队到洛江区调研重点项目建设、美丽乡村建设和精准扶贫工作。在洛阳江流域河市段综合整治工程现场，康涛指出，相关部门要结合水系整治加强沿河交通道路设计改造，让老百姓行车至此就能一览河道风光；要科学规划建设相关旅游配套项目，通过开展形式多样的活动汇集人气，让洛阳江成为亲民景点。在新告村和虹山乡油菜花基地，康涛叮嘱当地政府部门要推动美丽乡村建设与特色乡村旅游深度融合，利用农村闲置古厝发展民宿业态，提供特色农产品销售；要综合考量游客类型，丰富体验项目；要依据地形地貌统筹规划，增辟临时停车场所，维持好景区秩序。在虹山乡白凤村，康涛鼓励，白凤村要激活“造血”细胞，发挥独特地理优势，发展高山种植养殖，促进贫困户持续增收，实现脱贫攻坚任务。

康涛在洛江区调研　（图/陈晓东）

全市各地各部门开展植树造林活动

中国第39个植树节，全市各地各部门开展各类植树活动，号召人们行动起来植树添绿，美化家园。市委编办、市市政公用事业局、发改委、财政局、民盟泉州市委、市城市管理综合考评中心、市公园管理中心、福建医科大学第二医院、泉州儿童医院、市急救中心和中心血站以及部分中小学、幼儿园、热心志愿者，到市区滨海公园开展2017年义务植树活动。众人在滨海公园种植香樟树67棵，紫叶李300株以及木芙蓉200株。郑成功公园也进行大面积补植工作，新增灌木2600多株、草皮1000多平方米。市公路局和局属的路网和应急处置中心、桥梁隧道管理中心、直属分局、惠安分局植树小队成员到省道201线青沙湾，开展义务植树活动。各县（市、区）公路部门也先后开展植树活动。

“全民动员，绿化晋江”义务植树活动　（图/泉州晚报社）

2017年福建省足球超级联赛（泉州赛区）举行

由市体育局和泉州市足球协会主办的2017年“卡尔美”杯福建省足球超级联赛（泉州赛区）在泉州海峡体育中心训练场举行。泉州超越队以2：1战胜泉州轻工队，取得代表泉州市参加5月开赛的省足球超级联赛的资格。泉州市足球协会主席曾昆伟介绍，2017年首办的福建省足球超级联赛，旨在建立全省足球竞技平台，健全竞赛体系，提高福建足球水平，培育足球人口和足球市场，将业余足球与职业足球有效衔接。赛事第一阶段在全省9个设区市和平潭综合实验区设立10个赛区，由各地足协承办。5月开战的第二阶段比赛采用单循环赛制，全部9轮45场比赛以分站式比赛的方式进行。最后，福建省足协根据超级联赛的名次和中国足协分配给福建省的名额数，依次推荐代表福建省参加全国业余足球联赛的球队。

李德金到泉州开展脱贫攻坚“春季攻势”检查

13—15日，副省长李德金带领省直有关部门负责人到安溪、永春、南安、德化开展脱贫攻坚“春季攻势”行动调研检查。李德金走访安溪县虎邱镇美亭村禾康好农果蔬专业合作社、玖玖天诚葡萄园，永春县蓬壶镇孔里村雨露计划培训基地、仙岭村富民工程、石鼓镇吾江村康绿隆果蔬，南安市向阳乡“三农”互联网+精准扶贫创客空间、梅山镇“国务院扶贫办（蓉中）贫困村创业带头人培训基地”，德化县龙浔镇高阳金城新村、水口镇湖坂村光伏扶贫项目等15个扶贫项目，现场协调解决公路改造、传统村落保护、旅游开发等基层实际困难。检查中，李德金还在安溪、南安召开座谈会。在听取工作汇报后，李德金要求，要紧盯目标任务。学习习近平有关脱贫攻坚系列讲话精神，贯彻中央和省的决策部署，齐心协力抓落实，确保任务保质保量完成。要突出精准精实。贴近贫困群众，到人到户分析致贫原因，一户一策进行帮扶，做到精准识贫、精准施策，确保政策措施落细落小落实。要健全扶贫机制。完善资金帮扶、小额信贷、“三百工程”、结对帮扶等扶贫机制，凝聚社会力量，形成强大合力，推动脱贫攻坚。要巩固脱贫成果。建立健全稳定脱贫长效机制，落实产业、教育、医疗等扶贫举措，重点解决因病因残致贫返贫问题，确保稳定脱贫。要落实主体责任。明确市、县两级的主体责任，发挥乡镇、村及挂钩单位、挂钩干部的主体作用，带领贫困群众全面脱贫。

黎明大学居省高职高专院校发展潜力综合排名首位

省教育评估研究中心发布《福建省高等职业教育质量监测报告》《福建省普通高校办学条件监测报告》《福建省普通高校创新创业教育监测报告》《福建省成人高等教育发展监测报告》《福建省普通高校中外合作办学监测报告》《福建省普通高校发展潜力监测报告》和《福建省职业院校评估监测报告》等年度报告。黎明职业大学在此次发布的报告中排名情况优良，在2016年全省52所高职高专院校发展潜力综合排名与得分中位列第一名。

2014—2016年期间，全省高职高专院校发展潜力综合排名变化较大，黎明大学发展潜力表现突出，从2015年的综合排名第二名，跃升到2016年的综合排名第一名，在发展实力、发展质量等13项指标的得分上也位列第一。从各项数据排名情况上看，黎明大学办学有四个特点：一是学校治理能力建设显著提升，现代大学制度进一步完善，办学的体制机制更加优化，办学综合实力持续走在全省高职高专院校前列。二是学校办学后劲和发展潜力明显增强。三是校产教深度融合、服务地方发展的能力及水平有效提升。四是选才育才工作持续强化，内涵式发展和特色化办学焕发出新动能。

黎大学生在LED生产性实训基地（应用电子技术）实训

黎大学生在应用化工技术专业实训室实训　　（图/黎明职业大学）

3月13日

农历丁酉年二月十六
星期一
温度：11℃—23℃
阵雨

●13—15日，李德金到安溪、永春、南安、德化开展脱贫攻坚“春季攻势”行动调研检查。

●位于市区刺桐路万维生邮票艺术馆内的泉州市图书馆少年儿童分馆开馆试运行。

●国家海洋局县级海域动态监管能力建设项目办公室主任赵新生带领县级节点验收专家组到晋江市，对县级海域动态监管能力建设项目进行验收，晋江市国家海域动态监管中心成为全省首家通过国家海洋局县级海域动态监管能力建设项目验收的县级中心。

●由永春县委宣传部、县文体新局主办的“醉美永春”文化惠民剧场首场演出在该县人民会堂举行。

3月14日

农历丁酉年二月十七
星期二
温度：10℃—13℃
阵雨

●市政府第四次常务会议召开，研究并通过《泉州市高层次人才认定标准》《泉州市高层次人才认定和引进高层次人才团队评审办法》等。

●14—15日，市人大常委会对市检察机关2012—2016年反渎职侵权工作开展专题调研。

●市政协组织到德化县调研"海丝"文化和美丽乡村建设。

●市委组织部机关全体党员到石狮市开展"志愿服务作表率"主题党日活动。

●石狮市举行以"谋划新思路 实务共分享"为主题的社会工作人才沙龙活动。

市政府第四次常务会议召开

市政府第四次常务会议召开，研究并通过《泉州市高层次人才认定标准》《泉州市高层次人才认定和引进高层次人才团队评审办法》《泉州市创建"中国制造2025"城市试点示范实施方案》《加快泉州（东海）金融供应链集中区建设的实施方案》《关于促进小额贷款公司、典当行和融资担保公司健康持续发展的若干意见》《泉州市个体工商户简易注销登记规定（试行）》。

会议要求，要以业内认同、社会认可、业绩薪酬等为主要评价标准，科学认定高层次人才，完善引进高层次人才团队评审程序，加强管理与服务工作，激发和释放人才创新创业活力。创建"中国制造2025"城市试点示范对推动泉州市经济新旧动能接续转换、优化产业生态圈、促进制造业提质增效具有重要意义。

会议强调，要发展智能制造、服务型制造和绿色制造，通过更大力度推进实施创新驱动发展战略、深化改革扩大开放、促进园区集聚优化、培育引进高端重大项目，强化创新、政策、载体、项目四大发展支撑，通过三年努力，基本形成轻重并举、三产繁荣、深度融合的现代制造业体系。加快泉州（东海）金融供应链集中区建设有利于增强东海组团的金融承载、集聚、创新、辐射功能。

会议要求，要理清东海组团所需金融业态，强化政策支持，完善配套服务，优化发展环境，带动引进一批上下游金融供应链机构，推动金融资源集聚，打造服务产业转型升级和金融改革创新的载体平台。促进小额贷款公司、典当行和融资担保公司健康发展，有利于完善地方金融组织体系、改善"三农"和中小微企业金融服务。

会议指出，要结合泉州市县域经济特征和差异化需求，调整优化三类机构布局，多渠道推进经营业务和服务模式创新；要加大简政放权、不良资产处置和财税扶持力度，提升行业监管和风险防控能力，确保三类机构规范健康持续发展。在个体工商户领域引入相适配的简易注销制度，是泉州市深化商事登记制度改革的一项重要内容。

市人大常委会开展反渎职侵权工作情况调研

14—15日，市人大常委会副主任吴有才带领调研组对市检察机关2012—2016年反渎职侵权工作开展专题调研。市检察院向调研组作专题汇报，介绍近五年来全市查办和预防渎职侵权犯罪的基本情况、主要经验和做法以及今后的工作思路。市中级人民法院、公安局、相关政府部门及部分人大代表参加座谈交流，调研组还抽查部分已结案件卷宗。随后，调研组又分赴丰泽区检察院、安溪县检察院、南安市检察院调研。调研组肯定市检察机关反渎职侵权工作。吴友才指出，市检察机关反渎职侵权部门围绕泉州发展大局、民生民利领域做了大量工作，特别是"多调查、慎立案、少拘捕、重预防"的办案机制成效明显、特色鲜明。

调研现场　（图/王虎文）

市政协组织到德化县调研"海丝"文化和美丽乡村建设

市政协主席陈灿辉、副主席陈益带领调研组到德化县调研"海丝"文化和美丽乡村建设情况。陈灿辉到博古瓷研所、洞上陶艺村、三班月记窑、梅岭窑申遗点、中国茶具城、安成创业园、盖德镇有济村等地，了解德化县陶瓷的制作工艺、产品营销、历史文化、考古保护等情况。陈灿辉要求，要加大对月记窑和梅岭窑的保护力度，做好周边环境卫生整治，有序推进申遗各项工作；有关部门要做好政策扶持、服务保障等工作，帮助企业做大做强，将"海丝"陶瓷文化发扬光大。

康涛会见马来西亚福建社团联合会访问团

市长康涛会见到泉州参访的马来西亚福建社团联合会总会长、丹斯里拿督邱财加及访问团。马来西亚福建社团联合会（以下简称“福联会”）成立于1957年，由马来西亚各地福建社团联合组成，是该国规模最大的社团之一。此次到泉州，访问团还参观了鲤城、丰泽、晋江等地的相关经贸项目。康涛指出，长期以来，旅马乡亲以非凡的胆识、宽广的襟怀和善拼敢赢的精神，艰苦创业，开拓进取，为马来西亚的繁荣发展贡献良多。福联会自成立以来，致力于联结乡情乡谊，为促进泉马两地的经贸文化交流合作牵线搭桥，成绩有目共睹。康涛表示，泉州正按照“一带一路”建设的宏大愿景，加强与丝绸之路沿线各国、各地区的交流合作。马来西亚是海丝沿线重要国家。希望各位乡贤发挥桥梁纽带作用，助推泉马经贸文化交流更上一层楼；希望大家积极回归创业，共同为泉州的发展献计出力。邱财加表示，此次回乡参访，家乡的巨大变化让人欣喜，熟悉的乡土乡音乡情，温暖人心、如沐春风。希望借此机会增进泉州与马来西亚人民的友谊，增强彼此的密切联系，创造更多经济社会文化合作空间，互惠互利，共同发展。

全市审计工作会议召开

全市审计工作会议召开，总结2016年审计工作成效，研究部署2017年重点工作。会议指出，2017年，全市审计工作将更关注民生权益保障，聚焦群众关心的热点问题。开展城区道路临时停车收费审计调查，加强对涉农资金、教育医疗、扶贫救灾等民生资金的审计，严查涉及群众利益的重大违法违规问题；服务生态文明建设，组织开展自然资源资产离任审计试点，促进各相关部门建立与完善相关资源资产管理与生态保护基本制度，加快自然资源资产基础数据库建设，推动绿色发展、可持续发展。

泉州市“弘扬雷锋精神 传播道德力量”主题演讲比赛举行

由市委文明办、市文联主办的泉州市2017年度“弘扬雷锋精神 传播道德力量”主题演讲比赛在市行政中心举行。活动吸引全市各地各单位的不少干部职工、市民代表到现场观看。共有16名选手参与演讲比赛。演讲内容以本地市级以上道德模范、劳动模范、身边好人、最美人物、岗位学雷锋标兵等为主题，结合PPT展示，再现人物典型事迹，展现榜样力量。为确保比赛公平公正，活动主办方还邀请数名泉州地区知名的演讲和语言专家担任评委，评出一等奖1名、二等奖3名、三等奖5名、优秀奖若干。最终，丰泽区委文明办选送的参赛选手曲燕，凭借题为《母亲》的演讲夺冠。市委文明办有关负责人表示，此次演讲比赛推动了学雷锋和宣传道德模范常态化，促进社会主义核心价值观落细落小落实。希望借此活动在全社会掀起学习、关爱、崇尚、争当道德模范、身边好人、岗位学雷锋标兵等先进典型的热潮。

泉州市乡村、城市学校少年宫成果展演举行

由泉州市委文明办、市教育局、市财政局、晋江市文明委主办的2016年度泉州市乡村、城市学校少年宫成果展演暨“八不行为规范”进校园活动启动仪式在晋江市第一中学举行。市政协副主席李冀平等参加活动。活动以“小手拉大手 共创文明城 助力世中运”为主题，旨在深化“24字”社会主义核心价值观“三进”活动，展示乡村、城市学校少年宫活动成果，促进学生培养良好文明行为习惯，为文明城市创建工作聚集新能量。学生代表宣读“小手拉大手，共创文明城”倡议书，向中小学生倡议从我做起，积极参加体育运动，争当阳光自信的好少年；践行市民文明公约和“八不”行为规范，争当文明有礼的泉州人；积极参加小手拉大手活动，争当现代文明的传播者；牢固树立远大志向，争当责任担当的小公民。

3月15日

农历丁酉年二月十八

星期三

温度：11℃—15℃

阵雨

●康涛会见到泉州参访的马来西亚福建社团联合会总会长、丹斯里拿督邱财加及访问团。

●全市审计工作会议召开，总结2016年审计工作成效，研究部署2017年重点工作。

●由市委文明办、市文联主办的泉州市2017年度“弘扬雷锋精神 传播道德力量”主题演讲比赛在市行政中心举行。

●由泉州市委文明办、市教育局、市财政局、晋江市文明委主办的2016年度泉州市乡村、城市学校少年宫成果展演暨“八不行为规范”进校园活动启动仪式在晋江市第一中学举行。

●由泉州市染整清洁生产技术创新战略联盟主办的印染行业纺织品清洁生产检测指标知识和实操培训，在石狮市科技楼举行。

●洛江区“中小学生综合素质评价系统”项目启动。

3月16日

农历丁酉年二月十九
星期四
温度：11℃—16℃
阴

●兴泉铁路宁化至泉州段全线开工建设。

●郑新聪到兴泉铁路宁化至泉州段现场检查开工建设情况。

●市委召开常委会会议，传达贯彻2017年全国“两会”精神，并就省委、省政府要求作出安排。

●市计生协会六届二次理事会召开，审议市计生协会工作报告，调整增补部分理事、常务理事、副会长。

●共青团泉州市委十六届五次全体（扩大）会议召开，总结2016年全市共青团工作情况。

●“古泉州（刺桐）史迹”申遗培训会召开，就如何深度挖掘、讲好申遗故事，加快推进遗产点周边环境整治、文物本体保护修缮、展示、监测、标识系统等各项工作，筹备“古泉州（刺桐）史迹”申遗迎检工作提出具体要求。

●福建省电子商务师职业技能鉴定调研座谈会在泉州信息工程学院举行。

●作为省内公路最高桥、净高近百米的省道306线永春内格特大桥，试点安装一套桥梁健康监测系统，该系统的运用系全省首例。

兴泉铁路宁化至泉州段全线开工建设

兴泉铁路宁化至泉州段全线开工建设。兴泉铁路北起江西兴国，经宁都、石城进入福建境内，终至泉州；为国家I级单线电气化、客货兼顾的区域干线铁路，设计行车速度160千米/小时。兴泉铁路的建设对完善区域铁路网布局，形成连接福建与华中、赣、湘及西南、西北等内陆地区的大能力快速铁路通道，促进“21世纪海上丝绸之路”核心区建设、赣闽粤原中央苏区振兴发展和海峡两岸交流合作，都具有重要的意义和作用。兴泉铁路宁化至泉州段位于闽西南地区，西起宁化，经清流、明溪、三明、永安、大田，再经德化、永春、安溪后双线至南安丰州玉湖，客货运线路在此分叉，客运引入福厦铁路泉州动车站，货运绕过清源山经洛江在惠安县黄塘设黄塘枢纽站，并与漳泉肖铁路惠安站连接，同时建设漳泉肖铁路连接线。该项目初步设计批复概算近256亿元，建设工期为四年半。新建正线铁路298.87千米、货车线29.78千米、联络线10.86千米，改造改建既有铁路29.65千米。全程设33个车站，其中新建29个车站。兴泉铁路泉州境内有112千米，设车站15个，其中黄塘站为区段站，泉州站为客运站，德化、永春、安溪东、南安北、惠安南、肖厝等6个车站为中间站，坑头、水尾、玉湖、草源等4个车站为会让站，马跳、后寮、文雅等3个车站为预留会让站，除泉州、惠安南、肖厝为既有站外，其余均为新建车站。

郑新聪检查兴泉铁路泉州段开工建设情况

市委书记、市人大常委会主任郑新聪带队到兴泉铁路宁化至泉州段现场检查开工建设情况，市领导翁祖根、吕刚参加检查。郑新聪要求，要盯紧节点倒逼推进。科学调度安排，密切沟通配合，紧扣节点、倒排工期、责任到人，确保各个环节无缝对接；坚持一线工作法，及时有效协调解决工程建设中的困难和问题。要把质量、安全放在首位。项目建设单位要坚持“以我为主”、决不能搞层层转包，监理单位要派足现场人力、切实履职尽责，从源头把好规划设计关、科学施工关和竣工验收关，把工程质量、安全责任细化落实到每个环节、各个方面，确保质量与速度、安全与工期的双赢。要旗帜鲜明做好做细群众工作。保障群众切身利益，分清责任、分片包干突破安征迁，做到政策透明、阳光操作，确保工程和谐、高效推进。要当好项目建设金牌“月嫂”。地方政府和相关部门要与施工单位建立良好的联系机制，主动靠前服务，集中人力、物力、财力，全方位保障项目各种资源要素。

郑新聪检查兴泉铁路泉州段开工建设情况
（图/陈起拓）

市委常委会会议传达贯彻2017年全国“两会”精神

市委召开常委会会议，传达贯彻2017年全国“两会”精神，并就省委、省政府要求作出安排。会议要求，全市各级各部门要把学习贯彻全国“两会”精神作为一项重大政治任务，迅速掀起热潮。要采取多种方式深入学习领会，把握“两会”新要求、新部署，转化落实到2017年各项具体工作中；要分口研究，组织专班做好政策措施、项目支持、建议议案等的梳理跟踪对接工作，确保取得成效。要紧抓增长大盘，开展项目攻坚年活动，紧盯抓牢重大项目，按节点倒排工作、加快推进，组织好外资专场招商推介会，推动经济持续回升向好。要深化供给侧结构性改革，对接落实好中央振兴实体经济的系列举措，紧抓“中国制造2025”城市试点示范和福厦泉国家自主创新示范区建设，组织实施“数控一代”“百千五三一一”计划，以创新引领实体经济转型升级。

76

泉州市迎接国家卫生城市复审动员大会召开

泉州市迎接国家卫生城市复审动员大会召开，部署各项迎检工作。国家卫生城市是衡量城市宜居指数的重要指标。自2004年泉州市被授予“国家卫生城市”以来已先后两次通过复审，此次复审关系着泉州市能否继续保有这项荣誉。对此，会议强调，各级各部门要在市委统一领导下，把迎检作为当前工作的重中之重，不回避矛盾，不遮掩问题，持续加大整改力度，全力以赴打赢“创卫复审攻坚战”。

就做好迎检工作，会议指出，要抓“创卫”指标查缺补漏。各级各部门要加大排查力度整改到位，加快推进接地气造福群众的利民工程，多方位展现“海丝泉州”魅力。要抓重点专项整治。始终坚持问题导向，针对盲区死角的卫生问题、容易反复回潮的管理问题、硬件设施不达标问题等，狠抓薄弱环节，逐一进行突破。要抓一票否决事项。严防死守重大事故，确保“四害”防控到位，提升群众满意度。要抓长效机制。通过健全制度、落实责任、疏堵结合等方法，做到标本兼治，推进城市管理长效化、制度化。会议要求，各级各部门要明确责任，按照任务分解的要求承担职责，倒排工作计划，定人、定责、定标准、定进度、定时限，确保复审迎检各项工作落到实处；要服从创卫办指挥调度，杜绝推诿扯皮、敷衍塞责；要注重工作方法，加强沟通协调，加大宣传力度，发动群众力量，营造人人参与、人人监督的“创卫”氛围。

3月全市项目攻坚年调度会召开

3月全市项目攻坚年调度会召开，听取项目进度汇报，协调解决困难问题。康涛强调，各级各部门要按照市委部署，层层传导压力、压实责任，确保项目攻坚按序时推进。市发改委、重点办要及时掌握项目动态，全方位、多渠道收集汇总问题，统筹协调项目快速推进。效能、督查等部门要全程参与，加大督查和问责力度，对序时进度严重滞后、发现问题不上报、协调调度问题不落实的，严肃处理、绝不姑息。各级要将项目攻坚作为锤炼队伍、培养干部的“练兵场”，领导干部带头垂范，冲到一线抓项目、促发展，同时善用项目凝聚精气神，通过正向激励和反向约束，激发大家干事创业的激情和活力，推动项目攻坚年活动提速增效，交出一份满意的成绩单。

鲤城区举行骑行宣传志愿服务活动

鲤城区举行骑行宣传志愿服务活动，志愿者骑着共享单车游走古城老街，发放文明倡导书，呼吁市民有序停放单车，文明骑行，共同营造安全、文明的交通环境。图为活动现场。（图/张九强）

德化县大中专学生廉洁文化陶瓷作品大赛颁奖

由德化县纪委、县教育局、泉州工艺美院、德化职校主办的德化县大中专学生廉洁文化陶瓷作品大赛颁奖仪式在泉州工艺美术职业学院举行，评出金奖2人、银奖4人、铜奖10人、优秀奖20人。此次大赛的主题为“创清廉作品、扬清风正气”。自2016年9月开展以来，短短数月就征集到泉州工艺美术职业学院、德化职业技术学校两所学校的师生作品100多件。这些作品既有茶具、餐具等日用陶瓷，又有雕塑、瓷画、陈设器皿等艺术陶瓷，把廉洁文化融入陶瓷艺术创作中，主题明确、创意新颖。近年来，为丰富廉洁文化载体，推进党风廉政建设，营造山清水秀的政治生态，德化县依托“世界陶瓷之都”地方特色文化，在宣传教育的内容、载体、形式等方面进行探索和创新，通过推“产品”、求“精品”，传播廉洁文化，弘扬清风正气良好氛围。

3月17日

农历丁酉年二月二十
星期五
温度：11℃—16℃
阴

●泉州市迎接国家卫生城市复审动员大会召开，部署各项迎检工作。

●3月全市项目攻坚年调度会召开，听取项目进度汇报，协调解决困难问题，力促项目攻坚突破提速增效。

●鲤城区委文明办举行骑行宣传志愿服务活动，志愿者骑着共享单车游走古城老街，发放文明倡导书，呼吁市民有序停放单车，文明骑行，共同营造安全、文明的交通环境。

●德化县大中专学生廉洁文化陶瓷作品大赛颁奖仪式在泉州工艺美术职业学院举行。

3月18日

农历丁酉年二月廿一
星期六
温度：14℃—21℃
阵雨

●《人民日报》头版头条刊发报道《晋江之路——“晋江经验”15年发展传承综述》。

●18—25日，由中国美术家协会、华侨大学、市委宣传部主办的第四届架上连环画展览在泉州海外交通史博物馆举行。

●18—19日，第32届福建省青少年科技创新大赛在漳州举行，泉州代表队学生科技创新项目金牌总数和奖牌总数继续保持全省第一。

●“南益杯”2017国际网球公开赛·泉州站比赛在市区宝珊花园网球中心举行。

●18—31日，陈立德漆画展在晋江市文化中心举行。

●油画家李家顺画展在晋江五店市泰华辰艺术馆举行。

●18—19日，由鲤城区文体旅游新闻出版局主办，海滨街道办事处和鲤城区太极拳协会承办的“运动让生活更美好”鲤城区太极拳比赛在泉州市金山老干部活动中心举行，29支队伍239人参赛。

●由泉港区传统文化交流协会主办的“华夏有衣，襟带天地”汉服分享采风活动举行。

《人民日报》头版头条报道“晋江经验”15年发展传承

《人民日报》头版头条刊发报道《晋江之路——“晋江经验”15年发展传承综述》。节选如下：

“晋江经验”最为鲜明的特色，就是紧紧咬住实体经济发展不放松。

在“晋江经验”指引下，15年来，历届晋江市委和市政府牢牢守好实体经济这个“传家宝”。每到发展的关键时期，晋江都及时制定相关政策，保障鼓励企业坚守实业。2005年出台首部专项针对传统企业转型发展的政策——鼓励品牌立市。据统计，2010年以来，晋江累计兑现经济发展扶持资金58亿元。在政策鼓舞下，晋江的民营企业紧盯实业不松劲，投身实业链条各个环节，做专做精，全市传统产业配套率远高于其他地区，既提高了整体产业生产率，又降低了行业运营成本。

2012年以来，晋江市委积极探索，致力各类科技公共服务平台建设。全市先后建成创意创业创新园、高校科教园等5大创新载体。引进7家国字号科研机构、4个院士工作站，49个省级以上技术中心、重点实验室；中皮院、中纺院、中食院、哈工大等晋江分支机构先后与晋江制造企业合作实施超百个产学研合作项目。借力“中国制造2025示范市”政策，以纺织服装、制鞋、食品、建陶、纸制品为代表的晋江优势产业技术装备，已全面赶超国际同业水平。到2016年底，全市已拥有先进数控设备及自动化生产线超2.4万台（套），规模以上企业数控化率提升至近40%。全市累计有59家企业参与了97项国家标准制修订，77家企业参与了125项行业标准的制修订。

到2016年，晋江已建成纺织服装、制鞋2个千亿和建材陶瓷、食品饮料、纸制品、装备制造、化纤等5个百亿产业集群；亿元以上企业超过700家。晋江拥有驰名商标42个、境内外上市企业数量达46家。全市GDP总量中，来自实体经济贡献占比达60%以上，由实体经济创造出的产值、税收和就业岗位占比都在95%以上。

“晋江经验”的核心内涵就是全面发展。为此，晋江积极承担起23项国家级改革试点任务，不断大胆突破、主动作为，推出一批率先于全省和全国的改革实践。

改革创新成为发展的核心动力。晋江以“金改实验区”为依托，放大红利，创立“产业创投引导基金”，下设“智能装备”“互联网+”“创新创业”3只子基金，引导投向当地的集成电路、石墨烯等新兴产业。随着新兴产业的崛起，投资密集型、智力密集型产业已占到晋江市实体产业的近20%。

致力于打造品质城市。晋江在全国率先开展新型城镇化建设，并成为全国试点。产城融合、以城带乡、以产兴城，2012年以来，晋江累计实施省、市城镇化项目500多个，完成投资近800亿元；全市统筹，城乡一体，2016年，晋江市农村和城镇居民人均可支配收入比为1：2.14，福建为1：2.40，城乡差距日益缩小。

建设生态晋江成为自觉追求。623家石材加工企业集体退出，66家皮革加工厂整合成4家规模化皮革企业，建陶企业全部使用天然气替代；实施全流域治理，33条河流一河一长，建立污染源销号机制；探索环保部门与公检法部门联席会机制，成立法院生态法庭、检察院生态资源监察科、公安局生态资源治安中队实行专案专办。2016年，晋江年平均空气质量优良率达97.26%；33条河流中的22条消除了黑臭，4条达到Ⅴ类标准。

面向全球实现开放发展。15年来，晋江始终以开放的胸怀力推企业走向国际化。2016年，恒安集团布局海外营销中心，设立洲际生产基地；贵人鸟股份有限公司斥资2000万欧元，投资西班牙足球经纪公司BOY；安踏集团开展品牌并购战略，入股日本“迪桑特”公司。据统计，晋江已有上百家制造企业直接在海外设厂，参与全球化分工。

晋江的城市建设日新月异，图为晋阳湖周边景观
（图/陈起拓）

新华社海外社交媒体“一带一路”直播首站选择泉州

新华社海外社交媒体平台记者到丰泽区蟳埔社区进行“一带一路”系列直播。新华社对外部海媒室编辑记者缪晓娟介绍，此次直播选取福建、广东、陕西、海南等多个省、市，主要面向脸书（Facebook）、推特（Twitter）等海外社交媒体上的用户，让海外观众能够真正了解“一带一路”。直播活动中，新华社外籍专家、来自埃及的穆小龙戴上蟳埔女独特的“簪花围”，用英语、阿拉伯语向海外观众介绍泉州的多元文化。直播获得超过50万的点击量，直播过程中也吸引大量国外网友参与互动。在泉州期间，新华社记者还到少林寺、石湖港、海上交通史博物馆等地采访。

直播现场　（图/张九强）

中国工程院课题组到石狮市调研低碳能源发展

由中国工程院原副院长杜祥琬院士带领的“中国农村能源革命与分布式低碳能源发展”课题组，到石狮市考察调研。课题组到鸿峰环保生物工程有限公司、圣德环保科技有限公司、福建广汇龙环保科技股份有限公司等地考察调研，并走访了解石狮农村居民能源结构情况。对于石狮市在生活垃圾减量化处理资源化利用、建筑垃圾资源再生利用、垃圾焚烧飞灰处置技术及污水处理科研攻关等方面的努力与探索，课题组给予肯定。同时，杜祥琬还与企业分析相关技术难题，指导企业加强技术对接、破解技术瓶颈，实现资源的合理利用与可持续发展，创造出更多的经济效益与社会效益，深化生态文明建设，推动城市绿色转型，为本地区乃至全国起到示范带动作用。

晋江市参与主办“中国·福建周”系列活动

为推动福建省与东南亚国家在经贸、旅游、人文等各领域的交流合作，由省政府外事办公室、晋江市政府、南平市政府主办的“中国·福建周”系列活动开幕式暨经贸和旅游企业推介与对接会在缅甸仰光举行。福建省建筑、船舶、旅游、航空、电缆、新能源供电、机械、鞋服、箱包、LED、茶叶等行业的企业家40多人参加推介和对接。晋江市十多家企业组成代表团参加开幕式，开展商务对接洽谈活动。此次“中国·福建周”开展多项活动，除经贸和旅游企业推介与对接会外，还开展“万里茶道·图片展”和茶艺表演，包括展示闽北茶文化历史底蕴的图片20余幅，并举办现场茶艺表演、品茗等活动；开展朱子文化书画展，书法以朱子文化为主题，国画以绿色南平、闽北古民居为主题，其间，书法和国画大师还进行现场书画创作。22日和24日，“中国·福建周”系列活动分别在菲律宾马尼拉和宿务举行，菲侨众多的晋江成为这两场活动的主办。

相关链接：“中国·福建周”是推动福建省全方位对外交流合作的重要平台和品牌，自2014年8月首次举办以来，已在印尼、斯里兰卡、泰国、柬埔寨、马来西亚、老挝、日本、韩国、比利时、荷兰、美国11个国家举办经贸旅游推介、教育说明会、书画展、集邮暨档案图片展和文艺演出等60多场主要活动。

泉州市获省青少年科技创新大赛金牌总数和获奖总数“双第一”

18—19日，第32届福建省青少年科技创新大赛在漳州举行，泉州代表队学生科技创新项目金牌总数和奖牌总数继续保持全省第一，系泉州市继2014年和2016年之后，第三次获得金牌总数和获奖总数全省“双第一”。全市共有52个学生科技项目参赛，获金牌14项、银牌14项、铜牌18项。其中泉州市培元中学、泉州师院附属小学、泉州七中、晋江一中、晋江市季延中学、永春一中各有1个学生科技项目获卢嘉锡专项奖。

3月19日

农历丁酉年二月廿二
星期日
温度：13℃—17℃
阵雨

●新华社海外社交媒体平台记者到丰泽区蟳埔社区进行“一带一路”系列直播。

●由中国工程院原副院长杜祥琬院士带领的“中国农村能源革命与分布式低碳能源发展”课题组，到石狮市考察调研。

●由福建省政府外事办公室、晋江市政府、南平市政府主办的“中国·福建周”系列活动开幕式暨经贸和旅游企业推介与对接会在缅甸仰光举行。

●由晋江市绿化委、农业局、文明办、教育局、团市委等共同发起主办的“书香换花香 手有余香”公益活动在该市宝龙广场举行。

3月20日

农历丁酉年二月廿三
星期一
温度：15℃—23℃
阴

●高翔到泉州调研优秀传统文化传承发展工作。

●市委召开常委会会议，传达贯彻省委常委会（扩大）会议精神。

●市委召开常委会（扩大）会议，学习《人民日报》18日关于《晋江之路——“晋江经验”15年发展传承综述》文章，就传承和弘扬“晋江经验”，抓好全市改革、发展、稳定各项工作作出安排。

●市委中心组（扩大）学习会召开，学习中共中央办公厅、国务院办公厅印发的《领导干部报告个人有关事项规定》和《领导干部个人有关事项报告查核结果处理办法》，安排部署2017年领导干部报告个人有关事项工作。

●2017年第一季度“促进项目落地、帮扶企业发展”活动启动。

●市创卫办发出《致市民朋友们的一封信》，呼吁市民热情参与，共建“国家卫生城市”。

●晋江市社会组织孵化园揭牌成立，标志泉州规模最大的社会组织孵化基地正式启用。

高翔到泉州调研优秀传统文化传承发展工作

省委常委、宣传部部长高翔到泉州调研优秀传统文化传承发展工作，高翔到泉州海外交通史博物馆、伊斯兰教圣墓、清源山老君岩、清净寺、府文庙等，了解泉州丰富文化遗存和传承发展优秀传统文化的情况。高翔强调，要贯彻中央和省委的部署要求，把握社会主义先进文化的前进方向，秉持客观、科学、礼敬的态度，加大优秀传统文化的科学保护、系统梳理、鉴别阐释力度，使优秀传统文化与当代文化相适应，与现代社会相协调，要坚持古为今用，创新表达方式，开展宣传教育，推动优秀传统文化融入国民教育、道德建设、文化创造和生产生活。

高翔在泉州调研　（图/陈起拓）

市委常委会会议传达贯彻省委常委会（扩大）会议精神

市委召开常委会会议，传达贯彻省委常委会（扩大）会议精神。会议要求，各级各部门要做前做早省委、省政府工作检查各项准备工作，精心筛选项目、安排线路。要组织开展“活动周”，一方面宣传贯彻全国两会精神，督促各地落实稳增长各项工作；另一方面分类帮扶，推动企业持续向好分化，引导企业坚守实业。要采取有力有效措施，推动房地产健康平稳发展，做好综治维稳、安全生产等工作。要加强和改进人大、政协工作。要发挥各级人大国家权力机关职能作用，贯彻落实中央《关于健全人大讨论决定重大事项制度、各级政府重大决策出台前向本级人大报告的实施意见》和省里即将制定、修改的相关文件。各级政协组织要履行政治协商、民主监督、参政议政等职能，主动融入中心工作，深度调研、集中议政、有效监督。

市委常委会（扩大）会议研究传承和弘扬“晋江经验”的具体措施

市委召开常委会（扩大）会议，学习《人民日报》18日关于《晋江之路——“晋江经验”15年发展传承综述》文章，就传承和弘扬“晋江经验”，抓好全市改革、发展、稳定各项工作作出安排。会议强调，要坚持制造业立市不动摇，倡导“专注专精实业”“工匠精神”的创业文化。要激发产学研用结合的体制机制本身的创新，抓好国家自主创新示范区、“中国制造2025”城市试点示范等工作，更好掌控技术研发、核心制造、产业装备等关键环节。要深化供给侧结构性改革，提升存量，以市场化、法治化方式推进“三去一降一补”；调优增量，加快集成电路、中国芯谷、精细化工、智能装备等龙头项目和园区落地建设，促进新兴产业、高新技术产业尽快形成规模。

晋江市成立泉州市首个社会组织孵化园

晋江市社会组织孵化园在该市梅岭街道桂山社区揭牌成立，标志泉州市规模最大的社会组织孵化基地正式启用。晋江市社会组织孵化园首批12家社会工作服务机构及3家社会组织签约入驻。孵化园面积3000多平方米，引进深圳市鹏星社会工作服务社落地晋江的机构运营管理，为晋江的社会组织提供孵化培育、能力提升、合作交流、创新发展、风采展示等服务。

相关链接：晋江市有民办社工服务机构15家，持有社会工作职业水平证书者768人，约占泉州市一半，专职从业人员近两百人。社会工作服务已覆盖晋江市19个镇街、200多个城乡社区，服务内容涵盖社区建设、社会福利、社会救助、婚姻家庭、残障康复、教育辅导、犯罪预防、群众文化等多个领域，亮点、特点项目频现。其中，在晋江梅岭街道梅庭社区开展的“常青藤计划”广受好评。

郑新聪到晋江市开展“促进项目落地、帮扶企业发展”活动周调研

市委书记、市人大常委会主任郑新聪带队到晋江市，结合宣传贯彻全国两会精神，开展第一季度“促进项目落地、帮扶企业发展”活动周调研，参加项目集中开竣工活动，并召开座谈会，协调解决企业困难问题。郑新聪要求，全市要快马加鞭，全域动员加快“突围攻坚”，造浓攻坚氛围，实实在在赛进度、比气势；突破节点难点，逐项破解项目遇到的困难问题；发力产业链招商，推动新兴产业、高新技术产业尽快形成规模。要持续用力，加快实体经济创新转型，在引进大院大所、高端人才上下功夫，在激发产学研用结合体制机制本身的创新上下功夫，抓好福厦泉国家自主创新示范区、“中国制造2025”城市试点示范、争创国家智能制造示范区域等工作。要解放思想，用好上级赋予的各类先行先试政策机遇，坚持问题导向，提升试点实效，激发改革创新核心动力。要一线考察，把干部压到项目建设、帮扶企业一线，全面激发干事创业士气。

郑新聪在晋江市调研　　（图/陈起拓）

市政府廉政工作视频会议召开

继国务院、省政府廉政工作视频会议后，泉州市随即召开市政府廉政工作视频会议，部署2017年度政府系统廉政建设和反腐败工作。会议强调，要深化“放管服”改革，加快转变政府职能。深化自由裁量改革，推动重点项目审批提速，加强审批中介服务管理，推动落实权责清单管理实施、商事制度改革、国有资产监管等工作。要强化效能督查，严格问责问效。围绕项目攻坚年活动等中心工作，开展专项督查，坚持正向激励，强化反向约束。要加强作风建设，持之以恒纠正“四风”。严查快处顶风违纪行为，防止反弹回潮。要突出基层反腐，维护群众切身利益。加快推动党风廉政建设和反腐败工作向基层不断延伸，开展扶贫领域专项整治，督促职能部门全面履行监管职责。

泉州法院全国首创网格化统一送达平台

全市法院“统一送达全域通平台”升级为“网格化统一送达平台”，借助全市综治网格化服务平台的村（社区）网格员资源，开展法院法律文书送达工作。此举在全国属首创。在一些案件中，“送达难”与“执行难”是长期困扰法院工作的大难题。“网格化+司法送达”新模式，指的是引入泉州市已成熟的综治网格化服务管理机制，借助遍布城乡、村居、社区的网格资源参与司法送达工作的做法。村（社区）网格员具有熟悉辖区社情民意的优势，对突破“查房找人”的司法文书送达瓶颈具有不可替代的作用。有了他们的协助，不仅有助于提高司法效率，还有助于打击规避送达、妨碍诉讼、逃避法律义务等不诚信行为。全市有2000多个村（社区），以每个村（社区）平均1到3名的“司法送达网格员”规模计算，将有数千人加入法院法律文书送达队伍。

全市建筑行业职工技能竞赛活动启动

由市总工会、泉州晚报社等主办的“聚焦‘五个泉州’·建功项目攻坚”主题劳动竞赛暨全市建筑行业职工技能竞赛活动启动。图为活动现场。　　（图/李芸生）

3月21日

农历丁酉年二月廿四
星期二
温度：13℃—19℃
阴

●郑新聪带队到晋江市，结合宣传贯彻全国两会精神，开展第一季度“促进项目落地、帮扶企业发展”活动周调研。

●继国务院、省政府廉政工作视频会议后，泉州市随即召开市政府廉政工作视频会议，部署2017年度政府系统廉政建设和反腐败工作。

●全省2017年中央一号文件宣讲电视电话会议结束后，泉州市随即召开会议，部署相关工作。

●全市法院“统一送达全域通平台”升级为“网格化统一送达平台”，借助全市综治网格化服务平台的村（社区）网格员资源，开展法院法律文书送达工作。此举在全国属首创。

●21—26日，泉州市以“社工让社区更美好”为主题，开展2017年社会工作宣传周活动。

●由市总工会、泉州晚报社等主办的“聚焦‘五个泉州’·建功项目攻坚”主题劳动竞赛暨全市建筑行业职工技能竞赛活动启动。

●鲤城区第一季度项目开工仪式举行。泉州美食城、江南学园（泉州七中江南校区）、泉州聚宝城南文化街区三个项目开工，总投资33.3亿元。

●晋江市经济、民生项目开竣工仪式举行。

3月22日

农历丁酉年二月廿五
星期三
温度：13℃—16℃
小雨

●陈荣凯带领调研组到泉州开展“加快我省特色小镇建设”课题调研活动。

●市四套班子、泉州军分区领导与泉州台商区党工委、管委会负责人及市直、区直机关干部、台商区秀江中学师生近300人，在秀江中学开展义务植树活动。

●陈万里、陈铁晗分别到丰泽区和德化县开展第一季度“促进项目落地、帮扶企业发展”活动周调研。

●全市机关党的工作会议召开，传达省有关会议及省委、市委主要领导讲话精神，回顾总结2016年机关党的工作，研究部署2017年工作任务。

●22—28日，由市委文明办、市河长制办公室、市司法局、市水利局等主办的“落实绿色发展理念，全面推行河长制”系列宣传活动举行。

●泉州市食品药品监督管理局与厦门市市场监督管理局签订《食品药品稽查区域合作协议》。

●22—27日，美国高德中学师生交流团到泉州访问交流。

●晋江市海上综合执法合作签约仪式在福建海警第二支队举行，标志着泉州首家海上综合执法合署办事处成立，实现执法、监管、服务的无缝衔接。

●德化县第一季度7个重点项目开竣工。

市四套班子领导参加义务植树活动

市四套班子、泉州军分区领导与泉州台商区党工委、管委会负责人及市直、区直机关干部、台商区秀江中学师生近300人，在秀江中学开展义务植树活动，共植榕树、樟树、火焰木、白玉兰、罗汉松、含笑、中东海枣等10多种绿化树种300余棵。市领导郑新聪、康涛、陈万里、陈灿辉、陈奕辉、林俊其、孔繁军、林万明、林锦明等和泉州军分区领导参加植树活动。2017年，泉州市按照省绿委要求，以“森林进城、森林环城、森林惠民”为主题，围绕争创国家森林城市，建设美丽泉州、幸福泉州，全面组织开展“义务植树月”活动。市直相关部门开展珍贵树种进校园活动，选择银杏、降香黄檀、红豆杉、红豆树、鄂西红豆树、贝壳杉、闽楠等16种珍贵乡土树种，在全市范围内的学校加以推广种植。

活动现场　（图/徐国伟）

市领导到丰泽德化开展“促进项目落地、帮扶企业发展”活动周调研

市人大常委会党组书记陈万里到丰泽区企业、项目一线调研。陈万里指出，要结合项目攻坚年的要求，精心策划、精准施策、精细服务，在项目落地、招商、开竣工方面取得实效。要抓创新发展，选准站位来突破；要抓项目攻坚，加大征迁安置力度、招商引资力度、引才力度；要抓企业帮扶，想方设法为企业破除发展“瓶颈”；要抓民生保障，为群众解决教育、卫生等方面的难题。

市委常委、宣传部部长陈铁晗带队到德化县调研。陈铁晗指出，做好项目帮扶要分析一些经济数据，及时发现问题，把问题解决在萌芽状态，更好地促进经济稳中向好发展。要打破思维定式开展扶贫工作，多寻找脱贫致富的途径，找准切入点，发展自己的特色经济，做好旅游开发，发展特色农业，利用好帮扶资金，形成良好的造血功能，尽快走上脱贫致富道路。

全市机关党的工作会议召开

全市机关党的工作会议召开，传达省有关会议及省委、市委主要领导讲话精神。会议强调，全市机关各级党组织要深化党建项目化管理，开展“机关党旗红，‘五个泉州’在行动”主题实践活动，引领党员发挥作用，推进机关党建重点项目落实。要加强党务干部队伍建设，提升履职能力和工作水平，推进新形势下机关党的建设再上新台阶。

“落实绿色发展理念，全面推行河长制”系列宣传活动举行

22—28日，由市委文明办、市河长制办公室、市司法局、市水利局等主办的“落实绿色发展理念，全面推行河长制”系列宣传活动举行。活动旨在呼吁全社会共同关注、支持和参与河湖保护管理工作，营造“关爱河湖、珍惜河湖、保护河湖”的氛围。22日，宣传活动启动仪式在市区西湖公园举行。活动现场设置水生态文明建设宣传展板和咨询处，由工作人员向市民介绍和解答河长制、水资源保护等有关问题，并发放宣传材料。启动仪式结束后，志愿者开展环西湖“健康跑”活动，摄影爱好者则进行西湖水生态摄影，倡导市民珍惜水资源，爱护水环境。

活动现场　（图/黄万成）

泉州市在深圳举行2017年外资专场招商推介会

泉州市在深圳举行2017年外资专场招商推介会，15个国家和地区的600多名客商及企业家代表与会，33个项目现场签约，6个境外商协会、投资促进机构与泉州市签订合作招商备忘录。市领导郑新聪、康涛、陈荣洲参加推介会并与部分客商代表座谈交流；市发改委围绕泉州“十三五”发展规划、国家级自主创新示范区、“泉州制造2025”及泉州市近期出台的一系列投资促进政策作重点推介；13个县（市、区）围绕各自特色产业及发展导向作主题推介。现场签约33个项目，投资总额32.31亿美元，拟利用外资16.64亿美元，涉及智能制造、精密五金、机械装备、精细化工等先进制造业，以及电子商务、商贸物流、健康医疗、生物医药、文化旅游等现代服务业，具有投资金额大、覆盖领域广、带动作用强的特点。落地投产后，将对泉州的经济发展、产业转型、城市建设和民生改善起到推动作用。参与签订合作招商备忘录的世界贸易中心协会、香港贸易发展局、德中经济文化促进协会、美国加州蒙特利公园市商会、越南中国商会福建企业联合会、阿联酋中国福建总商会6个商协会、投资促进机构，也成为泉州首批委托招商合作伙伴，未来将为泉州引进更多市场前景好、发展效益高的产业项目。

招商推介会现场　（图/杨玛峻）

市领导到各地开展“促进项目落地、帮扶企业发展”活动周调研

市委副书记陈奕辉到石狮市调研。在石狮市科达电器有限公司，陈奕辉希望企业在发展过程中坚持自主研发，注重知识产权申请，打造企业核心竞争力。在永宁古卫城，陈奕辉指出，要坚持“抢救、保护、发展”理念，文物发掘、文籍整理速度要快，及时进行抢救性保护；古城整体规划要高起点、有历史观，认真考究、精心策划。

市委常委、组织部部长孔繁军到惠安县调研。在福建起步儿童用品有限公司，孔繁军叮嘱企业负责人要为员工提供充足的物资、精神保障，及时协调解决各类困难。孔繁军还察看美可纸业有限公司、家世比家具有限公司、福建航通游艇项目等，鼓励企业坚定发展信心，加大技术创新、产品创新力度，提升市场综合竞争水平。

市委常委、统战部部长林万明到洛江区调研。林万明参加洛江供水调度中心、泉州国际商务城等项目的开竣工活动。林万明指出，要结合项目攻坚年的要求，主动作为、攻坚克难，靠前服务、狠抓落实，快马加鞭抓项目。要坚持问题导向，找准制约项目和企业发展的难题，分类施策、精准帮扶。

市委常委温惠榕带队到安溪县调研。温惠榕参加福建宝丽金箱包有限公司、吉福厨具生产项目、龙亿古建木雕工艺品厂等项目的开竣工活动。温惠榕要求安溪按照项目攻坚年的要求，针对项目的不同阶段，推出系列服务举措，做到项目化管理、工程化推进。

市委常委、泉州军分区司令员林俊其，副市长吕刚带队到泉港区调研。市领导走访部分项目，了解企业所想所需和项目建设进展，协助解决实际问题。市领导还对福海粮油、万家鑫轻工、钟山化工等公司提出的相关问题予以回应，为企业发展助力鼓劲。

副市长洪自强带队到永春县调研。洪自强对永春推进项目攻坚的做法和成效予以肯定，勉励要继续鼓足干劲，督促项目责任单位、施工单位配足设备和人员，尽量把进度往前赶，争取有更多的项目开竣工，推进民生项目建设，提升群众的幸福指数。

3月23日

农历丁酉年二月廿六
星期四
温度：13℃—21℃
多云

●泉州市在深圳举行2017年外资专场招商推介会，15个国家和地区的600多名客商及企业家代表与会，33个项目现场签约，6个境外商协会、投资促进机构与泉州市签订合作招商备忘录。

●十二届市政协第一次主席会议召开，学习讨论《中共中央办公厅关于加强和改进人民政协民主监督工作的意见》，协商2017年度民主监督议题等。

●陈奕辉、孔繁军、林万明、林俊其、吕刚、洪自强到全市各地开展“促进项目落地、帮扶企业发展”活动周调研。

●全市旅游工作会议召开，总结2016年工作，部署下阶段工作任务。

●全市国有资产监督管理和全面从严治党工作会召开。

●第十届全省残疾人艺术会演泉州选拔赛在泉州南音艺苑举行，系泉州市首次举办市级残疾人文艺比赛。

●洛江区第一季度重点项目开竣工仪式举行。

●石狮市加曾寨片区安置房项目竣工仪式和宝盖山生态保护整治项目开工仪式举行。

●惠安县第一季度15个重点项目集中开竣工仪式举行。

●由惠安县妇联、文体新局、教育局、邮政公司主办的“读书月”活动启动。

●安溪县第一季度重点项目集中开竣工仪式举行。

3月24日

农历丁酉年二月廿七
星期五
温度：13℃—21℃
多云

●市全面深化改革领导小组会议召开，研究《泉州市关于有序推进生态环境损害赔偿制度实施意见的工作方案》。

●住建系统迎接国家卫生城市复审工作动员部署会召开。

●全市防震减灾工作会议召开，总结2016年泉州市防震减灾工作，研究部署2017年工作任务。

●在全国会议结束后，泉州市随即召开全市危险化学品安全综合治理电视电话专题会议，部署今后工作。

●全市网格化服务管理工作培训班在德化县开班。

●泉州市在石狮、晋江举办农产品电子商务对接活动。

●即日起至创卫复审结束，市创卫办在迎检区域范围内启动“有奖举报”。

●纪录片《天梯：蔡国强的艺术》在第五届香港巴塞尔艺术展特别放映。

●泉港区第一季度3个项目集中开竣工仪式举行。

市全面深化改革领导小组会议召开

市全面深化改革领导小组会议召开，研究《泉州市关于有序推进生态环境损害赔偿制度实施意见的工作方案》。会议要求，要以环境损害鉴定评估、赔偿磋商、司法衔接、赔偿金管理和生态修复等为重点，加强关键制度机制设计，细化工作程序规则。要与各项试点方案联动推进，综合运用司法、行政、经济和技术等手段，构建起源头预防、过程控制、损害赔偿、责任追究的生态环保责任链条。要曝光一批反面典型案例，加大宣传教育，形成震慑效应。各级各部门要分工协作推进试点各项工作，市直责任部门要按照方案的职责分工，相互配合，完善各领域政策配套。晋江、惠安、永春作为市级试点，要抓紧研究制定实施方案、细化配套措施，争取尽快出成果、出经验。

全市危险化学品安全综合治理电视电话专题会议召开

在全国会议结束后，泉州市随即召开全市危险化学品安全综合治理电视电话专题会议，部署今后工作。会议强调，各级各有关部门要组织开展危险化学品安全综合治理，认真排查隐患，全面加强管理，落实防范措施，防范和遏制各类危险化学品生产安全事故发生。要组织开展排查摸底工作，掌握本地区、本行业涉及危险化学品的企事业单位数量，摸清本地区、本行业危险化学品安全风险，规范建立档案台账；要抓好危险化学品分生产、经营、使用、运输、储存、废弃处置六个环节的安全管控。要建立工作落实督查机制，加强跟踪督查，推动危险化学品安全综合治理工作有序开展。

全市网格化服务管理工作培训班在德化县开班

全市网格化服务管理工作培训班在德化县开班。各县（市、区）党委政法委书记、综治办主任，泉州开发区、泉州台商投资区分管领导、综治办主任，市直有关单位负责人参加培训，并参观学习德化管理经验。网格化服务管理工作和网格化信息平台应用是“智能化建设推进年”活动的重要组成部分。通过系统学习，将成果转化运用到各地实际，将促使管理工作发展更均衡，提升壮大网格员队伍服务管理水平，规范网格化信息平台应用。

培训班现场　（图/李宏图）

泉州市举行农产品电商对接活动

泉州市在石狮、晋江举办农产品电子商务对接活动，14家泉州农产品电商平台和70家石狮、晋江农产品企业参加。65家企业同电商平台达成合作意向，涉及农产品及加工品2000多种。2016年以来，泉州市把发展农产品电子商务作为实施农业供给侧结构性改革，推进特色农业产业的抓手和精准扶贫的重要举措，组织培训农村电商带头人100名。推出扶持农产品电商项目的政策措施，出台《关于做好农产品冷链物流和农村及农产品电子商务建设项目申报工作的通知》，加大农产品电子商务扶持力度，对获得市级农村电子商务示范镇、村称号的予以奖励。对在线销售本地农产品的专业大户、农民专业合作社、家庭农场，或专门为农产品特别是为泉州市农产品“三品一标”代运营的电商综合服务企业给予奖励。市农业局相关负责人介绍，全市已创建4个农产品质量安全县，创建10个省级以上园艺作物标准、16个省级以上畜禽养殖标准化示范场、36个种植业示范区、109个畜牧业示范场、2个食用菌标准化示范区。14家农产品电商平台在会上的推介和分享，为大家提供宝贵的经验和商机，可以助力泉州农产品对外推广。

康涛到南安市开展“促进项目落地、帮扶企业发展”活动周调研

市长康涛到南安市项目建设现场和企业一线，帮助解决困难问题。康涛到省道215线丰州至洪濑段改造工程和茂盛路扶茂段工程的施工现场，了解项目计划，察看项目进展。在西河卫浴，康涛要求当地政府根据企业排放需求，及早考虑管网建设；要指导帮助企业，参考国际先进做法，做好消防验收工作；协调师资配备，帮助企业完善教育配套。在眉山乡观山村，康涛要求当地政府采用多种形式盘活古厝资源，科学引导发展农家乐、民宿等业态，并留出一定的民俗展示、文化体验等公共空间；要制定村规民约，避免私搭乱建，保留古村落完整风貌。康涛在蓬华镇召开扶贫座谈会。康涛要求，要不打折扣抓扶贫，确保每个贫困户真脱贫；要因地因户精准施策，注重产业扶贫，尽量让贫困户自食其力；要调动各方力量，发挥商会、企业等优势，让更多社会力量助力脱贫攻坚。

泉州市推进分级诊疗工作

泉州市印发《泉州市推进分级诊疗工作实施方案》，明确从2017年开始，在各县（市、区）全面启动分级诊疗工作。其中，石狮市、安溪县作为省级分级诊疗试点地区，基本形成辖区内医疗卫生机构分工协作机制，力争县（市）域内就诊率达90%左右。到2020年，全市基层首诊、双向转诊、急慢分治、上线联动的分级诊疗模式成熟定型，县域内就诊率达90%以上，基层医疗机构就诊量占总诊疗量达65%。

相关链接： 根据方案明确的各级各类医疗机构功能定位，市区三级医院主要提供急危重症和疑难杂症的诊疗服务，接受县级医院转诊等；县级医院（含城市二级医院）则提供区域内常见病、多发病诊疗服务，以及急危重症抢救和疑难杂症向上转诊服务；基层医疗卫生机构则主要承担居民的基本医疗、基本公共卫生计生服务等。方案提出，从2017年开始逐步建立基层首诊制，鼓励常见病、多发病患者就近到基层医疗卫生机构诊疗。

第四届架上连环画展览在泉州举行

18—25日，由中国美术家协会、华侨大学、市委宣传部主办的第四届架上连环画展览在泉州海外交通史博物馆举行。展览主题是“纪念红军长征胜利80周年暨中国共产党成立95周年”，旨在以连环画特有的表现手法和审美特点，缅怀革命先烈的革命历史和革命精神，传承中华民族团结奋斗、勇往直前的民族精神。展览经过中国美协抽选的专家评审委员会的初评和复评，最终从全国征集的近千件（套）参选作品中遴选出97件（套）入选作品，其中47件（套）为入会资格作品（优秀作品）。展览自2016年11月在鲁迅美术学院大连校区开幕以来，已在大连（鲁迅美术学院大连校区）、沈阳（鲁迅美术学院沈阳校区）、北京（中国文联大厦）三个展区进行巡展，备受全国各界关注。泉州是此次巡展的第四站。

活动现场　（图/华侨大学）

法国著名关节医生到泉州交流学术

法国Santy/Mermoz骨科中心著名关节外科医生Selmi到泉州福医大附二院进行髋关节手术演示。Selmi是法国骨科与创伤协会（SO.F.C.O.T）、法国髋膝关节协会（S.F.H.G）、法国关节镜协会（S.F.A）委员，也是Corail股骨柄设计团队ARTRO Group学院主席，从事骨科及关节外科20余年，擅长髋膝关节手术以及相关研究。Selmi精通Corail股骨柄设计理念，并致力于全球范围的医生关节手术专业教育培训，此次到泉州不仅进行关节置换手术演示，还进行关节置换方面的专题演讲。该活动的举办，加强了各医院骨科之间的学术交流与合作，也推动了泉州地区关节外科事业的发展。

3月25日

农历丁酉年二月廿八
星期六
温度：13℃—15℃
小雨

●康涛到南安市开展“促进项目落地、帮扶企业发展”活动周调研。

●泉州市推进分级诊疗工作。

●低碳骑行活动在市区领SHOW天地乐天广场举行。

●法国Santy/Mermoz骨科中心著名关节外科医生Selmi到泉州福医大附二院进行髋关节手术演示。

●2017年度晋江市首场“悦读风尚我引领”巾帼志愿服务活动在晋江少儿图书馆举行。

3月26日

农历丁酉年二月廿九
星期日
温度：10℃—17℃
阵雨

●市政府印发《泉州市安全生产举报奖励规定》，群众举报安全生产事故或安全隐患，经核实确认的，最高可以奖励3万元。

●市卫计委公布“2016年度市级临床重点学科名单”，6个市直、5个县级市级临床（中医）专科被列入重点专科建设项目。

●由团市委、市双拥办、泉州晚报社主办，中国人民解放军驻泉州某部、泉州网承办的“幸福双拥 情定军营”大型军地青年联谊会举行。

●由泉州晚报社主办的2017年春季高考填报志愿咨询会在泉州信息工程学院举行。

●2016中国医院竞争力系列榜单公布，泉州市第一医院第三次入选“地级城市医院竞争力”百强排行榜，位列第49位。

泉州市出台安全生产举报奖励规定

市政府印发《泉州市安全生产举报奖励规定》，从31日起实施。群众举报安全生产事故或安全隐患，经核实确认的，最高可以奖励3万元。举报事项为泉州市行政区域内生产经营单位存在安全生产事故隐患、安全生产非法、违法行为以及谎报、瞒报生产安全事故的。举报人可通过安全生产举报投诉特服电话“12350”，或采取书信、电话、传真、手机信息、电子邮件、走访等方式进行举报，原则上实行逐级举报。安全生产举报可实名举报或匿名举报。鼓励举报人表明自己身份，并提供真实姓名和有效联系方式，以备查询和反馈调查处理意见；对不愿意公开个人姓名、单位和地址（或者住址）的举报人，尊重其意愿。

相关链接：安全生产事故隐患，是指生产经营单位违反安全生产法律、法规、规章、标准、规程和安全生产管理制度的规定，或者因其他因素在生产经营活动中存在可能导致事故发生的物的危险状态、人的不安全行为和管理上的缺陷。安全生产非法行为，是指公民、法人或者其他组织未依法取得相关行政许可，擅自从事生产经营活动的行为，或者该行政许可已经失效，继续从事生产经营活动的行为。安全生产违法行为，是指公民、法人或者其他组织违反有关安全生产法律、法规、规章、强制性标准的规定，从事生产经营活动的行为。谎报生产安全事故，是指故意不如实报告事故发生的时间、地点、初步原因、性质、伤亡人数、直接经济损失等有关内容。瞒报生产安全事故，是指隐瞒已经发生的生产安全事故，超过规定时限未向负有安全生产监督管理职责的有关部门报告，并经查证属实。

“2016年度市级临床重点学科名单”公布

市卫计委公布“2016年度市级临床重点学科名单”，6个市直、5个县级市级临床（中医）专科被列入重点专科建设项目。泉州市2016年度市级临床重点学科名单：泉州市第一医院检验科、泉州市第一医院肝胆外科、泉州市第三医院心理科、泉州市儿童医院小儿外科、晋江市医院急重症医学部、泉州市中医院不孕不育专科、泉州市中医院中医儿科、晋江市中医院重症医学科、德化中医院中医脾胃专科、南安市中医院妇产科、泉州市正骨医院中西结合风湿病科。

“幸福双拥 情定军营”大型军地青年联谊会举行

由团市委、市双拥办、泉州晚报社主办，中国人民解放军驻泉州某部、泉州网承办的“幸福双拥 情定军营”大型军地青年联谊会举行。40位单身女青年和驻泉州某部的40名青年军人交友联谊。此次联谊会旨在为部队青年和泉州适婚女性提供一个交流平台，解决军地单身男女青年的婚恋问题，共建和谐幸福家庭，助推军民融合深度发展，拓展军民共建领域，丰富双拥工作内容。

泉州市第一医院居地级城市医院竞争力百强榜第49位

2016中国医院竞争力系列榜单公布，泉州市第一医院第三次入选“地级城市医院竞争力”百强排行榜，位列第49位，同时在“最佳互联互通医院百强榜”及“2016福建省域医院30强”榜单中分别位列第43位和第7位。“2016中国医院竞争力”由2017中国医院竞争力论坛对外发布，综合评价体系横向囊括顶级医院、省会市属医院、地市级城市医院和县级医院，纵向则为省域医院、中医医院和非公立医院，发布系列排行名单。

泉州市第一医院城东分院 （图/黄祥昌）

市非公企业和社会组织党建培训实践基地揭牌

泉州市非公有制企业和社会组织党建培训实践基地在市委党校启用。市委书记郑新聪为基地揭牌。省委党建办、省委党校有关领导，市委领导陈奕辉、孔繁军参加揭牌，并参观泉州市非公有制企业和社会组织党建展馆。郑新聪指出，泉州市将以基地为依托，携手全国、全省非公企业和社会组织党建方面的专家学者、名师队伍，完善1个培训中心、1个党建展馆、8个教学点、若干个实践点的“1+1+8+N”模式，打造辐射全省的培训、创新试验、理论研究和成果展示四大平台，更好发挥全国联系点的示范效应。揭牌仪式后，全市非公有制企业和社会组织党建理论研讨会在培训实践基地举行，全市非公有制企业和社会组织党组织书记示范培训班同日开班。

市十六届人大常委会第二次主任会议召开

市十六届人大常委会第二次主任会议召开，讨论市十六届人大常委会委员参加常委会工委工作的安排意见，讨论、通过聘任各工作委员会兼职委员、咨询委员名单、加强市人大常委会信访工作若干规定、市人大常委会农工委关于开展灾后重建工作情况专题调研方案。会议还初定市十六届人大常委会第二次会议的召开时间和建议议程，并提出市十六届人大常委会第三次主任会议建议议题。

会议现场　　（图/王虎文）

市政府第五次常务会议召开

市政府第五次常务会议召开，听取关于泉州市2017年深化行政审批制度改革工作要点等事项的汇报，研究并通过《泉州市土壤污染防治行动计划实施方案》《关于深化制造业与互联网融合发展的实施方案》《关于贯彻落实省政府办公厅推动实体零售创新转型实施方案的通知》。

会议要求，要推进“放管服”改革，特别是在压缩自由裁量权、规范中介服务、促进审批提速、方便群众办事等方面先行先试；要加强明察暗访，重点解决服务群众“最后一公里”问题，推动各项便民利民措施落到实处。会议强调，要落实环保“一岗双责”，通过开展详查活动、建立监测体系、提高信息化管理能力；突出工矿企业、危险废物、农业面源、农用地等重点区域、行业和污染物整治，加大科技支撑力度，有序开展治理修复。会议要求，要协同推进“中国制造2025”城市试点示范和“互联网+”行动深入实施，鼓励建设“双创”服务平台；通过智能化改造工程、网络化协同制造、个性化定制运用、服务化制造转型，培育融合新模式；发展智能装备制造产业、互联网智能终端产品，加快关键技术研发应用；培育融合发展系统集成服务，加强工业云平台、大数据服务体系建设。会议指出，要引导实体零售调整商业供给结构，推动商贸业融入古城复兴计划，优化城乡商业网络；要创新零售发展方式，推动企业创新运营模式，鼓励实体零售与电子商务、农业与商业、内贸与外贸等多领域跨界融合发展；要加强商业网点规划，促进市场公平竞争，优化市场发展环境。

陈灿辉到永春开展“促进项目落地、帮扶企业发展”活动周调研

市政协主席陈灿辉到永春县企业、项目一线，开展第一季度“促进项目落地、帮扶企业发展”活动周调研。在福源锌业有限公司，陈灿辉建议企业要理清思路，立足企业实际，盘活优势资源，做到因地制宜、科学定位，找准突破口，争取尽快恢复企业运营。在汇源果汁华南总部，陈灿辉勉励企业继续建好可追溯体系，保障饮品安全；开发铁观音茶等茶种，丰富原料资源，拓宽发展空间。

3月27日

农历丁酉年二月三十
星期一
温度：11℃—21℃
多云

●泉州市非公有制企业和社会组织党建培训实践基地在市委党校启用。

●市十六届人大常委会第二次主任会议召开，讨论市十六届人大常委会委员参加常委会工委工作的安排意见等。

●市政府第五次常务会议召开，研究并通过《泉州市土壤污染防治行动计划实施方案》《关于深化制造业与互联网融合发展的实施方案》《关于贯彻落实省政府办公厅推动实体零售创新转型实施方案的通知》等。

●陈灿辉到永春县开展“促进项目落地、帮扶企业发展”活动周调研。

●市科协六届六次常委会暨六届五次全委会召开。

●市涉老组织联席会议召开，总结2016年涉老工作，部署2017年涉老工作任务。

●在收看全国国土绿化和森林防火工作电视电话会议后，泉州市随即召开全市视频会议进行贯彻部署。

3月28日

农历丁酉年三月初一
星期二
温度：14℃—22℃
多云

●省经信委、市委、市政府召开新闻发布会，首次对外发布《泉州市创建“中国制造2025”城市试点示范实施方案》。

●林锦明到泉州开发区开展“促进项目落地、帮扶企业发展”活动周调研。

●全市文化改革发展工作暨文化体制改革专项工作小组会议召开。

●全市对台工作会议召开，传达贯彻中央、全省对台工作会议和市委常委会精神，总结部署全市对台工作。

●28—29日，台盟泉州市第八次盟员大会召开，审议并通过台盟泉州市第七届委员会工作报告，选举产生台盟泉州市第八届委员会，苏耿聪当选台盟泉州市第八届委员会主委。

●28—31日，由国家教育行政学院主办的第七期全国家长学校建设师资培训班在泉州举办。

●泉州开发区2017年项目攻坚年第一季度集中开竣工仪式举行。

《泉州市创建“中国制造2025”城市试点示范实施方案》公布

省经信委、市委、市政府召开新闻发布会，首次对外发布《泉州市创建“中国制造2025”城市试点示范实施方案》。工信部、省经信委、省科技厅有关领导，市领导郑新聪、康涛、陈灿辉、朱团能、洪自强出席发布会。

受市委书记郑新聪委托，市长康涛代表市委、市政府向工信部、科技部、中国工程院和省委、省政府对泉州的关心帮助，向媒体给予泉州的关注支持表示感谢。康涛表示，泉州获批创建“中国制造2025”城市试点示范，有信心、有决心通过三年努力，基本形成轻重并举、三产繁荣、深度融合的现代产业版图，走在全国前列。坚持数控化、智能化方向，打造新型制造业体系。紧抓制造业立市不动摇，推动数控一代示范工程提质扩面，加快发展与本地产业相配套的智能装备和工业机器人，培育壮大集成电路、光电等新千亿产业集群，逐步形成传统优势产业、重化产业、高新技术产业三大板块格局。坚持体制机制创新，建设国家自主创新示范区。深化政产学研协同协作，构建制造业创新中心，提高制造业自主创新能力；完善示范区配套政策，营造创业创新生态，让平台、人才等各种创新要素在泉州落地生根、开花结果。坚持“融合”“分离”并举，发展服务型制造。促进现代服务业与制造业融合发展，推动制造业向研发、设计、物流、营销、品牌推广、系统集成等高价值的生产服务环节延伸；促进制造业主辅分离，引导大中型制造企业将主业之外的环节分离出来，发展第三方专业化服务企业。坚持弘扬工匠精神，提升泉州制造的质量品牌，推动泉州产业品牌、企业品牌转化成城市品牌。

根据实施方案，泉州市创建“中国制造2025”城市试点示范总的思路是：“一个核心”，即基本建成先进制造业强市；“两大发展方向”，即推进信息化和工业化深度融合，提高产业供给侧的质量和效率；“三个实施途径”，即智能制造、服务型制造、绿色制造；“四大发展支撑”，即创新支撑、政策支撑、载体支撑、项目支撑。

全市对台工作会议召开

全市对台工作会议召开，传达贯彻中央、全省对台工作会议和市委常委会精神，总结部署全市对台工作。会议要求，要发挥泉州市在区位、人文等方面对台的独特优势，突出民间信仰、宗族宗亲和青年交流等重点，促进泉台民间交流交往交融，提升泉台经贸合作层级，全力推进泉州市对台各项工作落到实处。要加强组织领导，树立全市对台工作“一盘棋”的意识，提升对台工作整体合力，开创泉州市对台工作新局面，为推动两岸关系和平发展作出更大贡献。

台盟泉州市第八次盟员大会召开

28—29日，台盟泉州市第八次盟员大会召开，审议并通过台盟泉州市第七届委员会工作报告，选举产生台盟泉州市第八届委员会，苏耿聪当选台盟泉州市第八届委员会主委。会议指出，过去五年，台盟泉州市委会在中共泉州市委和台盟福建省委会的领导下，围绕党委和政府的中心工作，尽心履责，参政议政成果丰硕，各项工作取得很好的成效。台盟泉州市委会要继续弘扬优良传统，积极发挥参政党作用，与中共泉州市委同心同行，为“再上新台阶 建设新福建”作出更大贡献。

全市文化改革发展工作暨文化体制改革专项工作小组会议召开

全市文化改革发展工作暨文化体制改革专项工作小组会议召开，学习贯彻全国、全省、全市宣传部长工作会议精神和中央、省、市有关深化改革会议精神，总结2016年以来泉州市文化改革发展工作情况，研究部署2017年工作。会议指出，要做强产业，加快发展文化新型业态、创新产业融合、实施龙头促进计划、优化配置文化专项资金和促进文化市场繁荣发展，提升文化产业综合竞争实力；要做优文化事业，推进城乡文化一体化发展、文化精品供给和文化特色发展。

民进中央调研组到泉州考察

29—30日，由全国人大常委会副委员长、民进中央主席严隽琪带领的民进中央调研组到泉州就“职业教育改革助推制造业发展”进行重点考察调研。调研组到泉州轻工职业学院、晋江华侨职业中专学校、泉州佰源机械有限公司、嘉泰数控科技有限公司等走访了解职业教育改革助推制造业发展情况。调研组表示，泉州市委、市政府高度重视职业教育改革助推制造业发展工作，在实践当中研究出台一系列支持职业教育与产业需求紧密结合的政策措施，探索出市县两级职业教育工作联席会议制度、建设职业教育集团、推行“二元”主导的现代学徒制等诸多富有创新性的做法。希望泉州总结经验，创新体制机制，为中国职业教育助推产业转型升级先行先试。

国务院安委办宣讲组到泉州宣讲

国家安监总局研究中心主任黄盛初带领国务院安委办宣讲组到南安市和晋江市开展《中共中央国务院关于推进安全生产领域改革发展的意见》宣讲活动。宣讲结合安全生产形势，从健全落实安全生产责任制、改革安全监管监察体制、推进依法治理、建立安全预防控制体系和加强安全基础保障能力建设等方面，对意见进行全面阐述和系统解读。宣讲指出，各级各部门特别是领导干部要理解、把握意见的精神实质和重要内容，从政治的高度去认识做好安全生产工作的极端重要性，认识安全和发展的关系，把思想和行动统一到党中央、国务院关于推进安全生产领域改革发展的工作部署上来。

海峡两岸（闽台）机器人与智能制造人才项目对接会泉州专场举行

由中国海峡人才市场、省经济和信息化委员会、省委人才办、福州市委组织部、泉州市委组织部、台湾“中华海峡两岸企业交流协会”、台湾机器人产学研联盟主办的2017年海峡两岸（闽台）机器人与智能制造人才项目对接会泉州专场在南安市举行。48名台湾省企业代表带来最新的科研成果，与福建省内企业对接洽谈共谋发展。活动以“推动两岸智造合作发展，携手共同建设两岸家园”为主题，旨在推动泉州市制造业数字化、网络化、智能化，促进制造业做强做大。活动当天达成意向合作项目40多个，促成16家泉州企业与台湾代表签约。

近年来，南安市实施“中国制造2025”，发展智能装备产业，开展“数控一代”示范工程建设，数控机床、工业机器人等智能装备产品加速发展，系统集成、设计研发等产业服务支持方面成效明显，部分产品达到国内领先甚至国际水平。南安市现有规模以上企业151家，2016年规模产值422亿元。活动负责人表示，希望通过此次活动架起两岸机器人与智能制造领域企业、人才交流与合作的桥梁，促成更多项目落地泉州南安。同时期望更多台湾高端人才到泉州南安寻求发展机会，扎根创新创业，创造精彩人生。南安市委、市政府将制定更加准确到位的政策，搭建更多互动融合的平台，为机器人与智能制造产业的发展提供一流的服务、营造一流的环境、强化一流的保障，推动产业健康发展。

石狮一警员上榜全国好民警评选

由公安部治安管理局、公安部办公厅新闻中心、公安部宣传局和人民公安报社主办的“情满万家”2017全国公安派出所好民警颁奖仪式在北京公安部举行，全国评选出50名公安派出所好民警，石狮市公安局蚶江派出所民警张常亮成为福建省唯一一名获此荣誉的民警。张常亮通过组建严密的社区防控网，创建泉州市首个由民间资金建设的公共安全系统，并在全省首创民爆物品管理远程监控中心、监管对象帮教跟踪信息管理系统等，将社区警务室建成治安防控的支撑点、矛盾纠纷的化解点、情报信息的汇集点、服务群众的办事点。张常亮扎根基层，从群众身边最平凡的小事做起，赢得百姓好评。该活动系首次在全国范围内进行优秀派出所民警推选，旨在发掘、宣传一批维护一方平安、真诚服务群众、勇于开拓创新的派出所好民警，发挥先进典型的示范带动作用，建设一支“政治过硬、业务过硬、责任过硬、纪律过硬、作风过硬”的派出所民警队伍。

3月29日

农历丁酉年三月初二
星期三
温度：15℃—22℃
阴

●29—30日，民进中央调研组到泉州就“职业教育改革助推制造业发展”进行重点考察调研。

●国家安监总局研究中心主任黄盛初带领国务院安委办宣讲组到南安市和晋江市开展《中共中央国务院关于推进安全生产领域改革发展的意见》宣讲活动。

●由中国海峡人才市场、省经济和信息化委员会、省委人才办、福州市委组织部、泉州市委组织部、台湾“中华海峡两岸企业交流协会”、台湾机器人产学研联盟主办的2017年海峡两岸（闽台）机器人与智能制造人才项目对接会泉州专场在南安市举行。

●由公安部治安管理局、公安部办公厅新闻中心、公安部宣传局和人民公安报社主办的“情满万家”2017全国公安派出所好民警颁奖仪式在北京公安部举行，全国评选出50名公安派出所好民警，石狮市公安局蚶江派出所民警张常亮成为福建省唯一一名获此荣誉的民警。

3月30日

农历丁酉年三月初三
星期四
温度：16℃—22℃
阴

●30—31日，全国法院“跨域立案诉讼服务”试点工作培训会在泉州召开。

●市政协志编委会成员会议召开。

●市政府办公室印发《泉州市推进农业水价综合改革实施意见的通知》，首次明确分级制定农业水价，探索实行分类水价和分档水价。

●市统计局和国家统计局泉州调查队发布《2016年泉州市国民经济和社会发展统计公报》。

●泉州市庆祝《福建省老年人权益保障条例》颁布实施文艺演出暨“关爱老人 与法同行”系列活动开幕式在泉州府文庙广场举行。

●市食品药品执法支队发布部分企业及个人生产、销售、使用假冒伪劣食品药品案例，告知相关食品企业遵纪守法，同时也提醒市民注意辨别市面上假冒伪劣食品。

●以“弘一大师的精神境界”为主题的泉州市民文化大讲堂在泉州音乐厅举行。

●鲤城区文明办、鲤城区志愿者协会、东南早报面向全城招募“单车猎人”志愿者，共同曝光共享单车不文明行为。

全国法院“跨域立案诉讼服务”试点工作培训会在泉州召开

30—31日，全国法院“跨域立案诉讼服务”试点工作培训会在泉州召开。最高人民法院副院长景汉朝，省高级人民法院党组书记、院长马新岚，市领导郑新聪、林锦明等参加会议。泉州于2015年在全国首创“跨域·连锁·直通”式诉讼服务平台，受到最高法院肯定，写入2017年最高法院工作报告，并予在全国推广。会议决定，在北京、上海、福建、江苏、浙江、山东、四川七省、市法院范围内试点跨域立案诉讼服务机制，当事人可在试点法院范围内就近或自愿选择任意法院提交诉讼申请，办理涵盖立案、庭审、执行等多项诉讼事务，解决异地诉讼难诉讼累的问题。

景汉朝指出，推行跨域立案诉讼服务是推进国家治理体系和治理能力现代化的必然要求；是坚持司法为民的必然要求；是配套立案登记制改革的必然要求。试点法院要发扬改革创新精神，尊重司法规律，立足诉服职能，推进本地区的跨域立案诉讼服务工作，争取为全国法院推行跨域立案诉讼服务提供更多可复制、可借鉴的模板。要加强跨域立案诉讼服务的组织领导、人力配备、制度建设、信息化保障和宣传引导，精心组织，确保跨域立案诉讼服务试点工作达到预期目的。

市委书记、市人大常委会主任郑新聪指出，近年来，在习近平治国理政新理念新思想新战略的指引下，泉州市贯彻全面依法治国战略部署，泉州市法院系统坚持改革创新第一动力，坚持司法为民根本宗旨，参与创新社会治理，探索“跨域·连锁·直通”式诉讼服务平台，广受人民群众的欢迎，被誉为诉讼服务的泉州模式。此次培训会的召开，是对泉州工作的肯定和鞭策。泉州将再接再厉，把诉讼服务平台抓实抓细抓出更大成效。

《泉州市政协志》评稿会召开

《泉州市政协志》评稿会召开。市政协主席、市政协志编委会主任陈灿辉，十一届市政协原主席、市政协志编委会主任杨俊峰，市政协副主席陈铭福以及政协志编委会成员参加会议。会议在听取《泉州市政协志》执行主编李德志简要汇报志书编修情况后，编委会成员分别发言，大家肯定《泉州市政协志（评审稿）》在资料、内容、记述、行文等方面的优点，同时也指出志稿存在的问题，提出具体修改意见。陈灿辉在讲话中要求，有关单位、工作人员要重视志书的编纂，遵循编纂工作规范，多向行家里手请教，再作深度梳理，做实做细后期编辑审校工作，把好质量关，确保志书的科学性、完整性。要做好志书出版发行前期工作，编写一部内容翔实、质量上乘的精品佳志。同时，要总结借鉴此次编纂工作经验，更科学地管理政协档案资料，为今后修志提供重要史料。市方志委常务副主任张惠评出席会议并就志稿修改作指导发言。

评稿会现场　（图/市方志委志书编纂科）

泉州市民文化大讲堂举行

以“弘一大师的精神境界”为主题的泉州市民文化大讲堂在泉州音乐厅举行。李叔同的嫡孙女、天津市李叔同——弘一大师研究会副会长李莉娟到场讲述。弘一大师是中国近现代艺术大师和爱国高僧，大师24年的佛门生涯，有14年在闽南弘法著述，其中大部分时间在泉州居住，与泉州结下不解之缘。李莉娟表示，弘一念佛不忘救国的精神深受赞赏，是“爱国爱教”精神的最好诠释。2017年是弘一离开人间75年。在75年间，纪念活动不断开展，弘一的精神和做人的品德被几代人所传承。贯穿他一生的是处处认真，事事认真，“不为自己求安乐，但愿众生得离苦”“爱心求正觉，忘己济群生”。

郑新聪到安溪县调研

3月31日—4月1日，市委书记、市人大常委会主任郑新聪带队到安溪县，围绕贯彻中央、省委部署，调研农业农村、脱贫攻坚、防台备汛、基层党建等工作，并召开座谈会，协调解决当地具体问题。

郑新聪指出，要坚持精准扶贫精准脱贫方略，用绣花的功夫推进精准扶贫。摸清底子情况，做细基础工作，及时核查、落实贫困人口的现状、致贫主因和急需解决的问题；分类精准推进，因户因人施策，抓好产业脱贫、搬迁脱贫、兜底脱贫；激活内生动力，引导贫困群众树立主体意识；增强“造血”功能，探索壮大村集体收入的有效途径。要推进农业供给侧结构性改革。把茶业当作区域品牌形象来培育，宣传上给予帮助，整合资源上给予协调，品牌推广上给予扶持，特别要坚持问题导向，系统研究突破现代农业资产评估、抵押融资、产业基金等瓶颈，鼓励企业家专注专精，更新产业模式和生产经营理念；同时，要促进农业多元发展，发展特色集群，带动农民增收致富；优化乡村环境，提升农民文明意识，推进垃圾收集处理、人居环境整治等。要精准加力补短板。加快道路设施建设、水利设施修复，改善乡村办学条件，提升道路通达、防灾减灾、教育医疗水平。

泉州市组织收听收看全省宣讲视频会

泉州市组织收听收看全省《中共中央国务院关于推进安全生产领域改革发展的意见》宣讲视频会。会议要求，要强化责任落实。落实森林防火行政首长负责制和部门分工责任制，将森林防火责任层层分解，落实到每个人、山头和地块。森林火灾多发的乡镇要立足实际，查找薄弱环节，实施重点防控。要强化火源管控。要加强祭祀用火管理，增设临时防火检查站，在主要进山路口设卡检查，禁止火种上山；加大对自然保护区、风景名胜区、森林公园、电力线路走廊等的巡护密度。要强化值班值守。各级森林防火责任人要全部到岗到位，县、乡两级实行24小时领导带班和值班制。武警森林大队要一线布防，做好扑火准备，确保能快速行动、快速灭火。要强化应急处置。在扑救过程中要按照预案要求，统一组织，科学指挥，安全扑救，确保人员安全。

华大讲堂第65讲举行

“华大讲堂”第65讲举行，第十二届全国政协委员、中国社科院学部委员张蕴岭做题为《“一带一路”与发展新理念——学习2017年全国两会精神》的报告。市委学习中心组成员温惠榕、林万明、陈铁晗等，市直有关部门、在泉州各高校、各民主党派负责人，华侨大学校领导和部分师生等参加报告会。从中国提出倡议并推进“一带一路”建设以来，已经有100多个国家和国际组织参与其中，影响广泛。张蕴岭通过翔实生动的论述，分析“一带一路”的内涵，阐述“一带一路”与发展新理念的关系，传达“两会”期间国家对“一带一路”的新部署，为泉州如何抢抓发展机遇，融入“一带一路”建设提供借鉴。

“华大讲堂”第65讲　（图/华侨大学）

邻里文化与和谐社区建设高峰论坛在惠安县举办

由福建社会科学院、市委宣传部主办的邻里文化与和谐社区建设高峰论坛在惠安县聚龙小镇举办。全国各地的专家学者、聚龙小镇业主代表、特色小镇代表以及国内各大媒体与会，共同聚焦邻里文化与和谐社区建设。论坛开幕式上还举行福建社科院与聚龙小镇合作协议签约仪式、福建社科院社区建设研究基地授牌仪式。双方将就邻里文化与和谐社区课题展开实践和研究，推动中国社区文化建设新发展。

3月31日

农历丁酉年三月初四
星期五
温度：11℃—21℃
中雨

●3月31日—4月1日，郑新聪到安溪县调研农业农村、脱贫攻坚、防台备汛、基层党建等工作。

●泉州市组织收听收看全省《中共中央国务院关于推进安全生产领域改革发展的意见》宣讲视频会。

●十二届市政协常委会第一次会议召开，传达学习全国政协十二届五次会议精神，协商通过《泉州市政协常委会2017年工作要点（草案）》，协商通过有关人事事项。

●“华大讲堂”第65讲举行，第十二届全国政协委员、中国社科院学部委员张蕴岭做题为《“一带一路”与发展新理念——学习2017年全国两会精神》的报告。

●全市宣传系统全面从严治党座谈会召开。

●由福建社会科学院、市委宣传部主办的邻里文化与和谐社区建设高峰论坛在惠安县聚龙小镇举办。

●市食品药品监督管理局在洛江区居然之家广场举行“3·31”食品药品安全投诉举报主题宣传日活动，向群众宣传食品药品投诉举报流程，讲解食品药品安全知识。

4月1日

农历丁酉年三月初五
星期六
温度：10℃—19℃
晴

●泉州市召开第三届海上丝绸之路国际艺术节筹备工作会。

●市双拥工作领导小组召开第26次全体（扩大）会议暨创建新一轮省级双拥模范城（县）动员部署会，总结2016年工作情况，部署2017年工作，对创建新一轮省级双拥模范城（县）进行动员部署。

●市教育局出台《2017年泉州市区普通高中招生工作的实施意见》。

●2017年“中国寻根之旅”菲律宾华裔学生学中文夏令营开营。

●2017年世界铁人三项赛中国揭幕战在广西柳州市开幕，晋江籍运动员林妮娜以5小时13分3秒夺得25至29岁组第三名，并获得参加世界锦标赛的资格，成为福建第一个获此殊荣的运动员。

●张学友泉州演唱会在泉州海峡体育中心上演。现场3万多名观众见证“歌神”30年来的经典之作。

第三届海上丝绸之路国际艺术节筹备工作会召开

泉州市召开第三届海上丝绸之路国际艺术节筹备工作会。会议指出，各工作组及各县（市、区）要提早谋划，统筹安排，确保活动顺利举办。该届海丝国际艺术节主要分为展演展示、思想文化论坛、文化项目建设、国外分会场等4个板块。其中，展演展示类包括开幕式演出、中国—中东欧国家文化季泉州分场、海丝非遗博览会、国际木偶节、国际南音大会唱、古城文艺快闪、海丝嘉年华等；思想文化论坛类包括聚焦“一带一路”与文化遗产保护的海丝对话活动等；文化项目建设类开展海丝品牌推广、古城保护、海丝博物馆、公共文化中心、海丝艺术公园·亚洲园提升等。国外分会场方面，泉州结合对外交流活动，在有条件的国家举办各类文化艺术展演展示。同时，各县（市、区）还围绕艺术节谋划生成具有各地特色的文化活动。

泉州市召开创建新一轮省级双拥模范城（县）动员部署会

市双拥工作领导小组召开第26次全体（扩大）会议暨创建新一轮省级双拥模范城（县）动员部署会，总结2016年工作情况，部署2017年工作，对创建新一轮省级双拥模范城（县）进行动员部署。市领导陈奕辉、陈铁晗、季翔峰，驻军领导郑健、郑宏谋等参加。

2017年泉州市区普通高中招生意见出台

市教育局出台《2017年泉州市区普通高中招生工作的实施意见》，对2017年泉州市区（鲤城、丰泽、洛江）普通高中招生工作做出安排，11所公办普通中学拟招收高中新生6220人（含国际班学生），民办学校的招生计划另行下达。据市教育局中教科负责人介绍，2017年市区普通高中招生工作和2016年相比有三点变化。变化一：2017年初中毕业生相比以前减少，根据生源情况招生计划有所调整。据统计，全市初三学生人数2016年为88334人，2017年为79207人，初中毕业生减少。其中三个区即鲤城、丰泽和洛江2016年生源为13735人，2017年为12977人，减少了758人。因此，2017年市区11所公办高中计划招收高中新生6220人（含国际班学生220人），比2016年的6716人减少496人。变化二：泉州九中2016年被省教育厅确定为省一级达标高中，2017年首次面向鲤城区、丰泽区和洛江区的初中校招收定向生，面向丰泽区的初中校招收保送生。变化三：保送生和被泉州一中（学府校区、东海校区）、泉州培元中学、泉州五中、泉州七中四所学校自主招收的学生都必须参加中考，但不再参与中考切线录取招生。

泉州一中东海校区　（图/吴寿民）

菲律宾华裔学生学中文夏令营开营

2017年“中国寻根之旅”菲律宾华裔学生学中文夏令营开营。1024名菲律宾华裔青少年齐聚一堂，分别在华侨大学、集美大学、泉州师院、厦门外国语学校和泉州南少林国际学校，开启文化寻根和中文学习之旅。4日，菲律宾菲华商联总会永远名誉理事长陈永栽及其夫人到泉州师院，看望正在参加学中文夏令营的近百名菲律宾华裔学生。为提高菲律宾华裔青少年的华文水平，让他们了解中华历史及优秀传统文化，从2001年起，陈永栽每年都赞助菲律宾华裔学生到祖籍国各地学习汉语、书法、国画、舞蹈、武术、中文歌曲、闽南文化等。

康涛到永春调研美丽乡村等工作

市长康涛率队到永春调研美丽乡村、河长制、重点项目、扶贫攻坚等工作。调研中，康涛要求永春在美丽乡村建设中，要继续示范引领，注意保留原汁原味的乡村气息；发挥美丽效应，系统策划实施旅游项目，吸引游客走进来、留下来，带动农村持续发展。康涛强调，河长制建立后，要抓紧理清工作思路、总体计划、年度任务和具体举措，统筹各方力量，确保水环境治理常态长效；要因地制宜，引导沿线村集体盘活闲置房屋，提供餐饮、住宿等配套服务，实现百姓富与生态美的有机结合。康涛还蓬壶镇孔里村，走访以手工线面研发、生产、销售等为一体的“雨露计划”扶贫培训实训基地；并连夜召开座谈会，与永春县政府部门及部分镇、村、农民专业合作社有关负责人交流脱贫攻坚经验，探讨如何建立长效机制让贫困户“长久摆脱贫困帽子”。

调研现场　　(图/陈晓东)

泉州市农村生活污水治理行动方案出台

市政府办印发《泉州市农村生活污水治理三年行动方案》及2017年工作方案，提出争取用1年时间，完成全市三格化粪池新建和改造任务；用3年时间，完成796个以上行政村生活污水治理，使全市70%以上行政村覆盖农村生活污水处理设施。同时，将农村生活污水治理作为为民办实事项目，纳入政府环保目标责任和绩效考评内容。全市2060个行政村中，已有646个覆盖农村生活污水收集处理设施，全市卫生厕所普及率97.25%。在此基础上，行动方案提出今后三年的目标：2017年完成266个行政村生活污水治理，全面完成全市三格化粪池新建和改造任务。2018年、2019年均完成265个行政村生活污水治理。

资金方面，市、县两级财政三年计划安排奖补资金4.1亿元，用于农村厕改及生活污水处理设施建设。其中，厕改方面，按照省、市、县分别奖补600元、600元、800元的比例，每户合计奖补2000元，不足部分由农户自行承担（对五保户、困难户由政府出资统一建设到位）。处理设施建设方面，按照每村奖补40万元进行测算，市级奖补每村10万元、县级配套每村应不低于30万元。市级奖补资金先下拨70%，其余30%待年终验收考核后按实际完成情况拨付。此外，泉州市将整合各类扶持资金，推进农村生活污水处理产业化。以县（市、区）或乡（镇）为单位，将辖区内的乡镇污水处理设施、配套管网以及农村生活污水集中式处理项目，组成一个或若干个污水处理项目包，争取补助或政策性贷款，采用PPP模式吸引社会资本参与投资项目的建设和运营。

4月2日

农历丁酉年三月初六
星期日
温度：12℃—20℃
晴

●康涛率队到永春调研美丽乡村、河长制、重点项目、扶贫攻坚等工作。

●市政府办印发《泉州市农村生活污水治理三年行动方案》及2017年工作方案，提出争取用1年时间，完成全市三格化粪池新建和改造任务；用3年时间，完成796个以上行政村生活污水治理，使全市70%以上行政村覆盖农村生活污水处理设施。

●李叔同嫡孙女李莉娟在泉州市图书馆少儿分馆5楼报告厅作“弘一大师书法赏析”讲座，引领现场听众品味弘一法师朴拙圆满、浑然天成的书法艺术和人格魅力。

●第三届海上丝绸之路国际艺术节丰泽区系列活动“丰尚之春·国际时尚文化季暨书信丰泽”启幕仪式在丰泽区中骏世界城举行。

4月3日

农历丁酉年三月初七
星期一
温度：12℃—21℃
晴

●市政府印发《泉州市高层次人才认定和引进高层次人才团队评审规定（试行）》，明确泉州市高层次人才和引进高层次人才团队的认定范围、认定条件、认定程序等。

●《2016年度泉州市老年人口与老龄事业发展情况公报》出炉。

●市环保局下发通知，全市137家企业列入2017年度重点监控污染源名单，其中，废水企业41家、废气企业32家、污水处理厂32家、重金属企业15家、危险废物企业17家。

●泉州市山美灌区管理处志愿服务队和泉州市档案系统志愿服务队到泉州市特殊教育学校开展“书送希望让爱相伴”图书捐赠活动。

泉州出台高层次人才认定标准

市政府印发《泉州市高层次人才认定和引进高层次人才团队评审规定（试行）》（以下简称《认定和评审规定》），明确泉州市高层次人才和引进高层次人才团队的认定范围、认定条件、认定程序等。根据《认定和评审规定》，泉州市高层次人才是指具有较强的创业创新能力，学术技术、经营管理水平达到泉州市领先及以上水平，能够引领和带动泉州市某一领域科技进步、产业升级、文化繁荣、社会发展和管理服务水平提升，个人（含曾创办企业）信用记录良好，在泉州工作或来泉州创业发展，符合《泉州市高层次人才认定标准》规定标准之一的人才。

《认定和评审规定》明确，引进高层次人才团队应是泉州用人单位近3年内从泉州市外引进、从事研发与科技成果转化的团队，或近3年内自带技术、项目从泉州市外来泉创办科技型企业、科研机构等的团队。团队由1名带头人和2名以上核心成员组成；团队带头人由高层次人才担任；团队成员（含带头人，下同）间形成稳定合作关系，具有良好的道德品质和职业操守，遵纪守法，身体健康。

团队还应掌握高新技术领域关键核心技术，居于国际国内或行业内先进水平，已取得突出科研成绩或具有较好的创新潜力。团队研究方向和研究目标符合泉州市经济社会发展需要和产业发展导向，科技成果转化应用和产业化前景较好，能够引领泉州市高新技术产业、战略性新兴产业加快发展和传统产业转型升级，产生显著经济和社会效益。

此外，属泉州用人单位引进的团队，还应同时符合以下条件：一是团队成员需与用人单位签订工作期限3年以上的工作合同（工作期限应涵盖团队承担项目的实施期）；申报时团队成员与用人单位签订意向性协议的，应承诺入选后3个月内签订工作合同并到岗。二是在签订的工作期限内，应保证至少1名团队成员全职在泉工作（从海外引进的至少每年在泉州工作时间累计6个月以上，从国内引进的应将人事档案或社保关系调入泉州市用人单位且每年在泉州工作时间累计9个月以上），其他成员每年在泉工作时间不少于3个月。

泉州共有百岁及以上老人321人

《2016年度泉州市老年人口与老龄事业发展情况公报》出炉。公报显示，全市11个县（市、区）、台商投资区全部建立高龄老人生活补贴制度。经过5年的努力，泉州市老年人健康幸福工程——“百村百座老年人活动中心”建设完成。

公报显示，至2016年底，全市共有老年人口98.7万，约占户籍人口的13.30%。其中，女性老年人口55.3万人，占比56.03%。80岁以上老年人口14.6万人，占老年人口总数的14.6%。全市共有百岁及以上老人321人，比2015年同期增加48人。

全市各县（市、区）均建立高龄老人生活补贴制度。全市全年累计发放高龄补贴金近4800万元，惠及6.4万名老人。鲤城区、惠安县建立经济困难的高龄、失能等老年人补贴制度，为80周岁及以上低保老年人(不含五保)，每人每月发放100元的高龄补贴。

泉州大力推动“互联网+居家养老”服务模式，至2016年底，全市10个县（市、区）和台商投资区纳入禾康智慧养老服务中心服务范围，晋江市依托雅适家政有限公司为当地老年人提供居家养老专业化服务，居家养老专业化服务实现全覆盖。全市享受政府购买居家养老信息化服务的老年人共25130人（含晋江市1836人），享受政府购买居家养老实体援助服务的老年人共4664人（含晋江市1836人）。一年来，禾康智慧养老服务中心累计出动紧急救援94次，18次成功救助陷于危难的老人，其中，4次成功挽救老人生命。

此外，通过五年的推动建设，全市建成102座老年活动中心。在建设百村百座老年人活动中心的带动下，全市各地自筹资金20988万元，建设137座总建筑面积81402平方米，高标准、功能全、活动条件优越的老年人活动中心。

泉州4个村寨入选第二批中国少数民族特色村寨

安溪县官桥镇善坛村帝殿式风格古大厝　（图/资料图片）

国家民族事务委员会印发《关于命名第二批中国少数民族特色村寨的通知》，福建省32个村寨被命名挂牌，其中泉州占4个。这4个村寨分别是泉港区涂岭镇小坝村、石狮市永宁镇郭坑村、安溪县官桥镇善坛村、永春县东关镇南美村。此次4个村寨被命名挂牌，将进一步提升泉州市少数民族特色村寨品质和知名度，扩大品牌影响力和辐射力，更好推动少数民族特色村寨保护与发展，发挥示范和辐射作用。

泉州4处湿地列入省级首批重要湿地名录

福建省林业厅公布第一批省重要湿地名录共计50处，总面积约9.95万公顷，约占全省湿地总面积的11.4%。其中，泉州市的永春桃溪国家湿地公园、永春湖洋溪黑脊倒刺鲃国家级水产种质资源保护区、泉州湾河口湿地省级自然保护区、深沪湾海底古森林遗迹国家级自然保护区等四处湿地入选。

相关链接：近年来，泉州市湿地保护管理工作按照“保护优先、科学修复、合理利用、持续发展”的原则，各项工作有序开展。通过加强对泉州湾河口湿地的抢救性保护，有效保护着这块泉州“城市之肾”。作为亚热带河口湿地的典型代表，泉州湾河口湿地先后被列入“亚洲重要湿地”“中国优先保护生态系统”“中国重要湿地”名录。

泉州市湿地环境典型独特，沼泽滩涂广阔，生态系统复杂多样，是众多野生动植物尤其是珍稀濒危水鸟的重要越冬、繁殖、迁徙和停栖地。根据市林业局调查数据，泉州市有湿地植物114科378属648种，其中国家I级保护植物3种，国家II级保护植物12种；湿地鸟类达12目42科214种，占全省鸟类总数的39.19%，每年到泉州市越冬的水鸟数量，超过数十万只。泉州分布有近海与海岸湿地、河流湿地和人工湿地等三大湿地类型，蕴藏着十分丰富的湿地资源。据统计，全市湿地斑块885处，湿地面积96148.26公顷，其中，近海与海岸湿地172处，面积69711.98公顷，占全市湿地总面积的72.50%。泉州市已建有深沪湾海底古森林遗址国家级自然保护区、泉州湾河口湿地省级自然保护区及湄洲湾、泉州湾、深沪湾、围头湾等大小港湾14个，岛屿208个；有晋江、洛阳江等天然河流湿地，有山美、惠女等水库及东湖、西湖等人工湖泊湿地，可以说，泉州是一座建立在湿地边上的城市。

泉州湾河口湿地保护区碑牌　（图/资料图片）

4月4日

农历丁酉年三月初八
星期二
温度：14℃—23℃
晴

●《泉州市土壤污染防治行动计划实施方案》（“土十条”）出炉。

●从全市农村生活污水垃圾治理现场会上获悉，全市133个乡镇有112个实现镇区污水处理，占比超8成；128个乡镇建成垃圾转运系统，占比超9成。

●旅菲著名爱国侨领陈永栽携夫人邱秀敏及陈延奎基金会董事一行50多人到晋江市第二实验小学参观。

4月5日

农历丁酉年三月初九
星期三
温度：17℃—24℃
多云—阴

●《人民日报》海外版第10版以《国际时尚汇聚石狮小城》为题，深度报道海博会二十年历程的产业巨变和石狮时尚服饰带来的文化自信。

●市食安委全体成员（扩大）会议召开，总结2016年全市食品安全工作，研究部署2017年食品安全工作。

●康涛主持召开河长制工作专题会议，进一步明确河长、河长办职责及各相关部门的任务分工，并部署下阶段督查检查工作。

●市政府召开第二季度防范重特大生产安全事故暨市安委会全体成员（扩大）会议。

●市政府召开2017年全市城建工作会议，通报各县（市、区）2016年城建工作“挂牌督办任务单”落实情况，颁发2017年城建工作“挂牌督办任务单”，研究部署2017年城建各项工作。

●5—8日，市委组织部、市委老干局、市委党校举办泉州市第18期离退休干部党支部书记培训班、泉州市第29期市直老干部读书班开班式。

市食安委全体成员（扩大）会议召开

市食安委全体成员（扩大）会议召开，总结2016年全市食品安全工作，研究部署2017年食品安全工作。市长、市食安委主任康涛，副市长、市食安委副主任季翔峰、肖汉辉，市政府秘书长廖国文参加会议。会议传达学习总书记习近平、总理李克强年初对食品安全工作的重要指示批示和国务院食安委第四次全体会议主要精神，通报2016年度各县（市、区）食品安全工作考察评价情况和突出问题，研究《2017年全市治理“餐桌污染”建设“食品放心工程”工作方案》《食品安全有关问题治理的实施方案》。

就2017年食品安全工作，康涛提出，要以争创国家食品安全示范城市试点为抓手，坚持以“四个最严”要求抓好食品安全工作。一要抓严格监管，着力从源头严防、过程严管、风险严控及创新监管模式等四方面，建立健全“从农田到餐桌”的全链条监管制度，通过监督抽查、隐患排查等方式，严把每一道防线，让“监管跑在风险前面”；二要抓严打重处，突出开展食品安全领域专项整治，采取挂牌督办、集中办案等形式，查办一批大案要案，同时完善稽查办案机制，推进行政刑事衔接机制，坚决遏制和打击违法犯罪行为；三要抓基层基础，建立健全市、县、乡三级联动监管网络，配强监管人员，配齐监管设备，提高基层监管能力。

泉州市召开河长制工作专题会议

市长康涛主持召开河长制工作专题会议，进一步明确河长、河长办职责及各相关部门的任务分工，并部署下阶段督查检查工作。副市长肖汉辉、市政府秘书长廖国文参加会议。

康涛指出，各级各有关部门要在市委统一领导下，高度重视河长制工作，压实责任抓落实。各级河长作为河湖管理保护的第一责任人，对河湖管理保护负总责。就河长制落实工作，康涛要求，要分阶段分批次开展督查检查，第一阶段的督查工作近期就要启动，4月中旬完成。他强调，河长办要代表市委、市政府重点督查各方块、各有关部门落实河长制的情况，包括关键问题分析、工作计划任务制定、责任落实等，通过督查检查，加强业务指导，确保泉州市河长制工作落到实处。

2017年全市城建工作会议召开

市政府召开2017年全市城建工作会议，通报各县（市、区）2016年城建工作“挂牌督办任务单”落实情况，颁发2017年城建工作“挂牌督办任务单”，研究部署2017年城建各项工作。市长康涛对过去一年泉州市城建工作取得的成绩给予肯定。他指出，城建系统各级领导干部要按照市委决策部署，勇于担当，敢啃硬骨头，狠抓城建项目建设，全力打好城建突围攻坚战。市委常委、常务副市长张永宁主持会议。市政府秘书长廖国文参加会议。

康涛要求，古城保护提升要慎之又慎，由点及面推进，力争通过五年的努力，让古城“见人、见物、见生活”。一要以古城为先期突破口，集中力量开展城市“双修”工作，力争打造成为样板示范。生态修复方面，重点加快内沟河水系修复，开展防洪排涝建设；推进城中山的山体保护和林相提升。城市修补方面，要加强对历史文化街区、文物古厝、传统历史建筑、街巷肌理等的原真性保护；实施微扰动改造，大力推进基础设施建设，改善古城居住环境；强化整体风貌塑造，对古城建筑风格、高度、色彩等进行统一规划设计，做到错落有致、协调有序。二要打造“行简、住优、食美、慢生活”的古城慢旅。大力推进公交网络优化，配套发展社区公交、公共自行车、慢行等交通系统，简便交通出行；坚持民宿错位发展，突出地方特色和文化体验，规划建设不同类型、多种层次的高品质酒店和上档次、有品位、见文化的精品酒店；提升餐饮行业服务游客的意识和水平，打响泉州名小吃、古早味的美食品牌；活化古城业态，合理布局传统旅游元素，推进特色文化在市井区域、百姓生活中的活态展示。三要推进泉州“申遗”，紧锣密鼓做好准备工作，及早策划“申遗”旅游路线。

泉州古城列入住建部"城市双修"试点

泉州被住建部正式列为第二批"城市双修"试点城市。未来5年内，通过实施六大专项行动，作为试点工作重点展开区域的古城区，将有望实现核心区风貌基本得到保护和恢复等目标。"城市双修"指的是生态修复、城市修补。试点城市可以在组织模式、规划设计理念、工程技术、资金筹措、机制体制以及评价标准等方面进行探索或先行先试。按照计划，泉州"城市双修"试点将重点在古城区展开，以构建古城保护发展规划体系为统领，以文化创意和社区营造为推手，着力抓好六大专项行动。这六大专项行动具体包括提升古城服务功能、修复古城水系、提升古城绿化、整治古城"两违"、亮化古城夜景和改造古城天际线。通过上述努力，力争5年内使泉州古城核心区风貌得到基本保护和恢复，古城危旧房修缮管理机制基本建立，文化遗产保护政策体系进一步完善，文化产品更加丰富；古城基础设施得到明显提升，民众自发性参与家园共造、自我管理的机制基本建立，社区自治、共建共享成为常态；古城商业业态经多轮引导、筛选，分布更加合理，更多文创产品成为非遗展示创新、传承的新平台，成为海丝城市旅游的新亮点。

相关链接：泉州已委托中国城市规划设计研究院开展泉州古城"双修"整体规划设计工作，邀请中建基础设施勘察设计集团和中央电视台参与泉州古城"双修"工作。泉州古城面积6.41平方千米，区域内有国家级文物保护单位5处，省级文物保护单位14处，古建筑及近现代重要史迹及代表性建筑100多处，非物质文化国家级4项、省级9项，以及以铺境庙和铺境信仰为代表的民间信仰和祭祀活动、传统老字号店铺等。此前，泉州市已按照"政府主导，多方参与，小规模、渐进式更新"思路，开展一系列规划编制和立法工作，扎实开展古城保护发展工作，活化古城文化和业态，实现古城"留形、留人、留魂，见人、见物、见生活"，为古城"双修"奠定良好基础。

泉州西街鸟瞰　　（图/吴寿民）

泉州8项旅游产品入选全省首批优秀创意旅游产品榜单

省旅游局公布的福建省首批优秀创意旅游产品评选结果中，泉州市8项旅游产品入选，占全省获选作品的近三成。该8项旅游产品分别是泉州彬达香文化创意园、永春老醋文创园、德化顺美陶瓷文化生活馆、德化洞上陶艺村、鲤城新门文化旅游特色街区、泉港涂岭猪脚美食文化节、南安田边厝民宿、惠安惠女风情表演，项目涵盖旅游景区、旅游演艺、旅游节事、特色住宿、观光工厂等多个领域，涉及乡村旅游、文创旅游、滨海旅游、生态旅游、工业旅游、研学旅游等旅游业态。

惠女风情表演　　（图/资料图片）

4月6日

农历丁酉年三月初十
星期四
温度：19℃—24℃
小雨—阴

●泉州被住建部正式列为第二批"城市双修"试点城市。

●泉州8项旅游产品入选全省首批优秀创意旅游产品榜单。

●市住建局下发通知，为规范房地产中介行为，净化房地产市场环境，在全市范围内开展房地产中介专项检查与治理。

●全市县、乡（镇、街道）防汛指挥长暨河长制业务培训班开班。

4月7日

农历丁酉年三月十一
星期五
温度：19℃—25℃
小雨—阴

●福建省人民政府公布第二批11个省级历史文化街区，泉州市3处历史文化街区上榜，分别为泉州市城南历史文化街区、晋江五店市、永春县五里街。

●《泉州非物质文化遗产普查资源实录》正式出版。

●1170千克冰鲜赤土魟搭载“锦龙”货船驶抵石井口岸，这是泉州关区首次进口冰鲜赤土魟。

●福建省梨园戏传承中心在市区梨园古典剧院献演《春江月》。泉州市南音传承中心和泉州市木偶剧团也分别在泉州南音艺苑和泉州市木偶剧院作专场演出，深受市民欢迎。

泉州3处街区入选省级历史文化街区榜单

福建省人民政府公布第二批11个省级历史文化街区，泉州市3处历史文化街区上榜，分别为泉州市城南历史文化街区、晋江五店市、永春县五里街，此前中山路历史文化街区和西街历史文化街区已被认定为第一批省级历史文化街区。省政府要求各级政府和有关部门要充分认识保护历史文化遗产的重要性和紧迫性，落实工作责任，建立健全保护长效管理机制，加强对历史文化街区保护工作的宣传，加大资金投入，加快推进保护规划编制，切实做好历史文化街区的保护管理工作。

相关链接：福建省第一批历史文化街区于2014年5月认定，一共有9个，分别是：福州市三坊七巷历史文化街区、福州市上下杭历史文化街区、福州市朱紫坊历史文化街区、厦门市鼓浪屿历史文化街区、泉州市中山路历史文化街区、泉州市西街历史文化街区、漳州市台湾路—香港路历史文化街区、长汀县东大街历史文化街区、长汀县店头（建设）—五通街历史文化街区。第二批省级历史文化街区名单分别是：厦门市中山路历史文化街区、厦门市集美学村历史文化街区、泉州市城南历史文化街区、晋江市五店市历史文化街区、永春县五里街历史文化街区、云霄县和平路历史文化街区、长汀县南大街历史文化街区、长汀县水东街历史文化街区、沙县东门片区历史文化街区、建瓯市铁井栏—紫芝街历史文化街区、蕉城区鹏程历史文化街区。

五店市街区一角　　（图/资料图片）

《泉州非物质文化遗产普查资源实录》出版

历时十多年普查和研究整理，《泉州非物质文化遗产普查资源实录》正式出版，全面展示泉州市“非遗”瑰宝。泉州非物质文化遗产保护工作受到全球瞩目，是全球唯一一座拥有“人类非物质文化遗产代表作名录”“急需保护的非物质文化遗产名录”和“非物质文化遗产优秀实践名册”等三大类别遗产的城市，泉州南音、中国传统木结构建筑（闽南民居）营造技艺、水密隔舱福船制造技艺项目、福建木偶戏等饮誉海内外的项目至今影响着广大百姓的生产生活，但这些只是泉州非物质文化遗产中的典型代表。普查期间，泉州市文化系统投入普查人数2332人，社会力量参与8807人，掌握到的143444条普查线索中，以人生礼仪、民间文学、岁时节令、民间信仰居多，分别占20%、16%、15%、15%。所调查的18312个项目中，民间文学居多，占28.1%；其次分别是人生礼仪、民间信仰、岁时节令、民间手工技艺、消费习俗、传统医药等。普查内容涵盖全部17个门类，100多个种类。普查地域覆盖面广，全市有163个乡镇（街道），平均每个乡镇（街道）调查项目112个；全市有2445个村（社区），平均每个村（社区）提供普查线索58条。

聚宝城南文化街区一期项目房屋征收补偿方案征求意见出炉

4月8日至5月8日，《泉州聚宝城南文化街区一期项目房屋征收补偿方案征求意见》出炉，面向社会征求意见。征收范围，东起泉州七中围墙边经南环城河西侧进入斗门头，沿斗门头西侧至港仔墘；南起后田桥沿后山社至泉州大桥下；西起泉州大桥沿防洪堤至土地路；北起土地路沿万寿路、泉州七中沟至南环城河（具体以泉州市规划局批准的征收范围为准）。

补偿方式，针对被征收房屋的征收补偿，共分为产权调换、货币补偿、部分产权调换与部分货币补偿相结合三种方式。对在签约期限内签订协议并搬迁的被征收人，给予每产权户最高5万元（公寓型住宅每产权户最高3万元）的按期签约搬迁奖励，但被征收房屋面积在50平方米以下（不含50平方米）的按1000元/平方米奖励（公寓型住宅除外）。

相关链接：2017年初，中国联合国教科文组织全国委员会秘书处致函联合国教科文组织世界遗产中心，正式推荐海上丝绸之路最具代表性的港口城市“古泉州（刺桐）史迹”作为2018年世界文化遗产申报项目。其中，城南片区的天后宫、德济门遗址等列入“古泉州（刺桐）史迹”。近年来，受交通、产业载体、基础设施等限制，城南片区发展较慢，不复当年“涨海声中万国商”的繁荣景象，启动片区改造项目对于“古泉州（刺桐）史迹”申遗、保护古城文化遗产具有重要意义。

经过一段时间的策划，“聚宝城南”文化街区的改造思路日益清晰。“聚宝城南”文化街区总用地面积26.73公顷，概算总投资41.5亿元，年度计划投资8亿元。设想通过街区的整修和提升、基础设施的配套和完善、运输水系的整治和修复、原住居民生活形态的保护和展示、新业态的引入和布局，再造古代刺桐城国际商贸门户“涨海声中万国商”和“市井十洲人”的繁荣景象。这样打造出的“闽南文化生态园”将会涉及遗址、旧址、碑刻、宗教建筑等类别，不需大拆大建，只稍作修复，每个点都是开放的，原来的居民还是生活在其中，他们传承传统文化，同时也向人们展示传统文化。

此外，项目将建设“海外华侨的文化宗祠”“鲤（泉）台脐带”和“闽南文化生态区”。打造成为没有围墙的海丝博物馆、闽南人展示独特风情的居住社区、海外华侨寻找乡愁记忆的精神家园、艺术工作者挥洒天资的创意舞台、创客一族激发灵感的圆梦空间、本土企业弘扬创业精神的品牌展厅、汇聚食住游购娱业诸多功能的综合社区。

聚宝街鸟瞰　　（图/资料图片）

全市县乡防汛指挥长暨河长制业务培训班举办

全市县、乡（镇、街道）防汛指挥长暨河长制业务知识培训班开班，280多名各级指挥长、河长参加培训。培训要求，要主动作为，全力做好防汛防台风工作。一要强化担当，全力落实防汛抗旱责任，按照防汛抗旱行政首长负责制的要求，健全制度、细化任务、责任到人，将防汛督察检查贯穿于防汛抗旱工作全过程。二要全面整改，确保工程隐患处置到位，5月雨季来临前完成辖区内防汛排查，并立即整改到位。三要主动应对，加强会商研判和指挥调度，密切监视雨情、水情的发展变化，及时发布预警信息，强化多部门联合会商，精准作出决断。四要强基固本，提升基础防御能力和应急管理水平，建立基层断水断电断路断通信应急保障、防汛重大灾害舆情应对等工作机制。五要联防联控，完善统一指挥和部门协同机制，整合资源，信息共享，通力协作，并加强与驻地解放军、武警部队和公安消防队伍的沟通联络机制发挥部队支援地方抢险救灾的重要作用。

4月8日

农历丁酉年三月十二

星期六

温度：19℃—27℃

多云—阴

●4月8日至5月8日，《泉州聚宝城南文化街区一期项目房屋征收补偿方案征求意见》出炉，面向社会征求意见。

●全市县、乡（镇、街道）防汛指挥长暨河长制业务知识培训班开班，280多名各级指挥长、河长参加培训。

●泉州市全面停征婚姻登记费和收养登记费。

4月9日

农历丁酉年三月十三
星期日
温度：20℃—28℃
多云

●省发改委发布福建省农村产业融合发展试点示范乡（镇）名单，共计51个乡（镇）入选，其中泉州6个，分别为晋江深沪镇、南安向阳乡、安溪尚卿乡、永春蓬壶镇、德化上涌镇、惠安崇武镇。

●《2017年泉州市深化行政审批制度改革工作要点》正式印发。

●市政协组织召开《新编泉州本草（植物篇）》编委会会议。

●由市科协、市教育局主办的第二届泉州市青少年机器人竞赛在市科技馆举办。

●泉州市43个乡村旅游扶贫重点村与35家旅游企业正式签订对接帮扶协议。

泉州市深化行政审批制度改革工作要点印发

《2017年泉州市深化行政审批制度改革工作要点》（以下简称方案）正式印发。根据该方案，2017年泉州市深化行政审批制度改革工作将推进九大领域33项重点，进一步提升政府效能，服务经济社会创新转型。这九大领域指的是继续推进减权放权、深化关键环节改革、推动项目审批提速、加强行政审批中介服务管理、深化商事制度改革、简化优化政务服务、加强事中事后监管、密切政社互动、建立健全工作机制。围绕服务“项目攻坚年”这一中心工作，方案提出包括加强审批行政指导、加强项目审批服务台账管理、健全重点项目月会审机制、推动建设项目联评联审、深化行业建设规范标准、持续规范投资项目管理等在内的六项重点工作，以实际行动推动项目审批提速。今后，随着多规合一、多评合一的推进，建设项目审批将进一步简化程序、减少环节、压缩时限。此外，通过“互联网+政务服务”、推广电子证照应用、推行24小时自助行政服务等便民措施，进一步提升办事企业和群众获得感、满意度。此外，针对自由裁量权这一关键环节的改革，方案提出不少创新措施，如探索推行审批官制度，试行“一审一核”、终生追责制度等。

相关链接：作为国家级综改试点，近年来，泉州在“放管服”改革领域成效显著。2016年，泉州市在全省率先开展清理规范行政审批和服务事项申报材料工作，对市直42个部门721项行政审批和服务事项所需的11091件申报材料逐一审核论证，探索实行申请人承诺制以及促进审批部门横向、纵向信息沟通和推动关联材料协同办理等多种方式，在市一级砍掉各类不必要的证明证照和材料900件，各县（市、区）也按部署要求取消4700件申请材料。这一工作获国务院办公厅通报表扬，作为32项地方典型经验做法之一向全国推广。

市政协组织编著《新编泉州本草》

市政协组织召开《新编泉州本草（植物篇）》编委会会议。会上，李开基、李启元、刘德桓等10多位泉州资深中医药专家和医药卫生界政协委员齐聚一堂，对市政协组织《新编泉州本草（植物篇）》编修工作，相关政府部门、单位协力协同支持这一公益性项目，给予高度评价，并就编审工作进行深入讨论。编修《新编泉州本草（植物篇）》，旨在传承和光大《泉州本草》和晋江专区《中草药手册》等集泉州市药学家和地方名医智慧的传统药物学专著，荟萃本地出产、经临床运用的中草药，抢救和保护泉州市宝贵的传统中医药文化遗产，打造泉州市中医药品牌，助力泉州市中医药事业健康发展。《新编泉州本草（植物篇）》将为科研机构和专家研究总结泉州市专家长期应用天然药物防治疾病的理论和实践提供重要参考。编委会借此向社会公开征集泉州地方中药草图谱和常用方、验方，以丰富该专著的内涵。

泉州市43个乡村与旅游企业签订对接帮扶协议

泉州市43个乡村旅游扶贫重点村与35家旅游企业正式签订对接帮扶协议。根据企业和乡村的不同特点和需求，提供多种帮扶方式供企业选择，包括景区扶贫、产业扶贫、采购扶贫、智力扶贫等方面。其中，景区扶贫就是发挥景区对邻近贫困地区和交通沿线贫困村的辐射带动作用，采取安置就业、提供摊位、入股分红、土地流转等方式让贫困人口分享景区发展带来的收益。而产业扶贫主要是引导旅游企业通过投资兴办企业，开发结对村的资源，打造精品民宿、乡村酒店、乡村度假地、旅游景区、旅游度假区等旅游项目，通过项目开发和旅游发展带动贫困人口脱贫。采购扶贫则是大力推进“农旅对接”，鼓励宾馆饭店等旅游企业与结对村的龙头企业、农业合作社、贫困户签订有机鲜活农产品定点采购协议，同时科学指导贫困户调整种养殖业方向，围绕需求进行订单式农业种植生产，打造直供鲜活农产品生产基地。智力扶贫上，旅游企业将向结对村群众教授实用技术，加大对从事农家乐、观光采摘、农事体验等经营户的教育培训和开发指导。

市委召开常委会会议传达贯彻全国创建文明城市工作经验交流会精神

市委召开常委会会议，传达贯彻全国创建文明城市工作经验交流会精神，研究泉州市贯彻意见。市委书记郑新聪主持会议。市委常委参加会议，市人大常委会党组、市政协党组主要负责人列席会议。2017年是第五届全国文明城市总评年，市本级及石狮、晋江、惠安迎接“国检”。会议要求，要着力强化问题导向，实行项目化管理，紧盯测评体系中的薄弱项及“国检”拟改革的测评标准，逐项梳理、对标寻差、细化到岗到人；建立健全奖惩机制，对推诿扯皮、工作不力、影响全市创建工作的，实行严格效能问责。聚焦短板攻坚，针对群众反映强烈的交通秩序、卫生保洁等，以及存在问题较多的老旧社区、背街小巷、农贸市场等场所，对症下药、综合施策，消除盲区死角。固化长效考评机制，定期开展巡查、经常性暗访测评，构建网格化、全覆盖的监管体系。要坚持上下合力共为，列入“一把手”工程，由党政主要领导亲自抓部署、抓督促、抓落实；形成环湾联动效应，坚持环泉州湾城市群一体创建的做法，以市带县，抓好城市双修，大力组织志愿服务、移风易俗等专项行动；调动群众积极性，让创建过程成为群众参与、共建共享的过程。

市政府第七次常务会议召开

市长康涛主持召开市政府第七次常务会议，研究并通过《泉州市人民政府关于加快发展体育产业促进体育消费十一条措施的通知》《泉州市人民政府办公室关于进一步健全特困人员供养制度的通知》等。

加快发展体育产业、促进体育消费，是转变经济发展方式、培育新经济增长点的内在要求，是提高全民身体素质和健康水平的重要举措。会议指出，要以建设国家体育产业联系点城市为抓手，创新产业发展体制机制，加大财政支持力度，落实各项优惠奖励政策；做大做强体育企业，支持政企学研一体化，加快“体育+旅游”“体育+健康”“体育+文化”“体育+互联网”等融合发展；充分激发市场活力，加强用地保障，优化金融服务，积极引进培养产业人才，拓展对外交流合作，努力为体育产业发展营造良好环境。会议要求，各级各相关部门要加强沟通协调，各尽其职，积极推动系列鼓励措施落到实处。

保障城乡特困人员基本生活，是完善社会救助体系、编密织牢民生安全网的重要举措，也是打赢脱贫攻坚战、全面建成小康社会的必然要求。会议要求，各级各相关部门要坚持托底供养、属地管理、城乡统筹、适度保障、社会参与的原则，加快在全市建立起城乡统筹、政策衔接、运行规范，与经济社会发展水平相适应的特困人员救助供养制度，确保将符合条件的特困人员全部纳入救助供养范围；要认真落实特困人员供养责任，加强供养服务机构建设，切实维护特困人员的基本生活权益。

中国南方马铃薯研讨会在晋江召开

由中国作物学会马铃薯专业委员会、泉州市农业局、晋江市人民政府主办的中国南方马铃薯研讨会在晋江召开。来自云南、黑龙江、河北、甘肃、安徽、山东、内蒙古、福建等地马铃薯行业的专家、学者，还有企业代表、闽南区域马铃薯种植场户等400余人参加现场研讨会。研讨会上，中国作物学会马铃薯专业委员会秘书长陈伊里的《中国马铃薯病虫害防治》、诺贝丰（中国）化学有限公司技术顾问麦海伟的《马铃薯水肥一体化》、河北久恩农业开发有限公司董事长王久恩的《马铃薯土藏病害治理》等主题发言与来宾分享种植马铃薯的经验和技术。马铃薯产销对接及产品推介会为南北马铃薯产业发展提供平台，与会来宾还到晋江金井，实地参观无人机喷药、马铃薯机械化采收。

推广马铃薯种植是晋江市实现“稳粮食、调结构、促增收”的一项重要举措。晋江在水田区域大力推广冬种马铃薯稻草包芯技术，在沿海沙壤土区域推广种植冬季马铃薯，出产的马铃薯产量高、品相好，深受消费者喜爱，上市时间则填补蔬菜市场淡季，取得较好收益。

4月10日

农历丁酉年三月十四
星期一
温度：20℃—27℃
阴—中雨

●市委召开常委会会议，传达贯彻全国创建文明城市工作经验交流会精神，研究泉州市贯彻意见。

●市委召开常委会会议，听取近阶段全市安全生产工作有关情况汇报。

●市政府第七次常务会议召开，研究并通过《泉州市人民政府关于加快发展体育产业促进体育消费十一条措施的通知》《泉州市人民政府办公室关于进一步健全特困人员供养制度的通知》等。

●中国南方马铃薯研讨会在晋江召开。

4月11日

农历丁酉年三月十五
星期二
温度：16℃—23℃
阴—小雨

●泉州市关工委全委（扩大）会议在市老干部活动中心召开。

●11—12日，按照市委、市政府统一部署，陈奕辉带队到德化县开展脱贫攻坚"春季攻势"行动调研检查工作。

●泉州市药品联合限价阳光采购联盟（阳光药采联盟）成立。

●晋江全国首创基层村书记人才认定机制。

市关工委全委（扩大）会议召开

泉州市关工委全委（扩大）会议在市老干部活动中心召开。市领导康涛、孔繁军、陈荣洲，市关工委主任施永康参加会议。受市委书记、市人大常委会主任郑新聪委托，市长康涛对各级关工委付出的努力和贡献表示感谢，对广大老领导、老干部致以崇高敬意，希望他们能一如既往地关心支持市委、市政府的工作，多为泉州发展建言献策。

就下阶段工作，康涛提出，一要坚决维护以习近平同志为核心的党中央权威，深入学习贯彻习近平总书记重要指示精神，坚持服务青少年的正确方向，大力弘扬"五老精神"，全力推动关心下一代事业创新发展。二要以立德树人为根本任务，结合泉州创建新一届全国文明城市和全国未成年人思想道德先进城市，及时把握社会环境的新发展、新变化和青少年的新情况、新需求，着力加强思想道德建设，突出精准关爱帮扶，优化青少年成长环境，教育引导青少年健康成长。三要深入开展新一轮"基层工作创新年"、创"五好"活动，完善"党建带关工委建设"，形成党委统一领导、关工委牵头负责、各部门齐抓共管、全社会积极参与的工作机制；不断夯实基础，加强基层工作保障和民企关工委组建工作，促进关心下一代工作向基层延伸；充分发挥"最美五老""老关工人"等先进典型的引领作用，带动更多社会力量参与关心下一代的公益慈善事业。

市领导到德化开展脱贫攻坚调研检查

11—12日，按照市委、市政府统一部署，市委副书记陈奕辉带队到德化县开展脱贫攻坚"春季攻势"行动调研检查工作。检查组到雷峰镇、南埕镇、三班镇走访了解贫困户、察看扶贫项目、查阅台账资料、了解基层党建工作等情况。在调研检查中，陈奕辉细致了解建档立卡贫困户实际生产、生活状况，帮助贫困户想对策、出点子、打足气，希望贫困户增强信心，在党和政府的帮助下多渠道解决困难，力争早日实现脱贫。

反馈会上，针对调研检查中发现的问题，陈奕辉指出，德化县各级党政干部要有更强的使命担当、更高的工作标准、更大的攻坚力度，用"绣花"的功夫打赢脱贫攻坚战。要紧盯目标任务，严格按照中央、省、市脱贫攻坚工作标准要求，进一步夯实基础性工作。要坚持以问题为导向，更加精准地把人力、物力、财力集中用到实处，配齐配强贫困户挂钩帮扶干部队伍，加强帮扶业务培训，以实事求是的工作作风，提升贫困户的满意度。要按照全面从严治党的要求，发挥基层党组织战斗堡垒作用和党员先锋模范作用，推动亮旗帜、亮身份、亮作为蔚然成风。要建立倒逼的工作机制，加大督促问责力度，把脱贫攻坚这项政治任务做得更深入、更扎实、更出色。

晋江全国首创基层村书记人才认定机制

晋江正式出台《关于进一步加强和改进村级党组织"领头雁"示范工程的若干措施》，打破村级党组织书记队伍培养的一般框架，提出实施"人才反哺农村"计划；同时，全国首创在村（社区）党组织书记中开展农村（社区）治理人才认定工作。经认定定级的对象将在享受相关人才政策待遇。在经济待遇上，按照特级、高级、中级、初级人才认定，每人每月对应享受3000元、2500元、2000元、1500元人才岗位津贴，这一"真金白银"的津贴将报酬与个人能力、业绩、贡献更好地挂钩，更是对他们工作的肯定；在政治待遇上，连续2次被认定为高级及以上人才且符合有关规定的，优先推荐考录镇（街道）公务员和事业单位工作人员专门岗位，担任本镇（街道）党（工）委兼职副书记或委员，选配乡镇领导班子成员，为人才们打通了"上升通道"；在生活待遇方面，连续2次被认定为高级及以上人才的，直系亲属参照享受晋江市4类、5类人才择校就读政策，享受优质教育资源。

永春苦寨坑窑址获评全国十大考古新发现

经过近2个月的评审工作，国家文物局从全国25个进入终评的发掘和调查项目中评出2016年度全国十大考古新发现，分别是：宁夏青铜峡鸽子山遗址、贵州贵安新区牛坡洞洞穴遗址、湖北天门石家河遗址、福建永春苦寨坑原始青瓷窑址、陕西凤翔雍山血池秦汉祭祀遗址、北京通州汉代路县故城遗址、浙江慈溪上林湖后司岙唐五代秘色瓷窑址、上海青浦青龙镇遗址、山西河津固镇宋金瓷窑址、湖南桂阳桐木岭矿冶遗址。作为福建省唯一入选参评项目的永春苦寨坑原始青瓷窑址名列其中。2016年度全国十大考古新发现评选初评活动于2月21日启动，从全国40个发掘和调查项目中投票产生25项进入终评。在进行一天半的汇报演示后，评委会经过评议和无记名投票，产生2016年度全国十大考古新发现。

2015年年底，永春县介福乡苦寨坑发现9条原始青瓷龙窑遗迹、出土大量原始瓷标本，轰动一时。考古队在多个窑炉火膛底部采集碳粒样本进行碳十四年代测定，结果显示这两处窑址的年代为公元前1700多年至公元前1400多年，即距今3400多年—3700多年的夏朝中后期到商代中期。把中国烧制原始瓷的历史向前推移200年。

专家组在点评中表示，永春苦寨坑窑址和前两年发掘的辽田尖山窑址印证了东南沿海广大的印纹硬陶生产区域，从技术上讲，都有可能创制出带釉的原始瓷器。窑址中出土夏商时期的原始瓷器，与东苕溪流域原始瓷器的创烧几乎同时。区域考古调查发现在周边地区还有十余个窑址，是一个具有一定规模的生产区域。表明这里与东苕溪一带各自在生产印纹硬陶的基础上创制了原始瓷器。同时，专家组指出，永春苦寨坑窑址的发掘厘清这一区域的生产时代，出土有相当质量水平的早期原始瓷器。产品主要在晋江流域使用，并影响到闽江流域，西周时生产的中心区域转移到闽北地区，以后在与浙东地区的竞争中消亡。苦寨坑发掘中清理了9座窑炉，其中有几座保存较为完好，为土洞式长条形的龙窑，与东苕溪流域是不同的技术体系。专家组认为，福建地区是原始瓷器生产的重要区域，与中原地区的联系也十分紧密。

永春苦寨坑窑址获评全国十大考古新发现。图为原始青瓷窑址出土的青瓷尊残片（图/晚报社）

福建新闻奖作品系列评选活动在惠安评选

12—16日，由福建省委宣传部、省新闻工作者协会主办，泉州市委宣传部、市新闻工作者协会协办的2016年度福建新闻奖作品系列评选活动在惠安举行。福建新闻奖是福建省唯一的综合新闻类省级评比表彰项目，是全省优秀新闻作品最高奖。开展福建新闻奖评选活动旨在检阅福建省新闻工作年度业绩，发挥示范引导作用，推动新闻媒体与新闻工作者坚持正确舆论导向，落实“三贴近”要求，提高作品质量，提升整体效益。此次福建新闻奖作品系列评选共收到全省报纸、通讯社、电台、电视台、期刊、新闻网站等新闻单位和省总工会等单位推荐的有效参评作品776件。其中，报纸类256件、广播类114件，电视类162件、综合类244件。评委从中评出400件获奖作品，其中一等奖60件、二等奖125件、三等奖215件。评选继续沿用四个评审大组的设置，分为报纸、广播、电视、综合四大组。所有获奖作品目录在福建记协网公示后确定、公布。

4月12日

农历丁酉年三月十六
星期三
温度：14℃—19℃
阴

●永春苦寨坑窑址获评全国十大考古新发现。

●12—16日，2016年度福建新闻奖作品系列评选活动在惠安举行。

●石狮市检察院分别在石狮市染整同业公会、石狮市纺织服装产业基地挂牌成立“服务非公经济联系点”，并签订共建协议，拓展非公企业服务范围。

●厦沙高速公路全长5856米的戴云山隧道左洞贯通。

4月13日

农历丁酉年三月十七
星期四
温度：15℃—21℃
多云

●市委书记、市人大常委会主任郑新聪带队到永春县，围绕贯彻中央、省委部署，调研脱贫攻坚、安全生产、美丽乡村等工作，并召开座谈会，协调解决当地具体困难和问题。

●市政府召开全市生态环境保护问题攻坚会。

●市领导陈奕辉、肖汉辉率队到南安市检查春季农业生产和防汛备汛工作。

郑新聪到永春调研脱贫攻坚等工作

12—13日，市委书记、市人大常委会主任郑新聪带队到永春县，围绕贯彻中央、省委部署，调研脱贫攻坚、安全生产、美丽乡村等工作，并召开座谈会，协调解决当地具体困难和问题。郑新聪要求永春做足生态环保文章，把美丽乡村建设与河道治理、历史遗迹保护、传统技艺传承等结合起来，让美丽乡村更有生命力。同时，大力宣传弘扬社会主义核心价值观，积极创建文明县城、文明村镇，不断提升群众的卫生意识、保洁意识、文明意识。调研期间，每到一处，郑新聪都关切询问当地村财来源、主导产业、农民收入等情况，并高度肯定各地因村因户、创新机制推进精准扶贫的做法。他指出，稳定脱贫是新一轮精准扶贫的重点所在，要因地制宜发展特色产业，想方设法提高村级组织“造血”功能。在下洋镇天湖山能源公司，郑新聪一行乘坐索道下到距离地表140多米的含春煤矿井下，实地查看煤矿安全生产各项防护措施，叮嘱一线矿工要严格按照安全技术措施规范作业，保证生产安全。在坑仔口镇美岭水泥有限公司，郑新聪到生产现场，检查企业安全生产责任制、安全管理制度、安全防护措施等落实情况。他要求，要大力推进企业安全生产标准化建设，及时更新应急救援设备，加强安全教育培训，提高全员安全意识，强化岗位安全职责。

全市生态环境保护问题攻坚会议召开

市政府召开全市生态环境保护问题攻坚会。市领导康涛、张永宁、肖汉辉，市政府秘书长廖国文参加会议。会上，环境保护问题整改情况督查小组通报3月督查工作情况。泉港区、石狮市、晋江市、南安市、惠安县分别作表态发言；市发改委书面部署配合推进国家生态文明试验区改革任务。各级各部门认真组织推进问题整改，对问题不遮掩、不回避，措施实、成效大。康涛要求，一要动真碰硬抓好环保问题攻坚。认真开展信访投诉件的排查处理，强化环保污染防治设施的实时监督，对已完成整改的问题要进一步跟踪、检查，坚决防止反弹回潮；做足特色亮点，总结提升泉州形成的好经验、好做法。二要全面深入开展水、大气、土壤污染防治。深化实施“清新水域”工程，全面推行河长制，攻坚工业污染治理，推动污水收集处理设施向农村延伸覆盖；加强火电、钢铁、水泥等重点行业整治，确保完成省下达任务；深化实施“清洁土壤”工程，启动土壤污染治理与修复工程试点，加快工业废物综合处置中心项目建设。三要扎实推进国家生态文明试验区建设。加快总结泉州传统制造业转型升级与生态文明建设形成正向互动的经验进展，加大生态保护补偿机制等15个关键环节和重点领域的改革创新力度，形成独具泉州特色的生态文明建设经验。

市领导到南安检查春季农业生产和防汛备汛工作

市委副书记陈奕辉、副市长肖汉辉率队到南安市，检查春季农业生产和防汛备汛工作。检查组一行察看溪美街道莲塘村千亩超级稻高产示范片春耕情况，详细了解洪濑镇绿滢生态农业发展有限公司设施农业建设情况。陈奕辉要求，要发挥农业专家和农业科技人员作用，加强农业科技指导，引导农民科学合理使用肥料、农药等，提高生产效益；要切实抓好春耕农资供应服务工作，加大种子、农药、化肥等物资调运力度，保障农资供应充足、质量合格、价格合理、品种多样；各级政府要加强服务保障工作，到田间地头了解群众需求，及时帮助解决问题。检查组检查山美水库防汛装备储备情况，听取2017年防汛备汛工作。陈奕辉要求，要以高度责任感抓好防汛备汛工作。备好物资，保障供应。备好力量，科学调度、整合资源。备好模式，加强演练，到社区、街道开展宣传、演练工作，做好突发状况应对预案；要坚持问题导向，专题解决内涝等突出问题，合理加快部分在建项目进度；要健全综合研判机制，科学研判风险，加强预警响应，确保全市安全度汛。

市委举行中心组（扩大）学习会 听取“古泉州（刺桐）史迹”申遗专题工作报告

市委举行中心组（扩大）学习会。市委书记、市人大常委会主任郑新聪主持学习会。市领导康涛、陈万里、陈奕辉、翁祖根、林锦明等参加学习。副市长周真平作“古泉州（刺桐）史迹”申遗专题工作报告。报告结合大量实例，阐释世界遗产保护法律法规、申遗程序、海上丝绸之路概念、泉州在古代海上丝绸之路中的地位作用、泉州申遗历程、古泉州（刺桐）史迹价值特征等，为广大干部提供有益启发。

郑新聪肯定前一阶段申遗工作取得的成效。他强调，申遗是手段，保护是目的，申遗过程是保护和宣传遗产的过程，也是一次对遗产保护管理重新认识的思想提升。要加强宣传营造氛围，围绕“申遗为民、申遗惠民”主题，组织开展“服务申遗、助力申遗，为申遗加分”系列活动，动员全社会力量参与到申遗和文化遗产保护中，让泉州的文化遗产更好地世代传承、发挥作用。

市人大常委会调研灾后重建工作

市人大常委会党组书记陈万里带队到永春、德化、安溪、南安开展灾后重建工作情况调研。市人大常委会副主任许文贵、市政府副市长肖汉辉参加相关活动。调研组一行到永春外山乡福溪综合整治工程、东关镇青田线公路水毁工程、东关桥、溪南村安置小区，德化南埕镇高泝村住房灾后重建点、双芹溪防洪堤灾后修复重建点、水口镇梨坑村，安溪参内乡坑头村公路水毁点、虎邱镇金榜至少卿村公路修复工程、玖玖天诚葡萄园大棚设施、官桥镇恒美村，南安九都镇林坑村、罗东镇维新村、罗东村、省新镇丹清村、新厅村等了解灾后重建项目建设进展，并召开灾后重建工作座谈会。

调研组对泉州灾后重建工作给予肯定，各地在市委、市政府正确领导下，高度重视灾后重建，积极做好应急响应，落实“1+11”方案，灾后重建举措有力、成效明显。调研组要求，要综合运用财政补助、城乡建设用地增减挂钩、造福工程补助、社会帮扶与保险理赔等政策措施，多渠道解决重建的财力问题；要建立长效机制，探索做好村级道路投保、改造、养护等工作；要进一步完善对灾后重建点的建设，跟踪解决德化梨坑村、南安林坑村等受灾点重建过程中产生的新问题；要加强民间抢险队伍的培训，结合实际组织开展演练，增强群众主动防灾避险意识，提高抵御自然灾害能力。

陈灿辉到泉港调研文化旅游产业

市政协主席陈灿辉率队到泉港区，就文化旅游产业发展情况进行实地调研。市政协副主席骆沙鸣，秘书长陈伟平参加。陈灿辉一行察看大福古船模型制作公司、泉港文化中心、涂岭镇秀溪村和樟脚村。每到一处，陈灿辉都认真听取汇报，详细了解相关情况及今后发展规划。大福古船模型制作公司是一家专门从事古船模型制作的企业，船模做工精细，2016年央视春晚泉州分会场舞台的福船就是由该企业参与搭建。听完企业负责人介绍后，陈灿辉鼓励企业要注重传统技艺保存，也要注重自身经济效益，寻求多元化经营，实现可持续发展。秀溪村享有“美丽乡村”称号，因“冬种花田，春种彩稻”而吸引八方游客，积极发展特色农业和乡村休闲旅游。陈灿辉表示，要学习借鉴先进经验做法，培育和丰富新型业态，提高农产品附加值，拓展农民增收新渠道，争取做大做强。樟脚村依山而建，民俗文化丰富，现存有近百处明、清古建筑，每逢周末或节假日游人如织。陈灿辉指出，要发挥历史文化优势资源，着力发展好乡村旅游，完善相关配套设施和服务体系，努力打造特色旅游胜地。

市领导与香港永春同乡会泉州访问团座谈交流

市委副书记陈奕辉与到泉州考察的香港永春同乡会访问团座谈交流，并感谢同乡会长期爱国爱港爱乡，维护乡亲合法权益，助力乡亲事业发展，支持家乡各项建设，希望他们当好泉州的宣传员、推介者，架起招商引资的重要桥梁，吸引更多客商到泉州投资兴业、旅游观光。市委常委、统战部部长林万明，市人大常委会副主任张建生参加会见。

4月14日

农历丁酉年三月十八
星期五
温度：17℃—25℃
多云

●《人民日报》头版“‘一带一路’·合作共赢”专栏开篇聚焦泉州《泉州，再续丝路情缘》。

●市委举行中心组（扩大）学习会。郑新聪主持学习会，周真平作“古泉州（刺桐）史迹”申遗专题工作报告。

●市人大常委会党组书记陈万里带队到永春、德化、安溪、南安开展灾后重建工作情况调研。

●陈灿辉率队到泉港区，就文化旅游产业发展情况进行实地调研。

●陈奕辉与到泉州考察的香港永春同乡会访问团座谈交流。

●14—15日，2017年福建省全民健身运动会舞龙公开赛暨第十三届全运会群众比赛舞龙福建省选拔赛在集美大学举行。华侨大学女子舞龙队获一等奖。

4月15日

农历丁酉年三月十九
星期六
温度：19℃—27℃
阴

●郑新聪到市信访局接待来访群众，面对面听取群众诉求，逐一协调解决具体问题。

●4月15日至5月5日，第一二一届广交会三期在广州举办，泉州508家企业参展，其中12家系首次参展。

●泉州三家单位入选全省首批服务型制造公共服务平台。

郑新聪到市信访局接访群众

市委书记、市人大常委会主任郑新聪到市信访局接待来访群众，面对面听取群众诉求，逐一协调解决具体问题。市领导翁祖根、林锦明、农刚参加接访。在接访现场，市领导仔细阅读信访材料，耐心倾听、认真询问和记录群众反映的困难和问题，与相关部门负责人研究具体解决方案，并要求有关部门限期解决。郑新聪对市、县两级信访工作联席会和信访一线干部的工作给予肯定。就进一步做好信访工作，他强调，全市各级各部门要准确把握当前信访工作形势，完善各种工作机制和反应机制，及时发现和化解一批苗头性、倾向性问题，不断提升信访工作的前瞻性。要种好各自责任田，严肃责任、严明制度，落实挂片包案、网格管理等职责，采取强有力措施，完成承担的各项任务。要坚持“一把钥匙开一把锁”，加强与信访人的沟通，全面摸清信访事项，并依法依规、综合施策推动解决。要督促落实已接访协调事项，建立通报反馈制度，真正以解决信访问题的成效取信于民。

508家泉州企业参展第一二一届广交会

4月15日至5月5日，第一二一届广交会三期在广州举办，泉州508家企业参展，其中12家系首次参展。此次泉州总展位数共计1524个(含品牌展位)，参展企业数和展位数分别占省团1204家企业、3380个展位的42.2%和45.1%，其中品牌展位数440个，占省交易团品牌总展位数的50.2%，布展水平进一步提升。具体安排为，一期41家企业103个展位；二期223家企业732个展位；三期244家企业689个展位。广交会“泉州品牌展示专区”成功举办两届，专区规模、影响和效益正逐届提升。据统计，前两届广交会期间，到访“泉州品牌展示专区”的境外采购商人数约有6000人，主要来自欧美、中东、东南亚以及非洲等国家和地区，现场及意向成交额6700万美元。此届广交会二、三期泉州继续以嵌入广交会的方式设立“泉州品牌展示专区”，每期展示面积605平方米，展出商品以纺织服装、鞋、伞、食品、石材制品、家居工艺品、陶瓷制品等为主，并通过增设现代表演以及企业走秀等活动来进一步吸引客商。按照“政府搭台、企业唱戏、市场运作”的模式，二期拟重点推介“世界陶瓷之都——德化”“中国石雕之乡——惠安”“中国藤铁工艺之乡——安溪”；三期重点推介“中国运动鞋服制造之都、中国内衣泳装出口基地”“中国休闲食品名城”“中国伞都——福建晋江”以及“晋江购”等地方特色产业、自主创新产品。

泉州三家单位入选全省首批服务型制造公共服务平台

首批省级服务型制造公共服务平台名单出炉，全省10个单位入列，其中泉州占据三个席位。这三家单位及平台名称分别为：泉州迪特工业产品设计有限公司的省工业设计服务型制造公共服务平台；泉州师范学院的省纺织服装产业服务型制造公共服务平台；福建讯网网络科技股份有限公司的省智能化鞋产业服务型制造公共服务平台。

省级服务型制造公共服务平台是以加快产业转型升级为目标，为制造企业发展服务型制造提供管理咨询、业务拓展、创新设计、信息技术、应用推广、人才培训、产业研究等服务的行业性、区域性公共服务平台。其中，管理咨询服务，为产业集群和区域制造企业发展系统总集成总承包、个性化定制、在线支持与诊断、全生命周期管理等服务型制造提供技术和管理咨询服务；业务拓展服务，为企业向“制造+服务”转变提供整体解决方案、项目策划、转型升级辅导等业务拓展服务,帮助企业拓展服务业务，发展新业态、新模式；创新设计服务，为企业提供产品、系统、工艺流程、服务等领域的创新设计应用；信息技术服务，即提供企业整体信息化、设备共享、大数据分析、信息系统维护等信息技术服务；应用推广服务，即开展服务型制造新业态新模式移植推广、企业管理提升诊断等应用推广活动；人才培训，是为企业提供面向服务型制造转型的人才培训服务；产业研究，即定期或不定期地开展产业调研和企业发展战略研讨，为服务型制造和生产服务业发展提供智力支持，成为行业主管部门的参谋和连接企业的桥梁。

106

康涛参加晋江企业创新发展大会

晋江召开2017年“紧抓实体，聚力创新”企业创新发展大会，吹响续写“晋江经验”新篇章的集结号。市长康涛，以及晋江市领导、晋江工商企业界代表、有关业界精英等参加会议。受市委书记郑新聪委托，康涛代表泉州市委、市政府，向为泉州、为晋江发展做出卓越贡献的企业家表示衷心感谢。在当前经济下行和转型升级的双重压力下，康涛要求，一是有义，就是要义字当头，续当创造时代的英雄。二是有根，就是要根植实业和故土，做特别执着的实干家。三是有智，就是要智拼智胜，做奔竞不息的先行者。四是有梦，就是要心怀梦想，做独具情怀的企业家。

第三届映山红文化旅游节举办

由泉州市体育局主办第三届映山红文化旅游节暨“晋江经济开发区商会杯”2017全国高山徒步大赛在永春呈祥乡举办。来自全国各地的2000多名徒步选手，在沿途开遍映山红的盘山赛道上展开竞逐。伴随着一声号令枪响，徒步大赛正式启幕，选手们迈过起点进入赛道。这条风景秀丽的赛道从永春呈祥乡柴桥头到雪山岩停车场，垂直落差1300多米，全程12.8公里，被评为“福建美丽乡村景观带”之首，广大徒步爱好者更将其誉为“徒步天堂”。4月正值映山红花季，赛道两旁上百种映山红竞相开放。除此之外，选手们还可同时领略梯田、森林、云雾、古厝、古寺等高山自然与人文风光。此次比赛邀请“半马小王子”李少壮、大山里走出来的越野跑冠军贾俄仁加、泉州首届高山徒步大赛冠军刘鹭峰、福州半马女子冠军吴美霞、深圳马拉松女子冠军凌鸿英等众多健跑界的“常胜将军”。最终，来自青海的23岁选手贾俄仁加以51分48秒的成绩夺得该赛事男子组冠军，福建晋江20岁的女大学生苏雪婷摘得女子组桂冠，成绩为1小时3分20秒。

徒步大赛颁奖仪式　(图/郭泳德)

“清水禅风书画艺术作品展”在泉州举办

以弘扬清水祖师“利物济人，慈善大爱”精神为主题的“清水禅风——书画艺术作品展”在泉州七彩艺文会馆开幕，本次展览共展出清水禅风书画苑收藏的佛教界及两岸书画艺术家的书画、雕塑陶瓷作品四十多件。

清水禅风——书画艺术作品展　(图/郭泳德)

相关链接：清水祖师是北宋福建禅僧，出生于永春县小姑乡(现为岵山镇)，俗姓陈，法名普足。普足禅师一生广施善行，为民祈雨，施医济药、修桥造路，圆寂后获南宋朝廷四次敕封，封号为“昭应广惠慈济善利大师”。安溪清水岩是全球清水祖师文化的发祥地，始建于北宋元丰六年(1083年)，近千年来，分炉于台湾、香港、澳门及新加坡、马来西亚、印尼、缅甸、泰国、菲律宾、越南等地。据不完全统计，目前，世界上有清水祖师文化信仰者近亿人，世界各地分灵的清水祖师庙有1000多座，分布在世界上20多个国家和地区。

4月16日

农历丁酉年三月二十
星期日
温度：22℃—28℃
阴

●晋江召开2017年“紧抓实体，聚力创新”企业创新发展大会。

●市残联联合市委宣传部、市直机关工委、市文联举办“放飞梦想·共享阳光”泉州市2017年残疾人艺术作品展，作品征集活动即日展开。

●“相约美丽卫生城，牵手文明新鲤城”志愿服务暨“共享单车·共创文明”小星星亲子环保志愿服务活动，在市区文化宫举行启动仪式。

●德化县上涌镇在辉阳村举办首届上涌梨花节开幕式暨摄影大赛启动仪式。

●华侨大学一年一度的泼水狂欢再次欢乐上演，来自东南亚地区的留学生，与中国学子一起互相泼水，共同欢庆东南亚佛历新年。

4月17日

农历丁酉年三月廿一
星期一
温度：21℃—30℃
阴

●市委召开常委会会议，学习贯彻习近平总书记重要指示精神，研究进一步开展向廖俊波同志学习活动。

●市委召开常委会会议，传达贯彻省委召开的部分设区市负责人座谈会主要精神，分析第一季度全市经济运行情况，研究下一步经济工作。

●2017年市十六届人大代表第一期履职培训班开班。

●17—18日，陈奕辉带领考察组到江苏省张家港市学习考察。

●市政府召开全市“地条钢”清理整治工作会议。

●市政府发出通知，对规模以上制造业企业4月份、5月份用电增长进行奖励，单家企业奖励最高不超过100万元。

●晋江启动中国泳装产业创业园——泳装面辅料专业市场招商。

●海丝海博会举行开幕前的文艺晚会。晚会以“海丝情”为主题，用精彩纷呈的非物质文化遗产节目，展现深厚的海丝文化底蕴。

●全运会笼式足球福建选拔赛在福州落幕，在男子组决赛中，泉州足协代表队获亚军。

市委召开常委会研究进一步开展向廖俊波学习活动

市委召开常委会会议，学习贯彻习近平总书记重要指示精神，研究进一步开展向廖俊波同志学习活动。市委书记郑新聪主持会议，市委常委参加会议，市人大常委会党组、市政协党组主要负责人列席会议。会议首先传达学习习近平总书记的重要指示精神，就贯彻落实中组部和福建省委有关通知要求进行部署。

会议要求，要精心组织学习宣传，制定泉州市具体学习宣传方案，细化机关、高校、企业等领域的学习任务、要求和具体措施，召开座谈会部署安排，明确学什么、怎么学。要及时转载、推送中央、省里相关宣传报道，营造学习先进、争当先进的浓厚氛围。要纳入“两学一做”学习教育，研究推进“两学一做”学习教育常态化制度化的具体措施，推动学习教育纵深发展、彰显实效。要开展“学习廖俊波，争做合格党员”主题实践活动，组织专题学习研讨，深化“承诺、践诺、评诺”活动，引导党员干部自觉向廖俊波同志看齐，以正在做的事、群众关心的事为重点进行承诺，在推进脱贫攻坚、项目建设、党的建设等具体工作中践诺、履诺。要更加关心关爱干部，制定关心帮助干部的具体措施，照顾好因公殉职和因病因残困难干部职工家庭、家属，逐人逐户建档立卡，明确专人负责、专人落实。

市十六届人大代表履职培训班开班

2017年市十六届人大代表第一期履职培训班开班。市人大常委会主任郑新聪作动员讲话，市人大常委会党组书记陈万里主持会议，251名市人大代表参加首期培训。郑新聪指出，2017年是代表履职的起始之年，组织全市人大代表进行集中学习，就是要更好地提高代表的综合素质和履职能力，帮助代表们尽快找准位置、进入角色，依法履职、发挥作用。他要求，全市人大代表要提升站位，切实增强当好代表的责任感和使命感。要依法履职，在“五个泉州”建设中充分展现作为。要遵纪守法，明确人大代表应当做什么、不应该做什么，明确人大代表的管理监督和退出机制，模范遵守宪法法律。

市十六届人大代表第一期履职培训班，郑新聪作动员讲话　(图/王虎文)

市创文明城工作考察组到张家港学习考察

17—18日，市委副书记陈奕辉带领泉州市深化创建全国文明城市工作考察组到江苏省张家港市学习考察。市领导陈铁晗、李冀平参加活动。考察组参观张家港市文化中心、张家港市塘市小学、张家港市博物馆、暨阳湖生态湿地公园等8个考察点，详细询问和了解城市、社区、学校、街道、场馆等方面的创建情况，并对泉州本地、本单位创文明城工作进行深入思考。在学习考察座谈会上，陈奕辉强调，各地各部门要深入学习和借鉴张家港人22年持续奋力创城的精神，将学习考察成果付诸具体行动，对照文明城市测评体系条款做实创城文章；要坚持精神文明与物质文明双促进、双丰收，坚持继承与发展相协调、相统一，下定决心、敢拼会赢，努力实现创城美好蓝图；要创新创建载体，把社会主义核心价值观、正能量标语、志愿者服务、书香城市等各项工作落到实处，做到有载体、有创意、有实效，体现规范性、整体性、和谐性；要在高站位、广覆盖、长效常态、务实载体上下功夫，建立健全督责、问责、考核等机制，敢于动真碰硬，强化“一把手”意识，一任接着一任干，推动泉州创城水平不断提升。

第三届中国（泉州）海上丝绸之路国际品牌博览会和第二十届海峡两岸纺织服装博览会在石狮举办

18—20日，第三届中国（泉州）海上丝绸之路国际品牌博览会（品博会）和第二十届海峡两岸纺织服装博览会（海博会）在石狮举办。植入海丝元素的海丝海博会使石狮逐渐从海峡两岸的办展定位，向“一带一路”和全球化办展过渡。展会吸引来自法国、意大利、芬兰、新加坡、瑞典、越南、泰国以及中国香港、中国台湾等地的企业参展，其间举办32场产业对接及买家对接活动，1万多名专业买家和客商到会采购对接。其中，海博会展示范围覆盖纺织品、服装面料、服装服饰、辅料、纺织新技术、智能设备缝制机械及配件、互联网、电子商务、区域合作与产业上下游与服务等。借助海博会的平台，产业链不同环节的参展商们均收获不凡的战绩。

海丝品博会的举办地在石狮服装城展示中心一号馆共三层，总面积2.6万平方米，设展位603个，参展企业380家。海博会设一个主展区、三个分展区，主展区设在石狮国际轻纺城，同时设立石狮服装城、石狮纺织机械市场、海西（石狮）电子商务园区共三个分展区，形成“三星映月”的展区格局。石狮国际轻纺城内的主展区面积6.2万平方米，加上三个分展区，总展区面积超过30万平方米。

第三届中国（泉州）海上丝绸之路国际品牌博览会开幕式　　(图/陈龙山)

第十九届中国（晋江）国际鞋业暨第二届国际体育产业博览会举办

18—21日，第十九届中国（晋江）国际鞋业暨第二届国际体育产业博览会（体博会）举办。该届展会以“助推体育产城融合，争办世界中运盛会”为主题，重点突出国际化、体育、创新和营销等元素，吸引国内及来自美国、法国、意大利、俄罗斯、印度、南非、澳大利亚、以色列等70多个国家和地区的客商14.27万人次，同比增长15.8%；达成意向成交额183.37亿元，同比增长11.9%。体博会展馆面积6万平方米，设置2200个国际标准展位，设有体育用品、鞋纺材料、机械设备等三大主体展区，同时设立“一带一路”品牌馆、晋江鞋业指数馆、科技馆、招商馆、体育城市馆、集成电路馆、石墨烯产业应用展示馆、人力资源服务馆、产业展示馆、品牌产品馆、中小企业鞋类精装区、媒体展示区、台湾鞋机馆等10多个特色馆。

第十九届中国（晋江）国际鞋业暨第二届国际体育产业博览会开幕式　　(图/赖进财)

4月18日

农历丁酉年三月廿二
星期二
温度：22℃—29℃
阴—小雨

●泉州市召开全市学习贯彻习近平总书记重要指示精神和开展向廖俊波学习活动动员部署会议。

●18—20日，第三届中国（泉州）海上丝绸之路国际品牌博览会（品博会）和第二十届海峡两岸纺织服装博览会（海博会）在石狮举办。

●18—21日，第十九届中国（晋江）国际鞋业暨第二届国际体育产业博览会（体博会）举办。

●全市地方志工作会议召开，肖汉辉列会并作重要讲话。

●18—20日，由海博会组委会、石狮市人民政府主办的第五届石狮电商大会在青创城国际网批中心举行。

●石狮国家纺织面料馆、中国纺织工程学会石狮服装及配饰产业研究院、中国纺织信息中心石狮分中心（“一馆一院一中心”）在轻纺城举行揭牌仪式。

●第六届“石狮杯”全国高校毕业生服装设计大赛在闽南理工学院举行。

●石狮纺织服装产业联盟在石狮公务大厦举行第一届理事代表大会暨成立大会。

4月19日

农历丁酉年三月廿三
星期三
温度：22℃—27℃
中雨—小雨

●19—22日，国际良知遗址联盟主席杜杜·迪安博士到泉州访问。

●19—21日，由泉州市商务局主办的2017年泉州市农村电商扶贫工程培训在永春举办。

●由中国纺织工业联合会、石狮市人民政府主办的全球纺织服装供应链大会（TASCC）在石狮开幕。

●全省乡镇妇联组织区域化建设和农村妇代会改妇联工作培训班学员110人到石狮开展现场教学。

●19—21日，法国文化遗产总监戴浩石在中法文化论坛法方秘书长胡欣的陪同下，到泉州考察。

●19—20日，泉州部分县市发生暴雨、局部大暴雨过程，德化、永春、南安、洛江部分乡镇降雨超过100毫米。

康涛会见国际良知遗址联盟主席杜杜·迪安博士

19—22日，国际良知遗址联盟主席杜杜·迪安博士到泉州访问。泉州市举行座谈会，邀请迪安博士与文化界相关人士、青年代表等欢聚一堂，共话友谊。市长康涛、副市长周真平，中国文物学会副会长兼世界遗产研究会会长郭旃、清华大学遗产研究中心主任吕舟等参加。

康涛代表市委、市政府对迪安博士及各位专家的到来表示欢迎，他说，迪安博士是中国人民的好朋友，更是泉州人民的好朋友，曾先后3次到泉州考察海上丝绸之路，特别是1991年2月，他带领的联合国教科文组织“海上丝绸之路”考察队在泉州进行为期5天的综合考察活动，翻开泉州海丝文化遗产保护传承的崭新一页，让泉州得到世界更多更广泛的认识。

迪安博士对泉州方面的热情款待表示感谢，他说：“不论是1991年的首次到泉州考察，还是2017年再度到泉州参会，泉州人民一如既往的热情友好让他深受感动。正是在1991年的海上丝绸之路考察中，与泉州人民结下了深厚友谊，泉州就像我的故乡。现在，已到泉州绽放的时候，让我们一起行动，为泉州申遗做宣传工作。我会一如既往地宣传和推介泉州海丝文化遗产。”

会见现场 （图/陈晓东）

全球纺织服装供应链大会在石狮举办

由中国纺织工业联合会、石狮市人民政府主办的全球纺织服装供应链大会在石狮举办。这是该大会十年来首次移师石狮，成为2017年第三届海丝国际艺术节系列活动之海丝海博会的新亮点。大会集国内外纺织服装经济、管理、设计、营销等企业领袖与专家于一堂，探索纺织服装供应链的管理方法、突出问题和发展方向，通过全体大会、主旨演讲、主题演讲、平行活动、高端对话等兼容并蓄、多元立体的交流形式，发表独立思想，分享成功案例，引发新思考、新认识，催生更多有价值的建议和启发。开幕式上，虎门、福州、宁波、柯桥、常熟、西樵、盛泽、石狮等八个产业集群获得“供应链大会平台十年杰出贡献奖”；兰精公司、亨斯迈公司、太极石股份有限公司、锡莱亚拉斯（深圳）有限公司、河北宁纺集团有限责任公司、中纺协检验（泉州）技术服务有限公司、国家纺织面料馆（石狮馆）、石狮检测中心、石狮轻纺城等单位获评“大会特别贡献奖”。

市农村电商扶贫工程培训举办

19—21日，由泉州市商务局主办的2017年泉州市农村电商扶贫工程培训在永春举办。为期三天的课程理论、实操、实地观摩相结合，不仅包含互联网电商现状、趋势、行业解析及新媒体形势下的互联网营销等理论知识，还有专业的创业培训教师、电商企业负责人或高管带领学员走进永春电子商务产业园进行UI设计实操，以及到永春当地醋、香等特色产业实地观摩。

全省乡镇妇联培训班在石狮开展现场教学

全省乡镇妇联组织区域化建设和农村妇代会改妇联工作培训班学员110人到石狮开展现场教学。培训班一行人走访参观永宁镇郭坑村，实地了解郭坑村美丽乡村、妇女之家的建设工作和农村妇代会改建妇联的工作情况。随后现场会上，石狮市、永宁镇、郭坑村三级妇联组织分别做了基层组织建设工作的经验介绍。创新的工作机制、健全的区域化妇联组织网络和坚强有力的基层工作力量，受到全省各设区市妇联领导的一致好评。

尤权于伟国率省委省政府工作检查组到泉州开展工作检查

20—21日，省委书记尤权、省长于伟国率领省委省政府工作检查组，到泉州开展工作检查。省领导张志南、梁建勇、周联清、黄琪玉，全省各设区市、平潭综合实验区党政主要领导和省直有关部门负责人一同调研检查。市领导郑新聪、康涛、翁祖根、张永宁、卢炳椿等陪同检查或在检查点上参加活动。检查组一行到安溪县、晋江市项目一线，全面检查泉州市贯彻落实省第十次党代会精神、推动发展再上新台阶的工作情况。检查中，省领导对泉州经济社会发展取得的成绩给予肯定，对泉州未来发展寄予殷切期望。

在安溪湖头光电产业园，尤权、于伟国一行到生产车间，仔细询问企业产品性能特点、工艺流程、市场销售等情况，鼓励企业专注研发、不断创新，继续保持技术优势，保持行业领先水平。走在光伏产业前沿，位于晋江的HDT生产项目拥有高效太阳能电池成套设备和技术、工艺整合能力，并具备生产线和技术整线输出能力。尤权、于伟国一行详细了解生产流程、市场前景等情况，高度评价企业通过技术输出、专利授权盈利的商业模式，鼓励企业坚持以科技创新为核心，抢占市场高地。作为国家“十三五”集成电路重大生产力布局的组成部分，晋华集成电路存储器生产项目建设加速推进。尤权、于伟国一行听取项目规划布局、建设进展等情况介绍，对项目边建设、边引才、边研发的模式给予肯定，要求当地做好人才相关服务工作，切实以项目集聚人才、助推产业提升。在晋江国际鞋纺城，尤权、于伟国一行走入商铺，与商户亲切交谈，了解经营情况，鼓励当地加快产业转型升级，完善产业链配套，促进现代服务业跃升，积极培育发展新动能。

泉州市规定明确高层次人才可享20项优待

市委人才工作领导小组暨“港湾计划”专项工作小组会议召开。会议研究通过《泉州市高层次人才享受工作生活待遇暂行规定》，明确泉州市高层次人才能享受资金补助、安居补助、子女入学、进修培训等20项工作生活待遇。与往年相比，规定新增安居补助、医疗保健、疗养休假等8项工作生活待遇。规定明确，对照人才认定标准，高层次人才分五个层次。确认为泉州市引进高层次人才的，按照第一至第五层次分别给予200万元、100万元、50万元、30万元、10万元生活补助和工作经费。生活补助和工作经费各占50%。确认为引进高层次人才团队的，根据团队和项目评估情况，给予100万—300万元的经费支持。规定明确，确认为泉州市高层次人才，且在泉州市（含县、市、区）无住房、未享受政策性住房的，可以选择承租人才周转房、购买政府供应的优惠人才房、领取租房补贴或购房补助自行承租（购买）市场住房的其中一种方式解决住房问题。规定明确，泉州市高层次人才能享受到子女入学待遇，主要分为学前教育和义务教育阶段、高中教育阶段两个阶段。

其中在学前教育和义务教育阶段，属于第一、第二层次人才，其子女可按个人意愿选择在全市范围内的优质公办幼儿园、义务教育阶段学校就读；第三、第四层次人才，可安排其子女到人才居住地或工作单位所在县（市、区）的优质公办幼儿园、义务教育阶段学校就读；第五层次人才以及经市委人才工作领导小组认定的其他人才，其子女由工作单位所在县（市、区）教育行政部门妥善安排到条件较好的公办幼儿园、小学、初中就读。高层次人才子女在泉参加中考、中招，按第一至第三层次人才，分别给予15分、10分、5分的加分照顾。规定还明确，给予泉州市引进高层次人才出入境和停居留便利。经认定的外籍高层次人才，持工作签证入境后，凭相关证明材料可申请2至5年有效的外国人居留证件。持其他种类签证入境的，可申请换发多次有效的F字或R字（人才）签证。

4月20日

农历丁酉年三月廿四
星期四
温度：21℃—29℃
多云—小雨

●20—21日，省委书记尤权、省长于伟国率领省委省政府工作检查组，到泉州开展工作检查。

●20—23日，国务院安委会安全生产巡查组到泉州开展巡查工作，并召开安全生产工作情况汇报会。

●20—22日，由联合国教科文组织、联合国教科文组织协会世界联合会、中国联合国教科文组织全国委员会、泉州市人民政府联合主办的联合国教科文组织青年创意与遗产研习班在泉州举办。

●市委人才工作领导小组暨“港湾计划”专项工作小组会议召开。会议研究通过《泉州市高层次人才享受工作生活待遇暂行规定》，明确泉州市高层次人才能享受资金补助、安居补助、子女入学、进修培训等20项工作生活待遇。

4月21日

农历丁酉年三月廿五
星期五
温度：18℃—26℃
大雨—中雨

●中共泉州市委召开各民主党派市委会新老班子成员座谈会。

●陈万里为市人大机关党员干部上廉政党课，拉开“加强党内监督，推动全面从严治党”主题学习教育月活动的序幕。

●市委人才工作领导小组召开推进落实人才“港湾计划”座谈会。

●华侨大学医学发展研讨会暨华侨大学医学院、临床医学院揭牌仪式在陈嘉庚纪念堂科学厅举行。

市委召开各民主党派新老班子成员座谈会

中共泉州市委召开各民主党派市委会新老班子成员座谈会。市委常委、统战部部长林万明，市政协副主席陈铭福、王祖耀参加座谈会。会议首先传达学习习近平总书记在全国政协十二届五次会议民进、农工党、九三学社委员联组会议上的重要讲话精神。会议对各民主党派市委会上一届领导班子的工作成绩给予肯定，指出各民主党派市委会新一届领导班子要在政治把握上有更高的站位，进一步深化政治交接；要在参政议政上有更实的作为，建睿智之言，献务实之策；要在社会责任上有更多的担当，积极投身社会服务活动和各项改革发展事业；要在班子建设上有更好的面貌，努力换出新干劲和新形象。

民革、民盟、民建、民进、农工党、致公党、九三学社、台盟泉州市委会新、老领导班子成员代表在会上发言，感谢长期以来中共泉州市委对民主党派工作的关心和支持，表示将继续在中共泉州市委领导下，贯彻落实全市统一战线“五个五”工作计划，认真履职尽责，为“五个泉州”建设再立新功。

市人大机关党员集中上廉政党课

市人大常委会党组书记陈万里为市人大机关党员干部上廉政党课，拉开“加强党内监督，推动全面从严治党”主题学习教育月活动的序幕。市人大常委会副主任张建生、朱团能、曾巍、许文贵、吴友才、蔡思红，秘书长欧阳秋虹参加。陈万里联系正在热播的电视剧《人民的名义》，深刻阐述一个时期以来管党治党、反腐倡廉面临的严峻形势和考验，强调要从讲政治的高度深化对全面从严治党的认识，深入查摆当前人大党组（党委）在落实主体责任等方面存在的主要问题，并就坚定不移落实中央关于全面从严治党各项部署要求提出意见。

党课现场　　(图/王虎文)

华侨大学医学院和临床医学院揭牌成立

华侨大学医学发展研讨会暨华侨大学医学院、临床医学院揭牌仪式在陈嘉庚纪念堂科学厅举行。省政协副主席李红，国务院侨办文化司副司长梁智卫等参加活动。李红指出，华侨大学临床医学本科专业的成功申办，及医学院、临床医学院的成立，凝聚华侨大学全体师生员工的不懈努力、无数校友校董的鼎力支持和广大海外侨胞的殷切期盼，是华侨大学建设高水平大学的新举措，助推福建经济社会发展的新引擎，为侨服务的新平台，对华侨大学提升整体竞争力、扩大海外影响力、提高侨胞吸引力、增强社会服务力具有重大作用。面向未来，希望华侨大学以学科建设为核心，全力打造一流医学本科，以理论创新为重点，努力产出一流学术成果，以为侨服务为使命，潜心培育优秀医学人才，为高水平大学的建设奠定坚实基础，为福建医疗卫生事业的进步提供技术和人才支撑，为福建经济和社会的发展做出新的更大贡献。

揭牌仪式　　(图/郭泳德)

康涛到台商投资区调研洛阳古街保护利用有关工作

市长康涛率队到台商投资区调研洛阳古街保护利用有关工作。市委常委、常务副市长张永宁，市政府秘书长廖国文参加调研。走在古街上，康涛或询问，或叮嘱，或与群众亲切交谈。康涛指出，洛阳古街区的保护利用已然刻不容缓，当地政府及各相关部门要在市委统一领导下，以申遗为契机，下定决心，进一步完善相关规划，有序推进千年古街保护复兴。

相前链接：洛阳古街位于台商区洛阳镇，西起洛阳桥北昭惠庙，东至原洛阳邮电局，曾是泉州最繁华的商业街区之一。因其比邻洛阳桥，老泉州人也常把两者合称为“三里街两里桥”，足见古街曾经的闻名程度。

联合国教科文组织青年创意与遗产研习班在泉州举办

由联合国教科文组织、联合国教科文组织协会世界联合会、中国联合国教科文组织全国委员会、泉州市人民政府联合主办的联合国教科文组织青年创意与遗产研习班在泉州举办。来自世界60多个国家和地区的80多名青年参加研习班。为期三天的活动中，各国青年到古泉州（刺桐）史迹参观考察、欣赏非遗民俗表演、体验传统民俗技艺、品尝地道泉州小吃，并分组进行遗产传承与创新讨论，总结形成研习成果。

研习班开幕式上，首先宣读国务院副总理刘延东对中外青年代表的寄语。她指出，中国提出建设丝绸之路经济带和21世纪海上丝绸之路倡议，是扩大全方位开放的重要举措，也是致力于使更多国家共享发展机遇和成果。本次论坛以“创意与遗产”为主题，鼓励青年投身遗产保护和创新创业，有助于促进“一带一路”沿线国家人文交流。希望各国青年用欣赏、互鉴、共享的观点看待世界，推动不同文明交流互鉴、和谐共生，为构建人类命运共同体作出贡献。

联合国教科文组织总干事伊琳娜·博科娃、省政协副主席李红、泉州市政府市长康涛、国际良知遗址联盟主席杜杜·迪安分别在开幕式上致辞。副市长周真平主持开幕式。在开幕式上致辞的还有中国联合国教科文组织全国委员会秘书长杜越、联合国教科文组织驻华代表欧敏行、联合国教科文组织协会世界联合会主席班纳加、法国驻华使馆公使衔参赞曼德布瓦西埃、新加坡驻厦门总领事馆总领事池兆森、中国文物学会副会长郭旃。

开幕式后，菲律宾国家博物馆馆长杰米瑞·巴恩斯、联合国教科文组织世界遗产中心非洲处主任埃德蒙·穆卡拉、清华大学国家遗产中心主任吕舟先后就有关文化遗产保护、古泉州（刺桐）史迹价值等内容作主题演讲。与会嘉宾共同植下“世界青年友谊树”，树起友谊纪念石碑，留下世界各国青年的“泉州海丝印记”。

活动现场　　（图/吴寿民）

泉州千人齐插秧创造基尼斯纪录

市第48个世界地球日，2017年的活动主题为“节约集约利用资源，倡导绿色简约生活——讲好我们的地球故事”。来自福建、浙江、广东和江西的386组家庭1132人，在惠安县“泉州聚龙岛·绵羊农场”，参加“九仙山杯创造基尼斯千人亲子齐插秧”活动。30分钟后，29.3亩水田插满初春秧苗约9万株。经惠安县公证处工作人员公证，上海大世界基尼斯总部为主办方颁发“千人亲子插秧节”的基尼斯证书。

4月22日

农历丁酉年三月廿六
星期六
温度：15℃—21℃
阴—多云

●康涛率队到台商投资区调研洛阳古街保护利用有关工作。

●由联合国教科文组织、联合国教科文组织协会世界联合会、中国联合国教科文组织全国委员会、泉州市人民政府联合主办的联合国教科文组织青年创意与遗产研习班在泉州举办。

●来自福建、浙江、广东和江西的386组家庭1132人，在惠安县“泉州聚龙岛·绵羊农场”，参加“九仙山杯创造基尼斯千人亲子齐插秧”活动。

●泉州首届电竞文化节暨“电信杯”5V5手游争霸赛举行。

●“吹吧，四月的风”——声动海丝语言艺术汇在泉州幼高专举行。

4月23日

农历丁酉年三月廿七
星期日
温度：15℃—23℃
多云—阴

●20—23日，国务院安委会安全生产巡查组到泉州开展巡查工作，并召开安全生产工作情况汇报会。

●根据泉州检验检疫局的统计数据，2017年一季度，泉州市出口糖果508批、货值2000万美元，同比分别增长11.64%、15.50%，出口值占福建省的九成以上，并占全国的四分之一以上，成为全国最大的生产和出口糖果基地。

●由市文广新局和共青团泉州市委主办的“春之声，喜迎十九大——4·23世界读书日公益活动”在泉州青少年宫举行。

●“欢乐泉州·走进石狮”——2017泉州市庆祝“五一”国际劳动节文艺演出在石狮市纺织服装产业发展基地举行。

●2017年世界羽联黄金大奖赛中国大师赛在常州闭幕，泉州南安籍运动员黄东萍和队友王懿律合作，拿到混双冠军。

国务院安委会巡查组到泉州开展巡查

20—23日，国务院安委会安全生产巡查组到泉州开展巡查工作，并召开安全生产工作情况汇报会。在泉州期间，巡查组查阅市政府及有关部门内业资料，随机抽取2个县（市、区）开展安全生产巡查。市领导林锦明、肖汉辉参加相关活动。

在泉州市安全生产工作情况汇报会上，巡查组通报本次巡查的工作任务、计划和要求。巡查组指出，泉州市委、市政府高度重视加强安全生产能力建设，在建立健全体制机制、强化源头管理等方面取得不错成效。接下来，要结合地方实际，全面开展风险评估，加大法规宣传力度，开展重点专项整治，为经济社会发展创造安全稳定的环境。

市长康涛向巡查组汇报泉州市经济社会发展和安全生产工作情况。康涛指出，市委、市政府认真贯彻党中央、国务院和福建省的工作要求，推进安全生产领域改革发展，全市安全生产形势持续稳定好转。坚持网格化落实安全生产责任体系，完善安全生产监管网络，持续提升安全生产监管执法水平；突出问题导向，加强源头防控，深入开展重点行业领域专项整治，全力防范安全生产事故；加大经费投入，强化基础建设，不断增强安全生产保障能力。下一步，泉州市将认真抓好巡查组反馈问题的整改落实，同时举一反三、查缺补漏，形成长效工作机制，推动泉州市安全生产管理水平再上新台阶。

泉州成为全国最大糖果生产和出口基地

根据泉州检验检疫局的统计数据，2017年一季度，泉州市出口糖果508批、货值2000万美元，同比分别增长11.64%、15.50%，出口值占福建省的九成以上，并占全国的四分之一以上，成为泉州出口亮点。作为全国最大的生产和出口糖果基地，面对国际市场技术壁垒高筑、企业成本不断攀升等不利因素，泉州糖果企业继续加大开拓国际市场的力度。企业大量引进欧洲、美国、日本等先进的制糖新设备，从欧洲引进的四色夹心全麦粉全自动软糖生产线、从美国引进高端巧克力生产线，出口产品逐步向生产效率高、产品高端的方面发展；在加强新产品开发力度上下大功夫，针对欧美糖果市场，企业通过工艺糖果与泡泡糖拼配，以工艺糖果为基础带动普通糖果出口，以及DIY饼干与糖果拼配等新方式亦获得客户认可等。2017年一季度，泉州糖果出口欧美国家货值616万美元，同比增长29.14%。在东盟市场，仅泉州企业开发的燕麦巧克力一项，就热销印度尼西亚1万多家超市，第一季度出口487万美元，同比增长11.95%。以永大、久久王、福派园等企业为龙头，全市28家出口糖果企业组成的产业集群初具规模。泉企联合组团大胆走出国门，参加国际展会，加大开拓国际市场力度，产品热销东盟、欧美、中东、非洲、南美洲等70多个国家和地区，部分产品进入沃尔玛、麦德龙、好又多、家乐福等国际大型连锁超市，国际市场影响力不断加大。

“欢乐泉州·走进石狮”文艺演出活动举行

由中共泉州市委宣传部、泉州市文明办、泉州市文广新局等单位主办“欢乐泉州·走进石狮”——泉州市庆祝“五一”国际劳动节文艺演出在石狮纺织服装产业发展基地举行。该场文艺演出以“中国梦 劳动美”为主题，泉州歌舞剧团、泉州师院与泉州市合唱团、自然门学校、海百合艺术团、老年大学等演出团体以歌唱、舞蹈、舞狮、情景表演等多种艺术形式为载体，热情颂扬各行各业劳动者精神风采，与泉州市纺织服装工人共同欢庆属于他们的节日。

演出现场　（图/晚报社）

市人大常委会第三次主任会议召开

市十六届人大常委会第三次主任会议召开。市人大常委会主任郑新聪主持会议，市人大常委会党组书记陈万里列席会议，副主任张建生、朱团能、曾巍、许文贵、吴友才、蔡思红，秘书长欧阳秋虹参加会议。会议讨论市人大常委会财经工委关于泉州市旅游业专项资金使用管理情况的调研报告和审议意见稿，市人大常委会内司工委关于市检察院反渎职侵权工作情况的调研报告和审议意见稿，市人大常委会农工委关于泉州市灾后重建工作情况的调研报告和审议意见稿，各县（市、区）贯彻中央、省委关于加强县乡人大工作和建设有关文件情况专项检查方案，市人大常委会环城工委关于泉州市城市公厕建设与管理情况专题调研方案（草案），人事任免事项。市人大常委会科教文卫工委书面报告《中华人民共和国档案法》及《福建省档案条例》在泉州市实施情况的跟踪调研情况。会议还确定市十六届人大常委会第二次会议的召开时间和建议议程，并提出市十六届人大常委会第四次主任会议建议议题。

会议现场　（图/王虎文）

石狮国际时装周举办

24—27日，2017年石狮国际时装周在石狮世茂摩天城喷泉广场举办。时装周打造“T台+现场购物+后续交易+持续合作”的全新立体平台，使T台秀更加接地气，而在线直播成为2017年时装周的重要亮点和传播方式。在石狮服装城、世茂摩天城两个石狮标志性的建筑，演绎近20场“霓裳盛宴”，诠释时尚与产业的融合、创意和精彩的无限、感官与思维的碰撞。金顶设计师杨紫明、陈闻，十佳设计师端木文、杨子，新锐设计师吴焕然、许馨尹、蔡萍萍、李媚媚、陈枫捷等，在石狮国际时装周上掀起一股原创设计风。闭幕秀在石狮世茂摩天城喷泉广场举行，“十佳设计师”，来自香港的杨子为业界奉献一场富有“狮意”的时装秀。杨子结合石狮的智能面料、印染技术、可穿戴高科技元素，倡导时尚产业的二次革命。

据组委会的消息，2017年石狮国际时装周的重要亮点在于直播，并且在线观看的人数众多。时装周开幕秀当天晚上通过微博、秒拍、一直播等三大平台同步直播，当天累计在线观看140万人次，最高同时观看人数10.4万人；时装周开幕后，石狮国际时装周新浪微博专题页的阅读量达到1874.6万人次，近5000人参与讨论，其中包括@卡宾先生粉丝67.8万@龚蓓苾粉丝222万及设计师、模特等均参与传播。此外，石狮国际时装周期间，仅新浪平台的9场时装周直播，其累计观看人数就超过200万人。

泉州9个县（市、区）完成语保工程建设任务

2017年中国语言资源保护工程（福建方言）工作会在泉州召开。2017年福建省继续在16个县（市、区）的17个调查点开展中国语言资源保护工程（福建方言）的建设工作，具体由厦门大学、福建师范大学、泉州师院等10余所省内高校团队和各地教育局、语委办配合完成。经过多年努力，泉州9个县（市、区）完成建设任务。

相关链接：中国语言资源保护工程（简称“语保工程”）是国家语言资源建设的重大工程，其目标是按照科学、统一的规划，调查收集当代中国汉语方言、少数民族语言和地方普通话的实态、有声语料，并进行科学整理、加工和有效保存，建设成规模大、语料丰富、技术水平高的语言资源有声数据库。福建的语言资源十分丰富，全国七大方言在福建就有五种，包括闽方言、北方方言、吴方言、赣方言、客家方言，闽方言中又有福州话、莆仙话、闽南话等次方言。福建省是全国较早开展语言资源有声数据库建设和“语保工程”的省份之一。

4月24日

农历丁酉年三月廿八
星期一
温度：18℃—25℃
多云—阴

●市委、市政府召开全市迎接中央第五环境保护督察组督察专题会，就配合做好中央环境保护督察工作，再动员再部署。

●市委召开常委会会议，听取关于国务院安委会安全生产巡查组在泉州市巡查情况的汇报，第一时间研究整改工作。

●市十六届人大常委会第三次主任会议召开。

●《关于2017年鲤城区、丰泽区、洛江区初中招生工作的意见》出炉。

●2017年中国语言资源保护工程（福建方言）工作会在泉州召开。从会上获悉，经过多年努力，泉州9个县（市、区）完成语言资源保护工程建设任务。

●24—27日，2017年石狮国际时装周在石狮世茂摩天城喷泉广场举办。

●“欢乐泉州　走进党校”——泉州市“两学一做”常态化制度化学习教育文艺演出在市委党校举行。

●中国排协通过官网公布新一期中国男排的26人集训名单，泉州晋江籍运动员柯俊煌和福建省队队友饶书涵再度入选。

4月25日

农历丁酉年三月廿九
星期二
温度：20℃—23℃
小雨

●康涛主持召开市政府第8次常务会议，研究通过《关于加快推进“互联网+政务服务”实施方案》《关于贯彻落实福建省扩大对外开放积极利用外资若干措施的实施意见》《关于加强商标品牌建设的工作意见》。

●陈灿辉率队到南安市调研企业发展和项目推进情况。

●25—27日，泉州市接到中央环保督察组交办信访件23件（第一批3件、第二批9件、第三批11件），反映的主要环境问题涉及大气、水、噪声、电磁辐射、非法占地等方面。其中，丰泽区2件，泉港区3件，晋江市3件，南安市9件，安溪县4件，永春县1件，德化县1件。

●石狮市人民检察院新媒体工作室挂牌成立。

●第二十一届泉州市老年人健身节开幕。

●石狮市人民检察院新媒体工作室挂牌成立。这是泉州检察系统内的首个新媒体工作室。

●泉州公交发展有限公司新辟305路公交线投入运营，该路公交由华大科技创业园往返中骏世界城。

市政府第八次常务会议召开

市长康涛主持召开市政府第8次常务会议，研究通过《关于加快推进“互联网+政务服务”实施方案》《关于贯彻落实福建省扩大对外开放积极利用外资若干措施的实施意见》《关于加强商标品牌建设的工作意见》。

推进“互联网+政务服务”，能够切实提高政府服务效率和质量，让企业和群众办事更加方便、快捷、高效。会议指出，要对照目标任务，突出抓好网上审批服务、电子证照、政务平台、办事大厅、信息共享等各项重点工作，细化工作计划，创新服务模式，线上线下同步推开、无缝衔接，按照轻重缓急抓紧推进；要完善工作推进机制，有专门班子，有考核督促，确保各项任务落实到位。

利用外资是中国对外开放基本国策和开放型经济体制的重要组成部分，在经济发展和深化改革进程中发挥了积极作用。会议指出，各级各相关部门要认真贯彻落实福建省扩大对外开放积极利用外资若干措施，，全面优化招商引资环境；要深入实施“回归工程”，加强联络梳理，重点跟进服务，兑现政策，以情招商，有针对性引进泉籍在外高新技术产业、现代服务业等项目回归落地，力争取得更大的突破性进展。

加强商标品牌建设，对于推动泉州从商标大市发展成为商标强市具有重要意义。会议指出，要加快泉州市国家商标战略实施示范城市建设，实施品牌泉州影响力提升、商标品牌梯队培育、泉商品牌保护、泉商品牌增值“四项工程”，推动泉州产业品牌、企业品牌转化为城市品牌，不断提高“泉州制造”美誉度和知名度。

陈灿辉到南安调研企业项目

市政协主席陈灿辉率队到南安市，调研企业发展和项目推进情况。市政协领导苏小青，秘书长陈伟平参加调研。在高新技术企业阳光中科（福建）能源股份有限公司，企业二期项目将建设福建首个太阳能电池全流程智能生产车间，陈灿辉详细了解项目情况，要求各级各相关部门主动作为、靠前服务，为项目推进创造良好条件，同时积极兑现各项优惠扶持政策，力促创新型企业发展。作为省市重点建设项目，成辉国际五金机电城截至目前已有1200多家商户签约进驻，陈灿辉叮嘱项目负责人，要继续用心招商，精心运营，细心管理，发挥优势产业的集聚效应，实现商户、市场和区域经济的多方共赢。在九牧集团核心技术中心，创新和智造的元素为卫浴产品注入全新生命力。针对企业提出的加强高新技术合作问题，陈灿辉现场牵线搭桥，帮助高新企业项目对接，实现优势互补。

石狮市检察院成立新媒体工作室

石狮市人民检察院新媒体工作室挂牌成立。这是泉州检察系统内的首个新媒体工作室。新媒体工作室配备计算机、相机、录音笔、录像机等采编设备，为新媒体服务检察工作奠定基础。同时，该院还成立由检察长担任组长的新媒体运营管理领导小组，下设新媒体工作室，各科室确定一名文笔好的干警作为新闻宣传通讯员，负责及时报送科室工作动态、特色亮点、先进典型、精品案例等。新媒体工作室已经形成以检察门户网站为核心，以官方微信、微博、搜狐、网易、头条号、企鹅号、一点资讯、未检e家、掌上狮检等9个平台为分支的“一网、两微、两服、五端”的新媒体矩阵。

第二十一届泉州市老年人健身节开幕

由市委老干局、市体育局、市人社局、市老龄办、市老体协举办的第二十一届泉州市老年人健身节开幕。此届健身节的主题是“重在参与、重在健康、重在快乐、重在安全”。活动包括气排球、门球、柔力球，康乐家园地掷球、门球，台球、棋牌、健身气功、乒乓球等。自1997年首届健身节举办以来，健身节已成为泉州市老年体育的品牌活动，老年健身从沿海到山区，不断得到普及，参与人数从10多万人发展到现在138万多人，有力地促进泉州市老年人健身活动、健康生活方式的普及和推广，在吸引老年人参与健身、增强体质、丰富精神文化生活、提高生活质量等方面发挥重要作用。

泉州市召开食品安全工作视频会

继省食安委会议暨全省食品安全工作视频会议后，泉州市召开视频会议，对全市食品安全工作再动员、再部署、再落实。市长康涛、副市长季翔峰，各县（市、区）政府、泉州开发区、泉州台商投资区管委会及相关部门主要负责人等参加会议。就下阶段食品安全工作，康涛要求，各级各部门要根据省长于伟国的讲话部署和全省会议精神，在市委的统一领导下，采取有力措施，提升食品安全治理能力，切实保障全市人民群众身体健康和饮食安全。一要扎实推进治理“餐桌污染”及各项食品安全工作。二要全面铺开食品网格化监管工作。三要不断深化食品安全“双安双创”工作。

泉州市召开视频会议部署水库安全度汛工作

泉州市召开视频会议，对2017年水库安全度汛工作进行全面安排和部署。市气象部门预报，5月雨季将有多场持续性强降雨过程，加上2016年受灾严重，水利工程刚修复完成，未经历洪水考验，防汛形势依然不容乐观。就水库安全度汛具体工作，会议要求，要严格执行经批准的水库汛期调度运用计划，服从市、县防汛抗旱指挥部的统一指挥、调度和监督，严禁擅自超汛限水位运行。要全面检查，经安全鉴定为二类坝的水库，应尽快编制应急措施，报上级部门批准；经安全鉴定为三类坝、正在除险加固和虽除险加固完工但未经过蓄水验收以及新出险的水库，均要降低水位直至放空库运行。要落实责任，强化巡查，针对水库库区的游泳、垂钓等违法行为，要定期不定期联合环保等相关执法部门开展专项检查。要尽快落实水库山围塘维修养护经费，及时更新、补充抢险物资，落实好专业抢险队伍和群众抢险队伍；同时要加强应急演练，提高抗洪抢险能力。

泉州首次出台特困人员救助供养制度

市政府下发进一步健全特困人员救助供养制度的通知。泉州按照城市低保标准的130%作为基本生活标准，对农村和城市特困人员进行救助供养。包括为其提供基本生活保障，对生活不能自理的给予照料，提供疾病治疗，办理丧葬事宜，并提供教育、住房、法律援助和司法等各方面救助。这是泉州首次出台特困人员救助供养制度。

泉州将具有本市户籍的城乡老年人、残疾人以及未满16周岁的未成年人，同时具备无劳动能力，无生活来源，无法定赡养、抚养、扶养义务人或者其法定义务人无履行义务能力的，纳入特困人员救助供养范围。此外，符合相关条件的特困人员，可同时享受城乡居民基本养老保险、被征地（海）人员养老保障、基本医疗保险等社会保险和高龄津贴、困难老人养老服务补贴等社会福利待遇。

具体救助内容包括，提供基本生活保障：通过发放现金、实物等方式保障其基本生活，并在日常生活用水、用电、用气和收看电视等方面给予费用减免等优惠。对生活不能自理的给予照料：包括日常生活、住院期间的必要照料等基本服务。提供疾病治疗：全额资助参加城乡居民基本医疗保险的个人缴费部分。医疗费用按照基本医疗保险、大病保险和医疗救助等医疗保障制度规定支付后仍有不足的，由救助供养经费予以支持。办理丧葬事宜：基本殡葬服务费用予以免除。提供教育救助：对在义务教育、中职、普通高中教育阶段就学的特困人员，实施免学费政策；对在城乡义务教育公办寄宿制学校就学的特困人员，予以营养餐补助和生活费补助；对学前教育、高等教育阶段就学的特困人员，按规定给予教育救助。提供住房救助：对符合规定标准的住房困难分散供养的特困人员，通过配租公共租赁住房、发放住房租赁补贴、农村危房兜底改造等方式给予住房救助。提供法律援助和司法救助：对符合规定的事项，相关司法部门应根据特困人员需要，提供必要的法律援助和司法救助。其他救助政策：对遭遇突发事件、意外伤害、重大疾病或其他特殊原因导致基本生活暂时出现严重困难的特困人员，根据实际情况给予临时救助。

4月26日

农历丁酉年四月初一
星期三
温度：17℃—28℃
中雨

●泉州市召开食品安全工作视频会。

●泉州市召开视频会议，对2017年水库安全度汛工作进行全面安排和部署。

●全国流动人口计生协能力建设培训班在晋江开班。

●市政府下发进一步健全特困人员救助供养制度的通知。泉州按照城市低保标准的130%作为基本生活标准，对农村和城市特困人员进行救助供养。

●泉州市总工会、中国邮政集团泉州分公司等单位组成慰问组，开展第十六届“五月风”大型公益活动，看望慰问一线劳动者（外来工）。

4月27日

农历丁酉年四月初二
星期四
温度：14℃—17℃
小雨—多云

●康涛率队到永春调研水环境整治、农业产业、扶贫攻坚、美丽镇区建设、文物保护等工作。

●市委、市政府召开全市金融工作专题会，分析全市各县（市、区）、各银行业金融机构的金融运行情况，就有关重点工作作出部署安排。

●泉州市召开庆祝“五一”国际劳动节暨职工创新工作推进大会，泉州一批优秀劳动者获全国及省市表彰。

●全国流动人口健康服务年活动在泉州启动。

●丰泽法院借助泉州法院在国内首创的“跨域·连锁·直通”式诉讼服务平台，受理的全国首起跨省异地立案案件。

康涛到永春调研水环境整治相关工作

市长康涛率队到永春调研水环境整治、农业产业、扶贫攻坚、美丽镇区建设、文物保护等工作。在锦斗镇，河岸整治的成效已经显现。康涛关切地询问当地农村生活污水处理情况。得知通过采用“格栅+调节池+生物滴滤池+回流池+人工湿地”的处理工艺，锦斗镇集镇生活污水处理站日均可收集处理两三千人口产生的250吨生活污水，康涛表示赞许。他叮嘱，有关部门在城市绿道水线等项目建设中，要借鉴镇村治污经验，运用生物处理方法，种植湿地植物，努力打造会“呼吸”的河道和堤岸。位于坑仔口镇魁斗村的莉芳茶厂，牵头组建起永春绿芳茶叶专业合作社，采用“公司+合作社+农户”的扶贫模式，带动一批贫困户脱贫致富。康涛对企业的创新意识赞赏有加，并为合作社支招，要不断延伸创意开发更多新产品，作为特色伴手礼并与乡村旅游紧密融合，打响永春茶产业知名度。在桂洋镇，康涛边走边看，不时抛出问题。他强调，美丽镇区建设要围绕“一方水土养活一方人”，让群众得实惠，为群众谋利益。在横口乡福中村，康涛要求，市县乡三级政府要统筹红军遗址与周边环境综合整治，加强支持和技术指导，保护古建筑原有风貌；要挖掘珍贵历史记忆，盘活红色旅游资源，将永春崇德向善、拥军爱民的优秀传统发扬光大。

泉州市召开庆祝“五一”国际劳动节暨职工创新工作推进大会

泉州市召开庆祝“五一”国际劳动节暨职工创新工作推进大会，举办职工创新成果展，表彰首批“泉州工匠”和职工创新技术获奖代表。市领导郑新聪、孔繁军、吴友才、王瑞强参加。市委常委、组织部部长、市总工会主席孔繁军主持会议并宣读“泉州工匠”命名决定。首批“泉州工匠”和职工创新技术获奖代表在现场接受证书、奖章。鲤城区、晋江市总工会在会上介绍职工创新创造经验。市委书记、市人大常委会主任郑新聪代表市四套班子，向获表彰的职工代表表示热烈祝贺，并向全市广大劳动者致以节日问候。

庆祝“五一”国际劳动节暨职工创新工作推进大会，命名表彰首批“泉州工匠”。图为郑新聪向获表彰者表示祝贺 (图/陈起拓)

泉州一批优秀劳动者获全国及省市表彰

2017年全国五一劳动奖表彰大会召开。泉州共有1个先进集体、4名优秀劳动者和3个企业集体获表彰。分别是福建铁拓机械有限公司获全国五一劳动奖状，柯亦文、曾旭晴、刘国文、蔡金鑫获全国五一劳动奖章，福建省东鑫石油化工有限公司机电仪部机修组等3个企业集体获“全国工人先锋号”称号。

在福建省总工会下发的相关文件中，泉州市7个单位获福建省五一劳动奖状，分别是泉州第十一中学、南安市人民法院、安溪县农村信用合作联社、泉州市公路局永春分局、泉州市第二实验小学、泉州市燃气有限公司、福建晋工机械有限公司；31人获福建省五一劳动奖章，分别是曾凤蓉、肖金树、许丽英、洪丽尚、林振清、邱刚毅、胡建林、姚育晓、张达斌、许茵茵、叶取龙、高芙蓉、吴文海、林少安、蔡志颖、郭银钹、温银南、白丽静、吕珍妹、陈俊超、曾秀华、王新武、朱小英、郑玉珍、连细春、陈成业、庄丽榕、李建强、蔡水花、吴志成、曾清华；福建鸿星尔克体育用品有限公司职工服务中心等21个企业集体获“福建省工人先锋号”称号；鲤城区人民检察院公诉科、泉州晚报社评论部等11个机关事业集体获“福建省五一先锋号”称号。

市十六届人大常委会第二次会议召开

市十六届人大常委会第二次会议召开。市人大常委会主任郑新聪主持会议并讲话。副主任张建生、朱团能、曾巍、许文贵、吴友才、蔡思红，秘书长欧阳秋虹参加会议。副市长肖汉辉，市人民检察院检察长高扬捷、市中级人民法院有关负责人列席会议。会议对市政府研究处理《市人大常委会关于专题询问泉州市城市管理行政执法工作情况的审议意见》的情况开展满意度测评，测评结果为满意。会议听取和审议市政府关于泉州市旅游业专项资金使用管理情况的报告、关于泉州市灾后重建工作情况的报告、市检察院关于反渎职侵权工作情况的报告；表决通过市十六届人大常委会委员参加常委会工委工作的安排意见（草案）、有关人事任免事项。

相关链接：泉州市人大常委会决定任免人员名单：决定任命蔡天守为泉州市环境保护局局长；决定任命黄景生为泉州市民族与宗教事务局局长；决定任命陈惠平为泉州市文化广电新闻出版局局长；决定任命杜朴生为泉州市民政局局长；决定任命陈进平为泉州市城市管理行政执法局局长；决定任命潘新雅为泉州市交通运输委员会主任；决定任命李伯群为泉州市旅游局局长，免去其泉州市城市管理行政执法局局长职务；决定任命温锦辉为泉州市人民政府外事侨务办公室主任；决定任命王洪海为泉州市人民政府国有资产监督管理委员会主任。

泉州首批47辆公务用车成功拍卖

泉州市市级机关公车改革第一批取消车辆在市产权交易中心网上公开竞价拍卖，47辆公车全部拍出，无一流拍。此次公开竞价拍卖车辆评估底价119.25万元，总成交价205.2万元，溢价率72.08%。拍卖的车型包括帕萨特、凯美瑞、雅阁、柯斯达、蒙迪欧、捷达等不同车型。其中，柯斯达19座旅行车为此次拍卖"标王"，经过250轮次的激烈竞价，最终以21.41万元成交。此前为方便广大市民参与，提高泉州市公务用车公开处置效率，市车改办先后多次组织召开协调会，一方面，通过泉州晚报、政府网站、微信公众号等多种渠道发布公车拍卖信息，吸引意向竞买人，实行车辆集中停放，设置预展日、看样日，方便广大市民现场看车；另一方面，推动"一站式"服务，针对竞得车辆后的竞买人，车管所统一现场验车，委托方可代办年检、保险、过户等，降低车辆过户时间，避免车辆移动过程中产生的风险。不仅泉州广大市民参与车辆竞买，广东、河北、山东、安徽等外省，以及福建省福州、厦门、漳州、龙岩等地的竞买人也参与其中。

市医保局进驻公立医院医保服务站揭牌仪式举行

市医保局驻泉州市第一医院医保服务站揭牌仪式举行，同时揭牌的还有该局驻泉州市妇幼保健院·儿童医院医保服务站、驻泉州医高专附属人民医院医保服务站、驻泉州市中医联合医院医保服务站。该局分两批在县级以上公立医院设立医保服务站。第一批于4月底前完成市属泉州市第一医院（东街院区、城东院区）、福建医科大学附属第二医院（中山院区、东海院区）、解放军第180医院、泉州市中医联合医院、泉州市妇幼保健院·儿童医院、泉州医高专附属人民医院共8个医保服务站的设立工作。第二批为6月底前完成其余县级以上公立医院医保服务站的设立工作。市民在医院即可"一站式"办理医保业务，节约时间。医保服务站将承担医保政策咨询、提供医保服务、落实医保政策、受理医保投诉等四个方面的工作职责。医保政策咨询：提供医保政策的宣传和咨询解答，解决参保人员在就诊中发生的与医保相关的问题。提供医保服务：通过台前台后的互动，做好协助参保人员办理转诊和转院手续；开展特殊病种登记、新生儿参保登记和就医等医保服务工作。落实医保政策：依据现行医保政策及服务协议，监督规范医保基金运行，开展日常检查，协助处理医保服务中出现的具体问题。受理医保投诉：受理参保对象涉及医保职责范围内的投诉等工作。今后，医保服务站办理的业务还将不断增多。

4月28日

农历丁酉年四月初三
星期五
温度：14℃—23℃
晴

●市十六届人大常委会第二次会议召开，会议对市政府研究处理《市人大常委会关于专题询问泉州市城市管理行政执法工作情况的审议意见》的情况开展满意度测评，听取和审议市政府关于泉州市旅游业专项资金使用管理情况等多个报告。

●泉州市召开未成年人思想道德建设工作联席扩大（现场）会议。

●泉州市接到中央环保督察组交办信访件5件，反映的环境问题涉及水、大气、土壤、油烟等方面。其中，丰泽区1件，泉港区1件，晋江市1件，泉州台商投资区2件。

●中共海南省第七届委员会第一次全体会议召开，泉州乡亲刘赐贵当选海南省委书记。

●泉州首批47辆公务用车成功拍卖。

●市医保局进驻公立医院医保服务站揭牌仪式举行。

●由泉州晚报社主办的第21届泉州国际汽车展在晋江SM国际会展中心开幕。

●2017年亚洲举重锦标赛在土库曼斯坦落幕，福建选手为中国队夺得7枚金牌，其中泉州南安籍运动员赵永超夺得男子85公斤级总成绩冠军，南安籍运动员李发彬获得男子56公斤级抓举、挺举196公斤和总成绩的3枚银牌。

●永春县公安局旅游警察专业队伍成立暨旅游警务启动仪式在县旅游集散中心举行。这是全省第二支县级旅游警察专业队伍。

●2017年鲤城区见义勇为第一次表彰会暨见义勇为宣传活动举行，市民吴序龙、蔡秉昭和史玉阳被授予"鲤城区见义勇为先进个人"称号。

●第十六届"五月风"职工文艺晚会在泉州工人文化宫乡音广场上演。

4月29日

农历丁酉年四月初四
星期六
温度：15℃—24℃
晴

●泉州市接到中央环保督察组交办信访件15件，反映的环境问题涉及大气、水、噪声、油烟等方面。其中，鲤城区1件、丰泽区1件、晋江市6件、南安市1件、惠安县2件、安溪县1件、永春县1件、德化县1件、泉州台商投资区1件。

●惠女湾发现海底古森林遗迹，是当前国内纬度最高的海底古森林遗迹。

●由泉州国际商会主办的第五届日辉泉州国际汽车文化博览会在福建成功国际会展中心举办。

●“五一”小长假首日，泉州交通情况总体平稳，高速车流量较平日增加，客运、动车、泉金航线及机场运营正常，出行旅客数有所增多，进出班次则未有较大变动。

●“五一”小长假第一天，天公作美，风和日丽，不少市民选择中短途旅程。

惠女湾发现海底古森林遗迹

惠安净峰惠女湾发现的海底古森林遗迹，是当前国内纬度最高的海底古森林遗迹。惠安净峰惠女湾这片海滩上的树木的形成时间在几万年前，树种和深沪湾的油杉类似。这一片大致为两处，长度200多米，宽度在30—50米不等，并不是全部连续的，中间有“空”的地带，切分成南北两侧。海水退潮，防护堤下露出上百米宽的沙滩。在东洋村一侧，“树头”与乱石夹杂在一起，不细看，这些呈黑、灰色的“树头”，就像是露出沙滩的礁石，但是近处俯身观察，就是一些木头。有的木头连成片，多的六七平方米，露出沙滩的部分多数在一二十厘米。少的就露出一个尖尖的黑角，但这个角往往就是树桩，有的依稀可见树的年轮。有的可能是经长时间的海水冲刷和泥沙掩盖冲击，颇为脆弱。福建与祖国宝岛台湾，隔着浅浅的海峡，而这一海峡在很早以前，很有可能就是陆地。几万年以前生长在陆地上的森林，因为地壳变动或者海平面上升，变成现今的海底古森林，这或是最好的证明。这些古森林遗迹位于潮间带，因为油杉是陆地生长的植物，且需淡水，因此可以初步判断这里原来是陆地，后来由于地壳下降或者海平面上升，油杉沉没海里。

惠女湾海底古森林遗迹现场　　（图/廖培煌　邓志勇）

第五届泉州国际汽车文化博览会举办

4月28日至5月1日，由泉州国际商会主办的第五届日辉泉州国际汽车文化博览会在福建成功国际会展中心举办。此次车展在规模、品牌、档次、价格、互动上都有新的突破，车展现场成交车辆4300余辆，创历史新高，展会吸引15.3万人次参观。车展以“车、文化、生活”为主题，展馆规模4万平方米，车展集结国内外60多个知名品牌的百款热门车型及最新车型亮相泉州，并结合最新科技技术，让市民切身感受全新的汽车生活方式。车展展会推出吉尼斯汽车特技表演、智能机器人舞蹈表演、少儿模特大赛、新车发布会、达人摄影赛、模特走秀等一系列精彩的配套活动，加深消费者对汽车生活的理解，更加理性、科学的买车、用车。此次车展更加注重为市民搭建通畅、舒适、有效的交流沟通平台，为本地车企创造更有价值的展示平台、为车友搭建良好的购车环境。

活动现场　　（图/晚报社）

康涛到德化调研扶贫开发和乡村旅游等工作

市长康涛率队到德化调研扶贫开发、乡村旅游等工作。在德化大铭乡，常住人口仅1067人，其中60岁以上老人占一半以上，是典型的“空壳乡”。康涛指出，农业是根本，要在发展农业的基础上，探索‘旅游+农业’的新路子。他鼓励当地把农业和旅游结合起来，挖掘整合现有资源，发挥综合效应，努力吸引外来投资，为村民回乡创业就业提供新选择。随后，康涛一行乘车到春美乡。一路上青山碧水，不时有白墙黑瓦的特色民居映入眼帘，独特的吊脚楼风格令人眼前一亮。在春美乡双翰村的“世德堂”前，康涛认真阅读有关介绍，指出独特的历史人文是旅游发展的宝贵资源，在做好古建保护的同时，要提升宣传推广能力，讲好泉州故事；同时叮嘱当地村干部，要坚持精准扶贫，加大培训、指导、服务力度，继续通过发展黄花菜种植等特色产业带领群众脱贫致富。在美湖镇千年樟树王公园内，不少游客在有着1300多年历史的“樟树王”下乘凉、嬉戏。康涛要求，要完善古树周边保护设施，加大宣传力度，提高游客自觉保护意识。作为全市首个“茶园+黑兔”生态循环立体茶叶基地，九龙生态循环农业园依托自身发展，解决当地村民就业、产品销售、水土流失等多个问题，康涛对此十分赞许，并叮嘱企业家遇到问题及时向当地政府反映，鼓励他们将园区做强做大，造福一方百姓。在赤水镇，康涛对于赤水古街改造问题要求当地政府加大保护力度，做好规划设计，尽可能保存古街风貌。在位于盖德镇的兴泉铁路德化站康涛强调，站点建设上要制定计划，加快进度，确保按时推进；古镇项目要加强规划设计，明确相关机制，做好协调统筹，为后续建设打下基础。调研中，康涛一行还慰问大铭乡贫困户，给他们送去党和政府的温暖。

德化乡村民居　　（图/陈秋兰）

市财政加大海丝史迹和文物保护专项资金支持力度

为促进泉州市海上丝绸之路史迹和文物保护事业的发展，规范财政专项资金的使用和管理，提高资金使用效益，市财政在原有基础上，加大海上丝绸之路史迹和文物保护专项资金的支持力度。部分县（市、区）实施省级及省级以上文物保护工程项目，最高可获得“以奖代补”资金50万元。专项资金中，把列入《泉州市海上丝绸之路史迹保护名录》的史迹，以及全市各级文物点、各级博物馆和纪念馆所管理保护的不可移动文物和可移动文物等，纳入补助对象范畴。

通过市财政预算安排的专项资金，将重点用于泉州市海上丝绸之路史迹的保护，并适当向困难地区倾斜。专项资金分为基础补助、专项补助、“以奖代补”补助等方式，适用于不同范畴。基础补助将被用于两方面，一是市直文物保护单位开展文物安全、消防、保养等日常维护。国家级文物单位每年补助20万元，省级文物保护单位每年补助15万元，市级文物保护单位每年补助10万元。二是市直国有博物馆（纪念馆）馆藏文物保管保存设备设施的日常维护，每个博物馆每年补助20万元。专项补助针对的是市直文物保护单位开展的保护规划方案编制、文物本体维修、保护性基础设施建设、维修保护资料整理等工作，届时，按实际发生费用给予专项补助。同时，补助资金也覆盖市直国有博物馆（纪念馆）珍贵文物的征集及保护、馆藏文物及重要出土文物的数字化保护等，按实际发生费用给予专项补助。

4月30日

农历丁酉年四月初五
星期日
温度：18℃—26℃
晴

●康涛率队到德化调研扶贫开发、乡村旅游等工作。

●泉州市接到中央环保督察组交办的第六批信访件14件，反映的环境问题涉及大气、水、噪声、油烟、扬尘、垃圾等方面。其中，丰泽区1件、洛江区1件、晋江市2件、南安市5件、安溪县1件、永春县2件、泉州台商投资区2件。

●市财政加大海丝史迹和文物保护专项资金支持力度。专项资金中，把列入《泉州市海上丝绸之路史迹保护名录》的史迹，以及全市各级文物点、各级博物馆和纪念馆所管理保护的不可移动文物和可移动文物等，纳入补助对象范畴。

5月1日

农历丁酉年四月初六
星期一
温度：20℃—27℃
多云

●1—5日，第121届中国进出口商品交易会第三期在广东广州琶洲展馆举行，展出办公、箱包及休闲用品、食品、医药及医疗保健鞋、纺织服装等产品，244家泉州企业参展。

●为鼓励社会公众参与黑臭水体整治监督，及时发现、控制和消除黑臭水体，调动人民群众参与监督工作的积极性，即日起，泉州市启动黑臭水体有奖举报活动。

●5月1日12时至8月1日12时，全省海域禁止灯光围（敷）网、张网、刺网、桁杆虾拖和笼壶作业，钓具作业暂不休渔。泉州市渔船伏休总数2873艘。

●由市古城办主办的“润物无声2017年五一系列活动”之传统闽南民俗婚礼在鲤城区举行。

244家泉州企业参加第121届广交会三期

1—5日，第121届中国进出口商品交易会（广交会）第三期在广东广州琶洲展馆举行，展出办公、箱包及休闲用品、食品、医药及医疗保健鞋、纺织服装等产品，244家泉州企业参展。泉州市商务局相关负责人介绍，展会第一期有41家泉州企业参展，共设103个展位；第二期有223家泉州企业参展，共设732个展位；第三期，泉州市244家企业共设689个展位，参展规模为三期中最大；参展商品以纺织服装、鞋、陶瓷、箱包、机电和工艺品等产品为主，都是泉州市最具传统优势的产品。

为继续实施开拓国际市场战略规划，推进泉州品牌国际化进程，展示泉州市城市风采、产业特色和品牌企业形象，助力企业扩大贸易商机，促进泉州市外贸稳定增长，在展会二、三期上，泉州市继续以嵌入广交会的方式设立“泉州品牌展示专区”，每期展示面积605平方米，展出商品以纺织服装、鞋、伞、食品、石材制品、家居工艺品、陶瓷制品等为主。其中，三期继续设立“中国运动鞋服制造之都、中国内衣泳装出口基地、中国休闲食品名城、中国伞都—福建晋江”以及“晋江购”两个主题展示专区，集中展示纺织服装、鞋、雨伞、食品等行业共8家代表企业，另有200平方米专馆展示“晋江购”跨境电商平台及展品。

泉州市启动黑臭水体有奖举报活动

为鼓励社会公众参与黑臭水体整治监督，及时发现、控制和消除黑臭水体，即日起，泉州市启动黑臭水体有奖举报活动。市民若在泉州市城市建成区内发现呈现令人不悦的颜色和（或）散发令人不适气味的水体，可拨打市城市管理综合考评中心电话进行举报。举报范围为泉州城市建成区内沟河、排洪沟渠和公园景观湖泊等区域。群众应将疑似黑臭水体的地点、河段名称、发现时间、黑臭程度情况等内容叙述清楚。市政公用部门按举报线索的重要程度和黑臭水体的黑臭程度，交专业单位测定。经测定后确定为黑臭水体的，由市城市管理综合考评中心予以举报人100元至200元的话费奖励。

全市2873艘渔船开始休渔

5月1日12时至8月1日12时，全省海域禁止灯光围（敷）网、张网、刺网、桁杆虾拖和笼壶作业，钓具作业暂不休渔。泉州市渔船伏休总数2873艘。市海洋渔业局相关负责人介绍，2017年是伏季休渔制度实施以来调整幅度最大的一次，主要有三个变化，一是休渔时间延长，除张网作业延长半个月外，其余作业渔船全部延长一个月的休渔时间；二是休渔方式得以统一，2017年所有作业类型渔船起始休渔时间统一为5月1日；三是增加伏休渔船，为捕捞渔船配套服务的捕捞辅助船同步休渔。休渔期间，所有渔船不得携带休渔作业渔具进入休渔海域，休渔渔船不得擅自加水、加冰、加油。休渔渔船原则上应回渔船船籍港所在地的港口、码头或者澳口停泊，休渔期间不得擅自离港或改变停泊地点。因修船、避风等特殊情况需在省内跨地区、跨县域休渔的，必须向船籍港所在地渔业执法机构报告，并由船籍港所在地渔业执法机构委托停泊地渔业执法机构监管。

泉州上演闽南传统民俗婚礼

由市古城办主办的“润物无声2017年五一系列活动”之传统闽南民俗婚礼在鲤城区举行。身着红衣，高举迎亲牌、喜牌的迎亲队伍，穿过钟楼、东街、南俊路、打锡街、中山中路，最后抵达通政巷苏廷玉故居。该活动旨在传播闽南风俗、展示闽南魅力、弘扬闽南文化、保护传统非物质文化遗产。图为活动现场 。

（图/吴寿民）

市医疗保障管理局在全省首创“三函两牌”等监管举措

为规范泉州市定点医药机构医疗服务行为，提高基本医疗保险医疗服务能力和水平，维护参保人员合法权益，市医疗保障管理局采取“三函两牌”等举措加强定点医药机构监管工作，即日起开始实行。此举为全省首创。

“三函”举措具体为：定点医药机构履行医疗服务协议不够到位，可能出现违规行为苗头，或在自查中发现问题并主动报告的，该局将发放关注函，督促其及时完善内部防控管理制度，防范风险点；对定点医药机构不完全履行医疗服务协议，对发现疑似不合理的诊疗、住院、用药、收费等行为的，该局将发放提醒函，督促其开展自查自纠。定点医药机构对医疗保障管理部门作出的提醒事项，要在期限内向医疗保障管理部门作书面情况报告；对定点医药机构违反医疗服务协议，不按照规范提供医疗保障服务，情节轻微的，该局将发放警示函，责令其限期对违约的事实作出说明并进行整改。

定点医药机构对医疗保障管理部门作出的警示事项，应做到即知即改，要在期限内做好整改并向医疗保障管理部门作出书面整改情况报告。定点医药机构存在违反医疗服务协议，不按照规范提供医疗保障服务，造成医疗保障基金多支付，情节较重的，该局将依照协议相关规定对其进行处理，以黄牌的方式给予警告；对在政府网站或被媒体曝光的，责令其限期对违约的事实进行剖析并进行整改。定点医药机构对医疗保障管理部门作出的黄牌监管措施，要在期限内做好整改并向医疗保障管理部门作出书面整改情况报告。定点医药机构存在违反医疗服务协议，不按照规范提供医疗保障服务，造成医疗保障基金多支付，情节严重的，该将依照协议相关规定对其进行处理，以红牌的方式对其实施暂停定点医药机构资格。对整改后经专家评估通过的，给予取消红牌监管措施；对整改不到位的，取消定点医药机构资格，上报省医保办列入“黑名单”，并在政府网站或媒体予以公告。

泉州市纪念五四运动98周年暨共青团成立95周年大会举行

“青春喜迎十九大 ‘五个泉州’立新功”——泉州市纪念五四运动98周年暨中国共青团成立95周年大会举行。全市各地的各界青年、学生代表、各县（市、区）、市直省属单位、大中学校团委负责人等近500人与会。大会表彰一批青年五四奖章获得者、“两红两优”集体和个人，其中包括泉州晚报社时政要闻部在内的20个集体及60位个人获第十届“泉州青年五四奖章”。“泉州青年五四奖章”是团市委、市青年联合会授予泉州市青年和集体的最高荣誉。5位来自不同领域的青年代表围绕“‘五个泉州’建新功”主题讲述各自的创业和工作经历，展现泉州市当代青年的作为和担当。会上还举行“古城护遗·青年先行”项目启动仪式。

丹麦师生到泉州开展文化交流

泉州一中与丹麦霍尔拜克市泉湖中学在一中东海校区举行青少年交流备忘录签订仪式，两校将开展多元文化交流活动。泉州与丹麦霍尔拜克市为友好城市，基于这个背景，泉州一中和泉湖中学结为姊妹学校并每年定期开展互访交流活动，开阔教育视野，促进两国教育交流。

此次签约仪式是泉州一中与丹麦霍尔拜克市泉湖中学文化交流活动中的一个重要议程。为参加此次文化交流活动，丹麦文化交流团一行28人到泉州，其中有3位带队老师，25位青少年，系泉州近年来以一所学校为单位接待外国青少年人数最多的一次。而为了让丹麦文化交流团一行了解泉州传统文化，在为期一周的交流活动中，丹麦师生通过古泉州（刺桐）史迹文化学习、寻找“海丝”文化（安溪茶文化、德化陶瓷文化）、中国传统文化、泉州地方文化课程（如学唱《蓝蓝泉州湾》、学习五祖拳、学包饺子、学传统工艺扎染）等多项活动来近距离学习、了解泉州文化。

5月2日

农历丁酉年四月初七
星期二
温度：21℃—28℃
小雨

●新华社“一带一路·合作共赢”栏目刊发通稿《福建泉州：续力千年“海丝”梦》。

●2—3日，刘群英到泉州开展省十二届人大五次会议第1183号《关于加紧统筹学前教育事业发展的建议》办理情况、水土流失治理工作情况调研。

●2—3日，陈荣凯到泉州开展“提升水产品食品安全保障水平”民主监督专题调研活动。

●市医疗保障管理局在全省首创“三函两牌”等监管举措。

●“青春喜迎十九大 ‘五个泉州’立新功”——泉州市纪念五四运动98周年暨中国共青团成立95周年大会举行。

●泉州一中与丹麦霍尔拜克市泉湖中学在一中东海校区举行青少年交流备忘录签订仪式。

●由省体育局主办，福建省乒羽网运动管理中心、福建省青少年体育协会承办的2017年首届福建省青少年网球排名赛（福州站）在福州海峡奥体中心网球馆举行，泉州体工队获4块金牌。

●泉州市妇幼保健院·儿童医院与惠安县妇幼保健院签订医联体协议。

5月3日

农历丁酉年四月初八
星期三
温度：21℃—26℃
阴

●市委召开常委会会议，学习中央《关于推进“两学一做”学习教育常态化制度化的意见》和省委《实施意见》，传达全国座谈会精神，研究泉州市贯彻意见。

●蒋作君到泉州开展推进“一带一路”建设中国文化走出去专题考察调研。

●“剑盾·2017”鲤城区大巡防行动启动，旨在强化打击各类多发性违法犯罪力度，整治夏季社会治安环境，提高街面见警率，确保鲤城辖区社会治安大局持续平稳。

蒋作君到泉州开展推进“一带一路”建设专题考察调研

全国政协常委、副秘书长，致公党中央常务副主席蒋作君到泉州开展推进“一带一路”建设中国文化走出去专题考察调研。调研组参观泉州华侨历史博物馆“泉州人在南洋”“故土情深——泉籍华侨华人奉献史”基本陈列，考察南洋华裔族群寻根谒祖综合服务平台项目建设现场，以及族谱收藏库房。在随后召开的工作座谈会上，调研组专门听取寻根平台项目建设规划及进展情况，并现场观看试点成果寻根展示系统。蒋作君肯定泉州市开展中国文化走出去的工作成效，以及泉州市提出推动中医走出去的建议和措施。蒋作君表示，将把“推动中医走出去”建议意见列入调研成果，并将通过多种方式向中央有关部门反映南洋华裔族群寻根谒祖综合服务平台项目建设有关问题。

刘群英到泉州调研加紧统筹学前教育事业发展的建议办理情况

2—3日，省人大常委会副主任刘群英带领调研组到泉州，开展省十二届人大五次会议第1183号《关于加紧统筹学前教育事业发展的建议》办理情况、水土流失治理工作情况调研。调研组走访丰泽区大唐丰盛幼儿园、圣湖幼儿园、湖心苑幼儿园等，察看南安柳城街道、英都镇、水头镇、石井镇水土流失治理工作情况。

陈荣凯到泉州开展“提升水产品食品安全保障水平”专题调研

2—3日，省政协副主席陈荣凯带领调研组到泉州开展“提升水产品食品安全保障水平”民主监督专题调研活动。调研组走访晋江福大鲍鱼水产有限公司、晋江市质量计量检测所、兴业华洲农贸市场，并就水产品食品安全质量等内容进行研讨。

市委常委会会议学习中央推进“两学一做”常态化制度化的意见

市委召开常委会会议，学习中央《关于推进“两学一做”学习教育常态化制度化的意见》和省委实施意见，传达全国座谈会精神，研究泉州市贯彻意见。市委书记郑新聪主持会议，市委常委参加会议，市人大常委会党组、市政协党组主要负责人列席会议。

会议指出，习近平对“两学一做”学习教育常态化制度化的指示，肯定“两学一做”学习教育成效，阐明推进“两学一做”学习教育常态化制度化的重大意义、目标任务和基本要求，为我们做好工作提供重要遵循。各级党组织要认真学习领会、全面贯彻落实。会议要求，要把思想政治教育摆在首位，在“学”上持续下功夫，坚持用党章党规规范党员、干部言行，在“做”上深化拓展，引导党员按照“四讲四有”标准，做到“四个合格”。要坚持领导干部带头，抓好党委（党组）中心组理论学习，严格执行双重组织生活制度和党员领导干部讲党课制度。要抓实基层支部规范化建设，严格执行“三会一课”制度、“送党课下基层”活动等，抓好党支部班子和带头人队伍建设，激发党支部活力，增强党支部组织力。要推动学习教育取得实效，把学习教育与中心工作深度融合，做到两手抓、两促进。学习宣传廖俊波等先进人物和先进事迹，激励干部扑下身子抓落实；深化开展“三诺”，建立党员设岗定责、挂牌上岗等制度，落实“八条措施”，调动干部创造性开展工作；建立经常性的“党性体检”机制，集中力量解决查找出来的问题清单，巩固重点问题整改成效，解决基层党建存在的问题。

会议强调，要加强组织领导协同推进，各级党委（党组）要切实履行主体责任，组织部门要把组织开展“两学一做”学习教育情况纳入党建工作考核的重要内容，作为评判党组织和党组织书记履行管党治党责任的重要依据，强化分类指导，严格督促检查，掀起“两学一做”学习教育新一轮高潮。

徐谦到泉州调研实施农村饮用水安全提升工程的建议办理情况

省人大常委会党组书记、副主任徐谦带领调研组到泉州，开展省十二届人大五次会议第1604号《关于实施农村饮用水安全提升工程的建议》办理情况调研。调研组考察安溪县蓬莱镇、官桥镇、虎邱镇、城厢镇等地农村饮水安全工程，对泉州所做工作给予肯定。

徐谦在泉州调研　（图/龚学智）

市委政法委召开泉州“平安建设”集中宣传活动会议

市委政法委召开泉州“平安建设”集中宣传活动会议。市综治委决定5—6月在全市范围开展“平安建设”宣传活动，加强平安建设宣传工作，拓展平安建设宣传空间，深化“平安泉州”创建活动，全面提升群众安全感和知晓率。

会议指出，要提高认识，打好宣传主动仗。各级、各部门要把思想认识统一到全市平安建设宣传工作部署上，主动策划好、组织好平安建设的宣传方案和宣传活动，推动平安泉州建设扎实开展，全面提升人民群众对平安建设的安全感和知晓率，形成创建平安人人有责、平安成果人人共享的良好局面。

会议要求，要丰富内容，提升宣传影响力，强化平安建设内容宣传，围绕人民群众关心关注的问题，宣传党委、政府和各级各部门在推动解决社会治安、公共安全、便民服务等方面采取的对策措施及工作推进情况，及时总结挖掘各地各部门平安创建的经验做法、工作成效以及先进典型，宣传人民群众开展群防群治的经验和见义勇为的先进事迹等。要创新形式，扩大宣传覆盖面，在主流媒体开设专栏、专题，开展常态化宣传；强化微信、微博等新媒体运用，扩大网络宣传影响力；要拓展群众参与空间，组织丰富多彩的群众文化活动，让宣传走进群众、融入生活；要强化基层宣传，镇（村）两级干部要进村入户开展宣传活动，让群众看到、听到，使平安宣传深入千家万户。此次宣传活动将纳入年度综治工作目标考核，与绩效考评相挂钩，并适时对宣传活动开展情况进行指导、督查和通报。

全市高校毕业生就业创业工作会议召开

继收听收看2017年全省高校毕业生就业工作视频会议之后，全市高校毕业生就业创业工作会议随即召开，贯彻部署落实工作。会议指出，市委、市政府历来重视高校毕业生就业创业工作，坚持把高校毕业生就业摆在就业工作首位。2016年以来，各级各有关部门、高校和企事业单位共同努力，以实施高校毕业生就业创业促进计划为抓手，拓展就业渠道，完善精准服务，强化困难帮扶，做好高校毕业生就业创业工作，确保全市高校毕业生就业局势保持稳定。要认清形势、提高认识，增强做好高校毕业生就业创业工作的责任感和紧迫感。要齐心协力、开拓创新，积极开发就业岗位，引导高校毕业生面向基层和重点领域就业，加大高校毕业生自主创业扶持力度等，千方百计促进高校毕业生就业创业。要加强领导、落实责任，在工作目标上有机衔接，政策措施上优先考虑，任务责任上同步落实，确保高校毕业生就业创业工作任务圆满完成。

5月4日

农历丁酉年四月初九
星期四
温度：21℃—27℃
阵雨

●徐谦到泉州开展省十二届人大五次会议第1604号《关于实施农村饮用水安全提升工程的建议》办理情况调研。

●市委政法委召开泉州“平安建设”集中宣传活动会议，市综治委决定5—6月在全市范围开展“平安建设”宣传活动。

●继收听收看2017年全省高校毕业生就业工作视频会议之后，全市高校毕业生就业创业工作会议随即召开，贯彻部署落实工作。

●“弘扬五四精神，立志做有为青年，主动融入‘一带一路’倡议”五四青年节升国旗仪式在泉州南少林国际学校举行，香港和泉州两地数百名师生参加，此系香港百名学生“一带一路”研习营到泉州交流的重要活动之一。

●丰泽青商会年会召开，发布全市首份《青年发展计划》。

5月5日

农历丁酉年四月初十
星期五
温度：22℃—27℃
阴

●市委办机关党支部召开党员大会，围绕“学习廖俊波同志先进事迹，推进党支部‘两学一做’学习教育常态化制度化”进行学习讨论。

●市检察院、市国税局2017年“检税共建·护企促发展”活动启动，市国税局检察官工作室揭牌，建立全省首创检税派驻联系机制。

●由市文广新局主办的“泉州新奏章”古城快闪活动在市区领SHOW天地文化创意产业园举行。

●团市委举办“不忘初心跟党走 泉州团市委机关专题开放日”活动。

●福建省餐饮文化促进会发布2016年度福建餐饮连锁五十强榜单及相关分析报告，泉州6家企业上榜。

●第二届中国农产品电子商务峰会在云南红河弥勒市举行，安溪县和德化县入选“2016年农产品电商50强县”。

●5—9日，2017年全国体操锦标赛暨全运会体操预选赛在湖北武汉体育中心举行，泉州选手林超攀获男子全能冠军。

●5—7日，由福建省全民健身领导小组、省体育局主办，福建省象棋协会、市体育局承办的第十三届全运会群众项目象棋比赛福建省选拔赛在泉州举行。

●泉州市舞蹈家协会街舞委员会第一届会员代表大会暨成立大会举行。

市委办机关党支部组织学习廖俊波先进事迹

市委办机关党支部召开党员大会，围绕“学习廖俊波同志先进事迹，推进党支部‘两学一做’学习教育常态化制度化”进行学习讨论。会议强调，要推进“两学一做”学习教育常态化制度化，争当廖俊波式的好干部。把思想政治教育作为第一位的任务，加强换届后各级领导班子思想政治建设。坚持领导带头，通过“三会一课”、座谈交流等，让党员干部普遍受洗礼、普遍受教育。常态化开展“承诺、践诺、评诺”，引导党员干部把思想学习转化为行动对标，转化为推进提升“三服务”水平、脱贫攻坚、项目建设、党的建设等具体工作。

市领导郑新聪、陈奕辉、翁祖根参加支部活动
（图/陈起拓）

泉州市在全省首创检税派驻机制

市检察院、市国税局2017年“检税共建·护企促发展”活动启动。启动仪式上，市国税局检察官工作室揭牌，标志全省首创检税派驻联系机制建立。建立“派驻机制”主要目的是对接国税机关公职律师制度建设，发挥检察机关专业优势，为国税机关依法决策、规范执法提供预防服务和法律帮助。现场宣读《泉州市人民检察院、泉州市国家税务局关于加强协作服务泉州经济健康发展的意见》。意见明确以坚持共建廉洁高效队伍、坚持共享检税优势资源、坚持共促经济健康发展为基本原则。明确提出建立派驻联系机制，检察机关在国税机关设立检察官工作室，对接国税相关部门联合开展宏观经济环境分析和案件查处、犯罪预防等工作。

“泉州新奏章”古城快闪活动举行

活动现场　　（图/陈智勇）

由市文广新局主办的第三届海上丝绸之路国际艺术节系列活动之一“泉州新奏章”古城快闪活动，在市区领SHOW天地文化创意产业园举行。活动旨在表现泉州人热爱生活、爱拼敢赢的精神，也致敬在这座城市里默默奋斗与奉献的人。同时，将泉州独有的剧种“打城戏”和古闽越族舞蹈之遗存“拍胸舞”这两种具有闽南代表性的传统戏剧与民间舞蹈融入快闪活动，展示泉州“非遗”的文化魅力，也体现古城“海丝”文化的繁荣万象。

安溪德化入选“2016年农产品电商50强县”

第二届中国农产品电子商务峰会在云南红河弥勒市举行。阿里研究院发布“2016年农产品电商50强县”，海宁、安溪、沭阳、临安、武功、义乌、武夷山、新郑、太仓和永康居前十位。此系阿里研究院首度发布此排行榜，也是国内首次用大数据来揭示县域农产品电商竞争格局。该50强县分布在全国十五个省区，其中浙江13个、江苏9个、福建7个、山东6个。安溪县位居“2016年农产品电商50强县”全国第二，德化县位列全国十七。

安溪县尚卿乡灶美村是有名的藤铁工艺“淘宝村”
（图/陈林森）

泉州市在全省率先出台扩大开放吸引外资鼓励政策

为加强泉州市外资招商引资工作，泉州市在全省率先出台《贯彻落实福建省扩大对外开放积极利用外资若干措施的实施意见》（以下简称《意见》），从坚持产业导向、优化营商环境、强化要素保障、实施正向激励、落实责任机制五个方面提出22条具体措施，提升全市利用外资水平。

相关链接：《意见》明确，鼓励和引导外资投向高端制造、智能制造、绿色制造等先进制造业以及工业设计和创意、工程咨询、现代物流、检验检测认证等生产性服务业，重点投向新一代信息技术和半导体、新能源、新材料、生物与医药、高端装备制造等战略性新兴产业，改造提升泉州市传统产业。符合条件的企业和项目可享受泉州市已出台的有关推动产业转型升级、加快企业自主创新能力提升、加快发展现代服务业等一系列扶持政策。

为优化营商环境，《意见》围绕事前、事中、事后服务，提出坚持对内外资一视同仁、公平竞争，凡在泉州投资的境外投资者，均可享受国家、省、市鼓励外来投资方面的各项优惠政策；对外资企业科研创新、转型升级、技术改造、人才引进、知识产权保护、标准化建设、业务牌照和资质申请等，确保同等享受、优先办理，未经法律授权不得擅自增加对外资企业的限制；支持外资参与能源、交通、水利、环保、市政公用工程等基础设施建设。

《意见》特别提出，各地各部门要推进审批服务提速提效，学习借鉴先进国家和地区的国际营商环境建设经验，从企业开办、建设许可、信贷获得、纳税支付、合同履行等方面着手，逐一对照国际化标准，查找弱项补短板；全面复制推广自贸试验区制度创新成果，深化商事制度改革，加快推进企业全程电子化登记；清理不规范涉企收费，“凡国家没有明文规定的，一律不得收费；凡是有上下限规定的涉企收费，一律按照下限执行”。

泉州市出台加快发展体育产业促进体育消费十一条措施

泉州市印发《关于加快发展体育产业促进体育消费十一条措施的通知》，强调要激发市场活力、健全产业体系、培育消费市场，满足人民群众日益增长的体育需求，推动泉州市体育产业转型升级。通知指出，泉州市从创新体制机制、优化产业结构、促进体育产业与相关产业融合发展、丰富市场供给、营造健身氛围等方面，明确加快发展体育产业促进体育消费的重点任务，并提出完善投融资政策、完善财政和消费政策、完善规划与土地政策、完善税费价格政策、完善无形资产开发保护和创新驱动政策、完善人才培养和就业政策、优化市场环境等一系列政策举措。

相关链接：到2025年，泉州市将基本建立结构合理、供给丰富、消费活跃、富有特色的体育产业体系，发挥对其他产业的带动作用，成为新的经济增长点。产业结构进一步优化。健身休闲、竞赛表演、场馆服务、中介培训、体育用品销售等体育产业各门类协同发展，体育服务业在体育产业中的比重显著提升。体制机制进一步完善。扶持体育产业发展的政策、法规体系更加健全，政府服务和监管规范高效，社会力量投资兴办体育产业的积极性充分调动，市场主体诚信自律，体育产业发展活力明显增强。产业基础进一步巩固。全市体育产业总规模达3000亿元以上，经常参加体育锻炼的人口比例、人均体育场地面积、人均体育消费支出居全省前列。

全市规模最大的全民健身基地泉州市海峡体育中心体育场　（图/吴聪伟）

5月6日

农历丁酉年四月十一
星期六
温度：20℃—27℃
多云

●为加强泉州市外资招商引资工作，泉州市在全省率先出台《贯彻落实福建省扩大对外开放积极利用外资若干措施的实施意见》。

●泉州市印发《关于加快发展体育产业促进体育消费十一条措施的通知》。

●“首届福建广电网络用户节”活动暨我要上电视系列活动《了不起的囝仔》栏目在泉州启动。

●泉州歌舞剧团首场常态性公益演出在泉州市文化艺术中心举行。

●洛江区“美丽乡村”东溪徒步大赛暨“青春建功 建设美丽洛江”系列主题活动在洛江区俞大猷公园启动，近500名徒步爱好者参加。

●法国著名足球教练、重庆力帆足球俱乐部体育总监特鲁西埃，和中国足坛名宿彭伟国到泉州考察参观。

5月7日

农历丁酉年四月十二
星期日
温度：19℃—28℃
多云

●泉州市出台并下发《关于建立正向激励机制促进有效投资的十二条措施（试行）》。

●7—9日，全省历史文化名镇名村和传统村落保护与发展座谈会在泉州召开。

●由市红十字会和市民政局主办的纪念第70个世界红十字日暨宣传新红十字会法主题活动在泉州府文庙广场举行。

●由市图书馆主办的“泉州少年诗词状元大赛”闭幕。

●台湾著名建筑设计师陈冠华到泉州举行住宅设计专题讲座，并与泉州室内设计师交流互动。

泉州市出台“十二条措施”促进有效投资

经市委、市政府研究决定，泉州市出台并下发《关于建立正向激励机制促进有效投资的十二条措施（试行）》（以下简称《措施》），加大正向激励力度，推动各地打好项目攻坚战，扩大有效投资，形成奋发有为、敢于担当的良好氛围，为建设“五个泉州”作出更大贡献。《措施》从加快组织实施投资工程包、加快推进“五个一批”项目建设、加大招商引资力度、进一步激发民间投资活力、加大技改投资力度、实施“第三产业提升年”活动、加大安征迁力度、完善资金安排与工作实效挂钩机制、加大金融支持力度、加强分级分类管理、促进项目审批提速提效及强化一线培养考察激励干部十二个方面提出具体举措。

全省历史文化名镇名村和传统村落保护与发展座谈会在泉州召开

阮仪三授课《从守护到传承》（图/李芸生）

7—9日，全省历史文化名镇名村和传统村落保护与发展座谈会在泉州召开。全省有关各级城乡规划、建设等部门，有关各界人士参加会议。会议通过实地调研与经验交流相结合的模式，为历史文化名镇名村和传统村落的保护工作提供思路和指导建议。会议期间，同济大学建筑城规学院教授、博士生导师，中国历史文化名城保护专家阮仪三到泉州调研历史文化名镇名村和传统村落的保护工作，并参与座谈会。

纪念第70个世界红十字日主题活动举行

由市红十字会和市民政局主办的纪念第70个世界红十字日暨宣传新红十字会法主题活动在泉州府文庙广场举行。活动内容包括业务展示、街头宣传、义诊服务、现场体验等，向群众宣传讲解新修订红十字会法和红十字运动常识，传授应急救护和水安全防护与遇险自救互救技能。由泉州自行车运动协会组织的45名骑行志愿者组成志愿骑行宣传车队，在中心城区巡骑，宣传新修订红十字会法及红十字运动精神。此外，现场还设置3个义诊工作点，由泉州医高专义诊服务队开展市民健康咨询、义诊。同时，主办方还邀请到水上安全知识宣讲队老师与应急救护知识宣讲志愿者向过往群众讲解青少年水安全防护和溺水自救互救以及心肺复苏、气道梗阻等初级卫生应急救护知识技能，并进行现场演示和邀请听众互动体验。

志愿骑行宣传车队（图/泉州晚报社）

“泉州少年诗词状元大赛”闭幕

由市图书馆主办的“泉州少年诗词状元大赛”闭幕。“泉州少年诗词状元大赛”初赛于4月23日举行，近500人参加笔试。经过现场闭卷答题海选，最终按照分数的高低排序，吴梓彧、林靖翔、陈舒娴、李思朋、叶一衡、郑雨凡、刘海宁、侯期方、肖玮耀、王鑫萍10位优秀选手进入决赛。10位参赛者经过争先赛和争霸赛后，出现四位选手并列第三名，通过附加题加赛才确定前三甲选手，最后夺得状元的刘海宁也是在附加题加赛中脱颖而出的，此前一路领先的李思朋获榜眼，探花由陈舒娴夺得，另外七人获进士。大赛决赛邀请华侨大学文学院前院长、闽南方言著名研究专家王建设教授，华侨大学文学院副教授、南京大学古代文学专业博士后苗民等担任点评嘉宾。

刘可清到泉州调研“推进交通物流融合发展”

8—9日，省政协党组副书记、副主席刘可清到泉州开展“推进我省交通物流融合发展”专题调研。调研组考察晋江陆地港、传化公路港、顺丰晋江分拨中心、闽运兴物流公司。调研组对促进物流业发展提出建议：要加大物流基础建设，合理规划布局，为物流企业发展提供空间保障；加大政策扶持，引导支持重点物流企业加快设备更新，推进信息化、标准化建设；要加大服务力度。物流业直接关系群众的生产生活，要探索解决物流企业面临的交通通行、人才引进等方面的困难和问题，促进企业更好发展。

福大石油化工学院（泉港校区）落成

福州大学石油化工学院（泉港校区）落成。泉港区是中国石油化工园区、国家产城融合示范区、国家循环经济示范试点园区和福建省十大新增长区域、千亿产业基地之一。福州大学石油化工学院是由福州大学、泉港区政府、福建石化集团公司共同建设，学院分设旗山校区和泉港校区，采用“2+2”的培养模式，即本科生前两年在福州大学旗山校区接受基础课学习，后两年在泉港校区完成专业课、工程实践环节学习和毕业论文。2016年9月，福州大学石化学院泉港校区启用，现已入驻2013级、2014级本科生427人，中国石油大学（北京）和福州大学的博士生3人、硕士生24人，已涵盖本科及硕士、博士研究生等不同层次教育教学。今后，福大石油化工学院将在泉港校区建立石化研究院、技术转移中心、孵化基地，联合其他高等院校共同组建协同创新联盟，为促进石化工业技术创新和产业升级、实施“石化强省”战略提供人才支撑和智力支持。

福州大学石油化工学院　（图/陈晓东）

2017年菲律宾华裔青少年“中国寻根之旅”夏令营丰泽营开营

为期10天的2017年菲律宾华裔青少年“中国寻根之旅”夏令营——福建丰泽营在黎明职业大学开营，22名夏令营成员在泉州感受中华文化、体验闽南风情。海外华裔青少年“中国寻根之旅”夏令营是国务院侨办和中国海外交流协会举办的大型综合性活动，旨在增进海外华裔青少年对祖籍地的了解，提高他们学习汉语和中华文化的兴趣，推动海外华文教育发展。作为承办单位之一，黎大根据职业教育办学特色，结合泉州传统文化，安排夏令营成员的学习课程和外出学校学习活动。营员们通过听“海丝”文化、闽南文化讲座，观看泉州历史纪录片，了解泉州悠久的历史。除华文朗诵、舞蹈、茶艺、书法等学习课程和蟳埔舞蹈、制茶等体验课程，还到中国闽台缘博物馆、清净寺、府文庙、开元寺等地参观。

中国国际露营大会考察团到安溪县考察

中国国际露营大会副主席张海峰、中国国际露营大会执行主席李守文等带领考察团到安溪县，就安溪县体育小镇建设、中国国际露营大会和百城徒步赛落地、露营之家全球服务中心落地的可行性及青少年户外教育营地发展等情况进行考察。李守文表示，露营之家伙伴计划既是一个平台也是一个组织。可以通过中国国际露营大会百城徒步赛、青少年营地联盟等，帮助安溪县达成规划落地。通过全球服务中心的落地，推动体育小镇的建设与发展，带动产业集群的形成与发展。精品打造露营之家区域伙伴计划在体育休闲旅游融合供给侧服务产品，并在全国的传播和推广实现跨区域的产业互动。通过体育营销提高城市美誉度和区域体育休闲旅游目的地建设。

5月8日

农历丁酉年四月十三
星期一
温度：22℃—29℃
多云

●8—9日，刘可清到泉州开展“推进我省交通物流融合发展”专题调研。

●福州大学石油化工学院（泉港校区）落成。

●2017年菲律宾华裔青少年“中国寻根之旅”夏令营——福建丰泽营在黎明职业大学开营。

●由石狮市委宣传部牵头，石狮市文体旅游广电新闻出版局、石狮市教育局主办的国家级非物质文化遗产项目——高甲戏进校园展演活动在该市石光中学启动。

●中国国际露营大会考察团到安溪县，就安溪县体育小镇建设、中国国际露营大会和百城徒步赛落地、露营之家全球服务中心落地的可行性及青少年户外教育营地发展等情况进行考察。

5月9日

农历丁酉年四月十四
星期二
温度：21℃—30℃
多云

●艾力更·依明巴海到泉州开展华侨权益保护专题调研。

●9—11日，国务院消防工作第六考核组对泉州市2016年度消防工作进行考核。

●9—10日，陈义兴到泉州开展《关于进一步推进福建省军民融合产业发展的建议》重点提案督办调研。

●2017年市委农村工作领导小组成员会议召开，传达贯彻省委农村工作领导小组成员会议精神和市委常委会议精神，总结部署全市脱贫攻坚和农业农村工作。

●由省检察院、司法厅、教育厅组办的“法治进校园”福建省巡讲活动讲师团观摩课在泉州财贸职业技术学校举行。

●市公安局第三届网情民意观察员聘任仪式举行，社会各界不同岗位共50人获聘。

●泉州市“关爱贫困母亲”大型公益募捐活动举行。

●矽品集成电路封装测试项目投资合作仪式在晋江市举行。

●9—11日，中国田径大奖赛第三站在山西太原举行，泉州选手王乌品获女子三级跳远冠军，蔡俊奇获男子400米栏冠军。

●9—14日，2017听香——泉州籍马来西亚艺术家朵拉水墨花鸟画展在泉州华侨历史博物馆举行。

●鲤城公安分局全媒体新闻中心揭牌成立，系全省公安系统首家全媒体新闻中心。

艾力更·依明巴海到泉州调研华侨权益保护工作

由全国人大常委会副委员长艾力更·依明巴海带领的调研组到泉州开展华侨权益保护专题调研。调研组考察侨资企业益海嘉里（泉州）粮油食品工业有限公司，并召开座谈会。艾力更·依明巴海指出，要加大涉侨法律法规宣传力度，党政领导干部带头学法守法，有关部门强化侨务法治观念，通过主题鲜明、形式多样的宣传教育活动，扩大侨法宣传面，在全社会营造学侨法、懂侨法、用侨法的浓厚氛围。要在为侨服务上加强沟通协调，尽快建立健全华侨权益保护工作协调机制，使侨胞更加舒心地回国投资创业，并通过多种形式加强与海外侨胞、归侨侨眷的联系，做好侨界民生工作，关爱困难侨胞，维护侨胞各项权益。

2017年市委农村工作领导小组成员会议召开

2017年市委农村工作领导小组成员会议召开，传达贯彻省委农村工作领导小组成员会议精神和市委常委会议精神，总结部署全市脱贫攻坚和农业农村工作。会议指出，要用“绣花”功夫实施精准扶贫，围绕精准下功夫、扛责任、建机制，确保打赢脱贫攻坚战。要加快推进农业供给侧结构性改革，深化晋江农村产权、永春重点生态区位商品林赎买试点、德化“林权房权”两权置换等体制机制改革。要做好林业工作，推动国家森林城市创建，强化森林资源管护，完成营造林任务，推进重点林业改革。要推进水利工作，全面实施河长制，做好安全度汛各项准备。要加强海洋渔业工作，打造特色渔业产业链，推进渔港经济区建设，落实好渔船渔港安全监督检查。

矽品集成电路封装测试项目投资合作仪式在晋江市举行

矽品集成电路封装测试项目（下称“矽品项目”）投资合作仪式在晋江市举行。落地于晋江福建省集成电路产业园区的矽品项目，将主要开展存储芯片和逻辑芯片封测业务。集成电路是福建省“十三五”期间重点发展产业。位于晋江的福建省集成电路产业园区，基础建设完善，配套设施齐全，致力建设成具有国际先进水平的集成电路及相关产品封装测试基地。借助区域优势，晋江市以“三园一区”为载体，以晋华存储器项目和矽品项目为龙头，构建集成电路全产业链生态圈。根据产业发展规划，晋江市立足于打造全球重要的内存生产基地和两岸集成电路产业合作示范中心，计划到2025年形成千亿产业规模。晋江市连续出台《晋江市集成电路产业发展规划纲要（2016—2025）》《晋江市加快培育集成电路全产业链的若干意见》和《晋江市集成电路产业优秀人才认定标准（试行）》等多份涉及产业规划和产业发展的纲领性文件和政策措施。同时，晋江还推行高层次人才“海峡计划”，打造高水平微电子研究院，建设国家示范性微电子学院，设立集成电路产业人才培训基地等，集聚各方资源，为集成电路产业发展助力。

鲤城公安分局成立全省首家全媒体新闻中心

鲤城公安分局全媒体新闻中心揭牌成立，系全省公安系统首家全媒体新闻中心。图为揭牌仪式。（图/王盼阳）

王钦敏到泉州开展“促进民营经济健康发展”专题调研

10—11日，全国政协副主席、全国工商联主席王钦敏带领全国政协调研组到泉州开展“构建‘亲’‘清’新型政商关系 促进民营经济健康发展”专题调研。调研组召开座谈会听取汇报，考察嘉泰数控、安通物流、七星电气等企业。王钦敏指出，面对经济新常态，泉州各级各部门要贯彻落实习近平关于构建“亲”“清”新型政商关系的讲话精神，打造良好的市场环境、法治环境，厘清“亲”“清”边界，推进信息公开，建立常态化的政商沟通机制和容错纠错机制，教育引导民营企业诚信守法经营，为依法保障和促进民营经济健康发展创造新经验。

市人大代表第二期履职培训班开班

2017年市十六届人大代表第二期履职培训班开班。会议指出，要认识人大代表的性质和地位，把握人大代表的权利和义务，认真执行代表职务，强化党的领导意识、权力机关意识、代表服务意识、民主法制意识和奉献意识，维护好党的利益、全局利益和人民群众的利益。要依法履职，在“五个泉州”建设中展现作为，展示人大代表的新作为、新担当、新业绩、新风采；遵纪守法，自觉遵守社会公德，廉洁自律，接受人民监督，树立人大代表的良好形象。各级各部门要强化保障，为代表履职提供高效服务；各级人大常委会要坚持把代表工作放在首位，人大常委会的办事机构要发挥集体参谋助手作用，在市委领导下，凝心聚力、开拓进取、依法履职。

“华大讲堂”第66讲举行

“华大讲堂”第66讲举行。中国社会科学院学部委员、中国区域经济学会会长金碚作题为《供给侧结构性改革推进产业转型升级》的报告。市领导陈铁晗等市委学习中心组成员参加报告会。金碚从供给侧结构性改革的经济学逻辑等方面，阐释实现产业转型升级路径的必要性，提出影响产业结构及其转型方向的基本因素可从需求侧和供给侧两方面进行分析，需求侧包括收入、市场、目标等，供给侧为资源、技术、文化等。

泉州市高层次人才认定工作启动

泉州市高层次人才认定工作启动，认定工作采取专窗集中受理，实行“一站式”服务。市人社局依托市高层次人才服务中心设立高层次人才服务专窗，涉及高层次人才的服务事项统一纳入专窗受理。其中，窗口前台负责项目受理、政策咨询；后台负责受理项目的审核、统一对接相关职能部门、跟踪落实项目办理结果，并对每位高层次人才统一建档、长期跟踪服务。按照“让数据多跑路、让人才少跑腿”的理念，市人社局开发“泉州市高层次人才‘一站式’服务大厅”——高层次人才网络服务平台。该平台为高层次人才提供业务办理、政策发布、专家风采、引才活动、项目对接、举荐人才、咨询帮助等综合性服务，可实时单项联网审批，实现与相关职能部门的数据交换与业务联动，高层次人才“足不出户”便可申请办理各种业务。通过启动运作高层次人才服务中心，设立线下服务专窗、线上“一站式”服务平台，初步建立人才服务项目“一窗受理、集中办理、专员服务、全程跟踪”的综合服务机制，可及时高效地为各类人才和用人单位提供包括人才认定、资金补助、住房安居、子女就学、进修培训、医疗保健、疗养休假、配偶就业、居留落户等服务。

泉州市举行地震应急演练

泉州市地震局在晋江市新侨中学举行地震应急演练，首次结合地震预警系统及地震现场工作队演练。预警疏散演练结束后，根据泉州市抗震救灾指挥部的指令，现场还开展新侨中学地震应急避难场所启用及“泉州市抗震救灾现场指挥部”演练。晋江市地震预警系统是全国地震系统中首个面向社会的地震预警信息发布系统。

5月10日

农历丁酉年四月十五
星期三
温度：21℃—30℃
阴

●10—11日，王钦敏到泉州开展“构建‘亲’‘清’新型政商关系 促进民营经济健康发展”专题调研。

●2017年市十六届人大代表第二期履职培训班开班。

●“华大讲堂”第66讲举行。中国社会科学院学部委员、中国区域经济学会会长金碚作题为《供给侧结构性改革推进产业转型升级》的报告。

●10—13日，2017台湾媒体“清新福建行”采访团到泉州开展以茶文化为主题的采访活动。

●泉州市高层次人才认定工作启动，认定工作采取专窗集中受理，实行“一站式”服务。

●市地震局在晋江市新侨中学举行地震应急演练，首次结合地震预警系统及地震现场工作队演练。

●市国税局举办“海丝传古韵，国税树新风”书香文化节。

5月11日

农历丁酉年四月十六
星期四
温度：23℃—31℃
阴

●推进“两学一做”学习教育常态化制度化工作座谈会召开，学习贯彻习近平指示精神，传达学习中央、省委有关会议精神，部署泉州市贯彻落实意见。

●全国法院第四次信息化工作会议在山东济南召开，泉州市中级人民法院获评“全国法院信息化工作先进集体”，泉州市中级人民法院法官洪清波获评“全国法院信息化工作先进个人”。

●以“文明之行 德耀泉州”为主题的2017年度泉州市道德模范、身边好人基层巡讲首场活动在鲤城区行政中心举行。

●第十三届中国（深圳）国际文化产业博览交易会开幕，泉州提线木偶戏、高甲戏和多家文创企业参展，展示泉州文化产业发展新成果。

●丰泽区第二季度部分重点项目集中开工。

●中国石油和化学工业联合会化工园区工作委员会发布“2017中国化工园区20强”名单，泉港石化工业园区入选，系该园区自2013年以来连续5年入选，也是全省唯一入选园区。

●德化县首期“中国白”国际陶瓷艺术大奖赛驻地创作国内外艺术家文化沙龙活动举行。

推进“两学一做”学习教育常态化制度化工作座谈会召开

推进“两学一做”学习教育常态化制度化工作座谈会召开，学习贯彻习近平指示精神，传达学习中央、省委有关会议精神，部署泉州市贯彻落实意见。会议强调，全市各级党组织要认识推进“两学一做”学习教育常态化制度化的重大意义和目标要求，把学习教育作为全面从严治党、推进思想政治建设的基础性工程；要把握推进“两学一做”学习教育常态化制度化的基本内容，在持续学、深入学上下功夫，在做合格党员上深化拓展，坚持“关键少数”带头，突出问题导向，发挥党支部主体作用，把学习教育与中心工作结合起来；要加强对“两学一做”学习教育工作的组织领导，层层压实责任，强化分类指导，严格督促检查，抓好舆论宣传，勇于担当作为。

泉州市中级人民法院获评“全国法院信息化工作先进集体”

全国法院第四次信息化工作会议在山东济南召开。会上，因在信息化建设、打造智慧法院中表现突出，泉州市中级人民法院被最高法院表彰，获评“全国法院信息化工作先进集体”称号；泉州市中级人民法院法官洪清波获评“全国法院信息化工作先进个人”称号。2014年以来，泉州市中级人民法院高度重视法院信息化建设及应用，尤其是泉州法院组织开发的跨域立案系统在全国14个省市法院试点推广。泉州市中级人民法院将以此为契机，加快智慧法院建设，将大数据、云计算、虚拟化、语音识别等新技术纳入到法院审判办公应用中，力争总体建成法院信息化3.0版。

2017年度泉州市道德模范、身边好人基层巡讲启动

以“文明之行 德耀泉州”为主题的2017年度泉州市道德模范、身边好人基层巡讲首场活动在鲤城区行政中心举行。巡讲活动由市委宣传部、市委文明办、市教育局、团市委主办，从5月持续到6月，共有6场次。巡讲现场，国网泉州供电公司胡雯讲述第五届全国道德模范提名奖获得者连于妹的事迹。受邻居临终前所托，连于妹不求回报地照顾生活不能自理的庄古祖40多年。连于妹无私的道德品质，让大家看到诚实守信、助人为乐、朴实善良的传统美德。泉州小树林语言艺术学校校长曲燕讲述发生在市第三届道德模范缪菊云身上的故事。丈夫和三个孩子接连遭遇病痛，缪菊云用瘦弱却坚强的肩膀撑起整个家庭的脊梁。曹帮金是市第五届道德模范。2016年3月的一个晚上，曹帮金在家听到有人落水呼救后立即起床赶往落水点，两度跳进冰冷的河水中，将落水者救起，然后默默离开。曹帮金救人不留名的事迹，被群众广为传颂。

泉港石化工业园区连续5年入选“中国化工园区20强”

中国石油和化学工业联合会化工园区工作委员会发布“2017中国化工园区20强”名单，泉港石化工业园区入选，系该园区自2013年以来连续5年入选，也是全省唯一入选园区。“中国化工园区20强”的评选，包含综合经济实力、基础设施配套、环境保护及节能减排、循环经济、安全与公众认知5个主要指标，是石化工业园区综合实力的反映。“中国化工园区20强”已成为石化行业共同认可的国内化工园区发展的风向标，其销售收入、利润总额、固定资产投资高于行业平均水平，质量优于园区外的企业。

泉港石化工业园区是《福建省湄洲湾石化基地发展规划》确定的湄洲湾石化基地先导区，并被国家发改委和财政部确定为2014年国家级循环化改造示范点园区。园区规划面积为29.6平方千米，主要围绕联合石化一体化1400万吨/年炼油、110万吨/年乙烯开展下游产业链招商，已入驻仙境、洋屿、氯碱和南山四个片区企业多达33家以上。2016年，全区石化总产值643.5亿元，工业增加值134.4亿元，入园化工企业利润81.5亿元，园区有15个循环化改造项目，上下游企业关联度达82%。

市委常委会会议传达贯彻省委省政府工作检查总结会精神

市委召开常委会会议，传达省委、省政府工作检查总结会暨第一季度经济形势分析会议精神。会议要求，要抓紧突破征迁攻坚滞后项目，加快推进补短板投资“工程包”，筛选晾晒一批“重中之重”项目。各地“一把手”要亲自抓，拿出真心诚意与优质服务，经常组织小分队招商、产业招商，加快引进具有战略价值的产业龙头。要服务全国大局，抓好“古泉州（刺桐）史迹”申遗、海丝国际艺术节等大事。

2017年泉州市“防灾减灾日”宣传活动举行

第九个防灾减灾日，2017年泉州市“防灾减灾日”宣传活动举行。活动现场开展防汛防台风知识宣传、防灾减灾救援技能演示等活动，布置科普宣传长廊，播放动漫宣传短片，展示防汛物资设备，分发宣传折页等。结合泉州市防汛防台风工作以及汛期工作实际，围绕城市防洪、山洪暴发、避险救灾等方面进行防灾减灾防御知识和能力建设宣传，提升市民主动避险意识和遇险自救能力。

泉州广播电视台闽南语开播十周年

泉州广播电视台闽南语频道开播十周年纪念活动举行。泉州广播电视台闽南语频道（QZTV-4）于2007年5月12日开播，是中国大陆首个全部采用闽南方言播出的综合频道，以泉州方言节目为主、以闽南人文为特色、以“传承闽南文化，服务全球乡亲”为宗旨。闽南语频道覆盖范围包括泉州和金门，并辐射厦门、漳州、莆田等地区，无线信号覆盖面积达13000多平方千米，收视人口1000多万，收视率与收视份额常年位居落地泉州的100多个电视频道首位。频道通过全国重点文化出口单位汉雅星空属下的“魅力中国”网络电视台，进入台湾网络电视，实现全岛覆盖，并通过这个平台，在东南亚、北美、欧洲的四十几个国家、地区落地。

纪念活动现场　　（图/泉州广播电视台）

十年来，闽南语频道开设《唐山过台湾》《我爱闽南语》《泉州第一炮》《泉城搜go》《泉州讲古》等十余档自制节目，融文史、知识、资讯、娱乐、服务为一体，贴近闽台乡亲的文化取向和欣赏习惯。闽南语频道还立足本土文化和两岸交流特色，主办或与台湾媒体联合，打造一系列品牌活动和特别节目，包括历年“两岸闽南人春晚”“闽台少儿电视春晚”“闽南语主持人电视大奖赛”“中华闽南语歌手大奖赛”等。其中，“两岸闽南人春晚”跻身全国春晚一线品牌，连续多届获中国广播电视协会颁发的全国春节电视文艺晚会“春晚奖”一等奖。

泉州市在海峡旅游博览会推介“古城+海丝”旅游资源

第十三届海峡旅游博览会在厦门开幕，泉州市旅游部门及百余家旅游企业参展，推介泉州“古城+海丝”旅游资源。图为泉州馆展区内游客免费体验彩绘Q版惠安女。

（图/郭雅莹）

5月12日

农历丁酉年四月十七
星期五
温度：23℃—31℃
阵雨

●市委召开常委会会议，传达省委、省政府工作检查总结会暨第一季度经济形势分析会议精神，分析1—4月全市经济运行情况，研究布置下一步工作。

●2017年泉州市“防灾减灾日”宣传活动举行。

●市防汛抗旱指挥部发出关于做好强降水防范工作的通知。

●泉州广播电视台闽南语频道开播十周年纪念活动举行。

●第十三届海峡旅游博览会在厦门开幕，泉州市旅游部门及百余家旅游企业参展，推介泉州“古城+海丝”旅游资源。

●丰泽区“文明出行·规范停车”倡议活动暨泉州首个摩拜单车推荐停车点揭牌仪式在市区领SHOW天地举行。

●石狮市检察院、公安局在石狮纺织服装产业联盟揭牌设立反商业贿赂联动办公室，检察和公安部门联合设立此类机构在全省尚属首例。

5月13日

农历丁酉年四月十八
星期六
温度：22℃—28℃
阵雨

●13—14日，国务院“放管服”改革专项督查第四督查组到泉州，对泉州“放管服”改革政策措施落实情况开展专项督查。

●由市委人才办、永春县委组织部、县委人才办、福建农林大学安溪茶学院主办，县旅游事业局协办的海峡两岸全域旅游发展论坛在永春县举办。

●兴泉铁路戴云山一号隧道开挖，系全线首座进洞施工的隧道。

●由团市委、市燃气有限公司主办，市燃气有限公司团委、国网泉州供电公司团委承办的“古城护遗 青年先行”主题宣传活动启动仪式在市区府文庙广场举行。

●13—14日，由市体育局、教育局主办，南安市文化体育新闻出版局承办的2017泉州市少年儿童举重锦标赛在南安体校举行，南安代表队获男子、女子团体总分第一名。

●泉州医学会乳腺病分会成立。

●13—14日，2017国际大力士泉州公开赛在泉州侨乡体育中心举行。

国务院督查组到泉州督查“放管服”改革

13—14日，国务院“放管服”改革专项督查第四督查组来泉，对泉州“放管服”改革政策措施落实情况开展专项督查。督查组到鲤城、丰泽、晋江进行明察暗访，并与近期申报投资项目企业负责人及市、县两级相关部门负责审批业务的一线工作人员座谈。近年来，泉州市深化“放管服”改革，采取建立清单动态调整机制、精简审批前置条件、简化投资审批流程等措施，加大减权放权的力度，深化简政放权。加快商事登记制度改革步伐，在降低市场准入门槛的同时，坚持“宽进严管、放管结合”，通过建立随机抽查机制和信用监管机制等，加强事中事后监管。

泉州市出台《关于加强商标品牌建设工作的意见》

泉州市印发《关于加强商标品牌建设工作的意见》（以下简称《意见》）明确，将实施品牌泉州影响力提升、商标品牌梯队培育、泉商品牌保护、泉商品牌增值四大工程。为优化品牌梯队，提高商标质量，《意见》明确，泉州将加强新型产业和地理标志商标注册引导，鼓励企业在电子商务、动漫游戏、影视制作等领域注册并使用声音商标、立体商标；支持以行业协会的名义申请注册产业集群集体商标，特别是鞋服、食品、石雕、水暖等传统优势产业。同时，泉州还将加大对新地理标志和高知名度商标的奖励力度——对新取得国家工商总局注册的地理标志证明商标和地理标志集体商标，每件给予奖励10万元；对新获得国家工商总局驰名商标保护的企业，在省级奖励基础上，市级再奖励人民币30万元。为鼓励更多企业在国际贸易中使用自主商标，提高自主商标商品的出口比例，《意见》对新增的马德里国际注册商标给予不同程度的资金扶持：指定5个以下（含5个）国家或地区的每件补助0.5万元，指定5个以上10个以下（含10个）国家或地区的每件补助1万元，指定10个以上国家或地区的每件补助1.5万元。对新增在单个国家（地区）商标注册的，对每件商标予以5000元补助。

海峡两岸全域旅游发展论坛在永春县举办

由市委人才办、永春县委组织部、县委人才办、福建农林大学安溪茶学院主办，县旅游事业局协办的海峡两岸全域旅游发展论坛在永春县举办。台湾中兴大学、台东大学、台北大学、上海交通大学、福建农林大学安溪茶学院、华侨大学等部分高校专家学者，永春县县直有关单位、各乡镇负责人等100多人参加会议。会上，上海交通大学许立言教授、台湾元智大学邱昭彰教授、台湾中兴大学黄炳文教授、福建农林大学朱朝枝教授等专家学者分别围绕两岸人才合作、全域旅游打造等发表独特见解，并为永春全域旅游发展等提出意见和建议。

论坛现场　　（图/姚德纯）

2017国际大力士泉州公开赛举行

13—14日，2017国际大力士泉州公开赛在泉州侨乡体育中心举行。此系省内首次举办的国际级大力士官方赛事。国内的12名大力士和俄罗斯、乌克兰、白俄罗斯等国的7名外籍大力士参加比赛。比赛设置6个项目：提重物、抱元宝、转大运、翻轮胎、挑重物、拉汽车。项目设置灵活、新奇刺激，趣味性、观赏性强。比赛共设置15个奖项，分为总成绩奖、单项奖以及中国组排名奖等。“中国第一大力士”龙武在现场解说整场比赛。经过角逐，俄罗斯选手亚历山大在抱元宝、翻轮胎、挑重物等项目夺冠，获公开赛总成绩冠军，亚军、季军分别被俄罗斯选手伊万诺夫和中国选手陈彦强获得。

《“一带一路”国际合作高峰论坛》纪念邮票在泉州首发

“驿路·丝路·复兴路”——“行走新丝路喜迎十九大”2017全国集邮巡回展览（泉州首站）启动仪式暨《“一带一路”国际合作高峰论坛》纪念邮票首发仪式在中国闽台缘博物馆举行。此次巡展在“丝绸之路经济带”核心区新疆和“21世纪海上丝绸之路”核心区的福建同时启动，并以两条沿线的省（区）为主线巡回展开，从5月持续至11月，覆盖31个省（区、市）。作为福建主线首站的泉州站集邮展览展出邮集83部200框，并设立“海丝”主题邮局，举办集邮文化活动，还在海丝国际艺术公园设立永久邮票墙。首发的《“一带一路”国际合作高峰论坛》纪念邮票一套1枚，邮票面值为1.20元。纪念邮票以论坛标识为主体，画面中水纹元素代表财富和海上丝绸之路，祥云代表陆上丝绸之路，体现水利万物和包容、圆融的思想。泉州开元寺“东西塔”与北京天坛和国家体育场、甘肃嘉峪关、新疆苏公塔、广西文昌塔、上海东方明珠广播电视塔和外滩、广州塔作为城市剪影展现在邮票下方。

《“一带一路”国际合作高峰论坛》纪念邮票

首发式

同日举行的海上丝绸之路集邮论坛现场　（图/李芸生）

中国非遗大数据中心落户安溪县

中国非遗大数据中心揭牌仪式在安溪EC产业园举行。中国非遗大数据中心成立之后，将从多个方面开展非遗文化保护、传承和推广，建立包括工信部OID溯源认证系统、中国版权保护认证系统、中华人民共和国生态原产地保护系统、互生大数据消费积分系统等互联网技术平台，建立产品销售渠道，强化非遗文化营销推广，培养非遗消费用户，多角度全方位帮助非遗文化产业建设和发展以及传承人保护传承。

揭牌仪式　（图/刘伯怡）

5月14日

农历丁酉年四月十九
星期日
温度：21℃—28℃
多云

●“一带一路”国际合作高峰论坛开幕，习近平在发表主旨演讲时指出，泉州等城市的古港是记载古丝绸之路历史的“活化石”。

●“驿路·丝路·复兴路”——“行走新丝路喜迎十九大”2017全国集邮巡回展览（泉州首站）启动仪式暨《“一带一路”国际合作高峰论坛》纪念邮票首发仪式在中国闽台缘博物馆举行。

●14—15日，王家瑞到泉州开展“海丝”建设相关工作调研。

●中国非遗大数据中心揭牌仪式在安溪EC产业园举行。

●泉州市急救指挥中心在市区东湖公园开展户外培训活动。

●“中国梦·海丝情”2017泉州首届艺术特长生大赛开幕。

5月15日

农历丁酉年四月二十
星期一
温度：19℃—27℃
大雨

●郑新聪检查中心市区防洪排涝设施并部署下阶段工作，康涛就全市防御暴雨作出要求。

●康涛到市信访局接访群众。

●15—16日，市人大常委会组织三个检查组，分赴各县（市、区）检查中央、省关于加强县乡人大工作和建设有关文件贯彻落实情况。

●省卫计委宣传处组织包括人民网福建频道、新华网福建频道等6家媒体，到泉州市第一医院城东院区开展“进一步改善医疗服务行动计划”专题采访。

●泉州市出现中到大雨，局部暴雨过程，市防汛抗旱指挥部于9时启动防暴雨Ⅳ级应急响应，于18时启动防暴雨Ⅲ级应急响应。

●2017年菲律宾华裔青少年“中国寻根之旅”夏令营晋江龙湖营在晋江市南侨中学开营。

●德化县检察院牵头与福州市永泰县，莆田市仙游县，三明市大田县、尤溪县的检察院建立“四市五县”环戴云山生态保护检察联动机制，并签订《环戴云山生态保护司法联盟》。

●2016年度泉州文学奖、2016年度《泉州文学》优秀作品奖颁奖仪式暨新会员座谈会在南安市举行。

郑新聪康涛部署防御暴雨工作

市委书记、市人大常委会主任郑新聪带队检查中心市区防洪排涝设施并部署下阶段工作，市长康涛就全市防御暴雨作出要求。

郑新聪强调，要对可能影响安全度汛的工程隐患和薄弱环节进行再检查、再落实，倒排倒逼推进整治项目，做足应急应对措施。要提升防洪排涝体系规划，抓紧策划实施一批事关城市安全的重点“补短板工程包”，前瞻谋划实施一批城区地下综合管廊等改造建设工程包，并强化百年大计意识，把防洪排涝工程质量放在首位。要强化监测预警、灵敏反应，加快完善防洪排涝设施监测信息化系统建设，厘清管理体制、加强市县联动，宣传引导提升群众防范意识、自救能力和保护沟渠的意识。

康涛要求各级各部门要落实防汛责任，紧盯重点部位、薄弱环节、灾害易发点，迅速组织力量开展隐患排查和应急处置；要密切关注水、雨、风情变化，加强会商、加密预报，及时把预警信息传递给干部群众；要果断转移安置危险区域群众，有效保障人员物资，确保随时能够快速投入抢险救灾。

《环戴云山生态保护司法联盟》签订

德化县检察院牵头与福州市永泰县，莆田市仙游县，三明市大田县、尤溪县的检察院建立“四市五县”环戴云山生态保护检察联动机制，并签订《环戴云山生态保护司法联盟》。此举在全省率先打破“一对一”的单一协作模式，推动一体化的生态检察联动机制建设，构建生态领域预防联动模式，确立个案协助通报制，打造“1+N”生态监管单位协作模式，建立联系更加紧密的跨区域协作机制。《环戴云山生态保护司法联盟》签订后，各地将通过加强区域合作，强化生态建设司法保护。整合资源，发挥跨区域司法协作的纽带作用，形成推动区域合作工作机制。发挥优势，协调带动区域内环保、水利、国土、林业等生态领域监管单位及区域内公益组织、团体参与区域性生态保护工作，构建内外联动的区域合作格局，推动戴云山脉及闽江、晋江源头重点生态区域的司法保护联防联治。定期召开联席会议，建立磋商和联络员机制，督促落实协作事宜，及时报告合作事项进展情况和工作建议。逐步建立维护边界稳定及纠纷解决机制、个案协助及通报制度、信息共享制度、“大宣教”合作机制、生态领域联防联动机制、重点区域保护机制等。

戴云山脉风光　（图/陈明华 李 宏）

2016年度泉州文学奖颁奖

2016年度泉州文学奖、2016年度《泉州文学》优秀作品奖颁奖仪式暨新会员座谈会在南安市举行。2016年度泉州文学奖获奖作品为：苏天才《镜框上的血痕》（长篇小说）、林彬煌《春天的彩虹》（电影文学剧本）、刘建燃《爱已到家》（中篇小说）、杨新榕《乌屿，阅尽古今的哲人》（散文）、吴素明《吴素明的散文诗》(散文诗)、王炜炜《黑白蝶》（长篇小说）、王邦尧《雨日书》（散文）、陈冬挺《安海追想曲》（长篇小说）、涂元伟《泪痣》（短篇小说）、陈瑞芬《在惠安，小岞那片海》（散文诗）。《泉州文学》优秀作品奖获奖作品为：高寒《南无求忏悔》（小说）、郭建生《金小娘》（小说）、胡建志《暗谎》（小说）、何锦龙《晋江霞行的“瑞图公”》（散文）、王常婷《中药随笔三篇》（散文）、张艺斌《怀念妈妈》（散文）、孙哲《油条铺的女人》（散文）、陈客《在中医院》（诗歌）、杨金中《我是故乡，散落四方的字句》（诗歌）和骆锦恋《几叶清香禅意中——李伟才茶诗读后》（评论）等。

市人大常委会开展专项检查

15—16日，市人大常委会组织三个检查组，分赴各县（市、区）检查中央、省关于加强县乡人大工作和建设有关文件贯彻落实情况。检查组考察乡镇、街道、社区的人大代表工作室、联络点，并听取各县（市、区）党委、人大常委会党组有关中央、省里加强县乡人大工作和建设文件落实情况的汇报。市人大常委会党组书记陈万里指出，各县（市、区）要坚持正确的政治方向、坚持依法履行职权、坚持代表主体地位、坚持基层民主法治。要加强基层基础工作，加强工作探索创新，加强代表监督管理，加强队伍自身建设。要推进人大常委会工作的规范化、制度化、程序化、法制化建设。

市中小企业公共服务平台投入运营

泉州市中小企业公共服务平台投入运营使用。作为全市唯一一个综合性窗口服务平台，在该平台网络上注册的服务机构已有59家，涵盖信息、投融资、管理咨询、人才培训、创业辅导、技术服务、法律服务等服务领域。

一直以来，中小微企业虽然数量庞大，但由于受人才、资金等因素制约，面临“服务难、服务贵”等社会问题。市中小企业服务中心相关负责人介绍，通过“政府扶持平台、平台服务企业”的方式，可以有效整合政府与社会两种资源，通过“整合资源、协同服务”’的形式提升中小企业服务水平，便捷中小企业寻找购买服务。该平台作为福建省中小企业公共服务平台网络的重要窗口平台，可运用省平台开发的运营管理系统为中小企业与服务机构提供线上服务。

泉州市中小企业公共服务平台网络系统可实现用户注册、服务需求发布、扶持政策宣传、服务交易、服务评价、服务统计以及对服务机构的管理与考核等功能。同时，该平台还接入全省统一的云呼叫中心，接收中小企业来电咨询和呼叫转接，通过安装视频会议系统，实现与省平台及其他地市平台互联互通、资源共享，从而扩大服务项目宣传推介和对接的覆盖面。值得一提的是，在泉州市中小企业公共服务平台服务大厅内，设有惠企直通车（信息服务）、投融资服务、创业服务、管理咨询服务、人才与培训服务、技术创新与质量服务、市场开拓服务、法律服务、职称咨询与继续教育服务9个服务窗口。

市经信委相关负责人表示，该平台通过线上网络与线下实体平台相结合，宣传政府惠企政策和相关服务信息，推动惠企政策落地，带动企业服务需求与机构服务项目有效对接，并以协同服务形式带动社会资源开展服务，为中小企业提供“找得到、用得起、有保障”的一站式服务，促进中小企业服务体系建设，提升中小企业服务水平。

泉州市2017残疾人艺术作品展开幕

“放飞梦想 共享阳光”——泉州市2017残疾人艺术作品展在泉州市少年儿童图书馆开幕，此次活动是泉州市庆祝第27次“全国助残日”的系列活动之一。展览收到全市残疾人创作的书法、绘画、摄影、工艺美术和各类手工艺术品237件。作品风格各异，技艺精湛，既体现残疾人自强不息、积极向上、追求美好梦想的精神风貌，也是残疾人融合社会、融合生活、融合时代的艺术体现，一定程度上反映泉州市残疾人的文化艺术水准。主办方结合网络投票情况，并聘请工艺美术、书画、摄影界专家和学者评选产生金奖4件、银奖10件、铜奖20件、优秀奖30件、组织奖4个，并挑选出130多件作品展出。

作品展现场 （图/吴寿民）

5月16日

农历丁酉年四月廿一
星期二
温度：18℃—25℃
阵雨

●16—17日，省外汇管理局副局长陈耕、省开行副行长郑书月到晋江市考察。

●泉州市中小企业公共服务平台投入运营使用。

●“放飞梦想 共享阳光”——泉州市2017残疾人艺术作品展在泉州市少年儿童图书馆开幕，此次活动是泉州市庆祝第27次“全国助残日”的系列活动之一。展览收到全市残疾人创作的书法、绘画、摄影、工艺美术和各类手工艺术品237件。

5月17日

农历丁酉年四月廿二
星期三
温度：21℃—27℃
多云

●全市脱贫攻坚工作视频会议召开，传达贯彻省委、省政府有关会议和市委常委会议精神，分析当前脱贫攻坚形势，部署全市脱贫攻坚工作。

●17—18日，全国人大常委会法工委组织到泉州调研并召开座谈会，与泉州、漳州、三明、莆田市人大常委会相关领导座谈。

●丰泽区法院清源山景区法官工作室揭牌成立，系全市首个设立的景区法官工作室。

●阿里研究院和阿里巴巴生意参谋团队发起“数据下乡——数据赋能乡村网商公益行”系列活动，发布《2016年网商数据应用分析报告》。在报告公布的“网商数据应用50强县”排行榜中，泉州6个县（市）进入榜单，分别是：石狮、德化、安溪、晋江、惠安、南安。

●17—19日，2017中国报业融合创新大会在河北廊坊举行，“泉州晚报社媒体云平台”项目获2016年度中国报业新媒体项目创新奖30强，泉州网“直播泉州”栏目获2016年度中国报业新媒体优秀创新项目奖，泉州晚报社苏智峰获中国报业深度融合发展奖·十大创新人物称号。

全市脱贫攻坚工作视频会议召开

全市脱贫攻坚工作视频会议召开，传达贯彻省委、省政府有关会议和市委常委会议精神，分析当前脱贫攻坚形势，部署全市脱贫攻坚工作。会议要求，要坚持精准扶贫精准脱贫方略，把“精准”落实到全过程、各环节。要实行项目化管理，把脱贫的目标、举措、责任细化成一个个项目，用抓项目的理念组织推进。“一竿子抓到底”，健全《扶贫手册》和《挂钩帮扶工作手册》，加强动态管理，全程跟踪推进，做到不脱贫、不脱钩；“一把钥匙开一把锁”，从社保兜底、减负脱贫、易地搬迁、产业扶贫等方面入手，真正扶到点上、扶到根上；注重总结提升，培育一批可推广、可复制的扶贫工作品牌，以点带面、示范推广。要实行最严格考核，完善考核体系，强化督查巡查，推进精准监督助推精准扶贫工作，严肃监督问责，加强资金监管。要实行最广泛动员，改进脱贫攻坚动员和帮扶方式，坚持群众主体，调动群众、干部、社会三方积极性。

泉州市首设旅游法官工作室

丰泽区法院清源山景区法官工作室揭牌 （图/高泽漳）

丰泽区法院清源山景区法官工作室揭牌成立，系全市首个设立的景区法官工作室，将在AAAA级以上的景区推广。该法官工作室主要受理游客在景区旅游过程中因侵权、合同等发生的人身、财产纠纷。在立案方面，采取电话、接访、上门、巡回等多种途径快速立案，及时受理属于速裁范围的案件。在审理方面，坚持“多元调解、调判结合”为原则，适用小额速裁程序或者简易程序，做到快审、快送、快调、快结。

泉州六县（市）入选“网商数据应用50强县”

阿里研究院和阿里巴巴生意参谋团队发起“数据下乡——数据赋能乡村网商公益行”系列活动，发布《2016年网商数据应用分析报告》。在报告公布的“网商数据应用50强县”排行榜中，福建共有6个县（市）进入榜单，分别是：石狮、德化、安溪、晋江、惠安、南安，均为泉州所属县市。报告显示，全国网商数据应用水平分为五个梯队，其中福建处于第二梯队。相对而言，在电子商务发达的地区，网商数据应用水平更高。据阿里研究院高级专家介绍，网商使用数据有三个层次：用、经常用、深度用。因此，阿里从三个方面构建指标体系，包括普及性、活跃度和深度使用率，综合测度一个地区网商应用数据的水平。网商数据应用指数介于0—100分，分数越高，即网商数据应用水平越高。分析结果显示，前三个梯队的16个省市的网商数据应用水平高于全国平均水平。

报告公布“网商数据应用50强县”排行榜，惠东、桐乡、海宁、石狮、浦江、安吉、德化、睢宁、曹县和常熟位居前十位。上榜的县域绝大部分位于沿海地区，其中，浙江22个，河北11个，福建6个，江苏、广东、山东和辽宁紧随其后。石狮、德化两县（市）进入前十榜单，分别位列第4位、第7位，网商数据应用水平指数分别为88.37分、88.15分；安溪、晋江、惠安、南安分别位列第11位、第19位、第23位和第45位。

泉州某企业智能仓储车间内，商品正待发货 （图/刘 倩）

市委常委会会议研究创建全国文明城市和法治政府建设工作

市委召开常委会会议，研究深化创建全国文明城市配套实施方案及考核办法；研究《泉州市法治政府建设实施方案》（以下简称《实施方案》）。

会议要求，要坚持问题导向，着力补足短板。针对存在的问题和薄弱环节，紧扣提升市民素质、完善管理体系、强化责任落实三个关键，抓基层、打基础，抓机制、求长效，抓持续、促常态，落实好日常保洁、垃圾分类等。各级各相关部门要主动担当、履职尽责、相互配合。对责任不到位、协同不到位的，坚决问责问效。要完善机制，形成品牌。坚持把功夫下在平时，调动群众积极性，打造更多创建品牌。以泉州市被确定为全国农村移风易俗工作试点市为契机，推动相关工作立法，力争用2—3年时间推动形成崇尚文明、勤俭节约的良好社会风尚；深化社会主义核心价值观教育，以群众喜闻乐见的方式扩大公益宣传影响，在全市营造浓厚氛围；开展"志愿情·泉州红"活动，引导激励市民踊跃参与志愿服务，使"志愿泉州"成为城市的新特质。

会议指出，各级政府要贯彻落实国家和省上关于法治政府建设的各项决策部署，健全依法决策机制，把政府工作全面纳入法治轨道。政府各部门要把依法行政作为行为准则，进一步深化改革，加强制度建设，强化对行政权力运行的制约和监督，营造良好的法治化环境。法治政府建设是一项系统工程，是十分重要的政治任务。各级党委要发挥领导核心作用，各级政府及其部门要精心部署、周密安排，把党的领导贯彻到法治政府建设中，坚持主要领导亲自抓，加强法制队伍建设，推动《实施方案》中的各项任务落到实处。要健全工作督查落实机制，加强对项目完成或进展情况的检查通报，对工作推进不力、不作为、慢作为，造成进展缓慢、不能如期完成任务的，按照规定程序进行问责。

市十六届人大常委会第四次主任会议召开

市十六届人大常委会第四次主任会议召开，讨论《泉州市人大常委会工作评议办法（暂行）》（草案）、市人大常委会关于开展市十六届人大一次会议代表建议办理情况专题调研方案、市人大常委会财经工委关于泉州市金融风险防范工作情况专题调研方案、市人大常委会内司工委关于开展民商事审判工作专题调研方案。市人大常委会内司工委书面报告关于市中级法院研究处理《市人大常委会关于法院执行工作专题询问的审议意见》的调研情况。会议初定市十六届人大常委会第三次会议的召开时间和建议议程，并提出市十六届人大常委会第五次主任会议建议议题。

会议现场　　（图/王虎文）

2017年军民融合防汛抢险救灾综合实训举行

2017年军民融合防汛抢险救灾综合实训举行。武警、消防、各抢险队、各防汛部门等16个单位、超300人参训。市委副书记陈奕辉，市防指总指挥、副市长肖汉辉参加相关活动。陈奕辉指出，此次实训活动精心准备，体现组织有序、配合有力、贴近实战三个特点。要有"未雨绸缪，有备无患"的超前意识，组织形式多样的实训，筑起人民的安全长城，成为守护群众生命的天使；要有"养兵千日，用兵一时"的使命意识，在灾难来临的危急时刻，做到召之能来、来之能战、战之能胜；要有"防汛不怕烦，江河得安澜"的责任意识，不厌其烦地做好各项防汛工作，确保人民群众的生命财产安全。

5月18日

农历丁酉年四月廿三
星期四
温度：20℃—28℃
多云

●市委召开常委会会议，研究深化创建全国文明城市配套实施方案及考核办法；研究《泉州市法治政府建设实施方案》。

●市十六届人大常委会第四次主任会议召开，会议讨论《泉州市人大常委会工作评议办法（暂行）》（草案）、市人大常委会关于开展市十六届人大一次会议代表建议办理情况专题调研方案等。

●市总工会十五届八次全委（扩大）会议召开，替补选举市总工会十五届委员会委员，选举产生市总工会十五届常委、副主席，研究部署下阶段工会工作。

●住建部在泉州召开《泉州国家历史文化名城保护规划（修编）》（以下简称《规划》）技术审查会。

●2017年军民融合防汛抢险救灾综合实训举行。

●全国幼儿足球万园工程大型公益活动之"漆凉铭杯"2017"一带一路"幼儿趣味足球邀请赛在北师大泉州附中举行。

●石狮市纺织服装行业促进女性平等就业项目启动会在石狮市公务大厦举行。

5月19日

农历丁酉年四月廿四
星期五
温度：21℃—28℃
阴

●廖俊波先进事迹报告会在泉州影剧院举行。

●2017年泉州市招生考试委员会全体成员会议召开，部署招生考试工作。

●“福乐就业·真情相助”2017年残疾人就业专场招聘会丰泽区分场活动在泉州市人才大厦举行。

●由市总工会、市人社局、市文广新局主办的“喜迎十九大 我说新福建”播音员、主持人岗位练兵活动在泉州师院文传学院举行。

●石狮市检察院与石狮市国税局“检税共建·助推实业强市”活动仪式在石狮市国税局举行。

●2017年“中国旅游日”石狮市主题活动——“乐游石狮 文明相伴”系列活动举行。

●晋江市检察院、晋江市国税局、晋江市地税局举行检税共建护企促发展启动仪式。

●晋江市“走海丝路 游幸福城”系列活动举行。

●晋江市“优秀传统戏曲进校园”活动启动。

●18—21日，由农业部与浙江省政府主办的首届中国国际茶业博览会在浙江杭州国际博览中心举行，安溪铁观音入选中国十大茶叶区域公用品牌。

●2016“我的最美校服”工业设计大赛颁奖典礼在惠安县举行。

●德化县“我是森林的发言人”自然观察活动举行。

廖俊波先进事迹报告会在泉州举行

廖俊波先进事迹报告会在泉州影剧院举行。报告会前，市领导郑新聪、康涛、孔繁军、陈铁晗等会见由省委组织部部务委员张晓华，省委宣传部部务会议成员、省委讲师团团长刘伟泽带领的廖俊波先进事迹巡回报告团。报告会现场，南平市委常委、组织部部长罗志坚，政和县人大常委会主任郑满生，政和县石屯镇松源村党支部书记袁云机，闽北日报主任记者黄旭辉4位报告团成员，用朴实的语言、真挚的情感、鲜活的事例，从不同侧面、不同角度讲述廖俊波生前的先进事迹，诠释廖俊波对党忠诚、心系群众、勤政务实、敢于担当、清正廉洁的优秀品质；廖俊波的妻子林莉则通过视频方式，讲述廖俊波生前忘我工作、无私奉献的生活点滴。

会议要求，各级党组织要以此次巡回报告会为契机，把向廖俊波学习宣传活动引向深入。从其工作生活的点点滴滴，为人处世的一言一行入手，结合实际对标找差距、找方向，把廖俊波的崇高品格渗透到党员干部的思想深处，贯穿到改革发展的各个方面。把学习活动和推进“两学一做”学习教育常态化制度化结合起来，与加强换届后领导班子思想政治建设结合起来，与推进产业转型升级、供给侧结构性改革、打赢项目攻坚战等中心工作结合起来，教育引导党员干部以先进典型为榜样，维护以习近平同志为核心的党中央权威，践行党的宗旨，弘扬担当精神，锐意开拓进取，提振干事创业精气神，激励全市党员干部不忘初心再出发，撸起袖子加油干。

报告会现场　（图/陈起拓）

2017年残疾人就业专场招聘会丰泽区分场活动举行

由省残疾人劳动就业服务中心、市残联、市人社局主办的“福乐就业·真情相助”2017年残疾人就业专场招聘会丰泽区分场活动在泉州市人才大厦举行。60家用人单位参与招聘，涉及教育、安保、加工、制造、印刷、酒店、超市、盲按、电子商务等行业，为泉州市残疾人提供200多个岗位，300多名残疾人到场求职。据初步统计，有89名残疾人与用人单位达成初步就业意向。招聘会现场还设有残疾人就业指导服务台，为求职者提供职业规划、优惠政策咨询，并开设岗前职业能力适应性辅导讲座。

相关链接： 近年来，泉州市加大残疾人就业工作力度，推动落实用人单位超比例安排残疾人奖励、残疾人集中就业单位奖励、新安置高校残疾人毕业生补贴、残疾人自主就业创业社会保险补贴、扶持盲人按摩机构发展等促进残疾人就业创业扶持政策。同时，采取按比例安排就业、集中就业、分散灵活就业和就业创业等手段，拓宽就业渠道，推动残疾人实现成功就业、稳定就业、体面就业。

石狮市成立全省首个基层检察院派驻国税局检察官工作室

石狮市检察院与石狮市国税局“检税共建·助推实业强市”活动仪式在石狮市国税局举行。双方相关负责人举行《共建协议书》签字仪式，并为全省首个检察官工作室揭牌。此次检税共建是贯彻落实泉州市检察院、泉州市国税局《关于加强协作服务泉州经济健康发展的意见》文件精神的重要举措。检税双方协商确定，从四个方面开展共建：设立“一个”工作室，即设立派驻国税局检察官工作室；搭建“两个平台”，即建立检税“两法衔接”共享平台、信息化大数据便捷服务平台；开展“三项”活动，即联合开展服务非公企业大走访活动、“送法入企”法律宣讲活动、“优化税收环境、助推实业强市”专题调研活动。建立“四项”工作机制，即案件协作办理机制、案件抽查通报机制、双向咨询机制、建立国税领域容错机制。

郑新聪到泉港区专项督查全面深化改革任务落实情况

市委书记、市人大常委会主任郑新聪带队到泉港区，专项督查农村污水垃圾处理和石化工业区安全控制区建设等全面深化改革任务落实情况。郑新聪强调，要坚持改革引领，落实“一把手”责任制。做到党政主要负责人扑下身子抓改革，把全面深化改革作为推动重点工作的突破口，注重用体制机制创新思维，解决好安全环保控制区、生态环保历史欠账、基础设施及社会事业短板等问题。要倒排时间进度，攻坚“十三五”农村污水垃圾治理。对照中央、省里环保督察反馈的问题，开展环保基础设施能力建设大会战。要持续巩固提升，完善村庄保洁制度。落实资金保障，配齐保洁人员，完善日常化清扫、常态化管理，解决部分中转站未投入使用、部分乡镇填埋场管理不规范、个别填埋场渗滤液未处理等存量问题。要抓紧攻坚突破，解决农村污水治理难题。要相互借鉴、因地制宜，传导压力、创新模式、保障技术、建立考评机制，以县域为主体，探索“分区域打包、多项目打包、一体化打包”等多种模式。要未雨绸缪，守好石化环保安全底线。泉港石化工业区安全控制区建设事关人民群众生命财产安全，各级各有关部门要争取上级扶持，加快平台运作，稳步有序推进。要通过专班干部和商会、老年会等民间组织及各类媒体的力量做好群众工作，把征迁的必要性和公益性给群众讲清楚，把征迁补偿政策公开化、透明化，把握好政策实施的公平性。

泉州海洋产业技术创新高峰论坛在石狮市举办

20—27日，2017年全国科技活动周，活动周主题为“科技强国 创新圆梦”。20日，由泉州市科技局、石狮市政府主办，泉州海洋学院、泉州市海洋产业技术创新联盟承办的泉州海洋产业技术创新高峰论坛暨2017年科技活动周在石狮市开幕。泉州市副市长洪自强，中国科学院、厦门大学、四川大学、中国海洋大学等高校科研院所专家学者，泉州市海洋产业技术创新联盟成员单位代表等参加开幕式。洪自强指出，近年来，泉州海洋经济发展迅速，成为促进泉州经济社会发展的新动力，在海峡蓝色经济试验区中的地位日益突出。泉州市委、市政府高度重视海洋经济发展，提出“以港兴市”和“关于加快发展海洋经济建设海洋经济强市的实施意见”等战略决定，把海洋经济作为推动泉州新世纪、新阶段发展的战略重点。下一步，泉州将提升海洋科技创新能力，科学利用海洋资源，深化海洋经济合作，发挥“海”的优势，向海洋拓展发展空间，实施海陆统筹发展，打造海峡蓝色产业带，建设海洋经济强市，带动泉州经济跨越式发展。开幕式期间，还举行泉州海洋产业创新研究院揭牌仪式、校企产学研对接项目签约仪式等。活动期间，全国重点高校科研院所的海洋领域专家学者围绕海洋经济发展、海洋科技创新、21世纪海上丝绸之路建设等议题展开研讨，同时到石狮部分企业开展校企合作项目洽谈，推动石狮海洋产业快速发展，促进产学研高度融合。

“5・20”骑游泉州攻略赛举行

“5・20”骑游泉州攻略赛举行，“海丝”沿线国家、全国各地以及泉州本土的近5000名骑游爱好者参加活动。参加此次攻略赛的选手需要自行组队，并自行选择骑游线路到指定的签到任务点签到，才算完成任务。赛后还可以形成骑游线路攻略赢取大奖，新颖的赛制吸引不少骑游爱好者参加。参加活动的一位河南游客表示，虽然整整骑了一天，但还是觉得非常有趣。而且团队作战，更增加了比赛的趣味性。其间还游览了不少泉州景点，对泉州有了比较深入的了解，是一次很难得的旅行体验。

活动现场　（图/郭雅莹）

5月20日

农历丁酉年四月廿五
星期六
温度：21℃—28℃
多云

●郑新聪到泉港区专项督查农村污水垃圾处理和石化工业区安全控制区建设等全面深化改革任务落实情况。

●由泉州市科技局、石狮市政府主办，泉州海洋学院、泉州市海洋产业技术创新联盟承办的泉州海洋产业技术创新高峰论坛暨2017年科技活动周在石狮市开幕。

●由市体育局、泉州晚报社主办的泉州首届电竞文化节暨“电信杯”5V5手游争霸赛决赛举行。

●由市教育局和泉州晚报社主办的2017泉州市初招中招志愿填报咨询会在泉州晚报大厦举行。

●2017福建省足球协会超级联赛在泉州海峡体育中心开赛。

●“5・20”骑游泉州攻略赛举行，“海丝”沿线国家、全国各地以及泉州本土的近5000名骑游爱好者参加活动。

●泉州市首届校园益起跑高校联赛举行。

●中国工艺美术协会组织专家考评组对永春县介福乡申报的“中国陶瓷之乡”项目进行考察、评估，一致同意向中国工艺美术协会推荐，授予介福乡“中国陶瓷之乡”称号。

5月21日

农历丁酉年四月廿六
星期日
温度：21℃—28℃
多云

●市政府第九次常务会议召开，研究并通过《泉州市人民政府关于进一步推进企业挂牌上市工作的若干意见》《泉州市城乡居民基本医保政策一体化暂行规定》。

●泉州市成立食品药品网络监管中心。

●第二十七次“全国助残日”，“放飞梦想·共享阳光”爱心助残广场活动在泉州府文庙广场举行，为残疾人士赠送轮椅、发放爱心助残生活用品、提供专家义诊等。

●21—27日，由市文联和市摄影家协会主办的第十三届泉州市摄影艺术节在市区源和1916创意园区大麦仓举办。

●21—31日，由市青年联合会、市青年书法家协会、共青团安溪县委、感德镇党委、政府等主办的“墨韵茶香”泉州市青年书法家茶文化书法邀请展在安溪县举行。

市政府第九次常务会议召开

市政府第九次常务会议召开，研究并通过《泉州市人民政府关于进一步推进企业挂牌上市工作的若干意见》《泉州市城乡居民基本医保政策一体化暂行规定》。会议要求，各级各相关部门要建立挂牌上市后备资源库，加大政策、资金扶持力度，鼓励更多企业改制上市、挂牌融资。各相关职能部门给予挂牌上市后备企业“绿色通道”待遇，建立企业挂牌上市工作联席会议制度。《泉州市城乡居民基本医保政策一体化暂行规定》颁布后，要按照“基本保障、合理筹资、市级统筹”原则，做好资金筹集、参保办理、医疗服务管理等相关工作。要保障城乡居民的住院和门诊特殊病种医疗需求，兼顾普通门诊统筹待遇；采用个人缴费和各级政府补助相结合，对特殊群体和家庭经济困难的人群给予重点补助；实行覆盖范围、筹资政策、保障待遇、医保目录、定点管理、基金管理“六统一”，建立统一的城乡居民大病保障和城乡救助制度。

泉州市成立食品药品网络监管中心

市委编办批复同意市食品药品执法支队增设食品药品网络监管中心。该网络监管中心的主要职责为贯彻执行上级关于食品药品网络交易监管工作的部署和要求，负责网络食品药品交易监管工作；依法查处食品药品网络交易违法行为，打击网络食品药品虚假宣传；开展网络食品药品风险监测、网上抽查、源头追溯、属地查处、信息统计等工作，规范网络食品药品市场秩序，指导、督促和检查各县（市、区）食品药品监管部门网络交易监管工作等。

2017年第一季度，全市各级网络监管部门约谈网络食品交易第三方平台68个次，检查入网食品生产经营主体4583个次、互联网药品信息和交易服务主体105个次，提交第三方平台停止食品经营网店服务8个次，指导入网食品经营主体申请食品经营许可“网络经营”资质881个，查处网络食品药品违法案件43件，通报移送网络食品药品广告案件35件。

市食药监局相关负责人介绍，泉州市网络销售食品药品安全风险问题依然严峻。为此，市食药监部门把执法各项工作从线下延伸到线上，消除网络监管盲区，促进食品药品产业搭上“互联网+”创新驱动的轨道健康发展。下一步，食药监部门将通过构建线上线下一体化、内部外部协同的网络食品药品治理工作格局，提升网络食品药品安全治理水平，净化网络食品药品市场环境，守护好人民群众的饮食用药安全。

“放飞梦想·共享阳光”爱心助残广场活动举行

第二十七次“全国助残日”，“放飞梦想·共享阳光”爱心助残广场活动在泉州府文庙广场举行，为残疾人士赠送轮椅、发放爱心助残生活用品、提供专家义诊等。图为爱心人士购买残疾人艺术作品。（图/吴寿民）

泉州市青年书法家茶文化书法邀请展在安溪县举行

21—31日，由市青年联合会、市青年书法家协会、共青团安溪县委、感德镇党委、政府等主办的“墨韵茶香”泉州市青年书法家茶文化书法邀请展在安溪县举行。邀请展结合“夏青杯”朗诵大赛安溪赛区颁奖活动举行，包括书法作品赠送仪式、经典诵读表演、书法笔会、茶文化书法展作品集首发式。主题展览“书茶合一 相得益彰”，展出68件有关茶文化的书法作品。作品诸体兼备、风格多样。展览免费向公众开放。

陈绍军到泉州检查加强政协协商民主建设实施意见贯彻落实情况

22—23日，省政协副主席陈绍军带队到泉州，开展《关于加强人民政协协商民主建设的实施意见》贯彻落实情况调研检查活动。调研组调研洛江区滨江路绿道设计及防浪墙景观改造工程、惠安县德诚医院，并召开座谈会，听取市政协协商民主建设情况汇报，并就如何推进协商民主建设、创新民主协商形式等进行探讨。

郑新聪到部分市直中小学校调研

市委书记、市人大常委会主任郑新聪带队到部分市直中小学校，围绕“促进优质教育资源均等化，提高泉州市基础教育发展水平”开展工作调研，并召开座谈会，协调解决学校遇到的困难和问题。

郑新聪要求，要因事而化、因时而进、因势而新，把社会主义核心价值观贯穿办学育人全过程，既要发挥好中小学思想品德课的主渠道作用，又要注重以文化人、以文育人、以心育德，为学生解答人生应该在哪用力、对谁用情、如何用心、做什么样的人等问题。要突出公平和质量，让基础教育越办越好。补足教育资源短板，在片区改造、新区建设中优先布局学校，发挥优质学校的示范引领作用，组建教育集团、办学合作联盟，开展多校区办学、联校走教等，深化高效课堂教学改革，抓实学科竞赛与科技创新活动，系统提升教学质量。要稳妥引导多元化办学，规范招生管理，促进教育公平；要把师生安全作为第一要务，加大校内外安全教育和校园周边安全整治力度。要紧抓办好教育第一资源，把教师队伍建设摆在更加重要位置。以师德为要，坚持教育者先受教育，加强以德施教和职业操守的教育，提高教师队伍专业化水平。要探索更加灵活的教师用编和管理制度，探索教师聘用、考核、奖惩、流动、退出新机制，让更多教师在最需要的地方发光。要落实教育优先战略，解决教育热点难点问题。各级党委、政府要牢记职责和使命，把关心、支持教育体现到具体行动中，优先安排投入，支持学校改革创新，抓好环境营造，落实教师待遇。各相关部门要把支持基础教育发展作为己任，创新思维方式，解决实际问题，推动全市基础教育事业健康发展。要精心组织安排，部门联动、全力以赴做好高考中考保障服务。加强对考点及周边环境的食品卫生等专项检查，针对高温汛期、道路拥堵、食品卫生等做好应急处置预案和隐患排查，加强对学生的心理疏导、诚信引导，保障学生顺利完成中高考。

郑新聪在泉州五中城东校区观看学生设计3D打印模型　（图/陈起拓）

市人大常委会党组（扩大）会议召开

市人大常委会党组（扩大）会议召开，研究讨论市人大常委会机关党委《关于推进“两学一做”学习教育常态化制度化的实施方案》和《关于学习贯彻落实习近平总书记重要指示精神和开展向廖俊波同志学习活动方案》。会议指出，在推进“两学一做”学习教育常态化制度化的过程中，要坚持学习教育领先，做到政治合格、执行纪律合格、品德合格、发挥作用合格；要坚持领导干部率先，履行全面从严治党主体责任；要坚持创优争先引领，把开展向廖俊波学习活动与推进人大各项工作结合起来，激发干部立足本职、积极作为、创优争先的正能量；要坚持夯实基层基础，抓牢支部班子，提升支部凝聚力；要坚持问题整改导向，认真对标找差，逐项解决机关党建中存在的不足；要坚持统筹协调推进，持续用力、有效发力。

5月22日

农历丁酉年四月廿七
星期一
温度：23℃—29℃
多云

●22—23日，陈绍军到泉州开展《关于加强人民政协协商民主建设的实施意见》贯彻落实情况调研检查活动。

●郑新聪到部分市直中小学校，围绕“促进优质教育资源均等化，提高我市基础教育发展水平”开展工作调研，并召开座谈会，协调解决学校遇到的困难和问题。

●市人大常委会党组（扩大）会议召开，研究讨论市人大常委会机关党委《关于推进“两学一做”学习教育常态化制度化的实施方案》和《关于学习贯彻落实习近平总书记重要指示精神和开展向廖俊波同志学习活动方案》。

5月23日

农历丁酉年四月廿八
星期二
温度：24℃—29℃
多云

●郑新聪到南安市，督察河长制落实情况，并就中央环保督察指出的水流域问题相关整治工作进行现场办公。

●康涛到鲤城区和丰泽区，专项督查城市管理执法体制改革等全面深化改革任务落实情况，研究解决改革推进过程的困难问题。

●泉州市跨部门“双随机、一公开”联合抽查启动仪式举行。

●《泉州市人民检察院泉州市河长制办公室关于开展联合监督协作推进河长制工作的意见》发布。

●由市委宣传部、市文联、泉州广播电视台主办的2017泉州市“中国文艺志愿者服务日”主题晚会举行。

●泉州市首次颁发“泉州市优秀文艺志愿者奖杯”。

●由泉州晚报社主办，新东方泉州学校、新东方前途出国、中国邮政储蓄银行泉州市分行协办的2017泉州国际教育展在泉州晚报大厦举行。

郑新聪到南安市督察河长制落实情况

市委书记、市人大常委会主任、市河长制总督察郑新聪到南安市督察河长制落实情况。郑新聪要求，要正视泉州市水资源短缺、历史欠账多、乡镇农村治理任务最重等全局性问题，认识流域整治、保护、管理的长期性和艰巨性。强化共同体意识，上下游相关方要从全流域出发通盘考虑发展转型、行业进退，通过严格水资源管理、发挥生态屏障作用、履行生态补偿义务等共筑万里安全生态水系。要转向系统化治理，建立“河长牵头、部门协作、分级管理、齐抓共管”的机制。突出工业污染和城乡生活污水垃圾治理两大攻坚，把河长的任务进一步具体化、项目化、责任化。要加快推进白濑水利、七库连通等工程，用若干年努力，解决中长期用水短缺问题。要下决心突破农村污水治理难题，清除阻碍河道行洪的安全隐患、违建设施，用过硬措施，解决源头管控问题。要搞活机制，推广南安创新经验，引入市场运作理念。

郑新聪在南安市督察　（图/陈起拓）

康涛专项督查全面深化改革任务落实情况

市长康涛带队到鲤城区和丰泽区，专项督查城市管理执法体制改革等全面深化改革任务落实情况，研究解决改革推进过程的困难问题。康涛强调，各级各有关部门要加快推进城市执法体制改革各项任务落实。把城市执法体制等重大改革摆到更重要的位置，强化高位协调，实行“一把手”工程，主要领导亲力亲为抓改革，扑下身子抓落实，一级抓一级，层层抓落实。抓紧出台实施泉州市《深入推进城市执法体制改革改进城市管理工作的实施方案》，不折不扣落实中央、省里下达的改革任务，推进突破城市执法体制中的关键问题，为全省、全国创造经验；倡导家园共造，动员公众参与城市治理，形成政府、社会、群众互动联系、共同参与的城市管理工作体制。用好督查手段促进改革落实，突出真督实查，开展自查自纠，强化问责问效、正向激励，营造浓厚干事创业氛围。

泉州市跨部门“双随机、一公开”联合抽查启动

泉州市跨部门“双随机、一公开”联合抽查启动仪式举行。即日起，市工商局联合市公安局、质监局、食药监局、消防支队等，在全省范围内率先对宾馆、饭店行业开展综合执法行动。所谓“双随机”指的是，在抽查过程中，被抽查对象与执法人员都由“双随机”管理系统随机抽取。“一公开”指的就是抽查过程和结果都向社会公开。当日，在省工商一体化平台上，相关负责人抽取首先接受检查的97家宾馆、饭店类企业，接着又抽取110位执行检查的执法人员，整个过程公开透明，保证执法行动的公平性。被抽取的97家宾馆、饭店类企业是按照5%的比例，在全市范围的宾馆、饭店类企业中随机抽取的，抽查事项则由联合抽查单位根据部门监管职责汇总确定，主要包括：宾馆饭店的餐饮服务、即时信息公示、特种行业许可、特种设备、消防安全等情况。

2017泉州市“中国文艺志愿者服务日”主题晚会举行

由市委宣传部、市文联、泉州广播电视台主办的2017泉州市“中国文艺志愿者服务日”主题晚会举行。图为钢琴·芭蕾舞《北风吹》。

（图/张九强 陈智勇）

王洪祥到泉州调研政法综治维稳工作

24—25日，省委常委、政法委书记王洪祥到泉州调研政法综治维稳工作。王洪祥要求，要增强忧患意识，加强预测预警预防，坚持从严从紧从实从细。要服务保障发展大局，防控各类风险，加大产权保护力度，提升服务针对性，改进执法方式方法。要提升平安建设水平，注重开放共治，突出法治保障，强化科技支撑，坚持专业导向。

泉州市组织慰问科技工作者

市领导带队看望慰问泉州市优秀科技工作者欧阳钟辉、王文泰、陈剑洪。在欧阳钟辉家中，市领导询问其身体、生活状况，叮嘱随行相关单位多关心多帮助，解决好实际困难。在市政府经济顾问组、市农科所，市领导分别与王文泰、陈剑洪交谈，肯定他们在科技方面所作出的贡献，鼓励他们结合实际，多提宝贵意见建议，为“五个泉州”建设献计出力。

陈秋平到泉州调研地方志工作

24—26日，省方志委主任陈秋平到泉州调研地方志工作。调研组走访考察泉州市方志委机关、泉港区方志馆、泉州市方志书库、石狮市万祥图书馆、晋江市方志文献中心、晋江五店市家风家训馆、德化县相关陶瓷企业。陈秋平要求，要贯彻落实《地方志工作条例》和全国、省、市地方志事业发展“十三五”规划，做到“一纳入、八到位”；要加大宣传力度，更广泛地动员、组织社会各界参与支持。要提升方志队伍的整体素质，提高方志干部对地方志事业重要性的认识，调动干部的积极性。要开门修志，让方志干部多出去调研考察、交流学习。

陈秋平在泉州调研　　（图/吴寿民）

安徽省和福建省联合在泉州举行人防应急演练

根据国家人防办关于加强人防实战化训练要求，为提高人防跨区协同指挥通信综合保障能力，安徽省和福建省联合在泉州举行人防应急演练。100余名来自两省的人防干部、指挥通信处及人防指挥信息保障中心工作人员，以及20多部人防应急指挥车辆，模拟战时及灾害突发事件进行通信保障演练。参训人员围绕“开进与集结”“卫星通信系统综合运用”“4G无线图传综合运用”等科目开展演练，并对装备进行点验。人防应急指挥车发挥着移动指挥中心的作用，在战时可作为组织防空袭行动的机动指挥所，平时可作为应对公共突发事件的机动指挥平台。

南安市检察院在全省率先推行亲职教育机制

南安市检察院、妇联、教育局在南安市妇女儿童活动中心挂牌成立“南安市亲职教育活动室”暨亲情加油站，在全省率先推行亲职教育机制。亲职教育即对家长进行如何成为合格称职家长的教育。为让亲职教育形成合力、提高成效，南安市检察院联合南安市妇联、教育局制定《关于开展亲职教育的方案》，整合家庭教育沟通、心理咨询、疏导等优势资源，挂牌成立亲职教育活动室，组织对未成年人父母进行辅导。 该院还出台相关规定，明确在讯问、不捕不诉宣告、附条件不起诉考察、法院庭审四个阶段必须开展亲职教育，同时还规定强制亲职教育的情形。方案还细化对涉罪未成年人父母开展签订一份承诺、发放一份须知、进行一次对话、参加一次活动、组织一次培训的“五个一”亲职教育工作方案。

5月24日

农历丁酉年四月廿九
星期三
温度：23℃—29℃
中雨

●24—25日，王洪祥到泉州调研政法综治维稳工作。

●市领导带队看望慰问泉州市优秀科技工作者欧阳钟辉、王文泰、陈剑洪。

●安徽省和福建省联合在泉州举行人防应急演练。

●由市委宣传部、市教育局、市文广新局、市文联主办的“庆祝六一国际儿童节”泉州市优秀传统戏曲走进校园文艺演出在市区刺桐幼儿园举行。

●农行泉州科技支行成立揭牌仪式举行。

●南安市检察院、妇联、教育局在南安市妇女儿童活动中心挂牌成立“南安市亲职教育活动室”暨亲情加油站，在全省率先推行亲职教育机制。

5月25日

农历丁酉年四月三十
星期四
温度：21℃—26℃
阴

●25—26日，中央统一战线工作调研检查组到泉州调研检查。

●“机关大讲堂”第二十一讲举行，邀请周真平作《海丝泉州与古泉州（刺桐）史迹申报世界文化遗产》专题讲座。

●市市政工程管理处举行实战演练，应对汛期可能造成的城市积水。

●全市供销社综合改革工作交流会在安溪县召开，交流泉州市供销社系统综合改革经验做法，并对下阶段推进综合改革进行工作部署。

●25—28日，2017年福建省武术套路初、中级教练员暨泉州市二级裁判员培训班在泉州举办。

●纪念中国计生协会成立37周年暨“健康中国丰泽行，生育关怀暖人心”大型专场宣传服务活动在市区丰泽商城广场举行。

●晋江市委、市政府聘请22名人员作为晋江市2017—2019年财税顾问，此举为全省首创。

●“法律援助进军营”活动在驻南安某部队举行。

周真平为“机关大讲堂”作申遗专题讲座

“机关大讲堂”第二十一讲举行，邀请副市长周真平作《海丝泉州与古泉州（刺桐）史迹申报世界文化遗产》专题讲座。讲座从“古泉州（刺桐）史迹”遗产价值、申遗的背景和意义、文化遗产保护的原则等方面进行阐释，提出重点开展的工作。“古泉州（刺桐）史迹”是老祖宗留下来的宝贵遗产，承载着历史、传承文明、启迪未来。申遗是手段，保护遗产是目的。泉州市将通过申遗，让文化遗产保护成为政府和群众的自觉，让千年文化遗产能世代相传。

全市供销社综合改革工作交流会在安溪县召开

全市供销社综合改革工作交流会在安溪县召开，交流泉州市供销社系统综合改革经验做法，并对下阶段推进综合改革进行工作部署。会上，安溪县社、丰泽区社、德化县社分别介绍推进综合改革工作的做法及取得的阶段性成效。安溪县社创新体制机制，整合系统资源，走规模化经营路子，成功组建安溪县供销集团公司，实行集团化管理、集约化经营，并建立“人（事）财（务）物（资产）模（式）”四位一体的科学管理制度；丰泽区社立足中心城区实际，联合省、市供销社投建市区2座立体停车场，拓展城市供销社服务新领域；德化县社发展供销电商，引导服务德化特色农产品“触电”营销，被省社列为全省“电商示范县”，并打造全国总社电商区域运行中心。与会人员还观摩安溪县供销集团、农资配送中心、基层社改造等为农服务及项目建设现场。

晋江市在全省首创聘请财税顾问

由晋江市财政局、晋江市国税局、晋江市地税局和晋江市总商会主办的晋江市骨干企业政策宣传暨“总部经济”座谈会在晋江市国税局召开。会上，晋江市委、市政府聘请安踏、恒安等20家企业的财务负责人，以及毕马威企业咨询和普华永道会计师事务所的2名财税专家等共22人，作为晋江市2017—2019年财税顾问。此举为全省首创，是为了加强政企交流与互动，及时了解企业生产经营、财税政策落地及税源变动等情况，优化对企业的财税政策服务，推动重点企业为晋江财政税收政策出谋划策，不定期举行互动交流活动，提高财税政策咨询、税收风险防控，协调处理税企关系，协调纳税争议，加强财税部门履职行为监督，创造和维护公平和谐的税收环境，帮助企业有效应对经济下行压力和金融风险。财税顾问的主要职责包括：立足本职，为龙头企业税源回流晋江多做工作，为晋江经济社会发展多做贡献；为晋江财政税收政策出谋划策，协助财政部门出台扶持企业发展、服务地方经济发展的财政奖励措施；为企业开展税收讲座，提供财税政策咨询辅导，不定期开展交流活动，多出好点子；对财税部门及人员履职行为进行监督，监督工作人员依法廉洁从政，发现不良风气苗头，及时反馈反映。

“法律援助进军营”活动在驻南安某部队举行

为贯彻落实国务院、中央军委《关于进一步加强军人军属法律援助工作的意见》，深入军营开展法律援助工作，更好地解决军人军属涉法问题，增强部队凝聚力战斗力，泉州市法律援助中心和福建重宇合众律师事务所泉州分所组织到驻南安某部队开展“法律援助进军营”活动。该部队分别在3个营区设置会场，泉州市法律援助中心分成3队向营区官兵分发法律援助宣传资料和纪念品，并进行一对一法律咨询活动。律师现场解答法律咨询120多人次。为提高趣味性，现场还开展法律知识猜谜活动，并设置小奖品。此次法律援助进军营活动为部队依法治军、从严治军提供法律支援，让官兵们学到法律知识，提高解决处理涉法问题的能力，也让他们从心底树立红线底线意识，冷静理性地面对问题，学会依法办事，依法维权。

市委常委会会议暨市全面深化改革领导小组会议召开

市委常委会会议暨市全面深化改革领导小组会议召开，研究通过《泉州市关于深入推进城市执法体制改革改进城市管理工作的实施方案》；听取泉州市集体林权制度改革进展情况汇报，并研究下一步工作。

会议指出，要系统组织推进，逐项细化分解实施方案明确的各项改革任务，盯紧时间节点，不折不扣推动落实到位。理顺落实创建全国文明城市常态化机制、推动城市管理大部制改革、综合设置管理执法机构等体制，实现城市管理工作全覆盖；树立“为人管城”新理念，实施“家园共造”，建立项目化运作机制，推进网格管理和社区治理，加强“数字城管”等信息平台建设和功能整合，实现城市管理现代化；研究城市管理地方立法，加强城市管理执法与刑事司法的衔接，建立健全法律保障体系，对城市管理装备、技术等方面合理增加投入。

“数字城管”平台　　（图/胡彦明）

会议要求，要持续创新突破，紧盯创建国家森林城市，打赢迎检验收攻坚战；抓好试点带动，加快推进永春深化集体林权制度改革、德化“林权两换”等试点，及时总结推广；延伸拓展改革成效，突出抓好国有林场改革，在非规划林地确权发证、集体林地“三权分置”、金融保险支持等重点领域下功夫；放活各种经营主体，建立完善规范有序的林权流转机制，培育新型经营主体，推动商品林专业化、规模化经营。

全市脱贫攻坚民主监督工作座谈会召开

全市脱贫攻坚民主监督工作座谈会召开，就支持各民主党派市委会开展脱贫攻坚民主监督工作进行专题协商。会议指出，各民主党派市委会要围绕扶贫开发积极参政履职，开展社会服务。开展脱贫攻坚民主监督要找准着力点，各民主党派既要参与，又要发挥独特作用；要以学习政策为前提，知晓政策、精通政策，充分准备、做好有效监督；各级党委、政府和有关部门要支持保障各民主党派开展脱贫攻坚民主监督工作。

“泉智汇”平台上线

作为《泉州市电子商务发展三年行动方案（2016—2018）》的重要内容，“泉智汇”平台正式上线。“泉智汇”平台是泉州网商（虚拟）产业园中用于向创业者提供第三方服务的综合性线上平台，服务项目涵盖工商、财税、法律、技术、知识产权、质量检测、运营、人才8个方面，创业者可根据自己的需求，在平台上自主选择购买服务。第三方服务商入驻平台前，泉州网商（虚拟）产业园会对服务商进行前期筛选，入驻平台的服务项目必须做到产品标准化、价格与服务透明化、服务质量公开化，通过排行、对比、竞价等方式，把较为抽象的服务内容用最清晰的方式呈现给创业者。

入驻泉州网商（虚拟）产业园的工商局工作人员为网商创业者提供登记注册指导　　（图/泉州晚报社）

全市农耕项目比赛在惠安县举行

26—27日，由市农体协主办、惠安县农体协协办的全市农耕项目比赛在惠安县体育中心举行。比赛项目包括60米3人4足跑比赛、1分钟单摇计数跳绳个人比赛、3分钟5人“8”字跳绳比赛、100米推轮胎跑比赛、50米抢收抢种比赛、80米搬挑沙包比赛等，将农村生产劳动的特点与健身活动相结合，吸引全市各地农体协组团参赛。

5月26日

农历丁酉年五月初一
星期五
温度：20℃—26℃
多云

●市委常委会会议暨市全面深化改革领导小组会议召开，研究通过《泉州市关于深入推进城市执法体制改革改进城市管理工作的实施方案》；听取泉州市集体林权制度改革进展情况汇报，并研究下一步工作。

●全市脱贫攻坚民主监督工作座谈会召开，就支持各民主党派市委会开展脱贫攻坚民主监督工作进行专题协商。

●市政协组织部分政协委员到市中级人民法院、市检察院开展“司法服务和保障非公有制经济发展”视察活动，并召开座谈会。

●“泉智汇”平台正式上线。

●全省公办高职院校治理能力建设暨示范性现代职业院校建设现场推进会在黎明职业大学召开。

●26—27日，由市农体协主办、惠安县农体协协办的全市农耕项目比赛在惠安县体育中心举行。

●由南安市总工会和文体新局主办的南安市职工趣味健身运动会在南安市体育中心举行。

5月27日

农历丁酉年五月初二
星期六
温度：20℃—27℃
多云

●为推进“两学一做”学习教育常态化制度化，发挥基层党组织的战斗堡垒作用和党员的先锋模范作用，凝聚“五个泉州”建设的精气神，市委组织部印发《关于建立党员“承诺、践诺、评诺”制度的通知》，决定在全市开展党员“三诺”工作，确保党员“三诺”工作融入日常、抓在经常，推动全面从严治党向纵深发展。

●市人大常委会机关妇委会换届选举会议召开。

●由洛江区卫计局、计生协会主办的2017年“粽”心有你暨计生协会“5·29”会员活动日举行。

泉州市党员“承诺、践诺、评诺”形成制度

为推进“两学一做”学习教育常态化制度化，发挥基层党组织的战斗堡垒作用和党员的先锋模范作用，凝聚“五个泉州”建设的精气神，市委组织部印发《关于建立党员“承诺、践诺、评诺”制度的通知》（以下简称《通知》），决定在全市开展党员“三诺”工作，确保党员“三诺”工作融入日常、抓在经常，推动全面从严治党向纵深发展。《通知》要求，要按照“学用结合，知行合一”要求，以服务中心工作、突出党员作用发挥为目标，以党员正在做的事为重点，通过组织开展党员“承诺、践诺、评诺”工作，增强党员的政治意识、大局意识、核心意识、看齐意识，用实际行动体现“两学一做”学习教育成效。

相关链接：《通知》明确，党员承诺内容主要包括党员标准的主要内容、完成岗位工作的情况、执行党风廉政建设有关规定的情况三个方面。其中，完成岗位工作的情况主要是根据岗位职责和正在做的事，提出本年度要完成的事项。农村党员重点围绕增强致富带富能力、服务农民群众、维护农村稳定、弘扬新风正气、建设美丽乡村等方面作出承诺。社区党员重点围绕服务社区群众、参与社区建设、维护社区稳定等方面作出承诺。非公企业和社会组织党员重点围绕“双争双助”主题实践活动，在团结凝聚职工群众、提升创新创业本领、提供优质服务、依法诚信执业等方面作出承诺。国有企业党员重点围绕提高管理水平、完成生产经营、技术创新、节能减排、安全生产、维护职业权益等方面作出承诺。机关和事业单位党员重点围绕改进作风、提高效能、服务群众、推动发展、廉洁自律、公正执法等方面作出承诺。学校教职工党员重点围绕贯彻党的教育方针、推进教育改革、做好教书育人、加强教学科研等方面作出承诺。学生党员重点围绕刻苦学习、道德养成、遵纪守法、参加志愿服务活动等方面作出承诺。窗口单位和服务行业的党员重点围绕建设群众满意窗口、创建优质服务品牌、提高服务水平等方面作出承诺。

泉州市两个项目入选全国湿地保护规划

福建省7个项目被列入《全国湿地保护“十三五”实施规划》。其中，泉州市的深沪湾海底古森林遗迹国家级自然保护湿地生态修复工程、泉州湾河口湿地省级自然保护区“退养还滩”生态补偿及生态保护与修复工程被列入国家重点工程项目备选指南。深沪湾海底古森林遗迹位于深沪湾，此处发现了海底古森林遗迹与牡蛎礁遗址，二者对深沪湾及台湾海峡古地理、古生物研究具有重要作用。泉州湾河口湿地省级自然保护区位于泉州湾内湾，主要保护对象为河口湿地生态系统、红树林及其栖息的中华白海豚、黄嘴白鹭等珍稀野生动物，是全球水鸟迁徙的重要歇脚地和繁殖地。

泉州湾河口湿地省级自然保护区　（图/连玲玲）

第十三届泉州市摄影艺术节举办

21—27日，由市文联和市摄影家协会主办的第十三届泉州市摄影艺术节在市区源和1916创意园区大麦仓举办。除开幕式外，还举行第九届泉州市张美寅摄影艺术奖、第二届泉州市人才新闻工作摄影大赛等。图为颁奖仪式现场。

（图/李芸生）

2017年泉州市新增16个PPP项目

泉州市2017年PPP项目征集新增16个，涉及交通运输、水利、环境保护、教育等。新增项目包括朋虹街延伸段（万虹路至滨江路）市政工程，泉州金屿大桥，石狮市基础设施建设（一期）PPP项目，南环路道路及景观提升改造工程，“两溪一湾”安全生态水系综合整治工程，泉港区北部城区防洪排涝及相关配套基础设施PPP项目，泉港区市政给排水提升改造工程PPP项目，室仔前生活垃圾卫生填埋场渗滤液处理系统改扩建工程，黎明职业大学扩建工程，泉州五中桥南校区，泉州七中江南校区PPP项目，智慧丰泽（一期）PPP项目，泉港区基础设施提升PPP项目包，泉港区荷福小区、泉港医院病房大楼2号楼和锦川实验小学PPP项目，崇武渔港经济区PPP项目等。

晋江市正式提交世界中学生运动会申办报告

以副省长黄琪玉为团长、泉州市市长康涛、晋江市主要负责人等为代表的中国福建世界中学生运动会申办代表团到法属波利尼西亚，在国际中学生体育联合会（以下简称“国际中体联”）执委会上正式提交申办报告，标志晋江2020年第十八届世界中学生运动会（以下简称“世中运”）申办工作进入最后冲刺阶段。2016年12月，晋江市正式入围2020年第十八届世界中学生运动会申办城市。作为申办“世中运”程序中的重要法律文件，晋江此次递交的申办报告有中文版和英法文版，围绕“在一起，更出彩，better us better future”这一口号，设置“承诺”“领导人致信”“申办口号”“申办LOGO”“大美晋江”“理念/愿景”“组织机构”“竞赛/仪式”“体育场馆”“食宿安排”“财政/审计”“安全/安保”“交通组织”“支持体系”“环境/氛围”“教育/遗产”“国际中学生体育联合会参与度”“我们的承诺”18个部分内容。

第七届海峡两岸高校文化与创意论坛开幕

由省青年联合会、省学联、华侨大学、台湾中原大学、泉州古城保护发展工作协调组办公室、市青年联合会主办的，以“寻海上丝路 探文化古城”为主题的第七届海峡两岸高校文化与创意论坛开幕，两岸高校学生上百人参加活动。此次论坛由2017“古城杯”海丝大学生创新营销大赛、海峡两岸青年大学生领袖营活动组成。其中，2017“古城杯”海丝大学生创新营销大赛为期6天，华侨大学、暨南大学、福建工程学院3所大陆高校及台湾中原大学、淡江大学、亚东技术学院、元智大学、弘光科技大学、醒吾科技大学6所台湾高校的56名大学生参加，漫步泉州古城街区，近距离感受历史文化名城的时代脉动，依托西街、中山路等古街区进行方案设计。华侨大学副校长刘斌表示，青年才俊向来极富创造力和想象力，对于创造与生活拥有独特的想法，通过海峡两岸高校文化与创意论坛，借由两岸青年智慧，完全可以为泉州文化历史空间的新营销和古城保护发展提供更多智力支持，使泉州古城焕发新活力。

“重走光前路·海丝梅山行”大型徒步体验活动在南安市举行

由市旅游局、市文联、泉州晚报社、南安市委宣传部主办的2017“清新福建·海丝泉州”名镇之旅嘉年华首场活动——“重走光前路·海丝梅山行”大型徒步体验活动在南安市梅山镇举行，全国各地徒步爱好者1300余人参加活动。作为嘉年华系列活动的首站，此次大型徒步体验活动起点在国光初级中学，终点在灯光村，全程约10千米。

武汉网球公开赛系列赛福建赛区比赛在泉州举行

28—29日，由中国网球协会和武汉网球公开赛组委会主办的武汉网球公开赛系列赛·2017城市俱乐部巡回赛福建赛区比赛在泉州宝珊网球中心举行。泉州、厦门、福州六地市的20支网球代表队近200名运动员参赛。比赛采用团体赛制，分为30周岁以下男子双打、40周岁以下男子双打和35周岁以下男女混合双打三种形式。经过角逐，福建省榕树春网球俱乐部队获第一名。

5月28日

农历丁酉年五月初三
星期日
温度：20℃—28℃
晴

●2017年泉州市新增16个PPP项目。

●晋江市正式提交世界中学生运动会申办报告。

●由省青年联合会、省学联、华侨大学、台湾中原大学、泉州古城保护发展工作协调组办公室、市青年联合会主办的，以“寻海上丝路探文化古城”为主题的第七届海峡两岸高校文化与创意论坛开幕。

●由市旅游局、市文联、泉州晚报社、南安市委宣传部主办的2017“清新福建·海丝泉州”名镇之旅嘉年华首场活动——“重走光前路·海丝梅山行”大型徒步体验活动在南安市梅山镇举行。

●28—29日，由中国网球协会和武汉网球公开赛组委会主办的武汉网球公开赛系列赛·2017城市俱乐部巡回赛福建赛区比赛在泉州宝珊网球中心举行。

5月29日

农历丁酉年五月初四
星期一
温度：22℃—29℃
多云

●泉州市出台交通物流融合发展专项行动方案。

●由团市委、泉州市青年联合会主办的泉州市民文化大讲坛邀请央视著名纪录片导演陈晓卿到泉州音乐厅分享《舌尖上的乡愁》。

●29—31日，第十一届闽台对渡文化节暨蚶江海上泼水节在石狮市蚶江镇举行。

●29—30日，由市体育局主办的第十八届全国太极拳健身月泉州市太极拳比赛暨泉州市第十四届太极拳锦标赛在泉州侨乡体育馆举行，全市各地538人参赛。

●由世界泉州青年联谊会、华侨大学青年联合会、省侨界青年联合会、泉州新社会阶层代表人士联谊会、泉州市侨商联合会、泉州市侨界青年联合会、聚龙小镇主办的2017“海丝”侨界青年端午龙舟赛在惠安县黄塘溪举行。

●29—30日，首届华夏国联杯乒乓球精英团体赛在惠安县举行。

●2017年安溪在外茶业人才交流大会暨春季安溪铁观音清香型民间斗茶赛举行。

泉州市出台交通物流融合发展专项行动方案

为推动泉州市交通与物流融合发展，促进物流业降本增效，市经信委联合市交通委出台《关于推动交通物流融合发展促进物流业降本增效的专项行动方案（2017—2020年）》。方案提出，到2020年，基本建立“一单制”运输制度，物流费用和企业物流成本有效降低；全市交通运输、仓储和邮政业增加值达604亿元，货物运输总量达39301万吨，港口货物吞吐量达15019万吨，集装箱吞吐量达250万TEU（标准箱）。

泉州石湖码头　（图/林劲峰）

相关链接：方案提出加快建设公铁基础设施，构建互联互通干线网络。如2017年底前建成厦沙高速安溪至达埔段和德化段建设，实现厦沙通道全线贯通。实施泉南线扩容工程，建成厦漳泉城市联盟路泉州段。加快完善干线铁路网，完成福厦高铁泉州段建设。建成兴泉铁路，加强泉州与内陆地区的铁路联系。加快发展轨道交通，争取开工城际轨道和城市轨道线路各1条。

港口建设方面，方案着力推进泉州湾中心港区、南北翼港区和港后区建设。泉州湾中心港区重点围绕集装箱、成品油、纺织服装等主要货种运输。北翼港区以服务石化产业为主，重点发展液化散货运输；同时，拓展矿煤、粮食等散杂货运输。南翼港区依托晋江陆地港、围头港、南安石材集散地优势，重点打造集石材运输、加工、仓储、配送为一体的“前港后厂”新模式。

第十一届闽台对渡文化节在石狮市举行

29—31日，第十一届闽台对渡文化节暨蚶江海上泼水节在石狮市蚶江镇举行。图为泼水节现场。　（图/陈小阳）

2017“海丝”侨界青年端午龙舟赛在惠安县举行

由世界泉州青年联谊会、华侨大学青年联合会、省侨界青年联合会、泉州新社会阶层代表人士联谊会、泉州市侨商联合会、泉州市侨界青年联合会、聚龙小镇主办的2017“海丝”侨界青年端午龙舟赛在惠安县黄塘溪举行，中国、美国、澳大利亚、菲律宾等10多个国家和地区的48支龙舟队参赛。龙舟赛以“一带一路聚侨青，龙舟竞渡话端午”为主题，紧扣“一带一路”与“侨青”两大亮点，48支参赛队伍中有27支队伍来自海内外的华侨民间组织、华侨商会、华侨企业和涉侨企业。活动旨在借助龙舟赛弘扬中华民族传统文化与体育竞技精神，让更多国际友人感受中国民俗文化的独特魅力。美国华侨侨领林秋育表示，已经是第二年组织美国朋友和企业员工参与到海丝侨界青年端午龙舟赛中，希望能够通过赛龙舟让大家体验中国民俗文化。在龙舟竞技中展示当代青年的拼搏精神，增进与其他侨界青年的互动交流，共话发展。

龙舟赛现场　（图/泉州晚报社）

泉州市再出电子商务扶持新政

为推动电子商务发展，根据泉州市电子商务发展的新情况新特点，在《泉州市加快电子商务发展若干措施》的基础上，《2017年泉州市进一步推动电子商务发展若干措施》（以下简称新《措施》）公布。市级财政继续给予每年2000万元的专项资金，重点支持电子商务龙头企业、平台、园区、电商服务业、电商创新业务、农村电商、跨境电商的发展。

相关链接：在支持重点电商平台发展方面，新《措施》对公共服务平台运营主体按照平台年度新增投资额进行补助，最高不超过50万元；对与产业结合紧密、发展潜力大、对产业转型升级推动作用明显的行业垂直电商平台及泉州购全渠道供货平台进行补助，补助资金不超过平台建设投资的50%，单个平台最高不超过100万元。

在促进电子商务集聚发展方面，新《措施》对于依托实体网点、货源、配送等商业资源开展“线上市场”与“线下市场”良性互动的传统专业市场（或大型商超零售商），给予最高不超过20万元奖励；对区域内电子商务企业及上下游相关企业相对集中、与所在地优势产业需求紧密结合、建筑面积超过3万平方米、入驻企业50家以上的园区，认定为市级电子商务示范园区，并按园区年度新增投资额30%给予补助，最高不超过30万元。

在跨境电商基础建设投入方面，对于为超过10家跨境电商经营企业提供跨境电商通关服务的，根据实际投入金额50%给予补助，最高不超过100万元；对企业建设跨境电子商务海外仓，仓储总面积在2000平方米以上的，根据其仓储面积、功能配置、信息化建设等情况，对企业海外仓场地购置租赁、仓储设施扩容升级等费用，按照不超过年新增投资额20%给予支持，单个企业最高不超过30万元；以统一纳入海关统计出口额的B2C或B2B2C数据为依据，对支付EMS、邮政小包、UPS等国际物流费用达200万元以上的跨境电子商务企业，给予最高不超过20万元补助。

德化县举办的跨境电商精训营　　（图/泉州晚报社）

在加强跨境品牌培育方面，对在境外注册自有商标，并有跨境电子商务业绩的企业，给予不超过注册费用80%的一次性资金扶持，单个企业最高不超过20万元；鼓励企业进行国际认证，对产品通过国际认证、具有联合国标准产品与服务分类代码，并有跨境电子商务业绩的企业，按相关认证服务费用的80%给予一次性资金扶持，单个企业最高不超过20万元。

2017年博洛尼亚插画展中国巡展在泉州开幕

2017年博洛尼亚插画展中国巡展暨50周年大师作品展在位于泉州台商投资区的泉州丝路文化艺术展览馆开幕。各界嘉宾和观众共上千人观展，展览持续到7月3日。泉州是此次博洛尼亚插画展中国巡展的首个城市。80位世界级插画师的380幅原作参展，其中包括朱成梁、王祖民、于虹呈、黄朝贵等中国内地插画师。插画展还增加一项特展——50周年大师作品展。参展作品是从全世界众多创作者中精选出来的最受欢迎的50名插画家的代表作品，包括柯薇·巴可维斯基、布鲁诺·莫那、莱勒·卢扎蒂、艾瑞·卡尔、罗伯特·英诺森提、费班恩·纳格伦、苏西·李和艾拉·马俐等世界级插画大师。

活动现场　　（图/曾广太）

5月30日

农历丁酉年五月初五

星期二

温度：23℃—30℃

多云

●为推动电子商务发展，根据泉州市电子商务发展的新情况新特点，在《泉州市加快电子商务发展若干措施》的基础上，《2017年泉州市进一步推动电子商务发展若干措施》公布。

●2017年博洛尼亚插画展中国巡展暨50周年大师作品展在位于泉州台商投资区的泉州丝路文化艺术展览馆开幕。

●2017中德国际青少年艺术节福建赛区颁奖典礼在泉州举行。

●由鲤城区委文明办、市公交公司、泉州真情在线公益协会、北峰医院主办的“端午送关爱，老人游古城”公益活动举行。

●由泉州市冬泳协会莱洲分会、鲤城海滨街道文化站、笋浯社区主办的端午民俗活动在鲤城区笋江公园举行。

●沙格龙舟竞赛在泉港区南埔镇沙格村举行。

5月31日

农历丁酉年五月初六
星期三
温度：24℃—31℃
多云

●市政协召开党组（扩大）会议，研究《关于推进“两学一做”学习教育常态化制度化的实施方案》《关于学习贯彻习近平总书记重要指示精神和开展向廖俊波同志学习主题实践活动方案》。

●全市强降雨防范工作视频会议召开。

●海西天然气管网工程泉州—德化线在南安市水头镇正式开工建设。

●5月31日—6月4日，由民盟泉州市委会发起的“大爱盟心，圆梦同行”泉州民盟书画家公益义捐作品展在泉州青年书法会馆举行。

●由省教育系统关工委德育中心、福建省读书援助协会、市教育系统关工委、泉州未成年人课外阅读实践基地主办的“捐书助学献爱心”公益活动在安溪官桥镇善益小学、官桥第二中心小学举行。

●是月，由市方志委编纂的“泉州地情系列丛书”（第四辑）出版。

市政协研究推进“两学一做”学习教育常态化制度化实施方案

市政协召开党组（扩大）会议，研究《关于推进“两学一做”学习教育常态化制度化的实施方案》《关于学习贯彻习近平总书记重要指示精神和开展向廖俊波学习主题实践活动方案》。会议指出，要坚持在真学实做上深化拓展，以政治合格、执行纪律合格、品德合格、发挥作用合格为参照系，推动学习教育融入日常、抓在经常；要坚持以上率下抓住“关键少数”，压紧压实全面从严治党主体责任；要坚持抓实基层支部，树立党的一切工作到支部的鲜明导向，夯实党的组织基础；要坚持突出问题导向，狠抓整改落实，结合政协各项履职活动，认真对标找差。

海西天然气管网泉州—德化线开工

海西天然气管网工程泉州—德化线在南安市水头镇正式开工建设。泉州—德化线项目是海西天然气管网的重要组成部分，也是福建省的重大民生项目之一。该项目由中海福建天然气有限责任公司投资建设，管线起于南安市水头镇，途经安溪县、永春县，终于德化县三班镇，全长130千米，建成后年输气能力将达11亿立方米。该项目预计2020年底全线建成投产。泉州市安溪、永春、德化的城市供气管网已基本完备，供气的方式是通过LNG（液化天然气）槽车将天然气由莆田运至当地，再通过加热气化，输送至城市管网。但槽车运送存在一定的风险，泉州—德化线项目建成后，可避免这样的风险，通过管道为这三个县供应天然气，保证安永德地区用气安全。

“泉州地情系列丛书”（第四辑）出版

由市方志委编纂的“泉州地情系列丛书”（第四辑）出版。该套丛书分5册，包括《泉州古代职官录》《泉州院士录》《泉人著史修志录》《泉州大事实录》《泉州侨界名人录》。

“泉州地情系列丛书”（第四辑），从泉州的历史大事、历代职官、著修史志，到近现代的侨界精英、两院院士等五个角度，全面地展现古城千百年来的历史文化变迁，深入探寻古往今来泉州的名人先贤，挖掘大事要事，梳理历史轨迹。该套丛书的出版发行，将更好地帮助读者可以走近泉州，品味泉州，加深对“东亚文化之都”和“海上丝绸之路”起点的理解，为弘扬和传承优秀文化和提升泉州文化影响力起到积极作用。

相关链接：“泉州地情丛书”（第四辑）简介：《泉州古代职官录》，该书按照朝代次序及职官顺序编排，分为文职、武职类，收录从唐初到清代末年的泉州历代郡守、郡佐及以下并教职等官员，帮助读者了解泉州历代职官更迭及建制变迁，从不同侧面提供了较为详尽的古泉州职官史料。《泉州院士录》，泉州科技人才辈出，近30位泉籍院士（学部委员）为国家民族，为泉州家乡的社会进步、科技发展作出巨大贡献。本书将他们的生平简历、求学工作创业经历和科技成就、荣誉著述等编纂成册，旨在弘扬泉籍院士的可贵精神，激发家乡人的爱国爱乡热情和创业创新精神。《泉人著史修志录》，本书以清代《四库全书》为参考，借鉴《泉州府志》及泉州府辖州、县的志书，参考泉州历代先贤所撰修的诸多志、鉴、谱、录等，包括所修史志中涉及当地的郡县府州志及后代诸多的考证资料，收录中唐以来泉州籍的治史修志人士及其史志著述。《泉州大事实录》，该书以时为经，以事为纬，经严格筛选，辑录自三国吴永安三年（260年）置建东安郡县（今泉州市辖地）之始至公元2015年，泉州市辖域1755年历史时期内政治、经济、社会、军事、文化等各个领域所发生的大事、要事，让读者穿越时空，俯瞰历史全景，重走泉州史迹。《泉州侨界名人录》，本书以籍贯地、出生年月为序，以为家乡做出巨大贡献或在全国侨联担任过常委（含）职务为依据，再加上辖区内的国立华侨大学历任校长，收录从十九世纪四五十年代到二十世纪五六十年代之间的130位泉州侨界名人的人生轨迹。

地情丛书第四辑

郑新聪康涛部署防范强降雨工作

市委书记、市人大常委会主任郑新聪，市长康涛到市防汛办召开全市视频会商会，部署防范强降雨工作。副市长肖汉辉，市防汛、气象、水文、水利、国土、住建、交通、市政、教育等部门相关负责人参加会议。

市委召开中心组（扩大）学习会

市委召开中心组（扩大）学习会，邀请清华大学微纳电子学系主任、教授、博士生导师魏少军作题为《中国集成电路产业发展战略的思考》的专题辅导报告。郑新聪、康涛、陈万里、陈灿辉等市四套班子领导，市中级人民法院、市人民检察院，市直相关部门以及晋江、南安、安溪等负责人参加学习会。学习会上，魏少军从什么是集成电路、全球集成电路技术与产业概况、中国集成电路产业发展现状、集成电路需求旺盛和供给不足将是长期矛盾、集成电路供给侧结构分析、关于中国集成电路发展战略的思考等方面展开，援引详细数据资料，结合福建、泉州实际，对泉州市集成电路产业发展提出建议和思路。报告兼具理论深度和国际化视野，令在场干部深受启发。

市领导参加庆“六一”活动

市领导孔繁军、陈铁晗、张建生、陈荣洲、李冀平分两组带队走访慰问泉州多所学校，向全市少年儿童致以节日问候，向老师致以崇高的敬意。在泉州市第二实验小学、泉州市晋光小学（南俊校区）、泉州市丰泽幼儿园、泉州幼师附属幼儿园，市领导详细了解学校办学情况和学生情况，和孩子们一起互动游戏，观看精彩的才艺展示演出，并为表现优秀的学生颁发奖状。在泉州市盲聋哑学校，市领导参加正在进行的泉州市残障少年儿童展能节，赞扬孩子们的用心表演，被他们自强不息的精神所感动，鼓励他们练就过硬技能，历练健全人格，成为生活的强者。在泉州市直机关金山幼儿园开展的“我们和留守流动儿童在一起”关爱主题活动现场，市领导关切询问留守流动儿童的学习、生活情况，叮嘱学校对他们多关心多帮助。慰问中，市领导寄语全市少年儿童，希望大家从小胸怀梦想，好好学习，天天向上，全面发展，长大以后成为栋梁之材，为祖国作出贡献。

庆祝“六一”国际儿童节少儿电视文艺晚会　（图/陈小阳　陈智勇）

“十四城纪行——探寻魅力‘活化石’”到泉州采访

1—2日，由中共宁波市委宣传部和宁波日报报业集团策划的“十四城纪行——探寻魅力‘活化石’”大型主题采访活动到泉州探寻泉州作为“古港”“活化石”魅力，了解泉州在参与“一带一路”建设，打造“21世纪海上丝绸之路先行区”等方面的创新做法和先进经验。在泉州期间，采访团走访伊斯兰教圣墓、泉州海交馆、泉州市博物馆、洛阳桥、清源山老君岩、惠安崇武古城、聚龙小镇等，感受泉州海丝文化的魅力，并就相关话题采访泉州文保专家、华侨大学“海丝研究智库”专家和部分泉州企业。

6月1日

农历丁酉年五月初七
星期四
温度：26℃—31℃
阴—中雨

●郑新聪、康涛到市防汛办召开全市视频会商会，部署防范强降雨工作。

●市委召开中心组（扩大）学习会，邀请清华大学微纳电子学系主任、教授、博士生导师魏少军作题为《中国集成电路产业发展战略的思考》的专题辅导报告。

●市领导孔繁军、陈铁晗、张建生、陈荣洲、李冀平分两组带队走访慰问泉州多所学校，向全市少年儿童致以节日问候，向老师致以崇高的敬意。

●市委政法委员会全体会议召开，传达省委常委、政法委书记王洪祥到泉州调研讲话及有关会议精神，回顾总结并部署下一阶段全市安保工作。

●由市委宣传部、泉州广播电视台协助中央电视台拍摄的纪录片《灯满泉州》20：39在央视10套《探索·发现》栏目播出。纪录片时长40分钟。

●“十四城纪行——探寻魅力‘活化石’”大型主题采访活动到泉州探寻泉州作为“古港”“活化石”魅力，了解泉州在参与“一带一路”建设，打造“21世纪海上丝绸之路先行区”等方面的创新做法和先进经验。

●由市委宣传部、市教育局、市文联、泉州广播电视台等主办的泉州市庆祝“六一”国际儿童节少儿电视文艺晚会在中心市区举行。

6月2日

农历丁酉年五月初八
星期五
温度：23℃—28℃
暴雨—大雨

●泉州市文明委暨精神文明建设先进表彰会议召开，表彰2014—2016年度泉州市精神文明建设各类先进、第五届市道德模范，部署2017年全国文明城市总评迎检工作。

●全市宣传部长座谈会召开，学习贯彻习近平总书记系列重要讲话精神和治国理政新理念新思想新战略，传达贯彻落实全国、全省宣传部长座谈会精神，对泉州市迎接党的十九大宣传工作进行动员部署。

●2—8日，泉州成立四个脱贫攻坚专项督查组，对永春、泉港、德化、惠安、南安、台商投资区、洛江、安溪等进行督查。

●2—5日，泉州歌舞剧团受文化部指派，应韩国邀请到韩国光州参加“亚洲文化殿堂”国际庆典演出。

泉州市文明委暨精神文明建设先进表彰会议召开

泉州市文明委暨精神文明建设先进表彰会议召开，表彰2014—2016年度泉州市精神文明建设各类先进、第五届市道德模范，部署2017年全国文明城市总评迎检工作。

市委书记、市人大常委会主任、市文明委主任郑新聪在会上作重要讲话。市长康涛主持会议。省委宣传部副部长、文明办主任刘志坚到会指导。市委副书记陈奕辉宣读相关表彰决定。市领导陈铁晗、张建生、周真平、李冀平，泉州军分区政委郑健参加会议。

对2017年全国文明城市总评迎检工作，郑新聪提出六点要求。一要贯彻总书记习近平重要讲话精神，推动创建文明城市工作再上新台阶。二要突出灵魂主线，推动社会主义核心价值观落细落小落实。三要强化城市精细化常态化管理，让群众生活得更舒适。四要聚焦重点工作拓展，全面提升城市内在素质。五要坚持群众主体地位，扩大创建活动的社会基础。六要加强组织领导，构建齐抓共管大格局。

会议现场 (图/陈起拓)

市长康涛主持会议并指出，要做到“三个清楚”，对《全国文明城市测评体系》及相关系列文件的标准和内容要清楚，对自身存在问题要清楚，对各自责任要清楚。要做到“三个到位”，确保部署到位、措施到位、督查到位。要做到“三个纳入”，把创建全国文明城市工作内容、任务、要求，纳入本单位重点工作；纳入本单位业务学习、培训、考核的内容；纳入本单位“机关党旗红，‘五个泉州’在行动”主题实践活动，推进文明城市创建。

全市宣传部长座谈会召开

全市宣传部长座谈会召开，会议学习贯彻习近平总书记系列重要讲话精神和治国理政新理念新思想新战略，传达贯彻落实全国、全省宣传部长座谈会精神，对泉州市迎接中共十九大宣传工作进行动员部署。会上，市发改委、市直新闻单位作交流发言。

会议强调，开展迎接中共十九大宣传，做好“砥砺奋进的五年”重大主题宣传，是宣传思想文化战线的重大政治任务。各地各单位一定要牢固树立大局意识、政治意识、责任意识、切实把迎接十九大宣传工作摆上突出位置，要高度重视、精心组织，认真制定宣传方案，细化工作计划，排出时间进度表，逐项分解项目，确保各项工作任务落到实处，以优异的成绩迎接中共十九大胜利召开。

泉州歌舞剧团应韩国邀请到光州演出

2—5日，泉州歌舞剧团受文化部指派，应韩国邀请到韩国光州参加“亚洲文化殿堂”国际庆典演出，精彩的演出受到韩国观众热捧。该次庆典还邀请日本横滨交流演出，是2017年在韩国光州举办的唯一一次三市共同的文化交流。泉州歌舞剧团精心编排一台具有浓厚闽南特色的民间舞蹈专场，节目内容精彩纷呈，有《春满梨园》《偶趣》《醉七响》《惠女服饰》等，演出过程中，台下不少观众跟着舞蹈的节奏鼓掌，气氛热烈。

市委中心组（扩大）学习会召开

市委召开中心组（扩大）学习会，邀请国际古迹遗址理事会原副主席、中国文物学会副会长兼世界遗产研究会会长、泉州市政府特聘申遗顾问郭旃作题为《世界遗产申报与保护管理》的专题辅导报告。郑新聪、康涛、陈万里、陈灿辉等市四套班子领导，市中级人民法院、市人民检察院主要领导，市直相关部门以及相关县（市、区）主要负责人，申遗办及相关职能组和16个遗产点管理机构主要负责人等参加学习会。

学习会上，郭旃以深厚的理论基础、丰富的实战经验、生动翔实的案例，结合“古泉州（刺桐）史迹”申遗实际，图文并茂、深入浅出地为与会人员普及世界遗产申报与保护管理工作、遗产保护政策法规等知识。报告既有理论高度又有实践真知，令在场干部深受启发、倍增文化自信。

市长康涛主持学习会并指出，申遗工作涉及内容多、专业性强，各级各相关单位要按照市委统一部署要求，增强责任感和紧迫感，高度负责地做好各项工作，全域动员支持、参与、配合、服务申遗工作大局，加强各方沟通协调，严肃问责推诿扯皮；务必在注重细节上下功夫，把各项保护管理工作做细做实做好；围绕申遗办的统筹布置和申遗专家的指导意见，全力以赴，有序推进，确保工作顺利开展。

会议现场　　(图/吴寿民)

福建省青少年体育俱乐部比赛在泉州举办

3—5日，由福建省体育局、福建省教育厅主办，泉州市体育局、泉州市教育局协办的2017年福建省“阳光体育”系列赛事活动之一的青少年体育俱乐部比赛在泉州师范学院附属小学举办，来自全省22个中小学、青少年俱乐部的近300名孩子参加此次体育盛会。福建省青少年体育俱乐部比赛活动内容丰富多彩，既有趣味跳长绳比赛、乒乓球团体赛、中国象棋比赛，也有趣味足球射准比赛，还有参观泉州师院附小科技馆、地理生物园等寓教于乐的实践活动。

活动现场　　（图/林劲峰　陈喜云）

6月3日

农历丁酉年五月初九
星期六
温度：23℃—25℃
大雨—小雨

●市委召开中心组（扩大）学习会，邀请国际古迹遗址理事会原副主席、中国文物学会副会长兼世界遗产研究会会长、泉州市政府特聘申遗顾问郭旃作题为《世界遗产申报与保护管理》的专题辅导报告。

●泉州确定30个市级扶贫开发重点帮扶村，实行市直机关单位挂钩联系制度。

●3—5日，由福建省体育局、福建省教育厅主办的青少年体育俱乐部比赛在泉州师范学院附属小学举办。

6月4日

农历丁酉年五月初十
星期日
温度：23℃—26℃
小雨

●泉州市府办下发《2017年泉州市推进“百千5311”工作方案》，明确2017年将推进“百千5311”工作，助推泉州创建“中国制造2025”城市试点示范。

●《福建省林业碳汇交易试点方案》公布，2017年在全省范围内，选择包括安溪、德化在内的20个县（市、区）、林场，开展林业碳汇交易试点。

●“古泉州（刺桐）史迹”名家讲堂进校园启动仪式在泉州市通政中心小学举行。

泉州市推进“百千5311”工作方案下发

泉州市府办下发《2017年泉州市推进“百千5311”工作方案》，明确2017年将深入推进“百千5311”工作，助推泉州市创建“中国制造2025”城市试点示范。“百千5311”工作即推广应用数字化生产线100条，在泉州生产、销售国产工业机器人达到1000台，推广应用国产数控系统5000台（套），打造智能制造示范生产线3条，培养一批智能制造技术人才，培育一家新型研发机构。

2017年泉州在纺织鞋服、机械装备、建材家居、食品饮料、光电信息、职业教育等领域推广应用1000台国产工业机器人，并给予相应补助。对生产销售给本地企业的“数控一代”示范项目产品，按销售发票总价（不含税）的10%予以补助；对本地企业采用列入泉州“数控一代”示范项目产品的国产工业机器人，按采购发票总价（不含税）的20%予以购置补助。同时鼓励数控机床、产业机械、工业机器人等本地机械装备企业，使用具有自主知识产权的国产数控系统，计划在全市范围内推广应用5000台（套），并对销售、采用符合条件国产数控系统的企业给予发票总价10%、20%不等的补助。

此外，2017年泉州重点打造泉州华中科技大学智能制造研究院与相关企业合作建设机器人自动上下料及3C钻攻中心生产线、高速全伺服五轴机械手自动上下料及注塑产品生产线、硫化鞋自动生产线装备开发及示范应用等3条示范生产线，集中政策、项目、资金给予支持，推动产学研协同创新，加快推广应用步伐，推进自动化生产线的智能化水平。

安溪德化列入全省林业碳汇交易试点

《福建省林业碳汇交易试点方案》公布，2017年在全省范围内，选择包括安溪、德化在内的20个县（市、区）、林场，开展林业碳汇交易试点，每个试点开发生成1个以上林业碳汇项目，全省完成试点面积50万亩以上、新增碳汇量100万吨以上。林业碳汇，就是通过实施造林再造林和森林管理、减少毁林等活动，吸收大气中的温室气体并与碳排放权交易结合的过程、活动或机制。因其固碳减排效果显著，非碳效益高而备受关注，现已成为国内外减少温室气体排放的重要途径之一。此次试点类型，包括碳汇造林项目试点、森林经营碳汇项目试点、竹林经营碳汇项目试点三种。泉州在2017年的造林绿化补助项目中，提出支持安溪、德化先行开展林业碳汇项目，两县正式开展林业碳汇项目建设。2016年12月，德化县碳汇项目申请的项目备案与减排量备案，成为全省率先获得专家评审同意的2个项目之一，这也标志着福建省林业碳汇项目建设正式启动。

名家讲堂进校园启动仪式举行

由泉州市申遗办、泉州市教育局、泉州市社会科学界联合会主办的“古泉州（刺桐）史迹”名家讲堂进校园启动仪式在泉州市通政中心小学举行。活动旨在进一步贯彻和落实市委、市政府关于“古泉州（刺桐）史迹”申遗工作的部署要求，宣传“海丝”文化，助力“古泉州（刺桐）史迹”申遗工作，提升泉州市中小学生对“海丝”文化的知晓度和申遗工作的参与度，在全市中小学营造“我了解、我参与”的良好氛围。此次“古泉州（刺桐）史迹”名家讲堂进校园活动，将陆续邀请社科界、文化界名家或非物质文化遗产传承人，以“讲好‘海丝’故事、助力申遗宣传”为主题，围绕“古泉州（刺桐）史迹”的历史、人文、典故、非遗传承项目等开展专题讲座。

活动现场　　（图/谢晓艺）

康涛在中心市区开展专项巡查

市长康涛带领市直相关部门以及鲤城区、丰泽区主要负责人，就泉州中心市区进出城道路绿化提升及景观综合整治工作进行专项巡查，并召开座谈会部署下阶段整治提升工作。市委常委、常务副市长张永宁，市政府秘书长廖国文参加。巡查中，康涛一行到江滨北路、西湖公园、动车站及站前东西大道、沈海高速泉州西福出入口等地，沿线逐点检查绿化景观提升、建筑立面整治、交通组织与设施整修、户外广告和违章搭盖拆除等情况。

2016年度泉州市环境质量状况公报发布

“世界环境日”，泉州市环保局在《泉州晚报》发布《2016年度泉州市环境质量状况公报》。公报显示，2016年，泉州市环境质量状况总体良好，空气、水、声等环境质量持续保持较好水平。

2016年，泉州市进一步深化生态文明体制改革，生态环境质量稳定向好，森林覆盖率稳定在58.7%，与上一年度持平。2016年，新增森林蓄积量21万立方米；新增水土流失治理面积27067公顷，新增矿山恢复治理面积约255公顷。市本级和10个涉农县（市、区）相继获得国家生态市和国家生态县（市、区）命名。

公报显示，2016年泉州市区空气质量状况总体良好，优良率98.4%。有效监测天数366天中，优良以上天数为360天。各县（市、区）空气质量继续保持优良水平。

水环境质量总体保持良好。晋江、洛阳江等主要河流及12个县级及以上集中式饮用水水源地水质达标率均为100%。泉州市区内河水质功能区达标率100%。

泉州市城市功能区、区域及道路交通声环境质量总体保持较好水平。2016年，市区声环境功能区昼间达标率为100%，较2015年上升6.2个百分点；夜间达标率为62.5%，较2015年上升12.5个百分点。

泉州5项目入选国家优选旅游项目

在2017年全国旅游投资促进大会上，国家旅游局会同国家开发银行等12家金融机构共同遴选出680个优选旅游项目，泉州市5个旅游项目榜上有名。这5个项目分别是：泉州德化戴云山旅游综合开发项目、泉州台商投资区八仙过海旅游项目、泉州南安海丝冰雪大世界、泉州南安清境桃园生态农业观光园、泉州台商投资区科龙山生态农业旅游度假区，5个项目总投资达86.8亿元。入选的项目将获得“旅游发展基金贷款贴息资金倾斜”“通过相关投资推介等平台将向投资商重点推介”“被各金融机构纳入旅游产业支持项目储备库优先给予信贷支持”及“根据实际需求协调相关部门和金融机构给予相应金融、土地等政策支持”等多项有力支持。

南安海丝冰雪大世界规划图（图/晚报社）

6月5日

农历丁酉年五月十一
星期一
温度：22℃—27℃
阴—小雨

●康涛带领市直相关部门以及鲤城区、丰泽区主要负责人，就泉州中心市区进出城道路绿化提升及景观综合整治工作进行专项巡查，并召开座谈会部署下阶段整治提升工作。

●泉州市环保局在《泉州晚报》发布《2016年度泉州市环境质量状况公报》。公报显示，2016年，泉州市环境质量状况总体良好，空气、水、声等环境质量持续保持较好水平。

●泉州德化戴云山旅游综合开发项目、泉州台商投资区八仙过海旅游项目、泉州南安海丝冰雪大世界、泉州南安清境桃园生态农业观光园、泉州台商投资区科龙山生态农业旅游度假区等项目入选国家优选旅游项目。

6月6日

农历丁酉年五月十二
星期二
温度：24℃—30℃
多云

●泉州市召开老干委会议，学习贯彻习近平总书记对老干部工作的重要指示精神和全国、全省老干部工作“双先”表彰会、局长会精神，以及省《关于进一步加强和改进离退休干部工作的实施意见》，研究当前老干部工作。

●泉州市举办2017年“放鱼日”活动。

●全市新进人大系统干部培训班开班。

●2017中国卡通形象营销大会泉州峰会举行，这是福建省“首个动漫+实体”的营销峰会。

●宁、新、闽“丝路回乡翰墨情”书画展在泉州海外交通史博物馆开幕，180余书画作品在泉州展览。

市老干委会议召开

泉州市召开老干委会议，学习贯彻习近平总书记对老干部工作的重要指示精神和全国、全省老干部工作“双先”表彰会、局长会精神，以及省《关于进一步加强和改进离退休干部工作的实施意见》，研究当前老干部工作。市委书记郑新聪主持会议并讲话，市领导康涛、张永宁、季翔峰参加会议。就下阶段工作，郑新聪强调，一要学习贯彻习总书记重要指示精神，始终用心用情做好老干部工作。二要紧扣主题主线，深化正能量活动。三要执行好制度，兑现好政策，落实好待遇。

泉州市举办2017年“放鱼日”活动

第三个全国“放鱼日”，泉州市举办2017年“放鱼日”活动，通过人工增殖放流，保护和恢复渔业资源，促进渔业资源可持续利用。市领导郑新聪、康涛、陈灿辉、陈奕辉、许文贵、肖汉辉、林志建，以及市、县两级相关部门负责人，海洋环保志愿者等近百人参加活动。在晋江深沪国家级中心渔港，市领导一行登上中国海监8003船，到达指定海域后，鱼苗被分舀到小水桶里，放流活动开始。活动现场，放流真鲷、黑鲷鱼苗42.8万尾。除深沪湾增殖放流活动外，6月2日在石狮永宁梅林码头放流真鲷110万尾。

全市新进人大系统干部培训班开班

全市新进人大系统干部培训班开班。市人大常委会党组书记陈万里作动员讲话。陈万里在讲话中指出，做好人大工作，一要深化认识，做国家根本政治制度的坚定信仰者。二要强化担当，做国家根本政治制度的忠实实践者。三要提升能力，做国家根本政治制度的有力推动者。

会议现场 (图/陈意鸣)

国家动漫创意研究中心在泉州设立分中心

2017中国卡通形象营销大会泉州峰会举行，这是福建省“首个动漫+实体”的营销峰会。近300家动漫企业、营销企业与实体企业参与活动，共同探讨泉州动漫与实体经济融合发展之路。会上，中国动漫集团宣布在泉州设立“国家动漫创意研究中心泉州分中心”。该平台致力于创意研发、动漫教育、项目投资、业务对接和版权交易，将拓展泉州动漫经济的发展空间，有效提升泉州市动漫创新应用水平，推进动漫与泉州实体经济的融合发展。

“丝路回乡翰墨情”书画展在泉州举行

宁、新、闽“丝路回乡翰墨情”书画展在泉州海外交通史博物馆开幕，180余书画作品在泉州展览。该次展览由宁夏回族自治区文史研究馆、新疆维吾尔自治区文史研究馆、福建省文史研究馆和泉州市政协联合举办，活动旨在促进“一带一路”沿线回族聚居区文化繁荣、展示当地风土人情，探讨新形势下如何发挥区位优势，加强海陆丝路文化交流与合作。书画作品向观众展现当今中国书画创作的多元风貌，展现丝绸之路2000年来的历史变迁、文化景观和回乡民族风情，从不同角度描绘书画家对“一带一路”建设的美好愿景，从中了解他们寄情于诗、于书、于画，为人民创作、为祖国立传的历史担当和内心解读。在参展作者中有耄耋之年的“老馆员”，也有未及花甲的“年轻馆员”，最年长的近百岁，最年轻的50多岁。在泉州期间，到泉州参加活动的宁夏、新疆、福建三省（区）文史研究馆领导、书画家等到海上丝绸之路艺术公园·亚洲园、洛阳桥、清净寺、九日山、中国闽台缘博物馆、开元寺、草庵等地考察。

省双拥考评组到泉州考评

7—10日，省双拥考评组到泉州，对泉州创建新一轮省级双拥模范城（县）工作开展考评。7日，泉州市召开泉州市双拥创模工作情况汇报会。汇报会上，市委书记、市人大常委会主任、泉州军分区党委第一书记、市双拥工作领导小组组长郑新聪指出，泉州各级党委、政府及驻泉部队大力弘扬习近平总书记在福建工作期间总结的双拥工作和国防动员“10个好传统”，巩固和发展军政军民团结。2009年、2013年，泉州和所辖11个县（市、区）两次同时获省级双拥模范城称号；2016年，泉州获全国双拥模范城“八连冠”。

郑新聪表示，泉州将贯彻习近平总书记2016年在会见全国双拥模范代表时的重要讲话精神，落实省委、省政府双拥工作部署，致力提升双拥工作水平，力争第三次省级双拥模范城（县）“满堂红”，为争创全国双拥模范城“九连冠”打好基础。泉州将以此次省级考评为契机，持续深化创模工作，不断探索新经验、培育新亮点；加强服务保障，带着感情和责任为部队官兵排忧解难；强化组织领导，抓好《泉州市持续开展创建全国双拥模范城工作方案》落实，逐一细化军地共建、融合发展、宣传教育等重点任务，在全社会广泛营造“军爱民、民拥军”的浓厚氛围。

汇报会由市长、市双拥工作领导小组第一副组长康涛主持。会上，省考评组组长、省民政厅副厅长、省双拥共建办常务副主任辛志华介绍此次考评方式、重点及要求，泉州军分区政委、市双拥工作领导小组副组长郑健参加，副市长、市双拥工作领导小组副组长季翔峰汇报泉州市双拥创模工作情况。

国家“千人计划”专家团到晋江考察

7—8日，18名来自集成电路、大数据等领域的国家“千人计划”及相当层次专家齐聚晋江，在政府部门的牵线搭桥下，实地考察并对接本地企业进行合作洽谈。活动中，专家们考察晋江城市展馆、晋华集成电路项目现场、中科院海西研究院泉州装备制造研究所、晋江三创园、创客大街，并在晋江相关部门的牵头下，举行座谈对接会。在了解晋江的创新创业平台后，专家们分别就自己带来的项目进行介绍，一些有需要的企业现场就与专家们进行深度交流对接。

全市37000多考生参加高考

7—8日，2017年福建省普通高考举行，全市38032人报考（其中外省务工人员随迁子女4694人），设12个考区，43个考点，1320个考场。各地各有关部门认真履行职责，精心组织，齐抓共管，协同配合，为考生提供周到细致的服务。全市为伤病等特殊照顾的考生专门安排备用考场1个，为11名残疾考生提供考试便利服务。2017年全市有415人缺考，启用备用考场1个，各地考试秩序井然，实现平安高考、诚信高考、公平高考、温馨高考。

几位泉州七中的考生开心起跳，欢庆高考结束　（图/陈晓东）

6月7日

农历丁酉年五月十三
星期三
温度：25℃—32℃
雷阵雨—阴

●7—10日，省双拥考评组到泉州，对泉州创建新一轮省级双拥模范城（县）工作开展考评。

●7—8日，18名来自集成电路、大数据等领域的国家“千人计划”及相当层次专家齐聚晋江，在政府部门的牵线搭桥下，实地考察并对接本地企业进行合作洽谈。

●7—8日，2017年福建省普通高考举行，全市38032人报考（其中外省务工人员随迁子女4694人），设12个考区，43个考点，1320个考场。

6月8日

农历丁酉年五月十四
星期四
温度：24℃—29℃
阴

●郑新聪率队到泉州台商投资区，调研“项目攻坚年”活动推进情况。

●康涛主持召开6月份全市项目攻坚年调度会，听取项目进度汇报，协调解决困难问题，力促项目攻坚突破再提速再增效。

●市海洋与渔业局在《泉州晚报》发布《2016年泉州市海洋环境状况公报》。

●8—9日，省“海西安全发展行”宣传采访组到泉州开展安全生产采访活动。

●泉州艺术学校纪念2017年中国文化遗产日暨打城戏专业教学成果汇报演出在市文化艺术中心举行。全国首个打城戏班学生于2017年8月毕业。

郑新聪到泉州台商投资区调研

市委书记、市人大常委会主任郑新聪率队到泉州台商投资区，调研“项目攻坚年”活动推进情况。在随后召开的座谈会上，郑新聪肯定泉州台商投资区项目攻坚成效和干事创业氛围，并对下阶段工作提出五点要求。

一要“饿虎扑食”狠抓产业招商，“一把手”亲自抓一批具有战略价值的产业重大项目，强化专业服务，坚持台资优先，央企、民企、外企多管齐下，争取台资中小高新企业“抱团投资”，“马上就办”促进签约项目尽快落地。要坚持思想解放、模式创新，在确定高起点中小企业产业集群、延伸产业链条等方面下足功夫，以产业基金模式支持龙头项目落地，带动产业园区的总体规划建设、生态生活环境优化，进而形成产城融合的特色小镇、产业社区。

二要力促现有龙头企业增资扩产，“一企一策”跟进，提供月嫂式服务，围绕落户或准备落户的龙头企业，集聚产业链相关企业，构建产业投融资体系，建设公共服务平台，迅速形成龙头引领、集群共进的产业发展格局。

三要补上相关基础设施短腿，尤其是为产业发展服务的基础设施，要积极通过区域性、行业性捆绑打包，加快补齐短板。

四要加快社会事业配套，查欠账、明急需、多渠道、提质量，多用改革思维办法，通过体制机制突破来增加多元供给，加快教育、医疗、养老项目的引进建设，打好“组合拳”。

五要切实提振干部精气神。层层压实全面从严治党主体责任，把学习廖俊波先进事迹作为重要内容，推动“两学一做”学习教育常态化制度化。要开展全市工作大督查，推动重点任务落实；强化正向激励，严格实行“凭实绩选干部”；优化服务保障，积极争创“相对集中行政许可权改革”省级试点，切实降低企业和群众办事门槛。

“项目攻坚年”活动开展以来，泉州台商投资区实行大片区招商竞赛的同时，加强服务，把重点攻坚项目列入区行政服务中心绿色通道项目库，提供专人跟踪、全程帮办、时限减半等多项政策，优化发展软环境。图为位于泉州台商投资区的泉州中车唐车轨道车辆有限公司内，工人正在组装轨道客车。（图/陈起拓　陈林森）

全市项目攻坚年调度会召开

市长康涛主持召开6月全市项目攻坚年调度会，听取项目进度汇报，协调解决困难问题，力促项目攻坚突破再提速再增效。市政府秘书长廖国文参加会议。会上，市发改委和13个方阵逐一汇报项目攻坚的进展、做法、成效和存在问题。2017年以来，全市上下按照“项目攻坚年”活动部署，全市重点项目超序时进度推进。1—5月，全市396个在建重点项目完成投资535.6亿元，比增32.4%。康涛强调，各级各部门要按照市委部署要求，把项目攻坚任务摆在重中之重位置，倒排时序、挂图作战，实行问题销号管理，力促重点项目建设按照既定目标推进；要大力开展“一把手”招商，立足区位特点、产业基础和人脉商脉等优势，谋划培育适合本地区的产业集群；要强化正向激励，建立健全奖惩机制，落实一线考核干部办法，树立好的导向；要相互学习借鉴好的经验做法，不断提高服务保障项目水平。

郑新聪到石狮开展工作督查

市委书记、市人大常委会主任郑新聪带队到石狮市，督查全面深化改革落实和“项目攻坚年”活动推进情况。郑新聪要求相关部门支持企业商业模式创新，解决项目推进中的困难，鼓励企业深耕实业、做专做精做强。座谈会上，郑新聪肯定石狮市的发展思路和改革成效。他指出，石狮历史上是泉州改革开放排头兵，在创新转型关键阶段，要用改革的思维、改革的眼光、改革的办法，认真梳理分析新时期面临的问题，横下心来、爬坡过坎，努力巩固地位，争创体制机制优势、龙头带动优势。郑新聪强调，要改革干部管理体制机制，激发干事创业激情。层层压实全面从严治党主体责任，以廖俊波这一身边典型为榜样，推动“两学一做”学习教育常态化制度化，强化正向激励，引导干部解放思想，督促干部扑下身子抓落实。

康涛调研泉州部分高等院校

市长康涛带领市直相关部门以及丰泽区、洛江区有关负责人，到泉州师范学院和泉州医学高等专科学校调研，推动泉州高等教育改革发展。市政府领导陈荣洲参加调研。康涛一行实地察看泉州师范学院轮机动力拆装实训中心、泉州医学高等专科学校海西分子医学研发中心及客观结构化临床考试（OSCE）评估中心。每到一处，康涛都仔细询问学校生源、专业特色、学生创业就业等情况，并与校领导和教师代表座谈，了解学校改革发展思路，协调解决存在困难。

泉州市档案馆开放日活动举行

“国际档案日”，2017年的主题是“档案——我们共同的记忆”。当天，市档案馆邀请市民和学生走进档案馆，进行体验查档、参观库房、聆听讲座、动手裱糊、参观展览等系列活动。市档案馆从馆藏的3800多封侨批中，精选来自东南亚各国的108位华侨寄往泉州市108个村庄的108封侨批，举办“乡愁与记忆”——百侨百村侨批珍品展。作为世界记忆遗产，“侨批”是海外华人通过民间渠道及相关金融邮政机构寄回国内的家书及汇款的历史凭证，也是海外华侨寄托乡愁之物。除了侨批展，市档案馆的“档案——我们共同的记忆”开放日活动持续举行，开展老照片展、体验查档、观摩档案裱糊、家庭建档专题讲座等形式多样的活动。在市档案馆举行的开放日活动中，一些市民将自己珍藏多年的档案资料捐赠给档案馆。这些由市民捐出的“私人记忆”，将成为城市的共同记忆。

活动现场　　（图/林劲峰）

“弘扬非遗文化——寻找闽粹非遗传承人”系列活动举行

由泉州晚报社、泉州市非遗保护中心、泉州古城保护发展工作协调组办公室主办的“弘扬非遗文化——寻找闽粹非遗传承人”系列活动举行。活动得到海内外华人文化艺术界的高度评价，反响强烈。活动围绕“闽粹”这一元素，征集年龄在40周岁（含）以下的非遗工作者，进行系列专访报道；并到社区基层，举办6场巡演活动，面对面地向读者展示地道的泉州非遗文化。“寻找闽粹非遗传承人”活动走进社区后，把非遗文化的种子撒下基层，有助于让广大群众自觉地加入非遗保护的行列，让市民成为文化遗产的守护者，也能增强群众的文化自信，使非遗在民众中生根发芽，获得长久生命力，并得以更好地传承和发展。

6月9日

农历丁酉年五月十五
星期五
温度：25℃—31℃
阴

●郑新聪带队到石狮市督查全面深化改革落实和“项目攻坚年”活动推进情况。

●康涛带领市直相关部门以及丰泽区、洛江区有关负责人，到泉州师范学院和泉州医学高等专科学校调研，推动泉州高等教育改革发展。

●市人大常委会党组组织学习《中华人民共和国民法总则》，邀请华侨大学国际学院法学博士陈慰星作专题讲座。

●泉州市委组织部、泉州市人社局联合在晋江举办泉州市（晋江）人力资源服务产业园开园仪式暨知名企业与人力资源服务机构接洽会。

●泉州市档案馆开放日活动举行。

●由泉州晚报社、泉州市非遗保护中心、泉州古城保护发展工作协调组办公室主办的“弘扬非遗文化——寻找闽粹非遗传承人”系列活动举行。

6月10日

农历丁酉年五月十六
星期六
温度：25℃—32℃
多云

●康涛带队开展国家卫生城市问题整改现场检查。

●泉州市2017年中国“文化和自然遗产日”活动在市区通政巷苏廷玉故居举行。

●“打城戏”传统剧目《目连救母》在泉州市区梨园古典剧院上演。

●武王传奇国际搏击王争霸赛泉州站比赛在侨乡体育馆开拳，来自俄罗斯、巴西、泰国、乌克兰、西班牙、法国等国家的职业选手和中国自由搏击选手对抗。代表中方出战的泉州本土运动员翁明阳击败智利选手安德烈斯，获70公斤级冠军。

康涛带队开展国家卫生城市问题整改现场检查

根据6月7日市委、市政府召开的国家卫生城市问题整改动员大会部署，按照市委书记郑新聪的讲话要求，市长康涛带队开展国家卫生城市问题整改现场检查，并召开座谈会部署下阶段国家卫生城市复审各项迎检工作。市委常委、常务副市长张永宁，市政府秘书长廖国文参加。康涛一行采取“四不两直”方式突击检查鲤城区石崎农贸市场、浮桥街道繁荣路坂头社区某垃圾回收站、丰泽区东海街道后埔社区便民服务市场等地。座谈会上，康涛开门见山，围绕上述问题一一提问有关县（市、区）党政领导及市创卫各职能组相关负责人，了解下一步工作思路。

康涛强调，各级各有关部门要严格按照市委部署要求，以创卫为抓手，紧盯重点领域、薄弱环节，突出标本兼治，狠抓整改落实，确保顺利通过国家卫生城市复审。一是“心中一定要有数”。各方块及职能组要全面梳理存在问题，分门别类分析原因，拿出有效对策措施，把握轻重缓急节奏，全力推进整改。二是“责任一定要到位”。各级党委、政府要全面落实“党政同责、一岗双责”，尤其是党政“一把手”要负总责、亲自抓，紧盯重点突出问题，层层压实整改责任，形成长效管理机制；各职能组要进一步明确职责，为党委、政府科学决策当好参谋助手，善于总结推广好经验好做法，深入一线指导督促推动。三是“奖罚一定要分明”。各级各有关单位要立下“军令状”，强化正向激励、反向约束，重点表彰一批履职尽责、工作突出的优秀人员，严肃问责一批推诿扯皮、工作不力的失职干部，树立正确导向。同时，要突出家园共造，发动群众积极参与创卫、监督创卫，形成强大工作合力，共建共享美好家园。

检查现场 （图/陈晓东）

泉州市举行“文化和自然遗产日”活动

由市文广新局主办的泉州市2017年中国“文化和自然遗产日”活动在市区通政巷苏廷玉故居举行。现场活动有泉州市第七批非遗传承人颁证仪式；《泉州闽南文化生态保护区展示点图览》《泉州非物质文化遗产资源实录》首发仪式；“海丝卡”发行仪式；闽南民间舞蹈（国家级非遗传承人郭金锁）收徒仪式；《闽南舞韵》传统民俗表演等。嘉宾还参观了福船扬帆海丝路——国家级非遗项目“福船制作技艺”展览。

相关链接：泉州是文化遗产资源大市，拥有各级文保单位802处、各级“非遗”名录434项，是全国唯一拥有全部三大类别联合国教科文组织“非遗”名录的城市。泉州长期坚持以保护为主、合理利用为辅，传承创新并举、合作交流并行，融入发展大局，构建起国家、省、市、县四级“非遗”名录保护体系和保护机制，基本形成特有的闽南文化保护“泉州模式”，“非遗”保护工作走在全省乃至全国前列。

活动现场 （图/陈小阳）

永春苦寨坑原始青瓷窑址首次向公众开放

作为2017年福建省“文化和自然遗产日”系列活动之一，2016年度全国十大考古新发现——“永春苦寨坑原始青瓷窑址”首次向公众开放，这是福建省首次举行考古工地向公众开放活动。该次活动由福建省文物局主办，福建博物院、永春县政府和泉州博物馆承办。

相关链接：永春苦寨坑原始青瓷窑址位于永春县介福乡紫美村西南面一座被当地人称为“苦寨坑”的山坡上，2015年12月被发现，这是迄今为止中国发现的年代最早的原始瓷窑址，测定年代为公元前1400多年至公元前1700多年，即距今3400—3700多年的夏朝中后期到商代中期。该窑址的发现把中国烧制原始瓷的历史向前推移200年，对研究中国龙窑起源，以及夏商时期的窑业技术有着重要意义。考古工作者在对苦寨坑窑址周边区域的调查、勘探过程中，从约2平方千米范围内发现多处规模较大的夏商时期的窑址群和聚落遗址，这填补福建省夏商时期陶瓷手工业遗存的空白。窑址群的发现，为晋江流域及福建省沿海地区等遗址中发现的大量原始青瓷和印纹陶确立产地和年代，为福建地区青铜时期的文化编年提供可靠的材料。

“永春苦寨坑原始青瓷窑址”首次向公众开放，吸引了许多文史爱好者、考古爱好者前往探秘　　（图/陈小阳　姚德纯）

“中菲海丝情”南音音乐会在泉州举行

由福建省文化厅主办，福建省非物质文化遗产保护中心和泉州南音中心承办，泉州市文广新局、市文联以及菲律宾长和郎君社总社协办“中菲海丝情”南音音乐会在泉州市青少年宫音乐厅举行，两国南音弦友同台演奏千年雅乐，庆祝“文化和自然遗产日”。整场演出由中菲南音弦友合奏嗳仔指《鱼沉雁杳》拉开序幕，紧接着南音知名曲谱《邀别人》《风打梨》《四静板》等近10个节目轮番上演。这场音乐会由泉州弦友和菲律宾长和郎君社总社弦友共唱乡音，这是“海丝”文化的见证，更是亲情的交融。菲律宾长和郎君社总社创立于公元1820年，至今有近200年历史。虽然历经战乱、变革，“长和人”薪火相传，成为联系海外华侨华人的纽带。

演奏现场　　（图/张九强）

6月11日

农历丁酉年五月十七
星期日
温度：26℃—33℃
多云—阴

●作为2017年福建省“文化和自然遗产日”系列活动之一，2016年度全国十大考古新发现——“永春苦寨坑原始青瓷窑址”首次向公众开放，这是福建省首次举行考古工地向公众开放活动。

●市防指召开防御2017年第2号台风“苗柏”、暴雨趋势会商会，分析台风和暴雨可能对泉州造成的影响，要求各地各有关部门做好各项防御工作。

●“中菲海丝情”南音音乐会在泉州市青少年宫音乐厅举行。

6月12日

农历丁酉年五月十八
星期一
温度：26℃—31℃
阴—小雨

●郑新聪、康涛到市防汛抗旱指挥部召开视频会议，了解当前及下一阶段台风、暴雨趋势，听取相关部门会商意见，就做好全市防范强降雨工作作出部署。

●康涛主持召开市政府第十次常务会议，研究《泉州市行政机关规范性文件管理规定》和《泉州市人民政府重大行政决策若干规定》。

●“泉州—越南—泰国”航线首航货船安盛20轮从泉州石湖港区发船。

●12—14日，南安、安溪、永春、德化、泉港等地出现暴雨到大暴雨，全市有9个乡镇降雨量超过100毫米。

市委市政府召开防御强降雨会商暨视频会

市委书记、市人大常委会主任郑新聪，市长康涛到市防汛抗旱指挥部召开视频会议，了解当前及下一阶段台风、暴雨趋势，听取相关部门会商意见，就做好全市防范强降雨工作作出部署。市领导陈奕辉、林万明、季翔峰等参加会商。

会议要求，要把工作做深做实，确保处置及时有力。指挥调度方面，一要严密监测动向。二要点对点指导。三要保持信息畅通。

会议决定，市防指工作由林万明、季翔峰负责，到各地检查督查由郑新聪、康涛、陈奕辉分片轮流进行。各地挂乡（镇、街道）的县级领导和乡（镇、街道）挂村干部应当在12日下午前到所挂钩联系点开展工作，时间持续6天左右，直到这轮强降雨的影响结束。

暴雨来临前，泉港区沙格边防派出所官兵协助渔民转移　　（图/陈晓东　刘泽阳）

市政府第十次常务会议召开

市长康涛主持召开市政府第十次常务会议，研究《泉州市行政机关规范性文件管理规定》和《泉州市人民政府重大行政决策若干规定》。会议指出，修订《泉州市行政机关规范性文件管理规定》和《泉州市人民政府重大行政决策若干规定》，是顺应《中华人民共和国立法法》修改以及国家、省上对规范性文件制定程序和重大行政决策提出的新要求、新变化，对于减少文山会海，提升行政效率，落实地方立法权具有重要意义。会议要求，规定修订实施后，各级各部门要严格按照要求，精简规范会议活动，切实改进会风，优化规范性文件、重大行政决策研究流程，推进行政决策科学化、民主化、法治化。要加强政府立法建设，提升立法质量和水平，及时将成熟的、被实践证明行之有效的规范性文件内容上升到法的层面，提升规范的公信力和法律效力。特别要积极谋划与古城保护、城市管理建设等相关的立法，从立法层面推进城市建设发展。

“泉州—越南—泰国”直达航线开通

“泉州—越南—泰国”航线首航货船安盛20轮从泉州石湖港区发船。通过这条航线，泉州的各类传统优势产品如鞋材、食品、服装鞋帽、建材等将源源不断地以水运方式抵达越南、泰国，而沿线国家的大米、食品、农副产品也将搭乘该条航线运回中国。根据规划，“泉州—越南—泰国”航线为定期航线，每10天一班，先期投入安盛18、安盛20两艘9000吨级船舶。班轮从泉州出航后，中途挂港汕头、胡志明市、曼谷、林查班，4天即可达越南，6天可到泰国，返航泉州则需6—8天左右。此次开通的“泉州—越南—泰国”定期航线业务，可有效发挥泉州活跃的民营经济和东南亚侨胞资源优势，为泉州企业拓展海外市场搭建起新的通道，带动商品集散、商贸以及物流行业相配套的集约化经营。

郑新聪对防御强降雨工作进行再部署

市委书记郑新聪到市防汛抗旱指挥部，与气象、水利、水文等部门负责人会商研判强降雨天气趋势，对防御强降雨工作进行再部署。市领导林万明、季翔峰参加会商。会议要求，市防汛办、气象局要及时发布灾害预测预警信息，各地要认真研读分析、调整应对措施。

泉州市防汛机动救援队前往南安市柳城街道露江村黄坑水库，利用正虹吸管和便携式液压抽水泵做紧急排水处理，防范强降雨可能引发的险情 （图/林劲峰　陈鑫炜）

2017年泉州市直机关运动会举行

13—30日，2017年泉州市“创森杯”市直机关运动会在泉州市侨乡体育中心举行。市委副书记、市直机关工委书记陈奕辉宣布运动会开幕。副市长洪自强参加。该次运动会设置拔河、集体跳绳、乒乓球、羽毛球、网球、游泳、中国象棋、围棋、定点投篮、飞镖、台球等11个全民健身运动项目、33个组别，运动会主场地设在泉州市侨乡体育中心。市直机关各部门和驻泉省部属单位的51支代表队、1576名运动员参加相关赛事。

泉州16件旅游商品入选2017年度“福建好礼”

由福建省旅游局主办、福建省旅游协会承办的2017年度“福建好礼”百佳旅游商品评选结果揭晓，泉州市16件旅游商品入选。主办方在各地选送参评的500多件作品中，依据创意创新、地域特色、市场份额、实用环保、时尚科技以及示范性等方面，评出188件旅游商品和美食伴手礼入选2017年度“福建好礼”。泉州市共有59件旅游商品和26件旅游美食伴手礼参加评选。最终，泉州顺美集团有限公司的“白昼墨迹5入茶具”、泉州市宋香文化传播有限公司的“瑜伽香”等4件商品获“福建好礼”旅游商品称号；晋江市华丰食品有限公司的金丰味鱼制品礼盒、福建伟发食品有限公司的手工线面、福建省源和堂养生科技有限公司的咸金枣、惠安惠农余甘农民专业合作社出品的余甘果和龙煌农业综合发展有限公司出品的三角鱼露等14件商品获“福建好礼”旅游美食伴手礼称号。

福建伟发食品有限公司生产的手工线面 （图/资料图片）

6月13日

农历丁酉年五月十九
星期二
温度：26℃—29℃
中雨—暴雨

●郑新聪到市防汛抗旱指挥部，与气象、水利、水文等部门负责人会商研判强降雨天气趋势，对防御强降雨工作进行再部署。

● 13—30日，2017年泉州市“创森杯”市直机关运动会在泉州市侨乡体育中心举行。

●由福建省旅游局主办、福建省旅游协会承办的2017年度“福建好礼”百佳旅游商品评选结果揭晓，泉州16件旅游商品入选。

●晋江安海镇许书典家族借家族成员结婚喜事，向晋江市慈善总会捐赠善款6666.66万元。

6月14日

农历丁酉年五月二十
星期三
温度：23℃—28℃
暴雨—大雨

●14—17日，台风“苗柏”引起的强降雨持续影响泉州。为郑新聪到德化、永春、安溪三个受影响较大的山区县，到乡（镇）村一线检查，到各县防汛抗旱指挥部会商研讨雨情汛情，组织召开全市视频会，安排部署下阶段工作。

●市政协组织医药卫生界委员开展泉州中医药事业发展情况专题考察，分析存在问题，共商发展思路，为协力创建“全国基层中医药先进市”建言献策。

郑新聪到德化永春安溪检查指导防汛防强降雨工作

14—17日，台风“苗柏”引起的强降雨持续影响泉州。为督促各地落实好防汛防强降雨各项工作，确保人民群众生命财产安全，市委书记、市人大常委会主任郑新聪到德化、永春、安溪三个受影响较大的山区县，到乡（镇）村一线检查，到各县防汛抗旱指挥部会商研讨雨情汛情，组织召开全市视频会，安排部署下阶段工作。市领导林万明、季翔峰在市防汛抗旱指挥部参加全市视频会议。

在德化南埕至塔兜公路部分路段，郑新聪实地察看情况，要求德化县加快落实截水沟、防护边坡、警示标牌等配套设施，有效提升安全通行系数，确保不再发生严重影响群众出行和安全的塌方事故。郑新聪一再叮嘱要加强值守、有效应对，尽最大努力避免类似受灾情况的发生。

在安溪，郑新聪突击检查湖头镇溪美村易涝点，并到城区防洪堤海峡茗城段水毁修复工程察看水情。郑新聪要求，要把问题考虑得更严重一些，结合上游统筹考虑本地将面对的防汛挑战，积极采取拉网式检查掌握详尽情况，尽快转移应转未转、可转可不转群众。同时，强化城区科学调度，加快内河水位下降进度，为上游洪峰腾容；加强地下室安全巡查管理，第一时间做好车辆和相关人员的撤离。

每到一地，郑新聪都向奋战和坚守在一线的各级干部表示亲切慰问，鼓励他们再接再厉、振作精神，打好打赢防汛防强降雨这场持久战。检查中，郑新聪走进德化、永春、安溪三地的县防汛抗旱指挥部，认真听取当地工作情况特别是人员转移情况的汇报，肯定各地创新做法，并和当地负责人共同会商研讨雨情汛情，有针对性地提出指导意见。

市政协开展中医药事业发展专题视察

市政协组织医药卫生界委员开展泉州中医药事业发展情况专题视察，分析存在问题，共商发展思路，为协力创建“全国基层中医药先进市”建言献策。市政协主席陈灿辉，副主席王祖耀，秘书长陈伟平参加。市政府领导陈荣洲应邀参加。

视察组实地察看泉州市正骨医院、丰泽区东海街道社区卫生服务中心、泉州市中医联合医院。每到一处，委员们都详细了解中医医疗设施设备、特色专科、人才队伍建设等相关情况。在随后召开的座谈会上，委员们就如何推动中医药事业发展提出意见建议。

陈灿辉强调，泉州中医药事业要科学规划，加大投入，扩大宣传，加强名医名科名院建设，扩充中医医疗资源，完善中医药服务体系，大力开展特色医疗，加强各级中医医疗机构的联动协作；要更加重视人才工作，完善中医人才引进和培养制度，形成不同层次的中医队伍，做好中医药传承和推广，打造泉州中医药品牌；要以“创建全国基层中医药先进市”为契机，全面提升基层中医药服务能力，更好地满足广大市民中医药服务的需求，共同开创泉州市医疗卫生事业新局面。

泉州中医联合医院 （图/吴寿民）

市委召开常委会会议分析经济运行情况

市委召开常委会会议，分析2017年1—5月经济运行情况，研究下一步经济工作。市委书记郑新聪主持会议，市委常委参加会议，市人大常委会党组、市政协党组主要负责人列席会议。会议指出，1—5月，泉州市经济运行总体符合预期，但存在不少困难和问题。各级各部门要保持攻坚突围的干劲和状态，全力筑牢经济回升回暖的基础。

会议要求，要认真落实中央出台的《关于加强新形势下党的督促检查工作的意见》，贯彻落实习近平总书记关于抓改革督查落实的指示精神，组织开展全市工作大督查。要从实从细深化各领域改革。推动各项改革落地见效，对账单、查成效、找差距、加把力；对争取承接的全国全省"帽子"，要蹲点推进、总结提炼、完善规范，争取多出经验；多用改革的眼光、改革的思维、改革的办法，推进社会事业、民生领域的补短板，破解体制机制障碍和历史遗留问题；加快复制各自贸区和自贸片区成熟做法经验，贯彻国务院关于"放管服"改革的一系列部署，做优营商环境。要下更大力气抓招商促落地。对战略性重大产业项目，要从上往下推，"一把手"亲自跟踪洽谈、拍板决策；创新招商模式，大抓战略性项目，全力抓好集成电路、泉州"芯谷"、中化乙烯等项目，在引进建设若干龙头企业、延伸策划产业链条等方面下更大功夫。要坚定不移推进转型升级。抓新生事物跟进研究，掌握各行业前沿动态，抢占战略性新兴产业布局、重大项目运作的先机；抓试点突破，不断深化"中国制造2025"城市试点示范和"国家自主创新示范区"工作。

市政协组织港澳委员到安溪考察

市政协视察组组织部分港澳委员、特邀嘉宾到安溪开展考察。视察组一行实地察看中科生物产业园、三安光电产业园，并召开座谈会。市政协副主席陈铭福、洪川夫，市政协领导苏小青等参加。委员们肯定产业园区发展所取得的成效，并就发展战略性新兴产业，推动创新转型建言献策。陈灿辉指出，港澳委员要发挥自身独特优势，认真把握供给侧结构性改革、实施创新驱动战略、加快战略性新兴产业发展等带来的新机遇，积极为泉州市战略性新兴产业发展建言献策。要牢记主体责任，不断提高综合素质，在做好自身事业的同时，积极参与各次履职活动，更好地将港澳侨台界别的好声音、好意见反映出来。市政协继续为港澳委员、特邀嘉宾知情明政、履职尽责提供服务。

市政协开展"七五"普法专题考察

市政协开展"助推'七五'普法实效"专题考察，了解"七五"普法工作开展一年来的实际情况和效果，并将就如何提高普法实效，向市委、市政府和职能部门积极建言献策。考察组建议，各地各部门应结合工作实际，根据不同对象的学法需求，量体裁衣，分类施教，按需普法；要挖掘和培育本土普法特色，打造一批群众知晓、广泛认可、具有地方特色的普法品牌。同时，要建立普法工作的考评体系，建立和完善国家工作人员学法制度，建立"谁执法谁普法"责任制考评机制，提高普法成效。借助、发挥普法讲师团、普法志愿者的作用和优势，整合社会资源，构建全社会总动员的"大普法"工作格局。

全省首届农民健身操（舞）大赛在泉州举行泉州市代表队获自选套路第一名

由省农业厅、省体育局、省农体协主办，泉州市农体协承办的2017年福建省全民健身运动会首届农民健身操（舞）大赛在泉州侨乡体育馆举行，全省各地的农民健身操（舞）优秀选手同台竞技，经过紧张的比赛，泉州代表队获自选套路第一名，福州代表队夺得规定套路第一名。大赛旨在进一步贯彻落实《全民健身条例》，积极推动农民体育健身活动的开展，在广大农村营造"人人运动，人人健康""我运动，我健康，我快乐"的良好氛围。此次健身操（舞）竞赛项目分为规定套路和自选套路，规定套路选用2015年国家体育总局、文化部推出的十二套全国广场舞健身操中的《站在草原望北京》；自选套路由参赛代表队自选音乐、自编动作，统一着装。

6月15日

农历丁酉年五月廿一
星期四
温度：21℃—24℃
中雨—小雨

●市委召开常委会会议，分析2017年1—5月经济运行情况，研究下一步经济工作。

●市政协考察组组织部分港澳委员、特邀嘉宾到安溪县开展考察。

●市政协开展"助推'七五'普法实效"专题视察，了解"七五"普法工作开展一年来的实际情况和效果，并将就如何提高普法实效，向市委、市政府和职能部门积极建言献策。

●2017年福建省全民健身运动会首届农民健身操（舞）大赛在泉州侨乡体育馆举行。

●15—18日，由泉州市文联和中国文化管理协会文博产业委员会主办的伍晓峰书画陶瓷艺术作品全国巡回展（泉州站）在泉州华侨历史博物馆举办。

●管弦·柒音——泉州师范学院音乐与舞蹈学院2018届音乐学（南音专业）毕业汇报演出在该院音乐厅举行。

●石狮市举行第九届海峡两岸青年辩论赛总决赛，最终石狮代表队问鼎冠军，台湾代表队获得亚军。

6月16日

农历丁酉年五月廿二
星期五
温度：21℃—24℃
中雨—大雨

●16—17日，宋新潮率队到泉州调研“古泉州（刺桐）史迹”申遗工作，实地考察泉州申遗遗产点，并召开座谈会听取工作情况汇报，部署下阶段工作。

●陈奕辉与新加坡南安会馆主席陈奕福及其率领的“追根溯源南安游”访问团一行座谈。

●由中国农学会、福建省科学技术协会、中华农学会、石狮市人民政府主办的第九届海峡论坛·2017海峡科技专家论坛分会场——海峡两岸绿色生态合作研讨会在闽南理工学院召开。

●16—17日，国家教改领导小组办公室第二督察组到泉州，对泉州市统筹推进县域内城乡义务教育一体化改革发展进行实地督察。

●市委政法委调研督导组到丰泽区，调研督导相关高校、中学、小学、幼儿园校园安保工作，并召开全市校园安全工作情况汇报会。

●16—18日，由张艺谋执导的全新观念演出《对话·寓言2047》8个篇章在国家大剧院连演三场，泉州提线木偶戏献演其中一个篇章《偶戏·冷臂》。

●16—18日，马来西亚8度空间电视台摄制团队到泉州拍摄乡愁纪录片《籍宝乡》，以此向世界展示泉州特色的人文风情。

●16—18日，2017年“舞动中国——排舞广场舞联赛”（福建赛区）比赛在泉州举行，省内的33支代表队、500多名选手参赛。

●福建医科大学附属泉州第一医院与上海交通大学医学院附属仁济医院签订战略合作协议。

陈奕辉与“追根溯源南安游”访问团一行座谈

市委副书记陈奕辉与新加坡南安会馆主席陈奕福及其率领的“追根溯源南安游”访问团一行座谈。市政府领导陈荣洲参加会见。陈奕辉对乡贤的到来表示欢迎，并介绍泉州市情和主要产业情况。他指出，泉州经济繁荣，文化包容，投资环境良好，希望大家常回家看看，多牵线搭桥，创造合作共赢新机遇。

海峡两岸绿色生态合作研讨会在泉州召开

由中国农学会、福建省科学技术协会、中华农学会、石狮市政府主办的第九届海峡论坛·2017海峡科技专家论坛分会场——海峡两岸绿色生态合作研讨会在闽南理工学院召开。来自海峡两岸的150余名专家学者、企业代表围绕“绿色科技与美丽乡村”进行研讨交流。作为第九届海峡论坛·2017海峡科技专家论坛分会场之一，该次研讨会旨在推进海峡两岸在绿色生态发展方面的交流与合作，特别是在现代有机农业、生态旅游、绿色能源、“互联网+农业”、美丽乡村等领域进行融合。研讨会邀请福建省农业科学研究院副院长、研究员翁伯琦，台湾中兴大学应用经济系教授黄炳文，中国乡建院院长、中国体改研究会研究员李昌平，台湾台南文化协会秘书长周芷茹，闽南理工学院土木工程学院院长、教授李伙穆等来自海峡两岸的农业专家作主旨报告。此外，本次研讨会促成《百香果优良品种选育、栽培和推广项目》和《闽南理工学院——厦门瑞助建筑工程顾问公司校企战略合作》两大闽台合作项目的签约。

生态红树林　（图/吴寿民）

泉州提线木偶到国家大剧院献演

16—18日，由张艺谋执导的全新观念演出《对话·寓言2047》在国家大剧院连演三场，《对话·寓言2047》分为长调《呼麦·云纱》《古琴·光剑》京剧《小戏·掌间》提线木偶《偶戏·冷臂》《碗碗腔·矩舍》《唢呐·泼色》《笙·如影》《织机·精灵》等8个篇章。表演团队由7个国家的20个团队及个人组成，既有来自德国的激光团队、瑞士的无人机技术团队、英国的Musion 3D全息团队，也有内蒙古的长调、北京的京剧、陕西的碗碗腔等。泉州提线木偶戏献演《偶戏·冷臂》，这是张艺谋继2008年北京奥运会开幕式后再次与泉州提线木偶戏合作。泉州提线木偶戏演出长8分钟，既有原汁原味的提线木偶戏演出，又与来自瑞典的现代舞蹈演员和美国的机械臂编程团队同台献艺。

马来西亚电视台到泉州拍摄乡愁纪录片

16—18日，马来西亚8度空间电视台摄制团队到泉州拍摄乡愁纪录片《籍宝乡》，以此向世界展示泉州特色的人文风情。摄制团队拍惠安女、南音乐器制作、提线木偶、泉州古城建筑等。在泉州老城区，见识南音乐器洞箫的制作过程后，摄制组赞不绝口。这部纪录片主要是以当地的历史文化为背景，找寻中马两国文化的共通性。

宋秀岩率队到泉州开展妇联工作调研督导

全国妇联党组书记、副主席、书记处第一书记宋秀岩率队到石狮市宝盖镇、安踏（中国）有限公司等开展妇联工作调研督导。市领导郑新聪、孔繁军参加相关活动。宋秀岩对泉州妇联工作改革发展表示肯定，鼓励要继续做好妇联工作，发挥好妇联作为党委政府联系妇女群众桥梁纽带的作用，凝聚广大妇女群众的力量，共同推动经济社会发展。

宋新潮率队到泉州实地考察泉州申遗遗产点

16—17日，国家文物局副局长宋新潮率队到泉州调研"古泉州（刺桐）史迹"申遗工作，实地考察泉州申遗遗产点，并召开座谈会听取工作情况汇报，部署下阶段工作。市领导郑新聪、康涛、周真平参加相关活动。

调研中，宋新潮察看海上航标万寿塔、六胜塔，到石湖码头、草庵、晋江磁灶窑系金交椅山窑址、九日山、府文庙、德济门、天后宫、真武庙、江口码头、洛阳桥，实地调研泉州市"古泉州（刺桐）史迹"申遗各项工作进展情况，对遗产点的本体保护、现场展示、标识监测、管理体系建设等业务工作提出具体指导意见。

座谈会上，宋新潮肯定前一阶段工作取得的成效，指出泉州市委、市政府以极强的责任感、紧迫感与使命感，举全市之力精心组织，高效运作、全面落实申遗工作，成效明显。下一步，要继续本着"申遗为民、申遗惠民"的精神，过细工作，做好保护项目扫尾，加强利益相关者的协调工作，全社会宣传文化遗产保护，提高保护意识，提升管理水平，着力优化申遗展示馆大纲设计，精心筹备专家现场评估迎检工作，梳理提升申遗的主题价值，充分展示包容、开放、多元的特性，通过申遗，推动文化遗产保护得到全面加强，让文化遗产活起来，更好地走进人们的生活。

《泉州——海丝起点 多元文都》出版

由泉州市文化广电新闻出版局与泉州晚报社编撰的泉州文化系列丛书"综合卷"《泉州——海丝起点　多元文都》一书，由中国书籍出版社正式出版发行。全书包括历史、地理、人文、侨乡、台港澳、宗教、南戏、南拳、南建筑、闽南语、民俗、手艺、饮食13个部分。书本采用16开本，分上、中、下三册，近50万字，600多幅彩图。该书的出版，填补泉州市图书中没有一本全面系统地介绍作为海上丝绸之路起点、东亚文化之都——泉州独特文化的空白。

本书可读、好看，富有鲜明的特色。一是所展示的泉州独特文化内容较为全面、系统。全书13个部分，囊括以"五南"为代表的闽南文化，以及海丝文化、宗教文化等的方方面面。二是通俗易懂。本书在内容方面体现为通俗性与学术性并重，既能较全面地展示泉州独特文化的厚重，又能让普通读者乐于阅读。三是形式新颖，图文并茂。书本排版大气、清朗，尤其在书本的左上角配上小图，既新意十足，又增加信息量。四是内容真实，数据准确。撰稿人员往往为一个数据，一个场景，一句话，多次反复核对修改，做了很大的努力。该书的出版，既可以让读者较为全面地了解泉州独特文化的总体构成，领略历史文化名城的深厚底蕴，又能够为"古泉州（刺桐）史迹"申遗的宣传活动，起到积极的推动作用。

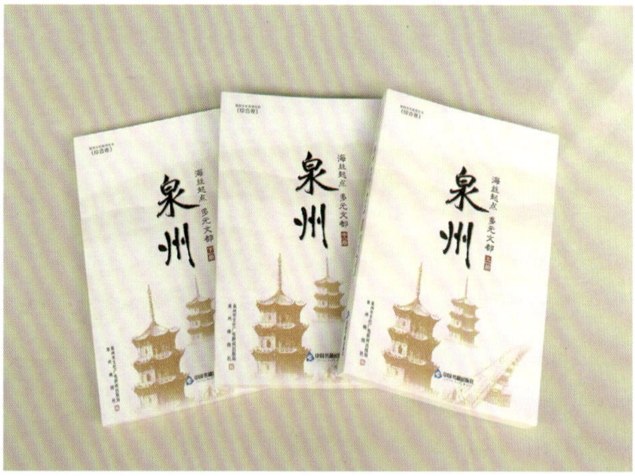

《泉州——海丝起点 多元文都》一书　（图/吴寿民）

6月17日

农历丁酉年五月廿三
星期六
温度：21℃—23℃
大雨—中雨

●宋秀岩率队到石狮市宝盖镇、安踏（中国）有限公司等开展妇联工作调研督导。

●17—18日，省级节水型城市考核组到泉州，实地评估、考核泉州节水工作情况。

●由泉州市文化广电新闻出版局与泉州晚报社编撰的泉州文化系列丛书"综合卷"《泉州——海丝起点　多元文都》一书，由中国书籍出版社正式出版发行。

●近300名台湾同名村镇乡亲到泉州，开展"闽台同名村镇续缘之旅"。

●由泉州晚报社、中共丰泽区委宣传部、丰泽区文体旅游新闻出版局、丰泽区华大街道办事处举办的新闽南音乐文化节闭幕。

●泉州市健身气功协会成立。

●中国共产党党员、泉州市委宣传部原副部长、离休干部庄火明，因病医治无效不幸去世，享年88岁。

6月18日

农历丁酉年五月廿四
星期日
温度：21℃—24℃
大雨—中雨

●18—19日，中国工程院院长周济一行到泉州调研。

●总投资约30亿元的郑成功文化产业园在第十五届中国海峡项目成果交易会上成功签约。

●由省侨办和泉州市政府主办的第十五届“6·18”华侨华人项目成果（泉州）专场对接会举办。

●18—21日，作为“第九届海峡论坛·2017年海峡科技专家论坛”系列活动之一的第八届海峡两岸生物多样性与森林保护文化研讨会在德化举办。

●由中国胸痛中心总部主办的“泉州市胸痛中心联盟启动仪式暨中国胸痛中心加速拯救论坛”在泉州举行，仪式上宣布“泉州市胸痛中心联盟”成立。

●由泉州晚报社主办的第二届汽车文化节举行。

泉州市创建“中国制造2025”城市试点示范工作推进会召开

18—19日，中国工程院院长周济一行到泉州调研。19日，市委、市政府召开泉州市创建“中国制造2025”城市试点示范工作推进会，周济在会上作主旨辅导报告。中国自然科学基金委员会副主任、院士姚建年，华中科技大学教授、院士李德群，市领导郑新聪、康涛、陈灿辉、洪自强，省科协、省委组织部人才工作处有关领导和部分知名高校专家学者参加相关活动。会上，周济、郑新聪为泉州梅洋塑胶五金制品有限公司院士工作站揭牌。市长康涛主持会议并简要介绍泉州市创建“中国制造2025”城市试点示范工作推进情况。

周济从供给侧结构性改革与《中国制造2025》、科技创新是引领发展的第一动力、智能制造是《中国制造2025》的主攻方向、智能制造三范式（层级）和中国推进智能制造三阶段四个部分入手，简要回顾《中国制造2025》的发展历程，并从建设制造强国的战略高度，以国家对“中国制造2025”的具体要求作为对照，对泉州的试点示范建设提出指导意见。

在泉州期间，周济一行到嘉泰数控、九牧厨卫、任我行科技以及华宝智能科技等企业，实地调研泉州市智能制造发展情况。

郑成功文化产业园签约落户南安

纪念郑成功收复台湾355周年系列活动在郑成功故乡——南安举行，两岸民众在郑成功庙举行各类民俗活动

（图/林劲峰）

总投资约30亿元的郑成功文化产业园在第十五届中国海峡项目成果交易会上成功签约。该项目落户南安石井，规划用地265公顷，总建筑面积228339平方米，拟采取PPP模式建设。项目以“成功故里”为核心，将通过对红砖文化、闽南特色文化、郑成功朝圣祭祀、闽台文化、海丝文化等的挖掘和梳理，加上场地的营造，将其文化内涵进行物化，有效推动成功文化与宗教文化、海丝文化、闽南文化有机融合，展现闽台同根同源、同文同种、一脉相承的文化内涵。

第八届海峡两岸生物多样性与森林保护文化研讨会在德化举办

18—21日，作为“第九届海峡论坛·2017年海峡科技专家论坛”系列活动之一的第八届海峡两岸生物多样性与森林保护文化研讨会在德化举办。活动中，福建戴云山国家级自然保护区管理局与福建师范大学闽江学者陈岳民、三明市农科院和台湾农友种苗公司签订2份合作协议书。自2017年6月起，福建戴云山国家级自然保护区管理局、福建师范大学闽江学者陈岳民建立科研合作关系，首期双方合作期限为5年，双方将以戴云山国家级自然保护区为基础，以中亚热带原生性常绿阔叶林、黄山松林为主要研究对象，协调建立“模拟氮沉降控制实验”“森林演替研究”“模拟降水减少控制实验”等分阶段、分步骤联合开展系列研究，以揭示其结构、功能、过程及其对区域气候变化的响应与适应。三明市农科院与台湾农友种苗公司就共同研究开发新品种台湾木瓜建立合作关系。

德化发挥森林资源优势，大力发展林下经济，图为即将收获的灵芝菌

（图/康庆平）

郑新聪与蔡志河陈祖昌等知名侨领座谈

市委书记、市人大常委会主任郑新聪与到泉州访问的菲律宾菲华各界联合会主席蔡志河、指导员陈祖昌等知名侨领座谈。市领导陈奕辉、林万明、季翔峰参加相关活动。郑新聪对访问团的到来表示欢迎。他指出，泉州是“海丝”重要节点城市之一，当前正积极响应“一带一路”建设，全力以赴抓发展。希望大家常回家看看，继续关心支持家乡发展，加强经济文化交流合作。

纪念郑成功收复台湾355周年系列活动举行

19—20日，纪念郑成功收复台湾355周年系列活动在南安举行。泉州、南安两级有关领导和来自海峡两岸知名人士，台湾青年、农渔业界、各郑成功宫庙及郑氏宗亲代表300多名嘉宾参加。该次系列活动内容丰富，举办包括郑成功收复台湾355周年纪念大会、郑成功文化产业园项目介绍会、民俗活动及参观郑成功史迹、“纪念民族英雄郑成功收复台湾355周年”书画展、第九届海峡论坛·两岸社区农渔业交流合作发展论坛、“纪念郑成功收复台湾355周年”研讨会等。通过缅怀英雄历史事迹，弘扬和传承“成功”精神，进一步密切两岸关系，凝聚两岸民心，推动两岸在更深层次、更宽领域、更高水平上深化交流与合作。作为系列活动的重头戏，“纪念郑成功收复台湾355周年”研讨会邀请到知名专家学者到会，围绕主题展开学术研究与交流。研讨会收到两岸郑成功研究专家、学者论文47篇，收录44篇，论文的数量、质量为历史之最，为海峡两岸弘扬郑成功文化、打响郑成功品牌提供更多的学术支持。

此外，活动还对海峡两岸青年就业创业示范点进行推介。位于福建闽台农产品市场的示范点，40位台湾青年签订入驻协议，10多家台湾企业入驻。

泉州开展脱贫攻坚专项督查

19—30日，泉州市脱贫攻坚督查组采取随机抽查的方式，对有国定、省定贫困人口的南安、安溪、永春、德化开展督查工作，检查扶贫手册填写情况，包括对家庭人口数、联系电话、主要致贫原因、识别标准、“两不愁、三保障”落实情况等贫困户基本信息进行核实；检查贫困户的帮扶责任落实情况，包括帮扶责任人姓名、是否有公职人员挂钩帮扶、帮扶责任人入户次数、采取的帮扶措施；检查贫困户对帮扶工作的满意度，包括帮扶责任人帮扶责任落实情况、帮扶措施、帮扶资金（含慰问金）、帮扶项目落实到位情况和上半年贫困户收入、成效情况。

李光地文化节暨海峡两岸大学生文创峰会在安溪举办

以“光地故里共叙缘　两岸文创同发展”为主题的李光地文化节暨海峡两岸大学生文创峰会开幕。来自海峡两岸的政商界人士、李光地文化研究专家学者、李氏宗亲代表、青年代表等200多人齐聚铁观音故乡安溪、走进名相故里湖头，聚焦基层民间，推动青年交流，创新经贸合作。

在当天的开幕式上，柏纳科技金线项目、同创科技抛光液项目、亨创科技EMC材料项目、纳瑞特修复剂材料项目、文化古镇概念设计、《李光地》电视剧编剧项目策划、K12音乐教育信息化改革试验基地等一批光电产业项目和历史文化名镇项目还举行集体签约仪式。项目的落地有望进一步做大做强泉州（湖头）光电产业园，深化湖头“历史文化品牌”建设。

海峡两岸传统武术大赛在泉州永春开幕

2017年第九届海峡论坛·海峡两岸传统武术大赛在永春开幕。大赛主题是“文化同根、传承同源、以武会友、共促两岸缘”。该次大赛有海峡两岸57支代表队（台湾代表队15支）600多名武术精英同台切磋，受邀的台湾传统武术选手大部分集中在台湾中南部，很多武术团体是首次来大陆参赛。比赛项目围绕有闽台渊源的白鹤拳、五祖拳、地术拳、自然拳、太极拳等拳术展开，通过中华传统武术拳种的交流及比试，以武会友、传承同源。

6月19日

农历丁酉年五月廿五
星期一
温度：23℃—28℃
雷阵雨—小雨

●郑新聪与到泉州访问的菲律宾菲华各界联合会主席蔡志河、指导员陈祖昌等知名侨领座谈。

●19—20日，纪念郑成功收复台湾355周年系列活动在南安举行。

●19—30日，泉州市脱贫攻坚督查组采取随机抽查的方式，对有国定、省定贫困人口的南安、安溪、永春、德化开展督查工作。

●作为第九届海峡论坛的配套活动之一，以“光地故里共叙缘　两岸文创同发展”为主题的李光地文化节暨海峡两岸大学生文创峰会开幕。

●2017年第九届海峡论坛·海峡两岸传统武术大赛在永春开幕。

●31名华侨华人专家学者团队，专程到泉州实地考察，参加第十五届中国·海峡项目成果交易会华侨华人项目成果（泉州）专场对接会，寻求项目合作。

6月20日

农历丁酉年五月廿六
星期二
温度：25℃—30℃
中雨

●市委、市政府决定，用10天的时间（20—30日）在全市开展2017年第二季度“促进项目落地、帮扶企业发展”活动。

●20—21日，郑新聪带队到晋江市开展2017年第二季度“促进项目落地、帮扶企业发展”活动周调研。

●20日，据市气象部门预报，20—21日泉州市部分地区中雨到大雨。郑新聪康涛就防御强降雨工作提出要求。

●华大讲堂第67讲举行。

●中国智能骨干网（晋江新塘）项目竣工。

●即日起，泉州购买二手车允许使用原车号牌号码，即原机动车转移、注销或者迁出后，所有人购买二手车的，办理转移登记或者转入业务时，既可以申请保留原机动车号牌号码，也可以申请使用新的号牌号码。

●永春县公安局生态警察中队成立。这是全省首支专司生态环境保护职能的公安执法队伍。

市委市政府决定开展第二季度“促进项目落地、帮扶企业发展”调研活动

市委、市政府决定，用10天的时间在全市开展2017年第二季度“促进项目落地、帮扶企业发展”活动。

根据安排，各相关领导于6月20—30日期间，带队到企业和项目现场，参加各地项目开竣工，通过看、听、议的方式督促各地上半年改革发展稳定及各类风险防范目标的落实情况，同时现场办公，为企业和项目协调解决实际困难和问题。具体内容包括以下四个方面：

一是了解各地各项主要经济指标运行情况，经济运行存在问题及分析，针对薄弱环节采取的应对措施。二是督促检查2017年第一季度“活动周”及项目攻坚年督查活动分解立项的需要帮助协调解决问题及意见建议的落实情况。三是了解各地招商引资计划进展情况、遇到的困难以及拟采取的应对措施。四是到现场了解企业生产经营情况，现场召开办公会协调解决企业生产经营中的具体困难和问题。

郑新聪到晋江开展第二季度活动周调研

20—21日，市委书记、市人大常委会主任郑新聪带队到晋江市，开展2017年第二季度“促进项目落地、帮扶企业发展”活动周。在座谈会上，郑新聪指出，此次活动周改进形式，提升实效。对收集到的问题，要全面梳理分解，细化到责任部门、责任人，逐项研究推动落实到位。对下一步工作，郑新聪提出六点意见。一要对照“双过半”，梳理盘点，有效应对，补上短腿，推动指标运行稳定向好。二要攻坚克难，正视差距加把力，多措并举破瓶颈，从上往下抓招商，确保完成全年投资目标。三要督查问效，蹲点推进各项改革试点，复制推广成熟的经验做法，下力气突破体制机制障碍，不折不扣推动各项改革落地见效。四要长期发力，跟进研究新生事物，主动融入“中国制造2025”城市试点示范和国家自主创新示范区建设，大抓主辅分离，加快创新转型步伐。五要盯紧节点，扎实做好防御强降雨、安保维稳等各项工作，守住经济社会风险底线。六要从严从实，强化政治学习教育，激励关心一线干部，推动基层党建全面进步、全面过硬。

郑新聪到晋江开展“促进项目落地、帮扶企业发展”活动周 (图/陈起拓)

活动期间，郑新聪慰问因公牺牲党员干部陈松涛、吴永发家属。

郑新聪康涛就防御强降雨工作提出要求

据市气象部门预报，20—21日泉州市部分地区中雨到大雨；22日部分地区阵雨或雷雨，局地伴有强雷电、短时强降水和6—8级雷雨大风；23日转多云。市防指在20日夜里发出《关于做好新一轮强降雨防御工作的通知》，对新一轮强降雨防御工作进行具体的部署。

通知发出之前，市委书记、市人大常委会主任郑新聪作出批示，要求“市防指要按照省防指的要求，加密预测预判，及时组织会商，结合泉州市风雨实际，科学制定各项防御措施并迅速落实，果断转移受威胁人员，确保人民群众生命财产安全”。市长康涛作出批示，要求广大干部要保持戒备状态，全力做好短时强降雨和地质灾害的防范工作，第一时间处置险情灾情，并做好人员转移工作。

华大讲堂第67讲举行

华大讲堂第67讲举行。中共中央对外联络部原副部长于洪君作题为《应对国际关系新变化 打造大国外交新格局——学习习近平总书记国际关系理论与对外政策系列讲话》的精彩报告。市领导陈万里等市委学习中心组成员，市直有关部门、在泉各高校、各民主党派负责人，华侨大学校领导和部分师生等参加报告会。

周联清到泉州调研工业企业发展情况

21—22日，省委常委、副省长周联清率省直有关部门负责人到泉州调研工业企业发展情况。市领导康涛、洪自强参加有关活动。周联清一行到永春、德化，实地考察福建永燠制药有限公司、永春汇源食品饮料有限公司、达埔彬达制香厂有限公司、美图（福建）铝业有限公司、德化同鑫陶瓷有限公司、德盛陶瓷公司、宏益陶瓷雕塑研究所等，详细了解企业生产情况，协调解决发展难题。

康涛林万明林锦明开展第二季度活动周调研

市长康涛带队到南安调研，破解项目瓶颈，帮助企业解决困难问题。副市长吕刚，市政府秘书长廖国文参加调研。康涛一行到明匠智能制造项目，了解开工准备情况。该项目成立泉州明匠智能系统有限公司，将建设机器人研发制造中心、智能仓库及物流研发中心、工业大数据服务平台等，打造智能制造研发、生产、服务产业基地。作为全市18个“重中之重”项目之一，“泉州芯谷”南安园区的规划建设进展始终备受省市关注。康涛到项目建设工地仔细检查各项工作推进情况，并主持召开座谈会，就项目建设指挥部提出的路网建设难点、项目用地报批、电力线路缆化等事项，一一协调有关部门解决。活动期间，康涛走访慰问因扑救森林火灾而牺牲的党员干部李服从家属，为他们送去党委政府的关怀。

市委常委、统战部部长林万明到洛江开展2017年第二季度“促进项目落地、帮扶企业发展”活动周调研，现场协调解决相关问题。在嘉泰产业园二期工程，市领导便询问建设时序和资金落实情况，并到车间考察新产品的生产情况，鼓励企业加强创新，开发更多契合市场需求的产品。在洛江区西环路（双阳段）工程现场，了解到项目因清源山风景区规划界线未能确定导致进度滞后，市领导当即要求先由项目业主发函至清源山管委会确定界限，再持相关答复向有关部门报批，确保项目进度。

市委常委、政法委书记林锦明带队到泉州开发区，开展2017年第二季度“促进项目落地、帮扶企业发展”活动周调研并召开座谈会，协调解决相关问题。市领导一行到圣弗兰产业综合体项目、必维技术检测公司调研，勉励企业以市场需求为指引，强化管理、技术等领域创新，牢牢把握市场主动权。随后，市领导还参加泉州开发区公交中转站竣工仪式、太平洋制药有限公司大输液技改项目竣工仪式。

泉州在“6·18”揽资511亿元

第十五届中国·海峡项目成果交易会（“6·18”）闭幕，该届“6·18”泉州市600多家企业参加，42件创新项目成果参展。泉州馆围绕“创新驱动、转型升级”主题，着重展示泉州在国家自主创新示范区（泉州片区）建设及17个重点产业转型升级路线图实施方面取得的发展成就。该届“6·18”上，泉州通过省组委会审核的对接合同项目928项，总投资511亿元，分别比上届增长5.3%和64.3%，项目数量和投资总额均居全省设区市首位，泉州市获得省组委会授予的“第十五届6·18优秀组织奖”。泉州对接项目涉及装备制造、电子信息、新材料、新能源、生物医药、节能环保、现代农业等领域。其中，电子信息领域项目145项、新型材料领域项目127项、光机电一体化领域项目105项。对接项目中，投资总额超亿元项目37项、超5000万元项目94项，其中不乏像“高安全高智能纯电动汽车”“机器人检测实验中心”“大功率高亮度LED聚光芯片开发”等技术层次处于国内领先水平的项目。

相关链接：中国·海峡项目成果交易会原名为中国·福建项目成果交易会，即“6·18”海交会;以“项目—技术—资本—人才”为主题，是福建省为广泛吸纳国内外科技成果与福建企业对接，加快科技成果向现实生产力转化而搭建的平台，每年6月在福建福州举行。

6月21日

农历丁酉年五月廿七
星期三
温度：26℃—30℃
小雨—阴

●周联清率省直有关部门负责人到泉州调研工业企业发展情况。

●康涛带队到南安开展2017年第二季度“促进项目落地、帮扶企业发展”活动周调研，破解项目瓶颈，帮助企业解决困难问题。吕刚、廖国文参加调研。

●21—22日，市人大常委会组织调研组，到市中级人民法院、德化县人民法院、晋江市人民法院，对泉州民商事审判工作开展专题调研，并针对调研中发现的相关问题提出建设性意见建议。

●林万明到洛江开展2017年第二季度“促进项目落地、帮扶企业发展”活动周调研，现场协调解决相关问题。

●林锦明带队到泉州开发区，开展2017年第二季度“促进项目落地、帮扶企业发展”活动周调研并召开座谈会，协调解决相关问题。

●第十五届中国·海峡项目成果交易会（“6·18”）闭幕，泉州通过省组委会审核的对接合同项目928项，总投资511亿元，分别比上届增长5.3%和64.3%，项目数量和投资总额均居全省设区市首位。

6月22日

农历丁酉年五月廿八
星期四
温度：26℃—32℃
阴

●由福建省安监局、泉州市政府主办，泉州市安监局、泉港区政府、泉港石化工业园区管委会承办的危险化学品反恐泄漏爆炸事故综合应急救援演练在泉港举行。

●市十六届人大常委会第五次主任会议召开。

●陈铁晗到德化开展2017年第二季度“促进项目落地、帮扶企业发展”活动周调研，现场协调解决实际困难和问题，为企业发展排忧解难。

●季翔峰到鲤城开展第二季度“促进项目落地·帮扶企业发展”活动周调研活动。

●由市文明委牵头，市委文明办、市关工委举办的泉州市关心下一代“五老”志愿服务工作观摩暨鲤城区校园周边环境“五老”志愿巡查监督队启动活动在泉州市老干部活动中心举行，拉开泉州市“五老”志愿服务工作序幕。

●中共泉州市委办公室、泉州市人民政府办公室联合发出通知，要求进一步做好“泉州通”客户端建设推广工作。

●由世界品牌实验室主办的“世界品牌大会”暨第十四届“中国500最具价值品牌”发布会在北京举行，17个泉州品牌上榜2017“中国500最具价值品牌”榜单。

●“欢乐泉州·走进德化”——泉州市喜迎中共十九大暨庆祝中国共产党成立96周年文艺演出活动在德化县政府广场举行。

陈铁晗季翔峰开展第二季度活动周调研

市委常委、宣传部部长陈铁晗到德化开展2017年第二季度“促进项目落地、帮扶企业发展”活动周调研，现场协调解决实际困难和问题，为企业发展排忧解难。在道畋智慧农业德化基地，市领导到种植大棚了解生产情况，询问项目进展。了解到企业在申报项目时遇到的困难，市领导当即要求各相关部门做好协调保障工作，帮助企业落实审批材料，在项目审批环节争取开辟绿色通道，保证企业尽快申报项目。活动期间，市领导走访慰问因公殉职干部林新琛、林建权家属，为他们送去党委政府的关怀。

副市长季翔峰到鲤城开展第二季度“促进项目落地·帮扶企业发展”活动周调研活动，通过看、听、议的方式督促鲤城区上半年改革发展稳定及各类风险防范目标的落实情况，同时现场办公，为企业和项目协调解决实际困难和问题。季翔峰一行实地察看爱国路道路拓改及片区改造项目、西郊片区棚户区改造项目（鲤城片）等。

泉州启动“五老”志愿服务工作

由市文明委牵头，市委文明办、市关工委举办的泉州市关心下一代“五老”志愿服务工作观摩暨鲤城区校园周边环境“五老”志愿巡查监督队启动活动在泉州市老干部活动中心举行，拉开泉州市“五老”志愿服务工作序幕。市委副书记陈奕辉参加活动并向鲤城区“五老”志愿巡查监督队授旗。

泉州“五老”志愿服务工作，在市委文明办的指导下，尝试推行“市关工委+协会+工作部+服务队”模式，动员更多社会力量参与未成年人思想道德建设，助力全国文明城市创建。根据“志愿情·泉州红”活动实施方案，到2020年，全市注册志愿者人数占常住人口13%以上，每万人拥有依法登记的志愿组织8个以上，使“志愿泉州”成为城市的新特质。

鲤城区校园周边环境“五老”志愿巡查监督队同时启动。该志愿巡查监督队由44位退休“五老”人员（老干部、老战士、老专家、老教师、老模范）组成，分别对鲤城辖区内中小学周边环境特别是上下学高峰时段校园周边秩序进行不定期巡查，及时将巡查发现问题反馈给相关学校、街道社区“校园周边环境综合整治”网格联络员。

17个泉州品牌登中国最具价值品牌500强

由世界品牌实验室主办的“世界品牌大会”暨第十四届“中国500最具价值品牌”发布会在北京举行，会上揭晓2017“中国500最具价值品牌”榜单，17个泉州品牌上榜2017“中国500最具价值品牌”榜单，这些上榜的泉州品牌包括：劲霸、柒牌、七匹狼、鸿星尔克、安踏、九牧、心相印、世茂、德尔惠、361度、贵人鸟、惠泉、盼盼、达利、燕巢亚泰、七波辉、大黄蜂。其中，九牧以178.36亿元的品牌价值，连续6年蝉联建材行业第一；劲霸、柒牌在纺织服装行业分别排名第三、第四，其中劲霸以450.89亿元的品牌价值位列泉州品牌榜首；鸿星尔克、安踏、德尔惠在体育用品分别排名第一、第二和第四。

“欢乐泉州·走进德化”举办

由市委宣传部、市委文明办、市文广新局等单位主办的“欢乐泉州·走进德化”——泉州市喜迎中共十九大暨庆祝中国共产党成立96周年文艺演出活动在德化县政府广场举行。市委常委、宣传部长陈铁晗等到场观看演出。演出在歌舞《飘扬的旗帜》中拉开序幕，整场演出高潮迭起，掌声此起彼伏，最后在全体演员《没有共产党就没有新中国》大合唱中圆满落幕。

活动现场　　（图/陈智勇　张九强　吴有森）

陈万里张永宁卢炳椿开展第二季度活动周调研

市人大常委会党组书记陈万里、副市长卢炳椿率队到丰泽区企业、项目一线，开展2017年第二季度“促进项目落地、帮扶企业发展”活动周调研，协调解决困难问题，为企业和项目又好又快发展加油鼓劲。在泉州华宝智能科技有限公司，由于公司面临拆迁，迫切希望协调解决企业总部选址等事宜。市领导要求相关部门结合中心市区发展规划，为企业总部选址提供有效建议，推动问题妥善解决。在泉州国光软件开发有限公司，相关负责人向调研组介绍公司研发的“优守卫”智能锁具，市领导询问“优守卫”智能锁具在国内市场占有份额，鼓励企业在技术、经营方面大胆创新，挖掘新增长点。

市委常委、常务副市长张永宁带队到泉州台商投资区开展2017年第二季度“促进项目落地、帮扶企业发展”活动周调研，现场协调解决问题，传递发展正能量。市领导到立亚高性能陶瓷材料项目一线，了解项目建设时序与市场前景，鼓励企业加快研发创新，早日实现产业化，抢占更多市场份额。在普洛斯物流项目现场，了解到企业因“卡脖子”路影响物流车辆通行时，市领导当即要求相关部门抓紧协调解决，尽量缩短工期，加快道路打通速度。

活动现场　　（图/陈意鸣）

全省高速公路在建项目场站建设标准化专项观摩会在泉州举行

全省高速公路在建项目场站建设标准化专项观摩会在泉州举行，市级重点项目——泉厦漳城市联盟高速公路泉州段作为建设典型，在观摩活动中展示部分国内先进技术设备和工艺。泉厦漳城市联盟高速公路泉州段是泉州首个引进社会资本投资的高速公路建设项目，采取的是“PPP+施工总承包”的建设模式。项目起于晋江市永和镇福田村附近，设福田枢纽互通接建成通车的晋石高速围头疏港支线，经晋江永和镇、安海镇、东石镇，跨安海湾后进入南安石井镇，设促进枢纽互通接建成通车的南石高速公路，终于石井镇坂头村泉厦交界处接厦门海翔大道。项目设计速度100千米/小时，双向六车道，路线全长约27.36千米。泉厦漳城市联盟高速公路泉州段完成年度投资6.54亿元，占年度计划的59.45%。临建工程完成90%，路基完成23%，桥梁涵洞完成13.5%。全线没有一座隧道，其控制性工程为安海湾特大桥。安海湾特大桥全长约7.5千米，包括主桥和东、西引桥。主桥长570米，横跨晋江东石镇与南安石井镇之间的安海湾，是双塔双索面组合梁斜拉桥，索塔采用H型钢筋混凝土桥塔，主塔高129.7米。

2017年高考成绩揭晓苏雨蓝廖俊林分别夺得文理科第一名

2017年高考成绩揭晓。据学校及考生查分后反馈，2017年泉州考生高考总体成绩较好。泉州五中的苏雨蓝以原始分640分摘得福建省高考文科第二名、泉州市第一名；安溪蓝溪中学的廖俊林以原始分668分夺得泉州市高考理科第一名。

2017年是福建省回归使用“全国卷”的第二年，试卷难度较高。不过，泉州市学生的总体成绩向好，尖子生成绩亮眼，部分学生进入全省文、理科前列。泉州五中在总体创优的同时，苏雨蓝、杨一钒、陈绍杨、林德鑫、庄雨昕5人进入文科全省前50名（其中杨一钒以637分位列全省文科第4名、全市第2名）；张钧、林子涵、洪圣君、陈瀚宇4人进入理科全省前100名（其中2人进入前50名）。泉州一中保持大面积丰收的态势，本一批上线比率超过50%，本二批上线比率超过97%，陈铭进入理科全省50名。

6月23日

农历丁酉年五月廿九
星期五
温度：26℃—33℃
阴

●23—25日，“活力澳门推广周·福建泉州”大型综合展览在泉州晋江SM国际展览中心举行。

●全市国有企业党的建设工作会议召开，贯彻落实全国、全省国有企业党的建设工作会议精神，研究部署泉州市国企党的建设工作。

●继收听收看全省推进“放管服”改革视频会后，康涛主持召开视频会，围绕贯彻全国、全省会议精神，部署泉州市推进“放管服”改革暨机关效能建设工作。

●陈万里、炳椿率队到丰泽区企业、项目一线，开展2017年第二季度“促进项目落地、帮扶企业发展”活动周调研，协调解决困难问题。

●十二届市政协第二次主席会议召开。

●张永宁带队到泉州台商投资区开展2017年第二季度“促进项目落地、帮扶企业发展”活动周调研，现场协调解决问题。

●全市基层党建工作会议召开，研究部署下阶段全市基层党建工作。

●全省高速公路在建项目场站建设标准化专项观摩会在泉州举行。

●2017年高考成绩揭晓。据学校及考生查分后反馈，2017年泉州考生高考总体成绩较好。泉州五中的苏雨蓝以原始分640分摘得福建省高考文科第二名、泉州市第一名；安溪蓝溪中学的廖俊林以原始分668分夺得泉州市高考理科第一名。

●初中毕业升学考试开考，泉州市报名参加中考的学生有69195人。

6月24日

农历丁酉年六月初一
星期六
温度：26℃—32℃
阴

●四川茂县突发山体高位垮塌，郑新聪、康涛就地质灾害防范工作提出要求。郑新聪要求："市防指要按照省委、省政府主要领导的批示要求，分别作出工作部署，充分吸取经验教训，举一反三，做到责任落实、措施果断、工作过细，全力做好全市地质灾害防范工作。"康涛要求："市防指要督促各地高度警惕，加强预警，加大排查，全面落实各项防范措施，及时转移受威胁人员，确保人民群众生命财产安全。"

●"不了情——万维生邮票艺术作品收藏展"在万维生邮票艺术馆举行。海内外上百名万维生生前的好友和邮票收藏爱好者参观展览。

郑新聪康涛就地质灾害防范工作提出要求

四川省阿坝州茂县叠溪镇新磨村突发山体高位垮塌，造成农民被掩埋、失联、伤亡事件。25日，市防指就地质灾害防范工作发出通知，要求各级各部门全力做好泉州市地质灾害防范工作。

市委、市政府主要领导高度重视地质灾害防范工作。通知发出前，市委书记、市人大常委会主任郑新聪作出批示，要求："市防指要按照省委、省政府主要领导的批示要求，分别作出工作部署，充分吸取经验教训，举一反三，做到责任落实、措施果断、工作过细，全力做好全市地质灾害防范工作。"市长康涛作出批示，要求："市防指要督促各地高度警惕，加强预警，加大排查，全面落实各项防范措施，及时转移受威胁人员，确保人民群众生命财产安全。"

市防指要求，要强化责任落实，高度警惕，充分吸取经验教训，结合实际情况，举一反三，切实做细做实各项工作；各级防汛责任人要在岗在位，严格落实24小时防汛值班和领导带班制度，加强监测预警，强化巡查值守，第一时间发布灾害预警信息，精准点对点预警指导，确保责任落到实地。要组织隐患排查，各地和国土、交通等部门要立即组织对山洪地质灾害隐患点、高陡边坡、山洪易发区、在建工程、乡村公路、桥梁等进行一次全面排查，立即责令限期整改隐情隐患，并将排查情况报送市防指。

就人员转移及水库调度，市防指要求，要果断转移群众，强化对危险区域的巡查监测，重点防范山体滑坡等次生灾害，发现隐情隐患，立即果断组织群众转移，可转可不转的要坚决转，切实做到人盯人、一对一，应撤尽撤。要科学调度水库，各级水利部门要督促水库管理单位强化巡查值守，对高水位运行的水库、山围塘进行科学调度，确保度汛安全；同时要统筹考虑防洪和供水的关系，确保泉州市夏秋供水安全。

万维生邮票艺术作品收藏展举行《天鹅邮票三十年》在泉州首发

"不了情——万维生邮票艺术作品收藏展"在中心市区刺桐北路万维生邮票艺术馆举行。海内外上百名万维生生前的好友和邮票收藏爱好者参观展览。万维生是泉州籍邮票设计名家，为中国美术家协会会员，邮票印制局高级工艺美术师，于2015年6月29日在北京辞世，享年83岁。他创造中国十几项邮坛之最：最早举办个人作品展览；最早设计手绘封和记事封；最早出版个人作品专辑、专著；他为1990年的"国际扫盲年"设计包括中、英、法、俄、西班牙、阿拉伯等多国文字的邮票，开邮坛历史先河；他设计的手绘封随杨利伟登上太空，是航行最远的邮品。当日，活动主办方还同时举行"不了情——纪念泉籍邮票设计大师万维生先生座谈会"和万维生《天鹅邮票三十年》首发式。

展览现场　　(图/晚报社)

丰泽入选第二批国家双创示范基地

国务院办公厅下发通知启动第二批92家国家双创示范基地建设，丰泽区上榜，成为全省2家入选基地之一，这也是泉州市首个国家双创示范基地。作为泉州的城市核心区，丰泽充分发挥区位、人才、资金等优势，从政策扶持、平台搭建、人才培育、融资环境等方面下功夫，致力打造全市乃至全省的"双创热土"。丰泽区建成福建海西国家广告产业园（泉州园）、泉州软件园、华侨大学（丰泽）创新创业园、泉州网商（虚拟）产业园等八大园区，坐拥蓄薯创客等各类众创空间30余个，数量占全市众创空间总量的一半以上，其中国家级众创空间4个，占全省三分之一；此外，丰泽区引进国家数控中心泉州分中心、泉州华中科大智能制造研究院等16个一流高校院所和创新团队入驻，建成院士工作站4家，博士后科研工作站3家，省级重点实验室、工程研究中心等科研平台21个，拥有国家、省、市各级科技企业孵化器9家，省、市两级企业工程技术研究中心、行业中心25家。统计数据显示，2016年丰泽区第三产业增加值336.4亿元，同比增长11.9%，占全区生产总值的64.9%，位居全市第一；专利申请总量增长37.8%，每万人口发明专利拥有量达8.76件，位居全市第二。

泉州商标受理窗口启用

泉州商标受理窗口在市行政服务中心工商窗口正式启用，窗口的相关业务按照国家工商总局商标局的要求开展，接受商标局的业务指导，可代商标局收取当事人提交的商标注册申请件、规费收缴及开展商标注册申请相关业务咨询等业务。

相关链接:4月24日，国务院办公厅印发《关于对2016年落实有关重大政策措施真抓实干成效明显地方予以表扬激励的通报》，泉州市被表彰为"推动工商注册制度便利化工作及时到位、落实事中事后监管等相关政策措施社会反映好的市、县（市、区）"。5月，国家工商总局商标局正式批复在泉州市设立商标注册申请受理点。近年来，全市商标事业始终保持蓬勃的活力和快速发展的势头，商标申请量、国内国际注册量连年大幅增长，始终位居全省前列，其中国内商标年均申请量、注册量均占全省30%左右，马德里商标国际注册量占全省45%左右。全市现有有效注册商标近24万件，居全国地级市第二位，约占全省注册总量的40%左右，平均每2.5个市场主体拥有1件注册商标，在国内处于领先水平，辖区的石狮、晋江、南安、惠安、安溪等县（市）连续多年入选"中国商标发展百强县（市）"。

华侨大学2017年毕业典礼举行

华侨大学2017年的毕业典礼举行，5768位毕业生被授予学位，其中4751人被授予学士学位，1017人被授予博士、硕士学位。2017年的全日制境外毕业生来自近20个国家。典礼上，校长贾益民以"选择"为主题，为同学们上了大学生涯最后一课。贾益民鼓励当代青年应当在时代潮流中把握大势，读懂中国大文章、定位人生小段落，通过学习、勇气和热情实现人生的选择。

学位授予仪式　　(图/郭冰德)

6月25日

农历丁酉年六月初二
星期日
温度：26℃—33℃
阴

●国务院办公厅下发通知启动第二批92家国家双创示范基地建设，丰泽区上榜，成为全省2家入选基地之一，这也是泉州市首个国家双创示范基地。

●泉州商标受理窗口在市行政服务中心工商窗口正式启用。

●以"尚德守法，共治共享食品安全"为主题的食品安全宣传周活动在泉州府文庙广场启动。活动旨在普及食品安全知识，引导食品生产经营企业树立依法经营理念，促进全社会协同共治食品安全。

●华侨大学2017年的毕业典礼举行，5768位毕业生被授予学位，其中4751人被授予学士学位，1017人被授予博士、硕士学位。

●第七个世界海员日。泉州师院航海学院等单位开展"探寻海丝遗迹、助力一带一路"主题活动，组织该校30多名国内和孟加拉国籍师生走进泉州海上交通史博物馆、泉州古沉船陈列馆和开元寺，探寻泉州海丝遗迹，了解泉州海丝文化。

6月26日

农历丁酉年六月初三
星期一
温度：26℃—32℃
雷阵雨—阴

●泉州市召开三季度防范重特大生产安全事故视频会。

●全市落实精准扶贫医疗叠加保险工作会议召开。

●陈灿辉、洪自强率队到永春县企业、项目一线，开展2017年第二季度“促进项目落地、帮扶企业发展”活动周调研。

●清华大学的26位博士研究生到泉州，开展社会实践活动。

●泉州市教育局和泉州晚报举办的2017年高校招生志愿填报咨询会在泉州晚报大厦举行。

●第三期农民工创业培训班开班仪式举行，市总工会确定扶助98个农民工创业项目。

泉州市召开三季度防范重特大生产安全事故视频会

继收听收看国务院安委会安全生产巡查反馈会后，市长康涛主持召开视频会，围绕贯彻落实国务院安委会巡查组和省政府要求，部署下阶段泉州市巡查整改工作及第三季度防范重特大生产安全事故工作。副市长肖汉辉，市政府秘书长廖国文参加会议。

康涛强调，各级各有关单位要根据季节特点，突出工作重点，抓住关键环节，认真落实好各项安全防范措施。一要持续开展安全生产大排查、大检查、大整治工作。采取企业自查、专家核查、行业检查、政府督查“四位一体”的方式，全方位排查整改安全隐患。二要突出重点领域整治。持续开展道路交通、消防火灾、危险化学品、煤矿、非煤矿山等重点领域安全隐患排查整治。三要持续推动风险管控和隐患排查双重预防机制。完善城市安全风险分级管控体系和应急响应体制机制，切实提高城市运行应急保障水平；择优遴选一批隐患排查治理体系建设基础较好的企业，作为标杆企业示范推广。

陈灿辉洪自强到永春开展第二季度活动周调研

市政协主席陈灿辉、副市长洪自强率队到永春县企业、项目一线，开展2017年第二季度“促进项目落地、帮扶企业发展”活动周调研。调研组走访永春轻工新城济川安置房项目、源福机械制造有限公司项目、恒钛铸锻有限公司项目、外山风力发电项目、伟浩晶饰有限公司、丰记水暖器材有限公司。每到一处，市领导都仔细询问和了解企业生产经营、项目建设进展等情况，现场协调解决存在的相关问题。

全市落实精准扶贫医疗叠加保险工作会议召开

全市落实精准扶贫医疗叠加保险工作会议召开。会议明确精准扶贫医疗叠加保险工作由市医保局牵头，各有关部门各司其职、分工协作、互相配合、共同实施，确保泉州市精准扶贫医疗叠加保险“一站式”即时结算工作在28日投入试运行。卫计部门要负责组织实施13种大病定点救治工作，督促指导定点医疗机构提供慢性病签约服务和诊疗规范、费用合理的基本医疗服务；扶贫部门要负责核准建档立卡扶贫开发对象，做到扶贫对象精准，及时提供相关基础信息给医保经办机构；民政部门要负责会同扶贫、财政等部门核准纳入保障的农村低保对象，及时报送具体人员名单及相关基础信息;财政部门要负责筹集精准扶贫医疗叠加保险资金，并由省财政厅统一管理；审计部门要负责对精准扶贫医疗叠加保险资金筹集和使用情况进行严格审计。医保经办机构具体负责经办业务，实现城乡居民基本医疗保险、大病保险、医疗救助，精准扶贫医疗叠加保险“一站式”即时结算工作。

2017年高招志愿填报咨询会举行

由泉州市教育局与泉州晚报社举办的2017年高招志愿填报咨询会在泉州晚报大厦举行。来自省内外的100多所高校通过提供一站式、全方位、零距离的咨询服务，为考生及家长指点迷津。咨询会一开始，现场就涌进了大量人潮。在咨询会现场，不仅厦门大学、福州大学、华侨大学、泉州师院、泉州信息工程学院、厦门工学院等省内高校的咨询点前大排长龙，众多远道而来的省外高校咨询台前也门庭若市。除省内外的本科学校之外，黎明职业大学、泉州医学高等专科学校、泉州轻工职业学院、泉州华光职业学院等高职院校的咨询点也有不少咨询者。

活动现场 （图/陈小阳）

十二届市政协常委会第二次会议召开

十二届市政协常委会第二次会议召开。会议结合举行首期委员论坛，12名市政协委员围绕“深化供给侧结构性改革，振兴实体经济”议题积极建言献策。市政协主席陈灿辉，副主席骆沙鸣、陈铭福、王祖耀、李冀平、王瑞强、陈益、洪川夫、林志建，市政协领导苏小青，秘书长陈伟平参加。市政府领导陈荣洲应邀参加。

陈灿辉指出，委员论坛是本届政协工作的一次创新尝试，参加范围广，委员们的发言立论清晰、可操作性强，参考借鉴价值较高。政协委员要继续为深化供给侧结构性改革，振兴实体经济献计出力，持续跟踪有关议题，认真开展调研视察，形成有分量、有质量、可操作的建言成果，推动履职成果转化。企业界委员要发挥好带头作用，分享转型经验，引领创新发展。在今后的实践中，希望政协委员发挥自身优势，认清自身使命，精心选题、深入调研、认真思考，提出更有见地更有实效的协商意见，协力推动“五个泉州”建设。

陈奕辉到石狮开展第二季度活动周调研

市委副书记陈奕辉带队到石狮企业、项目一线，开展2017年第二季度“促进项目落地、帮扶企业发展”活动周调研。走进华宝明祥食品有限公司的鱼罐头生产车间，封罐、除菌、烘干等自动化生产流水线一片繁忙景象，市领导详细询问企业用工成本和经营情况。在闽台两岸青年文化创意产业创新基地，针对基地提出的“多头沟通费时”“希望能与文旅部门缔结紧密关系”等问题，市领导当场协调两级相关部门要提供针对性服务，助推其落地发展，并勉励项目负责人在石狮积极创业，为促进台湾青创人员到泉州发展创造优秀的平台。走在森科智能有限公司的展厅，市领导要求，有关部门要主动梳理、对接这类科技企业，发挥好政府“有形手”的作用，积极搭建展示平台，促进这些智能产品应用于企业。

中心市区规范文明施工实施意见出炉

市政府办公室印发《泉州市中心市区规范文明施工实施意见》，就中心市区的建筑施工以及市政、园林、给排水、电力、通信、交通、水利等施工行为进行规范，建立有奖举报制度，欢迎群众举报不文明施工行为。

意见要求，在交通量大的主干道，道路（含隧道、下穿通道、桥梁）维修作业时间应按交警部门要求，避开上下班交通高峰期。在交通量较大的节点（车站、码头、桥梁立交、隧道连接线）施工时应尽量在夜间进行。在次干道和背街小巷施工中，合理安排施工路段、时间，并快速施工。道路维修及清理必须做到快速路、主干道、广场1日内完成，次干道2日内完成，支路3日内完成。在施工未采用临时通行措施或工程未完工前严禁撤除围挡、护栏。

意见要求，路灯养护维修作业应尽量安排在夜间进行，减少对交通的干扰和影响，影响交通时应指定专人负责疏导交通。发现管道溢流、井盖缺失等问题时，应在2小时内到现场处理，设立警示标志，维修后应在2小时内清理现场。出现突发性影响交通安全的道路沉陷、空洞等路面病害或其他应急事务，应在1小时内在现场设置警示标识，半天内完成设置围挡等安全措施，3天内完成修复任务。特殊道路病害，7天内查清原因形成修复方案。建成道路的地下管线施工宜采用非开挖施工技术。

意见要求，土方车应当净车出场、不超载、不“滴洒漏”、不乱倾倒、按规定路线行驶，车辆未冲洗不得出场。市城管办将定期组织考评监督，市“数字城管”平台将工地不文明施工列入信息采集范围并督促整改；市城市管理综合考评中心配合市住建局对在建工地文明施工情况全覆盖考评，对其他路面施工工地进行专项考评和不定期巡查。泉州市依托市城市管理综合考评中心“有奖举报”热线，对不文明施工行为经查证属实的举报，给予第一举报人20元电话费奖励，对抓拍车辆“滴洒漏”并有清晰车牌的予以第一举报人50元电话费奖励。

6月27日

农历丁酉年六月初四
星期二
温度：26℃—32℃
阴

●十二届市政协常委会第二次会议召开。

●陈奕辉带队到石狮企业、项目一线，开展2017年第二季度“促进项目落地、帮扶企业发展”活动周调研。

●市政府办公室印发《泉州市中心市区规范文明施工实施意见》。

●全市地质灾害防治工作会议召开。

●安溪县委、县政府举行2017年第二季度重点项目集中开（竣）工活动。

●交警在全市开展机动车不礼让斑马线行人整治行动，整治之初，警方以警告教育为主。

●南安公安“V服”平台上线运行。借助该平台，市民在南安辖区发生轻微交通事故，只需拿起手机，按要求对事故现场进行拍照上传，就可以将车开走。

6月28日

农历丁酉年六月初五
星期三
温度：25℃—33℃
雷阵雨—阴

●市委召开常委会会议，传达学习《中共中央关于加强新形势下党的督促检查工作的意见》及全省党委督查工作座谈会主要精神，研究泉州市贯彻意见。

●康涛结合学习贯彻总书记习近平对廖俊波先进事迹重要指示精神和到山西瞻仰革命纪念馆、革命旧址时的重要讲话精神，结合推进“两学一做”学习教育常态化制度化，为市府办党员上党课。

●吕刚带队到泉港区开展2017年第二季度“促进项目落地、帮扶企业发展”活动周调研，现场协调解决问题，鼓舞发展信心。

●市环境保护局向神华福能发电有限责任公司、玖龙纸业（泉州）有限公司等7家火电、造纸企业核发泉州市首批全国统一编码的排污许可证。

●泉州市“筑梦港湾”高层次人才大型沙龙活动在洛江召开，促进高层次人才与企业之间的交流合作，推动人才“港湾计划”进一步落地见效。

●泉州市企业家讲师团到南平分享企业经营管理经验。

市委召开常委会会议传达学习中央督促检查工作意见

市委召开常委会会议，传达学习《中共中央关于加强新形势下党的督促检查工作的意见》及全省党委督查工作座谈会主要精神，研究泉州市贯彻意见。市委书记郑新聪主持会议，市委常委参加会议，市政协党组主要负责人等列席会议。

会议要求，要围绕中央决策和省委、市委部署的贯彻，围绕“再上新台阶、建设新福建”以及“五个泉州”的推进，围绕党建、改革、经济、项目、民生、扶贫、安全、环保等各领域工作的落实，加强统筹谋划，做到党委工作部署到哪里，督查工作就跟进到哪里。要讲究方法、真督实查。在督查工作的内容、方式、载体和机制上不断探索创新，灵活运用互联网、第三方评估、绩效考核等手段，加强联合督查、现场核查、实地暗访、随机抽查。要跟踪问效、强化问责。抓好督促检查结果运用，敢于较真碰硬、加强督促整改，客观公正地评价工作、认识问题，严肃问责追责，真正督出成效、督出权威。

康涛为市府办党员上党课

市长康涛结合学习贯彻总书记习近平对廖俊波先进事迹重要指示精神和到山西瞻仰革命纪念馆、革命旧址时的重要讲话精神，结合推进“两学一做”学习教育常态化制度化，为市府办党员上党课。

康涛指出，不论是革命战争年代的井冈山精神、长征精神，还是和平建设年代的大庆精神、焦裕禄精神，抑或改革开放时期的抗震救灾精神、廖俊波精神，都是不同时代背景下涌现出的伟大精神和崇高理想。要始终拧紧理想信念的“总开关”，把理想信念坚定作为好干部的第一标准，把“对党忠诚”作为学习时代楷模的第一项内容，不忘初心，继续前进，努力为人民创造更美好、更幸福的生活。

随后，康涛就如何深刻领会廖俊波先进事迹的精神实质谈自己的体会。康涛要求，要始终把讲政治放在首位，坚决服从党中央的集中统一领导，全力维护以习近平同志为核心的党中央权威，严格遵守党章党纪，始终绷紧廉洁自律这根弦。要认真贯彻落实习近平总书记对中央办公厅提出的“五个坚持”要求，要有“大格局”的站位和能力，有干事创业的责任和担当，有深入基层、深入群众的务实作风，以“踏石留印、抓铁有痕”促落实。要甘于奉献，学习廖俊波做好“最小的人”，任劳任怨、心无旁骛做好工作。

吕刚到泉港开展第二季度活动周调研

副市长吕刚带队到泉港区开展2017年第二季度“促进项目落地、帮扶企业发展”活动周调研，现场协调解决问题，鼓舞发展信心。在泉港普安工业园区，市领导详细走访了解企业生产情况。位于泉港区前黄镇的坝头溪水流湍急，溪畔几台铲车整装待发，准备投入溪流的综合整治行动中。市领导要求，泉港区要攻坚克难，创新思维，加快推进坝头溪域综合整治项目和南山片区桥溪路等区间道路建设工作，以民生项目建设带动城市发展。

泉州核发首批全国统一编码排污许可证

市环境保护局向神华福能发电有限责任公司、玖龙纸业（泉州）有限公司等7家火电、造纸企业核发泉州市首批全国统一编码的排污许可证。这标志着泉州市正式开启排污许可“一证式”管理新时代。作为排污许可制度改革新举措，环境保护部门基于企事业单位守法承诺，依法发放排污许可证，作为生产运营期排污行为的唯一行政许可，并明确其排污行为依法应当遵守的环境管理要求和承担的法律责任义务，同时依证强化事中事后监管，对违法排污行为实施严厉打击。排污许可证由正本、副本组成，在将企业治理设施、污染物排放地点、排放方式、排放去向、排放浓度和总量等环保要求集中在一张证上的同时，明确企业应该执行的自行监测、信息公开、定期报告等制度，保障排污许可事项的有效执行，明确企业的守法要求，同时也划定环境保护部门的执法边界，对企业的环保监管更加直观、全面、细致、准确。排污许可证还新增二维码，打开手机扫码，企业的污染治理设施、排污节点等信息一目了然。

孔繁军到惠安开展第二季度活动周调研

市委常委、组织部部长孔繁军带队到惠安县开展2017年第二季度“促进项目落地、帮扶企业发展”活动周调研，为项目建设和企业发展排忧解难。在山霞镇宣美村，雕艺文创园基本完成主干道路、大师公园建设，并吸引40家企业入驻。市领导建议把好质量关，同时注重以党建促发展。在东岭镇，琦峰轻工项目投用后，有望新增产值4亿元。市领导勉励该企业继续做强做大，力争取得新突破。小岞美术馆项目将打造“艺术写生、摄影创作、民俗风情”三位一体的旅游文化艺术景区。市领导在施工现场，协调解决项目建设存在的难题。

晋江颁发全省首张农村集体经济组织证明书

晋江市召开农村集体产权制度改革试点工作部署推进会。会上，新成立的青阳街道阳光社区股份经济联合社获颁全省首张农村集体经济组织证明书。标志着晋江市农村集体产权制度改革又迈出坚实的一步，为晋江农村经济社会发展奠定良好的基础。

相关链接：2016年3月，晋江市启动农村集体产权制度改革，制定出台改革试点实施方案，明确“时间表”“路线图”，筛选第一批9个重点村（社区），建立“政府、村社、专家、律师”四位一体的工作推进机制；同时，严格依法依规，尊重群众意愿，注重把握成员界定、清产核资、股权设置、股权管理等关键环节，并在此基础上，制定出台成员资格认定指导意见、集体经济组织管理暂行规定等7份规范性文件，把改革划分为14个环节，制作流程图，实现工作“图表并茂”操作；在确保改革有方向、不跑偏的基础上，探索“市场化运作、股份化改造、集体化管理、规模化管理”等四种改革路径。晋江市被列为国家级农村集体产权制度改革试点单位。下阶段，晋江市农村集体产权制度改革的目标是：到2017年下半年，再完成第二批27个试点村股份量化改革；2018年底前，完成有经营性资产的约150个村社的改革，并健全完善市镇村三级集体资产管理和交易平台；2019年底前，完成全市所有村社的清产核资、成员界定等工作。

《天梯》纪录片在泉州首映

《天梯：蔡国强的艺术》在泉州影剧院上映，泉籍著名艺术家蔡国强勇攀艺术高峰的精神打动现场观众。《天梯：蔡国强的艺术》是蔡国强的首部电影纪录片。《天梯：蔡国强的艺术》的主线就是展示《天梯》的创作过程，通过一位艺术家执著梦想的人生故事，传递跨越不同文化与国界的共同情感。《天梯：蔡国强的艺术》由奥斯卡最佳纪录片奖获得者Kevin Macdonald执导，历时两年。在拍摄过程中，涉及蔡国强的工作和生活，从纽约、布宜诺斯艾里斯、上海、北京、浏阳到家乡泉州，遍访艺术家的工作现场，及其亲友、工作伙伴、专家和他本人，同时萃取数千小时珍贵的历史影像素材。这部电影讲述蔡国强上世纪80年代从泉州出发，走上国际舞台，30年来在五大洲不同文化间成长，崛起为蜚声国际的艺术家，在世界“点火”的精彩艺术人生，包括北京奥运开幕式、纽约古根海姆美术馆回顾展（2008年），巴黎塞纳河上观念焰火《一夜情》（2013年），上海白天焰火《挽歌》（2014年）等。也为观众揭开他壮观艺术背后的另一个真实——内心的脆弱、挣扎、妥协，和对家人、故乡、祖国土地复杂深沉的家国情怀。首映后，蔡国强现场与观众分享自己的艺术心路，感谢家乡亲友几十年来的支持和深情。

蔡国强到《天梯》纪录片首映会现场　（图/吴嘉晓）

6月29日

农历丁酉年六月初六
星期四
温度：25℃—32℃
多云

●市政协组织机关全体党员到晋江市开展“重温入党誓词，做合格党员”主题党日活动。

●孔繁军带队到惠安县开展2017年第二季度“促进项目落地、帮扶企业发展”活动周调研，为项目建设和企业发展排忧解难。

●市防指发出通知，要求各级各部门全力做好主汛期防汛抗旱防台风工作，并作出具体工作部署。

●晋江市召开农村集体产权制度改革试点工作部署推进会。会上，新成立的青阳街道阳光社区股份经济联合社获颁全省首张农村集体经济组织证明书。

●《天梯：蔡国强的艺术》在泉州上映，这是蔡国强的首部电影纪录片。

●泉州市人民检察院未检“刺桐花”团队走进丰泽区实验幼儿园，开展“童心向党迎‘七一’”主题活动。

6月30日

农历丁酉年六月初七
星期五
温度：25℃—32℃
多云—小雨

●市十六届人大常委会第三次会议召开，市十六届人大常委会召开第六次主任会议同日先行召开。

●市政府第十二次常务会议召开，听取当前安全生产工作有关情况汇报，研究通过《关于印发加快推进居家社区养老服务实施意见的通知》。

●温惠榕带队到安溪开展2017年第二季度“促进项目落地、帮扶企业发展”活动周调研，协调解决项目建设问题，传递企业发展信心。

●泉州制造2025暨推进产业转型升级招商洽谈会在上海举行，300多名上海企业家及泉籍乡亲参加。

●《泉州市志（1991—2010）》总编室第二次会议召开。

●威远楼的公交站务室拆除，预示着威远楼公交首末站结束使命。

市十六届人大常委会第三次会议

市十六届人大常委会第三次会议召开。市人大常委会主任郑新聪主持会议并讲话。副主任张建生、朱团能、曾巍、许文贵、吴友才、蔡思红，秘书长欧阳秋虹参加会议。副市长吕刚，市中级人民法院、市人民检察院负责人列席会议。

会议对市政府研究处理《市人大常委会关于泉州市“数控一代”示范工程及〈泉州制造2025〉实施情况的审议意见》的情况开展满意度测评，测评结果为满意。

会议听取和审议市政府关于泉州市2016年市本级财政收支决算草案的报告、关于2016年市本级预算执行和其他财政收支的审计工作报告、市人大财经委关于泉州市2016年市本级决算草案审查结果的报告、市政府关于提请审议2017年市本级地方政府债券转贷收支市本级预算调整方案的议案的说明、市人大财经委有关初步审查报告、市政府关于2016年度环境状况和环境保护目标完成情况的报告、市人大法制委关于《泉州市市区内沟河管理条例（草案）》修改情况的报告；审议市人大常委会调研组关于泉州市城市公厕建设与管理情况专题调研的书面报告；表决通过关于批准2016年市本级决算的决议（草案）、关于批准《泉州市人民政府关于提请审议2017年市本级地方政府债券转贷收支市本级预算调整方案的议案》的决议（草案）、有关人事任免。

会议现场　(图/王虎文)

市政府第十二次常务会召开

市长康涛主持召开市政府第十二次常务会议，会议听取泉州市接受国务院安委会安全生产巡查及接受国家安全监管总局危险化学品综合整治督导有关工作情况和具体整改措施汇报后指出，各级各部门要按照6月26日国务院安委会安全生产巡查反馈会的会议精神，在市委、市政府的统一部署下，抓好整改工作落实。会议研究通过《关于印发加快推进居家社区养老服务实施意见的通知》。

温惠榕到安溪开展第二季度活动周调研

市委常委、市纪委书记温惠榕带队到安溪开展2017年第二季度“促进项目落地、帮扶企业发展”活动周调研，协调解决项目建设问题，传递企业发展信心。在集环境工程设计与施工、环保设备生产销售于一体的国家高新技术企业福建省三净环保科技有限公司，市领导鼓励企业进一步扩大经营规模，注重专利技术保护，创出行业一流标准。位于安溪县城周边的溪禾山铁观音生态文化园将打造以茶文化为主题的旅游小镇，市领导仔细察看空间布局，并针对企业提出的项目规划审批问题，现场要求相关部门加快审批进度，及时给予答复，为企业提供最优质的服务，促进安溪旅游业再上一个新档次。

泉州制造2025招商洽谈会在上海举行 洽谈35个项目合同投资122.5亿元

泉州制造2025暨推进产业转型升级招商洽谈会在上海举行，300多名上海企业家及泉籍乡亲参加。招商洽谈会上，市直有关部门相关负责人介绍泉州纺织鞋服、石油化工、建材家居、机械装备、半导体等重点产业发展规划和招商项目。随后，各县（市、区）相关负责人分别向与会企业家推介各自的重点招商项目，邀请全国行业龙头企业对接洽谈、共商发展大业。此次招商洽谈会现场洽谈项目35个，总合同投资122.5亿元。其中，15个项目现场签约。值得一提的是，通过到上海明匠智能企业总部实地洽谈招商对接，明匠工业4.0智能制造项目正式签约落户泉州，一期投资总额4亿元。

泉州市开始实行精准扶贫医疗叠加保险政策

是日起，泉州市开始实行精准扶贫医疗叠加保险政策。根据《福建省精准扶贫医疗叠加保险方案》，保障对象在享受基本医疗保险、大病保险、医疗救助三层保障基础上，再享受精准扶贫医疗叠加保险，主要包括两道补助。其中，第一道补助主要针对保障对象在省、市、县、乡四级定点医疗机构发生的属于基本医疗保险支付范围的门诊特殊病种和住院医疗费用等；第二道补助主要针对患儿童急性淋巴细胞白血病、儿童急性早幼粒细胞白血病、儿童先天性心脏病房间隔缺损、儿童先天性心脏病室间隔缺损等13种患者进行集中救治等。全市精准识别的建档立卡农村贫困人口有5万余人，主要分布在南安、安溪、永春、德化4个县市。

华大庆祝香港回归20周年升国旗仪式举行

华侨大学庆祝香港回归祖国20周年升国旗仪式在泉州校区廖承志广场举行。华侨大学校学生会、香港同学会，优秀学生闽澳交流团、优秀学生访澳交流团、“中国文化之旅”境外生夏令营营员等学生参加升国旗仪式。香港同学会会长、经济与金融学院2015级香港学生连可富表示，能在学校参加庆祝香港回归祖国20周年的升国旗仪式，对香港学生来说，有种回家的感觉。校学生会副主席、香港同学会副会长、机电及自动化学院2014级香港学生晏凯表示，升国旗是一个庄严和神圣的仪式，想以此来表达对香港、对祖国的祝福，得到香港同学以及内地同学的积极响应。

升国旗仪式　　（图/殷斯麒）

相关链接：作为一所以“面向海外、面向港澳台”为办学方针的高等学府，华侨大学是内地最早招收香港学生的高校之一，在校香港学生1400余人。从6月开始，学校启动主题为“传承中华文化，共聚家国情怀”的庆祝香港回归祖国20周年系列活动，包括主题征文、知识竞赛、文艺晚会等，引导学生增进对香港回归祖国20年来所取得重大成就的了解，增强对“一国两制”基本国策的认同，培育学生的家国情怀。

“闽粹·非遗巡演”启动

“闽粹·非遗巡演”启动仪式暨晚报社读者节嘉年华在泉州晚报社举行。图为花灯传承人傅草艺现场教小朋友制作花灯。

（图/泉州晚报社）

全市首个公共直饮水机现身刺桐公园

市区首个公共直饮水机现身刺桐公园。此系泉州市公园管理中心为方便市民，特别推出的便民措施，会在泉州各公园陆续安放公共直饮水机，以方便市民运动后饮水。此次安装投入使用的公共直饮水机采用多重过滤技术，自来水通过活性炭、超滤、紫外线、高温杀菌四道程序，有效去除水中所含重金属污染物，成为可以直接饮用的纯净水。泉州市公园管理中心同时提醒市民，要正确使用公共饮水机，不要把茶叶等垃圾丢在接水盆中，不要使用直饮水洗手、洗脸等等，一起保护公共资源。

7月1日

农历丁酉年六月初八
星期六
温度：26℃—30℃
阵雨

●泉州市开始实行精准扶贫医疗叠加保险政策。

●华侨大学庆祝香港回归祖国20周年升国旗仪式在泉州校区廖承志广场举行。

●“闽粹·非遗巡演”启动仪式暨晚报社读者节嘉年华在泉州晚报社举行。

●由泉州歌舞剧团出演的“七一颂歌”文艺晚会在石狮市音乐厅举行。

●由丰泽区委统战部指导、丰泽留学生联谊会主办、泉州市自行车运动协会协办的“七一建党节关爱老党员暨公益骑行活动”在丰泽区举行。

7月2日

农历丁酉年六月初九
星期日
温度：25℃—31℃
阵雨

●省发改委等部门联合印发通知，公布158个福建省2017年健康与养老工程重大项目。泉州市共有13个项目入选。

●市财政局与市教育局修订完善《泉州市市级职业教育改革发展专项资金管理暂行规定》。

●市防汛抗旱指挥部就全市防御第3号台风“南玛都”工作发出通知，要求各县（市、区）、各有关部门要高度重视，加强值班值守，密切监测台风动向。

●由国家卫生计生委脑卒中防治工程委员会办公室主办、泉州市第一医院承办的2017年中国卒中沙龙（泉州站）暨中国脑血管病高峰论坛在泉州举办。

●全市首批智能环保渣土车交车仪式举行。

●泉州市第三十二期少年军校在泉州南少林国际学校开营。

●王步强刻字艺术馆泉州馆成立暨师生刻字作品展在市区泉州书城举行。

●德化县第二季度重点项目开竣工仪式举行。

泉州13个项目入选福建省2017年健康与养老工程重大项目

省发改委等部门联合印发通知，公布158个福建省2017年健康与养老工程重大项目。泉州市共有13个项目入选，总投资91.03亿元，2017年度计划投资10.65亿元。13个项目中有9个涉及健康服务体系、2个涉及养老服务体系、2个涉及体育健身服务设施，部分项目将于2018年左右建成投用。健康服务体系项目包括泉州医学高等专科学校附属人民医院、泉州市光前医院综合病房大楼、晋江市医院迁建项目、福建医科大学附属第二医院东海分院项目、泉州市第一医院城东院区二期、泉州市老年医院、泉州市妇产医院、石狮市医院新院、泉州台商投资区颐和三甲医院等，总建筑面积71.18万平方米，规划病床数8751张，总投资76.04亿元。已有6个项目开工建设，3个项目正开展前期工作。养老服务体系项目包括泉州市社会福利中心（新址）、晋江社会福利中心等，总建筑面积12.77万平方米，规划床位865张，总投资5.17亿元。体育健身服务设施项目包括国家篮球训练基地、晋江市八仙山全民健身中心等，总建筑面积13.92万平方米，总投资9.82亿元。

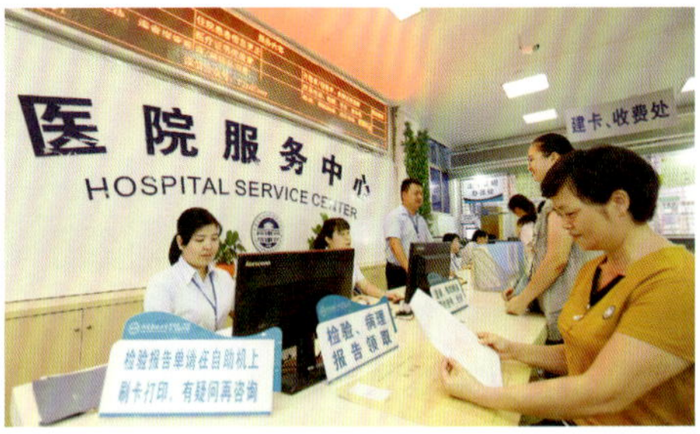

泉州市医院设立服务中心，方便患者就医　（图/林劲峰）

《市级职业教育改革发展专项资金管理暂行规定》修订完善

市财政局与市教育局修订完善《泉州市市级职业教育改革发展专项资金管理暂行规定》（以下简称《规定》），将应用型本科高校改革发展重点项目建设纳入市级职业教育专项资金补助范围。同时，《规定》在全省范围内率先推出给予泉州户籍且在泉州市职业院校就读的建档立卡贫困家庭子女免除学费的政策。

相关链接：《规定》的专项资金支持对象中，在高职院校、市直中等职业学校（含技工学校）及符合泉州市职业教育改革和发展方向的其他职业院校基础上，新纳入泉州市应用型本科高校作为支持对象。专项资金采用项目管理的方式，针对新纳入补助范围的应用型本科高校改革发展重点项目建设，分三种项目类型：省级示范性应用型本科高校建设项目，每所入选学校一次性补助200万元；学科专业建设项目，每个省级应用型人才培养专业集群一次性补助50万元，每个省级应用特色学科一次性补助30万元，每个省级服务产业特色专业一次性补助20万元；本科教学工程项目，每个省级实验教学示范中心、省级虚拟实验教学示范中心一次性补助50万元。

市防指就防御台风“南玛都”工作发出通知

市防汛抗旱指挥部就全市防御第3号台风“南玛都”工作发出通知，要求各县（市、区）、各有关部门要高度重视，加强值班值守，密切监测台风动向；沿海各地要对高空作业施工提前采取防范措施，确保安全；气象部门要加强预测预报，及时发布台风预警和动态信息。就全面做好海上作业船只避风工作，市防指要求，沿海各地和市海洋渔业局要全力管控海上作业渔船，在闽外渔场、闽东渔场东部和钓鱼岛海域的海上作业渔船务必全部撤离到东经121.5度以西海域，台风警报解除前不得进入该海域。

全市首批智能环保渣土车投入使用

全市首批智能环保渣土车交车仪式举行，10辆陕西制造的智能环保渣土车亮相市区。该批车辆都有绿色环保检验合格标志，符合密闭化标准，具备货箱举升定位、限速限载、右转监控、远程监控等功能。车身全部为绿色，外观上与传统老式渣土运输车相比，车厢上多了个遮挡篷布，能有效密封运载的渣土或建筑垃圾。该批新投放的渣土车最大的亮点就是具备电动密封覆盖模式，运输过程中不会漏出砂石淤泥。

市政协机关党员干部集中上党课

市政协党组书记、主席陈灿辉结合学习贯彻习近平对廖俊波先进事迹指示精神，结合推进“两学一做”学习教育常态化制度化，结合贯彻落实市委《关于激励干部提升干事创业精气神的八条措施》，为市政协机关全体党员干部上主题党课。市政协副主席骆沙鸣、李冀平、王瑞强、洪川夫、林志建，市政协领导苏小青，秘书长陈伟平参加。陈灿辉指出，要学习廖俊波信念坚定、对党忠诚的政治品格，心系群众、勤政为民的公仆情怀，敢于担当、锐意进取的实干作风，无私奉献、忘我工作的敬业精神，廉洁奉公、干净做事的高尚情操。陈灿辉要求，政协机关全体党员干部要落实市委激励干部提升干事创业精气神“八条措施”，勇于担当尽责，做事苦干实干，开展好政协各项履职活动。要对照榜样查找自身差距，多深入基层，反映群众呼声，敢于监督善于监督，多形成分量足、高价值的调研报告，服务好发展大局。要加强学习深入钻研，多途径多形式培养锻炼，提高干部队伍综合素质。要有担当有作为，善于团结协作，形成富有战斗力的集体。

2017年福建省暨泉州市食品安全周公安机关主题宣传日活动举行

2017年福建省暨泉州市食品安全周公安机关主题宣传日活动在泉州举行。此次宣传日活动主题为“尚德守法 共治共享食品安全”，活动现场设置打击犯罪成果展板、食品展示台、安全知识宣传栏以及食品快速检测演示区等模块，展示福建省公安机关打击食品违法犯罪工作成果和坚定决心。活动现场，相关部门以发放食品安全知识手册、现场答疑解惑、宣传食品安全法律政策等形式，解答群众关心的食品安全热点问题，传授食品安全辨假识假技巧和相关常识。活动当日，共发放宣传手册3500余份，解答群众问题200余个，现场检测群众提供食品样品60余份。

泉州市部署涉氨制冷企业整治验收工作

2017年是开展涉氨制冷验收之年，泉州市部署涉氨制冷企业液氨使用专项治理验收工作，对全市87家涉氨制冷企业液氨使用专项治理情况开展全面验收。其中，石狮45家，晋江26家，惠安5家，丰泽4家，南安4家，鲤城1家，泉港1家，安溪1家。

此次验收重点内容是两类重大事故隐患整改情况：一是包装间、分割间、产品整理间等人员较多作业场所严禁采用氨直接蒸发制冷的空调系统；二是快速冻结装置必须设置在单独的作业间内，且作业间内作业人员不得超过9人。各县（市、区）负责组织对辖区内企业进行全覆盖验收，确保消除两类重大事故隐患。按照分级属地原则，每一家企业都要明确一个监管部门负责验收，做到“一企一验收表”，并由验收人员签字确认。在此次验收前已确认两类重大事故隐患整改到位并已验收的企业，可不再重复验收，原验收检查表有效。验收表和原验收检查表（复印件）由各县(市、区)政府安委办负责归档备查，同时复印一套报市安办归总。同时，各县（市、区）完善“一企一档”监管台账，全面掌握本辖区的企业监管底数，并将辖区内的涉氨企业全部纳入“智慧安监管理平台”。

各县（市、区）认真研究制定验收方案，明确工作要求，细化工作措施，确保验收工作落实到位。各地区对验收发现存在两类重大事故隐患的企业，依法从严处理，责令停产整顿，及时消除安全隐患。不及时整改或整改不到位的纳入生产经营单位安全生产不良记录“黑名单”管理。各县（市、区）按时保质完成自行验收，自9月起，在核验工作中发现或者被举报、媒体反映并经核实有企业存在两类重大事故隐患的，依法依规追究有关监管部门、相关企业的责任。各县（市、区）要以此次验收工作为契机，坚持标本兼治，构建长效机制，将专项治理工作纳入日常监督执法，将专项治理工作融入标准化建设、隐患排查治理和较大危险因素辨识管控等工作中，持续提升涉氨制冷企业本质安全水平。

7月3日

农历丁酉年六月初十
星期一
温度：26℃—32℃
多云

●陈灿辉结合学习贯彻习近平对廖俊波先进事迹指示精神，结合推进“两学一做”学习教育常态化制度化，结合贯彻落实市委《关于激励干部提升干事创业精气神的八条措施》，为市政协机关全体党员干部上主题党课。

●2017年福建省暨泉州市食品安全周公安机关主题宣传日活动在泉州举行。

●泉州市部署涉氨制冷企业液氨使用专项治理验收工作。

●由德化县卫生和计划生育局、县疾控中心、县流动人口管理站、龙浔镇计生办主办的2017年“健康中国行——合理膳食”主题宣传周活动启动仪式在该县瓷都广场举行。

7月4日

农历丁酉年六月十一
星期二
温度：25℃—32℃
多云

●4—6日，高翔到泉州调研高校思想政治工作和优秀传统文化传承发展。

●市委召开常委会会议，传达贯彻习近平在中央军民融合发展委员会第一次全体会议、深度贫困地区脱贫攻坚座谈会、中央政治局第四十一次集体学习会上的讲话精神，以及3日召开的中央纪委扶贫领域监督执纪问责工作电视电话会议精神；传达贯彻全国农村精神文明建设工作经验交流会精神，研究国务院安委会巡查反馈问题整改工作和贯彻落实国家安监总局到泉州督导工作要求。

●继收听收看全省军转安置工作电视电话会后，泉州市召开全市军转安置工作会议，部署有关工作。

●4—5日，市人大常委会调研组对泉州市加强创新创造创业人才队伍建设进行专题调研。

●全市首台导诉机器人亮相丰泽法院。

●联想“联接·想象”创新科技大会泉州峰会在泉州举行。

高翔到泉州调研高校思想政治工作和优秀传统文化传承发展

4—6日，省委常委、宣传部部长高翔到泉州调研高校思想政治工作和优秀传统文化传承发展。在泉州师范学院，高翔强调，要高度重视以马克思主义为指导的学科基础理论建设，传播马克思主义科学理论，提高学生思想政治素养。要创新方式方法，增强思想政治工作的时代感和实效性。在安溪，高翔要求，要采取有效措施，加强名人遗迹和文化遗产保护，打响李光地文化品牌。

市委常委会会议学习贯彻上级有关工作部署

市委召开常委会会议，传达贯彻习近平在中央军民融合发展委员会第一次全体会议、深度贫困地区脱贫攻坚座谈会、中央政治局第四十一次集体学习会上的讲话精神，以及3日召开的中央纪委扶贫领域监督执纪问责工作电视电话会议精神；传达贯彻全国农村精神文明建设工作经验交流会精神，研究国务院安委会巡查反馈问题整改工作和贯彻落实国家安监总局到泉州督导工作要求。

会议指出，要树立军地一盘棋思想，在“统、融、新、深”上下功夫，加快形成具有泉州特色的军民融合深度发展格局。要坚持高位谋划，探索军地合作新模式、新路径；突出项目支撑，每年在基础设施、高端行业、优势产业中滚动实施一批融合项目；畅通对接渠道，推动更多军队科研成果在泉州市落地转化。

会议要求，要按照“全市2017年消除贫困、2018年稳定巩固一年”目标要求，采取更加集中的支持、更加有效的举措、更加有力的工作，打赢扶贫攻坚战。要强化党政一把手责任制，压实各方块主体责任；措施要更精准，细化落实干部驻村等举措；力量要全动员，延伸构建乡镇山海协作、跨村联带以及机关单位、专家学者共同参与的大扶贫、强“造血”工作格局。

会议强调，要树立绿色发展理念。党政领导干部特别是主要负责人要亲力亲为抓生态环保。要紧盯问题短板，聚焦中央、省环保督察反馈意见和群众反映强烈的热点问题，抓紧启动环保设施与能力建设大会战。要倒逼工作和责任落实，严格环境执法，对问题整改落实不力的，对环保监管部门和人员不作为、乱作为的，要严肃问责、追责。

会议要求，要坚持以城带乡、城乡共建，发挥基层党组织、民营企业家、海外乡亲、派驻干部等的作用，促进生产要素、公共服务、现代文明向农村集聚。要致力先行、体现作为，完善自上而下硬约束，以优良党风政风引领社风民风；倡导新乡贤文化，开展“家+文化”等活动；引导民俗节庆，坚持“抑封建迷信活动，扬乡愁记忆民俗”；组织开展移风易俗工作专项督查，更好地发挥泉州的试点效应。要同步推进、持续深化各领域工作，推动美丽乡村、生态文明、环境整治、新型农民培育、农村文化建设、家风家训、脱贫攻坚、农村志愿服务、城乡结对共建等各项工作全面发展。

会议强调，安全生产要始终警钟长鸣、利剑高悬。要严肃对待，把整改工作抓到位、抓到底。责任到岗到人，加强督促检查，确保整改事事有着落、件件有回音；对整改不力、推诿扯皮的，要严厉追责问责。要开展大排查、大整治，针对重点行业密集开展明察暗访、专项检查、随机抽查；突出抓好汛期暑期安全，特别是要抓好在泉州务工人员子女暑期安全；健全监管体制机制，推进应急管理培训和实战演练制度化。

市人大常委会调研加强创新创造创业人才队伍建设情况

4—5日，市人大常委会调研组对泉州市加强创新创造创业人才队伍建设进行专题调研。图为调研现场。（图/王虎文）

张志南到泉州检查重点项目建设

省委常委、常务副省长张志南到泉州检查重点项目建设，听取沈海复线扩容二期工程建设情况汇报。检查组检查泉厦漳城市联盟高速公路泉州段建设情况。张志南强调，要加大重点项目推进力度，确保完成全年目标任务。要落实标准化建设管理，加强施工组织，在确保安全质量的前提下加快在建项目建设。要组成强有力的工作班子，加快推进项目前期工作，加强要素保障，推动一批重大项目尽快开工建设。要以城乡基础设施、产业发展、社会事业、生态环保等领域为重点，策划生成一批重大项目。

郑新聪与台湾新党主席郁慕明座谈

市委书记、市人大常委会主任郑新聪与到访的台湾新党主席郁慕明及其率领的台湾学生参访团座谈。郑新聪指出，两岸同根，“五缘”流长，追根溯源的参访团形式对于增进两岸同胞尤其是青少年相互了解有重大意义。泉州是“海丝”重要节点城市之一，历史文化悠久，希望大家常来常往，加强泉台文化、教育、经贸交流。

泉州市部署全市党组织和党员信息采集工作

泉州市召开会议部署全市党组织和党员信息采集工作。会议要求，全市基层党组织要强化组织领导，安排专人负责，严格督促指导，抓好工作落实，确保信息采集覆盖所有党支部和党员；要明确时间节点，保证信息采集质量，确保完成全部党组织和党员信息采集、校核、入库等工作；要严肃工作纪律，把握工作要求，确保信息安全。会议还要求各级党组织要推进“两学一做”学习教育常态化制度化深入开展，注重分类指导，抓实基层支部，强化督促检查，推动学习教育与中心工作紧密结合，力争在产业转型升级、脱贫攻坚、美丽乡村建设等工作中走前头、当表率。

泉州市与人保财险泉州市分公司签订精准扶贫保险协议

市扶贫办和中国人民财产保险股份有限公司泉州分公司签订《泉州市农村建档立卡贫困人员精准扶贫保险协议》，以减少农村贫困人口住院看病支出，斩断因病返贫“根源”，防止出现“辛苦脱贫奔小康，一场病痛全泡汤”的情况。根据协议，在保险期间内，凡泉州市2016年农村建档立卡贫困户人员罹患疾病，对符合当地政策范围内的住院医疗费用，在扣除基本医疗保险、城乡居民大病保险以及各类补充医疗保险、商业保险报销后，救助对象个人自付2000元，剩余部分由人保财险泉州市分公司按照50%比例负责补偿。为让患病贫困人口早日享受保险扶贫带来的好处，市扶贫办要求各级扶贫部门会同保险部门，通过灵活多样的方式方法，进村入户，开展保险政策宣传，提高贫困地区干部群众保险扶贫政策知晓度；瞄准因病致贫贫困人口，摸清保险需求，精准对接贫困人口特殊保障需求；发挥扶贫驻村工作队、第一书记和村“两委”等基层队伍作用，印发宣传册，加大保险政策宣传力度，帮助贫困户办理参保手续和理赔事宜，让贫困户享受到便捷高效的保险服务。

鲤城丰泽6183名小学毕业生参加电脑派位

鲤城区、丰泽区6183名小学毕业生参加6所公办中学初中招生电脑派位。图为电脑派位现场。（图/林劲峰）

7月5日

农历丁酉年六月十二
星期三
温度：26℃—31℃
阵雨

●张志南到泉州检查重点项目建设，听取沈海复线扩容二期工程建设情况汇报，研究协调有关问题。

●郑新聪与到访的台湾新党主席郁慕明及其率领的台湾学生参访团座谈。

●泉州市召开会议部署全市党组织和党员信息采集工作。

●市扶贫办和中国人民财产保险股份有限公司泉州分公司签订《泉州市农村建档立卡贫困人员精准扶贫保险协议》。

●台湾“中华儿女文史体验营”福建团到泉州参访。

●由市慈善总会与泉州晚报社主办的“共同托起他们的理想’17行动”启动。

●5—9日，葡萄牙一年一度的“烛光下的文化市场”大型文化活动在该国南部的拉戈阿市举行，泉州南音乐团应邀参加演出。

●鲤城区、丰泽区6183名小学毕业生参加6所公办中学初中招生电脑派位。

●丰泽区历史文化传承护遗公益服务系列活动在市区真武庙启动。

●由惠安县卫生和计划生育局、县计生协会和螺城镇党委政府主办的惠安县健康中国行—合理膳食暨“7·11”世界人口日宣传活动在该县螺城镇中新花园举行。

7月6日

农历丁酉年六月十三
星期四
温度：25℃—31℃
阵雨

●市委中心组学习（扩大）会召开，邀请省审计厅总审计师林建苍、经济责任处处长陈宏、农保处处长茅金焰，开展经济责任审计和自然资源资产离任审计案例宣讲授课。

●市统战系统（台办、台联会）党风廉政建设工作会召开，就统战系统及台办、台联会的全面从严治党和党风廉政建设工作作部署。

●为规范存量房交易行为，维护存量房交易双方的合法权益，市住建局针对泉州市行政区域内的存量房交易资金监管制定《暂行规定》，是日起开始实施，试行期两年。

●由洛江区纪委、区妇联主办的“寻古今家训 扬优良家风”活动在该区凤栖家风家训馆举行。

市委中心组学习（扩大）会召开

市委中心组学习（扩大）会召开，邀请省审计厅总审计师林建苍、经济责任处处长陈宏、农保处处长茅金焰开展经济责任审计和自然资源资产离任审计案例宣讲授课。林建苍介绍开展审计案例宣讲活动的必要性和审计机关主动适应新常态、践行新理念的主要情况；陈宏讲解地方领导干部经济责任审计的重要性及福建省进展情况，剖析典型案例，并有针对性地提出意见和建议；茅金焰阐述自然资源资产离任审计对推进生态文明改革的重要意义，分析全国试点情况和福建省开展试点的进程和成效。

会议指出，各级各部门务必高度重视审计工作，持续规范施政行为。要深化认识，认真对待。组织研读各级关于审计工作特别是经济责任审计和自然资源资产离任审计方面的系列法规文件，强化责任意识、法治意识、审计意识。要积极主动，密切沟通。无论是经济责任审计、预算执行审计、跟踪审计还是审计调查，都要依法依规做好相关工作，自觉接受监督。要整改提升，严肃问责。对审计中发现的问题，要坚决彻底整改到位。单位“一把手”要负起整改第一责任人的职责，对重大问题亲自管、亲自抓。要举一反三，研究提出防范提升的长效机制和措施，确保审计成果有效转化。对拒不整改、整改不力或屡审屡犯的，要依法依规严肃追究责任。

市统战系统（台办、台联会）党风廉政建设工作会召开

市统战系统（台办、台联会）党风廉政建设工作会召开，就统战系统及台办、台联会的全面从严治党和党风廉政建设工作作部署。会议要求，要统一思想认识，抓好班子、带好队伍，负起从严治党的责任，抓好党风廉政建设；要支持驻部纪检组履行职责，配合开展执纪监督工作，主动为派驻纪检组履行监督职责营造良好的氛围；要坚持从严治党，履行好主体责任和“一岗双责”，形成行之有效的制衡机制和监督体系。各单位领导班子、各级党组织和党员干部要以推进派驻工作为契机落实全面从严治党、加强党风廉政建设和党员干部队伍建队。

泉州市存量房交易资金监管新规开始实施

为规范存量房交易行为，维护存量房交易双方的合法权益，市住建局针对泉州市行政区域内的存量房交易资金监管制定《暂行规定》，是日起开始实施，试行期两年。房地产主管部门通过存量房交易资金监管专用账户（以下简称“监管账户”）对存量房交易资金交存、支付实施监督管理。

根据《暂行规定》，委托经纪机构达成交易的，交易资金监管实行全额监管，交存和使用均应通过监管账户进行，属于按揭贷款的贷款资金可以申请免予监管，中介机构、房屋置业担保机构及其从业人员不得通过监管账户以外的账户代收代付交易资金，不得侵占、挪用交易资金。双方当事人自行达成交易的，可申请存量房交易资金免予监管，在办理存量房转让备案时应由当事人或委托代理人在自行成交声明中声明交易资金自行划转，并自行承担交易过程中发生的资金及权属风险。《暂行规定》明确，监管账户内的存量房交易资金的所有权属于交易当事人。房地产主管部门将择优选择经营信誉优、服务质量好、贷款利率低的商业银行作为存量房交易资金监管银行（以下简称“监管银行”），开设监管账户，并在房产交易大厅等场所的显著位置公示存量房交易资金监管相关规定和监管银行、监管账户等信息。监管账户只能用于交易资金的存储支付，不得支取现金。多个账户时，交易双方当事人可选择其中一家专用账户进行存量房交易资金监管。监管银行应与房地产主管部门签订《存量房交易资金监管服务协议》，与存量房交易管理信息系统对接，实现信息及时互通共享。

金凤屿住宅小区　（图/李芸生）

康涛到西藏昌都市洛隆县考察援藏工作

7—8日，继参加福建省代表团在西藏自治区昌都市区的考察活动后，市长康涛带领泉州分团到洛隆县考察，推动对口支援工作。康涛到洛隆县马利镇布许村易地扶贫搬迁安置点、洛隆县工业园易地扶贫搬迁安置点、洛宗糌粑厂、孜托镇久玛光伏试点村等，考察产业、民生等对口支援项目建设进展情况，走访慰问当地藏族贫困家庭和援藏干部人才。

在泉州市对口支援洛隆县工作座谈会上，康涛表示，泉州援藏工作队在较短时间内，克服海拔较高、氧气稀薄、交通不便等条件，迅速转变角色，在开展招商引资、深化结对帮扶、推动民族团结等方面做了大量卓有成效的工作。康涛要求全体援藏干部以更饱满的工作热情投入援藏事业，完成中央和省、市交付的光荣使命。要提升援建的精准度和实效性，因地制宜推动发展相关产业，帮助援建地区增强内生发展动力。要将保障和改善民生摆在首要位置，把对口支援重点向民生、向基层、向困难群众倾斜，解决好教育、就业、住房、医疗等问题，突出改善当地群众生产生活条件。要互相关心、互相帮助、互通有无，打造一个凝聚力强的战斗集体；积极融入当地，真心实意与当地干部群众打交道、交朋友。

泉州市“美丽社区科普行”大学生科普志愿服务活动启动

泉州市2017年“美丽社区科普行”大学生科普志愿服务活动启动。泉州师院、黎明职业大学、泉州医高专、仰恩大学的上百名大学生利用暑假时间，到全市35个社区开展科普志愿服务。

此次活动针对社区青少年、老年人、妇女等重点人群，组织开展“八个一”活动，即举办一场科普知识讲座（科普沙龙）、组织一场技术服务活动、举行一场科普巡展活动、组织一场中小学生科技制作（科学DV）辅导、开展一次社区社会调查、组织一场科学读书班、组织一次科技观摩体验活动和举办一次社区社会实践座谈会及结合社区需求开展其他科普益民活动。活动采取集中志愿服务与日常志愿服务相结合的双向互动形式进行。志愿服务团根据大学生业余专长和爱好，组建志愿小分队，组织、策划并在暑假期间开展专题性科普志愿集中服务活动。

此外，社区还根据日常需求，采取“订单式”服务，组织志愿者到社区协助策划并开展科普活动。2017年是泉州市连续第三年开展“美丽社区科普行”大学生科普志愿服务活动。该活动由市科协联合全市部分高校主办，是泉州市在省内首创的科普活动之一。

惠安县石化产业链科技创新联盟成立

惠安县石化产业链科技创新联盟成立大会暨“筑梦港湾”泉州市高层次人才大型沙龙活动举行。活动中，惠安县石化产业链科技创新联盟正式成立，多家石化相关企业加入科技创新联盟。

该联盟旨在打通企业间的合作通道，依托联盟顾问专家、上下流产业结合等优势资源，获取解决企业技术、管理、经营难题的信息、知识等智力支持，提升企业科技创新能力，增强石化产业的核心竞争力，实现共同发展、抱团成长。

在“筑梦港湾”泉州市高层次人才沙龙·惠安专场中，四位业界专家、石化产业院校教授现身说法。作为联盟首届理事长，中化泉州石化有限公司总经理张强表示，希望通过联盟把知识创新和人才培养直接融入产业升级、区域发展和地方战略的大环境中，搭建政府与企业人才培养合作的大平台，使企业人才培养合作常态化和制度化，从而取得更多、更大的成果。

相关链接：近年来，惠安县通过实施“领军人才+创新团队+创新项目”的精准引才策略，引进石化产业国家千人计划专家3名、博士13名、副高级以上职称人员145人，累计引进专业技术人才1600多人，并建成全国石化行业第一家、全省首家“千人计划”专家工作站，促成加氢裂化催化剂研制等一批技术创新项目落地见效，增强了石化产业的自主创新能力和核心竞争力。

7月7日

农历丁酉年六月十四
星期五
温度：26℃—30℃
中雨

●7—8日，继参加福建省代表团在西藏自治区昌都市区的考察活动后，康涛带领泉州分团到洛隆县考察，推动对口支援工作。

●泉州市2017年“美丽社区科普行”大学生科普志愿服务活动启动。

●由市委宣传部、泉州军分区政治部、市双拥办、市文广新局、市体育局、团市委、市国防教育办和泉州晚报社主办的“双拥花映刺桐红”纪念中国人民解放军建军90周年之慰问烈士家属、书法家进军营和文艺晚会等一系列活动在惠安县举行。

●惠安县石化产业链科技创新联盟成立大会暨“筑梦港湾”泉州市高层次人才大型沙龙活动举行。

7月8日

农历丁酉年六月十五
星期六
温度：25℃—31℃
阵雨

●由市国防教育办、市双拥办和市国防教育艺术团、市助学帮扶协会等主办的“全国首届青少年军歌快闪暨纪念建军90周年”活动举行。

●2017年全国示范性微电子学院建设工作推进会在晋江市召开，北京大学、清华大学、中国科学院大学等国内26所已建（筹建）示范性微电子学院的代表与会。

●8—12日，由省体育局、省教育厅主办，市体育局等承办的2017年福建省青少年跆拳道锦标赛在泉州侨乡体育馆举行。

●由泉州保险行业协会、学会主办的“远离贫困，从一份保障开始”大型扶贫公益跑线上活动举行。

●由丰泽区委宣传部、区教育局、团区委和区关工委主办的中学生“红色之旅”夏令营开营。

全国示范性微电子学院建设工作推进会在晋江市召开

2017年全国示范性微电子学院建设工作推进会在晋江市召开，北京大学、清华大学、中国科学院大学等国内26所已建（筹建）示范性微电子学院的代表与会。教育部高教司、工信部人才交流中心、示范性微电子学院建设专家组、示范性微电子学院建设与筹建高校、中国半导体行业协会、省教育厅、省电子信息集团的领导、专家，以及泉州市和晋江市领导、集成电路企业代表80多人参加会议。示范性微电子学院是经国家确认的中国最优秀的集成电路人才培养基地和来源渠道，于2015年确认公布，共有26所。

国家示范性微电子学院建设专家组组长严晓浪表示，中国在集成电路产业上主要依赖进口，与发达国家相比，自主研发能力还比较薄弱。人才是制约中国微电子产业发展的重大瓶颈，促进高校与企业的紧密结合，培养高级人才实现产业对接，才是解决当下需求的突破口。泉州市副市长吕刚表示，此次推进会的举办，为泉州市提供了集聚集成电路高端智慧经验、深化与优质高校资源合作交流的重大机遇。希望通过此次会议，和与会的高校院所建立常态化的互动交流，促成一批集成电路领域的产学研合作项目、人才培养项目落地。同时，借全国之势、聚全球之智，推动泉州集成电路产业发展赢得先机，创造辉煌。

会上，西安电子科技大学、中国科学院大学、北京工业大学三所高校的代表分别进行经验交流，半导体行业协会代表和福建省晋华集成电路有限公司、新思科技公司代表分别作相关发言。与会高校与企业代表就示范性微电子学院建设、集成电路人才培育、产学研合作方式等议题进行研讨，分享建设经验的同时围绕人才培养集思广益。参会高校代表还分组交流各自在建设示范性微电子学院方面的经验。福建省晋华集成电路有限公司与福州大学、福建省集成电路产业园区建设筹备工作组与华中科技大学武汉国际微电子学院签订合作协议。

推进会现场

与会代表在晋江市参观调研　　（图/泉州晚报社）

泉州队包揽省青少年跆拳道锦标赛男女团体冠军

8—12日，由省体育局、省教育厅主办，市体育局等承办的2017年福建省青少年跆拳道锦标赛在泉州侨乡体育馆举行。泉州、厦门、龙岩队分获男子团体总分前三名，泉州、福州、三明队分获女子团体总分前三名。泉州跆拳道队男团实现“五连冠”，女团取得“两连冠”。泉州队获得男团冠军和女团冠军的同时，也提前为泉州市体育代表团获得2018年省运会两枚金牌。在此次比赛的金牌榜和奖牌榜上，泉州队以9金9银10铜双双位居第一。此次比赛是福建省业余跆拳道最高水平的较量，主要目的在于推动全省跆拳道运动的发展，促进全省跆拳道技术水平的提高，也是福建省选拔优秀运动员的主要途径之一。2017年的比赛是福建省青少年跆拳道锦标赛开赛以来规模最大、人数最多的一次，反映出福建省跆拳道运动近年来发展迅速。

国际中体联评估考察团到晋江市考察

9—11日，在国际中学生体育联合会（简称“国际中体联”）主席劳伦特·佩楚卡的带领下，国际中体联评估考察团对晋江市申办2020年第十八届世界中学生运动会（以下简称“世中运”）准备工作进行考察。申办委员会执行主席、副省长黄琪玉，申办委员会执行副主席薛彦青、杨立国、郑新聪，申办委员会秘书长、申办执行委员会主任康涛，申办执行委员会第一副主任季翔峰等陪同考察或参加相关活动。

在考察团全体成员见证下，晋江市中运体育中心项目建设启动，标志晋江申办世中运筹备工作又迈出关键一步。该项目规划用地30公顷，总投资约人民币16亿元，计划2020年1月竣工。项目规划建设“两馆两园”，包括15000个座位的体育馆，3000个座位的游泳跳水馆，运动休闲公园和水上运动公园；配套建设1000个座位的篮球馆、酒店等设施。场馆按照国际先进水平标准建设，能够满足世界大型综合运动会开幕式、闭幕式、文化日及国际篮球比赛等要求。

劳伦特·佩楚卡表示，中运体育中心设计寓意非常好，代表世中运和城市所蕴含的精神。该体育中心建成后，不仅可以为世中运提供良好的场馆设施，也能够为年青一代、为市民在体育锻炼中提供良好的场所，惠及后人。

在现场，考察团还共同种下代表友谊长青的纪念树，祝愿晋江体育事业枝繁叶茂、开花结果。随后，考察团考察草庵、八仙山全民健身活动中心、晋江市体育中心、晋江市养正中学、爱乐国际酒店、安踏公司等地，并参加2017年海外华裔及港澳台地区青少年“中国寻根之旅”夏令营福建集结营开营仪式。

福建省第28个“世界人口日”系列主题宣传活动在泉港区举行

9—10日，由省卫计委主办，市卫计委、泉港区委、泉港区政府承办，中国人寿泉州市泉港区支公司协办的福建省第28个“世界人口日”系列主题宣传活动在泉港区举行。

9日，泉港区在锦绣广场开展综合宣传服务、卫计图片展。卫计部门现场发放宣传手册，并开展以计划生育、生殖健康、家庭保健、优生优育、急救演示为主要内容的健康指导和咨询，让辖区流动人口了解“世界人口日”的相关知识和优生优育的常识。当天，泉港区还开展计生家庭（含流动人口）环锦绣湖跑步赛。

10日，“好孕泉港”2.0系统启动仪式在泉港会议中心举行。随后，泉港区还举行“计生家庭发展基地授牌”“十佳基层卫生计生工作者表彰”“村（居）人口健康助理员聘书颁发”“环锦绣湖跑步赛前十名颁奖”等仪式。国家卫计委将2017年世界人口日宣传主题确定为“人口流动健康同行，计划生育倡导文明”，旨在倡导全社会关注流动人口健康问题，加强健康科普，弘扬婚育新风，推进流动人口基本公共卫生计生服务均等化和健康素养水平提升，自觉遵守计划生育法律法规，做到有计划、按政策生育，负责任养育。

泉州南音乐团应邀参加葡萄牙大型文化活动演出

5—9日，葡萄牙一年一度的“烛光下的文化市场”大型文化活动在该国南部的拉戈阿市举行，泉州南音乐团应邀参加演出。

2017年活动的主题是“丝绸之路”，中国作为活动的主宾国，与土耳其、伊朗、亚美尼亚等古代“丝绸之路”沿线国家，在活动期间展示和演绎各自不同的文化特色，共同展示古代“丝绸之路”风采。

泉州南音作为古代“海上丝绸之路”起点城市优秀文化的代表，应邀参加此次活动。泉州南音乐团演奏了《感谢公主》《梅花操》《走马》等传统曲谱，独特的艺术令现场观众赞叹不已。其间，演职人员还受到中国驻葡萄牙大使蔡润的接见。中国驻葡萄牙大使馆还联合里斯本大学孔子学院以及葡萄牙华人侨团举办系列文化活动，其中包括中国乐器展和“丝路新颜”摄影图片展等，泉州南音乐团还到中国乐器展现场展演。

7月9日

农历丁酉年六月十六
星期日
温度：26℃—32℃
多云

●9—11日，在国际中体联主席劳伦特·佩楚卡带领下，国际中体联评估考察团对晋江市申办2020年第十八届世界中学生运动会准备工作进行考察。

●9—10日，由省卫计委主办，市卫计委、泉港区委、泉港区政府承办，中国人寿泉州市泉港区支公司协办的福建省第28个“世界人口日”系列主题宣传活动在泉港区举行。

7月10日

农历丁酉年六月十七
星期一
温度：26℃—33℃
多云

●于伟国在晋江市会见由劳伦特·佩楚卡主席带领的国际中学生体育联合会评估考察团。

●晋江市申办2020年第十八届世界中学生运动会评估考察汇报会召开。

●截至10日，泉金航线累计运载两岸旅客突破100万人次，达到1000531人次。

●由市卫计委、市计生协会等主办的2017年泉州市纪念第28个“世界人口日”暨鲤城区流动人口健康教育宣传活动周启动仪式在鲤城区举行。

于伟国在晋江市会见国际中体联评估考察团

省长于伟国在晋江市会见由劳伦特·佩楚卡主席带领的国际中学生体育联合会评估考察团。于伟国表示，此次评估考察必将有力推动中国、推动福建、推动晋江中学生体育教育事业发展。希望国际中体联能够把世中运带到福建、带到晋江，福建将兑现每一个承诺，把第18届世界中学生运动会办成一届创新、活力、精彩的体育盛会。劳伦特表示，将把福建省、晋江市各方面的优势和条件客观反映给国际中体联全体执委，并把考察意见反馈给申办方。

晋江市申办第十八届世界中学生运动会评估考察汇报会召开

晋江市申办2020年第十八届世界中学生运动会（以下简称“世中运”）评估考察汇报会召开。由国际中体联主席劳伦特·佩楚卡带队的考察团听取晋江申办情况汇报。

劳伦特·佩楚卡表示，考察团对晋江申办世中运陈述印象深刻，特别是中学生形象大使发言中所展示的中学生运动精神令人感动。中方代表陈述中所提出的理念和愿景与国际中体联、世中运所倡导的教育理念和运动理念高度契合，相信晋江有足够的实力和能力举办一场高水平、高规格的体育赛事。世中运是中体联的一大焦点赛事，希望世中运的举办能够让更多的体育运动、更多的运动员和更多的国家加入中体联大家庭。考察期间，中体联将对赛事组织、安全保障、场馆设施、交通规划、环境氛围等方面进行考察。

申办委员会执行主席、副省长黄琪玉表示，举办世中运是晋江全体市民的共同心愿，也是福建人民的共同心声和中国教育、体育界的一大盛事。恳请考察团成员多走走、多看看、多提宝贵意见，帮助推动晋江乃至全省中学生体育事业更好更快发展。晋江如果申办成功，一定能够让中学体育精神在这片充满生机活力的热土上广为弘扬，让世界共同分享清新福建、魅力晋江的发展活力；同时为推动世界中学生体育运动在中国和世界青少年中蓬勃发展，为增进全世界青少年的友谊和团结，为人类友谊和平和发展进步作出新贡献。

申办委员会执行副主席郑新聪表示，晋江作为经济强市和海滨体育城市，城市文化与体育精神相得益彰，与世中运所倡导的精神内涵高度契合，有利于世中运精神价值的交流、传播和共享。如果获得世中运的举办权，将遵循国际中体联的有关规定，高水平完成所需体育场馆和设施建设，提供完善的设施、理想的环境和优质的服务，确保运动会成功举办。

申办委员会执行副主席、教育部国际合作与交流司副司长方军表示，晋江是中国改革开放和经济快速发展的最好代表之一，体育产业繁荣昌盛，具备举办世中运的能力和条件。相信考察团在考察期间，能不断发现晋江的发展活力和举办世中运的能力。如果晋江申办成功，中国教育部、国家体育总局、福建省将全力支持晋江，按照国际中体联的有关规定，组织好赛事，使之成为广大参会中学生满意、国际中体联满意的运动会。

泉州市纪念第28个“世界人口日”活动举行

由市卫计委、市计生协会等主办的2017年泉州市纪念第28个“世界人口日”暨鲤城区流动人口健康教育宣传活动周启动仪式在鲤城区举行。活动中为鲤城区流动人口卫生计生服务管理中心授牌、授印，为鲤城区9个流动人口社会融合示范社区授牌，为社区人口健康助理员颁发证书。社区卫生服务中心医生代表、社区人口健康助理员代表、新市民家庭代表（孕产妇和慢性病对象）“家庭医生三方签约”仪式同时举行。

鲤城区群众载歌载舞迎接第28个“世界人口日”
（图/泉州晚报社）

7月11日

农历丁酉年六月十八
星期二
温度：26℃—33℃
晴

●11—13日，叶双瑜到泉州开展农产品质量安全执法检查。

●市政协组织部分委员就“‘古泉州（刺桐）史迹’申遗点保护利用”开展考察活动，视察江口码头之文兴码头和美山码头、真武庙、天后宫、德济门遗址、九日山祈风石刻等申遗点，了解泉州市申遗工作开展情况。

●陈灿辉到泉港区开展国家卫生城市复审迎检工作现场检查督导。

●2017年海外华裔及港澳台地区青少年“中国寻根之旅”夏令营福建集结营开营仪式在晋江市举行。

●泉州市2017年福建省大学生志愿者暑期社会实践“河小禹”专项行动推进会暨启动仪式召开。

●泉州市创建国家森林城市宣传月公园文艺巡演启动。

●永春县2017年青年企业家创新创业汇暨大学生创新创业实践基地签约授牌仪式在该县青年创业园举行。

市政协开展申遗点考察活动

市政协组织部分委员就“‘古泉州（刺桐）史迹’申遗点保护利用”开展视察活动，视察江口码头之文兴码头和美山码头、真武庙、天后宫、德济门遗址、九日山祈风石刻等申遗点，了解泉州市申遗工作开展情况。副市长周真平作“古泉州（刺桐）史迹”申遗专题工作报告并陪同考察。市政协主席陈灿辉，副主席骆沙鸣、王祖耀，秘书长陈伟平参加视察。视察中，市政协主席陈灿辉肯定泉州市在申遗推进工作方面取得的明显成效并指出，申遗工作已进入关键阶段，各级政协组织和委员要积极参与“古泉州（刺桐）史迹”申遗点的保护管理工作。要按照市委部署要求，挖掘海丝文化的历史内涵，高度重视保护传承历史中积淀的宝贵文化财富，彰显泉州作为历史文化名城和海丝古港的魅力。要发挥各自优势，积极建言献策，助推申遗工作。要加大宣传力度，营造申遗氛围，畅通民意渠道，引导群众自觉增强意识，踊跃投身于爱遗护遗工作中。

德济门遗址　（图/吴寿民）

陈灿辉到泉港区开展国家卫生城市复审迎检工作现场检查督导

市政协主席陈灿辉带队到泉港区开展国家卫生城市复审迎检工作现场检查督导。陈灿辉检查泉港区峰尾镇、山腰街道等多地，发现建筑垃圾未围挡、废品收购站未分类处理等城市卫生管理常见病、多发病仍一定程度存在。陈灿辉要求，各地各相关部门要全面梳理存在问题，结合现代管理理念，发动群众参与创卫，形成强大工作合力。要落实主体责任，落实到具体行动上，细化到具体责任人，层层压实整改责任，形成长效的责任追究制度，同时加大资金投入，加快推进整改进度。

“中国寻根之旅”夏令营福建集结营开营仪式在晋江市举行

2017年海外华裔及港澳台地区青少年“中国寻根之旅”夏令营福建集结营开营仪式在晋江市举行，美国、加拿大、西班牙、澳大利亚、泰国、马来西亚、菲律宾、印尼、老挝等国和中国香港、澳门等地区的600多名华裔青少年，以及晋江本地的2500多名青少年参加活动。夏令营期间，主办方为华裔青少年安排了内容丰富的中华文化学习科目，青少年们学习趣味汉字、中国画、剪纸、书法、武术等，并走访福州、泉州、武夷山等地的山水名胜和文化景观，在学游之中体验博大精深的中华文化。

相关链接：“中国寻根之旅”是国务院侨办为推动海外华文教育而举办的一项品牌活动，旨在帮助海外华裔青少年学习中文，了解中华文化，促进海内外青少年的交流。该项活动自1999年举办以来，每年平均有3万名华裔青少年参加，在海外有力传播中华文化，有效深化对外文化、教育、体育等领域的交流与合作。

福建省大学生志愿者暑期社会实践“河小禹”专项行动启动

泉州市2017年福建省大学生志愿者暑期社会实践“河小禹”专项行动推进会暨启动仪式召开。专项行动以“保护母亲河 有我河小禹”为主题，全市10所高校、11支实践队、85名志愿者参与，实现全市11个县（市、区）主干河段巡查的全覆盖。在暑期，各实践队到基层开展“六个一”活动，即开展一次县域河段巡查、开展一系列宣传河长制主题活动、挖掘一个实行河长制过程中的优秀案例、帮助成立一支长期青年志愿护河队、开展一次“我与河长面对面”活动、撰写一篇调研报告或社会实践总结。

7月12日

农历丁酉年六月十九
星期三
温度：25℃—33℃
晴

●泉州工艺美术研究院战略合作协议签定暨授牌仪式在华侨大学举行。

●晋江市芯华集成电路人才培训中心揭牌仪式暨第一届海峡两岸（晋江）半导体人才交流合作峰会举行。

●泉州市天主教第三次代表大会召开，选举产生新一届天主教爱国会领导班子。

●“海上看石狮——爱海养海增殖放流”活动在石狮市祥芝镇祥渔海域举行。

●由安溪县人民武装部、县委宣传部、县双拥办主办的“双拥花映中国茶都”暨纪念中国人民解放军建军90周年文艺晚会在安溪县政府人民广场举行。

泉州工艺美术研究院授牌

泉州工艺美术研究院战略合作协议签定暨授牌仪式在华侨大学举行。华侨大学与市城镇集体工业联合社签定泉州工艺美术研究院战略合作协议；副市长洪自强、华侨大学校长贾益民为华侨大学泉州工艺美术研究院授牌授印。工艺美术已成为泉州五大传统产业和十大文化产业之一，2016年，全市工艺制品产业从业人员40万人，工艺制品企业4000多家，其中规模以上企业357家，规模以上企业完成销售产值710.86亿元，出口交货值347.13亿元，成为福建省工艺美术的重点产区和出口基地。贾益民表示，华侨大学主动融入福建省供给侧结构性改革大局，把握“一带一路”建设和福建“海丝核心区”建设的重要机遇，与市城镇集体工业联合社共同成立“华侨大学泉州工艺美术研究院”，将华侨大学的科研、人才、侨务资源等方面的优势转化为助推泉州工艺美术实体企业转型升级的助力，实现学校、政府、企业密切合作、协同创新的发展格局，培育和打造具有国际竞争力的工艺美术文化集群。

授牌仪式　　（图/陈云青 林志伟）

晋江市成立国内首家集成电路人才培训基地

由福建省集成电路产业园区建设筹备工作组主办，晋江市芯华集成电路人才培训中心承办，工信部电子知识产权中心泉州分中心、中国集成电路知识产权联盟泉州分中心、集邦咨询顾问（深圳）有限公司协办的晋江市芯华集成电路人才培训中心揭牌仪式暨第一届海峡两岸（晋江）半导体人才交流合作峰会举行，该中心是国内首家集成电路人才培训基地。福建省晋华集成电路有限公司与芯华培训中心举行订制班签约仪式。

晋江市芯华集成电路人才培训中心由晋江市政府出资建设，采取“政策主导、委托运营、市场运作”模式，聘请卡夫曼奖获得者刘炯朗教授担任培训中心校长，联合国际专业集成电路人才培训机构，引进欧美等集成电路发达地区的先进教学资源和师资力量，将创建成为国家级集成电路人才培训基地。福建省集成电路产业园区筹备组相关负责人表示，该中心将成为晋江市集成电路人才的主要来源之一，缓解晋江市集成电路用工需求、提升集成电路人才的实践创新能力。晋江也将以该中心为载体，搭建国际半导体人才合作交流平台，探讨建设国际半导体人才培养、交流、合作的模式、机制和认证体系，吸引国际高端专业人才聚集。

峰会以集成电路人才培养为主题。有关专家分别对台湾半导体人才培养路径及发展趋势分析、国外及中国台湾地区专家引进政策及现状介绍、国内半导体产学研合作及人才交流案例介绍、台湾半导体人才交流及创新服务案例进行发言。与会专家代表及嘉宾还就海峡两岸半导体人才发展面临的问题及挑战、人才交流合作、产学研合作等展开研讨。与会嘉宾还考察晋江城市展馆、福建省集成电路产业园区设计园（三创园）、石墨烯产业园、创客大街和晋华集成电路项目。

“双拥花映中国茶都”暨纪念建军90周年文艺晚会在安溪县举行

由安溪县人民武装部、县委宣传部、县双拥办主办的“双拥花映中国茶都”暨纪念中国人民解放军建军90周年文艺晚会在安溪县政府人民广场举行。图为晚会现场。

（图/陈乐鹏 吴志明 陈小阳）

叶双瑜到泉州开展农产品质量安全执法检查

11—13日，省人大常委会副主任叶双瑜带领检查组到泉州开展农产品质量安全执法检查。检查组到安溪、晋江等地察看，并召开座谈会，听取泉州、安溪、晋江及相关部门关于执行《农产品质量安全法》情况汇报。检查组强调，要把住生产环境安全关、农产品生产安全关、市场准入关三个关口；要提升标准化生产能力、质量追溯管理能力、农产品质量安全监管能力三大能力；要强化生产者、政府、消费者、媒体四个主体责任，保障农产品质量安全。

十二届市政协委员履职培训班开班

按照市政协年度工作安排，十二届市政协委员第一期履职培训班正式开班。市政协主席陈灿辉作动员讲话。陈灿辉指出，委员是政协履职的主体，一支懂政协、会协商、善议政的委员队伍，是政协有效履职的前提和重要保证。政协委员要增强学习的自觉性，把学习作为提升委员履职能力的必然要求，作为更好服务发展大局的现实需求，作为开创政协工作新局面的关键驱动。政协委员要增强素质树好形象，强化党的领导意识，做到旗帜鲜明讲政治、强化学习懂政协、善于沟通会协商、勇于建言善议政、互相学习共提升。政协委员要围绕发展大局，积极参政议政，做好服务工作，为推动“五个泉州”建设作出应有贡献。履职培训分三期进行，培训时间各为一天。首期培训邀请恒安集团首席执行官许连捷，骆沙鸣、李冀平等，就企业转型升级、政协委员如何运用提案善议政、“一带一路”愿景等作专题报告。

市县财政3年统筹近3.6亿元专项补助农村生活污水治理

市住建、市政公用、财政部门联合制定并下发《泉州市农村生活污水治理专项补助资金使用管理暂行办法》，泉州市市、县两级财政2017—2019年统筹35763.1万元，专项补助农村生活污水治理。农村生活污水治理专项补助资金由各县（市、区）政府、泉州台商投资区管委会统筹安排使用，可结合村庄人口规模、污水治理模式、配套管网长度、技术工艺、排放和建设标准、运营处理情况及其他因素，对建设运营项目实行差别补助，具体政策由各地研究制定。

资金使用方面，允许农村标准三格化粪池新建改造补助资金用于因地制宜建设集中型、联户型污水治理设施，按照需进行标准三格化粪池改造农户接入数测算补助额度。允许已完成或年度安排任务超出农村标准三格化粪池新建改造实际任务数的县（市、区），统筹三格化粪池新建改造补助资金用于农村生活污水二级处理设施建设。

此外，泉州市还鼓励各县（市、区）政府、泉州台商投资区管委会将辖区标准三格化粪池新建改造等农村生活污水治理项目、乡镇污水处理项目整合组成一个或若干个工程包项目，采用PPP模式，引入社会资本合作。允许农村生活污水治理专项补助资金，按照完成行政村生活污水治理、标准三格化粪池新建改造任务数测算补助资金比例，统筹用于PPP政府付费项目。

相关链接：农村生活污水治理专项补助资金是指由市级财政统筹，安排用于农村生活污水治理三年行动建设运营项目的补助资金，包括三格化粪池新建改造2017年专项补助资金3923.1万元、农村生活污水二级处理设施建设运营2017—2019年专项补助资金7960万元及各县（市、区）政府、泉州台商投资区管委会应按相关规定标准到位的资金。该专项补助资金的补助对象为泉港区、洛江区、石狮市、晋江市、南安市、惠安县、安溪县、永春县、德化县、泉州台商投资区范围内列入农村生活污水治理三年行动，实施三格化粪池新建改造、农村生活污水二级处理设施建设运营等推进农村生活污水治理的行政村。农村新建改造标准三格化粪池，市级每户补助600元，县级每户补助800元。此外，农村生活污水二级处理设施建设运营市级奖补资金按每村10万元测算，县级奖补资金按不低于每村30万元测算。

7月13日

农历丁酉年六月二十
星期四
温度：26℃—34℃
多云

●十二届市政协委员第一期履职培训班开班。

●市住建、市政公用、财政部门联合制定并下发《泉州市农村生活污水治理专项补助资金使用管理暂行办法》，泉州市市、县两级财政2017—2019年统筹35763.1万元，专项补助农村生活污水治理。

●“锦尚杯”石狮市庆祝建党96周年、喜迎十九大胜利召开灯谜比赛，以及“党建、廉政专题灯谜”群众展猜活动在该市锦尚镇政府举行。

7月14日

农历丁酉年六月廿一
星期五
温度：25℃—34℃
多云

●市委召开常委会会议暨2017年上半年政党协商专题座谈会，听取各民主党派泉州市委员会、市工商联、无党派人士代表对泉州发展的意见、建议，分析上半年全市经济运行情况，部署下半年经济工作。

●市属国有企业整合重组工作动员大会召开。

●永春县与中国人民大学可持续发展高等研究院、福建农林大学海峡乡村建设学院合作成立的永春县生态文明研究院揭牌。

●14—16日，由市体育局和市教育局主办的2017年泉州市少年儿童羽毛球锦标赛在泉州市体育中心举行。

●由丰泽区检察院、市国税局大企业税收管理局、丰泽区国税局主办的"正本清源 润泽于民"检税联合服务丰泽企业发展系列活动启动仪式举行。

市委召开常委会会议暨2017年上半年政党协商专题座谈会

市委召开常委会会议暨2017年上半年政党协商专题座谈会，听取各民主党派泉州市委员会、市工商联、无党派人士代表对泉州发展的意见、建议，分析上半年全市经济运行情况，部署下半年经济工作。

会议要求，要持续用力，巩固经济企稳向好的动力基础。营造良好攻坚氛围，推动固投尽快上扬，加大招商力度，狠抓项目引进落地，力争"项目攻坚年"见实效；全面梳理盘点，进一步细化实化、拓展工作抓手，争取形成一批在全国、全省拿得出手的亮点成效，推动国家自主创新示范区、"中国制造2025"城市试点示范见形象；加强政策引导，对转型升级加升温、再推动。要协同推进，突出抓好社会民生重点工作。全力以赴办好"古泉州（刺桐）史迹"申遗、"世中运"申办等几件大事；加快推进"XIN"行动、城市"双修"试点、环保设施与能力建设等系列专项攻坚会战，办好民生实事。

市属国有企业整合重组工作动员大会召开

市属国有企业整合重组工作动员大会召开。会议要求，整合重组后的国企要明确目标定位，推动国有资本向基础型、公益性、关键重点领域集中，做大国企资产规模；要明确主攻方向，在民生、开发、实业、金融等领域尽快投入运作、发挥效用。市国资委要履职尽责，当好市委、市政府的参谋助手，把方向、出主意、抓落实；对企业要管好放活，明确监管清单，启动市管企业外派监事会试点工作，加快从"管资产"向"管资本"转变；要立足部门职能，敢于担当，勇于担责，督促市属国企不折不扣落实决策部署。

会议强调，各级各部门要统一思想，协同实施，形成合力。涉及整合重组的单位要倒排划转移交工作计划，抓紧落实到位。市直各有关部门和企业要各司其职，纪检监察和国资监管等部门要加强监督检查，严肃纪律，对整合重组工作中出现的违规违纪问题要严肃追责。

相关链接：此次市属国有企业改革将相关企业（资本）整合重组为5家主业突出、竞争力强、支撑带动作用明显的市级国资集团公司。其中，城建集团定位为新城开发和城市基础设施建设；文旅集团定位为古城保护性开发和文化、旅游、体育产业资源整合和建设运营；金控集团定位为综合性投融资与资本运营平台；交通发展集团定位为综合交通基础设施建设及运营提供商；水务集团定位为水资源产业综合利用开发平台等。

永春县成立全国首个县级生态文明研究机构

永春县与中国人民大学可持续发展高等研究院、福建农林大学海峡乡村建设学院合作成立的永春县生态文明研究院揭牌。中国人民大学可持续发展高等研究院执行院长温铁军任院长。该研究院是全国首个县级生态文明研究机构。

该研究院主要承担三大职责。第一，加强永春生态文明建设的战略性研究，总结全县生态文明建设的经验模式，从战略、策略、目标、措施等入手研究探索国家生态文明战略和相关政策在永春的落地转化，为推进生态文明建设与其他文明有机统一提供基本思路对策建议。第二，进行生态文明建设的创新性实践，指导开展相关领域的示范创新，探索土地流转背景下的农民合作组织和乡村治理创新，开展产权制度改革等生态文明建设政策制度的调查研究；挖掘和整理永春地方性资源，举办永春乡村社区大学、培养生态文明建设人才；传承乡土文化，推动乡村文化创意和乡村文旅发展，培养永春乡村文创品牌。第三，推进生态文明建设的市场化运作，为企业与高校、科研院所搭建沟通联系的桥梁，引导社会资本投资公共产品，引进对接社会资本，探索一条市场、政府、高校、研究机构之间的合作路径，推动示范项目在永春落地，最大限度发挥生态科研效益，促进社会效益、生态效益、环境效益、经济效益同步增长。

郑新聪到市信访局接访群众

市委书记、市人大常委会主任郑新聪到市信访局接访群众，并察看市12345政务热线管理服务中心。郑新聪强调，要重心下沉，做好基层接访，到一线了解群众诉求和呼声，掌握矛盾动态，将问题化解在萌芽状态。要依法依规处理接访，对合理合法诉求，及时认真调查处理，尽快帮助解决到位；对不合理不合法诉求，依据有关政策法规给予明确解答。要加大教育引导，维护信访秩序，引导群众依法反映问题。要落实相关责任，强化督促协调，构建点线面相结合的县（市、区）、镇（街道）、村（社区）信访工作网格，多方联动，发挥职能作用，形成金字塔形网格体系。要用好“12345”便民服务平台，加大宣传力度，让信访群众少跑腿。

黎明职业大学入选“2016年高等职业院校服务贡献50强”

《2017中国高等职业教育质量年度报告》在北京发布，黎明职业大学入选“2016年高等职业院校服务贡献50强”，系全省唯一获此荣誉的高职院校，也是迄今全省入围该榜单的唯一高职院校。《中国高等职业教育质量年度报告》由全国高职高专校长联席会议委托，上海市教育科学研究院和麦可思研究院共同编制，自2012年以来，已连续发布6年。2017高职质量年报继续以第三方视角，对全国1298所高职院校的投入质量（办学资源条件）、过程质量（政府引导和校企合作）和结果质量（学生发展和服务贡献）进行分析，成为社会了解高等职业教育发展的一个重要窗口。黎明职业大学校长林松柏表示，入选全国高等职业院校服务贡献50强，是黎明职业大学获得的又一全国性重大荣誉，也是对该校办学水平、办学贡献和社会声誉的肯定。近几年来，该校以争创国家优质校、建设福建示范校为契机，致力服务“海丝先行”、契合“泉州模式”，坚持内涵式发展和开放性办学，一手抓人才培养、一手抓服务贡献，持续提升服务地方经济社会发展的水平，为“新福建”和“五个泉州”建设提供强有力的人才支持和智力支撑。学校办学实力和影响力显著增强，2016年位居福建省高职高专院校发展潜力综合排名第一，省示范性现代职业院校建设年度考评第一名。

黎大学生在数字化服装实训室实训

黎大学生在商业摄影实训室实训　（图/黎明职业大学）

国际比基尼小姐大赛泉州赛区启动

2017国际比基尼小姐大赛福建泉州赛区启动新闻发布会及启动仪式在晋江国际荣誉酒店举行。大赛由国际比基尼小姐大赛福建泉州赛区组委会、福建省丝海唯觅影视有限公司主办、福建涌视文化传播有限公司、厦门春晖扬影视传媒有限公司承办。国际比基尼小姐大赛是以美丽、健康、时尚、友谊、爱心为宗旨的世界顶级选美赛事之一，自登陆中国以来备受关注。主办方介绍，大赛将采用更公开、公正、全面的赛制，为福建的城市和福建品牌企业走向国际化提供最优质的宣传推广平台并共同构建国际“美丽文化”中国产业链。在发布会现场，国际比基尼小姐大赛福建总赛区执行主席陈晓康表示，国际比基尼小姐大赛是一个宣传和平文化理念、传承人文健康、时尚公益的美丽赛事，希望更多的都市女性能够通过这个平台，把优雅、美丽、自信更好地传播出去。

7月15日

农历丁酉年六月廿二
星期六
温度：26℃—34℃
多云

●郑新聪到市信访局接访群众，并察看市“12345”政务热线管理服务中心。

●《2017中国高等职业教育质量年度报告》在北京发布，黎明职业大学入选“2016年高等职业院校服务贡献50强”，系全省唯一获此荣誉的高职院校，也是迄今全省入围该榜单的唯一高职院校。

●15—16日，由中国羽毛球协会主办的2017全国东西南北中羽毛球大赛（太原站）的比赛在山西太原体育馆举行，泉州选手陈志宏与厦门选手配合，获得E组混双冠军。

●2017国际比基尼小姐大赛福建泉州赛区启动新闻发布会及启动仪式在晋江国际荣誉酒店举行。

7月16日

农历丁酉年六月廿三
星期日
温度：25℃—35℃
多云

●全市防汛减灾工作视频会召开，部署泉州市主汛期防汛减灾工作。

●泉州市对全市涉及“民间信仰、宗亲宗族、青年交流”等对台交流活动进行整合，出台《泉州市对台交流“共筑精神家园”“共续血脉亲情”“共促交流融合”三大行动规划实施方案》。

●16—17日，“相约印象杭州 同唱中国梦想”第八届中国魅力校园合唱节在浙江音乐学院举行，泉州鲤城区实验小学“小刺桐”合唱团获一等奖（最高奖）。

●纪念国学大师辜鸿铭诞辰160周年活动在惠安县螺阳镇上坂村举行。

全市防汛减灾工作视频会召开

全市防汛减灾工作视频会召开，部署泉州市主汛期防汛减灾工作。市防汛抗旱指挥部要求，要深化认识，压实防汛责任，适当提高指挥调度和值班值守层级，及时掌握雨情汛期变化，迅速处置险情灾情。要协同协作，构建信息共享、联动预警体制机制，强化预警指挥，加强联合研判，加密监测频次，科学精细分析，增强防汛决策指挥能力，及时发布预警信息；科学实施水库群联合调度，在确保防洪安全的前提下，尽可能地利用好雨洪资源。要强化排查、清除险情隐患，组织力量排查涉水工程、建筑物、防洪排涝体系及地灾隐患点；完善各类防汛抗洪预案方案，充实各级抢险队伍、及时补充物资。要夯实基础、有效应对台风，抓紧修复前期受损的各类工程设施，开展河道清障整治工作，强化山洪灾害防范“群测群防”机制，畅通与驻地部队的沟通联络，探索扶持建立沿海与山区不同抢险重点与需求的防汛应急抢险救援队伍。要落实各类危险区和旅游景区的避险转移方案，过细检查、全面登记、建档立卡，实施网格化管理，做好巡查监测，立即果断转移受威胁群众，避免人员伤亡。就防汛减灾宣传工作，市防汛抗旱指挥部要求各地各部门要加大防灾减灾宣传和科普力度，强化群众防灾减灾的意识；加强信息发布、舆情监测和宣传引导，准确发布权威信息，及时回应社会关切。

泉州市对台交流实施“三大行动”

为发挥泉州历史文化、多元文化的资源优势和对台独特人文区位优势，增强对台民间交流的针对性和实效性，泉州市对全市涉及“民间信仰、宗亲宗族、青年交流”等对台交流活动进行整合，出台《泉州市对台交流“共筑精神家园”“共续血脉亲情”“共促交流融合”三大行动规划实施方案》，围绕三大行动规划，策划开展一系列泉台交流活动。

该方案制定“民间信仰交流——共筑精神家园”“宗亲宗族交流——共续血脉亲缘”“泉台青年交流——共促交流融合”三大涉台交流行动规划实施方案。集中统筹全市民间信仰、宗亲、文化、艺术等资源优势，对于每年涉及三大交流板块的重点交流活动实施项目化管理，整合好一系列主题突出、形式多样、内容丰富、影响深远的泉台交流活动，打响泉台“民间信仰、宗亲宗族、青年交流”三个特色鲜明、影响广泛的交流品牌，使泉台民间信仰交流更具影响力，宗亲宗族交流更具凝聚力，青年交流更具吸引力。

具体而言，泉州市民间信仰繁多，历史悠久，妈祖、关帝、清水祖师等信仰在台湾传播广泛，成为泉台同胞的精神纽带，也是台湾同胞寻根谒祖的重要依据。在对台民间交往中，泉州市逐步形成“以泉州祖庙为根，台湾开基庙为枝，台湾分灵庙为叶”的关系模式，持续开展互动交流活动。下一步，通过“共筑精神家园”行动，泉州市将依照历史延续的民间习俗，按传统时序分别组织举办项目活动，推动泉台民间信仰交流活动项目规模化，运作有序化，影响持续化，打造具有泉州特色的对台民间信仰交流品牌。

开展“共续血脉亲缘”行动，泉州市优势明显。泉州是台湾汉族同胞的主要祖籍地。通过宗亲联谊、族谱对接、互访交流等形式，泉台建立起固定的联系机制，促进两岸宗亲交往的常态化制度化。接下来，泉州市将引进数字化、网络化等现代技术手段，建立健全族谱展示、查询的常态化工作机制，同时利用泉台血缘关系深、宗祠宗庙多、宗亲关系近等几大优势，开展形式多样的活动。

青年是推动两岸关系的精英和骨干。近年来，泉州市将青年交流作为推动泉台经贸文化融合发展的重点，不断创新活动形式，增进交流联谊，营造出适合台湾青年到泉州就业创业、交流的环境平台，取得良好成效。

泉州闽台缘博物馆　（图/吴寿民）

市委常委会会议研究组织收看《将改革进行到底》有关事项

市委召开常委会会议，研究组织收看专题片《将改革进行到底》的有关事项；学习贯彻新修改的《中国共产党巡视工作条例》（以下简称《条例》）。

会议指出，全市各级党组织和党员要把收看《将改革进行到底》专题片作为一项重要政治任务，认识专题片的背景和重大意义，从中央到地方推进改革落地见效的积极作为、改革背后的故事和攻坚克难的历程、人民群众的获得感中，理解和把握全面深化改革的思想理论、体制机制和实践成果。全市各级党组织要采取集中收看学习、个人自行收看等方式，做到全员收看、全员学习。市县深改领导小组、各专项小组，各级党组织、各级各部门理论学习中心组，通过专题座谈、研讨、交流等多种形式，提高学习效果。

会议要求，要结合实际细化落实《条例》新精神新要求。市委巡察工作领导小组要抓紧修改泉州市《巡察工作实施办法（暂行）》等制度，依照新精神新要求开展工作。坚定不移深化政治巡视，净化党内政治生态，确保中央、省委政令畅通。推进市县巡察全覆盖，创新巡察的方式方法，聚焦“关键少数”，紧盯重点问题，形成持续震慑；发现损害群众切身利益、脱离群众以及“雁过拔毛”等腐败问题和不正之风，净化基层政治生态；强化巡察成果综合运用，落实巡察整改主体责任，加大问责力度，确保条条要整改、件件有着落。

市十六届人大常委会第七次主任会议召开

市十六届人大常委会第七次主任会议召开。会议听取市人大常委会调研组关于市十六届人大一次会议代表建议、批评和意见办理情况的调研报告；讨论市人大常委会内司工委关于市中级法院民商审判工作情况的调研报告。市人大常委会调研组书面报告泉州市耕地占补平衡工作的调研情况。会议初定市十六届人大常委会第四次会议的召开时间和建议议程，并提出市十六届人大常委会第八次主任会议的建议议题。

会议强调，要继续加大代表建议、批评和意见办理工作力度，推广典型经验，完善工作机制，争取办一件、成一件；要督促市中级法院推动司法改革，改进审判工作，提升审判质效，服务社会发展，保障民生民利；要推动政府及相关部门落实耕地占补平衡有关政策，确保“占一补一、占优补优”，在数量和质量上达到综合平衡；要加强土地开发整理专项规划与各类建设用地规划相衔接，对新开垦的耕地要加强后续管理。

会议现场　　（图/王虎文）

市政府召开会议对下半年经济工作进行再动员、再部署

继收听收看2017年全省经济运行分析暨“行动计划”督查落实第三次视频会议后，泉州市随即召开会议，对下半年经济工作进行再动员、再部署。会议要求，各级各部门要研判经济形势，分析查摆问题，特别要针对经济发展领域的滞后指标和薄弱环节，精准施策，对症下药，稳定工业、做大三产，为经济发展提供支撑。市直各单位要立足部门职责，找准工作抓手，主动指导各方块开展工作，提高服务发展的能力。各级各部门要开展“项目攻坚年”活动，超前谋划，主动作为，千方百计地抓项目、促投资、增后劲。要落实“五个一批”项目推进机制，紧抓签约、开工、投产等关键环节，推动项目有效接续、滚动发展。要拿出“饿虎扑食”的劲头狠抓招商选资，推动更多更好更优的项目在泉州落地建设。效能、督查等部门要强化一线督促推动，加强督查成果运用，特别对在“项目攻坚年”活动中表现优秀的干部，要落实正向激励措施；对工作不力、进展缓慢的要给予严肃处理。

7月17日

农历丁酉年六月廿四
星期一
温度：26℃—32℃
小雨

●市委召开常委会会议，研究组织收看专题片《将改革进行到底》的有关事项；学习贯彻新修改的《中国共产党巡视工作条例》。

●市十六届人大常委会第七次主任会议召开，听取市人大常委会调研组关于市十六届人大一次会议代表建议、批评和意见办理情况的调研报告等。

●继收听收看2017年全省经济运行分析暨“行动计划”督查落实第三次视频会议后，泉州市随即召开会议，对下半年经济工作进行再动员、再部署。

●省科技厅公布2017年省科技小巨人领军企业新增培育名单，福建天广消防有限公司、泉州天地星电子有限公司等198家泉州企业获评2017年省科技小巨人领军企业。

●晋江市“家庭文化与闽南文化传承计划”启动实施，并举行2017年度“儿童之家四点钟学校”授牌仪式。

●由金门县文化局、金门县美术学会、民盟泉州市丰泽区工委会书画支部、泉州市威远楼文物保管所等主办的金门李炷烽、翁清土、唐敏达、张清忠、洪松柏等书法作品联展在市区威远楼举行。

7月18日

农历丁酉年六月廿五
星期二
温度：26℃—33℃
阴

●郑新聪走访慰问驻福建某集团军官兵，市领导康涛、陈铁晗、林锦明、季翔峰，泉州军分区政委刘建军参加慰问。

●市委、市政府召开工作通报会，向老干部通报上半年全市工作情况。

●2017年全市检察机关刑事执行检察工作推进会在南安市召开，通报全市上半年刑事执行检察工作数据和开展情况，提出存在的问题和短板，部署下半年工作。

●市总工会开展“夏送清凉”防暑降温活动。

市领导走访慰问驻福建某集团军官兵

市委书记、市人大常委会主任、泉州军分区党委第一书记郑新聪带队走访慰问驻福建某集团军官兵。郑新聪指出，泉州素有“军爱民、民拥军”的优良传统，军地军民鱼水情深。特别是泉州地处沿海地区，台风暴雨等自然灾害多发，每当急难险重的关头，驻泉官兵都是一声令下、迅速出动，奋不顾身、冲锋在前，发挥防灾救灾“主心骨”“定心丸”的作用。当前，深化国防和军队改革，使命重大、责任重大。泉州将贯彻习近平国防和军队建设战略思想，履行党管武装政治责任，以创建全国双拥模范城“九连冠”为载体，带着感情、带着责任，服务保障军队建设。把双拥工作作为“一把手”工程，义不容辞支持部队建设；解决好军队转业干部安置、随军家属安置、军人子女就学、退役士兵培训等问题，当好部队改革建设的坚强后盾；全民动员拥军优属，深化部门共建、跨区共建、社区共建、美丽乡村共建等活动，推广项目拥军、科技拥军、文化拥军、民企拥军等做法，推进军民融合深度发展。希望广大官兵一如既往地关心支持泉州经济社会发展，军地合力、军民同心，为实现中国梦、强军梦做出新的更大贡献。集团军领导表示泉州各级党委、政府高度重视双拥工作，军民之间良好关系源远流长。广大官兵将继续发扬拥政爱民的优良传统，共同谱写军地携手发展新篇章。

上半年工作老干部通报会召开

市委、市政府召开工作通报会，向老干部通报上半年全市工作情况。会议指出，2017年以来面对复杂经济形势，在省委、省政府和市委领导下，在全市老干部、老同志关心支持下，全市攻坚克难、锐意进取，聚焦经济扩量提质、城市内涵集聚、民生事业提升，各项工作都取得新成绩、新进展。经济方面，围绕经济扩量，落实各级稳增长系列政策，组织开展每季度“促进项目落地、帮扶企业发展”活动周，解决企业经营、项目建设等难题，企业“好中差”格局不断优化，传统优势产业发展稳中有升；开展“项目攻坚年”活动，突出抓好兴泉铁路等18个重中之重项目，强化一线督促推动，落实正向激励措施，发挥投资拉动作用。围绕提质增效，以创建“中国制造2025”城市试点示范、建设国家自主创新示范区为抓手，推动产业向中高端迈进，力促形成传统优势产业、重化产业、高新技术产业“三足鼎立”的格局；同时，加快市属国有企业整合重组，推动国企在城市开发建设、战略性产业进入、创新大平台布局、重大民生保障等领域发挥先锋作用。围绕防控风险，综合施策，多措并举，促进房地产业健康发展，维护良好金融生态，保持社会安定稳定。城建方面，以抓好“古泉州（刺桐）史迹”申遗、城市“双修”国家级试点为契机，集中力量、资源推进古城提升、新城集聚。民生方面，坚持保基本、兜底线、补短板，组织开展泉州“XIN”行动，统筹抓好脱贫攻坚、居家养老、教育卫生提质扩量、文化传承、生态保护、“放管服”改革等工作，刷新惠民高度和群众幸福指数。康涛希望老干部、老同志继续发挥政治强、阅历深、威望高、经验足等优势，一如既往地关心支持市委、市政府的工作，为全面推进“五个泉州”建设多作贡献。

市总工会开展“夏送清凉”防暑降温活动

市总工会开展“夏送清凉”防暑降温活动，为奋战在高温一线的职工送去清凉解暑用品。图为活动现场。（图/林劲峰 陈淑华）

张平到泉州检查贯彻实施《固体废物污染环境防治法》情况

全国人大常委会副委员长张平带领执法检查组到泉州，就泉州贯彻实施《固体废物污染环境防治法》情况开展检查。省人大常委会副主任潘征，市领导郑新聪、朱团能、季翔峰，市人大常委会秘书长欧阳秋虹陪同检查。在泉州期间，检查组视察福建省百川资源再生科技股份有限公司、英良石材体验馆等项目，听取有关情况汇报。

市检察机关启动“亲清检商行·护企促发展”系列活动周

市检察机关联合国税局、工商联、边防、银行等共建单位启动以“亲清检商行·护企促发展”为主题的系列活动周，落实加强保障和促进非公有制经济健康发展，帮助解决非公企业发展中遇到的法律难题，为企业提供更加优质有效的司法服务。市检察机关通过组织服务非公专题会、走访企业、进工业园区普法宣讲等活动，多渠道护航企业发展。2017年，市两级检察院继续细化和落实《泉州市人民检察院 泉州市工商业联合会关于加强协作依法保障和促进非公有制健康发展的意见》，开展“百家民企挂钩大走访”活动，百家企业覆盖泉州市各县（市、区），涉及各主要代表性行业。市检察院、市工商联15个走访调研组走访企业近80家。通过走访，帮助非公企业解决发展中遇到的法律难题。是日，市检察院联合市国税局举办“检察官走进纳税人学堂”暨服务企业现场会，为与会的100多家企业代表作专题法制讲座，并为企业代表所关注的非公经济领域法律和政策热点、难点问题提供咨询。

全省首个国家阀门产品质量监督检验中心在泉港区试运行

总投资1.03亿元的全省首个国家阀门产品质量监督检验中心在泉港区试运行，填补中国大口径、高参数阀门检验的空白。该中心总建筑面积4.5万平方米，配有先进检验检测功能，可就近为全省阀门制造企业提供产品检测服务，将是国内规模最大、覆盖范围最广、试验能力最强、自动化能力最高的阀门产品质量监督检验中心，为泉港及周边炼油化工、热电、燃气、钢铁等阀门重点使用行业提供阀门检测试验与故障分析、维修指导等技术服务。

工人在中心现场对阀门进行液压检测

（图/陈晓东 刘泽阳）

黎明大学成为全省首家上汽通用汽车ASEP合作院校

上海通用汽车校企合作项目组确定黎明职业大学作为上汽通用汽车ASEP校企合作院校，该项目落地填补ASEP项目在福建省的空白。25日，上汽通用汽车校企合作项目组有关负责人到黎明大学举行ASEP项目深度合作现场沟通会。沟通会现场，上汽通用汽车、福建通海集团和学校围绕ASEP项目合作过程中三方的责权、合作模式、平台建设、教材选择、技术支持、师资要求、运行管理等软硬件建设标准进行沟通交流，并达成一致共识。该校负责人介绍，校企合作是黎明职业大学办学的生命线。当前，学校校企合作正向高端化、高新化、品牌化发展。学校高度重视与上汽通用汽车的合作，将ASEP项目作为学校2017年校企合作的重中之重来落实，作为支撑学校2017年创新发展的一个重大项目来运作。上汽通用汽车ASEP项目契合黎明大学汽车电子技术专业的办学特色，可发挥校企双方资源优势，达到两个效果：一是优化学校相关专业教学实训条件，提高教学质量，提升师资队伍“双师素质”和学生就业层次；二是为上汽通用经销商培训、培养、输送各类合格的技术技能人才。

7月19日

农历丁酉年六月廿六
星期三
温度：26℃—34℃
多云

●全国人大常委会副委员长张平到泉州就贯彻实施《固体废物污染环境防治法》情况开展检查。

●上半年全市工业经济运行分析会召开。

●市检察机关联合国税局、工商联、边防、银行等共建单位启动以“亲清检商行·护企促发展”为主题的系列活动周。

●市检察院和永春县检察院的多名检察官到永春县湖洋镇中心小学，向孩子们讲解日常生活中应该注意的防火、防盗、防溺水及交通安全等知识。

●总投资1.03亿元的全省首个国家阀门产品质量监督检验中心在泉港区试运行，填补中国大口径、高参数阀门检验的空白。

●市旅游局启动“海丝泉州”媒体采风行活动。

●上海通用汽车校企合作项目组确定黎明职业大学作为上汽通用汽车ASEP校企合作院校。

●由南安市总工会、英都镇政府等主办的2017年英都镇“心系外来工子女、情暖留守儿童”主题夏令营活动在该市英都镇龙江青少年社会教育活动中心举行。

7月20日

农历丁酉年六月廿七
星期四
温度：26℃—34℃
晴

●郑新聪调研泉州市深化医药卫生体制改革和医疗卫生事业补短板工作，并召开座谈会，研究部署相关工作。

●全国、全省安全生产电视电话会议结束后，泉州市随即召开全市安全生产电视电话会议，围绕贯彻全国、全省会议精神，就安全生产工作作出部署。

●2017（第十五届）中国通信集成电路技术与应用研讨会暨第二届晋江国际集成电路产业发展高峰论坛在晋江市举办。

●泉州辖区最大公务船艇——“海巡0806”在泉州后渚码头投入使用。

●2017年市公安局与仰恩大学“警校共建”座谈会暨“喜迎十九大·青春耀警营”联谊晚会在永春县公安局举行。

郑新聪调研医改和医疗卫生事业补短板工作

市委书记、市人大常委会主任郑新聪带队调研泉州市深化医药卫生体制改革和医疗卫生事业补短板工作。郑新聪强调，要纵深推进医药卫生体制改革，紧盯“看病难、看病贵”、基层医疗力量薄弱等问题，抓好分级诊疗、家庭医生签约服务、公立医院改革、医疗医保医药联动等重点改革。要扩大医保基金的受益范围，砍掉药品采购中间环节，降低患者就医费用。要培育一批省级重点学科，推动短板项目纳入每年为民办实事计划，抓好医疗卫生项目的整体打包、一体运作。要加快提升医院内涵管理，支持优质医疗资源上联下达，形成学科各有侧重、布局均衡的发展格局。

全市安全生产电视电话会议召开

全国、全省安全生产电视电话会议结束后，泉州市随即召开全市安全生产电视电话会议。会议要求，要开展横向到边、纵向到底的拉网式大检查大排查。要全面覆盖，邀请专家、专业检查人员参与深查细查严查。要盯住节点，全面落实安全防范措施，加强易燃易爆物品的存储、经营、运输、使用等各环节的监管，加大对人员密集场所隐患的排查整治。要突出重点，对煤矿、非煤矿山、尾矿库、建筑施工、交通运输、石化园区、危险化学品等重点行业、领域、部位，开展全方位、全过程对表检查。

第二届晋江国际集成电路产业发展高峰论坛举办

2017（第十五届）中国通信集成电路技术与应用研讨会暨第二届晋江国际集成电路产业发展高峰论坛（简称CCIC）在晋江市举办。会议以“自主创新，融合发展”为主题，围绕新型存储器、高性能处理器、MEMS传感器、5G通信、信息安全、智能硬件与可穿戴技术展开探讨。集成电路和通信领域的近300位国内外专家、企业代表参加会议。中国通信学会集成电路专委会主任委员刘迪军主持高峰论坛。刘迪军表示，2017年是中国“十三五”规划深入实施之年，也是全面推动“中国制造2025”初见成效的关键之年。启动实施网络信息核心技术和设备攻坚工程，加快落实《国家集成电路产业推进纲要》，强化关键技术协同创新，突破高端存储设备、新一代移动通信设备与系统、智能传感、虚拟现实、新型显示等新技术，是当下中国信息通信产业特别是集成电路产业的重点。

会上，中国科学院院士刘明分享存储器技术发展态势和机遇。刘明表示，在国际视野下进行存储器产业布局，自主创新与国际合作要有共赢模式；在产业发展的新形势下，要更注重原始创新；鼓励原始创新与技术突破，开展共性基础研究，为产业自主发展奠定科学基础。其他专家分别围绕5G发展与IC产业的机遇与挑战、网络空间拟态防御原理与实践、用专用处理器加速5G通信系统芯片开发、用于未来数据通信的硅基电光集成电路、晋江集成电路产业发展机遇等主题进行演讲。

泉州最大公务船艇列编投入使用

泉州辖区最大公务船艇——“海巡0806”在泉州后渚码头投入使用。列编仪式结束后，“海巡0806”驶入泉州湾，开始执行首次巡航任务。“海巡0806”总长64米，配有自动跟踪卫星通信系统，设计吃水3米深，设计航速16海里，续航力1800海里，在不提供补给的情况下，自持力达15个昼夜，能抵御10级大风。遇到突发状况，任何一舱破损进水，船体都能保持漂浮状态，是一艘设备先进的现代化高速B级海巡艇，也是泉州海域最大的公务船艇。

“海巡0806”执行巡航任务

（图/王 黎 陈小芬 张金华）

"志愿情·泉州红"工作座谈会召开

市文明委召开"志愿情·泉州红"工作座谈会。会议透露，近年来，泉州市各地各部门、志愿团体围绕"志愿情·泉州红"，实践活动更加丰富、公众参与更加广泛，品牌效应逐渐彰显。在队伍建设方面，泉州市注册志愿者达541511人，志愿服务组织达4463个；在阵地拓展方面，泉州市公共场所普遍设立志愿服务站点（岗），培育了100个市级以上各类学雷锋志愿服务示范驿站、联系点。

河南洛阳旅游泉州推介会举行

河南洛阳旅游泉州推介会举行。推介会上播放洛阳旅游沙画宣传片，对洛阳旅游品牌形象、精品景点和线路等做重点推荐。洛阳市旅发委相关负责人介绍，河洛文化与闽南文化关系密切，河洛文化进入闽南之后，扎根、发展，形成独特的闽南文化，如今的闽南方言系就来源于六朝雅言——河洛话。洛阳与泉州的旅游资源互通性、互补性很强，两地携手共赢、互惠互利，一定会结出丰硕的旅游合作成果。

泉州市打城戏传承中心揭牌

泉州市打城戏传承中心揭牌仪式举行，标志打城戏拥有了属于本剧种的专业艺术团体，有了一个传承的平台和载体。泉州市打城戏传承中心挂牌成立后，将依托泉州市高甲戏传承中心剧种和资源优势，尽快承担起传承、研究和市场演出等任务，将打城戏发扬光大。

相关链接：泉州打城戏是全国罕见的宗教戏剧种，其形成深受闽南文化影响，风格上独树一帜。2008年6月，泉州打城戏被列入第二批国家级非物质文化遗产名录。由于历史的原因，该剧种的传承保护一度衰减，人才凋敝，活力不足。市委、市政府高度重视戏剧的传承保护工作，在有关部门和社会各界的支持和关注下，打城戏的传承保护工作迅速展开。2012年，泉州艺校首次招收打城戏专业，首批学生已毕业，2013年招收的学生也已进入实习期。泉州市打城戏传承中心成立后，将迎来26名演员。

华侨大学与泉州颐和医院开展合作共建

华侨大学与泉州颐和医院签署合作协议，经主管部门审批后，泉州颐和医院将挂牌成为"华侨大学附属颐和医院"。双方将在平台建设、人才培养、科学研究、业务协同以及国际合作等方面开展平等、互惠协作。泉州颐和医院看重华侨大学在各学科上的创新研发能力，希望能借助学校之力，多方参与学科发展。华侨大学其他学科的研究成果可以与泉州颐和医院有"产、学、研、用"合作空间。此外，泉州颐和医院为华侨大学提供临床实习机会。

相关链接：泉州颐和医院是一所由海峡两岸医疗产业基金发起、按照"三级甲等"目标建设的现代化智慧型医院，力求汇聚侨力侨资，应用国际前沿科技，提升医疗条件。医院占地24.6公顷，总建筑面积50万平方米，初期投入金额达5亿美元，并以"智能医院"作为设计方向。

2017中国（德化）陶瓷工业设计大赛启动

由德化县政府、市经济和信息化委员会、省陶瓷行业协会主办的"何朝宗杯"2017中国（德化）陶瓷工业设计大赛在德化县启动。大赛以"慧聚瓷都·智创未来"为主题，采用线上报名方式，面向全球征集产业升级的智慧助力。大赛旨在挖掘何朝宗丰富的陶瓷文化内涵，彰显"中国白"品牌效应，搭建德化陶瓷企业与境内外设计优秀成果和人才对接平台，引导传统企业与境内外企业交流合作，为推进德化陶瓷产业转型升级积蓄更多的创新能量。大赛面向全球制造业企业、工业设计研究机构、陶瓷艺术工作者、设计院校师生。参赛作品分为实物类和概念类，须以陶瓷为主要材料，同时鼓励作品与当代多元化设计理念跨界融合，应用新技术、新材料、新工艺，围绕创新性、实用功能性、工艺性、市场性、审美性、时代性、环保性等方向设计创作作品。

7月21日

农历丁酉年六月廿八
星期五
温度：26℃—36℃
多云

●泉州市紧急下发《泉州市人民政府办公室关于做好防暑降温工作的通知》。

●市文明委召开"志愿情·泉州红"工作座谈会。

●河南洛阳旅游泉州推介会举行。

●泉州市打城戏传承中心揭牌仪式举行。

●华侨大学与泉州颐和医院签署合作协议，经主管部门审批后，泉州颐和医院将挂牌成为"华侨大学附属颐和医院"。

●南安戏剧曲艺家协会成立。

●由德化县政府、市经济和信息化委员会、省陶瓷行业协会主办的"何朝宗杯"2017中国（德化）陶瓷工业设计大赛在德化县启动。

7月22日

农历丁酉年六月廿九
星期六
温度：27℃—36℃
晴

●以“渗滞结合，让城市更宜居”为主题的2017第二届国际海绵城市建设论坛暨第十五届泉州市科协年会在泉州举办。

●由泉台民间交流协会、泉州诗词学会、台北市诗词学会主办的泉台中华诗词联吟会在泉州举行。

●泉州市味源调味品有限公司和福建师范大学闽南科技学院合作，突破了将深海低值鱼加工成新型海鲜调味品的技术瓶颈，研制出深海低值鱼调味品。

2017第二届国际海绵城市建设论坛在泉州举办

以“渗滞结合，让城市更宜居”为主题的2017第二届国际海绵城市建设论坛暨第十五届泉州市科协年会在泉州举办。国内外高校、科研机构及相关企业代表，泉州辖区各高校科协、市级学会、企业科协，以及各县（市、区）科协代表等近600位代表参加。

市政协副主席、科协主席骆沙鸣介绍，此次活动旨在打造一个海绵城市建设实践经验交流的新平台，推进海绵城市技术创新与低影响开发创新模式应用，展示海绵城市建设领域的最新技术、产品、材料、设备和成果。副市长洪自强表示，此次论坛主题与泉州城市建设需求十分契合，泉州市委、市政府高度重视海绵城市建设，作为福建省海绵城市建设试点城市，泉州编制了一批规划文件，并选定泉州台商投资区百崎湖流域作为核心试点区，积极推进海绵城市建设。

论坛以中国海绵城市建设的迫切需要为背景开展，分别从海绵城市建设研究成果与科技创新、建设与城市规划、投资运营和工程实践三部分入手，引入科学创新理念，系统地阐述海绵城市建设在不同阶段需要解决和注意的问题。近20位国内外知名专家分别从海绵城市建设科研成果与技术创新、建设与城市规划设计、投资与运营管理及国际海绵城市工程实践入手，引入科学创新理念，从技术到政策、从管理到方向，全方位的展示海绵城市。论坛同期还举办“全国海绵城市建设用透水混凝土和透水砖设计大赛”和“海绵城市建设用新材料、新产品展示会”等一系列活动。

泉州企业福建泉工股份有限公司生产的“海绵城市彩色透水砖”亮相会场 （图/吴宗宝）

泉台中华诗词联吟会在泉州举行

由泉台民间交流协会、泉州诗词学会、台北市诗词学会主办的泉台中华诗词联吟会在泉州举行。联吟会吸引泉台两地近百名诗友与会，共同吟唱《春江花月夜》《蝶恋花》《将进酒》等30余首诗词。泉州诗词学会女声联唱《相思》《月满西楼》，泉州老年大学艺术团舞蹈队表演舞蹈《泉州西湖行吟》，国家一级演唱家雷黛琴独唱《临江仙·泉台诗词联咏》。台北市诗词学会名誉理事长李宏健教授表示，近年来海峡两岸诗词界交流日渐频繁，不断增进两岸文朋诗友的感情，也有助于提升诗词的创作水平。今后，还要继续举办更多的交流活动，促进海峡两岸文化交流与合作。泉州诗词学会会长王仁山表示，自2015年7月台北市诗词学会到泉州联吟后，两个学会交流范围不断扩大。参加此次交流的除了台北诗友外，还有来自彰化和基隆的新朋友。

泉州市突破深海低值鱼加工技术瓶颈

泉州市味源调味品有限公司和福建师范大学闽南科技学院合作，突破了将深海低值鱼加工成新型海鲜调味品的技术瓶颈，研制出深海低值鱼调味品，提高深海低值鱼的附加值，实现低值鱼的高值化。泉州市是福建省的捕捞大市，捕捞业是泉州市海产品的重要来源。但捕捞过程中存在着大量的深海低值鱼获物，这类深海低值鱼因形体小、头及内脏所占的比例又相对较大而不适宜直接食用，所以长期以来以低廉的价格，被制作成鱼粉或饲料，产品附加值低，资源浪费现象严重。因此，开展深海低值鱼深加工技术的研究，实现深海低值鱼的高值化具有广泛的经济效益和社会效益。而该科研成果具有创新性，技术水平在同类中领先，产品深受市民欢迎，市场潜力大，填补泉州市水产品精深加工系列产品的空白。

康涛到南安市调研重点项目建设

市长康涛带队到南安市调研“两溪一湾”及扬子山大地艺术生态修复工程、郑成功文化产业园、绿色“泛家居”小镇等重点项目。康涛指出，“两溪一湾”项目事关南安的城市形象、城市品位，要按照全国一流的标准，组织强有力的专业团队进行策划提升；要在保留生态野趣的基础上，结合水流、地势、山形等自然条件，策划不同主题，规划建设一批创意节点、绿化腹地、亲水空间、服务设施、高端业态等；要围绕总体目标和阶段性任务，自我加压、快速推进，力争用一年时间打造一条精品示范段。

泉州市首次公布企业环境信用评价

市环保局首次公布2016年度泉州市企业环境信用评价结果。全市纳入参评企业共387家，其中省级87家、市级151家、县级149家。市级参评企业中，有15家被评为环保诚信企业（绿牌），124家被评为环保良好企业（蓝牌），4家被评为环保警示企业（黄牌），1家被评为环保不良企业（红牌），7家企业未予以评价（停产或关闭）。

纳入2016年度市级环境信用评价范围的企业为省、市重点污染源监控企业及其他重污染行业企业、产能严重过剩行业企业、可能对生态环境造成重大影响的企业。企业环境信用评价内容主要包括污染防治、环境管理、生态保护和社会监督四个方面。企业出现相关规定中“一票否决”情形的，环保部门将其信用等级直接降为“环保不良企业”，且一年内不得调整评价等级。

企业环境信用评价及调整结果将实现信息共享，通报给同级发改、国有资产监督管理、商务、工商等相关主管部门，并纳入本地区公共信用信息平台和人民银行征信系统，建立“守信激励、失信惩戒”机制。

对环保诚信企业，各级环保部门优先安排环保专项资金或其他补助资金，支持开展清洁生产示范项目、循环经济试点项目等；企业及其负责人优先参与各类环保评优评先；相应减少随机抽查和监督性监测频次等。对环保不良企业，列入环保重点监管对象，增加“随机抽查”和监督性监测频次，并在市场准入、融资授信、评先评优、享受政策方面由相关部门实施联合惩戒，责令其向社会公布改善环境行为的计划或承诺书。

此外，省级、县级参评企业中，被评为环保诚信（绿牌）企业分别有8家、7家；环保良好（蓝牌）企业分别有65家、99家；环保警示（黄牌）企业分别有5家、3家；环保不良（红牌）企业分别有4家、29家；未予评价企业分别有5家、11家。

戴云山保护区完成夏季繁殖鸟类观测工作

经过一个月的观测，戴云山国家级自然保护区管理局完成环保部全国生物多样性德化县样区夏季繁殖鸟类观测工作，观测到鸟类80种1364只次，发现5个德化未记录种，其中凤头鹰为国家二级保护动物。此次相较于2016年度的72种899只次，物种增加11%、数量增加52%，未监测到高山短翅莺、黑短脚鹎、黑冠鹃隼、红翅凤头鹃、黄颊山雀、黄腰柳莺、黄嘴栗啄木鸟、灰喉山椒鸟、金眶鹟莺、强脚树莺、树鹨、小白腰雨燕、棕噪鹛等14种，新增白眉山鹧鸪、斑头鸺鹠、叉尾太阳鸟、凤头鹰（二级）、冠鱼狗、褐河乌、黑卷尾、黄眉柳莺、灰头鸦雀、矶鹬、金眶鸻、林雕（二级）、矛纹草鹛、丝光椋鸟、小鳞胸鹪鹛、长尾缝叶莺等22种，其中凤头鹰（二级）、金眶鸻（三有。即“有益的或有重要经济、科学研究价值”）、矛纹草鹛（三有）、小鳞胸鹪鹛（无危）、长尾缝叶莺（无危）为德化未记录种。

戴云山国家级自然保护区　　（图/市林业局）

7月23日

农历丁酉年闰六月初一
星期日
温度：27℃—35℃
多云

●康涛到南安市调研“两溪一湾”及扬子山大地艺术生态修复工程、郑成功文化产业园、绿色“泛家居”小镇等重点项目，听取项目规划建设情况，研究下阶段工作。

●市环保局首次公布2016年度泉州市企业环境信用评价结果。

●戴云山国家级自然保护区管理局完成环保部全国生物多样性德化县样区夏季繁殖鸟类观测工作，观测到鸟类80种1364只次。

●第十八届中国少年作家杯全国征文大赛总结活动在北京人民大会堂举行，泉州现代中学学生傅榆茜《遇见》和陈佳航《校晨》获一等奖，傅榆茜还作为全省唯一获奖代表在人民大会堂会上发言。

7月24日

农历丁酉年闰六月初二
星期一
温度：27℃—36℃
多云

●市委召开常委（扩大）会议，传达贯彻省委上半年经济形势分析会精神，部署下半年工作；传达学习全国金融工作会议精神。

●继全省征兵工作电视电话会议后，泉州市召开征兵工作电视电话会议，总结2016年全市征兵工作情况，研究部署2017年工作。

●由市委文明办、市文联、泉州开发区文明委主办的泉州市“道德模范故事汇”基层巡演首场在泉州开发区举行。

●泉州地区用电最大负荷达722.9万千瓦，创历史新高。

●24—26日，以“扩大民间交流，深化融合发展”为主题的第三届闽台“三同文化”节在泉港区举办。

市委常委（扩大）会议传达贯彻省委上半年经济形势分析会精神

市委召开常委（扩大）会议，传达贯彻省委上半年经济形势分析会精神，部署下半年工作；传达学习全国金融工作会议精神。

会议要求，做好下半年工作，要合力共为，下足苦功挖掘潜力。落实省、市稳增长正向激励等综合措施，推动“泉州造”走出去、制造业主辅分离、第三方第四方物流平台等新业态发展，保持房地产市场健康稳定。要攻坚克难，坚决把投资抓上去。解决项目建设中存在的征迁阻工、前期拖沓、建设滞后等问题，加紧落实第二季度活动周需协调的问题。要改革创新，坚持不懈促转型。党政主要负责人要亲力亲为抓改革落实，全面梳理、加大力度推进上级改革试点任务落实；毫不松懈推产业升级，抓好国家自主创新示范区、“中国制造2025”城市试点示范和“百千5311”计划等，发挥好企业家讲师团的作用，引导中小企业转变观念、加快转型；强化招商引智，既要“从上到下”做工作，又要优化营商环境，尽可能为投资创业者提供便利、低成本的办事环境。

会议要求，各级各部门要把属地责任扛在肩上，做好打击各类非法金融活动及相关风险处置工作，做到早识别、早预警、早发现、早处置。强化金融回归本源，深化“金改区”建设，丰富金融产品供给，更好服务实体经济和转型升级。加强党对金融工作的领导，加强地方金融系统党的领导和党的建设，学习研究金融发展规律，开拓金融工作新局面。

全市征兵工作电视电话会议召开

继全省征兵工作电视电话会议后，泉州市召开征兵工作电视电话会议，总结2016年全市征兵工作情况，研究部署2017年工作。围绕大学生征集比例进一步提高的新要求，会议要求，要紧盯关键环节，突出工作重点，提高征兵的针对性和实效性。抓住重点群体，加强与大学生、家长沟通协调，为他们算清政治账、经济账、成长账，吸引更多省内外大学生入伍；教育部门、各高校要主动开展征兵工作，确保暑期征兵工作站正常运行。抓好宣传工作，创新宣传载体和形式，突出全民国防教育、兵役政策法规、优秀退役青年典型等，增强宣传工作的吸引力和感染力。抓好优待安置政策落实，增强军人的职业荣誉感、社会认同感和军属待遇获得感。

泉州市“道德模范故事汇”基层巡演启动

由市委文明办、市文联、泉州开发区文明委主办的泉州市“道德模范故事汇”基层巡演首场在泉州开发区举行。图为巡演现场。

（图/张九强）

第三届闽台“三同文化”节在泉港区举办

24—26日，由泉港区政府、福建省闽台文化交流中心主办的，以“扩大民间交流，深化融合发展”为主题的第三届闽台“三同文化”节在泉港区举办。24日，泉港区举行同名村结对及旅游对接签约仪式，泉港区峰尾镇郭厝村与台湾彰化县鹿港镇郭厝里签订《闽台同名村交流合作结对意向书》；泉港文都旅行社与台湾2家旅行社签订《闽台旅游对接合作意向书》。仪式结束后，与会的两岸乡亲还一同观看由两岸北管专家学者共同创作完成的北管乐舞《过台湾》。该作品以泉州北管为音乐基础，通过融合舞蹈、戏剧、歌唱等多种表演形式，表现两岸“同名村、同宗亲、同礼乐”的文化特质。在活动期间，主办方安排两岸同名村寻根结对、妈祖文化交流、北管文化交流、同植同心树、签订意向书、闽台漆刻画与木雕展、参访考察等八项活动，突出基层性、民间性、草根性特点。

市政府第十三次常务会议召开

市政府第十三次常务会议召开，研究并通过《泉州市“十三五”控制温室气体排放工作方案》《泉州市人民政府关于支持股权投资业发展的若干意见》《泉州市区域卫生规划（2016年—2020年）》《泉州市关于健全生态保护补偿机制的实施意见》，听取第六次全省妇女儿童工作会议精神汇报。

控制温室气体排放是推进国家生态文明试验区建设，促进绿色低碳循环发展的重要举措。会议要求，各级各相关部门要根据既定指标，立足地区实际，围绕发展低碳产业、打造低碳能源、健全市场机制、抓好试点示范、加强基础支撑、推进社会共治等重点任务，明确年度任务，制定细化方案，采取积极措施，逐年降低碳排放强度。

支持股权投资业发展，鼓励股权投资机构、社会资本加大对本地实体经济的投资力度，将为泉州市经济发展注入新动力。会议强调，各级各部门要紧抓发展机遇，结合实际情况，在实践中调整完善相关政策，加大扶持引导力度，推动股权投资企业、管理企业提高管理能力和运作效率，提升区域资本市场服务实体经济发展的能力。

医疗卫生服务水平关乎民生福祉。会议指出，各级各相关部门要把落实区域卫生规划与深化“医改”相结合，坚持政府主导、社会共同参与的原则，优化泉州市医疗资源布局，完善全市医疗卫生服务体系。要增强中心市区医疗机构辐射带动能力，提升县、乡（镇）、村等基层医疗机构服务水平，加快分级诊疗制度建设。

健全生态保护补偿机制，是生态文明体制改革的重要内容。会议要求，各级各部门要以改善生态环境质量为目标，以体制机制创新为动力，以统筹区域协调发展为重点，加快健全多元化的生态保护补偿机制，逐步扩大范围，合理提高标准，促进补偿规范化、制度化。

妇女儿童事业建设，是泉州市经济社会发展的重要组成部分。会议明确，各级各部门要强化联动，分工协作，形成推动妇女儿童工作的强大合力；对照《泉州市妇女儿童发展纲要》目标任务，落实相关措施，紧抓绩效考评工作，确保如期达标；完善体制机制，紧抓妇幼为民办实事项目建设。

全市部分重大在建和前期招商项目专题会议召开

全市部分重大在建和前期招商项目专题会议召开。会议指出，各级各相关部门要按照“项目攻坚年”的部署要求，紧抓重大项目策划、招商、开工、竣工、前期等重点工作，冲刺全年目标任务。会议要求，各级各部门要建立健全上下联动、横向互动、合力攻坚的沟通协调机制，及时研究解决项目推进过程中的突出问题。各项目主体责任单位要加强统筹部署，明确开工或重要审批环节，倒排报批事项和审批时间节点；要科学合理安排施工计划，逐月紧盯，突破重大项目建设“卡脖子”问题；要总结推广“代建制”“制图推进法”等经验做法，提升项目工作水平，保证项目建设质量，确保各项工程经得起历史和群众的检验。

福建省首届工业机器人技术应用技能大赛在泉州开幕

由省经信委、人社厅、教育厅、总工会、团省委、市政府主办的福建省首届工业机器人技术应用技能大赛暨第二届全国工业机器人技术应用技能大赛选拔赛在泉州黎明职业大学开幕。市长康涛、副市长洪自强以及省直有关单位负责人参加开幕式。大赛旨在检验福建省企业技能人才与相关职业院校学生操控调试工业机器人的技能水平，发现和培养福建省工业机器人领域的优秀技能人才。同时引导职业院校关注“工业机器人技术应用”方面的发展趋势，加强相关专业和实训基地建设，引导和推动社会各界关注高技能人才培养。大赛竞赛内容分理论知识和实际操作，重点考察参赛选手安装、调试、操控工业机器人完成指定任务的理论和技术水平，大赛吸引全省制造业企业职工和职业院校学生等90多名选手报名参加。比赛结束后，主办方从获奖选手中选拔出6名选手参加全国比赛。

7月25日

农历丁酉年闰六月初三
星期二
温度：27℃—35℃
多云

●市政府第十三次常务会议召开，研究并通过《泉州市“十三五”控制温室气体排放工作方案》《泉州市人民政府关于支持股权投资业发展的若干意见》《泉州市区域卫生规划（2016年—2020年）》《泉州市关于健全生态保护补偿机制的实施意见》，听取第六次全省妇女儿童工作会议精神汇报。

●全市部分重大在建和前期招商项目专题会议召开。

●25—26日，省经信委主任翁玉耀到泉州参加福建省首届工业机器人技术应用技能大赛暨第二届全国工业机器人技术应用技能大赛开幕式，并开展企业调研。

●市委组织部召开泉州市高层次人才座谈会，20名首批认定的高层次人才代表参加。

●由省经信委、人社厅、教育厅、总工会、团省委、市政府主办的福建省首届工业机器人技术应用技能大赛暨第二届全国工业机器人技术应用技能大赛选拔赛在泉州黎明职业大学开幕。

●25—26日，由佳宾体育主办的第二届两岸青年篮球精英巡回赛在泉州举行。

7月26日

农历丁酉年闰六月初四
星期三
温度：26℃—35℃
多云

●“弘扬志愿精神 共创平安泉州”志愿者巡防活动启动仪式举行。

●即日起至12月，全市范围内开展打击成品油走私专项行动。

●省教育厅确定并公布89个福建省第三批现代学徒制试点项目，泉州市共有 22个项目入选。

●高性能石墨烯防腐蚀涂料团体标准制定高峰会议在泉州召开。

“弘扬志愿精神 共创平安泉州”志愿者巡防活动启动

“弘扬志愿精神 共创平安泉州”志愿者巡防活动启动仪式举行。启动仪式上，泉州市要求各级各部门要深化认识，组织动员各方面力量，参与各类巡防活动。并要求志愿者要敢于担当，以对人民负责的态度，及时上报治安、消防、交通隐患信息。同时，要求各地强化保障、营造氛围，扩大平安巡防活动的影响力、感召力，使平安志愿服务成为群众的自觉行动和道德追求。

相关链接：泉州市以支队、大队、中队、分队“四级架构”体系为基础，建立平安志愿者队伍393支，共30万人。并设置治安防控、安全守护、平安创建三大类10个岗位，形成覆盖乡镇（街道）、村（社区）、商贸中心、单位机关等重点部位的平安巡防网络。

泉州湾河口湿地省级自然保护区　　（图/连玲玲）

全市开展打击成品油走私专项行动

即日起至12月，全市范围内开展打击成品油走私专项行动，打击沿海非设关地成品油和陆路跨境成品油偷运走私，全面整治成品油零售企业非法经销走私油、非标油和私设私埋输油管线、油罐等违法行为。海关、公安（边防）、海警等一线缉私部门坚持“专项+联合”的打击方式，从快从严打击专业化、团伙化走私犯罪，整治走私网络。交通运输、公安（边防）、公路等部门健全完善公路查缉机制，加强对全市重点道路、高速公路等盘查、巡查。商务、工商、质检等部门组织开展流通领域不诚信行为专项整治，多手段、全方位加强全市加油站、点和成品油批发仓储企业的管理。

泉州22个项目入选省第三批学徒制试点

经学校申报、各设区市推荐、专家评审、公示，省教育厅确定并公布89个福建省第三批现代学徒制试点项目，其中高职院校有61个项目，中职学校有28个项目；泉州市共有 22个项目入选。

泉州高职院校共有12个项目入选省第三批现代学徒制试点项目。入选的院校及项目有：泉州医学高等专科学校的康复治疗技术专业，泉州幼儿师范高等专科学校的学前教育专业，泉州经贸职业技术学院的服装设计与工艺专业，泉州工艺美术职业学院的电子商务、产品艺术设计专业，泉州纺织服装职业学院的酒店管理专业，泉州华光职业学院的服装与服饰设计、摄影摄像技术、电子商务、数字媒体应用技术专业，泉州海洋职业学院的国际邮轮乘务管理专业，泉州轻工职业学院的鞋类设计与工艺专业。泉州地面上中职学校有10个项目入选省第三批现代学徒制试点项目，入选的院校及项目有：福建经贸学校的粮油食品烘焙、物流服务与管理专业，泉州财贸职业技术学校的电子商务、会计电算化专业，晋江华侨职业中专学校的皮革工艺（鞋类设计与管理）专业，晋江安海职业中专学校的美容美体专业，德化职业技术学校的电子商务专业，南安市工业学校的汽车运用与维修专业，晋江市晋兴职业中专学校的电子商务专业，安溪陈利职业中专学校的工艺美术（藤铁）专业。

高性能石墨烯防腐蚀涂料团体标准制定高峰会议在泉州召开

高性能石墨烯防腐蚀涂料团体标准制定高峰会议在泉州召开，制定石墨烯涂料团体标准，推进石墨烯防腐蚀涂料产业化进程。市委、市政府高度重视发展新材料产业，制定新材料产业转型升级路线图，石墨烯被列为优先发展的重点之一。仅2016年，泉州在石墨烯产业领域便成功招商43个项目。作为泉州涂料行业“领头羊”，信和新材料股份有限公司牵头制定石墨烯防腐蚀涂料与石墨烯防辐射涂料标准两项团体标准。

市委常委会会议暨市全面深化改革领导小组会议召开

市委常委会会议暨市全面深化改革领导小组会议召开，学习习近平在中央全面深化改革领导小组第三十七次会议上的讲话精神，传达省委改革联络员会议精神，学习研讨收看政论专题片《将改革进行到底》心得体会。

会议指出，中共十八大以来，以习近平同志为核心的党中央带领全党全国各族人民统筹推进“五位一体”总体布局、协调推进“四个全面”战略布局，开启全面深化改革的宏伟篇章。《将改革进行到底》政论专题片用宽宏的历史视角、全面写实的手法，全方位展示这一非凡历程的实践成果。全市各级各部门要把专题学习讨论与学习贯彻习近平系列讲话精神和治国理政新理念新思想新战略结合起来，以习近平全面深化改革的战略谋划和坚定意志，激励党员干部投身改革，推动全面深化改革不断取得新成效。

会议要求，要增强改革的思想自觉和行动自觉，落实习近平“对照检查、查找问题、弥补不足”的要求，不折不扣推动各项改革落地见效。各专项工作小组要对照中央、省、市年度部署，全面梳理盘点承接的全国、全省试点，认真查摆问题，找不足、补差距。要重在抓思想工作转化，引导各级各部门和党员干部立足部门职能、岗位实际，延伸思考如何深化泉州市各领域各环节改革工作，将学习成果转化为改革实效。要善于用改革的思维来推动工作，刀刃向内、敢于担责、大胆探索，以各领域的改革新突破为“五个泉州”建设注入新动力。要扑下身子抓改革落实，“一把手”要按照“四个亲自”“五个带头”要求，亲力亲为抓谋划部署、督促检查，确保各专项改革顺利推进、如期推进。

市人大常委会党组（扩大）会议召开

市人大常委会党组（扩大）会议召开，围绕电视政论专题片《将改革进行到底》谈体会、论改革。

会议指出，《将改革进行到底》围绕“完善和发展中国特色社会主义制度，推进国家治理体系和治理能力现代化”这一总目标，首次对全面深化改革进行权威、全景报道，鸿篇巨制，气势磅礴，系统反映党的十八大以来，以习近平同志为核心的党中央高瞻远瞩、勇于担当，统筹推进“五位一体”和“四个全面”战略布局，带领全国人民推进经济、政治、社会、文化、生态文明、司法、外事外交、国防和军队建设、党的建设、民生等领域改革的伟大实践，引发全国各地党员干部共鸣。

会议要求，要坚定信心决心，按照中央部署，结合本职工作，在岗位上身体力行、自觉践行、推进改革；要坚持目标方向，增进民生福祉，让全体人民有更多获得感；要坚持务实求实，结合本地实际，创造性推进改革、推进发展、取得实效；要坚守责任担当，按照中央部署和省、市委工作要求，抓好各项工作落实，自觉履行主体责任。

市政协党组（扩大）会议召开

市政协党组（扩大）会议召开，学习习近平在中央全面深化改革领导小组第三十七次会议上的讲话精神，传达省委改革联络员会议精神、市委常委会暨市全面深化改革领导小组会议精神，讨论交流观看《将改革进行到底》专题片心得体会，学习《关于印发〈泉州市关于进一步推进全市学习廖俊波同志先进事迹的工作方案〉的通知》文件精神。

会议指出，中共十八大以来，以习近平同志为核心的党中央以高度的政治责任感和历史使命感，高瞻远瞩、勇于担当，带领全国人民攻坚克难，砥砺奋进，推进全面深化改革。会议要求，各级政协组织、政协各参加单位和政协委员，要把《将改革进行到底》专题片作为鲜活教材，把思想和行动统一到中央关于全面深化改革的部署要求上来，推动政协工作再上新台阶。要围绕中心工作，高水平参政议政，建言建到点子上，献策献到关键处，服务大局促改革。要突出重点，高质高效完成政协当前任务，提早谋划下阶段工作。

7月27日

农历丁酉年闰六月初五
星期四
温度：27℃—34℃
多云

●市委常委会会议暨市全面深化改革领导小组会议召开，学习习近平在中央全面深化改革领导小组第三十七次会议上的讲话精神，传达省委改革联络员会议精神，学习研讨收看政论专题片《将改革进行到底》心得体会。

●市人大常委会党组（扩大）会议召开，围绕电视政论专题片《将改革进行到底》谈体会、论改革。

●市政协党组（扩大）会议召开，学习习近平在中央全面深化改革领导小组第三十七次会议上的讲话精神，传达省委改革联络员会议精神、市委常委会暨市全面深化改革领导小组会议精神，讨论交流观看《将改革进行到底》专题片心得体会，学习《关于印发〈泉州市关于进一步推进全市学习廖俊波同志先进事迹的工作方案〉的通知》文件精神。

●市领导到市区交通岗亭慰问一线执勤交警，送去问候和防暑降温物品。

●住房城乡建设部公布第二批中国特色小镇名单，石狮市蚶江镇和晋江市金井镇入选。

●洛江区足球协会在洛江区双阳中心小学成立。

7月28日

农历丁酉年闰六月初六
星期五
温度：27℃—35℃
多云

●在收听收看省防御第9号台风“纳沙”视频会后，泉州市随即召开视频会，对防御“纳沙”工作作全面部署。

●全市城市“双修”培训动员会召开，邀请中国城市规划设计研究院城市更新所规划师谷鲁奇、老城更新学术研究部执行主任徐萌作专题辅导报告。

●市人大常委会与市政府联席会议召开，围绕上半年工作和推进代表议案建议办理进行座谈。

●市政府党组（扩大）会议召开，专题学习、交流、讨论观看政论专题片《将改革进行到底》的心得体会。

●由泉州市政府主办的泉州建材中国行系列推介活动在四川成都举行，41家泉州建材生产企业参展，吸引150多家地产、建筑、装修、设计单位及经销商到场对接，参与对接活动人员达1200多人次。

●由市委老干部局、泉州老年大学等主办的“军旗飘飘映刺桐”纪念建军90周年联欢演出活动举行。

●7月28日—8月1日，由晋江市委宣传部、晋江市委文明办等主办的晋江市少年作家培训班在晋江市图书馆举办，国内多位知名作家为12名少年作家班学员进行封闭辅导，如此高水准的少年作家班公益活动在全省尚属首次。

泉州市部署防御台风“纳沙”工作

在收听收看省防御第9号台风“纳沙”视频会后，泉州市随即召开视频会，对防御“纳沙”工作作全面部署。会议要求，各级各部门要严密防范，紧盯海上防风防浪、市政设施防风防涝、防范山洪地质灾害、工程安全度汛、水库科学调度等重点区域、重点部位、重点目标，严防死守，确保不出纰漏。要严格履责，主要领导要亲自部署，靠前指挥，在岗在位；防指各成员单位要密切配合，协同作战，派出工作组到基层一线检查，督促落实各项防御措施；各级应急抢险队伍要进岗到位，进入实战状态，随时准备应对突发情况。

泉州市收听收看省防御第9号台风“纳沙”视频会
（图/市防汛抗旱指挥部）

全市城市“双修”培训动员会召开

全市城市“双修”培训动员会召开，邀请中国城市规划设计研究院城市更新所规划师谷鲁奇、老城更新学术研究部执行主任徐萌作专题辅导报告。会议指出，要把握城市发展规律和工作重心，思考泉州城市发展，提升站位认识，更好统一思想行动。要立足阶段性特征，突出地域特色，坚持民生取向。要科学谋划，按照住建部指导意见、试点任务要求，系统推进“双修”工作。坚持全域融入，注重示范引领，从市域城镇体系、中心市区建成区、古城三个层面推进，举一反三、联动试点，提升品位品质。坚持系统规划，注重分期实施，争取一年有亮点、三年见形象。坚持项目运作，围绕完善绿地系统、填补基础设施欠账、改善出行条件等，每年实施一批、完成一批，并注重边改革探索、边建章立制。坚持“行政统筹负责、技术协同对接”，成立专项领导小组、专业工作组专班推动，重点工作人大立法保障，引入名家大师和知名设计机构。

市人大常委会与市政府联席会议召开

市人大常委会与市政府联席会议召开，围绕上半年工作和推进代表议案建议办理进行座谈。市长康涛指出，下半年，市政府将履行好职责，不折不扣地完成年初市人代会通过的市《政府工作报告》确定的“法定作业”。希望市人大常委会一如既往地支持市政府开展工作，为历史文化名城保护、城市管理、环境保护、内沟河整治等工作提供法律保障，为市政府重大决策落实、重大项目建设、重大民生保障给予支持推动。市政府将主动接受市人大常委会的法律监督和工作监督，办理好人大代表建议。市人大常委会党组书记陈万里指出，市政府及其组成部门要加强代表议案建议办理，力求做到思想认识再提高、工作机制再完善、答复反馈再规范、办理实效再增强、组织领导再强化。

会议现场（图/王虎文）

市政府党组（扩大）会议召开

市政府党组（扩大）会议召开，专题学习、交流、讨论观看政论专题片《将改革进行到底》的心得体会。会议指出，各级各部门要贯彻落实中央各项重大改革部署，结合泉州实际，创造性地开展改革活动，推动改革落地生根。要继续深挖改革潜力，发挥国家级“金改区”、“综改区”、“海丝”先行区、自主创新示范区、生态文明试验区等“多区叠加”的改革优势，探索更多可复制推广的经验。要发挥基层创造性，支持各方块、镇、村开展特色改革探索，鼓励基层企业、群众参与改革实践，形成强大合力。

张志南到泉州检查防御台风工作

全省防御台风视频会后，省委常委、常务副省长张志南连夜到泉州检查防御台风工作。张志南要求，要根据主要雨情从30日下午开始的实际，克服产生麻痹侥幸和松劲懈怠心理，第一时间层层压实责任；要按照过程降雨量400毫米进行设防，深化防御措施，严格抓好落实；要吸取2016年以来几次台风的教训，特别是对小区物业地下室、山区小水电站、山围塘、小流域山洪暴发、非地质灾害点危险区域、已转移渔船人员返流等薄弱环节，要再过细、再落实，全覆盖；防汛物资、救灾机械设备和各类专业抢险队伍要准备到位，提前调度，进入一级战备状态。

张志南到泉州检查防御台风工作　（图/市防汛抗旱指挥部）

市领导检查部署防台防汛工作

郑新聪在泉港区检查防台防汛工作　（图/陈起拓）

市委书记、市人大常委会主任郑新聪到泉港区、泉州台商投资区等地，带队突击检查防台防汛各项工作落实情况；市长康涛坐镇值守市防汛抗旱指挥部，召开防汛会商会议。是日晚，继收听收看全省防御工作视频会后，市领导随即召开全市视频会，对防御工作再动员、再部署。

在全市视频会议上，郑新聪要求，各级领导干部务必严阵以待，结合自身特点和重点部署相关防御措施；进村入户查缺补漏，特别是“莫兰蒂”台风暴露的危险隐患点和薄弱环节，要逐项过细、不留死角、不留盲区；把保障群众生命安全放在首位，提醒群众和游客早避险、早避灾，安全地区群众尽量少外出、不外出。要果断决策、迅速行动，全面精准过细防御。及时组织渔船渔排、低洼地带、地质灾害点、危险部位、隐患地带群众彻底转移，重点关注孤寡老人、留守儿童等弱势群体，同时想方设法做好已转移群众的安置工作。事先预排应对城市内涝，加强巡查、配齐装备、灵敏调度；沿海各县（市、区）所有出海口水闸要专人值守，及时清理杂物，防范潮水顶托引发内涝等险情出现，对存在危险和正在除险加固的海堤要采取应急措施。要做足力量预置，利用各地防汛指挥图、各地防汛要素手册，明确抢险救灾对象、路线图和实施方案，确保关键时刻发挥关键作用；提前备足备好电力、通信等抢险物资和队伍，确保随时调用。要军令如山、责任当头，落实落实再落实。

全市视频会现场　（图/市防汛抗旱指挥部）

7月29日

农历丁酉年闰六月初七
星期六
温度：26℃—35℃
多云

●张志南到泉州检查防御台风工作。

●郑新聪到泉港区、泉州台商投资区等地，带队突击检查防台防汛各项工作落实情况；康涛坐镇值守市防汛抗旱指挥部，召开防汛会商会议。

7月30日

农历丁酉年闰六月初八
星期日
温度：24℃—29℃
暴雨

●张志南走访检查洛江区和惠安县防御台风工作。

●郑新聪、康涛分别到永春、德化、南安、安溪等县（市），到乡（镇）村一线检查，到各县（市）防汛抗旱指挥部会商研判雨情汛情，召开全市视频会，安排部署下阶段工作。

●市防汛抗旱指挥部发出紧急通知，要求各地对本辖区内所有中小流域、小水电站、小型水库和山围塘等易发生洪灾风险的重点部位、重点目标，进行再安排、再细化、再排查、再落实。

张志南检查洛江惠安防御台风工作

张志南走访检查洛江区罗溪镇前洋水库、大路脚地灾点及安置点，惠安县黄塘镇谢厝村避灾点、接待村地质灾害治理项目，辋川镇峰崎水闸等，了解泉州市台风防御工作。在两处安置点，张志南询问村镇地灾点群众安置情况，了解被转移群众的生活起居。在水库点检查时，张志南强调要科学调度水库泄洪，加强人员值班值守，确保发生险情后能及时反应，迅速处理。

郑新聪康涛分赴各地检查防台风暴雨工作

市委书记、市人大常委会主任郑新聪，市长康涛分别到永春、德化、南安、安溪等县（市），到乡（镇）村一线检查，到各县（市）防汛抗旱指挥部会商研判雨情汛情，召开全市视频会，安排部署下阶段工作。市领导林万明、肖汉辉在市防汛抗旱指挥部参加会议。

在永春县东关镇,郑新聪察看东关桥修复情况，对当地做好各项防御准备予以肯定,嘱咐当地干部加强值班值守，灵敏应对雨情，及时组织群众转移。在永春县五里街镇、北环路，郑新聪向奋战和坚守在一线的各级干部表示慰问，嘱咐当地要检查抢险应急物资装备状况，确保关键时刻用得上，同时注重专业抢险队伍的日常培训、演练，确保召之即来、来之能战；要求市、县两级相关部门提前预置力量、设备，加强统一调配，遇到突发情况随机应变、有效应对。在德化县上涌镇下涌村，郑新聪察看河道水位和疏浚情况，反复叮咛当地镇、村干部要做到该转移的群众应转尽转，小水电站的人员也要按要求全部撤离。在德化县第二中学安置点，郑新聪与被安置群众交谈，要求相关工作人员做好群众生活、医疗保障，安排文艺活动，加强心理安抚，让群众安心等待台风警报解除。

康涛到南安、安溪，辗转乐峰、罗东、金谷、魁斗等乡镇，检查当地台风防御工作，并到安置点看望被转移群众。在南安市乐峰镇飞云村，康涛询问2016年在台风中受损的道路、桥梁修复情况，要求当地在进行河道清理的同时，早日制定整治方案，最大可能杜绝灾害发生。在罗东镇应急指挥中心，康涛强调，不论是人还是物都做好随时“作战”的准备，确保出现险情时及时“上阵”。在省道307玉园村路段，康涛要求工作人员一定要注意保护自身安全，防范次生灾害发生。在安溪县金谷镇金山村安置点，康涛与被转移群众交谈，察看安置点的物资储备情况，要求村干部在继续做好人员转移工作的同时，尽量丰富被转移群众的生活，让他们住得舒心。在魁斗镇翁后水库，康涛要求值班人员要紧盯水位情况，一旦出现险情要第一时间上报处理。在村部，康涛要求当地要做好后勤保障工作，嘱咐队员们要把自身安全放在首位，合理安排休息时间，才能以更好的状态投入到新的抢险任务中。

检查结束后，郑新聪、康涛随即返回市防汛抗旱指挥部，与相关部门会商研判台风趋势，部署下阶段防御工作重点。郑新聪要求，要充分估计台风带来的影响，重点防范山洪、滑坡等地质灾害，妥善转移安置群众，分片包干、责任到人，严防转移群众、景区游客、回港避风船只和小舢板上的人员回流，确保群众生命财产安全。要加强会商研判，科学调度水库，根据台风路径和暴雨覆盖区域，强化点对点预警指导。要提前预置抢险救灾装备，应急救援力量要随时待命，服从市防指的统一调度；各地要明确应急抢险、大型机械的集结地和联系方式，做足供水、供电、交通、通信保障。要加强值班值守，保持信息畅通，强化上传下达，有情况及时报告，市里随时增援。

康涛在安溪县魁斗镇翁后村检查翁后水库　（图/陈晓东）

市领导分赴各地检查防暴雨工作

按照市委统一部署，市领导分赴全市各地检查防暴雨工作，与当地干部共同值守。

市委书记、市人大常委会主任郑新聪到晋江市检查防暴雨工作。郑新聪叮嘱各级各部门继续坚守岗位，全面过细落实各项防御措施；要第一时间上报灾情信息，科学组织应急救援；要加强进港渔船、沿海景区景点和非景区岸线的巡查监管，严防群众擅自出海或到近海滩地游玩；要妥善转移安置危险区域的群众，做好解释工作；要严密防范城区内涝，及时抽排积水，优先抢通道路。

市长康涛到南安市山区开展防暴雨工作检查。在翔云镇大岭公路拓改工程现场，康涛要求施工方务必预留人员和抢险设备，以防万一。在黄田村避灾点，康涛一边察看避灾点环境设施，一边与群众拉家常，强调当地要在配齐生活必需品的基础上，尽可能为他们提供文化生活。在英都镇，康涛指出，降雨仍在持续，各地务必严防死守，加强水文监测。在芸林村的宝湖岩山体溜坡处，康涛强调，要杜绝麻痹松懈心态，做好危险地带群众的转移工作。

市人大常委会党组书记陈万里到丰泽区几个易涝点，检查防暴雨工作。市政协主席陈灿辉到永春县察看防御暴雨工作。

边防官兵在晋江市深沪国家中心渔港帮助渔民加固渔船　（图/泉州晚报社）

泉州市实现省级双拥模范城（县）“满堂红”三连冠

省委、省政府、省军区命名表彰新一轮省级双拥模范城（县），泉州市及所辖晋江市、石狮市、南安市、鲤城区、丰泽区、洛江区、泉港区、惠安县、安溪县、永春县、德化县获省级双拥模范城（县）称号，实现“满堂红”三连冠。同时受表彰的还有泉州市人社局等9个“省级爱国拥军模范单位”。泉州市素有拥军优属、拥政爱民的优良传统，2009年、2013年，泉州市和所辖11个县（市、区）两次同时获省级双拥模范城称号；2016年，泉州市获全国双拥模范城“八连冠”，晋江市、石狮市、南安市分别蝉联“六连冠”“五连冠”“三连冠”，实现全国双拥模范城“一带三”目标。2017年，新一轮省级双拥模范城（县）考评标准出台后，市、县两级召开动员大会，支持深化国防和军队改革，解决军人“三后”问题，带着热情、带着感情、带着责任为部队官兵排忧解难，推进“创模”工作落到实处，实现省级双拥模范城（县）“满堂红”三连冠目标，为泉州市争创全国双拥模范城“九连冠”打牢基础。

庆祝建军90周年文艺演出举行

由市委宣传部、市双拥办、市委文明办、市文广新局、市文联、泉州晚报社、泉州广播电视台主办，解放军驻泉州某部承办的“欢乐泉州·走进军营——庆祝中国人民解放军建军90周年文艺演出”在驻泉州某部营地举行。图为演出现场。　（图/陈智勇 林劲峰）

7月31日

农历丁酉年闰六月初九
星期一
温度：26℃—29℃
暴雨

●按照市委统一部署，市领导分赴全市各地检查防暴雨工作，与当地干部共同值守。

●省委、省政府、省军区命名表彰新一轮省级双拥模范城（县），泉州市及所辖晋江市、石狮市、南安市、鲤城区、丰泽区、洛江区、泉港区、惠安县、安溪县、永春县、德化县获省级双拥模范城（县）称号，实现“满堂红”三连冠。

●由市委宣传部、市双拥办、市委文明办、市文广新局、市文联、泉州晚报社、泉州广播电视台主办，解放军驻泉州某部承办的“欢乐泉州·走进军营——庆祝中国人民解放军建军90周年文艺演出”在驻泉州某部营地举行。

8月1日

农历丁酉年闰六月初十
星期二
温度：26℃—29℃
小雨

●市领导郑新聪、康涛到市防汛抗旱指挥部了解防抗暴雨工作最新情况，并进一步部署防抗工作。市领导肖汉辉参加会议。

●康涛与到泉州访问的德国诺伊施塔特市青少年代表团一行座谈。

●1—2日，省人大常委会组织调研组到泉州开展省十二届人大五次会议第1400号代表建议督办工作调研。

●《泉州市自然灾害救助应急预案》发布。

郑新聪康涛部署防抗暴雨工作

市委书记、市人大常委会主任郑新聪，市长康涛到市防指了解防抗暴雨工作最新情况，并进一步部署防抗工作，副市长肖汉辉参加会议。泉州普降暴雨，局部特大暴雨，局部地区小时最大雨强达58毫米，最大过程雨量达270毫米。全市转移陆上51268人，海上1467人。部分乡镇发生房屋倒塌、乡村道路塌方溜方、电力中断、城镇内涝积水等险灾情，道路、电力抢通抢修完成，积水基本消退，不影响正常出行。受台风影响，泉州晋江国际机场取消72架次航班。

会议现场　（图/晚报社）

康涛与德国诺伊施塔特市青少年代表团一行座谈

市长康涛与到泉州访问的德国诺伊施塔特市青少年代表团一行座谈。副市长季翔峰参加相关活动。康涛对大家的到来表示欢迎并指出，自结为友城以来，泉州与诺市交流密切。青少年是传播友谊的使者，希望通过此行，两市青少年朋友能进一步增进了解，加深友谊，也期盼两市继续拓宽多领域合作，共促发展、互利共赢。

《泉州市自然灾害救助应急预案》发布

《泉州市自然灾害救助应急预案》发布。该预案适用于泉州市区域内发生自然灾害的应急救助工作。当毗邻地市发生重特大自然灾害并对泉州市造成重大影响时，按照本预案开展应急救助工作。事故灾难、公共卫生事件、社会安全事件、核事故应急等其他突发事件，造成大量人员伤亡和财产损失、需政府紧急转移安置或生活救助时，可根据需要参照本预案开展应急救助工作。

灾害发生后，各级和相关部门按照“分级管理、属地为主、各司其职”的原则，根据灾情等级及时启动应急预案，采取有效措施开展应急救灾，做好受灾群众紧急转移安置和基本生活保障工作。根据突发自然灾害的危害程度等因素，自然灾害应急响应分为Ⅰ、Ⅱ、Ⅲ、Ⅳ四级。

灾害稳定后，对无房可住、无生活来源、无自救能力的受灾群众实施过渡期生活救助，一般为3个月，视情可延长至6个月。重特大自然灾害发生后，市减灾委办公室组织有关部门及灾区民政部门评估灾区过渡期生活救助需求情况，并提出过渡期生活救助方案和保障意见。自然灾害发生后的当年冬季、次年春季，各级政府为生活困难的受灾人员提供基本生活救助，启用专项资金，用于帮助解决冬春受灾困难群众吃饭、穿衣、取暖等。

将农村住房灾后重建与扶贫开发、新型城镇化建设、新农村建设、美丽乡村建设和旅游业发展相结合，重建规划与县域村镇体系规划和土地利用总体规划相衔接，提倡集中重建，鼓励统规统建，允许统规自建和分散重建，引导到城镇购买住宅。建房资金通过政府救助、群众自筹、社会帮扶、政策扶持等多种途径筹集。

预案提出要合理规划、建设各级救灾物资储备库，完善救灾物资储备库的仓储条件、设施和功能。市本级和各县（市、区）根据自然灾害特点、居民人口数量和分布等情况，按照合理布局、规模适度的原则设立救灾物资储备库。根据全省自然灾害救助救灾物资储备规划，制定全市自然灾害救助救灾物资储备规划，合理确定储备品种和规模，健全救灾物资采购和储备机制。建立完善全市救灾物资储备管理信息系统，制定完善救灾物资储备管理规定。健全市救灾物资紧急调拨和公路、铁路应急运输联动机制，确保救灾物资在灾害发生12小时内运抵灾区。市减灾委办公室要与驻泉部队建立应急救灾物资紧急运输协调机制，确保紧急救灾物资快速运抵灾区。

康涛到惠安检查指导征兵体检工作

市征兵工作领导小组组长、市长康涛率队到惠安，检查指导泉州市征兵体检工作。市征兵工作领导小组副组长、泉州军分区司令员高宏，市征兵工作领导小组副组长兼市征兵办主任、泉州军分区副司令员王永春，市政府秘书长廖国文参加检查。体检站内，待检的应征青年朝气蓬勃、秩序井然，康涛与他们亲切交谈，肯定他们响应祖国号召、积极应征入伍，鼓励他们要去部队大熔炉里磨炼自己、锻炼成长。随后，康涛来到体检科室，详细了解征兵体检项目进展情况，要求医务人员严格对照体检标准，认真严谨地为部队筛选合格兵员。

康涛指出，2017年征兵工作时间紧、任务重，在大学生兵员比例上也有更高要求。下一步，各级各相关部门要按照上级精神和市委统一部署，一要提高思想认识，把征兵作为一项常态性的重要政治任务来抓，集中精力，克服困难，全力以赴，保质保量地完成2017年任务；二要紧抓大学生征集、征兵体检等关键环节，持续做好征兵宣传和体检保障工作，为应征青年及家属提供周到服务，尽最大努力把优质兵员送到部队锻炼成才；三要切实落实各项优抚安置措施，为将来进一步充实地区战备力量和人才储备，提高全市应急动员能力打下良好基础。

市政协召开党组（扩大）会议

市政协召开党组（扩大）会议，传达学习习近平总书记在省部级主要领导干部专题研讨班上的重要讲话精神及省市委有关会议精神。市政协党组书记、主席陈灿辉主持会议并发言，副主席李冀平、王瑞强、洪川夫、林志建，秘书长陈伟平参加。市政协副主席骆沙鸣、市政协领导苏小青列席会议。

会议认为，习近平总书记在研讨班上的重要讲话，科学分析当前国际国内形势，深刻阐述新的历史条件下坚持和发展中国特色社会主义的一系列重大理论和实践问题，对决胜全面建成小康社会、夺取中国特色社会主义伟大胜利具有十分重要的意义。

会议要求，政协机关广大党员干部要深刻领会讲话精神，准确把握核心要义，切实把思想和行动高度统一到习近平总书记的重要讲话精神上来。要按照市委部署要求，围绕中心积极履职，切实开展好人才战略、国家自主创新示范区建设、职业教育等专题协商，形成高质量、可操作性强的意见和建议；组织好“泉州市实施低保兜底脱贫情况”民主监督工作，助推党委政府重大改革事项和民生政策落实到位。要着力促进民生改善，抓实政协党的建设，进一步加强作风建设，努力打造风清气正的政治生态，以更加扎实有为的履职成效，积极服务“五个泉州”建设。

全市建设工程安全生产推进会召开

全市建设工程安全生产暨文明施工标准化推进会召开。记者获悉，即日起，中心市区和县城主城区新开工的工程项目要按照《市级安全生产标准化优良项目标准》设置文明施工设施。

会议对加强文明施工标准化治理提出具体要求，强调落实施工围挡管理措施，保持围墙（围挡）的整洁、美观；明确工地周边环境清扫责任人，严格落实门卫值班和安全保卫制度；工程完工后，施工单位应在1个月内拆除现场围挡和临时设施，清除场内余留物料和垃圾，做到工完场清。

会议要求，施工围挡和外脚手架应设置喷淋系统。对易产生扬尘的大堆物料，施工单位能洒水的应当定时洒水压尘，不能洒水的应当采取覆盖等措施；对裸露的场地和集中堆放的土方，应当采取覆盖、固化、洒水或绿化等措施。同时，施工现场应当专门设置集中堆放建筑垃圾的场地，采取围挡、遮盖或设置喷淋系统等防尘措施，并做到日产日清，由环卫部门统一收集清运。工程项目占地面积在5000平方米及以上的，应至少配备一台移动式喷雾水炮，适时开启降尘。

此外，严格事故责任追究。2017年起，发生亡人事故的一律挂牌督办，实行“五个一律”，即一律停工检查，一律重新进行考核，一律倒查市场行为，一律上网曝光，一律要在事故现场召开警示教育会，坚决杜绝迟报、漏报、谎报和瞒报行为。

8月2日

农历丁酉年闰六月十一
星期三
温度：28℃—32℃
小雨

●康涛到惠安检查指导征兵体检工作。

●市政协召开党组（扩大）会议，传达学习习近平总书记在省部级主要领导干部专题研讨班上的重要讲话精神及省市委有关会议精神。

●全市建设工程安全生产暨文明施工标准化推进会召开。

●2—3日，泉州市第十届校长读书班专家报告会举行。

●结束3个月的休渔期后，泉州各地渔船纷纷出海捕鱼。

8月3日

农历丁酉年闰六月十二
星期四
温度：26℃—32℃
多云

●市人大常委会召开党组（扩大）会议，传达学习习近平总书记在省部级主要领导干部专题研讨班上的重要讲话精神及省市委有关会议精神。

●市委政法委召开中心组（扩大）学习会，传达学习习近平总书记在省部级主要领导干部专题研讨班上的重要讲话精神，以及省委常委会会议和市委常委会会议有关贯彻精神。

●市委召开巡察工作动员部署会。

●市调研组到泉港区山腰街道鸢峰畲族村调研精准扶贫工作。

●永春县检察院文化体育联合会成立，系福建省检察机关第一个基层检察文联。

市人大常委会召开党组（扩大）会议

市人大常委会召开党组（扩大）会议，传达学习习近平总书记在省部级主要领导干部专题研讨班上的重要讲话精神及省市委有关会议精神。市人大常委会党组书记陈万里主持会议，副主任朱团能、曾巍、许文贵、吴友才参加会议。副主任张建生列席会议。

会议要求，市人大常委会党组和机关党委一要认真学习、深刻领会，按照中央、省委和市委部署要求，把思想和行动统一到讲话的精神上来，始终同与习近平同志为核心的党中央保持高度一致，统一思想认识，抓好学习贯彻，推动工作落实。二要精心组织，周密安排，加大探索研究力度，加大创新实践力度，加大工作推进力度，持续推进人大的理论实践与时俱进，推动重要讲话精神在人大得到贯彻落实。三要以学促行，积极作为，围绕党委的部署，自觉服从、服务发展大局，以更加强烈的政治责任感和工作使命感，抓紧、抓好年度各项计划的实施，推进全面从严治党，提振干事创业精气神，激发担当作为正能量，以优异的成绩迎接中共十九大胜利召开。

市委政法委召开中心组（扩大）学习会

市委政法委召开中心组（扩大）学习会，传达学习习近平总书记在省部级主要领导干部专题研讨班上的重要讲话精神，以及省委常委会会议和市委常委会会议有关贯彻精神。会议强调，要全面准确把握重要讲话精神，重点把握好以习近平同志为核心的党中央坚强领导下中国五年来所取得的巨大成绩、社会主义初级阶段这一最大国情、理论必须同实践相统一这一思想原则、“两个一百年”奋斗目标这一战略部署、推进从严治党这一时代命题等五个方面的丰富内涵、精神实质、基本要求。要精心组织学习宣传活动，认真开展交流讨论，加大舆论宣传力度，为中共十九大胜利召开营造团结奋进的浓厚氛围。

市委召开巡察工作动员部署会

市委召开巡察工作动员部署会，深入贯彻习近平总书记系列重要讲话精神和治国理政新理念新思想新战略，贯彻落实新修改的《中国共产党巡视工作条例》，按照中央和省委要求，部署新一轮巡察工作。

会议要求，市委巡察办、各巡察组及有关单位一要深化认识，切实把思想和行动统一到市委的决策部署上来，把发现问题作为巡察监督的首要任务，着力发现个性问题、找准要害问题、深挖根源问题，形成有力威慑。二要强化担当，牢牢把握政治巡察这一定位，紧盯“三大问题”、紧扣“六项纪律”，准确查找政治偏差，聚焦行政审批权、行政执法权、干部人事权、资金资源分配权以及扶贫领域等方面重点事、重点问题，用好巡察成果，提高巡察实效。三要严守纪律底线，把讲政治、守规矩摆在首位，恪守忠诚、干净、担当标准，紧绷纪律规矩这根弦，严格依规依纪开展巡察监督工作。

市调研组到泉港调研精准扶贫工作

市调研组到泉港区山腰街道鸢峰畲族村调研精准扶贫工作。调研中，市调研组一行穿行田间地头，详细察看鸢峰村农业生产、污水处理设施、光伏发电项目运行情况，并深入困难群众家中走访慰问。座谈会上，调研组肯定鸢峰村脱贫工作的成效，并对下一步工作提出具体要求。一要以增加群众收入、村财实力为目标，全面摸清群众收入水平、劳动力就业等情况，组织开展技能培训和就业对接；突出帮扶贫困户，量身定做脱贫计划，确保2017年年底贫困人口全部脱贫。下大力气整理现有耕地，改善生产条件，发展特色农业；稳妥推进光伏发电三期建设，增强村集体“造血”功能。二要加强垃圾清理、污水收集、村庄绿化等工作，改善人居环境，提升村庄形象。三要以党支部建设为重点，通过跨村联带，加强党建工作。四要注重挖掘少数民族文化，打造民族文化特色乡村，助推经济社会全面发展。

市委常委会学习贯彻上级有关工作部署

市委召开常委会会议，传达省委十届三次全体会议、全省宣传部长专题会议精神，研究泉州市贯彻意见，并研究《泉州市区内沟河保护管理条例（草案送审稿）》。市委书记郑新聪主持会议，市委常委参加会议，市人大常委会党组、市政协党组主要负责人列席会议。

会议认为，省委十届三次全体会议深入贯彻习近平总书记以人民为中心的发展思想和新的发展理念，落实中央加快社会事业发展的重大举措，就补齐民生社会事业短板作了全面思想动员和工作部署，对全省上下决胜全面小康社会、推动“再上新台阶、建设新福建”，具有重大意义。各级各部门要深刻领会省委全会精神，把思想和行动统一到省委决策部署上来。要深化重要性紧迫性认识，真正把补齐民生社会事业短板工作摆上重要议事日程；把握方向重点，聚焦教育、卫生与健康、养老、城乡民生基础设施等领域，结合泉州实际，认真解决群众反映强烈的热点难点问题；树牢抓落实鲜明导向，像抓经济工作一样抓社会事业工作，一项项补紧、补实、补到位。要周密组织对接，将市委全会筹备好，将本地区、本部门补短板的目标任务、方向重点和具体工作，转化为专项行动，项目化运作，滚动推进，确保省委全会各项部署取得实质性成效。要强化担当尽责，统筹抓好当前经济运行调度、迎接党的十九大、安全生产、防台防汛防强降雨等工作，确保完成既定目标任务。

会议要求，各地各部门要深刻认识习近平总书记“7·26”重要讲话的重大政治意义、理论意义、实践意义，打牢对标看齐、保持一致的思想基础，把学习贯彻“7·26”重要讲话精神作为重中之重，增强维护核心的思想自觉和行动自觉。全市上下要统筹谋划、精心组织，广泛开展习近平总书记“7·26”重要讲话精神的学习宣传，持续深化习近平总书记系列重要讲话精神和治国理政新理念新思想新战略的宣传阐释，大力开展主题报告、讲师团宣讲、网上展览、乡村故事会等活动，浓墨重彩展示十八大以来各项事业发生的历史性变革成就，营造昂扬向上氛围。要加强领导，强化责任落实和导向管理，扎扎实实做好各项宣传工作，以优异成绩迎接中共十九大胜利召开。

会议强调，内沟河管理是历史遗存保护、生态环保整治、防洪排涝、宜居环境建设的重要内容。市人大常委会要进一步听取各方建议，抓紧抓好《泉州市区内沟河保护管理条例（草案送审稿）》的论证修改，把条例的贯彻实施与“XIN行动”紧密结合起来，形成组合拳，在解决问题过程中建立长效机制，切实让群众有更多获得感。同时，要科学确定立法项目，介入移风易俗、城市“双修”、社会事业补短板等热点问题，做好相关立法工作。

泉州市地方志信息化工作获全国通报表扬

中国地方志指导小组办公室、中国地方志学会信息化研究会作出决定，对地方志信息化工作成绩突出的全国地方志系统21个单位、40名个人给予通报表扬。泉州市方志委在全国众多参评单位中脱颖而出，成为福建省唯一受表扬的先进单位。

近年来，市方志委深入贯彻落实党中央、国务院对信息化工作的决策部署，落实《全国地方志事业发展规划纲要（2015—2020年）》和中国地方志指导小组及其办公室对地方志信息化工作提出的新任务、新要求，不断增强地方志信息化意识，努力提高地方志信息化建设水平，在推进泉州地情网站、数据库、公微号建设，以及运用现代化手段和新媒体平台，发挥存史、资政、教化的职能优势等方面，取得了显著成绩，相关工作得到中指办和省方志委的肯定。

泉州师范学院附属小学入选第二批全国中小学心理健康教育特色学校

省教育厅转发教育部通知称，教育部认定并命名209所学校为第二批全国中小学心理健康教育特色学校，其中福建省有8所，泉州师范学院附属小学入选。此前，泉州第一中学入选入选福建省首批全国中小学心理健康教育特色学校。

8月4日

农历丁酉年闰六月十三
星期五
温度：26℃—33℃
多云

●市委召开常委会会议，传达省委十届三次全体会议、全省宣传部长专题会议精神，研究泉州市贯彻意见，并研究《泉州市区内沟河保护管理条例（草案送审稿）》。

●泉州市地方志信息化工作获全国通报表扬。

●泉州师范学院附属小学入选第二批全国中小学心理健康教育特色学校。

●4—6日，应马来西亚巴生音乐协会、吉隆坡当地华人社团邀请，泉州音乐家小组到马来西亚巴生市、吉隆坡举办两场“蓝蓝泉州湾”音乐会，逾千名观众到场观看演出。

●国家代谢性疾病临床医学研究中心（简称国家代谢中心）泉州分中心成立授牌仪式举行。

●“福建省首届工业机器人技术应用技能大赛暨第二届全国工业机器人技术应用技能大赛选拔赛”在泉州闭幕。

8月5日

农历丁酉年闰六月十四
星期六
温度：27℃—34℃
多云

●众诚智库与经济观察报社旗下经观政研院推出的“2017年中国县域经济50强”榜单出炉。泉州的晋江市排第5位，石狮市排第32位。

●泉州市下达2017年度村集体经济创收项目补助资金1188万元。

●福建医科大学附属第二医院与安溪县官桥医院缔结为医联体医院，并举行医联体授牌仪式。

●全市13个大中型体育场馆向社会免费或低收费开放。

晋江与石狮上榜中国县域经济50强

众诚智库与经济观察报社旗下经观政研院推出的“2017年中国县域经济50强”榜单出炉。福建省的晋江市、石狮市、福清市3个县（市、区）上榜，泉州的晋江市排第5位，石狮市排第32位。

相关链接：晋江为福建省综合实力最强的县市，也是中国经济最发达县市之一。2016年，晋江市GDP1744.24亿元，增长7.8%，连续23年位居福建省县域经济总量第一位，多年来一直跻身全国百强县市前十行列。全市97%以上企业是民营企业，民营企业创造的产值、税收、就业岗位都在95%以上。晋江有7个超百亿产业集群（包括制鞋、纺织服装、建材陶瓷、食品饮料、装备制造、纸制品、新材料），其中制鞋、纺织服装产业产值均超千亿。拥有国家体育产业基地、中国鞋都、世界茄克之都等14个区域品牌。仅就企业品牌而言，晋江就有中国驰名商标42枚，品牌企业专卖店、直营店超过25万家。有上百家企业到境外设立商务机构，安踏、七匹狼、九牧王等知名品牌逐步走向国际化。

石狮市以服装闻名于世，曾被评为中国十大活力县级城市、中国大陆最佳商业城市、中国休闲服装名城、中国休闲面料商贸名城、全国科技进步先进市、全国文化先进市等，是海西最具活力和竞争力的县级市之一。2016年，石狮市GDP703.7亿元，增长8.1%。经过多年精心培育，形成一条完整的纺织服装产业链，涵盖纺织原料、纺纱织布、漂染整理、成衣加工、辅料生产、研发设计、市场营销等各个领域。

石狮服装城 （图/吴寿民）

泉州1188万元扶持村级集体经济

泉州市下达2017年度村集体经济创收项目补助资金1188万元。其中，补助洛江区罗溪镇垵内村等4个村69万元发展光伏发电项目；补助泉港区山腰街道鸢峰村40万元发展光伏发电项目，南埔镇肖厝村12万元自建店铺创收；补助南安市英都镇良山村等15个村268万元发展光伏发电项目；补助安溪县桃舟乡南坑村等19个村415万元发展光伏发电项目；补助永春县一都镇黄沙村等14个村270万元发展光伏发电项目；补助德化县龙门滩镇磻坑村等5个村90万元发展光伏发电项目，杨梅乡杨梅村24万元发展民宿项目。

全市13个大中型体育场馆向社会免费或低收费开放

泉州13个大中型体育场馆向社会免费或低收费开放，其中大型体育场馆6个、中型体育场馆7个。这些场馆分别为：泉州市侨乡体育中心侨乡体育馆、陈延奎体育场、吕振万游泳馆，晋江市体育中心体育场、祖昌体育馆，惠安县体育中心、体育馆，南安市体育中心、体育馆，安溪梧桐体育馆，永春仓满体育场、棣兰体育馆，石狮体育馆。

全市3个大中型体育场馆向社会免费或低收费开放 （图/吴志明 陈钰滢）

泉州市级院士工作站增至42家

第六批泉州市院士工作站公布，有9家单位获评。全市现有42家市级院士工作站。其中37家获评省级院士工作站，数量居全省之首。新增的9家市级院士工作站分别为：泉州梅洋塑胶五金制品有限公司院士工作站、石狮市鸿峰环保生物工程有限公司院士工作站、石狮市展耀纺织科技有限公司院士工作站、九牧厨卫股份有限公司院士工作站、福建省中科生物股份有限公司院士工作站、福建佳友茶叶机械智能科技股份有限公司院士工作站、永春县花卉协会院士工作站、永春县桃溪国家湿地公园管理局院士工作站、福建省永春绿源柑桔苗木繁育场院士工作站。其中，泉州梅洋塑胶五金制品有限公司院士工作站等5个单位获评省级院士工作站。

石狮展耀纺织科技有限公司院士工作站是泉州市成立的第一家海外院士工作站。该院士工作站由俄罗斯工程院与俄罗斯国际系统研究院两院的院士涅夫斯基·亚历山大，与石狮展耀纺织科技有限公司共同搭建，于2017年3月签订“纺织印染行业清洁生产技术开发与应用”项目。项目总投资120万元，将基于涅夫斯基现有的科研成果，结合国内印染行业清洁生产实际要求，推动纺织企业接收并开发具有国际先进水平的清洁生产技术。

相关链接：2017年以来，泉州市相关部门贯彻落实人才“港湾计划”，以创新驱动助力工程为引领，持续推进院士工作站组建工作。全市组建的42家院士工作站，基本涵盖泉州九大主导产业，将有力地引导院士、海内外各领域专家及其创新团队向泉州市企事业单位集聚，在攻克产业核心关键技术、引进科研成果产业化、科技咨询、协同创新、共建平台、创新创业人才培养培育等方面发挥积极作用，为加快“五个泉州”建设提供智力支撑。

全国地方志优秀成果（年鉴类）评审揭晓泉州年鉴工作再创佳绩

由中国地方志指导小组、中国地方志学会组织开展的2017年全国地方志优秀成果（年鉴类）评审揭晓，《泉州年鉴》（2016卷）获地市级三等奖，这是继2016年全国地方志优秀成果（年鉴类）获地市级大奖、在全省地方综合年鉴工作中取得历史性突破后的又一殊荣。在此次全国地方志优秀成果（年鉴类）县区级奖项中，《德化年鉴》（2016卷）获县区级一等奖，《石狮年鉴》（2016卷）获县区级三等奖。泉州方志系统年鉴工作再次喜获丰收。

2017年全国地方志优秀成果（年鉴类）评审揭晓 泉州年鉴工作再创佳绩 （图/吴寿民）

《泉州年鉴》自2001年开编以来，已连续出版16卷，每一卷年鉴都客观、全面、准确地记载全市政治、经济、文化等各方面的发展历程，旨在为各级领导科学决策提供市情依据，为各行各业提供信息服务，为国内外各界人士了解泉州、研究泉州提供窗口和媒介，同时为续修地方志储备资料。

近年来，泉州市方志委致力于打造年鉴精品，找准年鉴创新的核心和基点，调整工作分工，创新工作方法，加强工作力量，实现从组稿、纲目、编审到装帧的屡次调整，在内容、版式和印刷质量上都有较大的创新与突破。与此同时，市方志委注重加强对全市各县（市、区）年鉴编纂工作进行指导培训，在全省率先实现地方综合年鉴编纂、出版的“全覆盖”。2016年，《晋江年鉴》被列入福建省年鉴精品工程试点；2017年，《德化年鉴》（2017卷）篇目设置被列入全国试点。

8月6日

农历丁酉年闰六月十五
星期日
温度：28℃—35℃
多云

●第六批泉州市院士工作站公布，有9家单位获评。全市现有42家市级院士工作站。

●全国地方志优秀成果（年鉴类）评审揭晓，泉州年鉴工作再创佳绩。

●泉州高品医学检验实验室启动仪式在泉州台商投资区德润医疗产业园举行。

8月7日

农历丁酉年闰六月十六
星期一
温度：28℃—35℃
多云—阴

●全市宣传部长专题工作会议召开，会议深入学习贯彻习近平总书记“7·26”重要讲话精神，传达贯彻全国、全省宣传部长专题工作会议和市委常委会会议精神，研究部署泉州市迎接党的十九大宣传工作。

●“古城双修”规划设计初案正式出炉，方案提出古城“内修于心、外修于形”的总体策略。

●全市农村精神文明建设暨移风易俗工作推进会召开。

●由市委宣传部、市委讲师团和市农业局组织的泉州市农民讲师宣讲团巡回宣讲活动启动，首场宣讲活动在洛江区虹山乡举行。

●2017年泉州市海上救援安全演练暨安捷海岸救援服务中心成立仪式在石狮永宁红塔湾举行。

全市宣传部长专题工作会议召开

全市宣传部长专题工作会议召开，会议深入学习贯彻习近平总书记“7·26”重要讲话精神，传达贯彻全国、全省宣传部长专题工作会议和市委常委会会议精神，研究部署泉州市迎接党的十九大宣传工作。会议指出，习近平总书记“7·26”重要讲话，高屋建瓴、内涵丰富，是坚持和发展中国特色社会主义的政治宣言和行动纲领，是中国特色社会主义理论体系的进一步丰富和发展，为中共十九大胜利召开奠定重要的政治、思想和理论基础。当前，学习好、宣传好、贯彻好习近平总书记“7·26”重要讲话精神，是全党全国的重要政治任务，也是全市宣传思想文化战线的首要任务。

会议要求，全市宣传思想文化战线要全面学习、深刻领会，准确把握习近平总书记“7·26”重要讲话精神实质和深刻内涵；以习近平总书记“7·26”重要讲话精神为指导，精心部署安排，加强整体谋划，制订具体方案，做好迎接和宣传中共十九大各项工作，营造喜迎十九大的良好氛围；要增强使命担当，切实加强管理，加强风险排查，严格纪律要求，加强督促检查，全力以赴抓紧抓好各项宣传工作任务，把迎接和宣传中共十九大各项任务落到实处，以优异的成绩迎接中共十九大胜利召开。

“古城双修”规划设计初案出炉

“古城双修”规划设计初案正式出炉，方案提出古城“内修于心、外修于形”的总体策略，即重振古城功能活力、重铸古城文化意向、重释古城生活延续的内修施治策略和重整古城生态本底、重织古城交通网络、重构古城基础设施的外修施治策略。时间为两年，力争实现“留形、留人、留魂，见人、见物、见生活”，打造古城保护3.0版本。“古城双修”项目库同步建立，根据提质、惠民、兴文、治水、立规、串线等六个原则，整合各类规划建设项目，初步方案提出七大示范项目。其中，综合提升工程类3项，绿化提升类1项，文化遗产展示工程1项，功能提升工程2项。即“七个一”工程：一园（小山丛竹公园建设工程）、一区（龙头山片区改造提升工程）、一河（八卦沟及两岸地区综合提升工程）、一街（西街综合提升工程）、一路（中山路综合提升工程）、一厝（老范志大厝展示提升工程）、一站（旧车站改造提升工程）。

泉州市召开农村精神文明建设暨移风易俗工作推进会

全市农村精神文明建设暨移风易俗工作推进会召开，传达学习全国、全省有关会议精神，布置下一步工作。市民政局等7个单位代表分别在会上作经验交流。会议要求，各级各部门在移风易俗工作方面，发挥党员干部和新乡贤的带动作用，通过乡风评议、民间舆论、群众评价来不断深化农民群众自我教育、自我管理。在基层文化建设方面，要了解百姓所需所想所盼，以百姓喜闻乐见的形式，提高文化供给的有效力和吸引力。会议强调，各级各部门要明确责任分工，加强协作配合，形成整体合力；注重方式方法，务求工作实效；强化宣传引导，营造浓厚氛围；严格督导考核，实现常态长效。

市农民讲师团巡回宣讲启动

由市委宣传部、市委讲师团和市农业局组织的泉州市农民讲师宣讲团巡回宣讲活动启动，首场宣讲活动在洛江区虹山乡举行。活动旨在助推精准扶贫工作取得新成效，推动2017年全面脱贫目标任务的完成。该次参与巡回宣讲的农民讲师是由各地推荐的，有粮食、蔬菜、茶叶、淮山、菌菇等种植能手，也有畜牧、海水、淡水等养殖能手和美丽乡村建设方面的优秀工作者，他们热心公益事业，沟通能力强，具备良好的农业种植和养殖技术。巡回宣讲活动启动后，来自晋江的农民讲师李锦成现场分享题为“耕地流转，科学种粮”的心得体会。市农民讲师宣讲团成员随后还到洛江区虹山乡宏美农民专业合作社种苗试验田现场指导淮山和红心地瓜种植，并到该乡苏山村茶园散养鸡场了解生态黑鸡养殖。

孙绍骋到泉州调研土地资源管用工作

8—9日，由国土资源部党组书记、副部长孙绍骋率队，国土资源部调研组到泉州开展工作调研。副省长洪捷序，国家土地督察上海局局长韩海青，市领导郑新聪、康涛、洪自强以及省市国土资源部门、晋江市、安溪县主要领导等参加调研。

在泉州期间，孙绍骋一行实地察看晋江市磁灶镇东山水库自然资源登记单元、大埔村农村宅基地制度改革试点、洋宅村永久基本农田保护区和安溪县官桥—龙门废弃矿山地质环境示范治理项目，进村入户与群众座谈，面对面听取他们对不动产登记证发放、农村土地制度改革等工作的意见建议和满意度情况，并现场走访磁灶镇国土资源所，看望慰问一线干部职工。

调研中，孙绍骋对泉州市国土资源工作探索的创举和取得的实效表示肯定，鼓励泉州再接再厉，在中央五大发展理念的引领下，更加科学高效地管好用活土地资源，推动国土资源生态文明建设，为经济社会可持续发展提供强有力的支撑和保障。

就下阶段工作，孙绍骋要求，要进一步推动自然资源统一确权登记规范化、法治化，建立完善归属清晰、权责明确、监管有效的自然资源资产产权制度，促进自然资源有效保护、合理利用，更好引领绿色发展。要纵深推进农村土地制度改革试点工作，坚持以人为本，从群众利益出发谋划推进改革，在确保农民住有所居的同时，想方设法盘活利用闲置农房和宅基地，增加农民财产性收入，充分释放农村发展活力，为全面推进农村土地制度改革积累经验、提供借鉴。要牢牢把握加强基本农田保护的目标定位，加大永久基本农田建设力度，全面推进高标准农田集中连片整治，确保永久基本农田数量不减少、用途不改变、质量不降低。要进一步加强矿山地质环境恢复和综合治理，创新探索矿山迹地和毁损土地的全面复垦利用，逐步解决地质灾害隐患和历史遗留矿山地质环境问题，保护和改善群众居住发展环境，最大限度推动经济效益、社会效益和环境效益协调发展。

康涛与日本浦添市少儿友好交流团座谈

市长康涛与到泉州访问的日本浦添市少儿友好交流团座谈。市政府领导陈荣洲参加。康涛指出，泉州历史悠久，海外交通繁盛，自古与日本保持频繁交往。与浦添市结为友城以来，两市在多领域互动良好，人民情谊不断加深，特别是青少年友谊持续增进。期待两市继续深化交流，扩大合作成果。

泉州市行人过街立体设施布局规划完成修编

《泉州市中心区行人过街立体设施布局规划》完成修编，对各片区主要道路行人过街立体设施布局规划、改善和实施等进行可行性分析。在上一轮规划的指导下，泉州市完成14座人行天桥和19座人行地道的建设，有效缓解若干处人车冲突较为严重的节点，既保证行人过街的安全便捷性，又增强相关道路的通行能力。但从长远看来，整体存在不足。此次修编工作，主要研究主干道以上级别道路沿线过街设施布局，同时把特殊地段如学校、医院等过街设施也纳入研究范围。

经过修编的现有方案，建议新布局行人过街立交设施200多处，其中，中心东片区34处、古城区3处、西湖片区5处、东海组团36处、城东片区26处、北峰片区29处、丰州片区10处、万安双阳片区22处、江南新区22处、江滨商务区9处、清濛园区9处、汽车基地2处、池店北片区26处。

黎明大学人行天桥　　（图/泉州晚报社）

8月8日

农历丁酉年闰六月十七
星期二
温度：27℃—34℃
阴

●8—9日，由国土资源部党组书记、副部长孙绍骋率队，国土资源部调研组到泉州开展工作调研。

●康涛与到泉州访问的日本浦添市少儿友好交流团座谈。

●泉州市举行省级双拥模范城（县）牌匾颁发仪式。在新一轮省级双拥模范城（县）命名表彰中，泉州市及11个县（市、区）全部入选，实现“满堂红”三连冠。

●《泉州市中心区行人过街立体设施布局规划》完成修编。

●2017年泉州市“全民健身日”启动仪式举行。

8月9日

农历丁酉年闰六月十八
星期三
温度：27℃—34℃
阴一多云

●市委召开常委会会议暨市全面深化改革领导小组会议，研究通过市总工会、团市委、市妇联、市科协等四个单位改革方案。

●陈万里带领市直相关部门人员到市级扶贫开发重点帮扶村——惠安县涂寨镇曲江村调研精准扶贫工作。

●市政协召开听取市中级法院工作情况通报会。

●一艘装载着1.9万吨航空煤油的油轮驶离泉州港鲤鱼尾作业区，驶向孟加拉国吉大港，开启福建省航空煤油首次出口“一带一路”国家之旅。

●石狮市检察院“派驻市河长办检察官工作室”揭牌仪式在石狮市防汛大楼举行。

市委常委会会议暨市全面深化改革领导小组会议召开

市委召开常委会会议暨市全面深化改革领导小组会议，研究通过市总工会、团市委、市妇联、市科协等四个单位改革方案。市委书记郑新聪主持会议，市委常委参加会议，市人大常委会党组、市政协党组主要负责人列席会议。

会议指出，群团改革是中央、省委根据新形势新任务和适应党的群众工作形势变化，作出的具有全局和战略意义的决策部署，也是泉州市2017年党建的重要改革项目。各群团组织要把握正确的改革方向，坚持党的领导，增强“四个意识”，保持政治性、先进性和群众性，根据泉州实际采取具体实在的改革举措；要发挥桥梁纽带作用，以迎接中共十九大胜利召开为工作主线，团结带领广大干部群众更紧密地团结在以习近平同志为核心的党中央周围，切实增强群团组织的发展活力和服务能力，为建设“五个泉州”贡献智慧和力量。

会议要求，要认真落实中央、省委部署，切实增强改革的紧迫感，增强自我革新的决心和勇气，切实发挥好群团组织的服务功能。突出基层，从体制机制和组织管理体系上入手，加大基层一线代表的比例，更多把普通群众中的优秀人物纳入群团组织；突出服务，注重群团工作的方式方法，根据服务对象的特点和需要，每年明确一批重点项目，打造一些有特色的群团工作品牌，主动承接社会公共服务职能，切实帮助群众解决实际问题。

会议强调，要增强责任担当意识，切实把责任落到实处。市总工会、团市委、市妇联、市科协要抓好改革方案的组织实施，要逐条逐项细化落实，确保按时完成各项改革任务。市深改办和党建制度改革领导小组要继续发挥牵头抓总、协调服务作用，加大督促检查。各相关部门要进一步健全群团工作保障制度，把更多资源和手段赋予群团组织，为群团组织开展工作创造良好条件，保障群团改革顺利推进。

陈万里到惠安调研精准扶贫工作

市人大常委会党组书记陈万里带领市直相关部门人员到市级扶贫开发重点帮扶村——惠安县涂寨镇曲江村调研精准扶贫工作。调研中，陈万里一行详细察看曲江村“美丽乡村”建设提升项目、农民合作社养殖基地情况，并召开座谈会，分别听取曲江村、涂寨镇相关情况汇报。市直相关部门就如何使扶贫工作既精准又落实提出建议，并在项目立项和资金拨付方面给予曲江村支持。

陈万里肯定曲江村脱贫攻坚、基层党建等工作的成效，并对下一步工作提出具体要求。一要谋好思路，发展村财增收项目，壮大村集体经济，建立脱贫长效机制；二要抓好项目，发动外出乡贤和全村上下力量，一步一个脚印，推动各个项目出实效；三要帮好脱贫，以“一个都不能落下”的决心做好深度脱贫，继续帮扶使已脱贫的走上致富路；四要整好环境，加强对村容村貌的提升和维护；五要用好制度，用党纪国法、村规民约来管好人、用好财，确保有限的资金用在刀刃上；六要建好班子，发挥党支部核心带头作用，为该村脱贫攻坚提供坚强有力的组织保障。

市政协听取市中级法院工作情况通报

市政协召开听取市中级法院工作情况通报会。市政协主席陈灿辉，副主席陈铭福、李冀平、王瑞强、陈益、林志建，秘书长陈伟平参加。市中级法院代院长陈明通报2017年以来全市法院主要工作情况。与会委员围绕公平公正执法、司法创新实践、维护社会稳定等相关议题建言献策。

陈灿辉肯定市中级法院2017年以来在抓好执法办案、司法改革创新、服务发展大局等方面所取得的成效。陈灿辉希望全市法院着力破解执行难题，更好地发挥司法审判职能。依法防范和打击各类犯罪活动，加强司法领域矛盾纠纷排查化解，依法严惩危害国家政治、经济安全和社会稳定的各类刑事犯罪。注重群众多元司法需求，创新便民利民措施，加大“打击恶意逃废债、塑造诚信泉州”活动力度。加强法院队伍建设，坚持抓班子带队伍，提升综合素质和专业化水平。

郑新聪带队督查中央环保督察反馈意见整改落实情况

市委书记、市人大常委会主任郑新聪带队到惠安、南安，现场督促检查中央环保督察反馈意见整改落实情况。市委常委、常务副市长张永宁参加活动。

在惠安县的泉州市工业废物综合处置中心项目工地现场，郑新聪就详细询问土建施工进展、设备到位时间、施工困难问题等。当了解到该项目完成砂土回填，计划年底前建成工业废物贮存仓库、安装焚烧主体设备，郑新聪指出，要将工程纳入重大项目协调调度，想尽一切办法保障好水电配套、砂石料供应等，推动项目加快建成投用，尽早服务泉州区域的工业废物无害化、资源化、减量化处理。

随后，郑新聪赶往南安市继续督查。在石井镇，三尚石材公司既未办理环评审批手续，也未配套完善的污染防治设施。当地依法采取断电停产、关闭拆除等措施，强力推动整改，企业厂房及设备全部拆除。南安还对辖区需整改的191家石材企业进行排查分类，形成“关闭取缔”和“整顿规范”两张清单，按照“关闭一批、提升一批、培育一批”办法，组织专项整治。郑新聪对南安的整改工作给予肯定。

调研中，郑新聪强调，一要抓牢“党政同责、一岗双责”，增强思想自觉和行动自觉；二要严格问题倒逼、节点倒排，逐项细化方案、专班推进，对整改问题实行分账式管理，挂账督办，以铁的手腕坚决彻底整改到位；三要坚决一抓到底、标本兼治，全面推进环保设施与能力建设大会战，努力补上环境保障能力的短板；四要强化督查，做到有部署安排、有督促检查、有考核评估、有责任追究；五要注重举一反三，建立健全机制，提高环保准入门槛，对历史遗留问题不推诿、不畏难，为今后工程环保规范管理和项目建设奠定良好基础。

康涛会见到泉州考察的菲律宾晋江同乡总会访问团

受市委书记、市人大常委会主任郑新聪委托，市长康涛会见到泉州考察的菲律宾晋江同乡总会访问团。市领导林万明参加会见。康涛指出，旅菲华侨身在海外心系家乡，为泉州经济社会发展贡献良多。当前，泉州正处在转型升级的关键时期，希望广大乡贤继续大力支持家乡事业，多谋合作共赢之举。

纺织鞋服高级研修班在泉州开班

10—14日，由人力资源和社会保障部主办，福建省人力资源和社会保障厅、泉州市人力资源和社会保障局承办的纺织鞋服行业新材料和智能制造技术应用高级研修班在泉州开班，来自全国各地从事纺织鞋服行业的近百名学员参加该次研修班。

研修班邀请到东华大学纺织学院、闽江学院服装学院、泉州师范学院化工与材料学院、石狮市服装与饰品产业研究院、泉州华中科技大学智能制造研究院等高校和研究机构的专家学者进行授课。课程围绕数字化纺织技术、新纺织纤维材料应用、新型弹性纤维的开发及应用、3D打印在鞋材中的应用、智能技术在鞋服工业中的应用等主题展开讲授，走进泉州纺织鞋服企业进行现场教学。

泉港区入选全国第二批“县管校聘”改革示范区

来自省教育厅消息称，教育部公布30个第二批义务教育教师队伍“县（区）管校聘”管理体制改革示范区，泉州市泉港区上榜。2015年，教育部公布首批义务教育教师队伍“县管校聘”管理改革示范区19个，福州市闽侯县位列其中。

相关链接：泉港区持续深化教育改革，在泉州市率先推行教师“县管校聘”管理机制，实施机动灵活的教师人事管理制度，优化教师队伍结构。2016年，全区交流教师243人，占应交流人数的21.8%，远高于省教育厅提出的每年不低于10%的要求。泉港区实行“编随人走”，采取教师人事“打包管理”，核定岗位设置总量及其结构比例，实行编制全区统一管理，将全区教师的编制数3212个下达给区教育部门统一管理；实行“五个统一”，即统一工资待遇、统一编制标准、统一招考聘用、统一考核办法、统一退休管理；通过校际交流、支教、援教、挂职与跟班等多种形式，促进片区师资均衡发展。

8月10日

农历丁酉年闰六月十九
星期四
温度：27℃—33℃
阴—多云

●郑新聪带队到惠安、南安，现场督促检查中央环保督察反馈意见整改落实情况。

●受郑新聪委托，康涛会见到泉州考察的菲律宾晋江同乡总会访问团。

●10—14日，由人力资源和社会保障部主办的纺织鞋服行业新材料和智能制造技术应用高级研修班在泉州开班。

●教育部公布30个第二批义务教育教师队伍“县（区）管校聘”管理体制改革示范区，泉州市泉港区上榜。

●团市委开展2017年第三期机关开放日活动，邀请非物质文化遗产传承人、护遗大学生暑期实践者、团员青年、护遗青年志愿者等40余名青年代表走进团市委办公地点，并就“古城护遗，青年先行”主题进行交流座谈。

8月11日

农历丁酉年闰六月二十
星期五
温度：27℃—34℃
阴

●中共泉州市委十二届四次全会召开。

●康涛率队到石狮、晋江、丰泽，现场督查中央环保督察反馈意见整改落实情况。

●11—15日，2017年福建省青少年篮球锦标赛在宁德举行，泉州二队凭借出色的发挥，获得女子组冠军。

中共泉州市委十二届四次全会召开

中共泉州市委十二届四次全会召开。市委书记郑新聪主持会议并讲话，市委副书记、市长康涛作有关文件说明。市领导陈奕辉、陈万里、陈灿辉、翁祖根、温惠榕、孔繁军、林万明、陈铁晗、张永宁、林锦明、杨晓山，市委委员、候补委员出席会议。会议主要任务是，深入贯彻习近平总书记以人民为中心的发展思想和新发展理念，认真落实省委十届三次全会关于加快社会事业发展的决策部署，重点研究泉州市教育、卫生与健康、养老、城乡民生基础设施等领域补短板问题，确保如期全面建成小康社会。

会议强调，泉州市加快补齐民生社会事业短板的总体要求是：全面贯彻中共十八大和十八届三中、四中、五中、六中全会精神，深入学习贯彻习近平总书记系列重要讲话精神和治国理政新理念新思想新战略以及对福建工作的重要指示，统筹推进“五位一体”总体布局，协调推进“四个全面”战略布局，增强“四个意识”，牢固树立和贯彻落实五大发展理念，坚持以人民为中心的发展思想，围绕“五个泉州”战略部署和“226”工作要求，实施“舒心、暖心、贴心、安心”工程，紧盯薄弱、对接需求、精准发力、攻坚克难，最大限度加快补齐教育、卫生与健康、养老、城乡民生基础设施等社会事业短板，不断增强经济社会发展的全面性、协调性、平衡性，让人民群众有更多的获得感、幸福感，到2020年社会事业重点领域主要指标达到或高于全省平均水平，确保与全省同步全面建成小康社会，以优异的成绩迎接建党100周年。

全会审议通过《中共泉州市委关于加快社会事业发展补齐民生短板确保如期全面建成小康社会的决定》和《中国共产党泉州市第十二届委员会第四次全体会议决议》；讨论教育、卫生与健康、养老、城乡民生基础设施等相关配套文件。

中国共产党泉州市第十二届委员会第四次全体会议召开，图为会议现场（图/陈起拓）

康涛带队督查中央环保督察反馈意见整改落实情况

市长康涛率队到石狮、晋江、丰泽，现场督查中央环保督察反馈意见整改落实情况。在中央第五环境保护督察组的反馈中，梧垵溪污染整治工作被指进度缓慢。带着问题，康涛一行到位于石狮市的梧垵溪下游河道整治工程，实地查看泥沙清淤、河道拓宽等现场施工。康涛要求，在保证质量和安全的前提下，要继续加快施工进度；同时统筹考虑区域定位，做好规划设计，注重综合开发，既要推进清淤、截污等工作，更要在堤岸绿化上下功夫，努力提升周边人居环境的整体品质。随后，康涛一行又赶赴位于晋江市的梧垵溪上游河道整治工程现场，该段流域基本完成干流河道清淤整治。康涛指出，清淤整治只是基础性工作，要突出做优流域生态环境，特别要因地制宜，加强流域植被生态保护和景观设计，兼顾功能性和美观性，打造清新自然、富有野趣的流域环境。在丰泽区，康涛实地查看东海污水处理厂入水口、处理池等设施设备，详细询问厂区排污口整治进展，要求相关部门协调配合，成立工作小组，加快制定方案，推进整治工作如期落地见效。康涛要求，各级各部门要全面推进环保设施和能力建设大会战，动真碰硬抓好环保问题攻坚。要压紧压实责任，抓紧抓实整改，强化实时监督，对完成整改的问题要进行跟踪检查，防止反弹回潮，建立健全环保长效机制。

国家信访局调研组到泉州调研

以中央信访工作联席会议办公室副主任、国家信访局党组副书记、副局长张恩玺为组长的调研组到泉州开展信访工作调研。市委书记、市人大常委会主任郑新聪，市委常委、政法委书记林锦明及省信访局主要负责人等参加调研或相关活动。国家信访局调研组一行考察石狮市祥芝渔业调委会，就发挥社会力量参与化解信访问题工作进行调研；考察石狮市和谐劳动关系服务中心，就依法分类处理信访事项的经验做法进行深入调研；现场观看石狮市信访工作宣传片，全面了解近年来石狮市信访工作做法和成效。

调研中，当了解到石狮市信访局被人社部、国家信访局授予全国信访系统先进集体称号时，张恩玺肯定泉州市、石狮市两级党委政府对信访工作的高度重视及所取得的工作成效。他指出，泉州市各级各有关部门能围绕“阳光信访、责任信访、法治信访”的工作主线，切实贯彻落实习总书记提出的“三到位一处理”要求，带着对群众的深厚感情做信访工作，并在充分发挥社会力量共同参与矛盾纠纷的化解和依法分类处理信访诉求等方面做了有益探索，积极创新体制机制，有力推动及时就地解决群众信访问题。

张恩玺要求，泉州市各级党委政府和领导干部要深入学习贯彻习近平总书记对信访工作的重要指示和第八次全国信访工作会议精神，积极践行信访为民的理念，继续传承发扬和总结提升好的经验和做法，全方位构筑“大调解”机制，切实将群众矛盾纠纷化解在当地、化解在萌芽状态；要坚持运用法治思维和法治方式化解矛盾和问题，积极建立运行顺畅的联络沟通和反馈机制，推进依法分类处理信访诉求工作，大力引导群众依法逐级反映诉求，构建依法文明有序的信访秩序。

首批两江流域补偿资金下达

2017年第一批晋江、洛阳江上游水资源保护补偿专项资金7318万元下达，旨在促进泉州市重点流域上游地区加快水资源保护，改善晋江、洛阳江流域的水环境质量。根据市政府2017年出台的《晋江、洛阳江上游水资源保护补偿专项资金管理规定》，流域保护补偿专项资金中，40%按流域面积、流域水质水量、年度主要污染物削减任务完成比例、用水总量控制、重点整治任务完成比例以及生态保护因子等因素，切块分配给上游县（市、区），主要用于上游县（市、区）本级组织实施的水资源保护建设项目；另外60%的资金以项目补助形式安排，主要用于晋江、洛阳江上游地区有关县（市、区）组织实施的水资源保护建设项目。此次下拨的流域保护补偿专项资金中，除了40%按因素切块分配给上游县（市、区）自行安排的5000万元外，其余2318万元主要用于上游县（市、区）组织实施的农村生活污水处理设施建设，污水处理厂及配套管网建设，乡镇生活垃圾收集转运系统工程，乡镇湿地公园建设，生态河道综合整治等52个具体项目。

洛阳江水域　（图/晚报社）

泉州新添一条跨关区转关线路

由广州白云机场海关转关至泉州海关的首票快件抵达晋江陆地港国际快件监管中心并监卸完毕，标志着泉州关区正式开辟继福州长乐机场海关、深圳机场海关以外的第三个跨关区转关线路。为顺利开辟本条跨关区转关路线，泉州海关部门对接广州白云机场海关，多次就转关监管流程等内容进行探讨研究，并开通本条路线，此举将有助于泉州关区吸收整合周边地区空港资源，拓展泉州关区货物类型与来源，有效缓解附近空港压力，有利于打开跨境电商的贸易往来速度，利于当地制造业的发展。

8月12日

农历丁酉年闰六月廿一
星期六
温度：27℃—34℃
多云—阴

●张恩玺率领国家信访局调研组到泉州开展信访工作调研。

●2017年第一批晋江、洛阳江上游水资源保护补偿专项资金7318万元下达。

●由广州白云机场海关转关至泉州海关的首票快件抵达晋江陆地港国际快件监管中心并监卸完毕，标志着泉州关区正式开辟继福州长乐机场海关、深圳机场海关以外的第三个跨关区转关线路。

●香港泉州市同乡总会在香港湾仔会展中心举行庆祝香港回归祖国二十周年活动暨第十四届董事就职典礼。

8月13日

农历丁酉年闰六月廿二
星期日
温度：26℃—32℃
阴

●13—14日，全国政协副主席、全国工商联主席王钦敏率队到泉州调研。市领导郑新聪、康涛、陈灿辉、林志建参加调研或相关活动。

●中央财政对福建省5个特色小镇（村）给予专项补助资金500万元，均用于福建省文化特色小镇（村）的文物展示利用项目。泉州市南安漳州寮村和安溪湖头镇名列其中，分别获得补助100万元。

王钦敏到泉州调研商会建设

13—14日，全国政协副主席、全国工商联主席王钦敏率队到泉州调研。市领导郑新聪、康涛、陈灿辉、林志建参加调研或相关活动。王钦敏一行到晋江英林镇商会、晋江市泳装产业协会、柒牌集团、非公经济领域法治教育基地、集成电路产业园等地实地考察，并召开座谈会。会上，企业家和商会代表围绕实体经济发展、产业转型升级、商会服务等方面畅所欲言，介绍他们在创新发展、品牌建设、服务企业、热心公益等方面的成功经验，并就下一步发展提出意见建议。

王钦敏认真倾听，不时详细询问。他指出，秉承爱拼敢赢、脚踏实地的可贵精神，泉州民营企业家紧抓机遇，苦干实干，不仅推动实体经济发展，打牢产业根基，还通过发挥商会作用，促进地区城乡全面发展，形成许多宝贵经验。当前国家正大力推进供给侧结构性改革，转型升级步伐持续加快，为民营经济发展带来了机遇和条件，希望广大民营企业不忘初心、坚定信念，继续加大产品技术创新力度，强化品牌建设，为经济社会的发展贡献力量。

王钦敏强调，商会组织是工商联的重要基础和依托，各级工商联要进一步加强沟通联系，指导商会组织建立企业服务、政府服务等清单，理清商会职责职能，推动商会组织专业化、功能化；要加快商会信息化平台建设，整合各行业资源，搭建网上商会服务平台，实现资源共享；要充分发挥工商联的桥梁纽带作用，汇聚国内外商会力量，继续为民企“走出去”铺平道路。

泉州2个特色小镇（村）获中央补助

中央财政对福建省5个特色小镇（村）给予专项补助资金500万元，均用于福建省文化特色小镇（村）的文物展示利用项目。泉州市南安漳州寮村和安溪湖头镇名列其中，分别获得补助100万元。另外三个获补助的特色小镇（村）分别是三明永安吉山村、南平武夷山五夫镇、龙岩长汀中复村。

相关链接：南安市漳州寮村的补助项目内容为以闽南红砖建筑文化、华侨文化为主题的文物展示利用工程。该村是省级历史文化名村、中国传统村落，位于漳州寮村的蔡氏古民居，系清朝资政大夫蔡资深所建，占地16000多平方米，现存较为完整的宅第16座，是第五批全国重点文物保护单位。目前，官桥镇已委托编制《蔡氏古民居建筑群保护利用规划》，规划期限为15年，以全国重点文物保护单位蔡氏古民居建筑群为中心，涵盖建设控制地带以内所有区域及景观控制范围内部分区域，规划占地面积约74公顷。漳州寮传统村落改善提升项目也在有序推进，内容包括旅游公厕改造、戏台改造、景点广场周边环境提升等。

安溪县湖头镇的补助项目内容为以侨乡文化、李光地文化为主题的文物展示利用工程。该镇历史文化底蕴深厚，现代产业体系发达，是“一代名相”李光地的故里。近年来，湖头镇着力打造李光地文化品牌，建设李光地文化园和阆湖博物馆、廉政文化基地等，并对李光地故居旧衙等国家和省级历史文化保护单位进行规划设计、修缮、整理，通过重点修缮复原、整体保护改善等形式，打造由60多座明清古民居组成的府衙群，恢复湖头古镇的传统格局和风貌。随着湖头镇小城市综合改革建设试点工作和特色小镇建设的推进，该镇逐步形成以光电产业为主导、以文化旅游为特色的产业发展格局，配套设施日益便捷完善。

蔡氏古民居建筑群　（图/吴寿民）

市委常委会会议研究中央环保督察组反馈意见整改方案

市委召开常委会会议，研究《泉州市贯彻落实中央环境保护督察组督察反馈意见整改方案》。市委书记郑新聪主持会议，市委常委参加会议，市政协党组主要负责人列席会议。

会议指出，各级各部门要从维护以习近平同志为核心的党中央权威、遵守政治纪律和政治规矩的高度，牢记总书记对福建生态文明建设的殷切嘱托和谆谆告诫，贯彻落实中央环境保护督察组福建省情况反馈会和市整改工作专题会精神，把整改作为一项重要政治任务，主动认领、照单全收，不讲条件、不打折扣，以实事求是、坚决果断的态度，确保按期保质完成。

会议要求，整改要全面彻底。按照不查不放过、不查清不放过、不处理不放过、不整改不放过、不建立长效机制不放过"五个不放过"的原则，逐项对照检查问题整改清单，把握时间节点，倒排工期进度，拉条挂账、办结销号，确保事事有回音、件件有着落。要从严从快，对中央环境保护督察组交办的信访投诉问题，结合反馈意见中的新案件、新线索，迅速排查核实、查办处理，按照一定的时间标准见到实实在在的进展。要集中攻坚，对重点难点问题，系统组织、集中力量，深入细致做工作，采取有效措施，按期完成整改处置。要标本兼治，一方面从顶层设计、制度建设的源头上拿出解决的根本措施，另一方面全力抓好环保设施与能力建设大会战，把短板补齐、补紧、补到位。

会议强调，监督要严厉严肃。各级党政"一把手"要负总责、亲自抓，亲自研究协调重点难点问题攻坚。要全程跟踪督促，落实月汇报、月调度、季督查制度。对不作为、慢作为，被动应付、选择性整改，造成严重后果的，要严肃追究相关单位和人员的责任。要邀请人大代表、政协委员、群众代表及社会组织、新闻媒体等参与监督，及时公开整改信息，确保整改效果群众满意、社会认可。

市政府第十四次常务会议召开

市长康涛主持召开市政府第14次常务会议，研究并通过《泉州市开展垃圾分类处理工作实施方案（2017—2020年）》《泉州市流通领域食用农产品入市质量安全检测方案（试行）》。

会议指出，各级各相关部门要围绕从"大分流"到"干湿分离"再到"小分类"的阶段性工作目标，启动生活垃圾分类试点，加强硬件设施、政策法规、运营监管、社会动员、工作推进等5个支撑体系建设，完善城市管理和服务，创造优良的人居环境。同时，要发挥市场作用，建立健全激励约束机制，引导居民养成主动分类的习惯，形成全社会共同参与垃圾分类的良好氛围。

会议强调，各级各有关部门要坚持试点先行、逐步推进原则，按照"抓源头、明来源、强检测"的思路，从规范入市检测工作入手，抓住食用农产品源头性批发市场和农贸（零售）市场两个关键环节，落实经营主体责任义务，完善检测制度，加强食用农产品质量管理。同时，强化检测结果运用，向社会实时公开并方便公众查询。

市委人才工作领导小组会议召开

市委人才工作领导小组（扩大）会议召开，总结人才"港湾计划"实施半年来的工作情况，研究相关配套政策文件，部署下阶段工作。会议还研究通过《泉州市人才市场化评价试点工作方案》《泉州市高层次人才安居保障暂行规定》等6份配套制度文件。2017年，泉州市出台高层次人才认定标准、认定办法以及工作、生活待遇、"一站式"服务等专项制度。全市核准公示5批次1400多名高层次人才；累计建成院士工作站42家，数量位居全省第一；促成南京大学与省政府签约共建南京大学（福建）环保产业研究院落地泉州。下阶段，在全省率先实施专家举荐人才制度及高层次人才职称直聘，探索人才事业编制"周转池"，为泉州市破解社会事业发展短板提供人才支撑。

8月14日

农历丁酉年闰六月廿三
星期一
温度：28℃—36℃
阴—多云

●市委召开常委会会议，研究《泉州市贯彻落实中央环境保护督察组督察反馈意见整改方案》。

●康涛主持召开市政府第14次常务会议，研究并通过《泉州市开展垃圾分类处理工作实施方案（2017—2020年）》《泉州市流通领域食用农产品入市质量安全检测方案（试行）》。

●市委人才工作领导小组（扩大）会议召开，总结人才"港湾计划"实施半年来的工作情况，研究相关配套政策文件，部署下阶段工作。

8月15日

农历丁酉年闰六月廿四
星期二
温度：26℃—35℃
多云

●刘玉珠带队到泉州调研检查“古泉州（刺桐）史迹”申遗和文物安全工作，并听取相关工作情况汇报。

●市人大常委会召开党组（扩大）会议，传达学习市委十二届四次全体会议精神。

●康涛到市信访局接访群众，现场为群众排忧解难。

●泉州新增3家AAAA级物流企业。

●由市委宣传部、市委讲师团和市农业局组织的泉州市农民讲师宣讲团巡回宣讲活动第二阶段在永春县蓬壶镇开幕。

刘玉珠到泉州调研

15—16日，文化部党组成员、国家文物局局长刘玉珠带队到泉州调研检查“古泉州（刺桐）史迹”申遗和文物安全工作，并听取相关工作情况汇报。副省长杨贤金参加调研并主持汇报会。市委书记、市人大常委会主任郑新聪参加相关活动。市长康涛和省文物局负责人分别汇报泉州申遗和全省文物安全工作。副市长周真平陪同调研并参加汇报会。刘玉珠一行到开元寺及宋代古船馆、德济门、天后宫实地察看，仔细询问申遗遗产点的保护情况，认真了解和检查泉州申遗工作准备情况和文物安全工作，并对相关业务提出具体指导意见。

汇报会上，刘玉珠肯定泉州市委、市政府举全市之力做好“古泉州（刺桐）史迹”申遗各项工作，持续开展文物保护，有效保障文物安全所取得的成效。他指出，泉州申遗进入关键时刻、冲刺阶段，思想上不能有丝毫松懈，行动上务必全力以赴。要严格按照申遗各项要求，以各环节均要经得起国际“大考”为标准，做实做细各项工作，狠抓任务落实，抓紧保护项目扫尾。要统筹协调好申遗与民生之间的关系，加强利益相关者的协调工作，形成全社会自发保护、传承文化遗产的共识。要认识文物安全工作的重要性，落实主体责任，加强安全检查，抓好制度建设，完善安防设施，使文物安全管理水平得到不断提高。要加强对文物资源的保护管理和合理利用，使文物保护与社会经济发展相互促进，让文物更好地传承文明、服务社会。

市人大常委会召开会议传达学习市委全会精神

市人大常委会召开党组（扩大）会议，传达学习市委十二届四次全体会议精神。市人大常委会党组书记陈万里主持会议，副主任朱团能、曾巍、许文贵参加会议，副主任张建生列席会议。

会议要求，市人大常委会党组和机关党委一要深刻领会、全面把握，切实把思想和行动统一到市委全会精神上来，把目标任务贯彻到推进民生福祉中去，把履职担当落实到发挥作用之中。二要坚持导向、发挥作用，紧跟市委的重大决策，紧盯社会的重大期盼，紧扣时代的重大取向，紧抓民生的重大关切，主动跟进，协调促进，积极推进，合力督进。三要强化监督、积极作为，发挥人大的制度、组织、法制优势，加大监督力度，确保各项工作目标任务付诸实施、取得实效。四要增强责任、有效担当，坚持全面从严治党，加强机关效能建设，不断改进工作作风，努力提升人大工作整体水平，以优异成绩迎接中共十九大胜利召开。

康涛到市信访局接访群众

市长康涛到市信访局接访群众，现场为群众排忧解难。他要求，各级各部门要加强沟通协调，明确专人对接，及时跟踪，有效解决群众合理诉求；要积极总结分析共性问题，找出关键环节，进一步完善体制机制，做到举一反三，从源头上预防和减少信访问题发生。

泉州新增3家AAAA级物流企业

中国物流与采购联合会对外发布了第二十四批A级物流企业名单的通告。名单显示，泉州共有6家物流企业进入名单，其中，新增或升级为AAAA的物流企业3家、新增AAA级物流企业3家。至此，泉州拥有A级以上物流企业89家，其中AAA级以上物流企业88家。

进入名单的AAAA级物流企业分别为，泉州顺丰运输有限公司、泉州市闽运兴物流有限公司、福建嵘瀚物流股份有限公司，其中前两家物流企业为AAA级升为AAAA级；新增AAA物流企业3家，分别为福建康达物流有限公司、福建泰达物流有限公司、泉州中宏物流有限公司。入选企业是依据《物流企业分类与评估指标》国家标准和中国物流与采购联合会物流企业综合评估的相关制度办法，按照企业自检、申报、评估机构网上审核和现场评估等规范的评估程序，从企业的经营状况、资产、设备设施、管理及服务、人员素质和信息化水平六个方面，对物流企业展开综合评估。据介绍，泉州物流与供应链协会首次派出审核员参与本批次部分物流企业的现场评估。

马建堂率队到泉州行政学院调研

国家行政学院常务副院长马建堂率队到泉州行政学院调研，并召开座谈会。市领导孔繁军、杨晓山陪同调研。马建堂一行实地察看泉州行政学院的教学设施、泉州市非公有制企业和社会组织党建培训实践基地，了解相关工作情况。近三年来，泉州行政学院在培训计划、对象、内容和形式等方面实行精准化培训模式，年均举办各类班次约90期，培训各级各类干部逾8500人次。马建堂指出，泉州市委党校、泉州行政学院作为校院合一的干部教育培训机构，在干部教育基本规律等方面作了许多有益探索，值得肯定。他要求，各级行政学院要把坚持需求导向和供给导向结合起来，既围绕党委政府中心工作，又充分考虑师资队伍的学科背景和专业领域，科学设置培训课程，解决好“教什么”“学什么”问题；要灵活运用案例式教学、结构化研讨、现场教学等多种教学形式，提升教学培训的针对性和实效性，解决好“怎么教”“怎么学”问题；要鼓励教师通过开展调研、挂职锻炼等方式，深入实际、深入基层，解决好行政学院教师存在的“倒挂”现象；要通过开展督查评估、联合调研等方式，增强上下联系，发挥行政学院系统的优势；要坚持学院姓党，牢固树立“四个意识”，做好教学培训、科学研究、决策咨询等各项工作。

杨贤金到泉州调研教育卫生工作

副省长杨贤金率队到泉州开展教育、卫生事业补短板工作调研。副市长周真平参加相关活动。调研组一行实地察看石狮市医院新院工程项目，了解医院规划建设情况，并召开座谈会，听取石狮有关加快医疗卫生、教育补短板工作和教育综合改革推进情况以及下一步工作措施的汇报。杨贤金指出，教育、医疗卫生与人民群众的切身利益息息相关，寄托人民群众对未来美好生活的期待和要求，但目前相关领域还存在一些短板，要贯彻落实好省委十届三次全会精神，加快教育、医疗卫生社会事业发展，补齐民生短板。杨贤金强调，要强化政府主体责任，加大对教育、卫生方面的资金投入力度，积极扩充、引进优质教育、卫生资源，着力解决好设备、环境等问题；要创新体制机制，加快教师、医务人员编制、人事管理改革步伐，进一步调动基层工作人员积极性；要激发社会投资活力，鼓励社会力量进入教育、卫生等领域，促进软件硬件同步提升；要加强人才队伍建设，积极培养、引进一批高素质的教师、医疗人才，提高服务水平，提升人民群众的获得感。

两岸媒体采访团到泉州采访

16—17日，由福建省台办组织的两岸媒体“聚焦闽台合作‘六区’巡礼”联合采访活动走进泉州，两岸17家媒体的20余位记者参加。采访团走访在泉台资企业、台商投资区雕艺街、晋江陆地港、洪山文创园、泉州出口加工综合保税区等地，肯定大陆优惠政策为台商企业带来的飞跃性发展。

达利集团奖学金颁奖仪式举行

由惠安县委、县政府主办的第七届“达利集团许世辉惠安教育基金”奖学金颁奖仪式在惠安举行。该届颁奖仪式共颁发学生类奖学金715.03万元，2816名学生获得奖励。该届颁发的学生奖项分六个大类，分别是“达利教育英才奖”“达利教育特等奖（精英奖）”“达利教育技能奖”“达利教育智慧奖”“达利教育励志奖”和“达利教育卓越奖”。此外，该县2017年还特设50万元“达利集团许世辉惠安教育基金惠安一中奖教基金”，专项用于奖励惠安一中教育教学成绩突出、贡献大的优秀教师；同时提取125.4万元，用于奖励全县范围内评选“达利优秀园丁奖”获得者。该奖项用于奖励当年度中小学毕业班教育教学成绩突出、贡献大的优秀教师，以学校为单位，小学、初中校按综合比率，高中校按高考上线情况核发奖金。

相关链接：“达利集团许世辉惠安教育基金”由达利食品集团董事长许世辉于2011年独立捐赠1亿元设立，2012年基金总额增加至2亿元，每年从基金中提取1000万元，用于惠安全县教育系统的奖教、奖学和助学。为鼓励惠安教育发展，该教育基金7年来颁发近6000万元奖助资金。

8月16日

农历丁酉年闰六月廿五
星期三
温度：27℃—34℃
晴

●马建堂率队到泉州行政学院调研，并召开座谈会。

●杨贤金率队到泉州开展教育、卫生事业补短板工作调研。

●16—17日，由福建省台办组织的两岸媒体“聚焦闽台合作‘六区’巡礼”联合采访活动走进泉州，两岸17家媒体的20余位记者参加。

●由惠安县委、县政府主办的第七届“达利集团许世辉惠安教育基金”奖学金颁奖仪式在惠安举行。

8月17日

农历丁酉年闰六月廿六
星期四
温度：26℃—34℃
多云

●17—18日，由中共中央宣传部主办，国家行政学院、中国外文出版发行事业局承办的金砖国家治国理政研讨会在福建泉州举行。

●泉州方志文化进入金砖国家治国理政研讨会主会场。

●《刺桐情韵》福建·泉州非遗专场泉州梨园古典剧院上演。

金砖国家治国理政研讨会在泉州举行

17—18日，由中共中央宣传部主办，国家行政学院、中国外文出版发行事业局承办的金砖国家治国理政研讨会在福建泉州举行。此次研讨会是金砖国家领导人厦门会晤的重要配套活动之一。与会代表将围绕“深化改革，携手促进共同发展”“交流互鉴，倡导文明多样繁荣”“合作共赢，完善全球治理体系”三个分议题展开讨论。

中宣部常务副部长、中央文明办主任黄坤明在发表主旨演讲，中共福建省委书记、省人大常委会主任尤权在会上致辞。中宣部副部长、国务院新闻办主任蒋建国主持开幕式。中央党校常务副校长何毅亭，国家行政学院常务副院长马建堂，俄罗斯联邦通信与大众传媒部副部长沃林，印度议会印中友好小组主席塔伦·维杰，巴西中国问题研究中心负责人罗尼·林斯和南非前总统府部长伊索普·帕哈德，坦桑尼亚前总理平达，知名学者罗伯特·库恩和林毅夫等致辞。中宣部副部长庹震、中国外文局局长张福海、国家开发银行董事长胡怀邦、国家行政学院副院长陈立、故宫博物院院长单霁翔，省领导高翔、梁建勇、杨贤金，市领导郑新聪、康涛等参加开幕式。来自中国、俄罗斯、印度、巴西、南非以及坦桑尼亚、埃塞俄比亚、墨西哥等其他发展中国家的代表深入交流治国理政经验。

在三场平行会议研讨会现场，与会人员结合自身国情，从本国发展路径、投资环境、文化教育、人文特质、机制创新等不同领域和维度，就金砖国家如何解决共同面临的问题、加深彼此的互信和合作、提升金砖国家的发展质量和国际影响力等方面，畅谈各自的思考和见解。现场气氛热烈，既有观点的激荡，也充满交流互鉴的真诚。与会代表认为，加强治国理政经验交流，有助于金砖各国走好今后的道路，实现更大的发展。金砖国家应推动交流互鉴机制化，提升交流互鉴参与度。金砖国家治国理政研讨会的举办为各国破解发展和治理难题提供平台。

金砖国家治国理政研讨会在福建泉州开幕　（图/陈起拓）

泉州方志文化进入金砖国家治国理政研讨会主会场

17—18日，由中共中央宣传部主办，国家行政学院、中国外文出版发行事业局承办的金砖国家治国理政研讨会在泉州举行。泉州市方志委接到会务组任务，由常务副主任张惠评带领有关人员参与会务工作，主要负责北京大学教授、著名经济学家林毅夫的“一对一”接待工作。本次大会的主会场设置资料阅览区，摆放国情、省情、市情书刊，供中外嘉宾休会时阅览。由泉州市方志委编纂的地情丛书，从容摆上书架。地情丛书一摆上，就受到普遍欢迎，十多种近200册书籍，两天被索一空这是泉州方志方化首次进入大型国际会议主会场。

《刺桐情韵》福建·泉州非遗专场上演

《刺桐情韵》福建·泉州非遗专场泉州梨园古典剧院上演。60分钟的非遗专场演出中，南音、南戏、南少林神乎其技，歌曲、舞蹈、杂技表演渐次铺陈，辅之以或雍容华贵，或高雅清丽的声光影特效，营造出如梦似幻的画面，让人如遁时光隧道，在一场瑰丽的古今穿越之旅中，重新认识泉州非遗文化。

金砖国家治国理政研讨会达成“泉州共识”

为期两天的金砖国家治国理政研讨会在泉州闭幕，会议通过《金砖国家治国理政研讨会泉州共识》。共识提出：一、金砖国家应坚持发展优先。不断挖掘新的增长点，坚持包容性增长理念，保障民生工程，减少贫困人口，织牢社会安全网，造福本国和世界人民。二、金砖国家应开展互利合作。加强协调配合，共同建设利益共享的价值链和利益融合的大市场，共同构建更加紧密经济伙伴关系，合力拓展更大发展空间。三、金砖国家应积极参与全球治理。推动国际经济规则不断革故鼎新，加强重大国际问题和地区热点问题的协调沟通，积极维护公平正义，不断提升新兴市场国家和发展中国家代表性和发言权。四、金砖国家应加强文明互鉴。金砖国家治国理政经验是宝贵的文明成果，广大新兴市场国家和发展中国家治国理政经验弥足珍贵，要把治国理政经验交流作为人文交流的重要内容，增进彼此了解，相互学习借鉴，不断扩大交流互鉴的朋友圈，为各国实现更好发展提供智力支持。

“深化改革，携手促进共同发展”的平行会议　　(图/陈起拓)

康涛到安溪调研晋江源头保护和美丽乡村建设

18—19日，市长康涛率水利、农业等市直相关部门负责人到安溪，围绕晋江源头保护、水利设施和美丽乡村建设、精准扶贫等开展调研。康涛一行徒步穿行深山密林，来到晋江源头所在地——安溪桃舟乡达新村云中山梯仔岭东南坡谷，实地察看水源涵养林种植维护、源头环境保护和配套设施建设等工作。康涛指出，晋江哺育泉州数百上千万人口，支撑泉州经济社会发展，各级各相关部门要按照市委的部署安排，切实担当起保护母亲河的神圣职责使命，全面严格落实“河长制”，加强水资源保护、水岸线管理、水污染防治、水环境治理、水生态修复；挖掘源头自然人文历史，因地制宜提升源头生态景观和功能配套，实现生态有效保护、绿色产业开发、当地民生改善等多方共赢。

位于安溪西北边陲的桃舟乡生态优良，发展有机茶、乡村旅游等绿色产业潜力很大。康涛指出，有机茶产业是环境友好型产业发展模式，安溪要立足坐拥晋江上游好生态的独特优势，传承发扬铁观音传统制茶工艺，以差异化的有机茶产品开拓市场，实现保护生态环境和提升经济效益双丰收。在桃舟溪综合整治现场，康涛要求，整治工作要与源头生态保护、美丽乡村建设、生态旅游开发通盘考虑、和谐相融，注重保留自然“野趣”，盘活乡村闲田、闲房，打造新鲜洁净、四时有景、老少皆宜的旅游目的地，让纯净的晋江源头充满活力，让源头的老百姓实现绿色可持续增收。

在同时为畲族少数民族村和革命老区村的湖上乡盛富村，康涛走进贫困群众家中送上慰问，与他们闲话家常，细心了解生活近况，要求加大扶贫济困力度，以亲人般的思维和感情，关心贫困群众日常生活，优先保障解决贫困家庭就近就地就业。围绕推进盛富村发展，康涛要求，市县两级农口部门要聚焦少数民族特色村寨的优势，加强美丽乡村建设工作指导，提级改造、彰显特色；当地党委政府要加大资金、人才等方面的支持，完善基础设施配套；盛富村群众要自力更生、艰苦奋斗，最大限度挖掘畲族文化、特色美食、竹编茶叶等资源，抓增收、促小康。

8月18日

农历丁酉年闰六月廿七
星期五
温度：28℃—35℃
多云

●为期两天的金砖国家治国理政研讨会在泉州闭幕，会议通过《金砖国家治国理政研讨会泉州共识》。

● 18—19日，康涛率水利、农业等市直相关部门负责人到安溪，围绕晋江源头保护、水利设施和美丽乡村建设、精准扶贫等开展调研。

●参加金砖国家治国理政研讨会的嘉宾到泉州博物馆、安踏（中国）有限公司和晋江五店市传统街区参观考察。

●第十三届全运会皮划艇激流回旋决赛继续举行，泉州南安的运动员许燕茹夺得女子单人皮划艇冠军。

8月19日

农历丁酉年闰六月廿八
星期六
温度：26℃—35℃
多云

●郑新聪带队到晋江，以“四不两直”方式开展安全生产突击检查。

●阿里研究院发布2016年“电商百佳县”排行榜，石狮、德化、晋江、安溪、惠安、南安等6个县（市）上榜。

●第十三届全运会激流回旋男子双人划艇比赛上，泉州南安籍运动员叶泳涛与厦门选手黄永泽联手，以116.90秒的成绩夺得该项目的金牌。这枚金牌是福建军团在本届全运会竞体项目上夺得的首金。

●“奇艺魔方格”杯2017WCA泉州非主流赛在泉州五中举行，全国各地120多名选手参加，其中包括多名全国乃至亚洲排名前十的选手。

郑新聪带队到晋江突击检查安全生产工作

市委书记、市人大常委会主任郑新聪带队到晋江，以“四不两直”方式开展安全生产突击检查。副市长肖汉辉参加检查。

在罗山福埔液化气供应有限公司，郑新聪到充装台、储罐区等作业现场，仔细察看降温喷淋设施是否有效、安全管理制度是否落实、工作人员操作是否规范。听取专家对企业存在问题的分析后，他指出，企业要严格落实安全生产主体责任，按照技术规范要求加强液化气瓶定期检验，及时清理废旧钢瓶，更新安全生产标识，确保周边群众生命财产安全。

在危险化学品经营企业金顺化工贸易公司，郑新聪辗转多个危化品仓库察看，并到监控室随机抽查安全设施、员工消防知识掌握情况。他强调，安全生产必须严之又严、万无一失，分分秒秒都不能松懈。各级各部门要加强对化工企业的安全生产指导，强化从业人员安全生产知识培训，提升危化品处置的应急能力和专业水平，加强剧毒化学品管控，坚决防止被盗或流失。

在晋江太平洋港口有限公司围头分公司考察后，郑新聪要求，各级港口管理、海事、安监、消防等部门要协调联动，指导督促港口企业对安全岗位职责、业务操作规程进行全方位排查，建立健全安全生产管理体系，杜绝安全事故发生。

检查中，郑新聪强调，各级各部门要要深刻吸取国内近期发生的多起安全事故教训，按照“全覆盖、零容忍”的要求，层层传递压力，督促责任落实，夯实基础工作，从严从实从细开展安全生产大检查。要全面强化企业主体责任，牢固树立“隐患就是事故”的观念，深化安全生产标准化建设，保持严惩各类违法违规行为的高压态势，坚决遏制重特大事故发生，为国家重大活动、中共十九大胜利召开营造稳定的安全生产环境。

郑新聪到晋江开展安全生产专项检查。图为郑书记在罗山福埔液化气供应有限公司检查液化气钢瓶灌装平台 （图/陈起拓）

泉州6个县（市）入选“电商百佳县”

阿里研究院发布2016年“电商百佳县”排行榜，石狮、德化、晋江、安溪、惠安、南安等6个县（市）上榜。这是阿里研究院根据“阿里巴巴电子商务发展指数”，连续第四年发布“电商百佳县”排行榜。在2016年中国“电商百佳县”排行榜上，义乌名列榜首，永康和昆山分列第二和第三位，第四到第十位的依次为海宁、桐乡、石狮、苍南、闽侯、常熟和天台，石狮排第6位，德化排名第21位、晋江排第49位，安溪排第56位，惠安排第88位，南安位列第95位。

相关链接：“电商百佳县”广泛分布在16个省，其中浙江45个、福建16个、江苏14个、河北6个、广东4个，五个省拥有的“电商百佳县”数量占全国的85%。其他省入围的“电商百佳县”数量都不超过2个。与2015年相比，浙江增加3个、福建增加2个，江苏减少1个、河北减少2个、广东减少3个。内蒙古、贵州、安徽各有1个入围，分别是锡林浩特、凯里和芜湖，实现“零的突破”。从城市来看，“电商百佳县”广泛分布在43个城市（或州），其中，丽水有7个，泉州、福州、金华、温州和台州各有6个。值得关注的是，嘉兴（5个）、杭州（4个）、宁波（4个）和苏州（4个）这四个城市下辖的所有县（市）都入围，反映其县域电商发展水平领先且较为均衡。

央视专题片《法治中国》展示泉州集群注册制

在央视一套播出的6集政论专题片《法治中国》第三集《依法行政》中，泉州集群注册登记制等举措播出，成为改革典型。片中展示的集群注册登记制是泉州在全省率先实施的商事登记制度改革重要举措之一，该举措的核心作用就是免去以往市场主体注册登记需要实际公司住所的条件，而改用住所托管的形式来解决创业者初期没有实际办公场所的实际困难。在专题片中，作为享受到改革红利的创业者王伟骏如此形容集群注册登记制给他带来的便利。因为不需要传统意义上的经营场所，王伟骏省去不少创业成本。在集群注册登记制的住所托管地——泉州网商（虚拟）产业园内，像王伟骏一样通过集群注册登记成立的企业近9500家，该产业园也因此成为全省最大的网商（虚拟）产业园。

市政协在贵阳召开异地商会委员座谈会

20—22日，市政协在贵阳市召开以推动回归创业为主题的异地商会委员座谈会。市政协主席陈灿辉，福建省政协港澳台侨和外事委员会副主任杨俊峰，市政协副主席林志建、秘书长陈伟平参加。在贵阳期间，陈灿辉一行实地考察贵州大数据产业及当地泉籍企业。

陈灿辉对异地商会为家乡建设与发展作出的贡献表示感谢。他希望，异地商会要担当家乡发展的宣传员、联络员，为所在地和家乡两地交流合作搭建桥梁、推介项目。一要发挥引领作用，积极推动回归创业，动员组织企业更多地把家乡纳入事业拓展的战略重点，实现事业发展壮大和家乡建设发展的双赢。二要协助市委、市政府做好招商引资工作，调动广大泉商丰富的人际、人才、金融、市场网络等资源，把好的项目引到泉州，实现在外泉商经济与本土经济的良性互动。三要积极宣传和推介泉州，让更多泉籍成功人士和当地知名企业了解泉州，到泉参观考察和投资兴业。市政协将一如既往做好服务、提供支持，与广大企业家携手打造创新创业创造热土。

2017年德化白瓷艺术展在国家博物馆开幕

由国家博物馆、福建省文化厅、泉州市政府主办，德化县政府承办的丝路使者“中国白”再出发——2017年德化白瓷艺术展在国博开幕，181件题材广泛、造型生动的精美白瓷展出。展览分“云端高淼”及“人间万象”两个主题，展出106位德化陶瓷艺术家的181件陶瓷作品，前者主要展示宗教文化题材瓷雕作品，后者从帝王将相至寻常百姓生活，创作题材丰富。其间，特别展出的部分出土原始青瓷样本，让参观者感受到德化悠久深厚的陶瓷历史文化。。该次展览极具包容性，参展者囊括各个年龄段，展现现代德化陶瓷创作者的精神风貌，也展示不同作者的作品特色。展览期间，全国人大常委会副委员长陈竺，全国政协副主席韩启德，十届全国政协副主席、台盟中央原主席张克辉等到馆参观。

丝路使者“中国白”再出发学术研讨会同日举行，来自陶瓷界、考古界、艺术界、收藏界的领导专家和德化大师代表，围绕辽田尖山窑址发掘考古的价值与意义、德化瓷烧制技艺等两个主题开展研讨。与会专家认为，辽田尖山古窑址的挖掘，将泉州的陶瓷史向前推进2000多年，印证德化是中国最早青瓷制造地和中国龙窑起源地。为配合此次展览，《丝路使者“中国白”再出发——2017年国博德化白瓷艺术展作品集》同步出版发行。

德化白瓷艺术展在国家博物馆开幕，图为外国艺术家观展 （图/晚报社）

8月20日

农历丁酉年闰六月廿九
星期日
温度：29℃—34℃
小雨—阴

●在央视一套播出的6集政论专题片《法治中国》第三集《依法行政》中，泉州集群注册登记制等举措播出，成为改革典型。

●20—22日，市政协在贵阳市召开以推动回归创业为主题的异地商会委员座谈会。

●丝路使者“中国白”再出发——2017年德化白瓷艺术展在国博开幕，181件题材广泛、造型生动的精美白瓷展出。

●2017年“爱心妈妈之家金秋助学”座谈会暨助学金发放仪式在中心市区立成小学举行。

●“海丝韵·刺桐情”秦韵艺术大型古筝音乐会在泉州影剧院举行。

8月21日

农历丁酉年闰六月三十
星期一
温度：26℃—34℃
阴

●市委召开常委会会议，分析1—7月全市经济运行情况，部署下阶段工作。

市十六届人大常委会第八次主任会议召开。

●郑新聪到市防汛抗旱指挥部召开视频会议，听取相关部门会商意见，就做好全市防范强降雨工作作出部署。

●泉州市组织收听收看全省安全生产工作视频会议，随即召开全市安全生产工作视频会议，部署下阶段工作重点。

●由市妇联主办的“百万精品义卖——精准扶贫·为贫困女大学生助学行动”助学金发放仪式举行，为50名贫困家庭女大学生每人发放5000元助学金，资助4年。

●由市妇联主办的“百万精品义卖——精准扶贫·为贫困女大学生助学行动”助学金发放仪式，为50名贫困家庭女大学生每人发放5000元助学金，资助4年。

●鲤城公安分局为设在福建医科大学附属二院的警务室和分局巡特警反恐大队执勤点举行揭牌仪式。

市委召开常委会会议全市经济运行情况

市委召开常委会会议，分析1—7月全市经济运行情况，部署下阶段工作。市委书记郑新聪主持会议，市委常委参加会议。会议指出，1—7月全市主要经济指标稳中有进，为完成全年目标打下较好基础，但泉州市部分指标仍存在较大下行压力，结构调整仍处于“胶着状态”的重要关口，必须全力以赴推动各项工作落实。

会议要求，一要集中力量抓好重中之重项目；二要坚持不懈推动产业转型；三要落实全国金融工作会议精神，确保地方金融稳定；四要抓好“古泉州（刺桐）史迹”申遗、重大会议保障、环保督察反馈意见整改、海丝艺术节筹备、国家文明城市和卫生城市的复评迎检等近期重要节点工作。

市十六届人大常委会第八次主任会议召开

市十六届人大常委会第八次主任会议召开。市人大常委会主任郑新聪主持会议，副主任张建生、朱团能、曾巍、许文贵、吴友才、蔡思红，秘书长欧阳秋虹出席会议。会议讨论市政府关于提请审议《泉州市中山路骑楼建筑保护条例（草案）》的议案，《泉州市市区内沟河保护管理条例（草案三审稿）》，市人大常委会关于加快全市垃圾分类处理利用情况的调研报告和审议意见稿，关于特色现代农业发展情况的调研报告和审议意见稿等。

市人大第八次主任会议　　(图/王虎文)

泉州部署防御台风“天鸽”工作

市委书记、市人大常委会主任郑新聪到市防汛抗旱指挥部召开视频会议，了解当前及下一阶段台风路径、强风暴雨影响，听取相关部门会商意见，就做好全市防范强降雨工作作出部署。市领导翁祖根、肖汉辉，泉州军分区司令员高宏等参加会议。

郑新聪要求，各地各部门要严格落实领导、调度、部门“三个责任”，严阵以待，分兵把口，精准高效落实各项防御措施。要全面动员推进，深入一线，进村进社区入户动员，及时抓好转移管控；加密水库、山塘、堤防、闸坝等水利设施隐患排查，重点盯防险工险段、重要工程和重点部位；提前预置各类抢险队伍及救援设备，保证随时投入抢险。各级防指要加强对重点区域的点对点指导，严格落实工作责任。要加强监视监测、预报预警，气象部门要“预报到乡镇”，及时发布可能遭遇局地短历时强降雨的乡镇名单；海洋渔业部门要督促落实渔船避风和人员上岸管控工作；市政住建系统要加强城市城区排水管网、排涝泵站等设施检查和维护；国土部门要适时启动群测群防体系，落实“四个必查”要求；交通部门要适时关停公路铁路、渡口、渡船、港口码头；旅游部门要适时关闭沿海景区景点，及时疏散游客、调整行程。特别要防范海边自驾游客，加强属地管理、值守，开展非法载客客轮和非法改装客轮专项整治，防止出海运营发生意外事故。

为贫困女大学生助学行动助学金发放仪式举行

由市妇联主办的“百万精品义卖——精准扶贫·为贫困女大学生助学行动”助学金发放仪式举行，为50名贫困家庭女大学生每人发放5000元助学金，资助4年。“百万工艺美术精品慈善义卖”活动是近年来泉州市妇联为进一步发动各方面力量，集聚各方爱心，帮助贫困女大学生实现大学梦想的公益活动。2016年，该活动倡议发出后，得到全市不少国家级、省级、市级工艺美术大师响应，也得到社会各界爱心人士的关注和参与，先后有47位大师捐出52件作品用于义卖，义卖所得的100万元善款全部用于资助50名贫困女大学生，资助方式为每人每年5000元，资助4年。

郑新聪康涛检查部署防御第十三号台风相关工作

市委书记、市人大常委会主任郑新聪到南安罗东镇、洪濑镇，实地检查罗溪洪涝受灾点治理、谯琉村古寨山地灾点防范和防汛准备情况，指出要标本兼治、长短结合，补齐行洪、排涝基础设施建设短板，明确责任人专班跟进；要严格落实地灾点“四个必查”，加密监测预警，及时果断转移，防止人员回流，并认真研究根治办法，确保群众安全。

同日，市长康涛到市防汛办了解第十三号台风“天鸽”动向，听取各部门会商意见，并召开视频会，要求各地要提高警惕，层层压实责任，紧盯薄弱环节，沿海县（市、区）要强化值班值守，加强对海滨浴场、景点的巡查管控，确保渔船全部入港和游客人身安全；山区各县要注意防范局部强降雨，严防发生地质灾害，保障群众生命财产安全。

境内外媒体刊播金砖国家治国理政研讨会报道逾900篇

至22日，中央及省级主要媒体、新闻网站、“两微一端”新媒体，刊播有关金砖国家治国理政研讨会相关新闻报道（含前期预热报道）900多篇（条）。备受瞩目的金砖国家治国理政研讨会在泉州举行。这一场研讨会不仅是中国、俄罗斯、印度、巴西、南非以及坦桑尼亚、埃塞俄比亚、墨西哥等其他发展中国家代表论道治国理政的盛会，更是各大媒体的关注焦点。短短两天时间里，来自境内外20多家媒体、120多名记者齐聚泉州，将属于泉州时段的“金砖之声”播撒四方，提升泉州的城市知名度和美誉度。该次到泉州采访的，不乏人民日报、新华社、中央电视台等主要央媒。各大媒体纷纷将笔端、镜头对准盛会及东道主。这些新闻报道或全面展示研讨会盛况，或捕捉会场内外嘉宾的精彩发言，或浓墨重彩推介泉州形象，形成浓厚的舆论氛围。

人民日报及人民网在重要版面、重要栏目接连刊发《金砖国家加强治国理政交流 推动再创金砖合作“金色十年”》《海丝古港孕育文化奇观》《金砖国家治国理政研讨会达成“泉州共识”》等重头报道；新华社连续发布《金砖国家治国理政研讨会在福建泉州举行》《〈刺桐情韵〉“非遗”专场演出在福建泉州举行》《泉州——海上丝绸之路起点新貌》等重要稿件；光明日报推出《泉州城的“南音新声”》；经济日报刊载《福建泉州：创新让传统工艺绽放更多精彩》《福建晋江：爱拼会赢敢为先》；中央电视台新闻联播及新闻直播间关注《金砖国家治国理政研讨会开幕》《达成泉州共识 签署多项合作文件》；福建日报刊登《泉州文化迈开大步“走出去”》。

全省设区市地方志机构主任会议在泉港召开

全省设区市地方志机构主任会议在泉港区召开。省方志委主任陈秋平，副主任俞杰、林浩，副巡视员戴振华，泉州市副市长吕刚出席会议。泉州市政府市长康涛专程到泉港，看望与会代表，并与省方志委主任陈秋平等领导，就重视和加强地方志工作进行座谈交流。

全省设区市地方志机构主任会议在泉州市泉港区召开
（图/泉港区方志办）

会上，陈秋平作了题为《聚焦“两全目标”，提升服务能力，全力完成好今年各项工作任务》的讲话。对于下一步工作，他要求，一要增强自信，进一步提升思想认识；二要多措并举，进一步落实“两全目标”；三要拓宽领域，进一步发挥服务功能；四要创新载体，进一步夯实基础平台；五要提升能力，进一步建好方志队伍。

8月22日

农历丁酉年七月初一
星期二
温度：27℃—35℃
阴—小雨

●新聪到南安罗东镇、洪濑镇，实地检查罗溪洪涝受灾点治理、谯琉村古寨山地灾点防范和防汛准备情况。

●至22日，中央及省级主要媒体、新闻网站、“两微一端”新媒体，刊播有关金砖国家治国理政研讨会相关新闻报道（含前期预热报道）900多篇（条）。

●全省设区市地方志机构主任会议在泉港召开。

●由市经信委主办的“智能制造引领两化融合”专题培训活动举办。

8月23日

农历丁酉年七月初二
星期三
温度：28℃—32℃
中雨—小雨

●23—24日，胡昌升到泉州调研基层党建工作。

●康涛率市直有关部门到石狮检查安全生产工作。

●市政协召开党组会议，传达学习贯彻市委十二届四次全会精神。

●由市慈善总会与泉州晚报社联合举办的“共同托起他们的理想’17行动”助学金发放仪式在泉州江南老年颐乐园举行。

●省总工会直属企业工会新时期产业工人队伍建设学习现场会在泉州召开。

●“老字号走进晋江紫峰里暨老字号创新发展交流会”上签署战略合作协议，开启跨行业合作创新模式。

胡昌升到泉州调研基层党建工作

23—24日，省委常委、组织部部长胡昌升到泉州调研基层党建工作，市领导郑新聪、康涛、孔繁军陪同调研或参加相关活动。胡昌升一行实地察看泉州市非公企业党建展馆，对泉州市在党的建设方面取得的成绩给予肯定。胡昌升指出，要适应新形势新要求，在扩大党的组织覆盖和工作覆盖上下功夫，加大改革创新力度，抓特色、创品牌，努力推动福建省非公企业党建工作走在全国前列。要围绕“党建强、发展强”，创新载体和平台，让党组织和党员发挥实质性作用，推动企业做强做大。

在丰泽区领SHOW天地、石狮市青商会、石狮市湖滨街道新湖社区、晋江市五里园区、晋江市三创园和晋江市五店市传统文化街区，胡昌升一行仔细了解园区党建、社会组织党建、城市党建和人才创新创业工作情况，并与基层党组织负责人、干部群众深入交流。胡昌升强调，要落实好省委关心关爱基层干部的政策措施，强化正向激励，真情关怀、真心爱护基层干部，不断提振干部干事创业精气神。要切实加强城市党建工作，建强街道社区党组织，把各项工作做到群众的心坎里，夯实党在城市的执政基础。要围绕产业链上下游发展需求，创新人才发展体制机制，主动靠前服务，激发人才创新创业的激情和活力，为产业转型升级提供人才支撑。

康涛率队到石狮检查安全生产工作

市长康涛率市直有关部门到石狮检查安全生产工作，要求各级各部门按照市委统一部署，时刻紧绷安全生产这根弦，推动安全责任落实到一线，提高事故防控能力，全力以赴确保人民群众生命财产安全。

检查中，康涛首先到石狮石湖港区。在福建中油油品仓储有限公司中控室内，全覆盖的安全生产监控系统让整个厂区一览无余，拟建设的应急救援基地将进一步强化港区安全保障。康涛察看各类安全生产监控设备运行情况，并实地检查油品装车平台，要求企业要一丝不苟落实好安全生产主体责任，及时发现并消除事故苗头和隐患，强化应急体系建设，坚决杜绝重特大安全事故发生。在佳龙石化有限公司的厂区，康涛实地察看安全生产设施配置配备情况，细致检查化学品应急处置办法等安全生产流程。当得知公司相关员工需接受4个月以上培训才能独立作业后，康涛表示肯定，要求企业要严守安全生产这条红线，做好人员培训、设备检测、应急处置等工作，筑牢安全生产根基；同时要求监管部门要加强监督，查找隐患并及时提出整改措施，实现安全生产监管全覆盖、无死角。受台风环流影响，石狮沿海阵风一度达9级—10级。之后，康涛还到石狮祥芝中心渔港、红塔湾，检查渔船入港、滨海防风防浪等工作。

共同托起他们的理想助学金发放仪式举行

由市慈善总会与泉州晚报社联合举办的“共同托起他们的理想’17行动”助学金发放仪式在泉州江南老年颐乐园举行。市人大常委会副主任张建生，市政协副主席陈益，市政府领导陈荣洲，泉州市慈善总会会长薛祖亮，香港泉州慈善促进总会主席苏千墅、常务副主席王啟水，市民政局、市教育局、泉州晚报社等有关部门和单位相关领导，各县（市、区）民政局相关负责人，市慈善总会下设冠名慈善基金代表以及学生代表200多人参加仪式。

助学活动自7月开展以来，得到社会各界的大力支持。除了市慈善总会下设的各慈善基金积极参与，不少企事业单位和个人也纷纷来电参与捐资助学。为扩大受益面，2017年增加两种助学对象，一是家庭人均可支配收入明显低于当地平均水平，子女上学费用成为家庭较大支出，从事环卫、协警、保安、园林等行业一线职工家庭；二是爱心团体和人士自发结对助学帮扶的困难职工家庭。在申请渠道上，增加市总工会官网的预申请方式。《泉州晚报》报道16名优秀贫困学子，通过本报的牵线搭桥，这16名学子获得爱心人士的结对帮扶。2017年活动筹得善款160余万元，全市370名学子受益。

市政府市政协联合督办重点提案办理落实情况

市政府、市政协联合组织开展重点提案“加强食品药品安全管理”督办活动。督办组实地察看泉州市定点供应生猪屠宰场的生产运行和废弃物处理情况，现场了解泉州鹭燕医药有限公司的药品进出安全规范管理内容，并召开座谈会，听取提案主办单位关于提案办理情况的汇报，就如何加强食品药品安全管理进行交流讨论，提出意见和建议。

市政府、市政协对食品药品安全问题高度重视，多次开展专项调研。就该提案下阶段落实工作，市政府、市政协领导在座谈会上要求，要提高认识，厘清工作思路，明确重点任务，有针对性采取得力措施；要落实主体责任，依法依规履职，形成监管闭环；要完善工作机制，加大制约监督力度，从源头上杜绝问题发生；要加强部门合作，形成综合治理合力；要强化执法，立足实际，突出重点，建立持续性常态化监管机制，提升全行业管理水平；要推进社会共治，建立社区治理和网格化治理模式，发挥群防群治的社会管理功能。

全省村党组织书记培训示范班在泉州开班

24—26日，全省村党组织书记培训示范班在泉州举行。参与此次培训的对象包括全省村党组织书记代表和各有关设区（市）组织部门观摩人员200人。培训中，学员们听取《发展壮大村级集体经济》讲座，观看微电影《廖俊波》《承诺》《美丽乡村领头人》，通过现场教学与交流分享经验。培训要求学员以加强班子自身建设为重点建机制、以增强党员队伍整体素质为关键抓队伍、以提高基层组织建设整体水平为目标补短板，以壮大集体经济实力为途径强保障。通过学习，引导村党组织书记落实全面从严治党的要求，提高带领群众致富能力。

泉州市服务贡献十佳职业院校出炉

经过各校的申报，市教育局审核和公示后公布“泉州市2017年度服务贡献十佳职业院校”的名单。这些院校包括：黎明职业大学、泉州医学高等专科学校、泉州幼儿师范高等专科学校、泉州经贸职业技术学院、泉州理工职业学院、晋江职业中专学校、南安职业中专学校、安溪华侨职业中专学校、泉州华侨职业中专学校、惠安开成职业中专学校。

相关链接：泉州市共有19所高校（本科6所、高职12所、成人高校1所），全市高校每年培养毕业生约4.3万名，平均就业率98%以上，其中在泉州就业占40%、在福建就业占80%；有中职学校32所，中职学校每年培养毕业生约2.5万人，平均就业率97%。

动漫短片《阿丰成长记》发布

由泉州市委组织部、丰泽区委组织部、安溪县委组织部和泉州晚报社新媒体中心制作的《阿丰成长记——基层党内组织生活系列动漫短片》发布。短片通过图文并茂、动态演绎的影像，完整标准地示范“三会”怎么开、党课怎么上、主题党日怎么过、组织生活会怎么严、民主评议党员怎么评等，让党员“秒懂”怎么过好基层党内组织生活。该动漫短片共分为五个系列，以老党员“老泉”和（虫+寻）埔女“阿丰”为主角，以“情景再现+制度解读”的形式，讲述阿丰从入党积极分子发展到正式党员这个过程中参加的所有党内组织生活。为增强宣传教育的感染力、凝聚力，动漫画面还融入东西塔、文兴码头、市行政中心、泉州滨海公园、安南永德苏维埃政府旧址等诸多泉州本土文化元素，以及党员群众喜闻乐见的现代游戏、影视作品等情节，幽默生动地解读好每一项基本的组织生活制度，让严肃的理论宣传变得新颖活泼、通俗易懂，让基层党员在轻松愉悦的观影过程中进一步加深对党内组织生活基本知识的理解和掌握，推动养成自觉参与党内组织生活的习惯。接下来，该动漫短片还将在泉州通客户端、泉州晚报微信微博、泉州网微信微博等多个平台同步推出，形成同频共振、多管齐下的宣传教育效力。

8月24日

农历丁酉年七月初三
星期四
温度：25℃—31℃
小雨—阴

●市政府、市政协联合组织开展重点提案“加强食品药品安全管理”督办活动。

●24—26日，全省村党组织书记培训示范班在泉州举行。

●市教育局审核和公示后公布“泉州市2017年度服务贡献十佳职业院校”的名单。

●《阿丰成长记——基层党内组织生活系列动漫短片》发布。

8月25日

农历丁酉年七月初四
星期五
温度：26℃—33℃
多云

●泉州市召开专题会学习贯彻习近平总书记关于文化遗产保护的重要指示批示精神，对申遗迎检工作进行再动员、再部署。

●郑新聪到市防汛抗旱指挥部，与相关部门会商，部署防范2017年第14号台风“帕卡”工作。

●泉州8家医院实现跨省异地就医直接结算。

●第十三届全运会男子三人篮球公开组决赛举行，拥有张佳滨、吴德琳（泉州）、陈深圳、张鸿林（泉州）、黄清彬等球员的福建制霸星球代表队，在决赛中以20∶19战胜广东队夺得冠军。

古泉州（刺桐）史迹申遗迎检专题会召开

泉州市召开专题会学习贯彻习近平总书记关于文化遗产保护的重要指示批示精神，对申遗迎检工作进行再动员、再部署。市委书记、市人大常委会主任郑新聪主持会议并讲话，市长康涛部署申遗重点工作。市领导翁祖根、林万明、陈铁晗、张永宁、林锦明、李冀平出席会议；副市长周真平在会上汇报申遗迎检工作总体进展。

郑新聪要求，全市各级各部门要深入学习领会，提升思想认识，强化责任担当、行动自觉。借鉴厦门鼓浪屿申遗成功经验，融入国际理念，健全长效机制，责无旁贷担起守护文化遗产责任，让历史文脉更好地传承下去。各级党委政府要牢固树立文物安全意识，严格落实主体责任，按照国务院和省里的统一部署，以及国家文物局刘玉珠局长到泉州调研检查提出的具体要求，深入开展文物安全状况大排查、打击文物犯罪等专项行动，严密安保措施，严防监管漏洞，提升文物安全工作能力和防范水平。郑新聪强调，要全域行动、专业为主、过细扫尾、保障到位，以最高标准、最严要求，不折不扣把古泉州（刺桐）史迹申遗工作任务完成好。

就下阶段申遗重点工作，康涛强调三点要求：一要按照国家文物局和省里部署，在市委领导下，坚持问题导向、立查立改，抓好账单销号整改、文物本体归整、环境提升、展示监测优化等工作；建立发现问题、快速处置、长效保护管理的常态机制。二要落实“一把手”主体责任，强化指挥部体制，对工作突出的进行激励，对工作落实不到位的进行问责。三要增强风险意识、忧患意识，建立应急预案和处置机制，抓紧准备备询材料，精心组织配套活动，过细做好后勤保障，全力以赴冲刺迎检，以最好的面貌迎接国际专家现场评估。

全市部分重大在建和前期招商项目专题会议召开

市委书记、市人大常委会主任郑新聪到市防汛抗旱指挥部，与相关部门会商，部署防范2017年第14号台风“帕卡”工作。他强调，各地要认真按照省、市防指要求，坚决克服麻痹思想，加密加强预测预警，点对点调度，重点抓好防风防短时强降雨、群众转移安置、渔船回港避风、海上作业人员上岸、涉海景点和非景点沙滩的关闭以及游客的劝导等工作。各级党政主要领导、防汛指挥长要在岗在位，做好抢险准备，做到有备无患。

泉州8家医院实现跨省异地就医直接结算

泉州市第一医院、福建医科大学附属第二医院、泉州市中医院、泉州医学高等专科学校附属人民医院、中国人民解放军第180医院、泉州市儿童医院、泉州市正骨医院、晋江市医院等泉州市的8家医院，

实现跨省异地就医住院医疗费用直接结算。其他省市的职工参保人员只要参保正常且进行异地备案，都可在这8家医院持社保卡进行异地住院费用直接结算，方便就医群众。此前，跨省就诊的医疗费用需由个人先行垫付，再由本人或其代理人拿票据到医保中心进行报销。实现医保跨省异地就医直接结算后，泉州市参保人员到外地就医或外地参保人员到泉州市就医，只要到参保地进行备案登记，在开通跨省异地就医联网结算的定点医疗机构发生的医疗费用即可直接持社保卡进行结算。既不需要个人垫付医疗费（自费除外），也不需要拿票据到医保中心进行报销，解决跨省就医参保人员垫付住院医疗费用负担重、医保报销审核结算划账周期长，以及往返奔波等诸多不便。

相关链接：实现跨省异地就医直接结算，关乎百姓切身利益。按照中央、省、市做好基本医疗保险跨省异地就医住院医疗费用直接结算工作的部署，泉州市医保局高度重视，专门成立工作领导小组，明确责任分工，架构实施路线图，加快步伐推进系统改造、网络改造、异地人员信息备案等工作，在6月底如期完成跨省异地就医结算系统和国家平台对接测试，实现与国家异地就医联网结算平台顺利衔接。

泉州出台举措服务驻泉州部队深化改革

泉州市制定下发《关于切实做好服务驻泉部队深化国防和军队改革有关工作的通知》，要求全面贯彻落实中央军委军队规模结构和力量编成改革工作会议精神，发挥双拥工作优势，按照“特事特办、马上就办、办就办好”的原则，服从服务于深化国防和军队改革工作需要。

通知强调，一要加大军队转业干部安置工作力度。按照中央“四个放宽”的规定做好军转干部安置工作，对任职满最低年限的正团级领导职务军转干部，按不低于当年同类军转干部接收总数的50%比例安排正处级非领导或副处级领导职务，副团职以上军队转业干部尽量安置到市直及县（市、区）直机关单位，在保持营级及营级以下和技术级军转干部安置公务员比例不低于65%（含参公比例不低于85%）的基础上，提高上述军转干部安置到公务员或“参公”单位的比例。

二要拓宽军人随军家属就业渠道。随军前是事业单位在编人员的随军家属，按属地管理、专业对口、就地就近的原则，由驻地人民政府督导各事业单位在编制内拿出一定数量的岗位进行定向招聘；事业单位公开招考（聘）工作人员时，符合条件的随军家属，同等条件下优先录（聘）用，事业单位也可按规定通过直接考核聘用机关和事业单位在编在岗的随军家属；随军前属国有企业在册在岗人员的随军家属，符合市属国有企业公开招聘条件参加报考的，在同等条件下优先录用；有生产任务的企业，不得安排随军家属下岗。未就业的随军家属，通过公益性岗位援助就业，扶持自主创业，发放无工作随军家属基本生活补助金每人每月不低于500元。

三要解决军人子女入学困难。对军人子女户籍不在学校招生片区内的，根据军人申报意愿，就近就便安排到教育质量较好的小学和初级中学就读。2017—2020年（军改期间），因部队撤销、合并、降格、改编、移防的，各级教育部门必须做好军人子女的入学、转学工作。

四要解决好驻泉部队干部住房困难。驻泉部队官兵有住房保障需求的，直接向辖区住建部门上报需求，各级住建部门根据驻军现役军人住房保障需求情况，结合当地保障性住房的建设分配情况进行统筹安排，确保现役军人优先购买驻地保障性住房。

五要全面做好烈士遗属抚慰工作。募集消防官兵慈善救助基金，用于解决消防支队官兵伤亡、病残造成家庭生活医疗等实际困难；每年国庆节前后，对享受定期抚恤的烈士遗属全员走访慰问。

泉州清源山被纳入“清新指数”发布景区

省旅发委召开全省AAAAA级旅游景区“清新指数”发布建设工作协调会，包括清源山在内的全省12个景区被纳入“清新指数”发布景区。此次福建省旅游发展委员会和福建省气象局合作，通过“清新指数”监测站的建设，实现全省10个AAAAA级旅游景区及平潭海坛景区、莆田湄洲岛景区“清新指数”的实时采集和分等级发布，为“清新指数”发布提供科学量化的数据支撑。采集数据包括PM2.5、负氧离子和温度、湿度、降水、风向、风力、气压等常规气象六项指标，等级发布为“非常清新、清新、较清新、一般”四个等级。此项举措旨在改变现有因缺乏监测数据支撑，只能分区域粗放发布的情况，有效增强“清新福建”品牌吸引力，推动“旅游+气象”产业融合，为公众出行提供全方位“清新指数”旅游服务，提升旅游公共服务能力创造新动力，让旅游者远在外地就能直观感受到福建良好的生态旅游环境。被纳入“清新指数”的12家旅游景区为：厦门鼓浪屿、南平武夷山、福建土楼（永定）景区、福建土楼（南靖）景区、泰宁旅游区、屏南白水洋、泉州清源山、福鼎太姥山、福州三坊七巷、龙岩古田会议会址、湄洲岛景区、平潭海坛景区。

清源山南台岩　　（图/吴寿民）

8月26日

农历丁酉年七月初五
星期六
温度：26℃—34℃
阴—小雨

●泉州市制定下发《关于切实做好服务驻泉部队深化国防和军队改革有关工作的通知》，服从服务于深化国防和军队改革工作需要。

●省旅发委召开全省AAAAA级旅游景区“清新指数”发布建设工作协调会，包括清源山在内的全省12个景区被纳入“清新指数”发布景区。

8月27日

农历丁酉年七月初六
星期日
温度：25℃—32℃
小雨—多云

●泉州市完成2017年退休人员基本养老金调整及补发工作。

●由团市委、市金融工作局、泉州晚报社举办的希望工程艺术品义拍活动，吸引全市300名青年企业家、社会爱心人士踊跃参与。

●“水流云行——闽台书法五百年特展暨闽台书风学术研讨会”在中国闽台缘博物馆开幕。

●泉州口岸首次从欧洲进口荒料石。

泉州市上调企业退休人员基本养老金

泉州市完成2017年退休人员基本养老金调整及补发工作。调整后，全市企业退休人员月人均养老金增至2328.32元，月人均增加137.86元。

2017年退休人员基本养老金的总体调整水平按2016年12月退休人员月人均基本养老金的5.5%左右确定，采取定额调整、挂钩调整与适当倾斜相结合的办法，兼顾企业和机关事业单位退休人员，突出公平与效率相结合的特点。

定额部分，退休人员每人按35元调整。挂钩调整部分，与退休人员本人基本养老金挂钩部分，退休人员按本人2016年12月发放基本养老金标准的3.33%调整增加。与退休人员本人缴费年限（含视同缴费年限，下同）挂钩部分，月增加标准按退休人员本人缴费年限每满一年发给1元。缴费年限累计后剩余月数为6个月以内的，按半年计算；7个月以上、不足1年的，按1年计算。退休人员的入伍时间以退休审批时组织认定的为准。

适当倾斜部分，在2016年1月1日至12月31日期间达到70周岁的退休人员，在本次定额调整、挂钩调整的基础上每人每月增发40元。对2016年12月31日以前办理退休手续的企业军转干部，2016年12月的基本养老金低于2330元的，补齐至2330元后，再参加本次基本养老金调整。

全市共有95212名符合条件的企业退休人员参与此次调整。从2006年起，按照省政府统一部署，泉州市连续12次较大幅度调整企业退休人员基本养老金，月人均养老金水平由2005年底的591.00元增至目前的2328.32元，净增1737.32元，年均增长12.10%。

泉州市希望工程艺术品义拍活动举行

由团市委、市金融工作局、泉州晚报社举办的希望工程艺术品义拍活动，吸引全市300名青年企业家、社会爱心人士踊跃参与。义拍活动成功拍卖136件艺术品，共计价值67.95万元，拍卖所得将用于捐助泉州市“希望工程·圆梦行动”与“青春同行·助孤行动”中的贫困准大学生、事实孤儿。此次义拍的书法、绘画、陶瓷、木雕等艺术品，是从全国、省、市知名书法家、美术家以及国家级、省级工艺美术大师的优秀作品当中征集而来，其中包括中国陶瓷艺术大师苏献忠的作品《水月观音》。随着每一幅作品在LED屏幕上亮相，竞拍者争相举牌竞价，拿下自己满意的艺术品，奉献一份爱心。此次义拍活动在艺术家与青年企业家、爱心人士、艺术品爱好者中搭建一个融爱心与艺术于一体的互动平台。

闽台书法五百年特展在泉州举办

“水流云行——闽台书法五百年特展暨闽台书风学术研讨会”在中国闽台缘博物馆开幕。展览精选近500年来闽台名臣、学者、文人、书家的144件珍贵作品。该次特展的展期从8月27日持续至10月29日。展品皆为两岸文化交流史上卓有建树与重要推动者的珍稀之作。展出144件珍贵文物展品中，有明代作品70余件，清代40余件，民国时期20余件。包括张瑞图、李光地、伊秉绶、林则徐、沈葆桢、严复、辜鸿铭、李叔同、林语堂、林徽因等在中国文化史、书法史上有重要影响的名臣、学者、文人、书家。

泉州口岸首次从欧洲进口荒料石

一批来自葡萄牙、重达4503.01吨、货值88.7万美元的花岗岩经泉州检验检疫局检疫查验后，从泉州石湖港区顺利通关，这是泉州口岸首次从欧洲进口荒料石。此次进口的这批欧洲花岗岩属于高档石材，单价每立方米8500元，是市面上主流石材“英国棕”的3倍，主要在深加工后用于建筑外墙修饰和高档家具台面板点缀等。进口此类石材不仅丰富本地石材加工产品种类，也有助于企业开拓高端市场，形成多元化的市场格局。

相关链接：泉州石湖港区是全国最大的进口荒料石集散地。此前进口的荒料石全部来自印度，主要有印度红、英国棕、黑金砂、红棕等几十个品种，满足南安、惠安等周边上千家石材加工企业需求，还周转至广东云浮、汕头和山东莱州等中国传统石材产业基地。

市委常委会会议听取安全生产工作情况汇报

市委召开常委会会议，听取全市安全生产工作有关情况汇报。市委书记郑新聪主持会议，市委常委参加会议，市人大常委会党组、市政协党组主要负责人列席会议。

会议要求，要盯住盯牢，坚决彻底整改到位。对国务院巡查和省半年责任制督查反馈的问题清单，要加强跟踪督促，闭环管理、问题销号，确保按时间节点完成；认真梳理剖析问题背后的制度缺失、制度漏洞，举一反三、查缺补漏，从源头上加以解决；严惩各类违法违规行为，对安全生产责任落实不到位，隐患排查治理不及时、不彻底，工作不主动、推诿扯皮导致失管失察，一律严肃追责。

会议强调，要久久为功，以更高标准、更严要求，开展安全生产大检查，切实推动大整治、大整改，全面消除盲区、堵塞漏洞。要加大对安全生产任务重、事故多发领域的督查力度，开展涉水旅游、非法船只载客出海游玩等专项整治，细化落实安全生产领域改革措施，加强全民宣传教育和从业人员知识培训，提高本质安全水平。

省委检查组到泉州开展“回头看”检查

28—31日，省委检查组组长、省纪委常委陈国建率省委检查组到泉州，就2016年度全面从严治党主体责任检查整改情况进行“回头看”检查。市领导康涛、陈万里、陈灿辉、翁祖根、温惠榕、孔繁军、林万明、陈铁晗、张永宁、林锦明、杨晓山参加。在泉州期间，检查组一行听取泉州市委整改情况汇报，分组查看材料，并到市委统战部、市农业局、泉港、安溪、德化等地开展实地检查。抽查晋江市委、市人大、市政府及惠安县委、县政府班子专题民主生活会纪录。

陈国建指出，党委主体责任是全面责任、首要责任，各级党委（党组）要进一步提高认识，把主体责任牢牢扛在肩上、抓在手上，落实好“一岗双责”要求，层层传导压力，让全面从严治党主体责任落地生根。要准确把握理解检查工作的目的和意义，让检查成为推动工作的手段和载体，促进党风廉政建设、反腐败工作取得新进展。要建立长效机制，对因落实管党治党主体责任不力，导致区域性、系统性腐败及“四风”问题、扶贫领域问题突出的地方、单位要严肃问责；同时，要立足问题整改，举一反三，以点带面，形成制度化、常态化的有效机制，为全市各项事业再发展再提升提供保障。

市委书记郑新聪代表泉州市委汇报泉州市落实2016年度省委全面从严治党主体责任检查存在问题的整改情况及问责建议的落实情况。他表示，泉州将诚恳接受省委这次“回头看”反馈的问题和建议，第一时间召开常委会会议，落实检查组提出的工作要求，对照不足和差距，采取针对性措施，确保检查组反馈意见逐条整改到位；市委办、市纪委要跟进服务，做好检查组到县（市、区）实地核查的服务保障工作，督促协调相关单位全力配合，实事求是接受检查，确保省委检查组工作顺利开展。

泉州首个主题电商节启动

泉州市举办首个主题电商节，围绕“聚产业优势，创电商强市”主题，集结内外贸电商界精英，开论坛、办赛事。启动仪式上，泉州市政府、省商务厅有关领导和电商领域专家、学者以及企业界精英齐聚一堂，分享电商未来发展方向的智慧思考。该次电商节历时近5个月，时间跨度长，活动内容精彩丰富，包含十大项内容，其中有泉州首次举办的电商行业专类权威赛事——2017泉州市电商创业创新大赛。同时举办泉州电商峰会暨跨境电商高峰论坛，除了邀请行业内知名企业和专家论道外，还展示泉州跨境电商生态圈建设项目。此外，电商节期间举办电商领军人物暨十佳电商企业评选、2017泉州市重点扶持和培育的电商平台评选等配套活动。该次电商节将实现线上与线下相互呼应，各个主题互为补充，激发全社会电商创业热情，推动电子商务服务实体经济，为“五个泉州”建设注入电商新能量。

相关链接：2017年1—7月，全市电子商务交易总额2200.9亿元，同比增长45%；网络零售额近580亿元，占全省44.7%。泉州跨境公共服务平台累计贸易额9897.4万美元，同比增长121.7%。在2016年度“中国电商百佳城市”“中国网络零售百强城市”“中国大众电商创业最活跃的50个城市”排名中，泉州市均位居全国前列，全省首位。

8月28日

农历丁酉年七月初七
星期一
温度：26℃—34℃
多云—阴

●市委召开常委会会议，听取全市安全生产工作有关情况汇报，听取2017年金砖国家治国理政研讨会筹办工作总结汇报。

● 28—31日，陈国建率省委检查组到泉州，就2016年度全面从严治党主体责任检查整改情况进行“回头看”检查。

●泉州市举办首个主题电商节，围绕“聚产业优势，创电商强市”主题，集结内外贸电商界精英，开论坛、办赛事。

●28日，由市文联和市文广新局举办的第二届福建省曲艺“丹桂奖”大赛泉州赛区选拔赛在泉州艺术馆举行。

8月29日

农历丁酉年七月初八
星期二
温度：27℃—34℃
晴—多云

●泉州市召开2017年度党建重点项目分析推进会。

●晋江石狮南安惠安上榜福建经济实力十强县。

●阿里研究院根据商务发展指数中的“网商密度”（平均每万人中的网商数量）分析形成“2016年中国大众电商创业排行榜”，泉州位列第八。

●第十三届全运会击剑比赛男子花剑个人赛举行，泉州选手陈海威以15：9击败中国香港选手崔浩然，夺得金牌。

●《泉州拍胸舞》书籍首发。

●泉州市旅游景区、酒店、旅行社等旅游企业推出针对厦门居民旅游优惠促销活动，许多景区甚至对厦门居民免费开放。

泉州市召开党建重点项目分析推进会

泉州市召开2017年度党建重点项目分析推进会，回顾总结上半年全市党建工作重点项目推进情况，分析查摆现状问题，研究部署下阶段工作。会议指出，2017年泉州市43个党建工作重点项目进展情况良好，有速度、有突破、有亮点、有成效，取得阶段性成果。下阶段，全市各级各有关单位要提升站位认识，毫不动摇抓党建项目建设，以更大的决心、更强的力度、更实的措施，狠抓项目落实；要强化措施保障，通过抓进度、抓整合、抓督促、抓考评，确保每个项目按时序进度完成；要注重项目带动，着力补齐短板、打造品牌、增强实效，推动全面从严治党向纵深发展，实现党建工作与改革发展互促共融。

晋江石狮南安惠安上榜福建经济实力十强县

由省政府发展研究中心所属单位省区域和企业评价中心开展的“2017年度福建省经济实力十强县（市）、经济发展十佳县（市）”评价工作结果揭晓。2017年度福建省经济实力“十强”县（市）依次为晋江市、石狮市、福清市、闽侯县、南安市、长乐市、惠安县、上杭县、龙海市和永安市；经济发展“十佳”县（市）依次为云霄县、诏安县、武平县、上杭县、长泰县、东山县、宁化县、建宁县、长汀县和连江县。2017年度全省县域经济评价工作是在原有评价指标体系基础上，借鉴效能建设评价方法，吸纳县（市）政府及相关部门、省直和设区市有关部门意见，对指标构成进行调整优化，以更好地体现科学发展、生态保护和改善民生等要求。评价结果显示，各地积极践行新发展理念，全省县域经济发展水平得到提升。主要特点：一是各地更加注重科学发展、生态保护，多数县（市）研发经费投入比重提高、主要污染物排放量指标有所下降，形成科学发展、绿色发展的评价导向；二是各地更加注重改善民生、补短板工作，不少县（市）持续加大民生支出，精准扶贫工作取得新成效，一批欠发达县（市）和山区县（市）经济发展步伐加快，人民生活水平提升，为实现全面建成小康社会目标、建设新福建作出贡献。

泉州入选中国大众电商创业排行榜

阿里研究院根据商务发展指数中的“网商密度”（平均每万人中的网商数量）分析形成“2016年中国大众电商创业排行榜”，泉州位列第八。根据阿里研究分析结果，在“2016年中国大众电商创业最活跃的50个城市”排行榜中，前三位分别是广州、金华和深圳，第四至第十位依次为杭州、中山、嘉兴、台州、泉州、温州和东莞。与2015年相比，前五位城市的位次没有变化，泉州则上升3名，进入前十，莆田下滑7名，跌出前十。在上榜的其他城市中，揭阳、宿迁、邢台、石家庄和临沂排名上升明显，反映出这些城市网商数量增长快，增速高于上榜城市平均水平。包括泉州在内，大众电商创业最活跃的50个城市中，有28个是国家电子商务示范城市。其中，位列前十位的有7个。近三年，这28个示范城市的网商密度均位居前列，在电商创业方面显示出领先度和持续性，榜样作用明显。

泉州针对厦门居民推出旅游优惠措施

泉州市旅游景区、酒店、旅行社等旅游企业推出针对厦门居民旅游优惠促销活动，许多景区甚至对厦门居民免费开放。泉州市38个A级景区有21个免费对厦门居民开放，具体为：开元寺、中国闽台缘博物馆、泉州市博物馆、晋江五店市传统街区、源和1916创意产业园、安平桥（五里桥）景区、永春百丈岩、永春普济寺仙洞山、永春魁星岩、永春乌髻岩、晋江围头战地文化渔村、晋江灵源山、惠安净峰寺、泉港红星生态园、丰泽领SHOW天地文创园、南安叶飞故里红色旅游区、泉州森林公园、南安郑成功文化旅游区、永春老醋文创园、永春余光中文学馆、德化洞上陶艺村。惠安崇武古城风景区平时门票45元，厦门游客凭有效身份证享7折优惠。此外，全市31处全国重点文物保护单位有23处免费开放。泉州市的酒店、民宿也针对厦门居民推出不同的优惠。

市十六届人大常委会第四次会议举行

30—31日，市十六届人大常委会第四次会议召开。市人大常委会主任郑新聪主持会议并讲话。副主任张建生、朱团能、曾巍、许文贵、吴友才、蔡思红，秘书长欧阳秋虹出席会议。副市长吕刚，市中级人民法院代院长陈明、市人民检察院相关负责人列席会议。会议对泉州市第二部实体法进行三审，审议通过《泉州市市区内沟河保护管理条例（草案表决稿）》。会议对市政府研究处理《市人大常委会关于旅游法执法检查的审议意见》情况开展满意度测评，测评结果为基本满意。会议听取和审议市政府关于加快全市垃圾分类处理利用情况的报告、关于特色现代农业发展情况专项工作的报告、2017年1—7月国民经济和社会发展计划执行情况、预算执行情况的报告、市中级法院民商事审判工作情况的报告、市中级法院执行工作情况报告；听取和审议市政府关于泉州市加强创新创造创业人才队伍建设工作情况的报告，并开展专题询问；审议市人大常委会调研组关于泉州市金融风险防范工作情况的书面报告；表决通过有关人事任免，决定任命杨晓山为泉州市人民政府副市长。决定免去农刚的泉州市人民政府副市长职务。此前，市十六届人大常委会第九次主任会议召开。

市人大第四次常委会会议　　(图/王虎文)

泉州市实施低保兜底脱贫情况民主监督专题协商会召开

市委、市政府、市政协召开“泉州市实施低保兜底脱贫情况”民主监督专题协商会。市政协主席陈灿辉在会上讲话；市委常委、统战部部长林万明，市委常委、市政府党组成员杨晓山分别就泉州市低保兜底脱贫工作提出要求；市政协领导骆沙鸣、陈铭福、王祖耀、李冀平、王瑞强、陈益、洪川夫、林志建、苏小青，秘书长陈伟平参加；委员们围绕“如何更好实施低保兜底脱贫”建言献策。

陈灿辉肯定泉州市精准脱贫工作取得的显著成效。就下阶段工作，陈灿辉要求，要简化、完善报销程序，加强农村医疗点建设和特殊病种救治帮扶；加大教育扶贫力度，解决好贫困户子女的就学就业问题；强化村干部责任意识，切实解决贫困户实际问题；推动闲置资源转化为经济效益，帮助贫困户实现脱贫；加大宣传，带动全社会共同参与脱贫攻坚；市政协要发挥优势，继续开展好脱贫攻坚民主监督工作，为全市打赢脱贫攻坚战作出新贡献。

相关链接：4月，经市委、市政府同意，将“泉州市实施低保兜底脱贫情况”确定为2017年度市政协民主监督议题。市政协高度重视，7月，由市政协领导带队组成五个监督调研组分别到南安、惠安、安溪、永春、德化，通过实地察看、走访入户、召开座谈会等形式开展监督调研。

8月30日

农历丁酉年七月初九
星期三
温度：26℃—34℃
多云

●30—31日，市十六届人大常委会第四次会议召开。表决通过有关人事任免，决定任命杨晓山为泉州市人民政府副市长。决定免去农刚的泉州市人民政府副市长职务。

●市委、市政府、市政协召开“泉州市实施低保兜底脱贫情况”民主监督专题协商会。

8月31日

农历丁酉年七月初十
星期四
温度：26℃—33℃
多云

●市政协召开会议听取市人民检察院工作情况通报。

●由市委人才办、市金融局主办的高层次人才沙龙活动在泉州开发区举办，吸引100多名企业家参与。

●昌吉市泉州援疆促进会成立。

●城东公交充电站投入使用，这是继东海公交充电站投用后又一处公交车专用充电站投入使用。

市政协听取市人民检察院工作情况通报

市政协召开会议听取市人民检察院工作情况通报。市政协主席陈灿辉，副主席骆沙鸣、陈铭福、王祖耀、李冀平、王瑞强、陈益、洪川夫、林志建，市政协领导苏小青，秘书长陈伟平参加。市人民检察院检察长高扬捷通报2017年以来全市检察工作情况。与会委员围绕检察机关履行司法职能、维护公平正义、惩治和预防职务犯罪等议题建言献策。

会议指出，全市检察机关积极维护社会和谐稳定、营造良好法治环境、持续完善检察体系、建设过硬检察队伍，各项工作成效突出。下阶段，各级检察机关要继续深入贯彻落实中央和省市委的部署要求，依法打击违法犯罪，有效化解矛盾纠纷，维护社会和谐稳定；服务大局，紧贴泉州发展需要，深化改进检察工作，保障经济社会发展；加强监督，创造公平法治环境，推进“智慧检务”建设，提升检察服务质量；加强学习，履行从严治党责任，探索创新业务技能，提高检察队伍素质能力。会议要求，市政协机关、各民主党派、工商联和广大政协委员要一如既往地关注、理解、支持全市检察机关的各项工作，推进“五个泉州”建设。

泉州市举办高层次人才沙龙活动

由市委人才办、市金融局主办的高层次人才沙龙活动在泉州开发区举办，吸引100多名企业家参与。该次活动以“搭建人才资本桥梁 共享股权增值盛宴”为主题，旨在引导企业建立科学化管理模式，实施股权激励发展，帮助企业夯实股权、债券基础，增强对高端人才的吸引力和凝聚力，解决发展存在的动力问题和效率问题，从而实现“融资”与“融才融智”双赢。活动中，3位不同行业专家从多层次资本市场发展、企业股权激励实操、如何建立科学化管理模式三个专题进行分享，引导企业家通过顶层设计与灵活的人才激励机制，激发企业与员工的内生动力，实现从“利益共同体”到“事业共同体”的转变。

昌吉市泉州援疆促进会成立

昌吉市泉州援疆促进会成立大会暨老援疆干部再续泉昌情启动仪式在新疆昌吉州昌吉市举行，标志着昌吉市泉州援疆促进会正式成立。昌吉市泉州援疆促进会由泉州市援疆分指挥部发起成立，得到泉州历届援疆干部和泉昌两地企业家的响应及参与，将为泉昌两地经济和社会各项事业发展搭建平台，促进民族团结和经济发展，共享“一带一路”发展机遇。泉州与昌吉既有丝路情缘，又是对口支援城市，从1999年开始，泉州共有177位干部人才到昌吉开展援疆工作。

会上选出促进会第一届理事会会长，并举行“泉昌情·生命救助基金”捐赠仪式，泉州援疆促进会向昌吉市红十字捐赠100万元，用于救治大病患者。“泉昌情·生命救助基金”由泉州市援疆分指挥部与昌吉市红十字会联手创立，立足精准扶贫，开展红十字“1+1”关爱行动，累计注入250万元救助基金，帮助昌吉市困难学生和大病患者摆脱困难，让1200多名各族群众从中受益。为传承援疆情缘，大会还邀请泉州历届援疆干部共同参与，在“老援疆干部再续泉昌情”启动仪式上，历届老援疆干部代表与昌吉市十位少数民族小朋友结成帮扶对子，给他们送去助学金和学习生活物品，再续“我在昌吉有亲戚、泉昌两地一家亲”的民族团结佳话。

城东公交充电站投入使用

城东公交充电站投入使用，这是继东海公交充电站投用后又一处公交车专用充电站投入使用。该充电站位于城东公交综合场站内，由国家电网斥资600万元投建，按照标准公交充电场站规格，配备3个630KWV变压器、直流充电桩26根，可同时满足26辆纯电动公交车正常充电需求。至8月，泉州公交公司共有纯电动公交车138部，占总车辆数12%，主要分布在1路、8路、44路等线路上。城东公交充电站的启用，主要服务44路营运需要，将为该线路12部纯电动公交车以及18部定制纯电动中巴日常充电补给。

市委中心组（扩大）学习会召开

市委召开中心组（扩大）学习会，邀请中央党校原副校长赵长茂教授作《当前我国经济走势分析》专题讲座。赵长茂在讲座中以“如何看我国经济近年来的持续下行”“L型走势‘平行线’是否形成”“长期增长的动力源在哪里”三个问题为切入点，结合丰富翔实的经济数据，从主要经济体阶段特征、增速换挡内在规律、稳中求进宏观导向、技术升级体制改革多元动力等不同维度，对中国的经济走势进行鞭辟入里的分析和专业前瞻解读。

会议指出，各级党政领导干部要增强贯彻新发展理念的自觉性，学习习近平“7·26”讲话精神，领会经济发展新常态、五大发展理念、供给侧结构性改革等阐述，把思想和认识统一到中央对经济形势的判断上来，紧跟国内外经济大势、行业领域最新动态，加强系统学习，并转化运用到组织、引领改革发展之中。要增进加快产业转型升级的决心，把握经济将长周期保持新常态和加快结构优化升级的趋势，紧抓重大历史机遇，加快推进“中国制造2025”城市试点示范、国家自主创新示范区“两个试点”，实施人才港湾、大院大所“两个计划”，抓好高新龙头培育，推动万亿制造业大盘结构优化、技术升级。要坚定完成全年发展目标的信心，落实各级稳增长政策措施，集中力量抓好18个重中之重项目，加快推进制造业主辅分离、文化旅游、新业态新模式培育等，保持经济平稳较快发展。

全市视频会部署防御台风“玛娃”各项工作

继全省防御第16号台风“玛娃”工作视频会议后，泉州市随即召开全市视频会，部署防御台风各项工作。会议强调，各地防汛指挥长要在岗在位，加密会商研判；防汛部门要强化防汛值班，直至台风警报解除；做好值班安排，特别是市县两级主要防指成员单位要加强值班值守。要迅速进入临战状态，突出做好海上防风工作。18时前，沿海渔排所有作业人员必须全部撤离上岸，施工船、无动力船、交通船一律停止作业，客渡船严格按照恶劣天气及时停航，沿岸休闲旅游度假区、景区景点和施工工地一律关闭、停工。沿海各县（市、区）、各乡（镇、街道）和相关部门要加强人员撤离和游客疏散工作，特别是加强对非旅游景点沙滩的巡查监控，严防发生意外；要视天气情况适时停航客渡船，严禁非法渡船载客出海，适时关闭沿海工程和施工工地，确保安全。要防范局地短历时强降雨，尤其要注意防范山洪和内涝，加强山围塘巡查管理，科学调度水库，做好蓄水保水工作，保障下阶段生活、生产和生态用水需求。

泉州市获首届中国民族特色旅游商品大赛1金2银1铜

首届中国民族特色旅游商品大赛评选结果在内蒙古自治区包头市揭晓，泉州市获1金2银1铜。

中国民族特色旅游商品包括56个民族的特色旅游商品，分为民族旅游特色食品类、民族旅游工艺品类等20个类型。共评出金奖100个、银奖200个、铜奖200个，福建省获1金5银1铜，市旅游局选送的大魏文化传播有限公司的《弦外知音》获金奖，泉州木偶明筑偶坊的《木偶（钟馗、小沙弥）》和惠安女服饰传习所的《风情惠安女头饰》获银奖，福建永春李和元食品有限公司的《李和元养脾散》获铜奖。中国旅游协会已连续8年举办中国旅游商品大赛，此次大赛第一次以民族特色为主题。市旅游局从全市各县（市、区）筛选出27件旅游商品参加评选。

泉州旅游商品传承本地独特的生产工艺，旅游商品设计、研发、制作、推广等环节融入泉州元素，品种繁多、传统优良、技艺精湛。此次参赛作品取材广泛，在表现形式上注意艺术与实用、创新与市场、潮流与引导、现代与传统的“四个结合”，把泉州地方特色与旅游纪念品属性和谐统一于作品中，提升文化品位，增强纪念意义，彰显旅游纪念品的创意性、标志性、工艺性、实用性，得到评审专家以及来自全国各地参展商家的认可和好评。

9月1日

农历丁酉年七月十一
星期五
温度：26℃—32℃
阴

●市委召开中心组（扩大）学习会，邀请中央党校原副校长赵长茂教授作《当前我国经济走势分析》专题讲座。

●继全省防御第16号台风“玛娃”工作视频会议后，泉州市随即召开全市视频会，部署防御台风各项工作。

●首届中国民族特色旅游商品大赛评选结果在内蒙古自治区包头市揭晓，泉州市获1金2银1铜。

●泉州市医疗保障管理局信息中心签约暨揭牌仪式在泉州市正骨医院举行，此系泉州市在全省率先成立医保局信息中心，也是全省唯一一个地级市成立信息中心。

●由市民政局、市委人才办主办，泉州市社会工作协会、泉州市海西社工事业发展中心承办的泉州市高层次人才沙龙“筑梦港湾·社工机构发展经验及未来趋势”研讨会召开。

9月2日

农历丁酉年七月十二
星期六
温度：26℃—31℃
阴

●2—3日，田学军到泉州调研古泉州（刺桐）史迹申遗工作。

●郑新聪到市防汛抗旱指挥部，召开研判会商视频会议，了解当前及下阶段台风路径、风雨影响，听取相关部门会商意见，就做好全市防台防汛、安全生产工作作出部署。

●市创城指挥部开展模拟随机测评巡检活动。

●2—6日，“传承80/90”回顾展在鲤城区西街肃清门广场举行。

●第十三届全运会男子举重比赛在天津大港体育馆举行，代表解放军队参赛的泉州南安籍运动员李发彬获男子56公斤级冠军。

田学军到泉州调研古泉州（刺桐）史迹申遗工作

2—3日，教育部副部长田学军带队到泉州调研古泉州（刺桐）史迹申遗工作。市领导郑新聪、康涛、周真平、季翔峰参加相关活动。在听取泉州市申遗情况汇报，并考察开元寺等史迹后，田学军指出，当前，申遗工作已进入关键时期，要提高思想站位，紧抓申报关键环节，加强统筹协调，上下联动，把申遗工作准备好、落实好。

田学军在泉州九日山调研　（图/陈晓东）

泉州市部署防御台风“玛娃”工作

市委书记、市人大常委会主任郑新聪到市防汛抗旱指挥部，召开研判会商视频会议，了解当前及下阶段台风路径、风雨影响，听取相关部门会商意见，就做好全市防台防汛、安全生产工作作出部署。副市长肖汉辉出席会议并部署防御工作。郑新聪强调，各级党政主要领导要按照省委、省政府的部署和省领导指示要求，在岗在位，统筹抓好防台防汛、安全生产工作，不放过任何一个薄弱环节。郑新聪要求，各级挂乡（镇、街道）驻村（社区）干部，要深入一线、督促推动，把各项措施落实到位。防台防汛方面，气象、水文、防汛部门要加密会商研判，及时向各地各相关部门和群众发布风雨趋势信息，提醒做好避险救灾准备；要按照时间节点要求，做好沿海渔排作业人员撤离上岸工作，督促施工船、无动力船、交通船停止作业，并视天气情况适时停航客渡船，加强对小渔船、无证渔船以及非法载客渡船的管理监督，严禁擅自出海作业；要落实县、乡、村各级主体责任，抓好景区景点的关闭和游客的劝离工作，特别是加强对非旅游景点沙滩的巡查监控；要做好陆上人员转移的准备，根据雨水情变化，及时组织易灾点、低洼地带等危险区域群众转移；要加大对责任人员在岗在位情况的检查和各项防御部署工作落实情况的督查，确保万无一失。安全生产方面，要按照国家、省里部署要求，开展大检查、大排查、大整治；要逐一过细校车检修和安全维保工作，在台风期间取消学生各类户外活动。

市创城指挥部开展模拟随机测评巡检活动

市创城指挥部对鲤城区、丰泽区、洛江区和泉港区开展模拟随机测评巡检活动。参照《全国未成年人思想道德建设工作测评体系》和《福建省未成年人思想道德建设测评体系》的相关实地测评指标要求，测评组随机抽取十多个测评点进行实地检查。测评项目包括社会主义核心价值观“三进”活动、文明校园创建、校园周边环境管理、社区家长学校建设管理、未成年人文体活动设施场所建设管理使用情况等。测评工作结束后，市创城办召开现场通报反馈会。测评组对鲤城区、丰泽区、洛江区和泉港区未成年人思想道德建设工作给予肯定，同时对存在的问题与不足提出整改意见。测评组表示，各地应着力在公共文化场所加强社会主义核心价值观宣传，强化未成年人思想道德建设工作阵地建设，营造关爱未成年人良好氛围，保障未成年人有一个积极、健康的成长环境，为泉州市争创新一届全国文明城市打下良好基础。

“传承80/90”回顾展举行

2—6日，“传承80/90”回顾展在鲤城区西街肃清门广场举行。展览呈现二十世纪80、90年代出生的年轻人在传承非遗文化的探索实践。展览由五位年轻人进行现场非遗文化展示，包括木偶头雕刻者陈俊翔、漆艺新生代吴东权、青年陶艺师何东、提线木偶表演者杜勇、妆糕人传承人蓝绥泓。在展览现场，参观者不仅可以看到彩色可爱的妆糕人、传统木偶头制作的全过程，还能看到制陶、漆艺等技艺展示和提线木偶表演《小沙弥下山》。每个展示区域都吸引了许多观众。

雒树刚到泉州调研海丝文物和古泉州（刺桐）史迹申遗工作

文化部部长雒树刚到泉州调研海丝文物和古泉州（刺桐）史迹申遗工作。市领导郑新聪、陈铁晗、周真平参加相关活动。雒树刚肯定泉州市文保和申遗工作，指出泉州文化底蕴深厚，遗产点保护很好，内涵价值突出。要求泉州市发掘多元文化的独特性和唯一性，推动古城历史文化遗产整体保护；做好申遗迎检工作，讲好故事。

泉州市第二次全国污染源普查启动

泉州市第二次全国污染源普查工作启动。此次普查的主要目的是为了全面掌握泉州市各类污染源的数量、行业和地区分布情况，了解主要污染物产生、排放和处理情况，建立健全重点污染源档案、污染源信息数据库和环境统计平台，从而有利于准确判断泉州市环境状况，科学制定实施有针对性的经济社会发展和环境保护政策、规划，推进国家生态文明试验区建设。全国性的污染源普查十年开展一次。此次普查标准时点为2017年12月31日，时期资料为2017年度资料。普查对象是泉州市境内有污染源的单位和个体经营户。范围包括：工业污染源，农业污染源，生活污染源，集中式污染治理设施，移动源及其他产生、排放污染物的设施。普查内容包括普查对象的基本信息、污染物种类和来源、污染物产生和排放情况、污染治理设施建设和运行情况等。根据安排，年底前为普查前期准备阶段，2018年为全面普查阶段，2019年为总结发布阶段。此次普查的具体范围和内容，将根据国务院、省政府批准的普查方案确定。对普查对象的技术和商业秘密，各级普查机构及其工作人员将严格履行保密义务。

泉州86个项目入选福建省公共足球场地设施建设储备项目名单

为普及推广足球运动，提升全省足球运动水平，省发改委下发福建省2017—2020年公共足球场地设施建设储备项目名单，全省共安排公共足球场地设施建设储备项目417个。其中，泉州市有86个项目入选，项目数量居全省第一。86个项目包括鲤城区江南公园足球场、南安市公共体育场足球场、安溪县足球场、永春县岵山多功能足球场等19个标准足球场项目，建设规模218550平方米，总投资18885万元；泉州市滨海公园足球场、石狮市体育文化公园足球场（宝盖）、泉州台商投资区湖东片区足球场等38个7人制足球场项目，建设规模123120平方米，总投资4600万元；德化县上涌镇5人制足球场、永春县苏坑镇足球场、安溪县蓝田乡尚忠村足球场等29个5人制足球场项目，建设规模33525平方米，总投资2203万元。

泉州市旅游交流合作考察团到新疆昌吉学习考察

市旅游局、市旅游协会牵头，部分旅游企业和市旅游协会下属酒店、导游、自驾、旅游商品等分会相关负责人组成的泉州市旅游交流合作考察团，到新疆昌吉学习考察，互推旅游资源、互拓客源市场。基于良好的合作基础，此次两地旅游协会和龙头旅游企业分别签订战略合作协议。其中两地旅游协会的协议，旨在促进旅游企业间的业务合作，引导推动旅游企业投资开发旅游项目。此外，旅游协会还将协调本地主要景点给予对方市民优惠票价，为往来两地旅游的群众争取更多利好。同时，泉州宝中旅行社和新疆康辉旅行社签订协议，明确互相将对方列为2017年、2018年主要推广的旅游目的地，2017年9月至2018年底，互送客源1000人次以上，互相踩线并策划包装新的旅游路线。

相关链接：以海丝旅游为重要品牌，泉州历来重视与海陆丝沿线区域的互动。近年来，先后组队到印尼、泰国等海丝沿线国家和地区开展旅游推介，也通过集中上门推介等形式，加强与国内陕甘宁青新等陆丝区域的交流合作。特别是对泉州长期对口支援的昌吉市，两地旅游局2016年6月就签署战略合作协议，提出共同打造“泉州—昌吉”旅游品牌，互为宣传促销，联手推动两地互为目的地建设。2016年9月，全省首趟援疆旅游专列——“闽疆情·泉昌行”，满载600多名泉州游客驶向天山。

9月3日

农历丁酉年七月十三
星期日
温度：25℃—29℃
中雨

●雒树刚到泉州调研海丝文物和古泉州（刺桐）史迹申遗工作。

●泉州市第二次全国污染源普查工作启动。

●省发改委下发福建省2017—2020年公共足球场地设施建设储备项目名单，泉州市有86个项目入选，项目数量居全省第一。

●市旅游局、市旅游协会牵头主导，部分旅游企业和市旅游协会下属酒店、导游、自驾、旅游商品等分会相关负责人组成的泉州市旅游交流合作考察团，到新疆昌吉学习考察。

●纪念民族英雄郑成功诞辰393周年之际，台湾、厦门、石狮、安溪和南安石井的100多名郑氏宗亲到位于晋江市紫帽镇紫星村的郑象亭公墓前，以传统古礼祭祀郑成功祖父象亭公。

9月4日

农历丁酉年七月十四
星期一
温度：25℃—30℃
多云

●泉州市食品药品监管系统全面实施食品药品生产经营风险分级管理。

●由市委宣传部、市民政局、市老龄办、市卫计委、团市委、市文联、泉州晚报社主办的2017泉州敬老节活动启动。

●代表福建队参赛的泉州晋江籍运动员林超攀获第十三届全运会体操项目男子个人全能冠军，代表福建队参赛的泉州南安籍运动员王乌品获田径比赛女子三级跳远冠军。

泉州市全面实施食品药品生产经营风险分级管理

泉州市食品药品监管系统全面实施食品药品生产经营风险分级管理，将风险分级管理与“双随机一公开”（在监管过程中随机抽取检查对象，随机选派执法检查人员，抽查情况及查处结果及时向社会公开）监管工作相融合，创新监管方式，规范事中事后监管，提升食品药品安全监管水平和监管效能。

全市已完成食品药品生产经营风险分级首次评定工作，共录入食品药品生产、流通环节单位及餐饮服务单位6.6万家，其中评定A级5.7万家，B级0.87万家，C、D级100家。这也意味着泉州市已建起食品药品生产经营风险分级数据库，为“双随机”的市场主体名录库提供基础信息。

市食药监部门将随机抽查的项目分为食品生产、食品销售、餐饮服务、保健食品经营、化妆品经营、药品经营、医疗器械经营、药品和医疗器械使用等12项，同时建立市场主体及其相应执法检查人员的名录库，为“双随机一公开”打好基础工作。此外，食药监部门还将风险分级管理和双随机抽查的结果应用于行政许可审核审批、日常监管和执法办案等监管环节中，形成各环节循环式相互应用的模式。

在审核审批方面，市食药监局已对全市1428家食品生产企业进行静态风险等级评定工作，按照A级风险企业免于现场核查，B级风险、C级风险企业分别按不低于30%和70%比例实施现场核查，D级风险企业全部实施现场核查的原则，2017年以来，全市B、C级企业应用软件随机抽取的方式，产生需要实施现场审查的延续换证企业175家，提高监管效能，降低市场主体成本。在日常监管方面，食药监部门根据风险等级评定级别，结合当地监管资源和监管水平，合理确定企业监督检查的频次、内容、方式以及其他管理措施，作为制订年度监督检查计划的依据；同时把“双随机”抽查结果录入到平台作为信用评级、风险评级的数据，以此确定将检查的次数。

食品安全快速检测　　（图/陈云青 白振榀）

2017泉州敬老节活动启动

由市委宣传部、市民政局、市老龄办、市卫计委、团市委、市文联、泉州晚报社主办的2017泉州敬老节活动启动。活动以“幸福泉州健康养老”为主题，弘扬孝亲敬老文化，传承优良家风家训，营造助老惠老氛围，引领推动泉州健康养老产业发展，助力幸福泉州建设。此系泉州首次举办敬老节活动。

主办方设置了七个项目。老年健康大讲堂邀请泉州各大医院名医举办若干场次的老年健康养生讲座，传播健康知识，普及基本医学常识和养生保健技术；倡导文明生活方式，推广有利于健康的起居、饮食等习惯，消除或减轻影响健康的危险因素；现场进行简易的初步诊查。年度十大敬老模范企业评选旨在挖掘、宣传一批关爱老人、有爱心、重责任、讲诚信的敬老先进典型单位，发动企业参与到敬老活动中。表彰积极参与老年扶贫帮困、慈善救助等公益事业，在为老年人办实事做好事解难事、推动敬老文化建设、支持老龄事业发展等方面贡献突出的企业。泉州十大经典家书（家训）征集评选活动邀请市民晒一晒家书、说一说家训，讲一讲家风的传承故事。年度“敬老孝亲最美家庭”评选活动通过组织推荐、群众自荐、他人推荐等方式，挖掘和宣传群众身边的“敬老孝亲最美家庭”。年度十佳阳光老人评选通过报社全媒体报道展现一批或热心社会公益事业；或关心青少年成长，树家庭新风；或不断学习进步，挖掘自己的才艺技能；或老有所为依然活跃在工作岗位；或积极为经济社会发展献计献策的阳光老人。年度十大最受市民喜欢的敬老品牌评选则是倾听民声，让市民选出心目中最受喜爱的品牌。

泉州市扶持企业改制上市工作获省级奖励

省发改委下达文件肯定泉州市推进企业上市工作、企业上市后备资源培养及企业债券发行推动工作成果，并给予35万元奖励。其中，新增辅导备案企业4家奖励10万元，企业上市后备资源培育50家以上奖励15万元，新增发行企业债券奖励10万元。泉州市长期以来重视发展区域资本市场，推动企业拓宽直接融资渠道。2017年，泉州市推荐122家企业列入省级上市后备企业名单，将120家、84家企业分别纳入市上市后备、挂牌后备企业资源库进行重点培育、跟踪服务。

《关于对安全生产领域失信行为开展联合惩戒的实施方案》出台

《关于对安全生产领域失信行为开展联合惩戒的实施方案》印发，明确对10类安全生产失信行为实施跨部门联合惩戒，形成“一处失信，处处受限”。根据实施方案，生产经营单位及其有关人员存在下列失信行为之一的，纳入联合惩戒对象：发生较大及以上生产安全责任事故，或1年内累计发生3起及以上造成人员死亡的一般生产安全责任事故的；未按规定取得安全生产许可，擅自开展生产经营建设活动的；发现重大生产安全事故隐患，或职业病危害严重超标，不及时整改，仍组织从业人员冒险作业的；采取隐蔽、欺骗或阻碍等方式逃避、对抗安全监管监察的；被责令停产停业整顿，仍然从事生产经营建设活动的；瞒报、谎报、迟报生产安全事故的；矿山、危险化学品、金属冶炼等高危行业建设项目安全设施未经验收合格即投入生产和使用的；矿山生产经营单位存在超层越界开采、以探代采行为的；发生事故后，故意破坏事故现场，伪造有关证据资料，妨碍、对抗事故调查，或主要负责人逃逸的；安全生产和职业健康技术服务机构出具虚假报告或证明，违规转让或出借资质的。

对存在这些失信行为的生产经营单位，泉州市将采取28项具体措施进行惩戒。存在失信行为的生产经营单位，将被依法暂停审批新的重大项目申报，核减、停止拨付或收回政府补贴资金；依法限制参与建设工程招投标；依法限制取得政府性资金支持；依法限制生产经营单位取得或者终止其基础设施和公用事业特许经营；依法限制、暂停企业债券、公司债券和股票发行等。市、县安监部门将把存在失信行为的生产经营单位信息通报金融机构，作为其评级授信、信贷融资、管理和退出的重要参考依据；根据安全生产风险水平，上调存在失信行为的生产经营单位安全生产责任保险的保险费率；依法限制存在失信行为的生产经营单位参与政府采购活动。此外，对存在失信行为的生产经营单位在土地使用、采矿权取得等环节依法采取严格限制或禁止等措施；将生产经营单位失信行为作为相关责任人考核、干部选任的重要参考，作为评先评优的限制条件。

泉州台商区“走百村、进千企、入万家”大走访活动启动

泉州台商投资区在全区组织开展以“走百村、进千企、入万家”为主题的大走访活动。9月5日—12月30日，大走访活动分三个阶段进行：走访、排查阶段（9月5日—9月30日），回访、整改阶段（9月30日—11月15日），突破、攻坚阶段（11月15日—12月30日）。

走访对象是辖区内所有群众、企业、单位，对每一个对象采取一对一、面对面的方式逐户进行访视宣传。通过大走访活动察民情、解民忧、答民惑，对群众反映的问题，按照不同类别进行汇总处理，做到事事有回音、件件有落实；全面宣传区党工委、管委会在开展综治平安建设和“加快社会事业发展，补齐民生短板”方面的工作举措，力争取得群众理解和支持。

此次大走访活动还重点宣传“3个10%”奖励举措，即获“平安村”称号的村，村民可享受“村民参加新型农村合作医疗和城镇居民医疗保险，个人缴费部分由区财政补助10%；参加新农保的60周岁以上村民，基础养老金提高10%，遵纪守法村民大病统筹报销奖励10%”，引导群众积极、理性地参与平安建设。

9月5日

农历丁酉年七月十五
星期二
温度：26℃—33℃
多云

●泉州市对晋江西溪流域河长制工作进行督查巡查并召开专题会。

●省发改委下达文件肯定泉州市推进企业上市工作、企业上市后备资源培养及企业债券发行推动工作成果，并给予35万元奖励。

●《关于对安全生产领域失信行为开展联合惩戒的实施方案》印发，明确对10类安全生产失信行为实施跨部门联合惩戒，形成“一处失信，处处受限”。

●泉州台商区“走百村、进千企、入万家”大走访活动启动。

9月6日

农历丁酉年七月十六
星期三
温度：26℃—34℃
晴

●康涛到市防汛抗旱指挥部了解第17号台风“古超”动向，听取气象、水利、海洋、海事等部门会商意见，并召开视频会。

●泉州市召开第三届海上丝绸之路国际艺术节筹备会议，就相关工作进行再动员、再部署。

●6—14日，香港首届小剧场戏曲展演在香港话剧团黑盒剧场举行，福建省梨园戏传承中心应邀参加，献演梨园戏上路流派传统剧目《朱文（孤本）》。

●“青春聚缘·洛台共赢”两岸青年企业家创业合作研讨会在洛江区举行。

●泉州市相关银行机构在全省首推农村集体经营性建设用地使用权抵押贷款业务。

康涛部署防御台风“古超”工作

市长康涛到市防汛抗旱指挥部了解第17号台风“古超”动向，听取气象、水利、海洋、海事等部门会商意见，并召开视频会，要求各地各部门要克服麻痹思想、厌战情绪，把各项防御工作做实做细。沿海各地和相关部门要加强监测预警，关注台风发展动态，第一时间作出部署要求，确保渔船及人员按省市要求及时撤离；山区各县要注意防范局地短时强降雨引发的山洪、地质灾害，科学调度水库，做好蓄水保水工作。

泉州市召开第三届海上丝绸之路国际艺术节筹备会议

泉州市召开第三届海上丝绸之路国际艺术节筹备会议。会议指出，各工作组要吸收金砖国家治国理政研讨会的经验做法，锻炼干部、提升队伍，确保人员到位、思想到位、工作到位；要按照时间节点倒排进度、分解任务，按时间、按进度、按质量完成任务；要集中精力、抓紧进度，依法、依规、依程序推进工作；要按照规定上报预算，提高资金使用效率；要过细服务保障，抓好嘉宾邀请、场馆设施、酒店接待等工作环节。

梨园戏应邀献演香港首届小剧场戏曲展演

6—14日，香港首届小剧场戏曲展演在香港话剧团黑盒剧场举行，福建省梨园戏传承中心应邀参加，献演梨园戏上路流派传统剧目《朱文（孤本）》。《朱文（孤本）》讲述寻亲不遇的书生朱文与其暂住客店主人之女一粒金的爱情故事，风格古朴苍劲、生动有趣，包含“赠绣箧”“认真容”“走鬼”三折，是明代《永乐大典》中记载的“宋元遗篇，海内孤本”，是梨园戏作为“宋元南戏活化石”的重要见证，具有极高的文化遗产价值。此次香港之行由梨园戏著名老艺人吴幼清、林赋赋携手福建省梨园戏实验剧团副团长、国家二级演员张纯吉及优秀青年演员郑雅思联合演出。香港首届小剧场戏曲展演由来自福建、上海和香港等地的四部优秀剧目陆续亮相，展示梨园戏、京剧、昆曲、粤剧等的艺术风采。值得一提的是，梨园戏《朱文（孤本）》，京昆《春水渡》和粤剧《霸王别姬》都是第二届上海小剧场戏曲节参演剧目。展演期间，四台剧目主创人员还举办创作分享会，交流碰撞创作火花。

两岸青年企业家创业合作研讨会在洛江区举行

“青春聚缘·洛台共赢”两岸青年企业家创业合作研讨会在洛江区举行，该研讨会由洛江区台办、团区委、区委人才办主办，是全市首次举办两岸青年企业家组织之间的合作交流活动。会上，洛江区青商会与泉州市台资企业协会青年委员会签订全市首个大陆青年企业家组织和台湾青年企业家组织之间的合作伙伴协议。协议就加强双方互动往来，共同促进洛台两地经贸、商务交往；深化双方青年企业家在技术、产品、渠道和营销等方面的合作；组织“台二代”青年企业家、青年台干、岛内各界青年到大陆创业就业、与大陆优秀青年企业家交流交往；传承和弘扬中华传统文化；推进台湾青年创业基地建设等方面达成共识。

泉州市在全省首推农村“集地贷”

泉州市相关银行机构在全省首推农村集体经营性建设用地使用权抵押贷款业务（简称“集地贷”），丰富农村担保方式，扩宽农村融资渠道。“集地贷”额度不设上限，用款方式灵活。可通过手机银行自助放款，结合生产经营周期，贷款期限最长可达5年。还款方式有到期还本付息、等额本息、等额本金等多种方式。下阶段，相关金融机构还将深化银政、银村合作，探索设立贷款风险补偿基金、推进银村共建等事项。

全市城市“双修”、垃圾分类、绿化提升工作部署会议召开

市政府以“三合一”形式召开全市城市“双修”、垃圾分类、绿化提升工作部署会议。会议指出，各级各部门要把握要领要义，推进工作突破见效，把党委、政府的施政理念和决策部署转化为人民群众实实在在的获得感。要以精细化手法推进城市“双修”。精雕细琢、精耕细作，用“绣花功夫”雕琢古城。突出原真性，采取专业设计、专业施工、专门材料，开展以核心区危旧房屋修缮为主题的“点亮家园”活动，着手古城广告、停车等乱象整治，营造古城“古早味”；突出原生态，抓好古城水系、绿化系统修复，重点加强古树名木保护，让它们和古城一样历久弥新；突出原住民，提升古城居民生活便利性，做好“留人”工作，逐步疏解置换不适合的业态，倡导更多民众参与家园共造。要以系统性思维推进垃圾分类。抓源头，结合泉州实际制定垃圾分类工作路线图，力促垃圾减量化、资源化、无害化；抓链条，从硬件、责任两个链条出发，加强垃圾分类收集、运输、资源化利用和终端处置等环节的衔接，形成全过程运行系统；抓延伸，根据行业、地域特点统筹规划，试点推进，示范带动，分类探索。要以点线面方式推进绿化提升。重点将“居民常走”和“客人常走”的地方作为突破口，增加绿量，提升“绿色颜值”，营造亲绿环境，加快打造一批精品绿化景观，实现“点上成景、线上成荫、片上成林、城内成网”。

全市党外干部培养工作专题座谈会召开

全市党外干部培养工作专题座谈会召开，贯彻落实《中国共产党统一战线工作条例（试行）》和省委实施细则，研究部署加强党外干部培养工作，推进“四位一体”党外干部培养管理机制建设。会议强调，要高度重视党外干部队伍建设，把党外干部培养工作作为政治责任列入党委（党组）重要议事日程抓紧抓好；要夯实基础，建立党外干部数据库和台账，特别是要发现和掌握一批政治素质高、专业能力强、群众反映好的党外代表人士，实行动态管理；要加强培养，突出政治引领，注重能力提升，强化教育培训和实践锻炼；要依规选贤，按照条例和省委实施细则要求，加大党外干部选拔任用力度；要发挥作用，健全长效机制，引导党外干部争创一流业绩。

NB-IoT网络商用启动仪式暨物联网产业生态大会举行

中国电信泉州分公司在泉州迎宾馆举行“物联新时代，智慧新泉州”NB-IoT网络商用启动仪式暨物联网产业生态大会，宣布中国电信在泉州启动NB-IoT网络商用，并与7家物联网生态重点企业签订NB-IoT战略合作协议，助力智慧城市建设。图为启动仪式。

（图/郑　文）

2017年泉州首届商业模式创新大赛启动

2017年泉州首届商业模式创新大赛启动。启动仪式上，信泰集团总经理许金泰、小保科技创始合伙人刘俊伟分别分享企业商业模式创新历程、变革时代的模式升级与资本顶层设计。刘俊伟认为，商业模式是长期的经营策略，是顶层设计的源点；是企业发展的原点，是企业可持续发展的最高思想和意识形态；是企业从出生到成长再到成功的总设计师；是打造企业核心竞争力的核心逻辑，也是迈向资本市场的核心标准。通过商业模式创新设计，能够帮助企业夺取市场份额的大头；帮助企业保持可持续性发展；帮助企业开拓新的利润市场；企业设计受资本市场青睐的商业模式；企业通过战略转型，能够掌控产业链的高利润区。

9月7日

农历丁酉年七月十七
星期四
温度：26℃—33℃
阵雨

●市政府以“三合一”形式召开全市城市“双修”、垃圾分类、绿化提升工作部署会议。

●全市党外干部培养工作专题座谈会召开，贯彻落实《中国共产党统一战线工作条例（试行）》和省委实施细则，研究部署加强党外干部培养工作，推进“四位一体”党外干部培养管理机制建设。

●7—8日，市人大常委会对《泉州市中山路骑楼建筑保护条例（草案）》进行立法调研，通过实地考察、汇报座谈、论证会等方式对中山路历史文化街区和骑楼建筑保护工作情况进行了解。

●7—9日，第二届全国工业机器人技术应用技能大赛在安徽芜湖举行，黎明职业大学学生韦东庆、汪添城分获学生组二、三等奖，泉州市诺伊曼机器人有限公司李建获职工组三等奖。

●中国电信泉州分公司在泉州迎宾馆举行“物联新时代，智慧新泉州”NB-IoT网络商用启动仪式暨物联网产业生态大会，宣布中国电信在泉州启动NB-IoT网络商用，并与7家物联网生态重点企业签订NB-IoT战略合作协议，助力智慧城市建设。

●2017年泉州首届商业模式创新大赛启动。

●丰泽团区委组织护遗志愿服务队到市区真武庙开展宣传、卫生保洁等活动。

9月8日

农历丁酉年七月十八
星期五
温度：26℃—32℃
阴

●市全面深化改革领导小组2017年第十二次会议召开，学习贯彻中央、省全面深化改革领导小组近期会议精神，听取泉州市全面深化改革进展情况，研究部署推进下阶段工作。

●国家海洋督察组（第四组）泉州下沉工作组进驻泉州，并召开工作汇报会。

●福建省2017年“质量月”活动启动仪式在泉州举行。

●泉州市第十个民族团结进步宣传月启动仪式暨泉港区第八届少数民族文化节在泉港区开幕。

●福建省首届“最美教师”名单公布，泉州市盲聋哑学校付心知和华侨大学赵冰洁上榜。

●鲤城区在泉州七中召开庆祝第三十三个教师节暨表彰大会，宣读鲤城区奖教基金奖励决定，表彰获集体荣誉称号的36所区属学校及在教育教学工作中成绩突出的516名教师。

●安溪县首次组织新任教师举行入职宣誓仪式。

市全面深化改革领导小组2017年第十二次会议召开

市全面深化改革领导小组2017年第十二次会议召开，学习贯彻中央、省全面深化改革领导小组近期会议精神，听取泉州市全面深化改革进展情况，研究部署推进下阶段工作。会议指出，要发挥国家“金改区”“民综改革试点”、福厦泉国家自主创新示范区、“中国制造2025”城市试点示范等“多区叠加”优势，鼓励探索争创改革特色，及时总结推广好做法好经验。要善于用改革的思维和办法推动工作，更好地破解难题。要突出问题导向，着眼重要领域、重要任务、重要节点，强化改革系统集成思维，多在体制机制创新上下功夫，把改革作为推动发展的着力点、突破口。要突出督察问效，确保各项改革落到实处、进行到底。要常态化开展督察落实，既督任务、督进度、督成效，也察认识、察责任、察作风。

国家海洋督察组下沉工作组到泉州开展督察

国家海洋督察组（第四组）泉州下沉工作组进驻泉州，并召开工作汇报会。国家海洋督察组（第四组）泉州下沉工作组组长胡松琴指出，督察组将以“把脉体检，开方督办”为定位，重点督察中共十八大以来地方政府在围填海管理等海洋资源环境保护方面主体责任落实情况。希望泉州市政府及有关部门做好配合，正确对待海洋督察工作；坚决整改落实，坚持边督边改、立行立改，对转交的问题线索确保件件有着落、事事有回音；营造积极的舆论氛围，对督察组转办的群众举报问题，要及时组织查处。

福建省2017年“质量月”活动启动仪式在泉州举行

福建省2017年“质量月”活动启动仪式在泉州举行。此次“质量月”主题为“大力提升质量，建设质量强市”，旨在通过“质量月”宣传，增强全社会质量意识，促进泉州市产品质量、工程质量、服务质量水平提升，助推泉州市通过国家质检总局考核验收。

启动仪式上，市质量技术监督局、泉州出入境检验检疫局与泉州师范学院三方代表签署《泉州市质量与品牌提升战略合作意向书》，共同就泉州市质量提升、品牌培育、检验检测、标准化战略、质量文化宣传、专业人才培养、帮扶中小微企业质量改进等方面达成合作，实现行政机关与科研院校之间资源共享。三方重点开展《泉州制造业质量与品牌竞争力提升》《“智能制造”对提升工业产品质量水平》等课题研究，并分别在光电产品、轻纺产品、食品有关重点敏感产品的检测监测以及质量分析工作的应用研究上开展合作。

该合作意向书签订后，三方单位将共同推进创建“全国质量强市示范城市”工作，宣传贯彻党中央、国务院，省委、省政府及市委、市政府关于质量强国、质量强省、质量强市战略的决策部署，宣传“创新引领、品质至上”的泉州城市质量精神，营造政府重视质量、企业追求质量、人人关注质量的氛围。同时，三方还将合力培养一批热心质量工作的专业技术人才，促进院校毕业生就业并转化为生产力；合作开展帮扶泉州市中小微企业质量改进，实施精准帮扶，服务企业开展技术攻关，提升整体质量水平；开展质量公益培训，为中小微企业提供质量管理、标准、计量、认证、技术性贸易措施等咨询和培训服务，全面提升中小微企业的质量意识和质量管理水平。

泉州市第十个民族团结进步宣传月启动

泉州市第十个民族团结进步宣传月启动仪式暨泉港区第八届少数民族文化节在泉港区开幕。其间，举行“中国少数民族特色村寨”授牌仪式，爱心人士为鸢峰小学奖学奖教基金捐款。启动仪式结束后，组织趣味运动会、民族知识问答、法律咨询、义诊等活动，并举办一场文艺晚会。活动以“中华民族一家亲，同心共筑中国梦”为主题，旨在弘扬优秀少数民族文化，丰富少数民族群众文化生活，巩固和发展平等团结互助和谐的社会主义民族关系，促进各民族交流交往交融。

泉州市在全省首推农村“集地贷”

泉州市相关银行机构在全省首推农村集体经营性建设用地使用权抵押贷款业务（简称“集地贷”），丰富农村担保方式，扩宽农村融资渠道。“集地贷”额度不设上限，用款方式灵活。可通过手机银行自助放款，结合生产经营周期，贷款期限最长可达5年。还款方式有到期还本付息、等额本息、等额本金等多种方式。

中国城市科学研究会年会在泉州举行

9—10日，中国城市科学研究会历史文化名城委员会名城交通学部2017年年会在泉州举行。全国各地的专家学者分享各地名城交通规划建设的成功经验，破解老城区交通发展瓶颈。会议的主题是“现实与挑战：名城中的历史文化保护与交通协调发展”。在9日的会议报告中，文国玮、陈仁春、曹恺宁等十多人分别作《漫谈交通的科学性概念及对“共享单车”的解析》《历史文化街区的人性化交通实践——以福州三坊七巷为例》《以遗址保护为前提的大型客运枢纽规划研究——以西安火车站为例》等分享，畅谈各地的成功经验。10日，与会专家考察泉州历史文化名城保护与交通建设，学习交流泉州的经验，并为泉州名城保护与老城区交通规划建设把脉、支招。

2017年“服务百姓健康行动”大型义诊周启动

9—15日，2017年全国“服务百姓健康行动”大型义诊周，泉州市在各地开展城乡对口支援义诊、到贫困地区送医送药、举行健康讲座等活动，加强健康和医学知识的普及，方便群众看病就医，促进健康扶贫。8日，泉州市第一医院“服务百姓健康行动”在泉港区钟厝村举行，免费为群众进行体温、脉搏、血压、血糖、心电图等检测，还免费赠药，提供常见疾病的预防与保健咨询。10日，泉州市中医院联合清濛社区卫生服务中心，举行“健康义诊、远离慢病”义诊咨询活动，派出内科、妇科、儿科、外科、针灸科、骨伤科、肛肠科等专家，对当地群众进行疾病咨询、初筛、诊断和一般治疗，免费测量血压，普及医学常识和健康知识。泉州市妇幼保健院·儿童医院儿保科举办主题为“关注儿童生长发育”的讲座，主要内容是关于儿童生长发育规律以及如何促进生长。12日，泉州市第三医院联合安溪县第三医院在安溪县芦田镇学区中心小学，开展2017年“服务百姓健康行动——精神卫生健康”义诊宣传活动。全市共136家医疗机构在相关卫计行政部门协调下通过报纸、电视台、院内电子显示屏、村广播等多种形式对义诊活动进行宣传，开展多形式义诊活动，包括公共场所义诊活动、院内义诊活动、义诊活动进社区、义诊活动下乡镇、健康大讲堂等。此次大型义诊周活动，为人民群众看病就医带来便捷和实惠，缓解人民群众看病就医的实际问题，加强健康和医学知识的宣传普及，提高人民群众的健康水平和群众满意度。

省市联合举行红十字水上安全救援救护联合演练

第18个“世界急救日”，省红十字会和市红十字会在泉州市笋江桥南桥头举行2017年世界急救日主题宣传暨红十字水上安全救援救护联合演练。活动以“救护生命——红十字在行动”为主题，省、市、县红十字会机关、泉州市相关公益团队、红十字志愿服务队约200人参加。40多名省、市红十字水上救援和急救志愿者快速行动，根据预演计划，有条不紊地展开近岸抛绳袋、救生浮标、独木舟救援，非动力艇救援及翻舟自救等救生技能演示和模拟险情救援救护演练。

相关链接：泉州是滨海城市，公开水域多。市红十字会动员社会力量参与水上安全知识宣讲、水域安全巡查劝导、遇险施救及人道救援志愿服务队建设。近年来，开展水上安全宣传和安全劝导上万人次，培训应急救护师资和水上救生教练、救生员近300人，组建5支专业化的救援团队，施救310多名意外溺水者。

9月9日

农历丁酉年七月十九
星期六
温度：26℃—32℃
多云

●泉州市在全省首推农村“集地贷”。

●9—10日，中国城市科学研究会历史文化名城委员会名城交通学部2017年年会在泉州举行。

●9—15日，2017年全国“服务百姓健康行动”大型义诊周，泉州市在各地开展城乡对口支援义诊、到贫困地区送医送药、举行健康讲座等活动。

●第18个“世界急救日”，省红十字会和市红十字会在泉州市笋江桥南桥头举行2017年世界急救日主题宣传暨红十字水上安全救援救护联合演练。

●2017年泉州市骨科论坛暨基层医院骨科疾病诊疗学术会议举行。

●2017国际比基尼小姐大赛福建省晋江赛区海选赛在晋江市宝龙广场举行。

●几内亚海关总署高级专员到安溪县龙门镇考察。

9月10日

农历丁酉年七月二十
星期日
温度：26℃—33℃
多云

●福建省军转干部进高校专项培训在泉州试点。

●福建师范大学闽南科技学院设立南安文化研究中心。

●市重点建设项目福建经贸学校洛江校区入驻揭牌仪式在洛江区河市镇溪头村举行。

●由市委文明办、鲤城区委文明办指导，鲤城区志愿者协会、泉州真情在线公益协会主办的“志愿情·泉州红”公益晚会暨泉州真情在线第十一届金秋助学晚会在泉州市文化艺术中心剧场举行。

●10—16日，2017年国际警察执法武力使用实战专训班在浙江杭州举行，晋江市公安局黄荣江、张荣华两位教官应邀参加，并获射击竞赛二等奖，福建省仅他们两人参训获奖。

福建省军转干部进高校专项培训在泉州试点

批军转干部到泉州师范学院报到，福建省军转干部进高校专项培训正式在泉州试点。泉州市委、市政府历来高度重视军转工作，在不折不扣完成好军转安置任务的同时，把军转干部教育培训放在突出的位置来抓。5月，省里决定在泉州开展专项培训试点工作，泉州师范学院成为试点高校。参加此次试点的学员，全部为2016年转业到泉州的中青年军转干部。学员在泉州师范学院开设的普通全日制本科64个专业中自愿选修公共事业管理、汉语言文学、经济学、国际经济与贸易、信息管理与信息系统、环境科学、文化产业管理7个专业，进行为期一年的带薪脱产学习培训。学员修完相应学分，经考核合格，准予毕业。在校表现、专业课程和实训成绩等综合考核情况作为干部培训材料纳入个人档案，并作为学员所在单位组织、人事部门安排使用的重要依据。

福师大闽南科技学院设立南安文化研究中心

福建师范大学闽南科技学院设立南安文化研究中心。学院与南安市文联的共建签约仪式同时举行。南安文化研究中心将立足闽南文化发源地、海上丝绸之路东端起点文化研究，与南安市文联等单位加强合作共建，系统研究包括南安华人、华侨与闽台关系，历史文化街区、古村落文化、非物质文化遗产等方面内容。已确定《南安文化读本》《丰州古镇研究》《戴宏达：菲律宾当代著名侨领》等6项科研立项项目。

福建经贸学校洛江校区投入使用

市重点建设项目福建经贸学校洛江校区入驻揭牌仪式在洛江区河市镇溪头村举行。福建经贸学校洛江校区占地16公顷，规划建筑面积18万平方米，投资4亿元，中长期办学规模1万人。该校区已竣工投入使用的是一、二期8万平方米主体建筑。洛江校区建成后，福建经贸学校将成为鲤城、丰泽、洛江三个区里面积最大的中职院校，能更好地服务泉州经济发展方式转变、产业转型升级。福建经贸学校是国家技能型紧缺人才培养培训基地和国家级重点中专学校，省首批示范性现代职业培育院校，十几年来学校探索出“上挂高校、下接中学、横联企业、内抓教学、外树品牌”的中职办学新路子。

“志愿情·泉州红”公益晚会举行

由市委文明办、鲤城区委文明办指导，鲤城区志愿者协会、泉州真情在线公益协会主办的“志愿情·泉州红”公益晚会暨泉州真情在线第十一届金秋助学晚会在泉州市文化艺术中心剧场举行。400余人到场观看演出。活动旨在通过文艺演出，宣传慈善事业，发动更多人、企业关注弱势群体，促进社会和谐。

相关链接：泉州真情在线公益协会是一个纯公益的民间团队，成立于2007年4月1日，主要开展爱心助学、敬老爱老，倡导环保、爱心同行等系列公益活动。本着自愿、义务、开放式的参与形式，陆续吸纳社会各界愿意从事公益事业的爱心人士参与其中，从成立之初的几个人，逐渐发展壮大且成为泉州最有影响力的民间公益团队之一。

晋江市两名教官获国际警察执法武力使用实战专训班奖项

10—16日，2017年国际警察执法武力使用实战专训班在浙江杭州举行，晋江市公安局黄荣江、张荣华两位教官应邀参加，并获射击竞赛二等奖，福建省仅他们两人参训获奖。英国、美国、法国、意大利等国家和中国香港地区的6位国际警察执法武力使用实战训练专家，以及国内知名警务实战教官和浙江警察学院（公安部技能战术研发中心）组成的中国警务实战教官团应邀施训授课。同时，多省（自治区、直辖市）的130名特警教官及公安机关警官、公安现役警官应邀参加培训。黄荣江、张荣华不仅接受“应对暴恐事件的射击训练”“长短枪规范使用射击”等方面的训练，还完成枪械战术专项训练。

市委、市政协召开专题协商会议

市委、市政协召开专题协商会议，围绕“战略性新兴产业人才的评价认定机制及扶持政策”进行专题协商。市委书记、市人大常委会主任郑新聪主持会议。市领导陈灿辉、翁祖根、孔繁军、林万明、陈铁晗、骆沙鸣、陈铭福、李冀平、陈益、洪川夫、林志建、苏小青，市政协秘书长陈伟平等参加会议。会上，与会人士结合泉州实际，分别从人才体制机制创新、高端创新平台打造、引才聚才用才、人才培养模式改革、加大科研和高等教育投入等方面建言。

郑新聪指出，人才是泉州传统产业转型升级和新兴产业发展的重要支撑。泉州正处在新一轮发展的关键时期，存在着人才技术历史积累不足、创新要素与老机制结合不起来、大院大所较少、人才工作体制机制亟待突破等短板。各级各相关部门要坚持人才第一资源理念，坚持问题导向、解放思想，运用改革思维办法，实施人才“港湾计划”，创新用才体制机制，推进战略性新兴产业人才建设。要以改革激发人才创新创业活力，人才引进要更务实灵活，由引人才向引“猎头”、引平台转变；要适应时空变化的要求，研究居住地和工作地不一致的人才服务保障措施，探索柔性引才形式；要把人才评价认定交给市场，推动人才管理简政、放权、松绑，建立分层、分类、多元人才标准；党委、政府要营造人才服务大环境，提升城市品位、宜居水平，让各类人才安家安心。郑新聪表示，要始终同频共振，完善多层专题协商，拓展专题协商平台，提升协商能力水平，更好地推动协商民主深入发展。希望市政协发挥优势，为党委、政府决策提供更广泛的民意支撑、民智参考、民利协调，齐心协力为加快“五个泉州”建设贡献智慧和力量。

市政协主席陈灿辉指出，人才成长发展的基础在于人才生态环境，人才工作竞争力的关键在于人才服务水平。要聚焦创新转型需求，更加注重聚才用才服务保障。提高人才服务市场化水平，推动高端人才集聚发展，推进人才、资本深度融合，加大对人才“港湾计划”的宣传力度，营造尊重知识、尊重人才的良好氛围。要着眼传承长续发展，更加注重企业家队伍建设提升。聚力提升企业家素质，注重职业经理人培养，注重研发人员队伍建设，为人才创造施展才华的空间。要立足项目建设实际，更加注重人才团队引进培养。坚持“人才+项目+团队”引才模式，加强对人才、团队、高新产业项目引进的政策研究和资金配套，建立政策落实督查制度，实现人才服务、引领、支撑产业发展。

《泉州古城生态修复城市修补工作实施方案》出台

泉州市出台《泉州古城生态修复城市修补工作实施方案》（以下简称《方案》）。根据《方案》，2017年10月至2018年11月为全面实施阶段，启动12项修复计划。根据《方案》，“古城双修”将实施古城风貌保护、古城文化遗产保护、古城基础设施提升、古城旅游提升、古城家园共造、古城业态活化六大工程，重点推进一园（小山丛竹公园）、一区（龙头山片区）、一河（八卦沟）、一街（西街）、一路（中山路）、一厝（老范志大厝）、一站（旧车站）等项目。12项修复计划包括：修复古城水系、修复绿化系统、修复市政设施、修复交通环境、修复古城建筑、修复古城街巷、修复古城景观、整治重点片区、开展社区营造、整顿古城秩序、传承传统文化、激活旅游业态。

游客在位于西街的一家民宿内品茶聊天，享受古城“慢生活”　（图/张九强）

9月11日

农历丁酉年七月廿一
星期一
温度：26℃—34℃
多云

●市委、市政协召开专题协商会议，围绕“战略性新兴产业人才的评价认定机制及扶持政策”进行专题协商。

●泉州市出台《泉州古城生态修复城市修补工作实施方案》。

●市房屋交易中心发出通知，从18日起，中心市区已取得不动产权证或房屋所有权证的存量房交易，全面推行存量房买卖合同网上签约。

●11—12日，福建省女检察官协会第三届理事会第五次工作会议暨“读经典 谈心得”读书交流活动在南安市举行。

●由安溪县政府主办的“中国藤铁工艺之都”——安溪“超百亿”藤铁工艺文化产业品鉴会在上海虹桥国际会展中心举行。

9月12日

农历丁酉年七月廿二
星期二
温度：26℃—34℃
多云

●继全省防御台风工作视频会议后，市防汛抗旱指挥部随即召开全市视频会，全面安排部署防御第18号台风“泰利”工作。

●太湖流域片第三次河长制工作交流会在永春县召开。

●泉州市2017年度新兵入伍欢送活动在泉州动车站举行。

●市委党校2017年秋季开学典礼举行。

●由市委文明办、市教育局、团市委主办的“快乐学习，健康成长”学习心理辅导进学校公益巡讲启动仪式举行。

●泉州市第20届全国推普周活动暨南安市国家三类城市语言文字工作达标评估启动仪式在南安市人民会堂广场举行。

●泉州籍当代艺术家蔡国强在俄罗斯首次大型个展“蔡国强：十月”在俄罗斯普希金国家艺术博物馆开幕。

太湖流域片第三次河长制工作交流会在永春县召开

太湖流域片第三次河长制工作交流会在永春县召开。水利部太湖流域管理局局长吴文庆，水利部河长办副主任段红东，市长康涛以及福建、江苏、浙江、上海、安徽五省、市河长办、水利部门相关负责人参加会议。

吴文庆指出，要加快出台所有乡镇级工作方案，尽快实现工作方案全覆盖；要完善河长制组织体系，强化河长办建设，落实河长、河长办和相关部门责任；要加强制定工作制度和政策措施的计划性，完善已出台的制度和政策，确保落实到位；要加大监督检查和考核评估力度，建立常态化督导检查机制，科学开展工作考核；要坚持问题导向和源头控制，深入调研，因地制宜编制“一河一策”；要加强经验总结和探索创新，为全国推行河长制工作积累经验、提供借鉴。

段红东要求，各地各相关部门要把推进河长制作为党政同责的“一把手”工程和系统工程来抓，在打赢流域片年底前全面建成河长制这一攻坚战的基础上，做好打持久战的思想准备；注重问题导向，强化部门密切协作，完善河长办等组织体系，加快河长制工作长效机制建设，做到机构到位、职数到位、人员到位、经费到位、办公场所和设施设备到位；加强河长培训工作，有计划分期分批培训各级河长；加强监督考核，总结提炼经验做法，引导全国向太湖流域片对标看齐；发挥市场机制的积极作用，探索PPP等模式，建立稳定河湖管理保护投入长效机制，为推进河长制打下坚实基础。

全面推行河长制以来，泉州市各大流域水环境、水生态持续优化。图为永春桃溪美景　（图/林焕强）

泉州欢送2017年度新兵入伍

泉州市2017年度新兵入伍欢送活动在泉州动车站举行。新兵带着家乡人民的嘱托和光荣使命，踏上保家卫国的光荣征程。泉州军分区司令员高宏、政治委员刘建军、副市长季翔峰参加欢送仪式。全市新兵在各级兵役机关组织下，分赴全国各地部队服役，其中有进藏新兵。为激发适龄青年进藏服役的热情，福建省研究出台进藏兵优待政策，明确进藏兵服役期间的优待金按照当地优待金标准的3倍发放等五项政策。值得一提的是，泉州市在落实国家、省优惠政策的基础上，对进藏兵一次性给予不低于8万元补助，随第一年优待金一并发放。

新兵们与亲属挥手告别　（图/姚德纯）

泉州市第20届全国推普周活动举行

泉州市第20届全国推普周活动暨南安市国家三类城市语言文字工作达标评估启动仪式举行。该届推普周主题为“大力推广和规范使用国家通用语言文字，自觉传承弘扬中华优秀文化”。为推进“南安市迎接国家三类语言文字工作达标评估”工作，16日在南安市广播电视台举办“‘广电宽带’杯南安市小学生汉字听写争霸赛”首场比赛；1—20日南安市城区各学校开展“啄木鸟行动”，组织中小学生志愿者对城区公共场所用字情况进行调查。按泉州市推普周活动安排，9至12月，各级各类学校要发挥学校主阵地作用，根据自身特点开展形式多样的推普周活动，通过创建“语言文字规范化示范校”，组织师生参加各种推普宣传活动，提高师生规范使用国家通用语言文字的意识和水平。

省委调研检查组到泉州调研检查

12—13日，省人大常委会党组书记、副主任徐谦带领省委调研检查组到南安市官桥镇察看人大代表联络室等地，就泉州市贯彻落实中发〔2015〕18号和闽委发〔2015〕23号文件进行检查。徐谦要求，泉州市要贯彻落实好中央和省委有关文件，坚持党的领导、人民当家作主、依法治国有机统一，加强和改善党对人大工作的领导，围绕党委中心工作，履行法定职责，发挥人大职能作用，探索创新体制机制，解决实际突出问题。

徐谦在泉州调研　（图/王虎文）

市委常委会会议分析1—8月全市经济运行情况

市委召开常委会会议，贯彻省委书记尤权在泉州市纺织鞋服业转型升级进展情况汇报上的批示精神，分析1—8月全市经济运行情况，研究部署下阶段工作。会议要求，要强化督促，更有针对性地开展好活动周。提前做足准备，带着问题下去，精准施策，帮助企业迈过转型升级这道坎，帮助项目业主解决实际困难，确保全年目标任务落到实处。在做实发展支撑的同时，及早谋划2018年工作；对重大项目的策划招引、节点攻坚、落地建设等进行再梳理、再动员、再升温；落实属地监管责任，维护好区域金融生态；抓紧过细节点工作，推动申遗迎检和创城复检等各项准备工作落地。

市委常委会开展“两学一做”学习教育常态化制度化学习讨论

市委召开常委会会议，开展“两学一做”学习教育常态化制度化第二专题学习讨论。会议强调，各级党员领导干部要贯彻《关于新形势下党内政治生活的若干准则》，经常以普通党员身份参加所在支部、党小组的组织生活，自觉按时缴交党费。要带头提振干事热情，把学习成效体现到推动中心工作上，勇挑最重的担子、啃最硬的骨头，抓好主体责任、产业转型升级、龙头项目攻坚、年度发展目标等重点任务。

市委常委会会议学习贯彻习近平指示和全国信访工作会议精神

市委召开常委会会议，学习贯彻习近平对信访工作的指示和第八次全国信访工作会议精神。会议指出，习近平对信访工作的指示，明确信访工作的定位、方向、目标、重点和方法路径，为做好新形势下信访工作提供根本遵循。全市各级各部门要贯彻习近平指示精神，落实好“了解民情、集中民智、维护民利、凝聚民心”定位要求。会议强调，要坚持党政同责、层层压实责任，落实《信访工作责任制实施办法》，细化责任清单，规范责任边界，督促融入日常工作。要坚持重心下移、及时就地分类解决，做到诉求合理的解决问题到位、诉求无理的思想教育到位、生活困难的帮扶救助到位、行为违法的依法处理。要坚持系统推进、以法治思维和创新方式处理，实行诉访分离、信访事项“路线图”，引导群众由“信访”向“信法”转变。

全省社会组织党组织书记培训示范班在泉州举办

13—15日，全省社会组织党组织书记培训示范班在泉州举办。社会组织党组织书记代表，各设区市市委组织部和平潭综合实验区党工委党群工作部、省直部分厅（局）观摩人员等约120人参加培训。培训内容为，重点加强政治理论、党务基础知识等方面培训，引导社会组织党组织书记坚定政治立场，树立“四个意识”，提升做好党建工作的能力水平，推动社会组织健康发展。

9月13日

农历丁酉年七月廿三
星期三
温度：26℃—33℃
阴

●市委召开常委会会议，贯彻省委书记尤权在泉州市纺织鞋服业转型升级进展情况汇报上的批示精神，分析1—8月全市经济运行情况，研究部署下阶段工作。

●市委常委会开展“两学一做”学习教育常态化制度化第二专题学习讨论。

●市委召开常委会会议，学习贯彻习近平对信访工作的指示和第八次全国信访工作会议精神。

●市委政法委领导到市公安局调研重大活动安保维稳等有关工作，并召开座谈会研究部署下阶段工作。

●2017年全国“双创”活动周福建省分会场活动方案及泉州市丰泽区国家“双创”示范基地工作方案新闻发布会在福州举行。

●13—15日，全省社会组织党组织书记培训示范班在泉州举办。

●泉州市服务业发展领导小组办公室牵头召开“2017泉州服务业企业100强”排序审定工作会议，依据企业自愿报名参与和行业推荐相结合原则，按2016年度主营业务收入排序，出炉“2017泉州服务业企业100强”名单。

9月14日

农历丁酉年七月廿四
星期四
温度：25℃—34℃
多云

●全市关心下一代工作会议召开，宣布市委关于调整市关工委主任的决定。

●全市农业农村工作推进会召开，传达贯彻全省特色现代农业建设现场推进会、全省农业农村工作座谈会和市委十二届四次全会会议精神，回顾总结2017年以来泉州市农业农村工作，并对下阶段工作进行部署。

●《泉州海丝新城生态修复城市修补工作实施方案》出台。

●全市首笔银团贷款落地。

全市关心下一代工作会议召开

全市关心下一代工作会议召开，宣布市委关于调整市关工委主任的决定。会议要求，各级关工委要学习宣传贯彻习近平“7·26”讲话精神和对关心下一代工作的指示精神，坚持服务青少年正确方向，深化“两史”“三爱”主题教育，引导青少年树立和践行社会主义核心价值观；深化关爱活动品牌，创新载体、改进方法、拓宽渠道，建好、管好、用好青少年社会教育活动中心等平台，深化“百万大手牵小手”关爱活动，为青少年办实事、解难事；完善“党建带关建”机制，开展新一轮“基层工作创新年”、创“五好”活动，把各级关工委建设成为党领导下的关心下一代工作的坚强堡垒。

全市农业农村工作推进会召开

全市农业农村工作推进会召开，传达贯彻全省特色现代农业建设现场推进会、全省农业农村工作座谈会和市委十二届四次全会会议精神，回顾总结2017年以来泉州市农业农村工作，并对下阶段工作进行部署。会议要求，要因地制宜加快发展泉州市特色现代农业，在发展品牌农业、发展智慧农业、建设现代农业产业园上下功夫；要打赢脱贫攻坚战，落实帮扶措施，抓住扶贫工作重点，发挥好扶贫资金效益，加大宣传力度，强化督查追责问责；要疏堵结合做好生猪养殖污染整治，一手抓养猪场（户）关闭拆除，一手抓规模养猪场（户）升级改造；要抓紧抓好农村改革，重点抓好农村土地确权登记颁证工作，深化农村集体林权制度改革；要加强松材线虫病防控工作，加快林分改造力度，加快枯死松树清理进度，早准备早谋划，以更加有力作为推动各项工作落实。

《泉州海丝新城生态修复城市修补工作实施方案》出台

泉州市出台《泉州海丝新城生态修复城市修补工作实施方案》（以下简称《方案》），以改善生态环境质量、补足城市基础设施短板、提高公共服务水平为重点，治理“城市病”，提升城市管理能力，打造沿江滨海城市展示面，加快新城集聚发展，建设海丝重要门户城市。海丝新城“双修”范围以泉州市海丝新城规划红线图确定的区域为重点，并辐射周边地区。“双修”内容根据新城“短板”，围绕新城绿廊慢行系统、跨区域交通一体化、沿江面海城市景观风貌、公共服务设施完善、环境专项整治等方面，并开展沿江面海重要区域的城市设计，协调景观风貌，突出海丝滨水特色，促进建筑设计、临街空间、天际线、色彩与环境更协调等。

全市首笔银团贷款落地

为主动适应经济新常态，加快推进传统产业转型升级，泉州市不断健全企业协同帮扶机制，摸排研判企业实际困难，政府、司法、银行、企业联动创新帮扶措施，以“一企一策”帮助企业应对资金困难。近年来泉州市对有市场、有前景、暂时困难的企业，采取专题会协调、成立债权人委员会等方式，引导债权银行通过一致行动，以不抽压贷、借新还旧、降息、调品种等方法予以帮扶，实现稳定预期、稳定信贷、稳定支持。设立应急周转资金协助企业转贷，以财政资金为引导，吸引行业协会及龙头企业共同出资设立16.1亿元的企业应急周转专项资金，帮助企业解决转贷资金需求。另一方面，收储困难企业名下的相关土地及厂房，为企业注入流动性。对符合“退二进三”政策范围、商业价值较高的土地厂房，根据市场价值重新评估，腾出增贷空间。通过“带帽过户”重组活化贷款，开辟绿色通道，快速办理过户、缴税等业务，支持困难企业的抵债资产过户给代偿担保人，同时协调债权银行为代偿担保人调降利率、提前审批，减轻履行代偿责任企业压力。同时，推进企业银团贷款工作，推动债权银行加快组建12家重点企业银团贷款，全市首笔银团贷款已成功落地，新增贷款3.3亿元，解决银行同进同出和增贷问题，支持企业正常生产经营和转型升级。

全国“大众创业 万众创新”活动周福建分会场活动举行

15—21日，由国家发改委、中国科协主办的以“双创促升级，壮大新动能”为主题的全国“大众创业 万众创新”活动周福建省分会场活动在丰泽区领SHOW天地文创产业园区举行。副省长李德金，省政协副主席刘可清，市委书记、市人大常委会主任郑新聪，副市长吕刚出席活动。

全国“大众创业 万众创新”活动周福建省分会场活动 （图/吴寿民）

郑新聪为双创基地示范点授牌 （图/吴寿民）

启动仪式上，李德金宣布全国双创活动周福建省分会场活动启动，并为丰泽区国家双创示范基地授牌。刘可清在致辞中指出，2014年李克强在夏季达沃斯论坛公开发出“大众创业、万众创新”的号召后，新技术、新产品、新模式、新业态竞相发展，成为中国经济行稳致远的活力来源。省委、省政府高度重视双创的研究、宣传、推进工作。2015年，福建率先出台“双创十条”举措，立足于政府引导、市场主导、改革创新、注重实效，从营造氛围、构建空间、培育主体、强化服务等方面为全省创业创新提供支持。2017年，泉州市丰泽区和厦门火炬高技术产业开发区列入国务院确定的第二批国家双创示范基地，加上2016年福州新区列入首批双创示范基地，全省已有三个国家级双创示范基地，这是福建省双创工作的重要引擎。只要依托国家级双创示范基地，先行先试，积极探索，就一定能创出经验，树立典型，形成更多可复制的做法向全省乃至全国推广。郑新聪为泉州软件园、领SHOW天地、华侨大学（丰泽）创新创业园、泉州市网商（虚拟）产业园、海西电子信息育成基地、泉州信息工程学院、南威软件股份有限公司、微柏工业机器人研究院、骑士创客空间9家双创基地示范点授牌。省、市领导还参观全省双创成果展，与来自泉州领SHOW天地创业基地的创客们互动。

活动周时间，全省共有10个部门和设区市在全省各地举办60多场活动。其中，作为主会场的丰泽区依托辖区内的海西国家广告产业园、华创园、软件园、海西电子信息育成基地、南威软件大厦等场所，策划一系列子活动，邀请广大创客一同分享创新创业成果展、大咖高峰对话、超级创客高层次人才沙龙、WOW嘉年华、60小时极限创业挑战赛、创客面对面、石墨烯产业发展论坛等双创活动项目，力争将活动周打造成集启迪创意、项目生成、成果转化、业务撮合为一体的重要展示平台，激励更多的人投身创新创业。

活动周期间举行的“创新引领未来”中国（泉州）石墨烯产业应用发展论坛暨石墨烯技术项目对接会 （图/泉州晚报社）

活动周期间举行的省科协第十七届学术年会分会场暨“共建智慧型政府”研讨会 （图/泉州晚报社）

9月15日

农历丁酉年七月廿五
星期五
温度：26℃—36℃
晴

●15—21日，由国家发改委、中国科协主办的以“双创促升级，壮大新动能”为主题的全国“大众创业 万众创新”活动周福建省分会场活动在丰泽区领SHOW天地文创产业园区举行。

●市人大常委会组织学习《中华人民共和国教师法》，邀请华侨大学法学院副教授王方玉作专题讲座。

●由市住建局、泉州市绿色建筑研究会主办的泉州市首届绿色建筑技术论坛暨绿建产品展示会在泉州酒店举行。

●省、市总工会相关负责人到市区西街旧馆驿巷口的免费奉茶点，慰问在此免费奉茶20多年的黄惠兰阿婆，向其颁发“福建省最美劳动者”奖杯、证书。

●第二届“匠心杯”中国（安溪）藤铁工艺现场创作大赛在安溪县开幕。

9月16日

农历丁酉年七月廿六
星期六
温度：25℃—35℃
晴

●16—17日，由泉州古城保护发展工作协调组办公室、鲤城区政府主办的“美丽古城 家园共造”社区营造初阶培训课程在泉州开讲。

●由市委宣传部、市社科联主办，泉州市企业经营管理协会承办，泉州丝路文化艺术展览馆、泉州市社会发展协会、泉州福友企业管理顾问有限公司协办的泉州市社科界高层次人才沙龙活动在泉州丝路文化艺术展览馆举行。

●由省教育厅、市教育局主办的“平凡的岗位·不平凡的坚守”——“最美教师”巡回报告会在泉州五中举行。

●泉州民革台湾同胞法律服务中心成立仪式暨2017年泉台两地律师实务研讨会开幕式在泉州举行。

●2017年福建省全民健身运动会泉州市手竿钓鱼高手赛在晋江市举行。

●由团市委、鲤城团区委、区教育局主办的“喜迎十九大·童心绘古城”护遗长卷绘制活动在泉州府文庙广场举行。

●德化县兴隆文化经济发展促进会成立。

“美丽古城 家园共造”社区营造初阶培训课程在泉州开讲

16—17日，由泉州古城保护发展工作协调组办公室、鲤城区政府主办的“美丽古城 家园共造”社区营造初阶培训课程在泉州开讲，十位专家学者发表演讲。参加初阶培训的学员约350人，其中政府人员6%，社区干部14%，热心人36%，专业者44%。学员年龄段以80后、90后为主，占75%。84%的学员来自福建，福建学员中90%集中在泉州与厦门。台湾大学建筑与城乡研究所创始人夏铸九作题为《老城保护与活化的误区》的主旨演讲。夏铸九认为，老城保护与活化不能是见物而不见人的古董式保护，而应该是整合性保护、活化保护、活态保护；不能追求纯粹、简单、一致的美学标准，而是应该把握空间与社会相互结合的元素，以混质混血保护、大地建造的美学原则替代前者；不能是先保护再利用；不能是封闭的由上而下的过程，发动群众参与社区营造是必需的；不能将物质遗产与非物质遗产分离对待。上海打浦桥街道前党工委书记郑荣发介绍上海“田子坊”自主更新中的情形。浙江宁波天一阁副馆长张亮以天一阁的视角管窥城市遗产的保护，分享《活着的书楼与生长的城市》。台北市前副市长、前文化局局长李永萍讲述《文创与社造——台湾城市转型升级之路》。

泉州市社科界高层次人才沙龙活动举行

由市委宣传部、市社科联主办，泉州市企业经营管理协会承办，泉州丝路文化艺术展览馆、泉州市社会发展协会、泉州福友企业管理顾问有限公司协办的泉州市社科界高层次人才沙龙活动在泉州丝路文化艺术展览馆举行。近百名专家和业界代表与会，探讨泉州市企业经营与高层次人才发展的瓶颈及突破。市委人才办和市经信委相关负责人分别作泉州市高层次人才政策和企业发展优惠政策解读。活动还邀请泉州师院吕振奎教授作主题演讲，阐释泉州民营经济发展的动因等热点问题。

“最美教师”巡回报告会在泉州举行

由省教育厅、市教育局主办的“平凡的岗位·不平凡的坚守”——“最美教师”巡回报告会在泉州五中举行。2017年教师节前夕，福建省首届“最美教师”名单揭晓，10位“最美教师”分成两组在全省进行9场巡回报告。是日，福建医科大学王玮、泉州市盲聋哑学校付心知、永安市西洋中心小学苏元省、柘荣县第二小学林金娇、厦门双十中学赵祥枝五位“最美教师”，用其生动感人的事迹、质朴而引人深思的讲述，为参加报告会的全市各县（市、区）各级各类学校教师代表、师范院校师范生代表传递了教育正能量。

泉州民革台湾同胞法律服务中心成立

泉州民革台湾同胞法律服务中心成立仪式暨2017年泉台两地律师实务研讨会开幕式在泉州举行。伴随海峡两岸交流交往的发展，往返于台湾、泉州两地的台湾同胞以及大陆同胞越来越多，为积极、主动地为在泉州台胞提供优质、高效的属地化法律服务，民革泉州市委决定成立泉州民革台湾同胞法律服务中心。据中心主任郑奇伟律师介绍，2008年以来，许多台胞获准在大陆从事律师职业。随着两岸经贸合作不断深化、人员往来日愈频繁，两岸同胞对法律服务需求不断上升。2010年，台湾开放陆资到台之后，两岸经贸合作更加紧密，两岸的法学合作层次增高，广泛涉及律师实务领域。泉州民革台湾同胞法律服务中心将在泉台两地的法律服务市场中发挥重要的作用：一方面，服务中心作为泉州与台湾两地的律师服务协作平台，协作处理两岸同胞的不同法律需求，为台湾同胞到泉州旅游、经商、学习、工作提供法律咨询和开展法律讲座，同时也为大陆同胞到台湾旅游、经商、学习、定居、工作中涉及台湾地区有关规定方面提供咨询服务；另一方面，服务中心将在泉州律师界与台湾律师界之间搭建一座桥梁，通过举办泉台两地律师实务沙龙、专题研讨，互访两地企业、律师服务团队和支持单位等活动，加强两地律师间业务上的沟通交流。

国务院安委会督查组到泉州开展安全生产综合督查

17—19日，司法部副部长刘志强带领国务院安委会安全生产大检查综合督查第六督查组到泉州开展安全生产综合督查。

19日，督查组召开会议，听取泉州市安全生产工作情况汇报。刘志强指出，开展综合督查是贯彻落实党中央、国务院决策部署的重要举措，是推动大检查取得实效的有力抓手，是推动安全生产工作改进提升的有效途径。此次督查的主要对象是地方政府及其有关部门，重点督查大检查工作责任和措施落实情况，同时抽查部分重点企业，以此检验政府工作成效，推动大检查工作扎实深入开展。希望各地区、各有关部门认识到此次综合督查的重要意义，强化政治自觉和责任担当，做好迎检准备，严格查处问责，加强舆论监督，狠抓落实整改，确保督查工作扎实开展、取得实效。

第十届海峡两岸（泉州）农产品采购订货会在南安市举行

17—19日，第十届海峡两岸（泉州）农产品采购订货会（以下简称“农订会”）开馆仪式在南安市福建成功国际会展中心举行。该届“农订会”延续“两岸携手、以农为媒、共享商机、互利共赢”的办会主题。展会设置台湾特色馆、大陆精品馆、“一带一路”沿线国家及港澳地区馆、泉州（南安）特色馆、中心馆、“新农人、新农民、新农商”主题馆6个展区，共有800个国际标准展位，展出品涉及粮油、农特产品、水果、水产品、食品、农产品加工机械、涉农电商等，既有来自宝岛台湾的凤梨、牛肉干、茶叶，产自泉州各地的稻米、蔬菜、水果，也有来自“一带一路”沿线国家的橄榄油、宝玉石制品等。第四届海峡两岸互联网农业电商峰会、“台湾十佳伴手礼”和“大陆十佳伴手礼”评奖、台湾美食节等配套活动同期举行。

值得一提的是，该届“农订会”融入“互联网+”时代，举办线下和线上双选采购对接活动。线下采购对接会方面，不仅有6个展区的对应展位为采购商提供对接洽谈平台，还专门在展馆内设置供需洽谈专区，为采购商提供自荐平台，为供需双方对接提供便利。线上采购对接方面，则依托“掌上农订会”平台，与农订会网上展馆等平台联线运营，以“互联网+展会”的全新模式，将线下展会搬到线上，打破展会市场与区域的限制，为供需双方提供更加精准的对接信息，也为采购系统提供更全面的渠道支持。

泉州6项政策举措入选福建省可复制改革创新政策举措

省科技厅印发《关于推广福厦泉国家自主创新示范区第一批可复制改革创新政策举措的通知》，将福厦泉自创区第一批18项改革创新政策举措在全省或福厦泉三片区进行复制推广，其中泉州占6项。根据通知，18项改革创新政策举措分为在全省复制推广和在福厦泉三片区复制推广两大类。其中，创建两岸新兴产业和现代服务业合作示范区、创新产业链金融服务模式、规范健康医疗大数据资源管理和科技企业孵化器异地建设模式4项举措向福厦泉三片区复制推广，强力推动两岸创新主体联合开展重大技术攻关、重奖企业研发及应用新产品、创新成果转化平台建设和服务模式等14项举措向全省复制推广。泉州6项改革创新政策举措，5项在全省范围进行推广，1项在福厦泉三片区推广。

第二十二届全国百城自行车赛泉州赛区举行

第二十二届国际奥委会主席杯全国百城自行车赛泉州赛区暨紫帽“百心文化节”定向骑游活动在晋江市举行。赛事分公路爬坡赛和山地爬坡赛，男女各自展开角逐，按赛程用时长短排名。比赛线路为紫帽山山下广场——金粟洞景区之间，全程约3.25千米。沿途风景秀丽，赛道以坡道、弯道为主，既有平整的水泥路，又有难爬连续弯道，把紫帽镇的景区特色融于一条环线，旨在倡导绿色出行、健康出行，推动体育、文化、旅游融合发展，打造紫帽镇森林特色小镇旅游品牌。

9月17日

农历丁酉年七月廿七
星期日
温度：25℃—33℃
晴

●康涛到泉港区检查违规堆砂场整改工作。

●17—19日，第十届海峡两岸（泉州）农产品采购订货会开馆仪式在南安市福建成功国际会展中心举行。

●省科技厅印发《关于推广福厦泉国家自主创新示范区第一批可复制改革创新政策举措的通知》，将福厦泉自创区第一批18项改革创新政策举措在全省或福厦泉三片区进行复制推广，其中泉州占6项。

●第二十二届国际奥委会主席杯全国百城自行车赛泉州赛区暨紫帽“百心文化节”定向骑游活动举行。

9月18日

农历丁酉年七月廿八
星期一
温度：23℃—31℃
多云

●以“创新转型 合作共赢”为主题的2017年泉州市外资招商推介会在厦门举行。

●市领导康涛、杨晓山、季翔峰、吕刚，市政府领导陈荣洲等参加2017厦门国际投资贸易洽谈会相关活动。

●市人大常委会组织召开行政审批制度改革、加快简政放权、规范行政自由裁量权综题调研座谈会。

●十二届市政协第三次主席会议召开，协商通过《十二届市政协常委会第三次会议日程安排（草案）》。

●市政协召开党组会议，开展“两学一做”学习教育常态化制度化第二专题学习讨论。

●中心市区全面推行存量房买卖合同网上签约。

●2017年“9·18”泉州市第20次防空警报试鸣暨人员疏散演练举行。

●“铭记九一八，勿忘国耻，弘扬民族魂”暨泉州市第十七个“国防教育日”文艺晚会在晋江五店市举行。

●由中旅国际文化传媒（北京）有限公司策划制作的百集系列纪录片《小城故事》在央视纪录频道（CCTV9）开播，泉州篇《老街小铺》首日亮相。

●18—22日，澳门18所中学33名师生到泉州开展“职业教育”交流活动。

●联合国工业发展组织向泉州经济技术开发区授予“绿色开发区”牌匾。

2017年泉州市外资招商推介会在厦门举行

以“创新转型 合作共赢”为主题的2017年泉州市外资招商推介会在厦门举行，21个国家和地区的200多位客商和企业家代表与会，现场签约24个项目。市长康涛出席推介会。市发改委重点推介泉州投资环境、重点招商项目及泉州芯谷产业园项目；泉州出口加工区管委会专题推介泉州综合保税区项目；泉州市跨境电商协会专题推介跨境电商项目。现场签约的24个项目，投资总额27.1亿美元，拟利用外资额19.5亿美元。项目涉及高档纸业、机械装备、纺织化纤、粮油加工、国际贸易、医疗服务、商贸物流、文旅创意等领域，含金量高、发展潜力大，将对泉州经济社会发展起到有力的推动作用。

中心市区全面推行存量房买卖合同网上签约

是日起，中心市区（包括鲤城、丰泽、泉州开发区，下同）已取得不动产权证或房屋所有权证的存量房交易（也称二手房交易），全面推行存量房买卖合同网上签约（以下简称“存量房网签”）。房地产中介机构提供房地产中介服务时，包括房地产中介机构促成交易的或受委托协助办理交易登记手续的，应使用市住建局存量房交易平台办理存量房网签。通过存量房交易平台打印存量房买卖合同，经买卖双方签字并加盖中介机构公章，附上存量房转让备案申请书到市行政服务中心交易登记综合窗口办理存量房转让手续。存量房交易平台可通过市住建局网站或泉房通网站登录。各房地产中介机构应到泉州市房屋交易中心备案后使用存量房交易平台从事存量房买卖中介业务。存量房买卖双方当事人自行成交且尚未委托房地产中介机构的，可直接到市行政服务中心交易登记综合窗口或泉州房产交易管理所房地产中介事务所，签署《自行成交声明》后，办理存量房网签。房地产中介机构对外发布房源信息前，应核对房屋产权信息和委托人身份证明等资料，经委托人同意后通过存量房交易平台进行房源核验，生成房源核验二维码，并编制房屋状况说明书。房地产中介机构应在发布的房源信息中明确标识房源核验二维码，确保真实房源、真实委托。

泉州市首次在“9·18”试鸣防空警报

2017年“9·18”泉州市第20次防空警报试鸣暨人员疏散演练举行。自2017年起，泉州市防空警报试鸣日由每年9月1日改为每年9月18日。防空警报试鸣的主演练场设在安溪县凤城镇恒兴中学，副演练场设在晋江市。随着“空袭警报”的响起，安溪县恒兴中学的学生在教师指导下疏散到操场上。随后，还举行消防模拟救援、医疗救护队演示、通信专业队演示、防化专业队演示等。

国防教育日专题晚会在晋江市举行

由市委宣传部、泉州军分区政治工作处、市国防教育办公室、市方志委等主办的“铭记九一八，勿忘国耻，弘扬民族魂”暨泉州市第十七个“国防教育日”文艺晚会，在晋江五店市举行。晚会持续近2小时，军警民同台演出，500余名观众观看演出。晚会旨在提高民众对国防教育的认识，铭记国耻，回忆抗战岁月，缅怀浴血奋战和英勇献身的先烈，加强青少年爱国主义教育，提升民族责任感和增强国防意识。

晚会现场　（图/张惠评）

泉州市蝉联全国综治最高奖“长安杯”

全国社会治安综合治理表彰大会在北京举行，因社会治安综合治理工作成效显著，泉州市获评“全国社会治安综合治理优秀市”，并蝉联全国社会治安综合治理最高奖“长安杯”。市委书记、市人大常委会主任郑新聪参加表彰大会。“全国社会治安综合治理优秀市”是国家在政法综治领域设置的最高综合性奖项，评比条件严、时间跨度长，综合体现一个地方的平安建设和社会治安综合治理水平。连续三届被评为“全国社会治安综合治理优秀市”的，将被同时授予“长安杯”称号。泉州市已五次获得“全国社会治安综合治理优秀市”称号，连续三度获得“长安杯”。

第三季度“促进项目落地、帮扶企业发展”活动周启动

为贯彻落实8月21日市委常委会精神，结合全省第三季度项目集中开竣工，市委、市政府决定在全市范围内开展为期10天的“促进项目落地、帮扶企业发展”活动周。活动周期间，各相关市领导把加快推进重大基础设施项目、推动产业转型、强化金融监管作为指导督促重点，到企业和项目现场协调解决问题，参加各项目开竣工，并督促检查各地工作进展情况。具体包括6个方面：了解各地2017年各项主要经济指标运行情况，经济运行存在问题及分析，针对薄弱环节采取的应对措施；督促检查第二季度活动周及项目攻坚年督查活动分解立项的需要帮助协调解决问题及意见建议的落实情况，参加所在地第三季度集中开竣工活动；了解各地招商引资计划进展情况、遇到的困难以及拟采取的应对措施；到现场了解企业生产经营情况，现场召开办公会协调解决企业生产经营中的具体困难和问题；督促检查有全国文明城市创建迎检任务的“方块”做好创建迎检工作；督促检查各地大干第四季度完成全年目标任务的工作措施。

泉州市创建优秀传统文化传承发展示范城市联席会议第一次会议召开

泉州市创建优秀传统文化传承发展示范城市联席会议第一次会议召开。会议强调，要在研究阐释上出成果；在保护传承上求突破，加强对传统文化的“生态性保护”、加快实施“古城文化复兴计划”；在融合融入上见成效；在对外宣传上下工夫，推动泉州市优秀传统文化传承发展工作在全省乃至全国走前列、作示范，让文化与名城交相辉映，提升城市文化软实力。会议要求，要强化协同协作、齐抓共管，加大投入、提供保障，分类指导、有序推进；健全机制、抓好落实，建立健全“任务到岗、责任到人、全程监督、奖惩到位”的工作机制，确保各项任务有人抓、有人落实。

泉州市完善网约车细则

市交通委公布《关于印发调整完善泉州市网络预约出租汽车经营服务管理实施细则的通知》，对泉州现有的网约车细则进行调整完善，尤其是网约车准入条件方面也做了调整。新的细则即日起开始实施。市交通委相关负责人介绍，《泉州市网络预约出租汽车经营服务管理实施细则》从2016年11月1日起实施以来，接到市场反应及企业等反馈的一些意见，为加快规范网约车管理，促进网约车行业健康稳定发展，此次就部分内容进行完善调整。此次调整主要是对部分不够明确的内容予以明确，但原政策的基本框架没有改变，仍坚持高品质服务和差异化管理原则，细节上做了局部调整。如，原来政策明确规定使用北斗卫星定位系统，这次只要求符合规定技术要求的卫星定位系统，但必须接入部门监管平台，实时接受监管。对比调整前后的泉州网约车细则，变化最大的是，此前细则要求取得省交通部门颁发的线上服务能力证明，而此次调整后的新细则要求取得注册地省级交通主管部门颁发的线上服务能力证明就可以申请平台公司许可，平台公司的许可条件更接地气、更符合互联网企业的网络发展优势；车价调整为不低于主流巡游车型平均车价的1.2倍（之前为1.5倍）。

9月19日

农历丁酉年七月廿九

星期二

温度：23℃—33℃

多云

●全国社会治安综合治理表彰大会在北京举行，泉州市获评“全国社会治安综合治理优秀市”，并蝉联全国社会治安综合治理最高奖“长安杯”。

●19—20日，省人大法制委调研组到泉州开展立法调研。

●为贯彻落实8月21日市委常委会精神，结合全省第三季度项目集中开竣工，市委、市政府决定在全市范围内开展为期10天的“促进项目落地、帮扶企业发展”活动周。

●泉州市创建优秀传统文化传承发展示范城市联席会议第一次会议召开。

●市交通委公布《关于印发调整完善泉州市网络预约出租汽车经营服务管理实施细则的通知》，对泉州现有的网约车细则进行调整完善。

●泉州中心血站与德化县卫生部门在德化县城举行义务献血活动。

9月20日

农历丁酉年八月初一
星期三
温度：25℃—33℃
多云

●厦门市党政代表团到泉州调研考察。

●十二届市政协第三次常委会召开。会议以委员论坛形式展开，12名政协委员围绕“把握申遗契机，加快泉州‘海丝’文化旅游产业发展”议题建言献策。

●由中央网信办和文化部主办的“喜迎十九大·文脉颂中华”非物质文化遗产大型网络传播活动走进泉州，10余家央媒聚焦泉州非物质文化遗产。

●泉州综合保税区招商推介会暨落实国家“一带一路”倡议与复制自贸区政策研讨会召开。会议宣布，自即日起，在泉州综合保税区率先推广实施福建自贸区“关检‘监管互认’”、进口酒类定制贴标监管模式等17项措施。

●泉州市妇女儿童法治微电影颁奖暨“金秋第一课”法治微电影校园展播启动仪式在泉州一中东海校区举行。

●以“创新创业的法律风险与防控”为主题的“双创大讲堂”在丰泽区海西电子信息产业育成基地举办。

●丰泽区创客成长集训营在南威软件园区分会场举办。

●德化县第三季度项目集中开竣工活动举行，7个重点项目集中开竣工，总投资6.8亿元。

厦门市党政代表团到泉州调研考察

省委常委、厦门市委书记裴金佳，厦门市委副书记、市长庄稼汉带领厦门市党政代表团到泉州调研考察。在泉州市委书记、市人大常委会主任郑新聪，泉州市委副书记、市长康涛的陪同下，代表团到安溪国际信息技术产业园、厦泉（安溪）经济合作区湖里园和思明园、晋江陆地港和五店市等地考察。郑新聪表示，推动厦漳泉同城化，是省委、省政府推动区域一体化的重大布局。泉州要主动承接厦门的辐射带动作用，按照此次考察形成的共识，对接厦漳泉同城化的规划计划，推动各领域合作取得新实效。

厦门市党政代表团在泉州调研考察　（图/陈起拓）

福建自贸区17项改革创新成果率先在泉州综合保税区实施

泉州综合保税区招商推介会暨落实国家“一带一路”倡议与复制自贸区政策研讨会召开。会议宣布，自即日起，在泉州综合保税区率先推广实施福建自贸区“关检‘监管互认’”、进口酒类定制贴标监管模式等17项措施。

其中涉及检验检疫部分有10项内容并呈现四个特点：首先是紧贴产业特色，包括进口食品检验监管“三优”模式，进口酒类定制贴标监管模式，进口灌装酒类“集中报检、分批出区”，进口食品转口贸易便利检验监管模式4项措施。其中对进口食品检验监管“三优”模式，即检验检疫部门在风险分析的基础上，对进口食品优化现场查验，优化抽样检测，优化放行监管。而对进口酒类定制贴标监管模式，即对进口贴有简易标签的瓶装葡萄酒入区加贴商标和中文标签的，检验检疫部门采取“入区检验+贴标监管+出区核销”的监管模式，在保证其合法和内容真实的前提下，允许企业在区内加贴符合相关法规要求的商标信息。

其次，突出简政放权，包括出口食品企业备案“双免”模式、入境自用工业品或经加工复出口的进口原材料“符合性验证”模式、检验检疫无纸化查验和无纸化放行3项。其中出口食品企业备案“双免”模式中，对区内已获HACCP认证、ISO 22000认证或ISO 9001认证的出口食品企业，在备案或新增产品时免于提交纸质材料、免于现场考核（即“双免”），加强事中事后监管。

同时，强化关检合作，包括关检“监管互认”“互联网+保税展销”模式2项。其中关检“监管互认”中，海关与检验检疫部门强化协作，对特定商品、对高资信企业互认对方查验或检验检疫结果和数据，推进口岸查验部门“一次申报、一次查验、一次放行”，提升通关速度，降低企业成本。

法治微电影校园展播启动

泉州市妇女儿童法治微电影颁奖暨“金秋第一课”法治微电影校园展播启动仪式在泉州一中东海校区举行。图为启动仪式。

（图/吴寿民）

康涛到南安市开展“促进项目落地、帮扶企业发展”活动周调研

康涛检查南埔电厂东侧砂场整改情况　（图/陈晓东）

市长康涛到南安市多个项目现场和企业一线调研。在五里桥畔休闲慢道景观项目现场，康涛指出，五里桥周边景观提升是一项重要的民生工程，要持续加快进度。在南安市区的柳湖，康涛要求当地要在做好截污、补水等系统工程的同时，统筹周边环境整治。在国道324线水头复线（纵二线）改造工程和南安市医院新院区建设现场，康涛指出，各地要因地制宜，持续加大投入，补齐民生短板。

2017福建互联网大会在泉州举行

由省互联网协会主办的，以“创新、连接、融合”为主题的2017福建互联网大会在泉州泉商希尔顿酒店举行。议程包含一场主论坛和三场主题分论坛，既关注“物联网”“智能制造”“大数据”“智慧城市”“云服务”等领域，又关注“新生代与新泉商”，并聚焦互联网时代下的实体经济转型升级及商业创新。大会邀请两位泉州籍演讲嘉宾——美图公司创始人兼CEO吴欣鸿及紫辉创投创始人兼CEO郑刚。吴欣鸿以“人工智能，让世界更美好”为主题分享美图的颜值生态、美图的AR技术以及美图未来的发展构想。郑刚以“发现独角兽的秘密”为主题分享其互联网项目投资经验。

泉州在厦洽会上对接外资项目49个

2017厦门国际投资贸易洽谈会闭幕，泉州对接外资项目49个，投资总额25.76亿美元，拟利用外资19.49亿美元，同比增长1.7%。图为客商在泉州台商投资区展示区参观动车组模型。

（图/陈林森）

2017年“全国科普日”泉州市主题科普广场活动举行

2017年“全国科普日”泉州市主题科普广场活动在泉州工人文化宫举行。2017年“全国科普日”活动主题为“创新驱动发展，科学破除愚昧”。活动现场设置科普文艺表演、VR虚拟现实技术互动体验、青少年创新大赛优秀作品展示、创新创意成果展示、科普大篷车展示、科普展品互动、应急急救知识宣传、科普义诊、科普咨询、“科普中国”体验十大活动版块，以及青少年科学调查体验活动作品展示等。

第七届全国茶产业经济研讨会在安溪县举办

21—22日，由中国农业科学院茶叶研究所、国家茶叶产业技术体系、国家茶产业技术创新战略联盟主办的第七届全国茶产业经济研讨会暨安溪铁观音发展高峰论坛在安溪县举办。图为研讨会现场。　（图/刘伯怡）

9月21日

农历丁酉年八月初二
星期四
温度：26℃—34℃
多云

●21—23日，省委督导组到泉州开展新一轮“两学一做”学习教育常态化制度化工作督查调研。

●康涛到南安市开展第三季度“促进项目落地、帮扶企业发展”活动周调研。

●市十六届人大常委会第十次主任会议召开，讨论市政府关于提请审议泉州市与俄罗斯迈科普市建立国际友好城市关系的议案等。

●2017福建互联网大会在泉州泉商希尔顿酒店举行。

●2017厦门国际投资贸易洽谈会闭幕，泉州对接外资项目49个，投资总额25.76亿美元，拟利用外资19.49亿美元，同比增长1.7%。

●2017年“全国科普日”泉州市主题科普广场活动在泉州工人文化宫举行。

●泉州市人才工作直接联系点现场推进会在晋江市召开，了解人才工作直接联系点建设情况，总结工作经验，部署下阶段工作。

●2017华大校友（泉州）众创路演活动在丰泽区海西电子信息产业育成基地举行。

●21—22日，由中国农业科学院茶叶研究所、国家茶叶产业技术体系、国家茶产业技术创新战略联盟主办，安溪县政府、国家茶叶产业技术体系产业经济研究室承办的第七届全国茶产业经济研讨会暨安溪铁观音发展高峰论坛在安溪县举办。

9月22日

农历丁酉年八月初三
星期五
温度：26℃—33℃
阴

●市委召开常委会会议，传达贯彻全国社会治安综合治理表彰大会精神，研究泉州市初步贯彻意见。

●市全面深化改革领导小组召开会议，研究《关于进一步深化律师制度改革的实施方案》。

●郑新聪到晋江市开展第三季度“促进项目落地、帮扶企业发展”活动周调研。

●陈万里、卢炳椿到丰泽区开展第三季度“促进项目落地、帮扶企业发展”活动周调研。

●泉州高速交警支队、洛江消防大队、高速路政、120等多个部门在沈海高速大坪山隧道内开展危化品车辆事故应急预案演练。

●“泉州银行业2017金融知识进万家”活动在华侨大学举行。

●丰泽区第三季度3个重点项目集中开（竣）工仪式举行。

●第五届丰泽购物节在丰泽区中骏世界城外广场启动。

●安溪县法院执行款集中发放仪式举行。

市委常委会会议传达贯彻全国社会治安综合治理表彰大会精神

市委召开常委会会议，传达贯彻全国社会治安综合治理表彰大会精神，研究泉州市初步贯彻意见。会议要求，各级各相关部门要学习贯彻习近平会见全国综治表彰大会代表时的讲话精神，落实全国综治表彰大会和一系列专项会议部署要求，以获全国综治“长安杯”“优秀市”为动力，肩负起促一方发展、保一方平安的职责使命。要推进社会治理体系和治理能力现代化，深化“智能化建设推进年”活动，推进政法综治十项创新工程，抓好“雪亮工程”实战应用、“网格化+大数据”精细管理、“互联网+政务服务”便民惠民，以系统化、科学化、智能化、法治化为支撑，形成共治善治新局面。要破难题、补短板、防风险，坚持问题导向，聚焦风险防控，完善基层治理，发挥市场、社会、群众等各方主体作用，提升社会治安防控体系整体效能。会议强调，要层层压实综治责任，各级党委、政府要把社会治理作为“一把手”工程来抓，强化统筹联动，强化硬指标、硬任务，强化严管厚爱，激发政法综治维稳干部队伍干事创业精气神。要盯紧节点保安全、护稳定、促和谐，把各领域各环节工作抓具体、抓深入。

市全面深化改革领导小组会议召开

市全面深化改革领导小组召开会议，研究《关于进一步深化律师制度改革的实施方案》。会议强调，各级党委、政府要加强对律师改革发展的领导，及时研究解决具体困难和问题；各相关部门要对号入座、密切配合，抓好职责范围内改革任务；司法行政机关要加强统筹、跟踪督促，推动各项改革措施精准落地、有效实施。会议要求，要融入大局，将深化律师制度改革置于推进依法治市全局之中，发挥律师的专业优势、实践优势，更好地服务供给侧结构性改革、产业转型升级、维护和谐稳定、保障改善民生等；要完善监管，深化律师行政管理和行业自律“两结合”机制，既保障执业权利，又规范执业行为，织密律师执业活动规范体系；要抓好队伍，扩大律师行业党的组织和工作覆盖面，加强律师思想政治、职业道德和业务能力建设。

市领导到晋江丰泽开展“促进项目落地、帮扶企业发展”活动周调研

市委书记、市人大常委会主任郑新聪到晋江市调研。郑新聪强调，要紧盯年度目标，加强经济运行调度，推进传统产业转型，鼓励企业加快“数控一代”应用和新模式新业态探索，全面完成年初各项部署。要紧盯重大项目，组织招商促落地工作，深化项目攻坚，保障晋华、矽品等重大项目建设，招引集成电路、石墨烯等行业龙头、关键配套。要紧盯安全环保，动真碰硬抓环保问题整改，深化安全生产大检查、大整治、大整改，整治非法违法行为。要紧盯各类风险，落实全国社会治安综合治理表彰大会精神，排查化解各领域风险。要以更高标准抓好民生补短板工作，更好保基本、兜底线，更好吸引、留住高层次人才。

市人大常委会党组书记陈万里、副市长卢炳椿到丰泽区企业、项目一线，协调解决问题，推进项目建设。针对南威软件股份有限公司、福建先创电子有限公司、泉州市华阳鞋材科技有限公司等企业提出的关于信息共享、产品应用、融资等方面的问题，市领导表示，政府要关心和解决企业的困难和问题，政企目标是一致的，相关部门要勇于担当，解决企业普遍存在的人才、融资、土地问题，推进科学发展、跨越发展。

郑新聪（前排中）在晋江市八仙山公园检查八仙阁项目工地（图/陈起拓）

省委督导组到泉州开展“两学一做”学习教育常态化制度化调研

21—23日，省委督导组到泉州开展新一轮“两学一做”学习教育常态化制度化工作督查调研。督导组召开座谈会，听取泉州市相关工作汇报，并到德化县督查调研学校、县直机关、乡镇、社区、企业“两学一做”学习教育常态化制度化工作开展情况。督导组要求，全市各级党组织要根据中央、省委部署，及时把贯彻落实中共十九大精神纳入“两学一做”学习教育的重点内容，组织集中学习，开展专题研讨，把学习中共十九大精神和学习贯彻习近平系列讲话精神、省委十届三次全会精神结合起来。要突出夯实基层基础，发挥党支部主体作用，把学习廖俊波活动引向深入。要突出服务推动基层经济社会发展主题，引导党员干部在推进供给侧结构性改革、产业转型升级、打赢脱贫攻坚战、补齐民生事业短板等工作中走前列、作表率。

泉州市清理整顿再生利用行业

市环保、发改、经信、公安、商务、工商6部门联合制定实施方案，决定联合开展电子废物、废轮胎、废塑料、废旧衣服、废家电拆解等再生利用行业清理整顿工作，依法查处再生利用行业环境违法行为，引导再生利用行业健康绿色发展。

根据方案，9月为摸排阶段，10—11月为清理整顿阶段。此次清理整顿工作依法取缔一批污染严重的非法再生利用企业。主要包括：与居民区混杂、严重影响居民正常生活环境的无证无照小作坊；无环保审批手续、未办理工商登记的非法企业；不符合国家产业政策的企业；污染治理设施运行不正常且无法稳定达标排放的企业；加工利用“洋垃圾”的企业（洋垃圾是指：危险废物、医疗废物、电子废物、废旧衣服、生活垃圾、废轮胎等禁止进口的固体废物和走私进口的固体废物）；无危险废物经营许可证从事含有毒有害物质的电子废物、废塑料（如沾染危险化学品、农药等废塑料包装物，以及输液器、针头、血袋等一次性废弃医疗用塑料制品等）加工利用的企业。对上述企业的违法行为依法予以查处，并报请当地政府依法对违法企业予以关停。

加工利用集散地是此次整治的重点。清理整顿的对象为在一个工业园区或行政村内聚集5家（含）以上，或在一个乡（镇、街道）内聚集10家（含）以上的电子废物、废轮胎、废塑料、废旧衣服、废家电拆解再生利用作坊和企业。重点检查集散地规划环评的审批和落实情况、环保基础设施建设和运行情况。对行政村内或城乡接合部与居民区混杂的集散地将依法坚决予以取缔。对环保基础设施落后、污染严重、群众反响强烈的集散地，报请当地政府依法予以取缔。对集散地内的非法加工利用企业将坚决予以取缔。

此外，泉州市还发挥福建海西再生资源产业园等“城市矿产”示范基地等循环经济示范园区的引领作用和回收利用骨干企业的带动作用；完善再生资源回收利用基础设施，促进有关企业采用先进适用加工工艺，集聚发展，集中建设和运营污染治理设施；推动国内废物再生利用集散地园区化、规模化和清洁化发展；鼓励合法合规再生利用企业联合、重组，做大做强。

整顿期间，市环保、发改、经信、公安、商务、工商六部门开展执法行动，依法严肃查处排查过程中发现的违法排污、证照手续不全等行为，将违法企业信息在国家企业信用信息公示系统（福建）和“信用中国”网站公开，开展联合惩戒。对非法加工利用小作坊和“散乱污”企业，由当地政府依法坚决予以取缔。

“爱我国防”专题文艺晚会举行

由市国防教育办公室主办，市歌舞剧团、武警泉州边防支队、武警泉州边检站等协办的“爱我国防”专题文艺晚会在市区浦西万达广场举行。晚会旨在强化民众的国防意识，号召大家关心国防、热爱国防、建设国防、保卫国防。晚会节目有反映革命年代巾帼不让须眉的舞蹈《红色娘子军》，有反映祖国花朵积极向上为国争光的小组唱《为梦想时刻准备着》等，中间还穿插国防教育知识互动问答环节。

9月23日

农历丁酉年八月初四
星期六
温度：26℃—34℃
多云

●市环保、发改、经信、公安、商务、工商六部门联合制定实施方案，决定联合开展电子废物、废轮胎、废塑料、废旧衣服、废家电拆解等再生利用行业清理整顿工作。

●由市国防教育办公室主办，市歌舞剧团、武警泉州边防支队、武警泉州边检站等协办的“爱我国防”专题文艺晚会在市区浦西万达广场举行。

●泉州市书法家协会第七次会员代表大会召开，选举产生新一届领导班子。

●由丰泽区文体新局、团区委主办的首届丰泽旅游形象大使大赛启动。

●石狮市“良德杯”社会主义核心价值观演讲比赛决赛在石狮日报社举行。

9月24日

农历丁酉年八月初五
星期日
温度：27℃—33℃
多云

●《泉州市全面提升行政服务效能不断增强群众获得感实施方案》印发。

●为做好泉州市药品联合限价阳光采购工作，市医管局改革传统药品采购模式，在全省率先建立阳光药采联盟。

●由市国防教育办公室主办、泉州师范学院协办的“爱我国防”主题演讲比赛在泉州师范学院举行。

●石狮市企业关工委关心下一代志愿者队伍成立暨爱心妈妈结对帮扶仪式在该市宝盖镇科技园举行。

●晋江市获“中国泳装产业名城”称号。

泉州市全面提升行政服务效能

《泉州市全面提升行政服务效能不断增强群众获得感实施方案》印发。跑远路、多跑腿是群众办事难的主要表现之一。为解决该问题，泉州市着力打造“便民15分钟服务圈”，让社区居民在15分钟内就近就能办成事。泉州市整合针对城市社区便民服务代办点的网格化管理系统、社区服务站等资源，建成社区综合受理平台，年底实现社区综合服务窗口在全市乡镇（街道）、村（社区）全覆盖，共享计生、公安、人社、卫生、工商、民政等部门的基础信息，综合受理便民服务事项。服务方式也更加多样化，推行上门办理、预约办理、自助办理、多点办理、同城通办、委托代办和网上办证、快递送达等服务方式。建立和完善网上办事缴费机制。做好多卡融合公共平台、非税收入网上缴费平台与省网上办事大厅的衔接工作，支持申请人通过网上缴费平台、自助缴费机等方式缴纳费用，让群众根据自身条件和需求选择服务方式和缴费方式。

相关链接：根据方案，泉州市在年底前开辟24小时自助服务区，推广行政服务中心自助服务终端，构建24小时自助行政服务平台。在行政服务中心或人群密集的公共场所开辟自助服务区，设置自助服务一体机，配备自助服务设施，实现无人自助导向服务、办事指南查询、自助表单填写、文件打印、办理过程查询、办理结果查询、办事服务评议等功能集于一体的智能型、交互式、可视化的自助服务系统，推行全流程自助服务。

在市行政服务中心，群众借助电子证照一体机提高办事效率　（图/林劲峰）

泉州市在全省率先建立阳光药采联盟

为做好泉州市药品联合限价阳光采购工作，市医管局改革传统药品采购模式，在全省率先建立阳光药采联盟。在市医保局指导和监督下，由泉州市第一医院、福建医科大学附属第二医院、泉州180医院、泉州市中医院、泉州市光前医院、泉州市妇幼保健院·儿童医院、泉州市第三医院、泉州医学高等专科学校附属人民医院、泉州市正骨医院、泉州东南医院10家医疗机构牵头组建泉州市药品联合限价阳光采购联盟（以下简称“泉州市阳光药采联盟”），负责谈判方案的制定、实施等工作，该联盟涵盖全市265家医保定点医疗机构。

4月以来，为实现抱团采购，市医管局多次组织泉州市二级以上医疗机构、临床医学专家及部分药品供应企业开展专题座谈会，听取药采方案的意见建议；确定10家联盟牵头医院10名药剂专家共同主持阳光药采工作。科学制定泉州片区遴选规则，确保竞争性药品双货源，非竞争性药品“划分组别，低价备选”，保障原研、FDA、通过一致性评价、普通仿制等各个质量层次至少一个品规入围。市医管局采用现场录音、专人记录等方法全程监督遴选，待定品规专家投票、争议品规共同表决，整个遴选过程公正、公平、公开。在省级16693个挂网药品目录的基础上，遴选出4298个市目录。此次联盟药采工作，竞争性药品平均降价7.73%，非竞争性药品平均降价0.69%，基础输液平均降价19.23%，血液制品平均降价1.36%；每年可为泉州市再节省2亿元的药采资金。

晋江市获“中国泳装产业名城”称号

晋江市被中国纺织工业联合会授予“中国泳装产业名城”，继“中国鞋都”“中国拉链之都”“中国伞都”等国家级荣誉后，又添一个“国字号”产业集群荣誉。泳装产业作为晋江纺织服装产业的重要组成部分，共有泳装生产企业500家，涵盖面料、印染印花、辅料配件以及设计制造等企业，其中泳装成品年产值超400亿元，驰名品牌占世界泳装市场份额超20%。

省市政协提案委员会第十三次联席会议在惠安县召开

25—26日，省市政协提案委员会第十三次联席会议在惠安县召开。会上，9个设区市政协提案委相关负责人总结汇报提案办理协商工作开展情况；与会人员围绕“如何进一步提高提案质量和办理质量、推动提案工作上新水平”等内容进行交流探讨。会议指出，全省各级政协组织要贯彻落实习近平系列讲话精神，提高提案质量和提案办理质量。要求真务实，站在全局高度，深化认识，谋划、部署、开展政协提案工作。要继承创新，围绕热点开展视察调研活动，多撰写有分量的议政建言。要抓住关键环节，提高提案工作水平，为党委、政府科学决策提供有价值的参考，为破解发展难题献计出力。

市政府党组会议开展争做“四个合格”党员学习讨论

根据市委“两学一做”学习教育常态化制度化工作安排，市政府召开党组会议，开展第二专题学习讨论。会上，党组成员结合学习党章党规和习近平“7·26”讲话精神，结合工作实际，一一谈了个人学习体会。大家表示将严格对照合格党员标准，从政治上、纪律上、品德上严格要求自己，继续发挥先锋模范带头作用。

会议强调，要深入学习强信念。按照省委和市委要求，学习贯彻习近平“7·26”等讲话精神，推进“两学一做”学习教育常态化制度化，以高度的政治自觉、思想自觉、行动自觉，深入学习、深刻领会，树牢“四个意识”，增强理想信念。要强化责任抓落实。把推进“两学一做”学习教育与不折不扣落实中央、省上和市委决策部署相结合，强化责任担当，稳定经济增长，全面深化改革，保障和改善民生，维护安全和稳定，确保完成全年各项目标任务。要率先垂范当表率。按照合格党员标准，以上率下讲政治、亲力亲为抓发展、以身作则守纪律，发挥好示范引领作用，带动党员干部提振干事创业精气神。

市政府第十六次常务会议召开

市政府第十六次常务会议召开，研究并通过《泉州市人民政府关于加快培育高新技术企业的若干措施》《泉州市人民政府办公室关于大力鼓励社会资本建设和发展新型研发机构的意见》《泉州市关于深入推进科技特派员创新创业的实施意见》。

会议要求，各级各相关部门要高度重视，把扶持发展高新技术企业作为实施创新驱动战略、推进自主创新示范区建设的重要举措来抓。要着手建立高新技术企业培育库，实施“一企一策”，从项目研发、资金补助、金融支持、人才引进、招商选资等方面加以支持鼓励，加快培育引进一批高新技术企业。各级各相关部门要按照“政府引导、实体办院、市场运作、专业运营”的现代管理理念，探索公办专营、民办公助、企办补贴等多种模式，鼓励社会资本建设和发展新型研发机构；要通过推动提升研发能力、支持高层次人才队伍建设、促进创新成果加速转移转化、加大知识产权运用和保护等措施，推进新型研发机构建设发展。各级各相关部门要创新科技特派员选派机制，拓展科技特派员服务产业范围，逐步建立科技服务产业的长效机制，激发科技特派员的创新创业激情。

全市六个“十佳”平安建设者评选活动启动

市委政法委、市综治办启动全市六个“十佳”平安建设者评选活动，推选出全市“平安泉州”建设中，市政法综治信访系统涌现出的一批政治坚定、服务人民、恪尽职守、乐于奉献的先进个人。活动推选对象为全市政法委、法院、检察院、公安、司法、信访系统从事政法、综治、信访工作满5年以上的干部。每个系统推荐本系统15名“十佳”候选人，要求好中选好、优中选优，并向基层、向一线倾斜。推荐完成后，通过网络投票、组织评选等环节，最终推选出60名“十佳”平安建设者。

9月25日

农历丁酉年八月初六
星期一
温度：26℃—35℃
多云

●25—26日，省市政协提案委员会第十三次联席会议在惠安县召开。

●市政府召开党组会议，开展第二专题“践行‘四讲四有’标准，争做‘四个合格’党员”学习讨论。

●市政府第十六次常务会议召开，研究并通过《泉州市人民政府关于加快培育高新技术企业的若干措施》《泉州市人民政府办公室关于大力鼓励社会资本建设和发展新型研发机构的意见》《泉州市关于深入推进科技特派员创新创业的实施意见》。

●林锦明到泉州开发区开展第三季度“促进项目落地、帮扶企业发展”活动周调研。

●市委政法委、市综治办启动全市六个“十佳”平安建设者评选活动，推选出全市“平安泉州”建设中，市政法综治信访系统涌现出的一批政治坚定、服务人民、恪尽职守、乐于奉献的先进个人。

●由泉港区教育局、泉港区科学技术协会主办的泉港区青少年科技创新大赛在泉港六中举行。

9月26日

农历丁酉年八月初七
星期二
温度：27℃—36℃
多云

●26—28日，周联清到泉州调研工业企业及检查安全生产。

●市委召开中心组（扩大）学习会，邀请国防大学教授乔良作《大时代、大趋势、大格局下的中国角色》专题讲座。

●26—28日，第二届中法文化论坛在法国里昂举办，泉州与西安、广州等城市作为中国城市代表参会交流。

●市人大常委会组织召开《中华人民共和国各级人民代表大会常务委员会监督法》实施情况执法检查座谈会。

●26—27日，省食安委督查组到泉州检查2017年食品安全工作。

●“砥砺奋进的五年”主题宣讲活动在泉州举行。

●全市首条装配式建筑自动化PC（混凝土预制件）生产线项目在惠安县福建省经发物联网科技公司福建生产基地投产。

●泉州市青年联谊活动暨“海丝泉州·泉港”文化旅游嘉年华活动在泉港区锦绣湖广场举行。

●第十届全国大中学生海洋知识竞赛（福建赛区）电视赛在晋江市举行。

●26—28日，第六届南安·国际凤山文化旅游节在南安市诗山镇凤山寺举行。

市委中心组国防教育专题学习会召开

市委召开中心组（扩大）学习会，邀请国防大学教授乔良作《大时代、大趋势、大格局下的中国角色》专题讲座。乔良以世界经济发展趋势为切入点，围绕改善地缘政治环境、“一带一路”、文明发展等关键词，分析国际形势和中国国家安全形势，并解读中国国防和军队建设改革工作。会议强调，要扩大覆盖面、影响力，坚持领导干部过“军事日”，推进国防教育进学校、进机关、进企业、进社区，建设有时代特色的“青年民兵之家”；争创全国双拥模范城“九连冠”，挖掘红色资源，构建立体化、全媒体宣传网络。要形成齐动员、强合力，把国防教育纳入全民教育体系，加快完善市、县国防教育工作机构，调动学校、社会组织和民间力量参与。

泉州参加第二届中法文化论坛系列活动

26—28日，第二届中法文化论坛在法国里昂举办，泉州与西安、广州等城市作为中国城市代表参会交流。按照市委、市政府安排，市政协主席陈灿辉带队参加第二届中法文化论坛系列活动，并作为泉州市代表参加论坛组织的“市长对话”。论坛以“一带一路：文明汇流与共享”为主题。为深化首届中法文化论坛所取得的成果，发挥泉州在21世纪海上丝绸之路核心区建设中的龙头引领作用，泉州市以“‘一带一路·共融发展’携手共建21世纪海上新瓷路新茶路”为主题组织策划一系列活动。其中，“中国白”国际陶瓷艺术大奖赛颁奖仪式和“刺桐古韵、瓷恒茶香”茶瓷文化展览等被纳入第二届中法文化论坛活动议程。值得一提的是，泉州市还组织一批企业家同期到法国参加第二届中法文化论坛系列活动，里昂市经济发展署和市经信委共同举办企业家经贸交流会，促进里昂市和泉州市两地企业家经贸交流合作。泉州市通过中法文化论坛这个平台，以“文明对话、文化搭台、经贸唱戏”的方式，加强与巴黎、里昂等法国城市的文明对话、文化交流、经贸合作，推动互利共赢、加快发展。

“砥砺奋进的五年”主题宣讲活动在泉州举行

“砥砺奋进的五年”主题宣讲活动在泉州举行，邀请中国文物学会副会长、国家文物局文化遗产专家组成员、省文物考古博物馆学会理事长郑国珍作《砥砺奋进的五年——中华优秀文化传承成绩斐然》报告。郑国珍曾任省文化厅党组成员、省文物局局长，主持中国“武夷山”申报列入世界文化与自然遗产名录和中国“福建土楼”申报列入世界文化遗产名录；参与厦门“鼓浪屿历史国际社区”“古泉州（刺桐）史迹”申报世界文化遗产名录等工作。郑国珍指出，中共十八大以来，福建省着力加强文化遗产的保护运用，着力塑造福建文化的靓丽品牌，着力推动中华优秀传统文化的传承发展，成绩斐然。

全市首条装配式建筑自动化PC生产线项目投产

全市首条装配式建筑自动化PC（混凝土预制件）生产线项目在惠安县福建省经发物联网科技公司福建生产基地投产。标志泉州市装配式建筑构件基本上可以实现“本地造”。该装配式建筑产业基地集科研设计、PC结构部品部件生产、钢结构生产、施工装配等为一体，主要产品为外夹心保温隔热墙板、内墙板、叠合楼板、叠合梁、楼梯、阳台及空调板等各类混凝土预制构件。基地初期计划年可产PC构件7万立方米，可满足配套25万平方米住宅建设的需求。

相关链接：装配式建筑，通俗地讲，就是用工业化方式建造房屋。楼梯、墙板、阳台、浴室等建筑部品构件均在工厂流水线上大规模生产，在施工现场将构件像“搭积木”一样拼装组建成整体住宅。建筑产业现代化，是指采用标准化设计、工厂化生产、装配化施工、一体化装修、信息化管理等方式来建造和管理建筑，将建筑的建造和管理全过程联结为完整的一体化产业链。

全国和省人大代表视察组到泉州开展专题视察

应省检察院之邀，全国和省人大代表视察组到泉州部分非公企业及检察院，围绕“检察机关服务和保障非公有制经济发展工作”开展专题视察。在泉州市检察院，视察组走访检察监督指导中心、司法鉴定中心、新闻演播室、信息集控中心，体验“刺桐检阅”栏目的直播实况，观看商标品牌网络保护系统演示和知识产权刑事司法保护PPT介绍。在随后的座谈交流中，市检察院负责人就明确工作思路、全面履职监督、提升服务成效、建立长效机制四个方面汇报泉州检察机关服务和保障非公有制经济发展工作。视察组就检察机关如何更好地服务经济发展特别是非公有制经济发展提出意见建议。省检察院党组副书记、常务副检察长郧勇雷表示，将以此次专题视察为契机，加强和改进检察机关各项服务非公经济工作，推出更多更好更管用的意见措施，提升检察机关服务经济发展能力和水平，提升检察工作亲和力公信力。

泉州市表彰见义勇为模范暨见义勇为志愿者先进集体

泉州市第十六次见义勇为模范暨见义勇为志愿者先进集体表彰大会召开，何荷番等11人被市政府授予“见义勇为模范”称号，蔡秉昭等22人和6支志愿者队伍被市见义勇为人员奖励和保护工作委员会授予“见义勇为先进个人（群体）”和“见义勇为志愿者先进集体”称号。33名勇士和6个志愿者队伍获颁奖金72万元。

获表彰的见义勇为模范和先进个人，均在危急关头，用热血和智慧、汗水和壮举诠释社会主义核心价值观。他们有的临危不惧、拯救他人的生命和财产，有的千方百计和违法犯罪分子斗智斗勇，有的协助公安机关侦破案件、缉捕犯罪嫌疑人，有的长期坚持在江河湖海救助溺水者、挽救了很多人的宝贵生命。他们不愧是全社会学习的楷模。全市各级党委、政府和社会各界历来重视见义勇为事业，在对见义勇为人员中生活困难对象的精准扶贫、加快见义勇为志愿者队伍建设等方面亮点突出，得到各级一致好评。会议要求，各级要巩固好、发展好见义勇为工作，改善见义勇为事业的发展环境；宣传好、优抚好见义勇为英雄模范，引导和激励更多的人民群众投身见义勇为事业；继续开展助力见义勇为英模“脱贫解困”活动。

第三届海峡两岸民间谱牒文化论坛在泉州举办

27—28日，由福建省对外文化交流协会、福建省闽台交流协会、中国闽台缘博物馆主办的第三届海峡两岸民间谱牒文化论坛在中国闽台缘博物馆举办，100多名来自两岸的专家学者、谱牒文化爱好者和姓氏宗亲代表与会。论坛期间，两岸嘉宾捐赠给中国闽台缘博物馆的谱牒文献资料共71种100册，为加强两岸民间谱牒的征集、整理、研究，提供了丰富的文献资料和素材。此次闽台缘博物馆获捐的资料中，包括《彰化大城唐爱公派下许氏家族谱》《台湾宜兰吴氏甕公后裔族谱》《安平蔡氏家谱》《比坚录苇侯清一脉承——九牧龙头派柑井支系谱》《银江李氏家乘》等族谱和电子文献资料。论坛期间，两岸的专家学者围绕谱牒文化专题，交流包括《看台湾墓碑铭文 见证两岸一家亲》《原乡血脉：海峡两岸同名村镇文化现象初探》《家规祖训是优秀传统文化的瑰宝》《新时期繁荣谱牒文化的若干思考》等主题在内的学术研究成果。论坛为国台办2017年对台交流重点项目。主办方还举办谱牒文献展，向参观者开放闽台缘博物馆馆藏的谱牒文献约5000册，其中包括此次与会嘉宾提供的族谱文献7种22册。

论坛现场　（图/吴寿民）

9月27日

农历丁酉年八月初八
星期三
温度：27℃—36℃
晴

●应省检察院之邀，全国和省人大代表考察组到泉州部分非公企业及检察院，围绕“检察机关服务和保障非公有制经济发展工作”开展专题视察。

●孔繁军到惠安县开展第三季度“促进项目落地、帮扶企业发展”活动周调研。

●张永宁带领福建省代表团泉州分团到新疆昌吉州昌吉市考察。

●泉州市第十六次见义勇为模范暨见义勇为志愿者先进集体表彰大会召开。

●27—28日，由福建省对外文化交流协会、福建省闽台交流协会、中国闽台缘博物馆主办的第三届海峡两岸民间谱牒文化论坛在中国闽台缘博物馆举办。

●安溪县2017年第5批重点项目集中开（竣）工活动举行，全县38个重点项目参与开（竣）工活动，总投资84.68亿元。

9月28日

农历丁酉年八月初九
星期四
温度：25℃—35℃
阵雨

●市全面深化改革领导小组会议召开，研究《泉州市进一步深化基层医药卫生体制改革实施方案》。

●市委召开常委会会议，听取全市食品安全工作汇报，研究《关于学习贯彻习近平总书记重要指示精神建立完善食品安全责任体系的实施意见》；听取党建工作情况汇报，研究加强全市基层党建工作。

●全市城市基层党建工作现场推进会在石狮市召开，传达学习全国、全省城市基层党建工作会和市委常委会精神。

●“喜迎十九大 再踏新征程”——“五个泉州”建设成就图片展在中国闽台缘博物馆开幕。

●由市委宣传部、市委文明办、市文广新局、市文联、泉州晚报社、泉州广播电视台主办的“欢乐泉州·走进幼高专”泉州市喜迎十九大暨庆祝中华人民共和国成立68周年文艺晚会在泉州幼儿师范高等专科学校举行。

●9月28日—10月4日，由市纪委、市委市直机关工委、市总工会、市文联等主办的“喜迎十九大·翰墨承家训”泉州市家风家规家训书法邀请展在泉州华侨历史博物馆举行。

●9月28日—10月2日，由市委宣传部、市文联、市文广新局等主办的“喜迎十九大 翰墨颂党恩”泉州、乌鲁木齐、镇江三地书法联展在泉州市海外交通史博物馆举行。

市全面深化改革领导小组会议召开

市全面深化改革领导小组会议召开，研究《泉州市进一步深化基层医药卫生体制改革实施方案》。会议要求，要聚焦关键环节深化基层综合医改，突出保基本、强基层、建机制，解决群众看病难、看病贵、看病不放心和看病不方便问题。要重心下移，强化基层医疗卫生机构基础建设、设备购置、人才培养等方面的投入，通过盘活存量、做大增量、释放人力，促进优质医疗资源下沉，筑牢医疗服务基层网底。要创新模式，加快构建基层首诊分级诊疗的就医秩序，拓展医联体组建、对口帮扶、医师多点执业，推动医保政策向基层倾斜，打通城市家庭医生签约服务和乡村卫生服务一体化管理两个“最后一公里”。要激发活力，突出县级综合医院龙头作用，加强内涵管理提升，推进基层医疗卫生机构管理体制、运行机制、人事编制、绩效薪酬、内部分配等改革。

市委常委会会议听取食品安全和党建工作汇报

市委召开常委会会议，听取全市食品安全工作汇报，研究《关于学习贯彻习近平总书记重要指示精神建立完善食品安全责任体系的实施意见》；听取党建工作情况汇报，以“落实‘三会一课’制度，推进‘两学一做’学习教育常态化制度化”为题，研究加强全市基层党建工作。

会议要求，各级各部门要落实最严谨的标准、最严格的监管、最严厉的处罚、最严肃的问责，把食品安全工作抓紧抓好。要织密食品安全“防护网”，争创国家食品安全示范城市，推进综合治理，从生产、流通、消费等各环节同步入手，严把每个关口每道防线，落细落实网格化监管，解决群众反映强烈的热点难点问题，实现“从农田到餐桌”监管无缝衔接，助推泉州食品产业和特色农产品品牌质量持续提升。

会议要求，要讲政治，强化政治学习和教育，把学党章党规、学系列讲话作为基本内容，抓好习近平“7·26”讲话精神的学习贯彻；强化党性锻炼，定期进行“党性体检”，推广支部主题党日，让党员养成经常参加组织生活的习惯和自觉；强化党支部功能，把落实“三会一课”与党组织关系管理、党费管理、流动党员管理等结合起来，推动全面从严治党向基层延伸。要接地气，针对不同层级、不同类型党组织和党员实际情况，分类指导推进，支持基层实践探索；推广“互联网+党建”做法，与时俱进丰富和发展“三会一课”的内容和形式。

“五个泉州”建设成就图片展开幕

“喜迎十九大 再踏新征程”——“五个泉州”建设成就图片展在中国闽台缘博物馆开幕。29日，市四套班子领导郑新聪等到中国闽台缘博物馆参观“五个泉州”建设成就图片展。图为图片展现场。（图/吴寿民）

泉州市家风家规家训书法邀请展举行

9月28日—10月4日，由市纪委、市委市直机关工委、市总工会、市文联等主办的“喜迎十九大·翰墨承家训”泉州市家风家规家训书法邀请展在泉州华侨历史博物馆举行。图为开幕仪式。（图/李芸生）

市委人才工作领导小组会议召开

市委人才工作领导小组会议召开，听取部分成员单位工作汇报，部署下阶段工作。会议强调，深化人才发展体制机制改革，核心要义是强调市场化导向，要遵循社会主义市场经济规律和人才成长规律，以是否有利于突出用人主体和人才主体作用作为所有工作的出发点，多在下放权力、放宽门槛、放开空间上做文章，全面激发各类人才的创造活力。要坚持人才引进和培育“两手抓”，在把目光和视野聚焦在全球和国内高端人才集聚区域的同时，也要加大基础性人才的培养力度。要发挥好人才工作领导小组参谋助手、组织协调、督促检查的作用，健全完善议事决策和信息通报等人才工作制度，统筹好各方力量，以更加积极的态度、更加务实的作风、更加有效的举措，落实好“港湾计划”各项目标任务和政策措施，把人才工作抓紧、抓好、抓出成效。会上，市委人才办、市科技局、市金融局、市人社局、市卫计委、市外事侨务办负责人作汇报发言。

电动车智能防盗系统为民办实事项目启动

由鲤城公安分局、区综治办主办的“创新智慧安防、助力平安鲤城”——“平安沃卡·小电卫士”电动车智能防盗系统为民办实事项目启动仪式在泉州府文庙广场举行。图为活动现场。

（图/王盼阳）

泉州市律师服务重点项目志愿团成立

泉州市律师服务重点项目志愿团成立暨重点项目法律服务签约仪式举行，33名从业经验丰富、执业规范、专业水准高的律师加入律师服务重点项目志愿团。该志愿团由市司法局、市发改委、市律师协会联合成立，旨在为泉州市产业转型升级、城市科学建设发展提供法律支持。

成立仪式上，志愿团律师与泉州市数十个涵盖民生事业、生态建设、文化建设等多个方面的重点项目结对签约。根据协议，志愿团成员为重点项目的推进提供全方位的法律专业服务。具体包括：参与重点项目的调研、咨询和论证，从可行性论证、融资引资、招标投标、征地拆迁、工程建设到建成运营等各个环节，提供法律、政策依据和法律建议；有针对性地对项目建设者、管理者及周边群众进行相关法律知识宣传，为重点项目建设提供良好的法制环境；协助做好重点项目建设过程中产生的矛盾纠纷的化解工作；不定时地为重点项目建设者、管理者提供法律咨询，解决重大项目工程中的其他法律问题。围绕重点项目建设，志愿团将制定工作方案，健全工作制度，开展服务工作，尽职尽责，扎实工作，为泉州市重点项目建设提供优质高效的法律服务，当好重点项目的“法律卫士”和“法律参谋”。

泉州华侨华人诗文朗诵会举行

由市委宣传部、市文联、市侨联主办，泉州华侨历史博物馆、泉州文学院、市作家协会承办的“月是故乡明”——喜迎十九大泉州华侨华人诗文朗诵会在泉州华侨历史博物馆举行。侨友合唱团成员以一曲用昂格隆（印尼乐器）演奏的“哎呦，妈妈”印尼歌曲拉开朗诵会帷幕。此次朗诵的诗文经过精心挑选，摘选出扶西·黎刹、潘受、白刃、周南京、梁披云、司马文森、蔡其矫、王勇、陈明玉、平凡、月曲了11位著名泉州籍华侨华人及归侨作家、学者的作品。《祖国的春天》《如果让我选择——中共十八大召开有感而作》《中秋月》《番客谣》等15首选读的诗歌和散文作品表达了对祖籍国和家乡深深的眷念和浓浓的赤子情怀。朗诵者们由专业人士与文学爱好者组成，既有耄耋之年的老者，也有朝气蓬勃的儿童。最后，活动在“我和我的祖国”大合唱中落幕。

9月29日

农历丁酉年八月初十
星期五
温度：25℃—32℃
多云

●市四套班子领导郑新聪等到中国闽台缘博物馆参观“五个泉州”建设成就图片展。

●洪自强到永春县开展第三季度“促进项目落地、帮扶企业发展”活动周调研。

●市委人才工作领导小组会议召开，听取部分成员单位工作汇报，部署下阶段工作。

●泉州市律师服务重点项目志愿团成立暨重点项目法律服务签约仪式举行。

●由市委宣传部、市文联、市侨联主办，泉州华侨历史博物馆、泉州文学院、市作家协会承办的“月是故乡明”——喜迎十九大泉州华侨华人诗文朗诵会在泉州华侨历史博物馆举行。

●由市政协文史和学宣委、泉州诗词学会主办的诗词吟诵会举行。

●由鲤城公安分局、区综治办主办的“创新智慧安防、助力平安鲤城”——“平安沃卡·小电卫士”电动车智能防盗系统为民办实事项目启动仪式在泉州府文庙广场举行。

●永春县第三季度部分重点项目集中开（竣）工仪式举行。

9月30日

农历丁酉年八月十一
星期六
温度：25℃—33℃
多云

●福厦客专铁路全线开工，康涛到现场检查泉州段建设情况。

●国家第四个“烈士纪念日”，泉州市举行向革命烈士纪念碑敬献花篮仪式，悼念为中国人民解放事业前仆后继、英勇献身的革命先烈，缅怀他们的革命精神和不朽功绩。

●全市高校思想政治工作座谈会召开，贯彻全国、全省高校思想政治工作会议精神，交流工作，部署加强和改进新形势下泉州市高校思想政治工作。

●市人大常委会召开党组会议，开展“两学一做”学习教育常态化制度化第二专题学习讨论。

●泉州古城微型消防车配发仪式在泉州府文庙广场举行。

●9月30日—10月4日，由泉州晚报社、泉州市汽车同业协会和晋江市贸促会主办的第二十二届泉州国际汽车展在晋江市SM展览中心举行。

福厦客专泉州段全线开工

康涛检查泉州段建设情况　　（图/陈起拓）

福厦客专铁路全线开工，市长康涛到现场检查泉州段建设情况。福厦客专采用双线高速铁路标准建设，设计时速350千米；泉州境内线路长99.1千米。该项目是构建福建省高速铁路框架和东南沿海快速铁路通道的重要组成部分，是福建省承接珠三角和长三角两大经济区的桥梁和纽带，对泉州市加强与沿线其他城市交流与沟通，促进经济社会发展、新型城镇化建设、满足旅客出行需求快速增长、提升通道客运服务质量都具有十分重要的意义。

泉州市举行向革命烈士纪念碑敬献花篮仪式

国家第四个“烈士纪念日”，泉州市举行向革命烈士纪念碑敬献花篮仪式。9时整，向革命烈士纪念碑敬献花篮仪式开始，12名武警礼仪士兵行进到纪念碑两侧伫立，现场奏唱中华人民共和国国歌。国歌唱毕，全体人员向革命烈士默哀。默哀毕，近100名少先队员面向纪念碑，唱响《我们是共产主义接班人》。接下来，在《献花曲》中，10名武警礼仪士兵将5个花篮整齐摆放在纪念碑基座前。市领导郑新聪、康涛、陈万里、陈灿辉和泉州军分区政委刘建军登上纪念碑基座，向革命烈士致敬。

武警仪仗队在庄严的《献花曲》中，向纪念碑敬献花篮　　（图/陈起拓 郭雅莹）

泉州古城微型消防车配发仪式举行

泉州古城微型消防车配发仪式　　（图/王盼阳）

泉州古城微型消防车配发仪式在泉州府文庙广场举行，十多辆新型微型消防车集体亮相。鲤城区因独特的地理位置，老旧小区和狭窄巷子相对较多，“大块头”消防车进出困难，很容易延误救援时间。为此，该区投入专项资金为古城及10个社区购置可在狭窄空间内自如通行的微型消防车。新购置的该批微型消防车中，还包括双头电动微型消防车，其“双头”设计让它可以双向驾驶，更加灵活机动。

第二十二届泉州国际汽车展举行

9月30日—10月4日，由泉州晚报社、泉州市汽车同业协会和晋江市贸促会主办的第二十二届泉州国际汽车展在晋江市SM展览中心举行。图为汽车展现场。　　（图/张九强）

市委市政府举行升国旗仪式

市委、市政府在市行政中心广场举行市直机关升国旗仪式，庆祝中华人民共和国成立68周年，祝福祖国繁荣富强。郑新聪、康涛、陈万里、陈灿辉、翁祖根、温惠榕、林万明、陈铁晗、张永宁、林锦明等市四套班子在家领导与市直机关干部职工代表、公安干警、武警官兵代表和市民群众近千人参加。上午8时许，升旗仪式正式开始。伴随着激扬的《歌唱祖国》，由武警官兵组成的“五四青年国旗护卫队”迈着整齐矫健的步伐，走向升旗台。随后，军乐队奏响雄壮的中华人民共和国国歌，五星红旗在伴奏中冉冉升起。参加升旗仪式的人们满怀激动，行注目礼，共唱国歌。泉州市举行国庆升旗仪式，旨在激励全市人民凝聚爱国情、共筑中国梦，把对伟大祖国的热爱转化为推动泉州发展的实际行动，以优异成绩迎接党的十九大胜利召开。

康涛看望慰问坚守岗位的工作人员和武警官兵

受市委书记郑新聪委托，市长康涛先后到市委市政府总值班室、武警泉州支队一大队二中队营区、后渚边防派出所驻市行政中心警务室，看望慰问坚守岗位的工作人员和武警官兵，勉励他们继续发扬无私奉献的精神，做好节日期间各项工作，为人民群众欢度佳节创造和谐稳定的社会环境。市委常委、秘书长翁祖根，市政府秘书长廖国文参加。

“古泉州（刺桐）史迹”申遗总展馆开馆

位于泉州海外交通史博物馆主体楼一楼的“古泉州（刺桐）史迹”申遗总展馆开馆。展馆以“刺桐：古泉州的故事”为主题，主要展现10—14世纪海上丝绸之路鼎盛时期的古泉州历史。展馆分成序厅及“向海而生”“东方大港”“多元荟萃”“守护遗产”几个部分。“向海而生”呈现的是泉州拥有蜿蜒曲折的海岸线和发达的陆域水系，为海洋活动提供了优越条件，因而海上交通兴起，至五代时期初步形成刺桐城。“东方大港”则将目光聚焦10—14世纪的泉州，由于良好的港口设施、便利的海陆联通、发达的外销商品、先进的造船技术和完善的海洋贸易管理机制，刺桐港进入鼎盛时期。“多元荟萃”展示的是泉州由于海外交通贸易而兴盛，来自亚洲、非洲、欧洲的各国商人、传教士、使者、旅行家、贵族和平民聚集于此，留下多元文化和平相处、相互交融的典范。“守护遗产”部分，则讲述泉州人珍惜、守护文化遗产的故事。

泉州职工医疗互助活动补助标准提高

2018年度泉州市职工医疗互助活动启动，将提高缴费标准、补助标准，并增加市总工会大病补助。提高标准旨在为进一步完善职工医疗互助活动实施办法，建立与经济社会发展水平、各方承受能力相适应的职工医疗互助机制，推动泉州市职工医疗互助活动可持续发展。2018年泉州市职工医疗互助活动主要的调整变化有以下几方面：提高缴费标准，机关事业单位（国有企业）类每人每期缴交金额由60元提至100元，非公企业类每人每期缴交金额由36元提至48元。提高补助标准，机关事业单位（国有企业）类职工医疗互助活动的报销比例由50%提至60%，每期最高补助限额由7万元提高至8万元，非公企业类职工医疗互助活动的报销比例由45%提至50%，每期最高补助限额由4万元提高至5万元；慰问金最高补助金额由3000元提高至5000元；非公企业类住院津贴由每日30元提高至50元，最高不超过30天。增加重大疾病补助，参加机关事业单位（国有企业）类职工医疗互助活动的职工，初次罹患重疾且当年住院费用总额扣除统筹部分达到10万元的另获10000元补助。据悉，这项重大疾病补助金额由市总工会承担，与省总工会承担的大病补助不同之处在于：限初次患病，患重大疾病，累计费用含全自费。

10月1日

农历丁酉年八月十二
星期日
温度：26℃—35℃
多云

●市委、市政府在市行政中心广场举行市直机关升国旗仪式。

●康涛看望慰问坚守岗位的工作人员和武警官兵。

●2018年度泉州市职工医疗互助活动启动，将提高缴费标准、补助标准，并增加市总工会大病补助。

●位于泉州海外交通史博物馆主体楼一楼的“古泉州（刺桐）史迹”申遗总展馆正式开馆。

●第二届“水关月”文化旅游节在惠安崇武潮乐村水关开幕，游客们在寻访海丝史迹的同时，体验传统闽南渔家文化。

●来自福建医科大学附属第一医院、福建医科大学附属协和医院、福建医科大学附属第二医院、福建省立医院、福建省肿瘤医院等医院的30多名泉州籍医疗专家返乡，在泉港为患病群众提供义诊。

10月2日

农历丁酉年八月十三
星期一
温度：26℃—31℃
多云—小雨

●31家泉州优质面料企业的46组面料新产品入围“中国流行面料优秀奖”，6家泉州面料企业的7组面料入围“2017第二届中国生态环保面料设计大赛优秀奖”。

●2017年上半年全国购物中心青睐的50大男装品牌榜单出炉，7个“闽派服饰”品牌入围，分别是石狮品牌HOZZS（华之旭）、LILANZ利郎、柒牌旗下时尚潮流男装SEVENMODERN、七匹狼旗下的马克华菲（FAIRWHALEJEANS）、RESHAKE、OWOOO傲物尚品以及SW1960。

●由泉州市旅游局、泉州市古城办联合主办的“海丝泉州”通关文牒首发仪式在市区西街肃清门广场举行。

46组泉州面料获中国流行面料优秀奖

由中国纺织工业联合会主办的2017中国国际面料设计大赛评审会（秋冬季）、第38届（2018/19秋冬）中国流行面料入围评审会在广东落幕，在评审团严格遴选、公正评判之下，29个大奖脱颖而出，颇具“千面逐金”之势。台隆、新宏兴、联邦三禾、益盛、展耀、英伦世家等在内的31家泉州优质面料企业的46组面料新产品成功入围“中国流行面料优秀奖”，其中由新宏兴（福建）纺织有限责任公司研发的“莫奈的夜晚”面料及石狮市聚丰源工贸集团有限公司研发的“铁血使命”面料获该项赛事的“最佳市场应用奖”，凤竹纺织研发的“举火烧天”面料获“天竹联盟新型纤维产品开发应用奖”，向全球纺织服装行业展示泉州面料引领潮流时尚的独特魅力。

“闽派服饰”入围全国购物中心青睐男装品牌榜单

2017年上半年全国购物中心青睐的50大男装品牌榜单出炉，“闽派服饰”共有7个品牌入围，分别是HOZZS（华之旭）、LILANZ利郎、柒牌旗下时尚潮流男装SEVENMODERN、七匹狼旗下的马克华菲（FAIRWHALEJEANS）、RESHAKE、OWOOO傲物尚品以及SW1960。

相关链接：在榜单的前10品牌当中，国民品牌占有7席，只有3席是国外品牌，可以看出，国民男装品牌越来越受到本土消费者的重视，市场的关注度已经开始超过部分国外品牌。从榜单的整体来看，在这50个最受青睐品牌中，国内外品牌各占一半，时尚休闲上榜28家、商务装、潮牌分别为12家、7家，设计师品牌上榜3家；新兴品牌上榜9家，包括时尚休闲4家、潮牌3家、设计师品牌2家。值得一提的是，上榜的7家潮牌中3家来自泉州，分别是SEVENMODERN、RESHAKE和SW1960，他们的竞争对手是成名已久的韩国第一潮品牌PANCOAT、BOYLONDON。

“海丝泉州”通关文牒首发仪式举行

由市旅游局、市古城办举办的“海丝泉州”通关文牒在肃清门广场举行首发仪式。由泉州市旅游局、泉州市古城办联合主办的“海丝泉州”通关文牒首发仪式在市区西街肃清门广场举行。首发推出100本“通关文牒”，正式“解锁”国庆期间泉州旅游新玩法。领取到通关文牒的市民、游客可于8天假期内持通关文牒到22个盖章点盖章，首批22个盖章点主要以泉州市区为主，包括清净寺、天后宫等海丝遗存点，清源山、少林寺等景区（点）。

活动现场　（图/李芸生）

泉州晋江国际机场出入境航班全天爆满

泉州晋江国际机场出入境航班全天爆满，日均出入境旅客2500人左右。图为泉州边检站执勤人员向旅客宣传边检便民利民服务举措。

（图/晚报社）

泉州拥有新三板企业53家

全国拥有新三板挂牌公司11594家，福建有402家新三板企业，占比3.5%，其中234家企业有市值，占比58.2%。泉州拥有53家新三板企业，占福建省13%。挖贝新三板研究院梳理出福建新三板企业市值TOP100，20家泉州籍新三板企业上榜，夜光达为泉州新三板企业中市值最高的，总市值20.5亿元；众益科技市值增加4.89亿元，为市值和排名增加最多的泉州企业。上榜的有20家泉籍新三板企业中，1家企业为新增，7家企业排名上升、8家企业排名下降、4家企业排名不变，3家企业市值上升、4家企业市值下降、12家企业市值不变；4家企业排在总榜单前十位：夜光达位列第3，嘉泰数控位列第5，众益科技位列第9，中标集团位列第10。

泉州两村入选全国“最美渔村”

《2017年休闲渔业品牌创建主体认定名单》新鲜出炉，全国有27个村（镇）被封为“最美渔村”，45家单位为“全国精品休闲渔业示范基地（休闲渔业主题公园）”，10项赛事为“全国有影响力的休闲渔业赛事”，100家单位为“全国休闲渔业示范基地”。其中，泉港惠屿岛、晋江围头村被封为“最美渔村”。

相关链接：泉港惠屿岛，位于湄洲湾之上他，它是泉州市唯一的孤岛行政村、泉州市十佳魅力乡村、福建最美乡村，被誉为“泉州的鼓浪屿”。惠屿岛的面积比鼓浪屿略大，不足两平方公里。岛上开辟晋富宫、神井甘泉、德政碑、圣蛙石、名人石刻、南尾山等景点。近年来，许多热爱岛屿的游客，一拨拨纷至沓来，渔民们除了出海渔归，还在岛上开设多种旅游业态，单客栈就有三十几家。

晋江围头村，位于福建东南沿海围头半岛尖端，是晋江距离大金门岛最近的地方，相距仅5.2海里，被誉为“海峡第一村”。在这里，战地文化、滨海文化、渔村文化、华侨文化、涉台文化……多元文化相映生辉，铸就独特的人文气质；在这里，看金门、探炮洞、泡海水、吃海鲜、住民宿……浓郁的旅游魅力，吸引众多前来探寻的游客。

台湾活鱼首次登陆泉州口岸

经泉州检验检疫局检验检疫合格，一批13吨货值5.13万美元的台湾活石斑鱼从泉州石井口岸登陆，这是首次登陆泉州港口的台湾活鱼，开创台湾名贵鲜活水产品进入泉州市场的先河。台湾石斑鱼养殖业发展较快，素有“石斑王国”美称。全世界可以人工繁殖的8种石斑鱼中，有7种是在台湾研发成功的。此批台湾活石斑鱼为主产地高雄，共有龙胆石斑鱼和青石斑鱼两个品种，因其肉质细嫩、鲜美，广受消费者好评。而渔船通过搭载水箱从高雄经金门以对台小额贸易方式登陆，具有靠泊不受潮水限制，运输更为便捷等特点，不但保持鱼的新鲜度，而且成本可以降低20%—30%。

志愿者为游客规划游览线路

国庆期间，泉州市各大景区游人如织。随着游客素质日渐提高，文明旅游逐渐成为共同的认识和行动。图为志愿者为外地游客合理规划游览线路支招

（图/林劲峰）

10月3日

农历丁酉年八月十四

星期二

温度：25℃—33℃

多云

●福建拥有家新三板企业402家，其中泉州企业53家，占13%。

●泉港惠屿岛、晋江围头村入选全国“最美渔村”。

●经泉州检验检疫局检验检疫合格，一批13吨货值5.13万美元的台湾活石斑鱼从泉州石井口岸登陆，这是泉州口岸首次进口台湾活鱼。

10月4日

农历丁酉年八月十五
星期三
温度：24℃—30℃
阴—多云

●民政部、全国老龄办组织多家中央主流媒体和老年媒体到泉州，开展养老院服务质量万里行采访报道活动。

●泉州市商务局认定第一批泉州老字号企业名单。经评审组评审，认定泉州市第一批“泉州老字号”企业，23家企业被直接追认，42家企业通过评审。

●第六届永宁古卫城暨城隍文化节在石狮永宁镇闭幕。

全国养老院服务质量万里行采访泉州

民政部、全国老龄办组织多家中央主流媒体和老年媒体到泉州开展养老院服务质量万里行采访报道活动。市长康涛、副市长季翔峰参加相关活动。在泉州期间，采访报道组一行先后走访晋江龙湖镇尚善养老院、晋江市磁灶镇大埔村、安溪县明爱福利养老院。每到一处，采访报道组成员们都进行翔实的采访和记录，与机构负责人和老人们沟通交流，听情况、看设施、问发展。采访报道组成员对泉州市养老院服务质量情况给予高度评价。

相关链接：根据2016年度老龄事业统计数字显示，泉州市60岁及以上本地户籍老年人口98.7万人，占全市户籍人口总数的13.3%。泉州市高度重视发展养老服务业特别是城乡社区居家养老服务工作，把加快推进社会养老服务体系作为稳增长、惠民生、促和谐的重要工作内容，出台《加快推进居家社区养老服务实施意见》《关于加快养老事业发展实施意见》等政策，加大政策和资金支持力度，在推动老年公寓、社会福利中心、乡镇敬老院、村级养老服务站、日间照料室、社区居家养老服务站、老年活动中心等一批养老服务设施建设上提速增效。全市建成417所日间照料室、社区居家养老服务站、老年活动中心和545所农村社区居家养老服务站（农村幸福院、村级敬老院），每年近20万城乡老年人受益。

第一批泉州老字号企业发布

泉州市商务局认定第一批泉州老字号企业名单。经评审组评审，认定泉州市第一批“泉州老字号”企业，23家企业被直接追认，42家企业通过评审。

直接追认的23家企业为：福建泉州市春生堂酒厂有限公司、泉州市灵源药业有限公司、惠安县集泉茶叶工贸有限公司、福建省安溪成珍食品有限公司、泉州中侨（集团）股份有限公司源和堂公司、泉州中侨（集团）股份有限公司药业公司、泉州鲤城蓝氏钟楼肉粽总店、泉州好成财餐饮管理有限公司、泉州鲤城区亚佛春饼皮店、泉州秉正餐饮管理有限公司、泉州市鲤城区水门国仔饮食店、惠安瑞芳食品有限公司、福建省泉州市茶叶公司、泉州中侨（集团）股份有限公司药业公司、福建源源茶叶有限公司、福建永春顺德堂食品有限公司、福建省安溪县祥华茶厂、永春县永春老醋有限责任公司、泉州中侨（集团）股份有限公司味精厂、鲤城区新章林记正泉茂糕点专卖店、福建省高建发茶业有限公司、鲤城区杨氏连发锡铺、福建南安市莲花峰茶厂。

这42家企业中，鲤城区有12家：福建省泉州市豆制品厂、泉州市鲤城区郭记涂门贡糖店、泉州市鲤城鲤中永平糖杂店、泉州市鲤城区聚宝街文阿小吃店、鲤城区志涛小吃店、泉州市鲤城区鲤中子庆饮食店、福建富源茶业有限公司、日春股份公司、鲤城区悦来酒家、泉州市鲤城中区阿南酸菜面馆、泉州台购珠宝有限公司、泉州市鲤城中区金国贡丸店。

丰泽区有2家：福建省泉州市裕园茶业有限公司、泉州市丰泽区阿秋牛排店。洛江区有2家：泉州市洛江双溪铜锣厂、泉州市洛江泉岩茶业有限公司。

石狮市有2家：石狮新湖通草画礼品有限公司、福建省石狮市义兴甜果有限公司。

晋江市有6家：福建省泉州美琼食品有限公司、晋江市好再来固本钱餐厅管理有限公司、泉州市泉利堂食品工业有限公司、福建西滨酒业有限公司、泉州曾成宗餐饮管理有限公司、晋江市衙口益盛花生有限公司。

南安市有3家：福建省金鹿日化股份有限公司、福建贻庆食品有限公司、南安市洪濑老马酸菜面馆。

惠安县有1家：尧记酱道股份有限公司。

安溪县有3家：福建省安溪茶厂有限公司、福建省安溪幔陀茶业有限公司、安溪县泉胜家庭农场。

永春县有7家：永春县龙水漆篮工艺有限公司、蒲庆兰香室、福建兴隆香业有限公司、泉州永春达盛香业股份有限公司、永春县达埔彬达制香厂有限公司、福建兴全香业有限公司、福建省永春金春酿造有限公司。

德化县有2家：福建省德化县宝源酒业有限公司、德化蕴玉陶瓷雕塑艺术研究所有限公司。

台商区有2家：泉州台商投资区郑君亮艺术馆、君标木雕艺术馆。

泉州西街经营业态管理实施方案出台

泉州市出台《泉州西街（钟楼至新华路）经营业态管理实施方案（试行）》，方案详细列出经营项目清单，细化扶持鼓励、倡导鼓励的经营项目和不鼓励、不倡导的经营项目，并将根据西街业态发展实际需要适时调整。西街经营业态以零售和餐饮为主，其他为自住房、金融通信便民服务等。零售包括时装鞋服、食杂百货、香烛佛具、地方特色食品、鞋业、钟表等；餐饮则以休闲饮品、部分老字号小吃为主。

根据方案，扶持鼓励经营项目5项，包括销售泉州特色文化创意商品，依法经营的实体书店，从事地方特色小吃，古城特色产品的零售经营，泉州文化传承人、手工艺人开馆授艺等。倡导鼓励经营项目9项，包括特色服饰的加工、制作、经营，地方特色产品、工艺品的零售经营和DIY体验，旅行社散客接待、旅游咨询服务、景区门票销售，茶具及配套零售，民俗宗教用品、素食经营零售，文具、邮品、明信片，休闲饮品店，老字号传统名中药，民宿、家庭式旅馆。不鼓励经营项目4项，包括现代服饰、床上用品制作销售，化妆品，酒吧、酒店，珠宝、玉石、玉器、蜜蜡、琥珀、玉饰品等。不倡导经营项目15项，包括明火烧烤，歌舞厅，网吧，电子玩具，数码产品，家用电器，电子游戏厅，现代家具，洗涤、蜡染加工，桑拿按摩、美容美发、美甲、文身制作，现代建筑材料，婚介所，与西街传统商业文化和风貌不符的经营项目，存在安全隐患、威胁公共安全、破坏环境资源的经营项目，国家法律法规规定禁止经营和销售的商品等。

根据方案，各部门将通力合作，做好解释、劝导、宣传等工作，并适时开展联合执法，形成齐抓共管的强大合力，力促西街业态管理达到新水准。工商部门优先考虑扶持符合旅游市场发展需求的经营项目，加强西街市场监管，规范经营秩序；积极引导老字号注册商标，加强老字号注册商标专用权的保护。质监部门定期或不定期组织人员，深入西街查处商品量计量违法行为。食品药品监管部门加强对街区内食品药品经营单位，特别是食品类旅游伴手礼、地方特色小吃等重点对象的监督管理。组织开展食品药品安全宣传教育活动，实施问题产品召回和处置制度。商务部门鼓励和支持西街老字号商户的经营，支持老字号传承和创新传统技艺，加强对老字号商铺的引导规范。文化广电新闻出版部门鼓励扶持地方书店、旅游文创产品等的经营；组织、协调物质文化遗产和非物质文化遗产在西街的传承、展示工作。城市管理行政执法部门加强对西街店铺户外广告牌、占道经营等的管理；做好沿街市容市貌的维护整治。公安消防部门加强对西街消防工作的监督管理，依法查处消防安全违法行为。督促和指导街道办事处、居民委员会定期对经营人员开展消防宣传教育，定期组织开展消防安全检查，消除火灾隐患。旅游部门加强引导泉州旅游文创产品、泉州伴手礼的研发、生产、销售、推广；将西街纳入泉州市旅游线路予以推广；规范西街旅游市场秩序、维护旅游消费者和经营者合法权益。

西街夜景　（图/市古城办）

首届惠安伴手礼特展开幕

由惠安县旅游局主办的“风情惠安·有礼有节”惠安伴手礼特展活动开幕。安伴手礼评选从6月启动至今，经由五轮推选，最终从全部158件作品中优选53件伴手礼参与本次特展。活动现场公布“2017年惠安十佳伴手礼”名单，其中包括石影雕、惠女头饰、绣品等工艺品以及具有惠安特色的食品、茶叶等。

10月5日

农历丁酉年八月十六
星期四
温度：24℃—31℃
阴—多云

●泉州市出台《泉州西街（钟楼至新华路）经营业态管理实施方案（试行）》，方案详细列出经营项目清单，细化扶持鼓励、倡导鼓励的经营项目和不鼓励、不倡导的经营项目，并将根据西街业态发展实际需要适时调整。

●改编自橘子宸同名小说的电视剧《许你浮生若梦》转场到惠安闽台文创园举行开机仪式。

●“风情惠安·有礼有节”惠安伴手礼特展活动举办。

10月6日

农历丁酉年八月十七
星期五
温度：25℃—32℃
多云

●《泉州市人民政府关于健全生态保护补偿机制的实施意见》印发实施。

●泉州市医保局制定出台《泉州市城乡居民基本医保普通门诊统筹实施方案（试行）》，进一步健全和完善城乡一体化的普通门诊统筹政策，扩大参保居民的受益面，切实减轻参保对象普通门诊医疗费用负担。

●第47届世界体操锦标赛结束男子个人全能项目的争夺，代表中国队参赛的泉州选手林超攀获得亚军，另一位中国选手肖若腾夺得冠军。

泉州正式实施健全生态保护补偿机制

为完善泉州市生态保护补偿制度体系，加大生态保护补偿力度，加快国家生态文明试验区建设，《泉州市人民政府关于健全生态保护补偿机制的实施意见》（以下简称《意见》）正式印发实施。

《意见》明确，到2020年，全市要实现流域、森林、海洋、湿地、耕地等重点领域和禁止开发区域、重点生态功能区等重要区域生态保护补偿全覆盖，补偿水平与泉州市经济社会发展状况相适应，基本形成公平合理、运作规范、相互衔接、积极有效的生态保护补偿制度体系，促进形成绿色生产方式和生活方式。

《意见》针对完善流域生态保护补偿机制、完善重点生态区域财力支持机制、完善生态公益林保护补偿机制、开展重点生态区位商品林赎买等改革试点、健全海洋生态保护补偿机制、健全耕地生态保护补偿机制、探索建立湿地生态保护补偿机制等提出详细的任务安排。其中，明确鼓励推广“乡聘、站管、村监督”“村推、乡审、村聘用”等专职护林员管护和政府购买服务管护模式，以完善生态公益林管护机制。同时，要求积极探索赎买、置换、收储、改造提升、租赁和入股等多种形式的改革措施，力争在“十三五”期间实施重点生态区位商品林赎买等改革试点面积1.3万亩。对于重点生态区位内的商品林，在改革后实行集中统一管护，着力改善和提升其生态功能。

《意见》要求，要建立稳定投入机制，开展综合性生态保护补偿试点，推进横向生态保护补偿，建立市场化的生态保护政策体系，结合生态保护补偿推进精准扶贫，健全配套制度体系。其中，明确鼓励受益县（市、区）与保护生态地区、流域下游与上游通过资金补偿、对口协作、产业转移、人才培训、共建园区等多种方式加大横向生态保护补偿实施力度。

安溪茶园　　（图/林百兰）

泉州城乡居民基本医保普通门诊统筹实施方案出台

泉州市医保局制定出台《泉州市城乡居民基本医保普通门诊统筹实施方案（试行）》，进一步健全和完善城乡一体化的普通门诊统筹政策，扩大参保居民的受益面，切实减轻参保对象普通门诊医疗费用负担。

城乡居民基本医疗保险普通门诊定点医疗机构为基层医疗机构（乡镇卫生院和社区卫生服务中心等）以及实行乡村卫生服务人、财、物一体化管理并通过验收合格的村卫生所或社区卫生服务站。参保居民到定点基层医疗机构看普通门诊，报销不设起付线，政策范围内费用按70%报销，全年累计可报销费用由400元调整为600元（含家庭医生签约服务费、按比例自付费用）。参保居民在纳入定点的村级医疗机构看普通门诊，报销不设起付线，政策范围内费用按50%报销，单次报销封顶线为10元/人次，全年统筹基金累计最高支付限额50元/人。

普通门诊支付范围为城乡居民基本医疗保险的用药范围、诊疗项目、医疗服务设施范围，参照城镇职工基本医疗保险的药品目录、诊疗目录、医疗服务设施标准目录及其支付标准等有关规定执行。

城乡居民（含在校大学生）基本医疗保险在定点基层医疗机构普通门诊统筹实行约定式服务。凡参加泉州市城乡居民基本医疗保险的人员在办理参保或续保手续时，须在所属地的定点基层医疗机构中，就近选择1家作为本人的约定门诊医疗机构（以下简称约定机构）。未成年人可由其监护人选择约定机构，在校学生由所在学校统一选择约定机构。约定机构原则上一年一定，一个参保年度内不得变更。

参保居民就医时，因约定机构条件有限并经约定机构批准转往泉州市内其他定点基层医疗机构门诊治疗的，其转诊后的门诊费用先由本人垫付，再到约定机构按规定审核报销。参保居民未经约定机构批准自行到其他医疗机构门诊就医的，不享受门诊费用统筹报销待遇。

泉州市培育发展特色村镇试点工作方案印发

《泉州市培育发展特色村镇试点工作方案》（以下简称《方案》）印发。在各县（市、区）申报的基础上，《方案》确定泉州市39个特色小镇、19个特色乡村预备考察名单，入选村镇通过1年预备考察期的综合评价审核后，有望成为市级特色村镇创建扶持试点，享受相关扶持政策。

在推进方法上，各县（市、区）要紧扣“培育、发展、建设、创新”四要素。其中，“培育”重点关注工作推进、政策保障研究，“发展”重点关注特色产业发展、特色资源开发和产业跨界融合，“建设”重点关注传统建筑保护、特色风貌塑造、文化传承彰显和基本公共服务配套，“创新”重点关注工作思路创新、方式方法创新和体制机制创新。

组织实施方面，《方案》明确，要坚持“企业主体、政府引导、市场化运作”的原则，采用“企办公扶民助”的模式推进。在引入社会资本的同时，发挥当地居民的作用，引导居民主动投身特色产业发展、特色资源开发、特色风貌营造等各项工作，实现收益分配、就近就业。同时，要采用文创式运作方式，建立由投资主体、专业团队、特色村镇领导班子、施工班组、群众代表组成的推进团队，精心实施试点工作。有条件的县（市、区）可尝试设计总承包、建设全过程咨询服务等模式推进实施。

泉州特色村镇预备考察名单如下：

洛江区：虹山乡、洛江区园游小镇（河市镇、马甲镇）、马甲镇永安村。

泉港区：南埔镇、峰尾镇、前黄镇、涂岭镇、后龙镇土坑村、界山镇东张村、前黄镇古县村、涂岭镇秀溪村、涂岭镇小坝村、峰尾镇城峰村。

石狮市：蚶江镇（国家级）、永宁镇、鸿山镇、祥芝镇、锦尚镇、永宁镇郭坑回族村、灵秀镇华山村。

晋江市：金井镇（国家级、省级）、深沪镇（省级）、新塘街道、英林镇、永和镇、紫帽镇紫星村。

南安市：水头镇、仑苍镇、丰州镇、金淘镇、蓬华镇、霞美镇、罗东镇、柳城街道、梅山镇林坂村、梅山镇蓉中村、翔云镇椒岭村。

惠安县：辋川镇、小岞镇。

安溪县：湖头镇（国家级）、尚卿乡（省级）、虎邱镇、龙门镇、西坪镇、蓝田乡、感德镇福德村、湖上乡盛富村、尚卿乡黄岭村、尚卿乡灶美村。

永春县：达埔镇（省级）、岵山镇、蓬壶镇、呈祥乡、下洋镇、一都镇、仙夹镇龙水村、五里街镇大羽村。

德化县：三班镇（省级）。

14家泉州企业被认定为省知识产权优势企业

福建省知识产权局公布2017年度福建省知识产权优势企业（第二批）的名单，泉州市福建龙峰纺织科技实业有限公司等14家企业名列其中，上榜企业数占全省的28%，位居全省设区市首位。此外，泉州市知识产权局也公布泉州市第三批知识产权示范企业名单，“福建佳友茶叶机械智能科技股份有限公司”等10家企业获泉州市知识产权示范企业称号。至此，全市拥有国家、省和市知识产权试点示范企业和优势企业分别为28家、125家、370家，为创新型泉州建设发挥积极的作用。

相关链接：入选福建省（第二批）知识产权优势企业的14家泉州企业名单：福建龙峰纺织科技实业有限公司、福建群峰机械有限公司、泉州市汉威机械制造有限公司、福建好来屋食品工业有限公司、福建晶彩光电科技股份有限公司、泉州迪特工业产品设计有限公司、泉州市琪祥电子科技有限公司、福建泉工股份有限公司、军鹏特种装备股份公司、信泰（福建）科技有限公司、福建荣盛钢结构实业有限公司、福建省雾精灵环境科技有限公司、福建省嘉顺艺品股份有限公司、福建新力元反光材料有限公司。泉州市（第三批）知识产权示范企业名单：福建佳友茶叶机械智能科技股份有限公司、石狮市星港塑胶包装有限公司、福建信龙机械科技股份有限公司、泉州万利得节能科技有限公司、福建铁拓机械有限公司、福建省安溪县韵和机械有限公司、福建森源家具有限公司、泉州华硕实业有限公司、泉州市琪祥电子科技有限公司、黑金刚（福建）自动化科技股份公司。

10月7日

农历丁酉年八月十八
星期六
温度：24℃—32℃
多云

●从市住建局获悉，《泉州市培育发展特色村镇试点工作方案》印发。在各县（市、区）申报的基础上，方案确定泉州市39个特色小镇、19个特色乡村预备考察名单，入选村镇通过1年预备考察期的综合评价审核后，享受相关扶持政策。

●福建省知识产权局公布2017年度福建省知识产权优势企业（第二批）的名单，泉州市福建龙峰纺织科技实业有限公司等14家企业名列其中，上榜企业数占全省的28%，位居全省设区市首位。

●一场名为“海丝青春行暨‘寻觅海丝’”的徒步活动在古城展开，泉州五中学子们以脚步丈量古城，在徒步行走中品味古城风景，感受古城魅力。

10月8日

农历丁酉年八月十九
星期日
温度：26℃—32℃
阴

●国庆黄金周期间，全市接待游客394.01万人次，同比增长24.1%，其中过夜游客和一日游游客分别为45.97万人次和348.04万人次；实现旅游收入35.68亿元，同比增长33.6%，游客人均花费906元。

●全市农村路网建设与改造完成投资6.46亿元，占年度计划3.3亿元的196%，超额完成年度投资目标任务。

●由民进泉州市委会主办的“喜迎十九大·共筑中国梦”诗歌朗诵会将在泉州梨园古典剧院举行。

国庆黄金周泉州接待游客超394万人次

国庆8天假期里，泉州市旅游市场活动丰富多样，秩序安全井然，全市接待游客394.01万人次，同比增长24.1%，其中过夜游客和一日游游客分别为45.97万人次和348.04万人次；实现旅游收入35.68亿元，同比增长33.6%，游客人均花费906元。

泉州府文庙、开元寺、清净寺、天后宫、德济门遗址5个景点作为“古泉州（刺桐）史迹”申遗遗产点，节日期间备受游客青睐，其中开元寺累计接待游客12.07万人次，同比增长33.7%。受申遗的带动影响，周边的清源山、中国闽台缘博物馆等景区也迎来大量游客，节日期间累计接待游客分别11.61万人次和7.18万人次。以西街为代表的城市古城巷休闲游也随着“古泉州（刺桐）史迹”申遗进程加快不断升温，据专项监测数据，节日期间西街累计人流量或突破40万人次。

为进一步丰富古城文化游的内涵，泉州市推出第二届海丝泉州文化旅游嘉年华，80多场涵盖亲子互动、文化体验、乡村休闲、户外康旅和综合节庆等5大门类的文化旅游主题活动在10月集中举办。黄金周期间，包括古城“通关文牒”、插画展、传承系列展、文艺快闪等13项文化体验的系列活动已轮番上演，吸引不少游客热情参与。

泉州着力发展全域旅游，“十一”黄金周期间，各地纷纷挖掘区位优势，实施“旅游+”战略，各项旅游活动层出不穷，为节日旅游市场增添更多选项。晋江举办第五届闽台乡村旅游文化节和“闽台特色的乡村民宿暨休闲旅游及社区养老发展论坛”等，丰富闽台交流活动；永春一都镇三岭村推出扮演小红军、成人挑战等项目，五里街镇大羽村推出户外拓展、功夫CS、学白鹤拳、尝农家菜等活动，乡村旅游热度不减。泉港红星生态园、绿笛山庄、兴农生态园让广大游客尽享生态休闲体验乐趣，樟脚古民居、金钟潭景区、小坝蒙古族特色村寨、秀溪村、黄田村、东张村等乡村游持续走俏。全域旅游蓬勃发展带动泉州市自助、自驾游升温，吸引不少周边省市游客。“十一”黄金周期间，泉州市接待游客中，以个人或亲友结伴出游的游客占比高95.5%，选择自驾自助的游客占比87%，家庭结伴自驾游、动车自助游成为主流。

客源方面，到泉州市旅游的游客以省内福州、厦门地区和广东省等传统客源地游客为主。节日期间，泉州景点迎来不少来自广东、江西、浙江的自驾车辆。目前，周边省市游客已逐渐成为泉州市旅游的稳定客源。

国庆节期间举办的“穿越刺桐·遇见汝”寻访古城活动　（图/李芸生）

喜迎十九大·共筑中国梦”诗歌朗诵会举行

由民进泉州市委会主办的“喜迎十九大·共筑中国梦”诗歌朗诵会将在泉州梨园古典剧院举行。该次朗诵会除选取余光中、舒婷、蔡其矫等著名诗人的佳作，还特邀林轩鹤、吴谨程、王燕婷等泉州市知名诗人为本次活动创作部分诗歌。朗诵会分成“文都之魂”“刺桐儿女”“温陵之梦”三个篇章，洪滨、吴懿儒、蔡明指、吴谨程、潘桂玉等将分别朗诵《我是不是一直在刺桐的梦里》《惠安女子》《风雨同舟砥砺前行》《开国大典》《海上丝路再扬帆》等10首诗歌，表达他们对泉州的热爱，对中国共产党的祝福，和对“不忘合作初心，继续携手前进”的信心。

晋江石狮南安惠安安溪上榜2017全国百强县

中小城市经济发展委员会、中小城市发展战略研究院、中国社会科学院发展与环境研究所等单位在《人民日报》上发布2017年中国中小城市科学发展指数研究成果。该研究包括2017年全国中小城市综合实力百强县市（全国综合实力百强县市）、2017年全国中小城市投资潜力百强县市（全国投资潜力百强县市）、2017全国综合实力千强镇前100名、2017全国新型城镇化质量百强县市等多个榜单。泉州五县（市）上榜全国百强县市，30个镇上榜全国千强镇。全国前十强为：江苏昆山市、江苏江阴市、江苏张家港市、江苏常熟市、浙江慈溪市、湖南长沙县、江苏太仓市、福建晋江市、江苏宜兴市、辽宁海城市。

泉州5个县（市）上榜“2017年全国中小城市综合实力百强县市（全国综合实力百强县市）”，晋江、石狮排名不变，分别排第8位和第16位；南安排名比上年上升1位，排在第30位；惠安、安溪比上年排名上升2位，分别排第35位和第65位。

泉州3个县（市）上榜“2017年全国中小城市投资潜力百强县市（全国投资潜力百强县市）”，晋江排名不变，排在第3位；南安排名上升6位，排在第13位；安溪排名上升4位，排在第25位。

泉州有4个县（市）入选“2017全国新型城镇化质量百强县市”，与上年相比，晋江排名上升3位，排在第12位；石狮、南安排名上升1位，分别排在第21位和第34位；惠安排名上升2位，排在第50位。

泉州有5个县（市）上榜“2017年度全国创新创业（双创）百强县市”，与上年相比，晋江排名不变，排在第4位；南安排名上升3位，排在第32位；石狮、惠安排名上升2位，分别排在第35位和第77位；安溪排名上升1位，排在第81位。

2017年度全国十佳“两型”中小城市中晋江位列第7位，排名上升1位；与上年一样，泉州只有晋江上榜。

泉州8个镇上榜“2017全国综合实力千强镇前100名”，与上年相比，晋江陈埭镇排名上升2位，排在第25位；晋江安海镇排名上升3位，排在第27位；南安水头镇排名上升4位，排在第46位；晋江英林镇排名上升2位，排在第50位；石狮灵秀镇排名上升1位，排在第86位；晋江东石镇排名下降2位，排在第91位；晋江池店镇排名上升19位，排在第92位；石狮宝盖镇排名上升1位，排在第95位。上年进入前100名的晋江金井镇从98名下降到107名，排名下降9位。泉州有30个镇上榜“2017全国综合实力千强镇”，数量与上年一样，但大多数排名有所上升。此外，泉州22个镇上榜“2017全国综合实力千强镇”，分别是：晋江金井镇（第107位）、晋江深沪镇（第154位）、晋江磁灶镇（第200位）、石狮鸿山镇（第205位）、惠安螺城镇（第219位）、晋江内坑镇（第224位）、石狮锦尚镇（第242位）、晋江永和镇（第254位）、安溪湖头镇（第257位）、安溪龙门镇（第324位）、晋江龙湖镇（第386位）、惠安崇武镇（第414位）、南安石井镇（第476位）、南安仑苍镇（第518位）、安溪凤城镇（第526位）、石狮蚶江镇（第540位）、德化浔中镇（第568位）、德化龙浔镇（第589位）、永春蓬壶镇（第764位）、南安官桥镇（第767位）、石狮永宁镇（第817位）、石狮祥芝镇（第818位）。

市领导到石狮开展“促进项目落地、帮扶企业发展”活动周调研

9—10日，按照市委、市政府2017年第三季度“促进项目落地、帮扶企业发展”活动周统一部署，市委常委、副市长杨晓山带队到石狮市调研部分重点项目，深入走访工程施工现场和企业，协调解决相关问题。在祥芝国家级中心渔港，市领导一边听取情况介绍，一边询问项目攻坚的难点、需要解决的问题。走进位于灵秀镇灵山灵峰自然村的灵山灵峰片区安置房，市领导向项目负责人了解该工程的进展情况，并走进不同房型详细查看建筑质量、户型设计及小区配套设施等情况。活动期间，市领导还走访泉州锦尚作业区扩建工程、石湖作业区扩建工程、石狮海岸带综合改造工程等重点项目工程现场，走进青创城网批中心、森科智能科技公司、伊尼斯公司、汇龙化纤有限公司和永信数控有限公司等企业，深入了解项目推进情况，协调解决存在困难，推动项目顺利进行；同时，勉励石狮市领导干部要百尺竿头、更进一步，用心服务好企业和群众。

10月9日

农历丁酉年八月二十
星期一
温度：27℃—32℃
多云

●康涛主持召开市政府第十七次常务会议，研究并通过《泉州市培育发展环境治理和生态保护市场主体的实施意见》《关于大力发展装配式建筑的实施意见》。

●晋江石狮南安惠安安溪上榜2017全国百强县。

●9—10日，杨晓山带队到石狮市调研部分重点项目，深入走访工程施工现场和企业，协调解决相关问题。

10月10日

农历丁酉年八月廿一
星期二
温度：26℃—33℃
多云

●国家林业局在河北承德召开2017森林城市建设座谈会，会上宣读国家森林城市称号批准决定，泉州获得国家森林城市称号。

●泉州市召开全市党外知识分子和新的社会阶层人士统战工作会议。

●全国文学名刊主编安溪行启动仪式暨《青年文学》创作基地授牌活动在安溪县青少年宫举行。

泉州市获得国家森林城市称号

国家林业局在河北承德召开2017森林城市建设座谈会，会上宣读国家森林城市称号批准决定，并举行授牌仪式。泉州获得国家森林城市称号。“国家森林城市”是中国对一个城市在生态建设方面的最高评价，是最具权威、最能反映城市生态建设整体水平的荣誉称号。此次福建省泉州、福州两个城市获得国家森林城市称号。而在此之前，福建省已有厦门、漳州、龙岩、三明4个国家森林城市。根据市林业局的统计数据，泉州森林资源丰富，在11015平方公里的土地总面积中，包含林地面积1027.74万亩，有林地面积962.78万亩，森林覆盖率58.7%，总蓄积量3672.26万立方米。

自启动创建国家森林城市以来，泉州市紧紧围绕省委、省政府建设全国首个生态文明试验区的整体部署，把创建国家森林城市作为生态文明建设的一项重要抓手，高起点、高标准规划“创森”工作。按照“低碳高效、人文美丽、健康宜居”的森林城市发展要求，围绕“一核一环，两轴两屏，三带六极多园”的城市森林建设总体布局，推进森林生态、森林产业、森林文化和森林支撑等四大体系23项工程项目建设。以城市森林生态体系建设为载体，泉州市实施绿色城市、绿色村镇、绿色通道、绿色屏障和生态敏感区绿色质量提升工程，逐步完善“山、城、江、湾”相融的绿地格局，优化森林资源结构，提升城乡绿化水平。在创建国家森林城市期间，全市共计新造林面积22205.47公顷。泉州市基本形成城区近郊远郊“三位一体”、水网路网林网“三网合一”，山水相连、林城相拥、林网相通、林居相依、城乡一体的城市森林生态网络。与此同时，全市建有省级以上森林、野生动物和湿地类型自然保护区4个，县级以上森林公园38个，林业产业总产值连续十几年居全省首位。

绿意盎然的村庄　（图/泉州晚报社）

全市党外知识分子和新的社会阶层人士统战工作会议召开

泉州市召开全市党外知识分子和新的社会阶层人士统战工作会议。会议传达全国、全省党外知识分子工作座谈会和新的社会阶层人士统战工作会议，省委常委会、市委常委会会议的相关精神，部分在泉有关高校和县（市、区）委统战部、市直有关单位作工作情况交流汇报。会议要求，各级各部门要提高思想认识，准确把握政策，坚持突出重点，重点构建联络交友、创业挂职、服务社会、参政议政等4个平台，打造发挥作用的活动品牌。

全国文学名刊主编安溪行启动

全国文学名刊主编安溪行启动仪式暨《青年文学》创作基地授牌活动在安溪县青少年宫举行。来自《人民文学》《收获》《当代》《青年文学》《中国作家》《花城》《北京文学》《长江文艺》《小说选刊》《中华文学选刊》《散文选刊》《福建文学》全国12家著名文学刊物社长、主编和其他相关单位领导参加启动授牌仪式。启动仪式上，还举行12家文学名刊免费向福建省少儿图书馆安溪分馆赠阅一年期刊集体签约仪式，并现场赠送图书。10月10—13日，12家文学名刊社长、主编举行“文化自信与文学期刊”学术论坛；参观李光地家规家训馆，了解李光地廉政文化；考察云中山自然保护区及福田乡省级旅游休闲美丽乡村建设；参观添寿福地茶庄园，感受茶乡生活，通过深入参观采风，创作和发表更多反映安溪地域特色、体现茶乡文化的优秀作品，助力“山水福地·茶韵安溪”文化品位提升。

"华大讲堂"第68讲举行

"华大讲堂"举行第68讲。中国辩证唯物主义研究会常务副会长、中共中央党校哲学部原主任庞元正奉献一场题为《学习习近平总书记治国理政新理念新思想新战略》的精彩报告。市领导陈灿辉、翁祖根、林万明、杨晓山等市委学习中心组成员，市直有关部门、在泉各高校、各民主党派负责人，华侨大学校领导和部分师生等参加报告会。庞元正从"中国梦""四个全面""五大发展理念"等方面，对以习近平同志为核心的党中央治国理政新理念新思想新战略进行系统梳理和深入解读，阐述实现"中国梦"的目标、路径、动力、保障、关键等，帮助大家进一步理解当今世界和当代中国发展形势以及党和国家事业发展的战略布局，对泉州市如何适应经济发展新常态、推动"五个泉州"建设提供有益借鉴。市政协主席陈灿辉为庞元正颁发"华大讲堂"主讲嘉宾纪念牌。

泉州建材中国行沈阳专场举行

由泉州市政府主办的"泉州建材中国行"系列推介活动沈阳专场举行，300多人参与现场对接。活动围绕"促发展、谋共赢"主题，由政府搭台，为沈阳和泉州两地的建筑建材行业供需双方提供面对面的对接平台，促进两地企业深入交流合作。该活动引起沈阳市政府、企业的高度关注。沈阳市政府领导率相关区领导和市直部门领导出席推介会。"泉州建材中国行"沈阳专场举行的消息通过当地权威媒体发布后，受到当地建筑、家居行业的热烈欢迎。当天除了沈阳家具装饰商会，还有沈阳中国家具城、华润置地、红星美凯龙等100多家当地的建材相关企业前来对接。

石狮企业参加上海国际面辅料展获评中国流行面料企业

11—13日，全球规模最大的纺织面辅料展——Intertextile2017中国国际纺织面料及辅料（秋冬）博览会（上海国际面辅料展）在上海国家会展中心举行。石狮展团汇集联邦三禾、益盛、协盛协丰、东隆、展耀等31家面料龙头企业，以及华联、鑫元丰、忠信、世联达等13家辅料优秀企业，组成面积2300余平方米的"石狮面料馆"，并延续"统一装修、统一布展、统一宣传"的参展形式联合参展。

11日，"石狮·中国流行面料入围企业授牌仪式"在"石狮面料馆"举行。中国纺织工业联合会会长孙瑞哲，副会长徐迎新、李陵申等领导出席活动，并为入围企业授牌。经过"2017中国国际面料设计大赛第38届（2018/19秋冬）中国流行面料入围评审"严格筛选并最终胜出的21家石狮面料企业，被授予"中国流行面料企业"称号。这些企业包括台隆控股、新宏兴、协盛协丰、英伦世家、益盛、豪信、联邦三禾、联盛、杰立、鑫茂、港溢、六六八、仟佰、荣诚、兴进福宏、展耀、协鑫万嘉、向兴、牧邦、海兴、黑马骏利缘等。

展会期间，石狮优秀面料设计推广主题秀也在"石狮面料馆"隆重发布，该主题秀所展示的成衣面料精选自石狮本地8家优秀面料供应商的精品面料，并交由石狮市本土设计师进行设计制衣。主题秀在首度采用静态"时装走秀"形式的同时，把模特走秀完美地融合到流行趋势区域展示，颠覆现场观众对时尚秀场的理解。

全市拟从事网约车经营企业签订承诺书

全市拟从事网约车经营服务的21家企业集中签订承诺书，承诺在年底前，对不符合要求的运营车辆进行处理，共同维护良好的出租汽车经营市场秩序。同时，市交通委向企业负责人讲解网约车车辆预受理登记流程。21家企业均承诺遵纪守法，规范经营，严格履行企业安全生产主体责任，并按公安机关要求将所有网约车经营业务接入泉州市重点车辆监管平台。同时，按要求安装车辆卫星定位装置和应急报警装置，接入泉州市网约车监管平台，接受相关部门实时监管。21家企业还承诺，即日起不再购买不符合泉州市网约车准入条件的车辆从事网约车经营服务，并在2017年12月31日前，主动引导不符合准入条件的存量运营车辆采取以旧换新、重新购置等渠道，限时处理到位。

10月11日

农历丁酉年八月廿二
星期三
温度：25℃—33℃
阴—多云

● "华大讲堂"举行第68讲。

● 由泉州市政府主办的"泉州建材中国行"系列推介活动沈阳专场举行，300多人参与现场对接。

● 11—13日，中国国际纺织面料及辅料（秋冬）博览会在上海国家会展中心举行。石狮31家面料龙头企业、13家辅料优秀企业组成面积2300余平方米的"石狮面料馆"，并延续"统一装修、统一布展、统一宣传"的参展形式联合参展。

● 全市拟从事网约车经营服务的21家企业集中签订承诺书，承诺在年底前，对不符合要求的运营车辆进行处理，共同维护良好的出租汽车经营市场秩序。

10月12日

农历丁酉年八月廿三
星期四
温度：24℃—31℃
阴—多云

●市委召开常委会会议，学习习近平总书记对脱贫攻坚工作重要指示，传达全省脱贫攻坚现场推进会议精神，研究泉州市贯彻意见。

●全国机械行业转型升级推进会在泉州南安召开。

●12—13日，市人大常委会组织对市卫计委实施重点项目情况进行工作评议调查。

●十二届泉州市政协第一次县（市、区）政协主席工作座谈会召开。

●市政协主席陈灿辉等到泉州海交馆参观由市政协办公室、民盟泉州市委举办的“美丽中国·海丝泉州”——喜迎十九大书画摄影作品展。

●泉州城建集团、三一集团、方圆建设集团三方在北京第十六届中国国际住宅产业暨建筑工业化产品与设备博览会上举行签约仪式，合作投资建设泉州城建绿色建筑产业园。

●由中央人民广播电台、泉州市政府、福建省品牌建设促进会主办的“中国品牌日·福建在行动”系列活动之“品牌力量·走进泉州”活动举行。

市委召开常委会会议研究脱贫攻坚工作

市委召开常委会会议，学习习近平总书记对脱贫攻坚工作重要指示，传达全省脱贫攻坚现场推进会议精神，研究泉州市贯彻意见。市委书记郑新聪主持会议，市委常委参加会议，市政协党组主要负责人列席会议。会议要求，要认真做足“绣花”功夫，产业就业扶贫要提升技能培训的针对性；兜底扶贫要将无法实施开发性扶贫的贫困户全部纳入低保；医疗保险扶贫要大力宣传精准扶贫医疗叠加保险的好政策，实行医疗保险救助“一站式”结算服务，完善大病统筹实施办法；教育扶贫要免除贫困学生学杂费，提供助学贷款或资助，加大职业教育政策资源整合和分类推荐就业工作；扶贫搬迁要杜绝原地就近重建、“村头搬村尾”现象，危房改造户不能纳入国家易地搬迁政策范围，但也要整合资源、多措并举，确保农村危房改造贫困户全覆盖，提升困难群众的居住质量；金融扶贫要做好调查摸底、评级授信等工作，推动小额信贷扩面增量；电商扶贫要加大对贫困户的电商知识培训、发展补助。要推动“一竿子抓到底”，实施更精准的挂钩帮扶，挂钩帮扶人员要真正扑下身子，经常进村入户，逐个落实帮扶措施；加强一线力量，安南永德等任务较重的县（市）扶贫部门要确保有10名以上专责干部，有脱贫任务的乡镇配备1名以上专职工作人员，建制村配备1名扶贫协管员；充分发动企业、商会、华侨力量，各地要统筹整合好各领域扶贫资金，严格管好用好这笔“活命钱”，对胆敢冒领、挪用、贪污扶贫款项的，要严肃处理，绝不姑息。

全国机械行业转型升级推进会在南安召开

全国机械行业转型升级推进会在泉州南安召开。工信部副部长辛国斌出席会议并讲话，中国机械工业联合会会长王瑞祥作主旨报告。省委常委、副省长周联清，市领导张永宁、洪自强参加相关活动。会议围绕贯彻落实“中国制造2025”、《关于机械工业调结构促转型增效益的指导意见》和行业“十三五”发展纲要部署要求进行交流，并就如何深入推进转型升级、加快实现机械工业由大变强等议题展开分组讨论。来自全国各省、市的相关专业协会、地方行业组织与机械行业部分重点和大型企业负责人及福建省有关企业代表共计200余人参会。

“品牌力量·走进泉州”活动举行

由中央人民广播电台、泉州市政府、福建省品牌建设促进会主办的“中国品牌日·福建在行动”系列活动之“品牌力量·走进泉州”活动举行。该次活动以“开启品牌新时代，构建品牌新生态”为主题，现场邀请企业家与专家进行“推动城市品牌、企业品牌和产品品牌协调发展良性互动”高端对话，传播品牌价值理论，分享品牌核心理念，共享品牌提升经验，探讨品牌发展思路，为泉州市加强品牌建设、营造良好的品牌发展环境提供有益借鉴。

泉州装配式建筑合作项目在北京签约

泉州城建集团、三一集团、方圆建设集团三方在北京第十六届中国国际住宅产业暨建筑工业化产品与设备博览会上举行签约仪式，合作投资建设泉州城建绿色建筑产业园。该产业园的建设，将作为推进泉州市建筑产业现代化的试点项目以及提升国企项目承接能力和产业运作水平的重要载体，为泉州市发展装配式建筑注入新的动力。该项目拟规划用地33.33公顷，将分期建设。一期拟规划用地16公顷，建设装配式建筑产业化工厂，主要生产装配式PC构件、装配式钢结构构件、绿色建筑部品、产业化装备以及进行城市地下综合管廊的研发、生产、销售、安装。二期拟规划用地260亩，建设装配式钢结构和建筑装修产业化工厂，主要生产装配式钢结构和装配式装修各种材料部件。远期逐步建设上下游配套产业基地。该产业园建成后，将引领绿色建材、装配式建筑施工技术和信息化技术的应用，成为推进泉州建筑产业现代化的助推器。

郑新聪部署防御第20号台风“卡努”工作

市委书记郑新聪在市防汛抗旱指挥部部署防御第20号台风“卡努”工作时指出，此次台风风雨影响范围广，各级各部门思想上要高度重视，加密会商、强化预警，及时撤离海上作业的各类渔船、工程船、养殖人员及沿海旅游景点人员；要严密防范山洪、泥石流和城市内涝，根据风雨情况及时转移危险区域人员；要科学调水、蓄水、保水，并做好道路交通、电力等救灾预备工作；相关人员要在岗在位。

张永宁到市方志委调研

市委常委、常务副市长张永宁到市方志委调研。张永宁深入机关各科室，亲切看望方志委的干部职工，并进行调研座谈。座谈中，市方志委常务副主任张惠评汇报了市方志委的主要工作情况，并围绕“城市双修”，就建立城市历史文化资料数据共享平台、古城保护提升、优秀传统文化传承、历史文献整理重刊等工作谈了自己的意见和看法。

张永宁在听取汇报后，肯定市方志委近年来的工作所取得的显著成效。他说，市方志委紧扣市委市政府中心工作，积极配合“古泉州（刺桐）史迹”申遗、古城保护与提升以及城市“双修”等重点工程，彰显新作为，值得大力弘扬。他表示，泉州市启动城市“双修”工作，专门成立历史文化研究小组，由张惠评主任担任组长，牵头负责城市历史风貌文史资料收集整理研究、地方历史文献整理重刊再版、“非遗”传承人培养等工作。对历史文化组的工作，张永宁要求：第一是凝聚共识。城市“双修”涉及方方面面，困难矛盾较多，社会各界关注度高，氛围和共识至关重要。我们要强化舆论引导和社会动员，汇聚推进工作的正能量。第二是抓紧启动。尽快调整充实工作组组成人员，扩大视野，把相关部门和县区负责人以及有关专家纳入，并明确工作职责，制定工作方案。第三是项目化运作。围绕历史文化保护与传承工作“12条工作要点”，建立项目清单，分工负责，狠抓落实，坚持每年策划一批、实施一批、完成一批。

调研现场　（图/吴寿民）

市直老干部祝寿会举行

市直老干部祝寿会在市老干部活动中心举行，市领导郑新聪、陈灿辉、翁祖根、孔繁军、张永宁等一同为老寿星们点燃蜡烛、切开蛋糕，向老干部们致以节日问候和良好祝愿。祝寿会由市委常委、组织部部长孔繁军主持。市委书记、市人大常委会主任郑新聪代表市四套班子对广大老干部为泉州发展所作出的贡献表示衷心感谢和崇高敬意。他说，中共十八大以来，泉州经济社会发展取得新进步、新成效，这些无不凝聚着广大离退休干部的心血和奉献，以及对市委、市政府的关心和支持。各级各部门要深入贯彻习近平总书记对老干部工作的重要指示精神，敬爱致恭地对待老干部，体贴入微地服务老干部。要不断加强和改进离退休干部工作，严格落实好各项惠老政策，感同身受地为老同志解难题、办实事，把党的关怀和温暖送到老同志的心坎上，让老干部安度晚年、颐养天年，让党放心、让老干部满意。

活动现场　（图/陈起拓）

10月13日

农历丁酉年八月廿四
星期五
温度：24℃—29℃
阴—小雨

●郑新聪在市防汛抗旱指挥部部署防御第20号台风“卡努”工作。

●张永宁到市方志委调研。

●市直老干部祝寿会在市老干部活动中心举行。

●“喜迎十九大——我是光荣的少先队员”泉州市少先队纪念建队68周年主题队日活动在泉州晋光小学（东海校区）举行。

10月14日

农历丁酉年八月廿五
星期六
温度：23℃—26℃
小雨

●市委巡察组向市教育局、科技局、食品药品监督管理局等3个被巡察单位反馈巡察情况。

●由市关工委、市委老干部局、中国闽台缘博物馆等单位联合举办的“大手牵小手，迎庆十九大”快闪歌会在中国闽台缘博物馆唱响。

●由市委宣传部、市文联、团市委、市关工委主办的“喜迎十九大，颂歌献给党”泉州市合唱音乐会在泉州音乐厅举行。

●14—15日，泉州发射18枚火箭弹用于人工增雨，一定程度缓和旱情发展趋势。

市委巡察组向3个被巡察单位反馈巡察情况

根据市委统一部署，市委巡察组对市教育局、科技局、食品药品监督管理局等3个单位党组织开展巡察。巡察组通过广泛开展个别谈话，受理群众来信来访，调阅有关文件资料，深入了解情况，完成巡察任务。

市委书记郑新聪主持召开市委“五人小组”会议，听取巡察综合情况汇报，研究巡察成果运用和问题处置的意见，对全面落实巡察整改提出要求。市委巡察工作领导小组分别听取各巡察组巡察情况汇报，对运用好巡察成果、督促整改巡察发现的问题提出要求。各巡察组分别向被巡察单位党组织反馈情况，要求限期整改巡察发现的问题。

市委巡察一组巡察市委教育工委（市教育局，含泉州一中、泉州五中）期间，干部群众反映的问题主要是：党组领导核心作用发挥不够充分，执行市委决定不够坚决。贯彻执行党的教育方针政策不够到位，教育安全事故时有发生，有偿家教屡禁不止。班子责任担当意识不足，推进教育改革创新和解决教育突出问题措施不够有力。机关党建工作边缘化，思想建设不够扎实，组织生活不够严肃，党的基层组织建设弱化。“两个责任”落实不到位，压力传导逐级递减，对下属单位监管不力，廉政风险防控不严，监督执纪问责力度不够。违规发放补贴、违反财经制度问题屡禁不止。

市委巡察二组巡察市科技局党组（含市地震局、市知识产权局）期间，干部群众反映的问题主要是：贯彻落实市委、市政府重大决策部署不够有力，对科技创新工作的领导不够到位，科技创新平台建设实效不强，高新区特色不明显，防震减灾预防体系建设不够到位，知识产权执法偏宽偏软。“三重一大”决策制度执行不到位。重业务轻党建，党内政治生活不严肃，基层组织建设薄弱，党员日常管理不严。主体责任意识不强，“一岗双责”落实不到位，管党治党力度不够。派驻纪检组落实“三转”不到位，监督执纪问责不够有力。违规购买购物卡、违规发放津补贴、公款订阅私人报刊等问题仍有发生，公车管理、公务接待不规范。

市委巡察三组巡察市食品药品监督管理局党组期间，干部群众反映的问题主要是：贯彻落实中央和上级关于食品安全、食品药品监管体制改革的决策部署不够到位，党组领导核心作用不强，民主集中制执行不到位，抓班子带队伍的政治担当不够。食品药品执法监管力度不够，执法办案不严。党建工作责任落实不到位，党内政治生活不严肃，基层组织建设比较薄弱。全面从严治党主体责任缺失，警示教育、风险防控、日常管理不到位，干部职工法纪意识淡薄，违纪违法时有发生。派驻纪检组监督意识不强，落实监督责任措施不力，对“关键少数”的监督缺失，执纪不严。财经制度执行不严格，违规发放津补贴、违规报销、公车私用等问题屡禁不绝。

“大手牵小手，迎庆十九大”快闪歌会举行

由市关工委、市委老干部局、中国闽台缘博物馆等单位联合举办的“大手牵小手，迎庆十九大”快闪歌会在中国闽台缘博物馆唱响。短短13分钟，160多名参与者演唱《妈妈教我一首歌》《唱支山歌给党听》《我和我的祖国》《让我们荡起双桨》《把一切献给党》《中国少年先锋队队歌》《蓝蓝泉州湾》等歌曲。歌会前，活动主办方还组织关心下一代老年志愿者和青少年参观“喜迎十九大，再踏新征程——五个泉州”建设图片展，图片展内容丰富，涉及泉州经济社会民生发展的方方面面。

活动现场　（图/许雅玲　孙　建）

晋江获得2020年第18届世界中学生运动会举办权

在意大利撒丁岛奥尔比亚举行的国际中体联执委会会议上，经执委投票表决，晋江获得2020年第18届世界中学生运动会举办权。这是继1998年在上海举办第11届世界中学生运动会后，中国城市第二次举办世界中学生运动会。世界中学生运动会是国际中学生体育联合会主办的最高水平赛事，自1974年以来已经举行16届。

在国际中学生体育联合会主席劳伦特·佩楚卡宣布该结果前，中华人民共和国驻意大利特命全权大使李瑞宇在代表团陈述开始时，首先宣读国务院副总理刘延东的支持函，刘延东代表中国政府作庄严承诺，全力支持晋江申办2020年第18届世界中学生运动会。申办委员会执行主席、教育部副部长田学军，申办委员会执行主席、福建省人民政府副省长黄琪玉等分别作申办陈述并致辞，申办委员会执行副主席、晋江市委书记刘文儒代表晋江陈述。晋江提出的申办口号“在一起，更出彩，betterusbetterfuture”得到国际中体联执委们的高度评价。

16日，欣闻晋江市获得2020年第18届世界中学生运动会举办权，福建省委、省政府向申办第18届世界中学生运动会中国代表团、福建代表团发出贺信。

相关链接：2016年12月13日晋江市正式入围2020年第十八届世中运申办城市，在党中央国务院、省委省政府、泉州市委市政府的关心支持下，晋江全市动员、精心筹划、全力准备，最终凭借出众的实力和真诚的态度赢得国际中体联执委们的信任，晋江成功获得了2020年第18届世界中学生运动会的举办权。国际中体联选择晋江，既显示对中国经济稳步发展、社会持续进步的信心，也是对中国青少年体育事业发展一次高度肯定。国际中体联选择晋江是一次体育之城与青春盛会的合作双赢。这是世界对晋江、对中国作出的一次智慧的选择。

晋江新城　　（图/施清凉）

泉州市离退休干部“喜迎十九大”专场演出举行

由市老干局、市人力资源和社会保障局、市老龄办主办的泉州市离退休干部“喜迎十九大”暨第十届老年文化艺术节开幕式文艺演出在泉州府文庙广场举行。整场演出为观众带来精彩的歌舞、朗诵等节目，可谓是一场传播中国好声音、传递社会正能量的文艺表演。

活动现场　　（图/李芸生）

10月15日

农历丁酉年八月廿六
星期日
温度：23℃—27℃
小雨—阴

●在意大利撒丁岛奥尔比亚举行的国际中体联执委会会议上，经执委投票表决，晋江获得2020年第18届世界中学生运动会举办权。

●泉州市全面深化改革领导小组会议召开，研究并出台《泉州市进一步深化基层医药卫生体制改革实施方案》。

10月16日

农历丁酉年八月廿七
星期一
温度：24℃—30℃
多云—阴

●欣闻晋江市获得2020年第18届世界中学生运动会举办权，福建省委、省政府向中办第18届世界中学生运动会中国代表团、福建代表团发出贺信。

●第37个世界粮食日，2017年全省爱粮节粮宣传周主会场活动在泉州举行。

●第三届全省陶瓷职业技能（雕塑）竞赛暨第三届全国陶瓷职业技能竞赛福建赛区在泉州工艺美院举行

●鲤城区、丰泽区12个生活垃圾分类试点单位确定，该次试点工作将重点推行有害垃圾、可回收物和其他垃圾的分类。

●“喜迎十九大，共庆重阳节”服务下基层主题联欢会丰泽街道源淮社区专场活动举行。

●“向祖国汇报，喜迎十九大”中国魅力校园合唱音乐会在北京国家大剧院举行，泉州市鲤城区实验小学“小刺桐”合唱团作为福建省唯一学校代表参加演出。

第三届全国陶瓷职业技能竞赛福建赛区竞赛在德化举行

第三届全省陶瓷职业技能（雕塑）竞赛暨第三届全国陶瓷职业技能竞赛福建赛区在泉州工艺美院举行，来自陶瓷行业的50多名省、市工艺大师以及陶艺新秀参加竞赛，通过技能竞赛，弘扬工匠精神，促进陶瓷行业的技术交流和技术创新。此次陶瓷雕塑竞赛以“美丽中国”为主题进行创作，弘扬中国民族文化，彰显大国工匠精神，诠释美丽中国为宗旨。竞赛现场，参赛选手们专心致志地进行作品创作，有的在泥巴上雕人物，有的在泥巴上雕花，还有的在瓷盘上刻画，经过选手们精心创作，历史人物、卡通人物、佛像等纷纷呈现，一幅幅泥塑作品各具特色、栩栩如生、夺人眼球。竞赛通过理论考试和陶瓷雕塑泥稿现场创作方式进行，再经评委组审定评选出优秀选手，依照比赛规定，获奖者将推荐参加第三届全国陶瓷职业技能竞赛。

全省爱粮节粮宣传周主会场活动在泉州举行

2017年全省爱粮节粮宣传周主会场活动在泉州举行，由省粮食局、省农业厅、省教育厅、省科技厅、省妇联和泉州市政府联合主办。爱粮节粮宣传周期间，着重开展“粮食增收进农户”“优质粮油进家庭”“爱粮节粮进学校”三项系列活动。其中，各级粮食、农业部门会同教育、科技、妇联等部门，组织农业专家、科技专家、农业院校师生等，走村入户、深入田间地头，为农户宣传国家粮食收购质价政策，讲解专业知识，提高农户粮食种植和收储技术水平，促进农民增收增效。同时，各地组织“光盘行动”、爱粮节粮随手拍以及宣传作品征集等活动，引导青少年群体树立爱粮节粮、反对浪费的良好风尚。

市区12单位试点生活垃圾分类

鲤城区、丰泽区12个生活垃圾分类试点单位确定，该次试点工作将重点推行有害垃圾、可回收物和其他垃圾的分类。根据市、区垃圾分类工作方案和市垃圾分类工作领导小组办公室关于试点小区的条件要求，鲤城区初步确定鲤城区政府机关大院和金山小区、湖景花园、辉映江山等6个单位和小区为首批垃圾分类试点单位（小区），丰泽区确定丰泽区政府机关大院和丰泽街道丰泽新村、城东街道中骏裕景湾、北峰街道万科一期等6个单位和小区为首批垃圾分类试点单位（小区）。试点单位（小区）所在街道、社区及物业公司正在与垃圾分类服务企业积极接洽。该次鲤城区、丰泽区启动生活垃圾分类试点工作后，将重点推行有害垃圾、可回收物和其他垃圾的分类，有害垃圾统一收集，集中运往专门终端处理；可回收物由企事业单位去回收；其他垃圾由市区配规范收集桶，以前怎么运输处理还是一样；厨余垃圾有条件处理的也鼓励作为试点。

垃圾分类点的环保屋　（图/陈秋兰）

小刺桐合唱团参演中国魅力校园合唱音乐会

“向祖国汇报喜迎十九大”中国魅力校园合唱音乐会在北京国家大剧院举行，泉州市鲤城区实验小学“小刺桐”合唱团作为福建省唯一学校代表参加演出，孩子们用最美的校园和声献礼党的十九大。图为演出现场。（陈英杰）

中央党校调研组到泉州调研非公党建工作

中央党校调研组到泉州调研非公党建工作。调研组深入走访安踏集团、361度集团、领SHOW天地、八马茶业、中国茶都、功夫动漫、石狮青商会等基层党组织，并召开座谈会，了解泉州市非公党建开展情况。

座谈会上，泉州开发区党工委、晋江市委组织部、南安市委组织部、南益集团党委、闽南建筑工程公司党委、柒牌集团党委、九牧集团党委、南威软件集团党委、安鼎体育用品公司作了汇报，介绍各自非公党建发展特色及探索之路，并结合长期实践提出面临的困难及相关建议。调研组对泉州市非公党建工作表示肯定，指出泉州市非公党建工作面广、研究深入、历史最悠久，呈现形成标准化党建工作系统、领导机制探索创新超前、党建形态遍地开花等特色，为全国非公党建工作提供宝贵的借鉴经验。

相关链接：据统计，泉州市创办15年以上规模较大的企业有2590家，其中建立党组织的2487家，占96%。创办10—15年规模较大的企业有4831家，建立党组织的4314家，占89.2%。“三五”机制作为全省四大基层党建工作机制之一在全省推广，成为泉州市非公党建品牌之一。泉州市着力探索中国特色公司治理模式，理清党组织与公司其他治理主体的工作关系及运行机制，有效促进党组织“两个作用”的发挥，切实引导非公企业健康快速发展。

泉州首度发布服务业百强排序名单

“2017泉州服务业企业100强”暨现代服务业重点行业10佳、集聚示范区三大榜单发布会举行。作为发布会的重头戏，首度公布的是“2017泉州服务业企业100强”排序名单，服务业企业100强排序标准参照国际惯例，采用年度营业收入这个单一指标进行排序。“百强企业”排序审定工作启动到完成历时半年，市发改委和市企业与企业家联合会做足做细每个环节工作。通过企业自愿申报与行业推荐相结合的原则，依托各大权威媒体宣传，在组织走访企业等多种方式的推动下，最终从全市12万多家服务业企业中筛选136家候选企业，并最终推选出100家百强企业。中石化化工销售（福建）有限公司、福建省烟草公司泉州市公司、福建石油化工集团华南联合营销有限公司、国网福建晋江市供电有限公司、泉州银行股份有限公司、晋江中航里城置业有限公司、泉州安通物流有限公司、国网福建南安市供电有限公司、福建七匹狼实业股份有限公司等企业上榜。不少企业受制于行业的规模，无法在“百强企业”名单上亮相，可是却在各自的行业里独当一面成为标杆，当天同步发布全市包括电子商务、商贸流通、家庭服务业、文化创意、物流业、金融业等12个行业的现代服务业“十佳”名单。

全市基层老年协会规范化建设经验交流会举行

泉州市基层老年协会规范化建设经验交流会在安溪举行。福建省老龄办特邀各设区市老龄办人员前来观摩会议，并于会后召开各地基层老年协会规范化建设座谈会。交流会上，晋江市老龄办、安溪县老龄办等5个单位介绍先进经验，还为25个基层老年协会示范单位授牌。据统计，泉州市60周岁以上老年人有98.7万人，占全市人口13.3%；全市建立村（社区）老年协会2471个，村级老年协会覆盖率98.9%；会员总数58.3万人，占老年人口59.1%。老年协会在促进经济发展，保持社会稳定、维护老年人合法权益、活跃老年人精神文化生活及关心下一代等方面，发挥了积极作用。

泉州江南老年颐乐园　　（图/李芸生）

10月17日

农历丁酉年八月廿八
星期二
温度：22℃—28℃
阴—多云

●中央党校调研组到泉州调研非公党建工作。调研组深入走访安踏集团、361度集团、领SHOW天地、八马茶业、中国茶都、功夫动漫、石狮青商会等基层党组织，并召开座谈会，了解泉州市非公党建开展情况。

●“2017泉州服务业企业100强”暨现代服务业重点行业10佳、集聚示范区三大榜单发布会举行。

●泉州市基层老年协会规范化建设经验交流会在安溪举行。

10月18日

农历丁酉年八月廿九
星期三
温度：23℃—28℃
多云

●中国共产党第十九次全国代表大会在北京开幕，康涛、陈灿辉、翁祖根、温惠榕、林万明、张永宁、林锦明、杨晓山等在泉市四套班子领导收看开幕会盛况，聆听习近平总书记代表十八届中央委员会所作的重要报告。泉州各市直机关干部职工和泉州各地广大干部群众通过广播、电视、网络等不同方式，收听收看中共十九大开幕盛况。

●泉州5件作品获中国工艺美术精品奖金奖。

●“志愿助老进万家”活动启动仪式暨养老服务培训活动举行，各县（市、区）老龄服务志愿者协会和有关公益团队参加仪式。

泉州市干部群众收听收看十九大开幕会

中国共产党第十九次全国代表大会在北京开幕。康涛、陈灿辉、翁祖根、温惠榕、林万明、张永宁、林锦明、杨晓山等在泉市四套班子领导，市中级人民法院、市人民检察院负责人，以及市人大常委会、市政府、市政协秘书长集体收看中央电视台直播的十九大开幕会盛况，聆听习近平总书记代表十八届中央委员会所作的重要报告。

街道十九大宣传员与社区居民一起学习十九大精神　（图/张九强）

泉州市市直机关各部门的干部职工满怀激动心情，收听收看十九大开幕会现场直播盛况。大家表示，听了习近平总书记所作的十九大报告后深受鼓舞，今后要更好地履职尽责，以脚踏实地的工作贯彻十九大精神。

泉州市各地广大干部群众通过广播、电视、网络等不同方式，收听收看党的十九大开幕盛况。各县（市、区）组织四套班子领导、各乡镇（街道）党政班子以及广大党员、干部、群众认真收听收看十九大开幕会，聆听习近平总书记所作的报告。大家纷纷表示，中共十九大为中国特色社会主义发展指明方向。下一步，要认真学习贯彻十九大精神，以更饱满的热情推动工作落实，为决胜全面建成小康社会，开启全面建设社会主义现代化国家新征程奉献力量。

部队官兵学习十九大精神　（图/晚报社）

泉州5件作品获中国工艺美术精品奖金奖

第十八届中国工艺美术大师作品暨手工艺术精品博览会在杭州国际博览中心举行，活动期间举办中国工艺美术行业最具权威奖项——“2017‘百花杯’中国工艺美术精品奖”。泉州市获“百花杯”金奖5件、银奖2件、铜奖5件、优秀奖4件，获奖总数及金奖数居福建省设区市首位。

此届博览会展示和销售国家、行业、省级工艺美术大师作品和各类手工精品，评审“2017‘百花杯’中国工艺美术精品奖”，宣传工艺美术知名品牌、老字号和产业集群，并配套举办大师见面会、行业大师座谈会、企业推荐会，是一次提升泉州市工艺美术大师、企业知名度，进行跨地区行业交流的有益机会。泉州市城镇集体工业联合社、泉州市工艺美术协会共发动9家工艺制品企业参展，送展作品1000多件，其中，精选32件作品参评“2017‘百花杯’中国工艺美术精品奖”。

在“百花杯”评选中，泉州16件作品获奖，其中蒋惠民的石雕作品《地藏王菩萨》、张建奎的石雕作品《青石林启》、陈明良的瓷雕作品《道法自然》、黄连福的藤铁作品《破晓》和陈清河的竹藤编漆器作品《福禄生辉》获评“百花杯”金奖。首次参评“百花杯”的安溪县工艺美术企业有20件作品参评，其中11件脱颖而出获得奖项，包括金奖2件。

黄琪玉到泉州调研民政和人力资源社会保障工作

19—20日，副省长黄琪玉带领省直部门相关负责人到泉州调研民政和人力资源和社会保障工作。市领导康涛、吕刚参加调研或相关活动。黄琪玉一行到晋江市磁灶镇大埔村敬老院、泉州（晋江）人力资源服务产业园、晋江市社会保障综合服务中心、陈埭镇劳动保障事务所、泉州市禾康智慧养老服务中心和江南老年颐乐园实地考察养老服务、社会保障和人力资源等工作，并听取泉州市相关工作情况汇报。

全市脱贫攻坚现场推进会召开

泉州市在安溪召开全市脱贫攻坚现场推进会，深入学习贯彻习近平总书记关于脱贫攻坚工作系列重要讲话精神，按照全省脱贫攻坚现场推进会部署和市委对抓好当前脱贫攻坚工作的要求，进一步凝聚力量、攻坚克难，确保高质量完成脱贫攻坚任务。市长康涛出席会议并讲话。市委常委、统战部部长林万明主持会议，副市长肖汉辉参加会议。会上，安溪、南安政府主要领导先后做了典型经验发言。与会代表还前往尚卿乡察看脱贫攻坚工作示范点及建档立卡贫困户帮扶情况。

泉州与马来西亚古晋南市建立友好城市关系

泉州市与马来西亚沙捞越州古晋南市签订建立友好城市关系协议书，正式建立友好城市关系。该次签订建立友好城市关系协议书，标志着两城友好城市关系正式确立。双方将在平等互利的基础上，共同促进两市人民之间的友好交往和经济、贸易往来，积极开展科技、文化、体育、卫生、教育、人才等各个领域的交流与合作。

相关链接：古晋南市地处著名的婆罗洲海岛、沙捞越河南岸，总面积431.01平方公里，人口约193500人，是马来西亚面积最大的州——沙捞越州的首府。该市有着悠久且丰富的文化遗产，由于地理位置优越，沙捞越州内大部分地区物资由此运往新加坡转口，因此古晋南市也成了马来西亚重要的旅游城市之一，素有“水上之都”之称，是近年来马来西亚很受欢迎的休闲兼商务会务中心、购物天堂，曾被亚洲周刊评为亚洲第17个最佳城市，并获得世界卫生组织颁发的亚太地区最健康的城市大奖。早在2015年9月，泉州与古晋南市就签署了建立友好城市关系意向书。2016年4月29日，市十五届人大常委会第三十三次会议审议同意泉州市与马来西亚古晋南市建立友好城市关系。

泉州19件作品获评福建省第八届百花文艺奖

福建省第八届百花文艺奖的评选结果正式公布，泉州市共有19部（件）作品获奖，市委宣传部获得优秀组织奖，受到省委、省政府的表彰。

此届评奖设文学、电影（含动画电影）、电视剧（含电视动画片、文艺纪录片）、广播剧、戏剧、曲艺、杂技、音乐、舞蹈、美术、摄影、书法、民间文艺、文艺评论等14个文艺门类，共有169件作品获奖。其中，电视剧《原乡》等26件作品获得荣誉奖，电视纪录片《台湾·1945》等14件作品获得一等奖，长篇报告文学《寻找北极密码》等41件作品获得二等奖，组诗《鱼目混珠》等88件作品获得三等奖。评选结果出来后，省委宣传部还携手福建省广播影视集团制作《百花争艳尽芳菲——福建文艺献礼党的十九大，暨福建省第八届百花文艺奖、第十四届全国“五个一工程”奖福建省获奖作品表彰活动》特别节目。

泉州选送的19部（件）作品获奖，其中曾锦溪的行草《华亭论书》和陈明良的陶瓷《志在书中》2件作品获得荣誉奖，连紫华的陶瓷《自在持莲观音》获一等奖，泉州广播电视台文艺纪录片《海上丝绸之路》、梨园戏传承中心的梨园戏《御碑亭》、杨双智的钢琴组曲《梅花》、王志安的册页《王志安书东坡题跋》、林景辉的行草中堂《自作诗三首》等5部（件）作品荣获二等奖，福建省皇品文化传播股份有限公司的电影《深流不息》等11部（件）作品荣获三等奖。

10月19日

农历丁酉年八月三十
星期四
温度：21℃—28℃
多云

●19—20日，黄琪玉带领省直部门相关负责人到泉州调研民政和人社工作。

●泉州市在安溪召开全市脱贫攻坚现场推进会。

●泉州19件作品获评福建省第八届百花文艺奖。

●泉州市与马来西亚沙捞越州古晋南市签订建立友好城市关系协议书，正式建立友好城市关系。

●泉州市2017年“恒爱行动——百万家庭亲情一线牵”公益活动在丰泽泉秀幼儿园启动，来自泉州多所幼儿园的150名爱心妈妈领取毛线，编织爱心毛衣，为泉州对口援助的新疆昌吉州牧区儿童送去温暖。

10月20日

农历丁酉年九月初一
星期五
温度：20℃—27℃
多云

●苏增添率调研组到泉州开展防范和打击电信网络新型违法犯罪工作情况调研。

●李德金率领省直部门有关负责人到泉州开展台商投资情况调研。

●福建省政府公布2016年度福建省科学技术奖获奖名单，泉州市26项科研成果获省科学技术进步奖。

●2017年台北纺织展暨海峡两岸纺织展在台北举行，泉州市组织多家纺织服装及进出口贸易企业参加，为企业开拓台湾及周边市场，推动泉州制造品牌“走出去”再次搭台。

苏增添到泉州调研防范和打击电信网络新型违法犯罪工作情况

省人大常委会党组副书记、副主任苏增添率调研组到泉州开展防范和打击电信网络新型违法犯罪工作情况调研。调研组实地察看安溪县反诈骗中心、魁斗镇网格化中心，并召开座谈会，听取市县相关部门汇报。调研组对泉州市开展防范和打击电信网络新型违法犯罪工作情况给予充分肯定，并提出具体工作要求。市领导张建生、卢炳椿参加相关活动。

李德金到泉州调研台商投资情况

副省长李德金率领省直部门有关负责人到泉州开展台商投资情况调研。市领导康涛、季翔峰参加调研。调研组先后前往泉州台商投资区和晋江，实地察看亿达家用电器、钜闽机械、安鼎体育用品、恒准科技、金准（福建）精密机械等多家台资企业。每到一家台资企业，李德金都深入一线车间和生产基地，详细了解企业生产经营情况和在发展中遇到的困难、诉求，鼓励企业家坚持自主创新，加快产业转型升级，继续把企业做大做强，影响和带动更多台商投资泉州、扎根泉州。

调研中，李德金肯定泉州市近年来在台商引进、台商投资项目推进、服务台资企业等方面的工作。他说，习近平总书记在十九大报告中强调“将扩大两岸经济文化交流合作，实现互利互惠，逐步为台湾同胞在大陆学习、创业、就业、生活提供与大陆同胞同等的待遇，增进台湾同胞福祉”，为各级党委政府提供了行动指南。各级各部门要深入贯彻落实习近平总书记系列重要讲话精神，进一步强化服务意识，提高服务水平，及时解决企业生产经营面临的困难和问题，为台资企业在泉发展营造更好的投资环境。

泉州26项科研成果省科学技术进步奖

福建省政府公布2016年度福建省科学技术奖获奖名单，泉州市26项科研成果获省科学技术进步奖。2016年度省科学技术奖分科学技术重大贡献奖、自然科学奖、技术发明奖、科学技术进步奖等4个奖项。1人被授予福建省科学技术重大贡献奖，191项成果获福建省科学技术奖。其中，福建省自然科学奖共评出一等奖2项，二等奖4项，三等奖4项；福建省技术发明奖共评出二等奖2项，三等奖4项；福建省科学技术进步奖共评出一等奖16项，二等奖51项，三等奖108项。

泉州的“印染用可控型还原剂及关键技术”项目获技术发明奖二等奖，“镍氢电池新型配方和焊接工艺关键技术的研发及应用”等2个项目获技术发明奖三等奖；“夏热冬暖气候区绿色建筑关键技术与产品的研究应用”项目获科学技术进步奖一等奖，“超吸水纤维非织造布研制及其应用”等5个项目获科学技术进步奖二等奖，“微孔型水性功能性纺织品涂层关键材料开发及产业化”等17个项目获科学技术进步奖三等奖。

泉州企业到台湾参加海峡两岸纺织展

2017年台北纺织展暨海峡两岸纺织展在台北举行，泉州市组织多家纺织服装及进出口贸易企业参加，为企业开拓台湾及周边市场，推动泉州制造品牌“走出去”再次搭台。

2017年海峡两岸纺织展共有来自世界各地的383家厂商参展，展出规模789个展位。该届纺织展的核心主轴延续“智慧纺织”“永续环保”“机能应用”三大项。三天内，超过100个国际品牌的采购代表来到展会现场，进行总数超过千场的“一对一采购洽谈会”及各类研讨会，为众展商和买家提供了现场面对面的交流平台和合作契机。

展会期间，泉州参展企业与台湾业界开展深层次交流与合作，并在功能性面料、服装生产环节及共拓国际销售网络等方面形成协作共识。石狮国际轻纺城与台湾纺拓会洽谈2018年海博会的合作事宜，就台湾纺拓会在石狮国际轻纺城设立台湾面料馆达成初步意向。

泉州市印发促进人力资源服务业加快发展实施意见

《泉州市促进人力资源服务业加快发展实施意见》印发，意见提出力争到2020年，全市集聚规范化运营的人力资源服务机构100家以上，人力资源服务业从业人员总量1000人以上，人力资源服务业在人力资源配置中的贡献率超过50%，人才贡献率40%，成为人才开发配置和社会充分就业的主渠道。

根据意见，泉州市将通过推进营业税改征增值税改革，消除人力资源服务中间环节的重复征税问题。其中，符合离岸服务外包业务免税条件的人力资源服务企业，提供离岸服务外包业务免征增值税。省级、市级人力资源服务企业在市、县（市、区）设立分支机构的，经省级或市级税务部门批准，可由总机构汇总申报缴纳增值税。对符合条件的公共人力资源服务机构可按规定申请非营利组织免税资格的认定，享受相关税收优惠政策。

同时，泉州市鼓励兴办人力资源服务小微企业。支持小微企业开办特色业务，积极落实人力资源服务小微企业税收优惠政策，年度应纳税所得额不超过50万元、从业人数不超过80人、资产总额不超过1000万元的小型微利人力资源服务企业，自2017年1月1日至2019年12月31日其所得减按50%计入应纳税所得额，按20%的税率征收企业所得税。2017年12月31日前，月营业额不超过3万元的人力资源服务企业，可按规定免征增值税。对个人创办人力资源服务企业并符合相关条件的，可申请创业担保贷款，并按规定享受贴息。

泉州市还支持人力资源服务企业通过兼并重组做大做强，对其在资产重组过程中，通过合并、分立、出售、置换等方式，将全部或部分实物资产以及与其相关联的债权、债务和劳动力一并转让给其他单位和个人的行为，不属于增值税征收范围，其中涉及的不动产、土地使用权转让，不征收增值税。

意见提出，泉州市将大力推动人力资源服务产业园和集聚区建设，鼓励有条件的县（市、区）建立人力资源服务产业园（集聚区），通过租金减免、贷款贴息等优惠政策吸引人力资源机构入驻。鼓励各县（市、区）建设的县级人力资源服务产业园（集聚区）申报创建市级、省级、国家级人力资源服务产业园，对申报创建成功的分别给予50万元、100万元、200万元的一次性建园补贴奖励，奖励按就高不重复原则，用于产业园区规划编制、公共平台建设、基础设施设备投入及入驻企业房租补贴等方面的支出。

对新引进泉州市的人力资源服务企业，自注册登记之日起3年内，按所缴增值税、企业所得税收地方留成部分的50%给予奖励。其中，入驻人力资源服务产业园的，可由企业纳税地政府给予一定的房租补贴。

泉州11家企业入选省级服务型制造示范企业名单

2017年省级服务型制造示范企业名单确定，全省共有39家企业上榜，其中泉州企业11家。该项目旨在发挥企业示范引领作用，推动制造业和服务业融合发展，实现商业模式创新和业态创新，提高服务型制造整体发展水平。此次省级服务型制造示范企业，泉州市推荐20家企业，最终有11家企业上榜，占全省总数28.2%，数量位居全省第一。

依据《福建省服务型制造示范企业培育和扶持实施细则》（以下简称《细则》），发展服务型制造涵盖总集成总承包、个性化定制、在线支持与诊断服务、全生命周期管理、制造业主辅分离等。从泉州上榜的企业来看，制造业主辅分离有三家企业，分别为泉州市惠安县家世界家具有限公司、福建锐新新能源科技有限公司、信合新材料股份有限公司；实施总集成总承包的有一家企业，为黑金刚（福建）自动化科技股份公司；提供在线支持诊断服务的有三家企业，分别为嘉泰数控科技股份有限公司、福建省南安市巨轮机械有限公司、福建晋工机械有限公司；实施个性化定制的有三家企业，分别为福建柒牌时装科技股份有限公司、九牧厨卫股份有限公司、泉州海天材料科技股份有限公司；创新设计的有一家企业，为福建纸匠文化科技股份公司。

10月21日

农历丁酉年九月初二
星期六
温度：16℃—27℃
晴

●第三届海峡两岸（闽台）水务技术交流会暨材料设备展示会在泉州召开。

●《泉州市促进人力资源服务业加快发展实施意见》印发。

●泉州11家企业入选省级服务型制造示范企业名单。

●21—23日，泉州承天寺举办弘扬广钦老和尚修持观暨纪念广钦老和尚赴台弘法七十周年活动。

●由泉州市环卫处和泉州一元公益团队举行的“关爱环卫，一元摄影”公益活动在西湖公园举行。48名环卫工人换上美丽的正装或婚纱留影。

10月22日

农历丁酉年九月初三
星期日
温度：17℃—26℃
晴

●泉州一中（原晋江县中）建校75周年，学校的一批教育教学设施揭牌投入使用，泉州市陈守仁教育基金捐赠仪式同时举行。

●第二届海峡国际超级马拉松赛在泉州海峡体育中心闭幕。

●45位泉州企业家上榜2017胡润富豪榜。

●南安籍选手肖世杰在2017年全国举重冠军赛上获男子15岁至17岁组62公斤级的三项冠军。

●洛江区罗溪镇广桥村为村里200多名60岁以上的老人举办孝心宴，提前庆祝重阳节，现场通过表演节目、为27对金婚夫妻圆梦等活动，弘扬尊老、敬老、爱老的传统美德。

45位泉州企业家上榜2017胡润富豪榜

2017胡润百富榜正式发布，2130位企业家财富达到20亿元以上，总上榜人数比五年前翻一倍。59岁的恒大许家印以同比增长400%的财富值成为中国首富，是历年来财富最高的首富，个人财富达2900亿元。泉州许世辉家族继续问鼎福建首富，2017年45位泉州企业家（家族）上榜，上榜泉州企业家财富总计4893亿元。自达利集团上市后，许世辉家族便牢牢占据首富地位。进入前一百名的泉州企业家还有位居第33位的许荣茂家族、第60位的林秀成家族、第70位的陈发树家族。

凭借成功借壳上市，安通物流董事长郭东泽成为榜单中财富骤增幅度最大的泉州企业家。其个人财富增长89%至70亿元，排名大幅上升562位至567位。禹洲地产的林龙安、郭英兰夫妇财富也剧增83%至110亿元，排名上升295位至331位。禹洲地产业务上升势头强劲，2017年上半年累积合约销售金额约为215亿，同比上涨66.9%，完成全年目标的72%。同样受惠于美图公司的上市，蔡文胜财富达到185亿，排名攀升102名至第160名。

财富缩水幅度最大的是冠福股份的林福椿家族，财富减少44%至23亿元，在榜单的位置下滑843位至1831名，也是榜单中位次最后的泉州企业家。财富缩水幅度较大的还有南威软件董事长吴志雄，其拥有财富缩水40%，排名位次大幅下降712位至第1681名。

纺织服装仍然是上榜泉州企业家中从事最多的行业，共有12名泉州企业家从事该行业；房地产行业紧随其后，共有10位上榜泉州企业家涉足房地产。纺织服装版块中，闽派男装只有大帝、九牧王上榜，七匹狼、利郎等皆无缘榜单。体育用品方面，安踏一枝独秀带动4名富豪上榜，贵人鸟、匹克、乔丹体育、特步均榜上有名，特步总裁丁水波财富缩水23%，下降389位，排在泉州体育用品企业最后，而361度的丁伍号则在榜单之外。

纪念广钦老和尚赴台弘法七十周年活动举行

21—23日，泉州承天寺举办弘扬广钦老和尚修持观暨纪念广钦老和尚赴台弘法七十周年活动。省民宗厅党组成员张东晖，市委常委、统战部部长林万明，市人大副主任张建生，市政府副市长周真平，市政协副主席王瑞强，福建省佛教界以及来自菲律宾和中国台湾地区的高僧大德、护法居士约200人参加活动。纪念大会前，举行泉州承天寺般若阁揭幕仪式。此次纪念活动的内容还包括上供祈福法会、弘扬广钦老和尚修持观座谈会、传灯法会、书画展览、拜谒广钦老和尚诞生地、故居、舍利塔、苦修处等。

活动现场 （图/李芸生）

洛江区罗溪镇27对金婚夫妻金婚圆梦活动举行

以“孝老爱亲，从我做起”为主题的洛江区罗溪镇广桥村孝心宴暨金婚圆梦活动举行，中午12点，孝心宴开席，全村200多位60岁以上老人共享孝心宴，27对金婚夫妻同台庆贺金婚圆梦活动。广桥村毗邻莆田仙游，为洛江区最偏远的村子，共有3个自然村1700人，其中60岁以上的有260余人，空巢老人的现象比较严重。

活动现场 （图/陈龙山）

市十六届人大常委会第十一次主任会议召开

市十六届人大常委会第十一次主任会议召开。市人大常委会党组书记陈万里列席会议。副主任张建生、朱团能、曾巍、许文贵，秘书长欧阳秋虹出席会议。会议讨论有关人事任免事项，市人大常委会关于《泉州市中山路骑楼建筑保护条例（草案）》的初步审查报告，关于2017年市本级预算调整方案的初步审查报告和决议（草案）、关于2017年国民经济和社会发展计划主要经济发展预期目标调整方案的初步审查报告和决议（草案），关于泉州市重点项目进展情况的视察报告和审议意见稿、关于进一步加强全市流域水环境保护议案决议执行情况的视察报告和审议意见稿，关于《中华人民共和国教师法》实施情况的检查报告和审议意见稿，关于泉州市行政审批制度改革、加快简政放权、规范行政自由裁量权情况的调研报告，关于《中华人民共和国各级人民代表大会常务委员会监督法》实施情况的调研报告，关于市十六届人大一次会议第1068号和1228号代表建议办理情况的调研报告，关于市十六届人大一次会议代表建议、批评和意见办理工作集中视察方案，关于开展《泉州市海上丝绸之路史迹保护条例》实施情况检查的方案。市人大常委会农工委书面报告泉州白濑水利枢纽工程安置工作情况。会议还确定市十六届人大常委会第五次会议的召开时间和建议议程，提出市十六届人大常委会第十二次主任会议建议议题，初定市十六届人大常委会第六次会议的召开时间和建议议程。

会议现场　　（图/王虎文）

市政府第十八次常务会议召开

市长康涛主持召开市政府第十八次常务会议，研究并通过《泉州市流域水环境保护工作实施方案（2017—2021年）》《泉州市人民政府关于进一步促进水路运输业发展的实施意见》。

会议要求，各级各部门要围绕水污染防治、水环境治理、水资源保护、水生态修复等重点任务，逐年细化工作目标和措施，按时序全力推进。要加大对水路运输企业精准扶持力度，鼓励企业新增运力，促进企业规模发展，支持开辟国际航线，推动泉州水路运输业做大做强。

市政府与市中级人民法院联席会议召开

2017年市政府与市中级人民法院联席会议召开。市领导康涛、张永宁、杨晓山、周真平、肖汉辉，市中级人民法院代院长陈明，市政府秘书长廖国文等参加会议。会议回顾总结2016年以来法治政府建设、金融风险防控司法保障及执行、生态司法保护、行政机关涉诉等工作情况，并围绕“加强生态环境司法保护，研判金融风险防控”主题进行深入探讨。市长康涛对市中级人民法院及全市法院系统为泉州经济社会发展所做的大量贡献表示衷心感谢，希望各级法院一如既往支持政府工作。陈明表示，全市法院要按照市委统一部署，不断增强做好人民法院工作的责任感、使命感，落实好府院联席会议议定事项，立即研究制定具体措施，有效提升司法应对保障的能力水平，为“五个泉州”建设作出新贡献。

10月23日

农历丁酉年九月初四
星期一
温度：18℃—26℃
晴

●市十六届人大常委会第十一次主任会议召开。

●康涛主持召开市政府第十八次常务会议，研究并通过《泉州市流域水环境保护工作实施方案（2017—2021年）》《泉州市人民政府关于进一步促进水路运输业发展的实施意见》。

●2017年市政府与市中级人民法院联席会议召开。

●福建检验检疫局发文批复同意泉州石狮国际快件监管中心投入试运行，成为继晋江陆地港之后第二个国际快件监管中心。

●泉港区首部两岸北管音乐题材的微电影《拾相思》举行首映式。

●石狮市合唱团在“2017世界听我唱”暨“夕阳秀”第16届全国中老年合唱节夺得金奖。

10月24日

农历丁酉年九月初五
星期二
温度：17℃—26℃
晴

●泉州市河长制工作现场交流会在南安召开，考察学习南安创新河道“巡查管养”模式，总结前段时间全市河长制工作进展，为冲刺年度目标任务再动员、再部署。

●第七批泉州市文化产业示范基地出炉。

●2016—2017年度庄逢时海内外散文榜颁奖活动在泉州举行。

●泉港区首个“百姓书房”——锦绣公园阅读点正式揭牌。

河长制工作现场交流会在南安召开

泉州市河长制工作现场交流会在南安召开，考察学习南安创新河道“巡查管养”模式，总结前段时间全市河长制工作进展，为冲刺年度目标任务再动员、再部署。南安通过政府向社会购买服务的方式，依托福建迅捷防汛抗旱服务有限公司成立南安市河流管养中心，建立起一支专业化的河流巡查管护队伍，配备专业设备，既解决人员编制问题，又整合社会上的专业技术力量、特殊装备等资源，大幅提升河流巡查管护工作水平。南安市河流管养中心建立了一个河道巡查信息管理监控平台，对各个河道巡查信息进行收集、整理、分析，并将巡查信息上传进行云共享，可为各级河长和河长办实时提供河道信息。由技术人员对巡查管理的记录、视频、图片等资料进行规范化整理，及时将河段存在的问题填写入“病历卡”，并组织专家组分析判断，“对症下药”提出处理方案。

相关链接：泉州市河长制基础工作进一步夯实完善，石狮在全省率先完成县级河道一河一档一策编制，其余各县（市、区）也将于近期全面完成。水质监测方面，2017年，全市主要河流水质总体上保持良好，全市水质监测规划已基本完成编制，大部分县（市、区）将于11月全面实施监测评价，届时，全市河道水质监测点将达到556个，比原有监测点增加385个，水质监测工作水平有望大幅提升。

第七批泉州市文化产业示范基地出炉

第七批泉州市文化产业示范基地出炉，全市18家文化企业入选。至此，泉州市拥有163家市级文化产业示范基地。市级文化产业示范基地的评选，旨在发挥泉州先进文化企业的示范、窗口和辐射作用，引导促进泉州市文化产业持续健康快速发展，提高文化产业的总体实力和竞争力。参评文化企业由各县（市、区）文体新局、泉州开发区社会事业局，台商投资区教育文体旅游局推荐申报，经泉州市文广新局组织专家进行评审推荐，经审议决定命名，最终确定：泉州黑狗兄文化传播有限公司、福建省软众数字传媒股份有限公司、惠安县崇武艺苑石材雕刻厂、德化县阿凡提陶瓷雕塑研究所、泉州市派顿文化艺术有限公司等18家企业作为第七批市级文化产业示范基地。

庄逢时海内外散文榜颁奖活动在泉州举行

2016—2017年度庄逢时海内外散文榜颁奖活动在泉州举行，此次活动以“古泉州（刺桐）史迹与乡愁”为主题，同时举办“一带一路”文学题材创作座谈会和旅菲泉籍诗人王勇闪小诗系列5《日常诗是道》推介礼。此届散文榜自2016年启动以来，组委会收到来自北京、香港、安徽、浙江、山东、山西、福建等省（市、区）和菲律宾等国家的作家的投稿千余篇。经评审，《从灵山到世家坑》（作者：郑剑文）作品获金榜，《对渡》（作者：蔡飞跃）和《底片·月寨时光》（作者：林筱聆）获银榜，《刺桐花，开不尽的乡愁》（作者：乔延凤）《宝盖山的石头》（作者：杨新榕）和《洋楼顶谁的燕尾脊在飞》（作者：吴晓川）获铜榜，《乡愁是井盘上的一根绳索》（作者：洪泓）等8件作品获佳作榜。另授予王勇、何振良、郑丽玲等3名组织工作者特别贡献奖。

泉港区首个“百姓书房”揭牌

泉港区首个“百姓书房”——锦绣公园阅读点正式揭牌，对外免费开放，迎来首批读者前来阅读体验，开启泉港“悦”读新时代。

（图/晚报社）

10月25日

农历丁酉年九月初六
星期三
温度：18℃—26℃
晴—多云

●市政府召开中央、省级环境保护督察反馈意见整改情况协调调度会议，协调解决整改过程中遇到的困难和问题，督促推进各项整改任务按时落实到位。

●25—27日，由福建省方志委主办，泉州市方志委、三明市方志委承办，晋江市方志办协办的全省第一次地方综合年鉴评稿会开幕式在晋江举行。

●全市妇女儿童工作会议召开。

●市发改委组织举办军民融合新政策解读培训会议。

市政府召开环保督察反馈意见整改协调会议

市政府召开中央、省级环境保护督察反馈意见整改情况协调调度会议，协调解决整改过程中遇到的困难和问题，督促推进各项整改任务按时落实到位。市长康涛指出，各级各部门要按照市委部署，集中力量、分门别类、加快推进环保督察反馈问题整改落实；党政主要领导要亲自抓，层层压实责任，建立长效机制，防止反弹回潮。

全省第一次地方综合年鉴评稿会在晋江举办

25—27日，由福建省方志委主办，泉州市方志委、三明市方志委承办，晋江市方志办协办的全省第一次地方综合年鉴评稿会开幕式在晋江举行。省方志委主任陈秋平，副主任林浩，全省各设区市方志委（办）分管年鉴工作的副主任、年鉴科科长，平潭综合实验区党史方志研究中心主任、年鉴编辑，泉州市各县（市、区）方志委（办）主任、年鉴编辑等近100人参加会议。会议由林浩主持。

泉州市方志委常务副主任张惠评、三明市方志委主任林善涛分别致辞。他们在致辞中对《泉州年鉴》《三明年鉴》的特色编纂做法和管理经验进行了简要介绍，并同时指出泉州市、三明市方志系统将认真贯彻全国、省、市地方志工作会议精神，紧扣志、鉴、库、馆、网、用、会、刊、研、史“十业并举”的要求，不断创新工作思路，全面提升工作水平。

陈秋平在讲话中着重强调四个方面的内容：一是进一步把握年鉴事业发展形势，抢抓发展机遇。二是充分认识召开年鉴评稿会的意义。三是开好第一次年鉴评稿会，发挥好示范引领作用。四是真抓实干，全面完成2017年的目标任务。

会议现场　（图/吴寿民）

全市妇女儿童工作会议召开

泉州市召开全市妇女儿童工作会议，学习贯彻中共十九大精神和习近平总书记关于妇女儿童工作的重要讲话要求，总结泉州市实施2011—2020年妇女、儿童发展纲要成效，部署下阶段妇女儿童工作。市长康涛在会上作重要讲话。副市长周真平参加会议并就下阶段工作进行具体部署。市教育局、市卫计委、晋江市政府等围绕儿童教育、提升妇女健康服务水平、妇联改革、妇幼健康保障等领域的经验做法做了交流发言。

会议现场　（图/晚报社）

10月26日

农历丁酉年九月初七
星期四
温度：18℃—27℃
晴

●由中国收藏家协会、德化县人民政府主办的2017年中国收藏家协会特邀顾问年会暨“收藏德化”系列活动在德化开幕。

●基层医疗机构“中医馆”建设被列为泉州市委、市政府为民办实事项目，投入专项资金新增建设“中医馆”66家，完成全部建设任务，全市中医馆数116家。

●泉州市推荐的5名志愿者被认定为福建省第一批五星级志愿者。

●泉州公共自行车“小黄人”20个站点启用，投入1700辆公共自行车，遍布江南新区多个主要街道和人口集中的住宅小区。

“德化窑”历代名家名瓷珍品展举行

由中国收藏家协会、德化县人民政府主办的2017年中国收藏家协会特邀顾问年会暨“收藏德化”系列活动在德化开幕。系列活动举行中国收藏家协会“中国陶瓷佛文化创作收藏交流中心”揭牌、2017“中国白”德化陶瓷艺术精品展、评选“2017推荐收藏最佳艺术作品”、“2017推荐收藏优秀艺术作品”等活动。活动期间，2017“德化窑”历代名家名瓷珍品展在德化陶瓷博物馆举行，10件“海归”何朝宗款作品和15件历代名家陶瓷精品集中亮相。据悉，这是德化首次进行如此大规模的何朝宗款作品展览。

启动仪式上，中国收藏家协会发布“德化宣言”，启动“收藏德化”系列活动。“为推动当代工艺美术创作与收藏文化的发展，大力倡导：传承优秀的工艺美术文化，再现中华工艺美术辉煌篇章；立足悠久的传统工艺，为其注入当代文化内涵和审美价值；坚持创作与收藏并重，为艺术家与收藏家搭建沟通交流平台。

泉州5人上榜福建省首批五星级志愿者名单

泉州市推荐的5名志愿者被认定为福建省第一批五星级志愿者。他们分别是泉州真情在线公益团队志愿者吴昌裕、晋江一心志愿服务队志愿者林永明、安溪县爱无界公益协会志愿者黄培阳、惠安县爱心社志愿者陈添志和石狮市公共文明引导志愿服务队志愿者连秀凤。五星级志愿者评定推送条件必须符合长期参加志愿者服务活动，在福建志愿服务网或省委文明办认可的志愿服务管理信息系统上累计志愿服务时长达到1500小时以上；且要有较高的知名度，事迹感人，群众认可。推送后要经过资格审查、组织评审、名单公示等环节，最后再发布认定，已经认定过五星级志愿者的不得重复参加评定。

“小黄人”20个站点落户江南新区

泉州公共自行车“小黄人”20个站点启用，投入1700辆公共自行车，遍布江南新区多个主要街道和人口集中的住宅小区。鲤城江南新区的居民出行多了一种便捷方式，江南新区不少居民都很关心家门口何时会建站配套“小黄人”。9月底，经过鲤城区交通和市政公用事业管理局工作人员现场勘验定点后，首批站点开始动工。泉州公共自行车在江南、浮桥、金龙、常泰4个街道建设60个自行车租赁站，首批20个“小黄人”站点分别设于池峰路二期、兴贤路、浮桥街、江滨南路、繁荣大道等，包括泉州第十五中学、江南街道、金龙街道、浮桥街道、新天城市广场等站点。其他40个在建置中站点也陆续投入使用。

“小黄人”停靠点 （图/郭冰德）

泉州老体协自行车健身队结伴骑游

泉州老体协自行车健身队结伴骑游，老有所乐。老人们在骑行中得到身体上的锻炼，也获得心灵上的放松。图为他们从市区田安公园的自行车道经过。 （图/林劲峰 蔡紫旻）

市委召开常委会（扩大）会议传达学习贯彻中共十九大精神

市委召开常委会（扩大）会议，传达学习中共十九大精神和省委常委会（扩大）会议精神，布置泉州市初步贯彻意见。市委书记郑新聪主持会议并传达。市长康涛，市政协主席陈灿辉，省政协港澳台侨和外事委员会副主任杨俊峰，市委常委翁祖根、温惠榕、孔繁军、林万明、陈铁晗、张永宁、林锦明、杨晓山以及泉州市中共十九代表等参加会议。

会议要求，一要全面学习领会习近平新时代中国特色社会主义思想的丰富内涵。深刻学习领会中国特色社会主义进入新时代的新论断，深刻学习领会中国社会主要矛盾发生变化的新特点，深刻学习领会分两个阶段把中国建设成为社会主义现代化强国的新目标，深刻学习领会新时代党的建设的新要求，更好地用党的创新理论武装头脑、指导实践、推动工作，更好地统一思想、凝聚各方力量，把新时代中国特色社会主义推向前进。二要坚定维护以习近平同志为核心的党中央权威和集中统一领导。把党的政治建设摆在首位，树牢“四个意识”，在政治立场、政治方向、政治原则、政治道路上同以习近平同志为核心的党中央保持高度一致，旗帜鲜明地维护以习近平同志为核心的党中央权威和集中统一领导，真正拥护核心、爱戴核心，向核心看齐。三要深入学习、严格尊崇新修订的《中国共产党章程》。把学习党的十九大报告、学习习近平新时代中国特色社会主义思想和学习党章、遵守党章、贯彻党章、维护党章有机结合起来，用总章程、总规矩的刚性约束确保党的性质和宗旨、党的理论和路线方针政策、全面从严治党等重要部署，落实到每一级党组织、每一位党员的言行规范上。四要迅速掀起有声势、有力度的学习宣传贯彻热潮。按照中央、省委的统一部署、具体要求，制定学习计划，安排学习活动，组织广大党员原原本本学习十九大报告和相关精神，党员领导干部要带头学习、带头宣讲、带头贯彻。五要全面落实新时代新征程的目标要求。主动融入“再上新台阶、建设新福建”大局，保持旺盛的“走前列”势头，坚韧不拔地推动创新转型，决战决胜全面建成小康社会，实施好“四心工程”、脱贫攻坚等民生大事，以世中运筹办为契机提升环湾基础设施，加速推进“五个泉州”建设。六要全面贯彻新时代党的建设总要求。保持战略定力，坚持问题导向，全面推进党的政治建设、思想建设、组织建设、作风建设、纪律建设，把制度建设贯穿其中，层层落实责任，健全监督体系，坚持标本兼治，推进全面从严治党向基层延伸。

泉州城市封面人物盛典举行

“2017泉州城市封面人物盛典”在南益美岁天地外广场举行，李竹兵、王景贤、徐晓莺等11位有代表性的知名人物当选。图为盛典现场。

（图/苏　勇）

晋江市台湾青年创业就业服务中心启用

晋江市台湾青年创业就业服务中心启用，为来晋江创业就业的台湾青年提供注册服务、场地办公、创业辅导、技术支持、创投融资等一站式服务。图为创业就业服务中心启动仪式。

（图/陈龙山）

10月27日

农历丁酉年九月初八
星期五
温度：17℃—28℃
多云

●市委召开常委会（扩大）会议，传达学习党的十九大精神和省委常委会（扩大）会议精神，布置泉州市初步贯彻意见。

●“2017泉州城市封面人物盛典”举行，李竹兵、王景贤、徐晓莺等11位当选。

●石狮市青年创新创业金融服务中心在狮城青年创新创业孵化中心挂牌成立。

●晋江市台湾青年创业就业服务中心启用。

10月28日

农历丁酉年九月初九
星期六
温度：18℃—28℃
多云—阴

●郑新聪、康涛在《泉州晚报》刊发《致全市老年朋友的慰问信》。

●郑新聪到晋江磁灶镇前尾村，带头宣讲中共十九大精神。

●康涛主持召开市政府党组（扩大）会议，传达学习贯彻党的十九大精神及省委、市委常委会（扩大）会议精神，部署下阶段贯彻落实工作。

●首届丰泽旅游形象大使大赛总决赛暨颁奖典礼举行。

●安溪县举办“共护河湖健康生命·畅享大美生态安溪”系列活动启动仪式暨“保护母亲河”全面推行河长制公益骑行活动。

●泉州市青年女作家黄秀惠《花开诗音》新书爱心签售会在泉州现代中学举行。

郑新聪康涛署名文章《致全市老年朋友的慰问信》在《泉州晚报》刊发

重阳佳节，郑新聪、康涛在《泉州晚报》刊发《致全市老年朋友的慰问信》。以下是慰问信原文。

致全市老年朋友的慰问信

中共泉州市委书记　郑新聪
泉州市人民政府市长　康　涛
（2017年10月28日）

老年朋友们：

在全国上下深入学习宣传贯彻党的十九大精神和习近平新时代中国特色社会主义思想之际，我们迎来了重阳佳节暨全国第五个法定“老年节”。值此，我们谨代表泉州市委、市政府，向你们致以节日的问候和美好的祝愿！

老年人是国家和社会的宝贵财富，是泉州各项事业的开创者和奠基人。回首往昔，我们深深感谢为革命建设、改革发展奉献了美丽青春年华的老年朋友们，泉州建设的方方面面都饱含着你们的劳动和智慧、凝聚着你们的汗水和心血。放眼当下，你们老骥伏枥、壮心不已，依然心系泉州发展，热心公益、助力和谐，温暖家庭、抚养未来，展示了健康向上的精神风貌，赢得了全社会的尊重和爱戴，也激励着全市人民不懈奋斗、奋勇前进。

党的十九大作出了中国社会主要矛盾已经转化为人民日益增长的美好生活需要和不平衡不充分的发展之间的矛盾等重大政治论断，要求我们坚持以人民为中心，在幼有所育、学有所教、劳有所得、病有所医、老有所养、住有所居、弱有所扶上不断取得新进展。全市各级各部门要认真贯彻十九大关于积极应对人口老龄化、加快老龄事业和产业发展的重要部署，着力构建养老、孝老、敬老的政策体系和社会环境。大力实施“养老贴心工程”，努力建成以居家为基础、社区为依托、机构为补充，医养结合、覆盖城乡的养老服务体系，打造15分钟社区居家养老服务圈，让老年人获得触手可及的功能组合式服务。

敬老爱老助老是社会文明进步的重要标志，是全社会的共同责任。大力弘扬社会主义核心价值观，从家庭做起，从娃娃抓起，在全社会倡导孝老爱亲传统美德，主动关心、自觉赡养老年人，切实保障和维护老年人权益，多为老年人送温暖、办好事、做实事，让每一位老年人都能老有所养、老有所医、老有所学、老有所为、老有所乐。

衷心希望广大老年朋友在安心养老、颐养天年的同时，一如既往地关心支持全市改革发展，为建设“创新、智造、海丝、美丽、幸福”的现代化泉州发挥余热、鼓劲出力！

衷心祝愿全市老年朋友们节日快乐、健康长寿、生活幸福！

市政府召开党组（扩大）会议学习贯彻中共十九大精神

市政府党组书记、市长康涛主持召开市政府党组（扩大）会议，传达学习贯彻中共十九大精神及省委、市委常委会（扩大）会议精神，部署下阶段贯彻落实工作。市政府副市长、党组成员，市政府办党组成员参加会议。会议要求，各级各部门要按照省上和市委部署，以实际行动确保十九大精神在政府各项工作中全面准确贯彻落实、落地生根。一要全力推动科学发展跨越发展。把谋划和推进重大产业项目建设摆在更加突出的位置，加快形成传统优势产业、重化产业、高新技术产业三大板块产业格局，加快迈向万亿经济强市。二要决胜全面建成小康社会。从体制机制入手，开展泉州“XIN”行动，抓好中心城区防洪排涝、农村生活污水垃圾治理等10项具体民生计划；大力推进民生补短板，实施好教育、卫生与健康、养老、民生基础设施等“四心工程”；全力冲刺脱贫攻坚工作，按时间、高质量完成脱贫年度目标任务，确保小康路上一个都不掉队。三要全力抓好2017年最后两个月工作，对照指标任务，针对滞后指标、滞后项目，认真查摆原因，采取针对措施，确保完成全年目标；认真谋划2018年工作，特别是要抓紧梳理提出2018年的重点项目库，力促项目签约、落地、投产，为建设“五个泉州”提供有力支撑。

2017年泉州家政服务系列活动启动

由市商务局、市人社局、市民政局、市质监局、市妇联、市总工会主办的2017年泉州市家政服务系列活动启动。系列活动持续一个月，其间举行家政服务标准化流程专题讲座、家政服务进社区、家政感人故事征集等多场活动，各县（市、区）也将结合本地实际，开展形式多样的家政服务宣传活动。据统计，泉州市现有家政服务注册企业1000多家，其中经营时间长、营收状况相对稳定、具有一定社会知名度的家政企业约为200家，家政服务从业人员约6万人。泉州市家政服务业大致有20多个门类，200多种服务项目，涉及家务劳动、家庭护理、维修服务、社区导购、家庭教育等涵盖日常生活的各个方面。

相关链接：泉州市历来高度重视民生工作，将家政服务业补短板作为“惠民生、扩就业、促销费”的一项重要内容。2016年10月，市政府下发《关于加快发展现代服务业的实施意见》，将家政服务业列入今后5年泉州市现代服务业重点推进的11个行业之一，并明确发展目标和路径。近年来，泉州市家政服务业有了较快发展，行业规模逐步扩大，服务领域不断拓展、服务质量有所改善。但是，由于起步较晚，泉州市家庭服务业总体上还处于相对粗放的水平，家庭服务业的发展与城乡居民日益增长的家庭服务需求还不完全适应。因此，需要大力推动家政服务业供给侧结构性改革，以宽阔的视野、探索的勇气，根据市场需求，及时调整经营模式，扩展服务领域，培育和打造服务品牌，促进全行业的健康发展。

泉州市举行农产品质量安全可追溯体系建设培训

市农业局举办全市农产品质量安全可追溯体系项目建设培训和农产品质量安全承诺活动，就农业标准化、“一品一码”等农产品质量安全可追溯体系建设、可追溯体系技术应用、品牌建设等方面内容，对农产品质量安全相关负责人进行培训。培训期间，60家2017年市级农产品质量安全可追溯体系建设单位的农产品生产企业（基地、合作社），签订《泉州市农产品质量安全承诺书》，就其生产的农产品质量安全，向社会公开承诺。

相关链接：省政府办公厅出台《福建省食品安全“一品一码”全过程追溯体系建设工作方案》，提出福建省将构建从“农田到餐桌”的覆盖人民群众日常基本消费食品的“一品一码”全过程追溯体系。农产品质量安全是食品安全的基础，为更好贯彻农产品质量安全“1213行动计划”和“一品一码”食品安全追溯工作部署，健全并落实食用农产品源头环节准出制度，确保食用农产品产地准出时赋有追溯码，统一产地准出凭证格式，做好与省级追溯管理平台的对接和数据推送，市农业局组织此次培训。

海峡两岸（泉州）高山徒步大赛在永春举行

由中国登山协会指导，泉州市体育局、泉州市旅游局、永春县人民政府主办的“惠安雕艺文创园杯”海峡两岸（泉州）高山徒步大赛在永春呈祥乡举行。近千名徒步爱好者汇聚永春呈祥乡柴桥头，在福建美丽乡村景观带——柴桥头至雪山岩景观带展开激烈的角逐。参赛选手来自黑龙江、重庆、辽宁、山东、江苏等全国20多个省份和港澳台地区，有近百个参赛队报名参加。此次赛道是从永春县呈祥乡柴桥头到醉风岩，垂直落差1300多米，全程12.8公里，本届赛事为团体赛，赛事排名取每个团队的前5名队员的成绩总分进行排序，设有团体前十名和六个优秀组织奖。团体第一名由“茶马匯”"队以总成绩4小时51分49秒获得。

徒步大赛现场　　（图/林劲峰　苏福彬）

10月29日

农历丁酉年九月初十
星期日
温度：17℃—26℃
阴

●由市商务局、市人社局、市民政局、市质监局、市妇联、市总工会主办的2017年泉州市家政服务系列活动启动。

●泉州市举行农产品质量安全可追溯体系建设培训。

●黎明职业大学国际贸易学院商务日语专业代表队组队参加第六届全国高等职业院校日语技能大赛，创历史佳绩，获得个人赛特等奖一项、二等奖一项，团体赛三等奖，并获得优秀组织奖荣誉称号。

●2017年“惠安雕艺文创园杯”海峡两岸（泉州）高山徒步大赛在永春呈祥乡举行。

10月30日

农历丁酉年九月十一
星期一
温度：15℃—23℃
阴—多云

●中化泉州炼化一体化项目（二期）开工建设誓师大会在泉惠石化工业园区举行。

●由联合国人居署主办的世界城市日——全球城市竞争力论坛在广州举行。会上发布《全球城市竞争力报告2017—2018：房价，改变城市世界》，报告显示，泉州上榜全球城市经济竞争力前200强，排名156位。

●市人大常委会机关全体干部职工会议召开，传达学习贯彻党的十九大精神。

●市政协党组（扩大）会议召开，传达学习贯彻中共十九大精神。

●市纪委常委会召开(扩大)会议，传达学习中共十九大和省委省纪委、市委常委会（扩大）会议精神，研究泉州市纪检监察系统贯彻落实中共十九大精神意见。

●市委政法委召开专题会议，传达学习中共十九大精神。

●由市委宣传部、市文广新局主办的中共十九大文件及学习辅导读物泉州首发式在福建新华发行集团泉州分公司举行。

中化泉州炼化一体化项目（二期）开工建设誓师大会举行

中化泉州炼化一体化项目（二期）开工建设誓师大会在泉惠石化工业园区举行。省委常委、常务副省长张志南，中国中化集团总裁张伟、副总裁江正洪，市委书记、市人大常委会主任郑新聪，市长康涛，副市长洪自强、吕刚，省直相关部门负责人等现场检查开工情况并参加誓师大会。中化泉州炼化一体化项目（二期）总投资约325亿元，项目建成后将有效带动福建及华东、华南地区石化中下游产业及相关行业发展。

张志南表示，要认真学习贯彻中共十九大精神，认真贯彻新发展理念，把提高供给体系质量作为主攻方向，着力加快建设实体经济、科技创新、现代金融、人力资源协同发展的产业体系，致力推动石化产业转型升级。福建各级政府将一如既往提供优质高效的服务，推动项目早日建成、早日投产、早日发挥效益。

张伟表示，近年来，中化集团坚定不移地推进能源业务战略转型。公司将努力把泉州石化打造成国内一流、国际领先的现代化大型石化基地，并配套建设世界级的石化产业集群。这个宏伟目标实现以后，中化集团将迈上更新的发展高度，将促进福建省石化产业和经济社会实现更大的发展。

受郑新聪委托，康涛表示，市委、市政府将全力以赴支持项目建设，市直各有关部门以及惠安县、泉惠石化工业园区要主动靠前、马上就办，为项目建设提供零距离、“月嫂式”服务。希望全体参建单位抢抓当前施工黄金期，安全和谐、高质高效推进项目建设。

活动现场 （图/泉州中化公司）

泉州上榜全球城市经济竞争力200强

由联合国人类住区规划署主办的世界城市日——全球城市竞争力论坛在广州举行。会上，中国社会科学院（财经院）与联合国人居署共同发布《全球城市竞争力报告2017—2018：房价，改变城市世界》。报告课题组测度全球1007个城市的竞争力指数，测度全球1035个城市的可持续竞争力指数。从排名来看，全球城市经济竞争力指数十强分别是：纽约、洛杉矶、新加坡、伦敦、旧金山、深圳、东京、圣何塞、慕尼黑、达拉斯。中国顶级城市表现良好，整体竞争力水平提升迅速，一些强二线城市表现较为亮眼，除深圳进入全球十强外，香港、上海、广州、北京进入前20强，21个城市进入前100强，这反映了中国城市发展已经从“中心聚集”进入“扩散外溢”的较高阶段。福建有3个城市上榜全球城市经济竞争力前200强，厦门排名141位、泉州排名156位、福州排名162位。

党的十九大文件及学习辅导读物泉州首发式举行

由市委宣传部、市文广新局主办的中共十九大文件及学习辅导读物泉州首发式在福建新华发行集团泉州分公司举行。该次发行的十九大文件及学习辅导读物包括《十九大报告》单行本、《中国共产党章程》、《中国共产党第十九次全国代表大会文件汇编》和《十九大报告辅导读本》。泉州新华书店门市将设立十九大文件及学习辅导读物和有关重点图书专柜、专架，进行重点展示宣传。首发式要求，全市宣传文化系统各单位要按照中央、省委、市委的部署要求，认真抓好学习宣传贯彻各项工作，要引导干部群众先行一步，研读中共十九大报告和党章，准确领会把握中共十九大精神的思想精髓、核心要义。要继续抓好十九大文件的征订、供应等工作，向全社会推介中共十九大文件及学习辅导读物，在泉州市迅速形成学习宣传贯彻中共十九大精神的热潮。

市十六届人大常委会第五次会议召开

市十六届人大常委会第五次会议召开。市人大常委会主任郑新聪主持会议并讲话。副主任张建生、朱团能、曾巍、许文贵、吴友才、蔡思红，秘书长欧阳秋虹出席会议。副市长吕刚、肖汉辉，市中级人民法院、市人民检察院相关负责人列席会议。会议听取和审议市政府关于《泉州市中山路骑楼建筑保护条例（草案）》的议案、关于2017年泉州市重点项目进展情况的报告和市人大常委会视察组有关视察报告、关于加强全市流域水环境保护情况的报告和市人大常委会视察组有关视察报告、关于《市人大常委会关于森林法执行情况的审议意见》办理情况的报告、关于市十六届人大一次会议第1068号和1228号代表建议办理情况的报告；听取和审议市人大常委会执法检查组关于教师法实施情况的检查报告；审议市人大常委会调研组关于《中华人民共和国各级人民代表大会常务委员会监督法》实施情况、“5+1”专题调研报告的书面报告；表决通过有关人事任免。

会议批准2017年国民经济和社会发展计划主要经济发展预期目标调整方案、2017年市本级预算调整方案；对市政府关于《市人大常委会关于森林法执行情况的审议意见》办理情况、市十六届人大一次会议第1068号和1228号代表建议办理情况的报告进行满意度测评，测评结果均为满意。

相关链接：泉州市第十六届人民代表大会常务委员会第五次会议听取了市发改委主任陈文堃受市人民政府委托所作的《泉州市人民政府关于提请审议泉州市2017年国民经济和社会发展计划主要经济发展预期目标调整方案的议案》报告以及市人大常委会副主任、市人大财政经济委员会主任委员朱团能所作的关于泉州市2017年国民经济和社会发展计划主要经济发展预期目标调整方案的初步审查报告。经审查，决定批准市人民政府提出的2017年国民经济和社会发展计划主要经济发展预期目标调整方案。泉州市第十六届人民代表大会常务委员会第五次会议听取市财政局局长李清景受市人民政府委托所作的《泉州市人民政府关于提请审议2017年市本级预算调整方案的议案》报告以及市人大常委会副主任、市人大财政经济委员会主任委员朱团能所作的关于2017年市本级预算调整方案的初步审查报告。经审查，决定批准市人民政府提出的2017年市本级预算调整方案。泉州市人大常委会免职人员名单：免去吴丽菁的泉州市中级人民法院审判员职务，免去邱闪红的泉州市中级人民法院审判员职务。泉州市人大常委会任命人员名单：任命黄灿平为泉州市人民检察院副检察长、检察委员会委员、检察员。

会议现场　　（图/王虎文）

晋江国际鞋纺城开业

晋江国际鞋纺城开业典礼暨第一届中国晋江国际鞋材采购节开幕式在鞋纺城一期市场举办。活动期间，鞋纺城举办“惠”聚鞋纺（鞋纺城商户优惠促销活动）、“礼”上鞋纺（鞋纺城开业万份礼品大派送活动）、“券”顾鞋纺（鞋纺城采购商来访奖励活动）、鞋纺城开业人气王评选等活动。鞋纺城近千家入驻企业为来自广东、山东、四川、河南、浙江等国内多个省份的制鞋产区以及“一带一路”沿线多个国家的数千名采购商提供皮革、纺织、五金等多种鞋纺原辅材料。与此同时，采购节邀请上述地区的45个鞋材行业商会的代表参观指导。

活动现场　　（图/李芸生）

10月31日

农历丁酉年九月十二
星期二
温度：16℃—23℃
多云

●市十六届人大常委会第五次会议召开。

●市委办系统全体干部职工会议召开，传达学习贯彻党的十九大精神，并提出初步贯彻意见。

●晋江国际鞋纺城开业典礼暨第一届中国晋江国际鞋材采购节开幕式在鞋纺城一期市场举办。

11月1日

农历丁酉年九月十三
星期三
温度：18℃—25℃
多云

●市委召开常委会会议，学习习近平在瞻仰上海中共一大会址时的讲话精神，研究贯彻省委常委会会议的部署要求。

●市委召开常委会会议，听取第三届海上丝绸之路国际艺术节筹备工作情况汇报。

●2020年世界中学生运动会举办城市签约仪式在晋江市举行，国际中学生体育联合会、中国中学生体育协会、晋江市政府签署赛事合作协议，标志赛事筹办工作启动。

●泉州市召开党外人士学习十九大精神辅导讲座，学习宣传贯彻中共十九大精神，部署下阶段党外人士学习、宣传、贯彻落实工作。

●2017年度工艺美术大师工作室授牌仪式暨工艺美术创新设计专题讲座举行。

市委常委会会议学习习近平讲话精神

市委召开常委会会议，学习习近平在瞻仰上海中共一大会址时的讲话精神，研究贯彻省委常委会会议的部署要求。会议要求，要抓牢学习宣传贯彻十九大精神首要政治任务。强化理论武装根基，用习近平新时代中国特色社会主义思想武装头脑、指导实践、推动工作。市四套班子党员领导干部要深入基层，带头学习、带头宣讲，在学懂、弄通、做实三方面下功夫，以学习自觉、思想自觉引领贯彻自觉、行动自觉。要坚定维护以习近平同志为核心的党中央权威和集中统一领导。学习和贯彻《中共中央政治局关于加强和维护党中央集中统一领导的若干规定》，自觉遵循党中央集中统一领导这一党的领导的最高原则，维护习近平作为党中央的核心、全党的核心的地位，在各项工作中毫不动摇、百折不挠贯彻落实党中央、省委决策部署。要树好班子形象作好表率。加强常委会班子自身建设，履行全面从严治党责任，严格遵守党内法规，带头贯彻中央八项规定精神，改进作风树形象；要勤学善做勇担当，主动适应新时代的新要求，提升政治素养和抓落实能力，大兴调查研究之风，用钉钉子的精神抓好工作落实。

世界中学生运动会举办城市签约仪式在晋江市举行

2020年世界中学生运动会举办城市签约仪式在晋江市举行，国际中学生体育联合会、中国中学生体育协会、晋江市政府签署赛事合作协议，标志赛事筹办工作启动。国际中学生体育联合会主席劳伦特·佩楚卡、秘书长杨昆仑，教育部学生体育协会联合秘书处秘书长薛彦青，中国中学生体育协会专职副主席杨立国，泉州市副市长季翔峰，晋江市主要负责人等参加签约活动。

相关链接：北京时间10月16日，经过十个多月的申办历程后，晋江市获得2020年第18届世界中学生运动会举办权。下阶段，晋江将履行国际中体联有关规定，兑现申办2020年世界中学生运动会的承诺，快速推进筹办工作，将2020年世界中学生运动会办成一届“赛事活动最精彩、参与度最广泛、影响力最深远”的体育盛会，共同为世界中学生体育运动的发展作出新的更大贡献。始办于1974年的世界中学生运动会是一场全世界中学生体育和文化交流的盛会，是一个展现运动活力、激扬青春梦想的舞台，已举办过16届。2020年将在晋江举办的第18届世界中学生运动会，是中国继1998年在上海举办第11届世界中学生运动会后，第二次举办世界中学生运动会。

党外人士学习十九大精神辅导讲座召开

泉州市召开党外人士学习十九大精神辅导讲座，学习宣传贯彻中共十九大精神，部署下阶段党外人士学习、宣传、贯彻落实工作。会议指出，中共十九大是中国共产党带领全国各族人民从“站起来”“富起来”到“强起来”新的历史起点召开的一次盛会，标志中国特色社会主义进入新时代。全市党外人士要通过学习中共十九大精神，统一思想，凝聚人心，汇聚力量，夯实共同思想政治基础，团结起来，共同完成伟业。会议要求，全市党外人士要原原本本地学习中共十九大文件，全面深刻领会会议精神实质；要突出学习重点，理解把握中共十九大关于统一战线工作的重要精神；要创新学习形式，把十九大精神学习宣传贯彻活动引向深入；要结合实践学习，推动统一战线事业的创新发展，为实现“两个一百年”的奋斗目标，为建设“五个泉州”作出新的更大贡献。

2017年度工艺美术大师工作室授牌

2017年度工艺美术大师工作室授牌仪式暨工艺美术创新设计专题讲座举行。授牌仪式中，30个工艺美术大师工作室的领衔大师获颁牌匾。至此，全市获命名的大师工作室数量达160个，其中不少工作室的领衔大师是国家级和省级工艺美术大师。此次命名的大师工作室的领衔大师有杨峰峪、林雪丽、张红萍、黄耀彬、曾素妹等，涵盖陶瓷、木雕、石雕、漆线雕、刻线等工艺美术类别。

雷春美到泉州宣讲中共十九大精神

省委常委、统战部部长雷春美到晋江市的盼盼食品集团、恒安集团和安踏体育用品有限公司宣讲中共十九大精神。雷春美强调，民营企业家要弘扬优秀企业家精神，在推动发展上体现新作为；强化责任担当，在服务社会上体现新贡献；坚持守法诚信，在构建“亲清”政商关系上体现新形象。要增强对新时代中国特色社会主义的信念、对党和政府的信任、对企业发展的信心、对社会的信誉，自觉做新时代合格的中国特色社会主义建设者。坚持用新的发展理念引领企业发展，发扬“敢为天下先、爱拼才会赢”的闯劲和“工匠精神”，坚守实体经济，提升企业核心竞争力和可持续发展能力。

市人大常委会党组会议学习习近平讲话精神

市人大常委会召开党组会议，传达学习习近平在中共中央政治局会议和第一次集体学习会、瞻仰上海中共一大会址时的讲话精神，以及省、市委的部署要求。会议强调，市人大及其常委会要牢记初心、牢记宗旨、牢记使命、牢记责任，贯彻落实党中央和省、市委各项决策部署。要在自学基础上，结合人大工作组织专题学习，做到学深学透、融会贯通。要维护习近平作为党中央的核心、全党的核心的地位，自觉维护以习近平同志为核心的党中央权威和集中统一领导，贯彻落实中央和省、市委的各项决策部署。要理解领会把握党的十九大提出的新要求，用以武装头脑、指导实践、推动工作。

全省最具规模的毒品预防教育社会实践基地在永春县启用

全省最具规模的毒品预防教育社会实践基地在永春县启用，基地占地600多平方米，以“无毒青春 多彩人生”为主色调，集禁毒教育展厅、社区戒毒社区康复工作站、心理辅导等多个功能区域。此系全省面积最大、功能最全、采用声光电技术最为先进的禁毒教育基地。实践基地的禁毒展厅天棚以一条七色彩虹贯穿始终，结合点缀白鹤在彩虹之中，营造出青春年华所应拥有的多姿多彩的美好人生，与毒品人生形成强烈的反差。展示厅通过“知毒史、识毒源、铭毒殇、拒毒惑、治毒患”五个主题板块，对毒品的历史、来源、种类，毒品造成的危害，如何抵御毒品的诱惑和侵害，以及永春县开展禁毒斗争取得的成效等各个方面进行阐述，整体结构合理，层次明显，条理清晰。展厅融合全息投影、游戏互动、数字体验等声光电技术，将毒品的知识用具体的、形象的表达方式呈现给观众，深入浅出，寓教于乐，让青少年变被动教育为主动接受。基地不仅包含禁毒展厅，还融入社戒社康工作站、心理疏导、爱心妈妈谈心、会议室等多个功能区。基地的投入使用，将全面接纳青少年朋友、在校学生的参观学习，从而促进青少年提升识毒能力，增强拒毒意识。

海峡两岸社区营造经验共享会在泉州举行

“美丽泉州、家园共造”海峡两岸社区营造经验共享会在泉州举行，根据各个试点社区实际情况，邀请台湾有关专家开展“社区营造”业务培训和经验交流。“社区营造”是指从社区生活出发，集合各种社会力量与资源，通过社区中人的动员和行动，社区完成自组织、自治理和自发展的过程。2017年泉州中心市区推出5个社区开展“社区营造”试点，包括鲤城区金龙街道龙岭社区、开元街道华新社区，丰泽区东海街道宝秀小区、东湖街道松林社区，洛江区万安街道万福社区。泉州市特别组建一个专业策划团队，针对每个试点社区存在的问题提出点子，为每个社区量身定位制定改造思路。台南市社区营造协会理事长黄森楠分享其在社区营造方面的理念和成功案例。黄森楠认为，引导社区居民形成“认同感”非常重要，社区营造有了民众基础，社区居民就会去思考，产生一种共识，共同把居住的家园社区打造好。

11月2日

农历丁酉年九月十四
星期四
温度：19℃—28℃
晴

●雷春美到晋江市的盼盼食品集团、恒安集团和安踏体育用品有限公司，到企业家和一线员工中间，面对面宣讲党的十九大精神。

●市人大常委会召开党组会议，传达学习习近平在中共中央政治局会议和第一次集体学习会、瞻仰上海中共一大会址时的讲话精神，以及省、市委的部署要求。

●全省最具规模的毒品预防教育社会实践基地在永春县启用，基地占地600多平方米，以“无毒青春 多彩人生”为主色调，集禁毒教育展厅、社区戒毒社区康复工作站、心理辅导等多个功能区域。

●第七届海峡两岸高校设计奖评选结果揭晓，泉州师范学院美术与设计学院学生的8件作品获奖，成绩居全省高校前列。

●“美丽泉州、家园共造”海峡两岸社区营造经验共享会举行，根据各个试点社区实际情况，邀请台湾有关专家开展“社区营造”业务培训和经验交流。

11月3日

农历丁酉年九月十五
星期五
温度：19℃—29℃
多云

●由省委宣传部、省社科联主办的2017年福建省社会科学普及宣传周在晋江市启动。

●市委召开常委会会议，传达学习《中共中央关于认真学习宣传贯彻党的十九大精神的决定》。

●康涛到南安市部分基层镇村宣讲党的十九大精神。

●全市人大代表工作座谈会在南安市召开，传达贯彻市委常委会关于进一步做好人大工作的精神，围绕贯彻落实省人大常委会党组关于加强和改进人大代表履职有关工作实施意见的相关文件精神、全面推动乡镇（街道）“人大代表联系群众活动室”建设进行交流，部署下阶段人大代表工作。

●全市市县两级人大常委会主任座谈会在南安市召开，围绕学习贯彻党的十九大精神、加强人大机关建设、改进人大代表履职进行座谈交流。

●翁祖根到鲤城区海滨街道金山社区宣讲中共十九大精神。

●温惠榕到安溪县凤城镇东北社区宣讲中共十九大精神。

●以“创新世界 芯创未来”为主题的首届全国集成电路“创业之芯”大赛启动仪式在晋江市举行。

●泉州人才“港湾计划”——晋江市首届海峡精英人才节系列活动启动。

福建省社会科学普及宣传周在晋江市启动

由省委宣传部、省社科联主办的2017年福建省社会科学普及宣传周在晋江市启动。宣传周活动以“学习宣传贯彻党的十九大精神·加快构建中国特色哲学社会科学”为主题，开展中共十九大学习材料赠阅、主题图片展等活动，来自省级、泉州市和晋江市学会、研究会的200多位专家学者在现场向干部群众宣传解读十九大精神。

启动仪式　　（图/洪　旭）

2017年福建省社会科学普及宣传周一直持续到11月10日，采取省、市、县三级联动，在全省各市、县（区）和高校、社科普及基地同时举行。启动仪式上还举行“学习宣传贯彻党的十九大精神”有奖竞答活动上线仪式和“福建历史文化名人丛书”（第二辑）首发式及赠书仪式。

康涛到南安市宣讲中共十九大精神

市委副书记、市长康涛到南安市部分基层镇村，宣讲中共十九大精神。座谈会上，康涛与党员干部群众围坐在一起，用通俗易懂的方式向大家分享学习十九大报告中应该把握的重点。康涛强调，广大党员一定要按照中央、省委和市委统一部署，把学习宣传贯彻中共十九大精神作为当前及今后一个时期的首要政治任务，切实学懂弄通做实，以实际行动确保十九大精神在实际工作中全面准确贯彻落实、落地生根。

全市人大代表工作座谈会在南安市召开

全市人大代表工作座谈会在南安市召开，传达贯彻市委常委会关于进一步做好人大工作的精神，围绕贯彻落实省人大常委会党组关于加强和改进人大代表履职有关工作实施意见的相关文件精神、全面推动乡镇（街道）“人大代表联系群众活动室”建设进行交流，部署下阶段人大代表工作。会议要求，要完善平台，重抓实效，密切代表与人民群众联系；要完善制度，严格规范，强化对代表履职的管理监督，建立健全代表履职登记制度、请假制度和报告制度；要创新方式，增强针对性，完善代表系统学习培训制度；要完善密切联系代表机制，密切常委会及有关机构同代表的联系、常委会组成人员同代表的联系，完善代表列席常委会会议制度；要推进代表履职公开和宣传，增强代表主动履职意识。

座谈会现场　　（图/王虎文）

首届全国集成电路“创业之芯”大赛在晋江市启动

首届全国集成电路“创业之芯”大赛启动仪式在晋江市举行。全国集成电路“创业之芯”大赛由工业和信息化部人才交流中心主办，晋江市政府承办，是国内首个专注于集成电路相关领域中早期项目的全国赛事。大赛分六个赛程，包括启动阶段、项目发现阶段、项目前期培养阶段、大赛初赛及项目路演阶段、大赛决赛阶段和后续项目投资与孵化阶段，持续八个月。其中，从是日至2018年3月为大赛启动、项目发现及前期培养阶段。大赛采用全国分站赛+总决赛的创新赛制，深度渗透全国集成电路产业聚集区，自由命题结合企业定向命题，紧密结合市场需求，挖掘行业创新前沿课题。参赛团队要求是符合规定的创新团队或企业。赛题方向主要是面向新兴应用领域、应用创新技术、具备一定市场价值的各类型芯片设计项目或设计关键技术研究项目。

福建省李光地研究院在泉州师院成立

福建省李光地研究院在泉州师范学院成立，作为2017年福建省社会科学普及宣传周系列活动之一的福建省李光地研究座谈会同时举行，众多专家学者汇聚一堂展开学术研究交流。一代名相、清朝初年杰出政治家和思想家李光地是泉州安溪人，其生平功绩、学术思想和执政理念，体现中华传统儒学思想的内涵精华。对当今社会的转型和发展具有重要的借鉴意义，尤其是家风文化和廉政文化已成为“中国家规”的典范，得到大力推崇和广泛弘扬。福建省李光地研究院成立以后，将发挥祖地优势，依托相关学科和专业力量，汇聚从事李光地研究的专家学者，开展李光地治国理政理念及对当代启示、李光地学术成就及影响、李光地廉政精神及当代价值、李光地其他贡献及当代影响等方面研究，把研究院打造成李光地研究重要平台，弘扬中华优秀传统文化，推进新时期社会主义核心价值体系建设。

海南省原创民族舞剧《黄道婆》在泉州上演

海南省原创民族舞剧《黄道婆》在泉州市区梨园古典剧院上演。《黄道婆》由海南省委宣传部、海南省文化广电出版体育厅、中共三亚市委宣传部出品，海南省歌舞团、海南省歌舞团附属芭蕾舞蹈学校创作、演出。故事讲述宋末元初的棉纺织家黄道婆在海南岛生活、学习以及帮助黎族改良棉纺织技术并将技术带回中原的故事，展示了海南黎族的民俗文化和中国古代的纺织文化。此次上演的《黄道婆》分《三月三》《七月七》《五月五》《正月正》《九月九》五幕。舞剧《黄道婆》自2006年问世以来，多次在海口、北京等地演出，受到观众及专家的好评，并获中宣部第十届精神文明建设“五个一工程”奖、第八届中国艺术节第十二届文华剧目奖、2007—2008年度国家舞台艺术精品工程入选剧目、第三届全国少数民族文艺会演大奖等荣誉。此次到泉州巡演的是经海南省歌舞团全新打造提升的版本，更加完善，此前已在海南省海口市等地上演。

舞剧《黄道婆》　（图/陈智勇）

“丰泽杯”海峡两岸暨港澳地区群众网球赛开赛

2017年“丰泽杯”海峡两岸暨港澳地区群众网球赛在丰泽区宝珊花园网球中心开赛。赛事由中华全国体育总会联络部和福建省体育总会主办，福建省社会体育指导中心、福建省乒羽网运动管理中心、福建省网球协会、泉州市体育总会承办，丰泽区政府冠名，由泉州市网球协会协办。共有17支队伍参赛，分别来自香港、澳门、台湾、山东、江西以及福建。该赛事是中华全国体育总会联络部面向海峡两岸及港澳地区体育爱好者打造的一项群众体育精品赛事，自2011年以来已举办五届（包括网球赛、乒乓球赛、羽毛球赛、围棋赛、定向越野赛等）。

盲人钢琴音乐会举行

由市音协钢琴艺术专业委员会与东南早报东南公益主办的盲人钢琴音乐会在泉州市音乐厅举行。16岁的盲人钢琴少年、“暗夜中的钢琴精灵”刘浩献上钢琴独奏。音乐会所筹得的善款5万多元，将全部捐给泉州市盲聋哑学校，为该校学生添置乐器。

相关链接：刘浩，2001年出生于内蒙古赤峰市，出生不久即失明，但自幼喜爱音乐并显露超常音乐才能。4岁学习电子琴，7岁受郎朗精神感召改学钢琴。先后师从于刘永学、王海波、张志伟、张晋、王道、武静等老师，后长期跟随中央音乐学院钢琴系盛原老师学习。刘浩现就读于中央音乐学院鼓浪屿钢琴学校，师从李惠莉教授及盛原教授。

11月4日

农历丁酉年九月十六
星期六
温度：18℃—23℃
多云

●福建省李光地研究院在泉州师范学院成立，李光地研究座谈会同时举行。

●海南省原创民族舞剧《黄道婆》在泉州市区梨园古典剧院上演。

●2017年“丰泽杯”海峡两岸暨港澳地区群众网球赛在丰泽区宝珊花园网球中心开赛。

●由市音协钢琴艺术专业委员会与东南早报东南公益主办的盲人钢琴音乐会在泉州市音乐厅举行。

●泉州市基督教义诊队部分队员与永春基督教义诊组在永春县城关镇五里街华岩社区举行义诊赠药活动。

11月5日

农历丁酉年九月十七
星期日
温度：18℃—22℃
阴

●第五届海峡工艺精品奖颁奖典礼举行，泉州市8件作品获金奖。

●由福建省生态文明建设促进会和市社科联主办，泉州理工职业学院与辽宁大学广播影视学院承办的生态文明建设论坛在泉州理工学院举办。

●《哈佛商业评论》揭晓“2017年中国百佳CEO榜单”，3位泉州企业家上榜。

●由香港惠安同乡总会主办，香港泉州台商投资区同乡总会、香港泉州台商投资区同乡联谊会协办的世界惠安、泉港、泉州台商投资区同乡联谊会第九届恳亲大会在香港会展中心举行。

泉州8件作品获海峡工艺精品奖金奖

第五届海峡工艺精品奖颁奖典礼举行。在海峡工艺精品奖角逐中，泉州市共有63件作品获奖，其中《悲智自在观音》（作者：郑雄文）、《禅定》（作者：李璋高）、《衡》（作者：王冬燕）、《弘一法师》（作者：张明贵）、《百鸟朝凤》（作者：程绿新）、《泉州古艺苑・丝竹乐队》（作者：郑煌章）、《花开富贵》（作者：唐淑平）、《端午・安平桥上唆啰嗹》（作者：许建宁）8件作品获金奖；《盛世敦煌》（作者：张红苹）等16件作品获银奖；《达摩祖师》（作者：苏先平）等13件作品获“最佳技艺奖”“最佳创意奖”和“最佳传承奖”；《心静如水》（作者：冯美莲）等26件作品获铜奖。

海峡工艺精品奖由原中华工艺精品奖更名而来，延续由两岸工艺美术界最高权威机构中国工艺美术学会、台湾工艺之家协会共同制定评审规则、组织、评选、颁奖的方式，征集大陆地区国家级、省级大师以及台湾地区工艺大师、传承人等群体为主的工艺品现场评选，集中展示两岸工艺精品。在海峡工艺优秀作品奖角逐中，泉州市的《海丝丽影》（作者：刘丽琴）、《弘一法师》（作者：郑生强）、大型瓷雕《孔子》（作者：邱双炯）等10余件作品获金奖。

金奖作品《泉州古艺苑・丝竹乐队》 （图/陈智勇 林志伟）

福建省生态文明建设论坛在泉州举办

由福建省生态文明建设促进会和市社科联主办，泉州理工职业学院与辽宁大学广播影视学院承办的生态文明建设论坛在泉州理工学院举办，福建省生态文明建设领域专家学者与会，共话福建生态省建设和绿色经济发展之路。此次论坛系泉州市2017年社科活动资助项目。论坛邀请省政府顾问、福建省社会科学院原院长严正教授，福建省南方科技经济研究院院长王开明，福建省环境教育学会会长苏玉萍等6位专家，以生态文明建设视角分别从福建生态省建设总体规划纲要、清洁流域、新时代生态税费体系、新城镇化探索等方面作专题报告。

论坛现场 （图/洪 旭）

3位泉州企业家入选“中国百佳CEO”

《哈佛商业评论》揭晓“2017年中国百佳CEO榜单”。3位泉州企业家上榜：恒安国际许连捷、安踏体育丁世忠、世茂股份许荣茂。与2016年相比，许连捷排名下降21名；丁世忠排名上升最多、上升31名，许荣茂排名上升28名；3人均为连续两年上榜。泉州籍企业家旺旺集团的蔡衍明从2016年第98名跌出榜单。作为全球商界最有影响力的杂志之一，《哈佛商业评论》自2016年开始发布“中国百佳CEO”榜单。

世界惠安泉港台商区同乡联谊会举行

由香港惠安同乡总会主办的世界惠安、泉港、泉州台商投资区同乡联谊会第九届恳亲大会在香港会展中心举行。马来西亚、新加坡、菲律宾、加拿大、印度尼西亚、澳大利亚等国及港澳台地区的近千名惠安、泉港、台商区籍乡亲和各界人士与会。世界惠安泉港台商区同乡联谊会是世界性惠安泉港台商区籍乡亲的联谊活动，成立于1999年，以“联络乡情，加深乡谊，融合世界各地惠安乡亲，共同谋求进步和发展”为宗旨。

全市工作务虚会召开

全市工作务虚会召开，学习贯彻党的十九大精神，传达贯彻省委、省政府经济形势分析会精神，对下一步和2018年工作进行分析研究、集思广益。会上，部分市领导结合分管工作发言，市直有关部门和各县（市、区）、泉州开发区、泉州台商投资区主要负责人结合各地各领域实际，围绕“转型攻坚、聚力跨越”，围绕完成2017年各项目标任务、谋划2018年工作提出意见和建议。

就细化2018年工作思路安排，会议要求，要扩大项目投资盘子。创新推进机制，开展“项目攻坚年”活动，强化“一把手”招商，下力气推进重大产业投资，多维度发力项目建设，完善以项目为核心的调度机制，确保项目盘子持续优化、滚动推进。要深化重点领域改革。分口对接衔接，抓好生态文明、放管服改革、监察体制改革等，对标先进城市营造一流营商环境，多用改革的思维和办法破解难题、推动工作。要抓好专项研究。精准选好专题，组织精干力量，谋深谋细稳定房地产市场、精准脱贫、提升城市竞争优势、创新农业农村工作等。

会议指出，2018年全市工作，要落实福建赶超战略，按照市委统一部署，聚力跨越、迈开大步。具体执行中，要突出“提速扩量、转型上轨、化险回稳”，推动经济社会更好更快发展。要致力“提速扩量”。强化工业支撑，抓紧摸排2018年的新增长点项目、技改项目，力促尽快投产达产；强化三产突破，聚焦文化旅游、物流、2.5产业等重点领域，力促现代服务业跨越发展；强化项目落地，“一把手”带头干，亲自抓招商选资，盯紧抓牢重大产业项目。要致力“转型上轨”。推动传统优势产业、重化产业、高新技术产业“三大板块”成形成势，走上良性发展轨道。要致力“化险回稳”。落实应对金融风险的措施机制，让涉险企业尽快从困境中走出来。注意防范安全生产风险，遏制重特大安全生产事故发生，确保社会安定稳定。

泉州获第十届“文博会”优秀组织奖

第十届海峡两岸（厦门）文化产业博览交易会（以下简称“文博会”）闭幕，泉州获优秀组织奖（最高奖）。在该届文博会上，泉州市69家企业抱团参展，通过188个展位集体亮相，展示泉州文化产业发展最新成果，打响泉州海丝文化和东亚文化之都两大品牌，成为最受关注的展区之一。泉州市大部分参展企业聚集在厦门会展中心A区通往C区的通道附近，人流多。一些参展企业凸显个性，如惠安县崇武艺苑石材雕刻厂将整艘渔船带到展厅，全面展示海丝文化、惠女风情和雕刻艺术，吸引两岸客商驻足参观、拍照留念。同时，泉州市还将安溪县和德化县的参展企业安排在文博会第二届东方茶席大赛展区周边，形成良好的聚集效应。值得一提的是，德化五洲陶瓷股份有限公司参展的金砖国家领导人厦门会晤国宴瓷“五彩祥云”等吸引了众多参观者。

泉州市还精心准备一批签约项目和投融资项目参会，成功签订德化大洲·瓷都影视文化特色小镇、极地海洋世界和科龙山生态农业旅游度假区等15个项目，总金额达54.40亿元，大部分为亿元项目，涵盖文化产业园区、文化旅游、影视演艺、工艺美术、项目合作等诸多领域，带动性极强，将带动泉州市文化产业发展。在第五届海峡工艺精品奖和海峡工艺优秀作品奖角逐中，泉州市百余件作品获奖，获奖总数居全省首位，其中8件作品获海峡工艺精品奖金奖，10余件作品获海峡工艺优秀作品奖金奖。

“文博会”上的德化瓷器　（图/陈智勇）

11月6日

农历丁酉年九月十八
星期一
温度：19℃—26℃
阴

●全市工作务虚会召开，学习贯彻党的十九大精神，传达贯彻省委、省政府经济形势分析会精神，对下一步和2018年工作进行分析研究、集思广益。

●6—7日，市人大常委会组织对市十六届人大一次会议代表建议、批评和意见办理工作情况进行视察。

●第十届海峡两岸（厦门）文化产业博览交易会闭幕，泉州获优秀组织奖（最高奖）。

●福建师范大学闽南科技学院与福建省归国华侨联合会签订“惠侨助学”公益合作项目，并为“惠侨创新发展中心”揭牌。

●福厦客专泉港段项目开工检查活动举行，标志着经过两年的前期准备，福厦客专泉港段正式开工动建，填补泉港没有高铁站点的空白。

●“聚焦海丝·创业晋江”2017中国海外学人回国创业周在晋江市举办。

●德化白瓷艺术展作品捐赠仪式在中国国家博物馆举行，德化县44位艺术家将58件优秀作品捐赠给该博物馆，此系中国国家博物馆新馆建成后最大规模收藏德化白瓷。

11月7日

农历丁酉年九月十九
星期二
温度：21℃—28℃
多云

●陈灿辉到永春县五里街镇儒林社区宣讲中共十九大精神。

●孔繁军到惠安县起步儿童用品有限公司宣讲中共十九大精神。

●林锦明到位于泉州开发区的福建宏远集团宣讲中共十九大精神。

●杨晓山到石狮市湖滨街道长福社区宣讲中共十九大精神。

●泉州市新闻界“宣传党的十九大 庆祝记者节”座谈会在德化县召开。

●在市委宣传部和市新闻工作者协会组织下，中央、省及境外驻泉州媒体和市直媒体记者代表一行40多人，到德化县开展“宣传党的十九大、庆祝记者节”采风活动。

●由石狮法院以及石狮纺织服装产业联盟打造的“石狮纺织服装法庭”及商务纠纷人民调解委员会在石狮国际轻纺城挂牌，系国内首个纺织服装专业法庭。

●由中国石材协会、南安市委宣传部、南安市政协文史委、水头镇政府、南安石材协会主办的2017“美石如画·赢在金秋”全国奢石文化创意大赛颁奖典礼在南安市东方五洲酒店举行。

市领导到全市各地宣讲中共十九大精神

市政协主席陈灿辉到永春县五里街镇儒林社区宣讲中共十九大精神。陈灿辉强调，要原原本本地学深悟透中共十九大精神，自觉维护以习近平同志为核心的党中央权威和集中统一领导；要灵活多样地宣传，推动中共十九大精神传递到每一个支部、每一名党员和每一名群众；要发挥党员的先锋带头作用，做好服务，科学合理规划，把心思和精力放在发展生产、增收致富上，让群众享受更多实惠，更好地满足人民群众对美好生活的需要。

市委常委、组织部部长孔繁军到惠安县起步儿童用品有限公司研发部车间宣讲中共十九大精神。孔繁军强调，各级企业党组织和党员要学深学透、抓好贯彻落实。要加强党的组织建设，将企业党建工作与企业发展紧密结合起来，在企业管理制度建设、企业文化建设、企业干部队伍建设以及防腐建设上，发挥好党组织的政治核心和政治引领作用，推动企业质量、效益、动力三大变革。

市委常委、政法委书记林锦明到位于泉州开发区的福建宏远集团宣讲中共十九大精神。林锦明要求，非公党员要在学习贯彻落实中共十九大精神上发挥先锋模范作用，加强技术创新，引进智能生产设备，推动产品转型升级；提升企业文化内涵，形成以社会主义核心价值观为根本、具有鲜明企业个性的企业核心价值观；深化创建平安企业，时刻把好安全生产关。

市委常委、副市长杨晓山到石狮市湖滨街道长福社区宣讲中共十九大精神。杨晓山结合自己的学习体会，用通俗易懂的方式向社区干部和群众阐明学习十九大精神应当把握的重点，还与社区群众进行互动交流。杨晓山要求立足社区党建实际，探索推进城市基层党建的有效方式和途径，在各领域选树培育若干典型点，以点带面提升整体工作水平。

泉州市新闻界“宣传中共十九大 庆祝记者节”座谈会召开

泉州市新闻界“宣传党的十九大 庆祝记者节”座谈会在德化县召开，欢庆第18个中国记者节。会议指出，2017年以来，围绕迎接和宣传贯彻中共十九大工作主线，围绕党委政府中心工作，全市各条新闻战线主动谋划、积极作为，新闻宣传报道工作取得可喜成绩。就下阶段工作，会议要求，全市各条新闻宣传战线要把做好中共十九大新闻宣传工作作为重中之重，全员出动，全媒运作，全面铺开，迅速兴起学习宣传贯彻中共十九大精神的规模声势；要加强新闻工作队伍建设，坚持正确政治方向、舆论导向、新闻志向、工作取向，锤炼良好作风，深化“走转改”，关注融入泉州改革开放的火热实践，做党和人民信赖的新闻工作者；要提高新闻舆论工作的引导力和传播力，在理念、内容、体裁、形式、方法、手段、业态、体制、机制等九个方面，有所改革、有所创新、有所加强。会上，与会记者还围绕学习宣传贯彻十九大精神主题作交流发言。

石狮市成立全国首个“纺织服装法庭”

由石狮法院以及石狮纺织服装产业联盟打造的“石狮纺织服装法庭”及商务纠纷人民调解委员会在石狮国际轻纺城挂牌，系国内首个纺织服装专业法庭。

石狮纺织服装产业联盟成立于2017年的“海丝海博会”期间，是石狮市委、市政府作出的一项利于产业发展的重大决策，也是石狮纺织服装产业上下游相关资源的强强联合。为打造一流的营商环境，更好地服务石狮纺织服装产业联盟的会员企业，帮助企业防范和化解法律风险，协调解决会员企业在生产经营活动中可能发生的一般法律纠纷，以及具有代表性、典型性的危及企业生存和发展的重大法律纠纷，石狮市法院、石狮市司法局在石狮纺织服装产业联盟分别设立“石狮市纺织服装法庭”和“石狮纺织服装产业联盟商务纠纷人民调解委员会”。石狮市法院相关负责人表示，成立该法庭为石狮纺服企业开通涉法服务的VIP通道，实行“快立、快调、快审、快结”机制，一站式帮会员企业解决涉法问题，保护纺服企业的合法权益，提升企业防范和化解商业风险的能力，规范推动企业的自身发展。

郑新聪到安溪南安暗访脱贫攻坚成效

市委书记、市人大常委会主任郑新聪带队到安溪、南安，结合宣贯彻十九大精神，以不打招呼、不预安排方案和检查点的方式，随机直插乡、村基层，开展脱贫攻坚成效暗访督查。郑新聪要求，镇村党员干部要把脱贫攻坚作为当前重大政治责任，多措并举，因户施策，打赢脱贫攻坚战。要坚持问题导向，查找“精准”要求的薄弱环节，针对短板问题，实事求是地制定措施，开展自查自纠。要走好脱贫攻坚后半程，做好年度清单对账，谋细巩固提升，“扶上马，送一程”，完善大扶贫格局，并实施好乡村振兴战略，确保全面小康路上一个都不掉队。

郑新聪在南安市金淘镇中心村贫困户陈羚羊家看望慰问（图/陈起拓）

第十八届中国（南安）水头国际石材博览会开幕

第十八届中国（南安）水头国际石材博览会在南安市石材产业展示中心开幕，20多个国家和地区的1000多家企业参展。展会以“互联、共享、创新、卓越”为主题，包括1个主展区以及10个常年展区，展示面积91.1万平方米，是国内石材展会中展位数量最多、办展规模最大的国际性石材盛会。此次展会，主办方特别设置东升、英良等11个固定企业展馆为体验展区，组成主展区、常年展区、体验展区三大体系，共同展示南安石材转型升级新成果。展会致力于打造全产业链条，为工程设计提供更大展示平台。一方面，积极向矿山资源上游延伸，搭建全国首创的中国花岗石现板集中采购平台，实现针对花岗石展示、销售、设计、采购、金融等的一体化综合服务。另一方面，积极向下游客户端延伸，划定400平方米区域作为“石材互联网+”集中展示区域。开幕式后，举行南安市石材产业展示中心签约入驻暨行业协会总部大楼众筹启动仪式。

开幕式（图/陈龙山）

陈万里到丰泽区宣讲中共十九大精神

市人大常委会党组书记陈万里到丰泽区宣讲中共十九大精神。陈万里强调，要牢记方向，坚持党的领导决不动摇。要牢记使命，聚焦工作大局决不偏离。要牢记主业，推动法治建设决不退却。要牢记宗旨，维护群众利益决不懈怠。要牢记担当，履行法定职权决不含糊。要牢记主体，发挥代表作用决不松劲。要牢记创新，推动与时俱进决不停步。要牢记根本，加强自身建设决不放松。

《泉州市市区内沟河保护管理条例》颁布

市人大常委会召开《泉州市市区内沟河保护管理条例》颁布实施新闻发布会。该条例将于2018年1月1日正式施行。根据条例，力争在2020年年底前，中心市区内沟河水环境质量总体明显改善。落实在具体行动上，要抓好综合整治提升工程建设，实施东环城河、八卦沟等内沟河水系综合整治提升工程和内沟河补水工程。以口袋公园或带状公园形式，聚点成线推进内沟河两侧绿化建设及立面装修，增加亲水平台、休闲廊道。推进内沟河两侧截污工程建设，尽快完成内沟河截污系统及服务片区排水管网的全面普查，有序推进内沟河末端截污系统建设和内沟河截流系统服务片区源头减量改造。

11月8日

农历丁酉年九月二十
星期三
温度：20℃—27℃
多云

●郑新聪到安溪、南安，结合宣贯彻十九大精神，以不打招呼、不预安排方案和检查点的方式，随机直插乡、村基层，开展脱贫攻坚成效暗访督查。

●第十八届中国（南安）水头国际石材博览会在南安市石材产业展示中心开幕，20多个国家和地区的1000多家企业参展。

●市政府第十九次常务会议召开，研究并通过《泉州市人民政府关于中心市区不动产登记若干历史遗留问题的处理意见》，听取关于规范融合市政府部门权责清单和取消部分行政权力事项等问题的汇报。

●陈万里到丰泽区宣讲党的十九大精神。

●8—11日，省委、省政府脱贫攻坚督查组到泉州开展脱贫攻坚督查工作。

●市人大常委会召开《泉州市市区内沟河保护管理条例》颁布实施新闻发布会。

●胡润研究院发布“2017胡润先进制造企业家榜”，四位泉州企业家上榜：三安集团林秀成、林志强父子，海能达陈清州、翁丽敏夫妇。

●永春县“119”消防宣传月启动暨乡镇专职消防队消防车发放活动举行。

11月9日

农历丁酉年九月廿一
星期四
温度：21℃—26℃
多云

●市委召开常委会会议，研究《泉州市生态环境保护工作职责规定》。

●泉州市第十届老年人体育健身运动会在市区侨乡体育馆开幕。

●市政协组织部分委员到南安市和安溪县开展重点课题“全面二孩”政策实施情况视察。

●“新常态下企业和谐劳动关系建设”2017年劳动保障论坛暨人社政策大讲坛在晋江市举办。

●省政府新闻办、省文化厅和泉州市委宣传部在福州市屏东大厦召开第三届海上丝绸之路国际艺术节新闻发布会，对境内外媒体发布活动筹备情况。

●9—12日，由中国工艺美术协会、中国雕塑学会、中国石材协会、中华文化促进会、中国工艺美术学会和惠安县政府主办的2017年中国（惠安）国际雕刻艺术品博览会在惠安县举行。

●9—11日，全省非公企业党组织书记培训示范班在泉州举办，全省120多名非公企业党组织书记代表参加培训。

●由省消防总队主办、市消防支队承办的福建省2017年“119消防宣传月”主题教育活动在市区中骏世界城举行。泉州市32名“优秀社区消防宣传大使”、27名“消防宣传公益使者”获颁证书。

●2017年“大愿九华·佛佑泉州”千人斋答谢会暨九华山旅游推介活动在泉州举行。

市委常委会会议研究《泉州市生态环境保护工作职责规定》

市委召开常委会会议，研究《泉州市生态环境保护工作职责规定》。会议指出，全市各级各部门要学习贯彻新时代生态文明建设战略部署，树立和践行绿水青山就是金山银山的理念，顺应群众“盼环保”“求生态”“督环保”的意识变化，加快推进生态文明试验区建设，抓好中央环保督察反馈问题整改，实施环境保护设施和能力建设大会战，从根本上完善环境保障能力，加快建设美丽宜居家园。《泉州市生态环境保护工作职责规定》是“党政同责、一岗双责”责任体系的具体化，各级各部门要清单对账，拉紧生态环境保护责任链条。各级党委政府要扛起主体责任，把生态文明建设摆在突出位置，定期研究解决重大问题，加快建立条块结合、各司其职、权责明确、保障有力、权威高效的生态环境保护体制机制，切实守土有责、守土尽责。各相关部门要对号入座、照单全收，结合实际作进一步的细化和落实，建立情况通报、信息共享、定期协商、联合执法等制度，协同推动各项工作任务落实。

泉州市第十届老年人体育健身运动会开幕

泉州市第十届老年人体育健身运动会在市区侨乡体育馆开幕。14时35分，伴随着运动员进行曲，市直机关、华侨大学、泉州师院、鲤城、丰泽、洛江、泉港、石狮、晋江、南安、惠安、安溪、永春、德化、台商投资区15支老年体育代表团以骑行方式入场。开幕式上，市体育局、市老龄办、市老体协向39名捐资赞助“百村百座”老年活动中心建设的海内外乡贤和企业家授予“热心公益事业、关爱老年体育”称号牌匾。该届老年人体育健身运动会设有门球、棋牌、太极拳（剑）、健身秧歌、钓鱼等13个项目。

中国（惠安）国际雕刻艺术品博览会举行

9—12日，由中国工艺美术协会、中国雕塑学会、中国石材协会、中华文化促进会、中国工艺美术学会和惠安县政府主办的，以“共聚世界石雕之都、同襄产业发展盛会”为主题的2017年中国（惠安）国际雕刻艺术品博览会（以下简称“雕博会”）在惠安县开幕。“雕博会”吸引美国、意大利、印度、巴基斯坦、越南、缅甸、韩国等国，以及上海、浙江、广东、江苏、云南、香港、台湾等地的200多家企业参展，还吸引中国百强建筑装饰企业、实力房地产企业、国内AAAAA级景区、知名建筑规划设计院、全国百家寺院、宗教界收藏界代表以及全球各地的上万名客商参加。9日还举行雕艺产业推介、投资合作项目对接活动，签约10个具有代表性和影响力的项目，项目总金额达54亿元。

“雕博会”场馆设置600个标准展位（国际展位120个）；室外展场面积4000平方米；在企业设立5个分会场主题展馆。展品涵盖石雕（碑石、建筑装饰石材）、赏石、木雕、玉雕（含珠宝）和其他雕刻工艺品，以及雕刻设备、环保设备、原辅材料。该届“雕博会”“展与销、展与会、展与赛”相结合，举行一系列商贸洽谈、产业对接和技艺文化交流活动，旨在全面提升惠安雕艺品牌的知名度和国际化水平，全面加快惠安雕艺产业的转型提升、跨越发展。

“雕博会”期间还举行雕塑与城市发展研讨会、海峡两岸雕刻艺术交流展、寺院古建艺术交流会、全国大学生雕塑创意设计大赛、中国石材协会石雕石刻专业委员会2017年年会等一系列主题活动。同时，对参展作品进行评奖，举行惠安雕艺摄影大赛、惠安雕艺工程图片展、惠安雕刻艺术文化景观系列游、惠女风情和民间艺术表演等配套活动。在展示中心还设立客商接待中心、雕艺伴手礼卖场、惠安美食馆和特产馆等服务场所。

开幕式　（图/曾志刚）

全国曲艺、木偶剧、皮影戏优秀剧（节）目展演在晋江市举行

10—15日，由文化部、省政府主办，文化部艺术司、省文化厅、晋江市政府承办的全国曲艺、木偶剧、皮影戏优秀剧（节）目展演在晋江戏剧中心举行。文化部副部长董伟、副省长杨贤金分别致辞，泉州市市长康涛、晋江市主要负责人参加开幕式。展演活动共举行八场演出。参演作品82个，涵盖27个省区市的60多个艺术品种。参演节目都是经主办方组织专家从全国申报的曲艺、木偶剧、皮影戏作品中遴选出的优秀剧（节）目。当中既有传统题材的作品，也有反映现实题材的作品。其中，有不少是各个地区的非遗项目，还有一些少数民族的节目，演出风格各具特点。展演期间，主办方在晋江组织召开曲艺、木偶剧、皮影戏艺术发展研讨会，邀请专家、学者就全国曲艺、木偶剧、皮影戏艺术创作演出现状进行研讨。在展演中，泉州市提线木偶戏传承保护中心的提线木偶戏《花好月圆》、晋江市掌中木偶艺术保护传承中心的掌中木偶戏《施公断案》、晋江南音艺术团新创排的诗词系列南音节目《钗头凤》等本土传统艺术一一亮相。

市领导到全市各地宣讲中共十九大精神

市委常委、常务副市长张永宁到泉州台商投资区东园镇群青村宣讲中共十九大精神。张永宁要求，各级党员领导干部要用中共十九大精神武装头脑、指导实践、推动工作，抓住人民最关心最直接最现实的利益问题，用改革的思维和方式，推动垃圾治理、污水治理、危房改造等农业农村、民生领域各项惠民举措落地落细落实。

副市长吕刚到泉港区山腰街道宣讲中共十九大精神。吕刚要求，学习中共十九大精神，要弘扬理论联系实际的学风，提高解决问题、推动发展的能力，把中共十九大精神融入经济社会发展的各方面；紧扣新时代中国社会主要矛盾的变化，抓好发展要务，更好地推动人的全面发展、社会的全面进步。

学习贯彻中共十九大精神全国网信系统宣讲报告会在泉州举行

学习贯彻党的十九大精神全国网信系统宣讲报告会在泉州晚报社举行。报告会上，中央网信办中共十九大精神宣讲团成员、中国社会科学院政治学研究所马克思主义政治学研究室主任田改伟作题为《开启中国新时代的纲领性文献》的报告。

田改伟从学习领会中共十九大主题，习近平新时代中国特色社会主义思想的重大意义和丰富内涵，中共十八大以来的历史性成就和历史性变革，中国特色社会主义进入新时代的丰富内涵和重大意义，中国社会主要矛盾的变化，新时代中国共产党的历史使命，决胜全面建成小康社会、开启全面建设社会主义现代化国家新征程的总体目标，新时代中国特色社会主义建设的重大部署，全面从严治党的总体要求和主要任务，学习宣传贯彻中共十九大精神十个方面，对十九大提出的新思想、新观点、新要求作分析解读。田改伟指出，网信工作者要守牢网上舆论斗争主阵地、主战场、最前沿，做维护国家政治安全的先锋队；发挥信息化驱动引领作用，做践行新发展理念的排头兵；筑牢网络空间安全屏障，做维护国家安全的生力军；深化网络空间交流合作，做构建网络空间命运共同体的践行者。

市网信系统人员表示，中共十九大精神为做好网络传播工作提供根本遵循和行动指南，报告会对于做好泉州市网信工作具有重要指导意义，网信队伍将立足本职，把十九大重大决策部署贯彻落实到网信工作的方方面面，营造清朗网络空间。

泉州市“筑梦港湾”高层次人才沙龙举办

由泉州市委人才办、石狮市委组织部、石狮市委统战部主办的泉州市“筑梦港湾”高层次人才沙龙在石狮市举办。泉州市各县（市、区）的留学人才就“如何在新机遇和挑战下实现产业创新转型、变革升级，增强核心竞争力”进行交流。沙龙旨在为各地留学人才搭建一个学习交流的平台，让大家互相学习、共同成长。

11月10日

农历丁酉年九月廿二
星期五
温度：21℃—29℃
多云

●10—15日，由文化部、省政府主办，文化部艺术司、省文化厅、晋江市政府承办的全国曲艺、木偶剧、皮影戏优秀剧（节）目展演在晋江戏剧中心举行。

●张永宁到泉州台商投资区东园镇群青村宣讲中共十九大精神。

●吕刚到泉港区山腰街道宣讲中共十九大精神。

●学习贯彻中共十九大精神全国网信系统宣讲报告会在泉州晚报社举行。

●全市剧目创作务虚会议召开，推动泉州市艺术创作生产。

●由泉州市委人才办、石狮市委组织部、石狮市委统战部主办的泉州市“筑梦港湾”高层次人才沙龙在石狮市举办。

●应晋江市商务局、晋江市餐饮烹饪行业协会邀请，全美州农业厅联合会考察团到晋江市参观、考察。

11月11日

农历丁酉年九月廿三
星期六
温度：18℃—25℃
多云

●泉州市创新“银保联姻+”模式，强化“银税合作”助力小微企业融资发展。

●“女性生活·古典与现代”梨园戏分享活动在北京蓬蒿剧场举行，福建省梨园实验剧团组织青年演员到场分享。

●由泉州市第一医院和福建省医学会主办的福建省医学会糖尿病分会基层防治组成立大会暨糖尿病综合治疗策略培训班在泉州举行。

●由丰泽区文体旅游新闻出版局、区农林水局、华大街道办事处主办的“宜游华大 金秋赏菊”2017丰泽金秋菊花节在泉州鲜花港开幕。

●11—13日，国家高级形象设计师职业资格认证班在石狮市举办。

●第二届海丝（国际）泛家居主题活动周暨海丝泛家居联合会年会系列活动在南安市成功国际会展中心举行。

●泉州开发区书法家协会成立暨首届会员代表大会召开。

泉州市创新银税合作模式

泉州市创新“银保联姻+”模式，强化“银税合作”助力小微企业融资发展。“银保联姻+”模式包括：“银保联姻+服务”模式，支持中国人保财险福建省分公司运用保险资金创新“支农贷”融资项目，首年获得40亿元用于支小的直投额度；“银保联姻+产品”模式，推出“保险贷”“微保贷”产品，支持借款人以保证保险为担保向协议银行申请发放流动资金贷款；“银保联姻+保障”模式，泉州市多家银行与中国人民财产保险有限公司签订商业性农险协议，开展林权抵押保险，办理林权抵押保险67笔、保额3.02亿元。

同时，强化“银税合作”助力小微企业融资。探索建立银税数据共享机制，推动辖内13家银行业机构与税务部门签订“银税互动合作协议”，打通“点对点”纳税评价数据共享通道。引导银行业机构将纳税信用等级评定结果纳入内部信用评价体系，优先为纳税信用评价等级在A级B级的企业提供信贷支持并配套利率优惠。推动银行业机构创新金融服务，推出“税易贷”“纳税流水贷”等多款银税合作产品，将“纳税信用”转化为“银行信用”。

2017丰泽金秋菊花节开幕

由丰泽区文体旅游新闻出版局、区农林水局、华大街道办事处主办的“宜游华大 金秋赏菊”2017丰泽金秋菊花节在泉州鲜花港开幕。百亩花海景观持续至12月15日。菊花节共种植菊花2000多万株，包含中国以及日本、荷兰等国的1000多个菊花品种。园区内色彩缤纷、花型各异，精心打造成极具观赏价值的世界菊花园。为增添观赏趣味性，主办方还在花海中组织汉服表演，小猪佩奇、皮卡丘等卡通人偶行走在花丛中，引来游人纷纷拍照。除可以感受“采菊东篱下，悠然见南山”的诗意，现场还举办风味美食品尝、地方特产和花卉展售等游园活动，将赏玩吃购融为一体。

相关链接：金秋菊花节已成为丰泽区一张靓丽的文化旅游名片。作为国家级生态区和泉州城市核心区，丰泽区致力于挖掘、整合、利用区域文化旅游资源优势，加快构建全域、全生态旅游发展格局。丰泽金秋菊花节正是以此为契机打造的文化旅游盛会，它实现农业与旅游业等产业的有机结合，促进华大片区人气集聚，带动周边商业繁荣，为建设“现代田园城市”增添文化动力，为丰泽全域旅游发展树立样板。

第二届海丝（国际）泛家居主题活动周在南安市举办

第二届海丝（国际）泛家居主题活动周暨海丝泛家居联合会年会系列活动在南安市成功国际会展中心举行。活动周期间，海丝泛家居线下体验中心·成功馆开馆，线上多功能平台、泛家居小镇举行招商发布会。此外，还举行海丝泛家居产业联合会年会、海丝泛家居“双11”线上线下采购狂欢节、“泉州建材中国行”系列推介活动南安专场暨房企与泛智能家居产业推介对接会、“泛家居·FUN青春”创业创新系列活动、海丝泛家居设计师论坛等活动。

相关链接：南安市的泛家居企业在天猫、京东等知名电商平台已实现全覆盖。首届海丝泛家居“双11”线上线下采购狂欢节吸引包括九牧厨卫、雷士照明、左右家私、东升石材、天广消防在内的数十家企业，携上百款建材产品同时在线上线下进行促销。值得一提的是，通过线上服务平台、线下体验馆的无缝对接，泛家居日益形成从厂家到消费者的全渠道闭合平台。

海丝泛家居线下体验中心　（图/泉州晚报社）

《泉州中心市区物业管理规范提升三年行动实施方案》出台

《泉州中心市区物业管理规范提升三年行动实施方案》（以下简称《方案》）出台。《方案》提出，通过3年努力，完善物业管理三级体系，推动物业服务专业化、管理规范化；力争到2019年年底前，基本完成中心市区老旧住宅小区的综合整治工作，整治后的老旧住宅小区基本达到公共配套功能完善、面貌更新的目标。

相关链接：在发挥业主自治作用方面，《方案》提出，要提高业主委员会覆盖率，2017年、2018年、2019年成立业主委员会的小区应分别达60%、70%和80%以上。同时，出台业主委员会监管办法，将业主委员会日常事务运行中的规范选聘物业、财务资金使用、换届审计备案等行为纳入社区监督工作。《方案》还要求加强对住宅小区物业服务信息化监管，利用互联网+、手机APP等方式，打造“智慧物业服务”平台，实现业主的小区事务在线投票表决。《方案》提出，健全社区居委会、业主委员会、物业服务企业三位一体服务平台，发挥街道办事处、社区居委会对辖区日常物业管理活动的监督作用，把物业管理纳入社区建设统一规划实施。同时，将小区的环境卫生、秩序维护等纳入城市网格化管理范围。

第十四届泉州市青少年科技创新大赛开幕

由市科协、市教育局、市科技局、市环保局、市关工委主办的第十四届泉州市青少年科技创新大赛在市科技馆开幕。全市各地各有关单位及参赛队伍共500多人参加活动。作为面向在校中小学生开展的具有示范性和向导性的科技教育活动，大赛收到全市11个县（市、区）及泉州台商投资区选送的学生科技作品988项。其中，科技创新项目338项，科技创意项目166项，科技实践活动88项，科幻画396幅。经过比拼，评出优秀科技创新项目一等奖49项，优秀科技创意项目一等奖12项，科技实践活动一等奖6项，少儿科学幻想画一等奖25幅。此外，还评选出“泉州市青少年贤銮科技奖”三个专项奖。其中，优秀青少年科技创新项目奖50项，优秀科技辅导员奖5名，优秀组织单位奖2个。

市科协有关负责人表示，市青少年科技创新大赛举办14年来，已成为全市规模最大、综合性最强的青少年科技教育活动，推动全市青少年科技教育事业蓬勃发展，为建设创新型社会和“泉州制造2025”战略目标实现培育大批创新型后备人才。

该届参赛作品亮点不少，尤其是在科技创新项目组中，部分作品不仅追求创意，也体现出贴近学习、贴近生活的特点。泉港区第六中学学生陈晨雨和杜欣莹共同创作的《学习伴侣机器人小优》项目，将老师的教学课程资源植入机器人“大脑”中，学生在家里就可以通过语音系统与其互动学习。不仅如此，该机器人还可以让学生在学习之余欣赏音乐、畅玩益智小游戏等，让他们在紧张的学习中享受到快乐。

参赛选手正在进行项目展示　　（图/吴宗宝）

儿童画作公益拍卖会举行

一场特殊的儿童画作公益拍卖会在市区五矿大厦举行。创作画作的是一群自闭症儿童，平时都在泉州一所自闭症儿童康复中心接受康复指导。该康复中心负责人杨老师介绍，画画能展示自闭症儿童的自我内心情感，也是康复训练的一种方式。不少自闭症儿童由于需要家长陪伴康复训练，家庭面临巨大的经济压力。于是公益团队和康复中心联合举办公益画作义拍，将自闭症儿童创作的画作进行拍卖，一方面所筹资金可帮助自闭症儿童家庭，另一方面也期盼唤起社会公众对自闭症儿童的更多理解和关爱。拍卖会现场，不少公益团队和热心人士积极举牌，拍下几十幅画作。

11月12日

农历丁酉年九月廿四
星期日
温度：18℃—25℃
多云

●《泉州中心市区物业管理规范提升三年行动实施方案》出台。

●由市科协、市教育局、市科技局、市环保局、市关工委主办的第十四届泉州市青少年科技创新大赛在市科技馆开幕。

●儿童画作公益拍卖会在市区五矿大厦举行。

11月13日

农历丁酉年九月廿五
星期一
温度：17℃—23℃
小雨

●市委召开常委会会议，研究泉州市学习贯彻党的十九大精神宣传方案和宣讲工作方案。

●推进全省人大县乡工作和建设暨省市人大常委会主任座谈会在福州召开，陈万里作泉州市推动县乡人大组织建设典型经验介绍。

●13—15日，泉州市首期高层次人才研修班举办，全市50名高层次人才参与研修。

●洛江区卫计局、红十字会开展无偿献血活动。

●泉港区《山腰街道北管音乐传承》项目入选国家2017年“终身学习品牌项目”名单。

●石狮市佛教协会第一届闽南讲经法会在该市永宁镇洛伽寺举行。

市委常委会会议研究学习贯彻十九大精神宣传方案

市委召开常委会会议，研究泉州市学习贯彻中共十九大精神宣传方案和宣讲工作方案。会议强调，要确保全面覆盖。开展中共十九大精神进企业、进农村、进机关、进校园、进社区、进军营、进网站，确保覆盖到每一个党支部、每一名党员，覆盖到各个社会群体。要善用新媒体新技术新手段，通过专家评点、图说图解、微视频等，营造浓厚的网上学习氛围。党员领导干部要带头学、带头讲，把中共十九大精神及时带到基层去。宣传阐释要深入解读内涵、精准把握外延，防止片面化、简单化。要抽调政治素质硬、理论水平高、经验丰富的骨干力量作为宣讲团成员。要把握正确导向，落实意识形态工作责任制，严守宣传纪律，加强对宣传思想文化阵地的管理。

泉州市在全省作县乡人大组织建设典型经验介绍

推进全省人大县乡工作和建设暨省市人大常委会主任座谈会在福州召开，陈万里作泉州市推动县乡人大组织建设典型经验介绍。2015年，中央和省委相继就推动县乡人大工作和建设出台文件。市人大常委会抓住难得历史机遇，多措并举推进县乡人大组织建设。积极争取市委支持，加强协调形成共识，深入调研找准问题，乘借东风扎实推进，强化检查督促整改。硬实举措推动基层人大组织建设。常委会组成人员结构得到优化，机构设置基本得到规范，工作力量得到充实，人大干部交流提拔得到重视，乡镇人大和街道人大工委建设得到加强。

泉州市首期高层次人才研修班举办

13—15日，泉州市首期高层次人才研修班举办，全市50名高层次人才参与研修。研修内容主要有中共十九大精神专题讲座、泉州经济形势专题讲座、“学习十九大精神 助力泉州新发展”座谈会等。研修班突出政治引领，希望人才能够结合各自工作岗位，把思想和行动统一到十九大精神和“五个泉州”建设发展，贡献才智、实现价值。凸显组织温暖，在落实各项政策措施的同时，创造条件、提供平台，增加人才的获得感、归属感和自豪感。搭建友谊之桥，让更多的人才通过这样的平台，建立友谊、加强联系、相互促进、彼此提高。

研修班要求，各行业人才要把握大局大势，争当新时代中国巨变、伟大复兴的创造者；要融入泉州发展，聚焦泉州制造业转型升级、聚焦补足社会事业短板，发挥人才引领作用，在推进泉州经济社会发展过程中与泉州共成长；要着眼实现自身价值，激发和释放自身创新创造创业活力，刻苦钻研、精益求精，施展抱负、成就自我、回馈社会。

相关链接：泉州市历来重视人才工作，坚持把人才作为第一资源，不留遗力地为人才成长发展、创新创业创造条件。全市人才资源总量达101.8万人，已聚集国家“千人计划”、“万人计划”专家28名，享受国务院特殊津贴人才81名，省引才“百人计划”人选30名、团队8个，确定省引进高层次人才（ABC类）114名、市高层次人才2213名。

泉港区教育作品入选国家“终身学习品牌项目”

2017年全民终身学习活动周全国总开幕式在安徽合肥举行，会上宣读《关于确定2017年“百姓学习之星”和“终身学习品牌项目”的通知》。由泉港区山腰中心小学教师庄秀吉等选送的《山腰街道北管音乐传承》项目，入选国家2017年“终身学习品牌项目”名单。北管是首批国家级非物质文化遗产项目，泉港作为“中国北管音乐文化之乡”，通过编写北管音乐教程、组建北管工尺谱合唱班等形式，推进北管传统文化的传承和发扬。2017年，山腰街道开设《山腰街道北管音乐传承》社区教育项目，成为2017年福建省社区教育示范品牌，并被列为2017年福建省终身教育重点建设培育项目。该项目经省教育厅推荐，在教育部组织的全民终身学习活动周中，经中国成人教育协会组织全民学习专家组遴选，入选国家2017年“终身学习品牌项目”名单。

市委常委会（扩大）会议传达贯彻中央有关文件精神

市委召开常委会（扩大）会议，传达学习《中共中央政治局关于加强和维护党中央集中统一领导的若干规定》和《中共中央政治局贯彻落实中央八项规定的实施细则》文件精神，研究泉州市贯彻意见。会议要求，要严守政治规矩，遵守党章和党内政治生活准则，对党忠诚老实，强化纪律执行。贯彻党中央决策部署，把维护党中央集中统一领导和权威贯彻落实到各项工作中，做到党中央提倡的坚决响应、党中央决定的坚决照办、党中央禁止的坚决不做。要坚持不懈改作风转作风。各级党组织要高标准严要求，狠抓改进调查研究、精简会议活动、精简会议文件、改进新闻报道、厉行勤俭节约等工作。

泉州市蝉联全国文明城市称号

中央文明委发布《第五届全国文明城市名单和复查确认继续保留荣誉称号的往届全国文明城市名单》。在复查确认继续保留荣誉称号的往届全国文明城市名单中，泉州市蝉联全国文明城市荣誉称号。在全国文明城市（区）名单中，泉州市石狮、晋江两个县级城市入选第五届全国文明城市。

2015年泉州市获评全国文明城市以来，着力加强“创新、智造、海丝、美丽、幸福”的现代化泉州建设，围绕中央文明委提出的“一个全面推进，四个着力提升”总要求和建设“崇德向善、文化厚重、和谐宜居”的文明城市总目标，以培育和践行社会主义核心价值观为根本，坚持把“和谐共创、文明共建、发展共享”作为文明城市创建的出发点和立足点，着眼于改善民生、优化秩序，加强基础设施硬件建设，加强人文环境软件建设，推进新一轮全国文明城市创建工作，提升市民的文明素质和社会的文明程度。石狮市自2015年成为全国文明城市提名城市以来，坚持把创城作为推进“创新转型、实业强市”战略的抓手，突出对标找差、突出成果惠民，推动文明城市创建工作落细落小落实，实现经济与社会同发展、城市文明与市民素质共提升。近三年来，晋江作为全国文明城市提名城市，健全创建工作的体制机制，把测评指标转化为常态工作目标和长效管理机制，使专项整治与日常管理有机结合起来，力戒形式主义和短期行为。

泉州市应邀参加“东亚文化之都”与“欧洲文化之都”合作论坛

由中国文化部和欧盟委员会教育与文化总司主办的“东亚文化之都”与“欧洲文化之都”合作论坛在上海举办，泉州作为中国首个东亚文化之都应邀参加，分享“古泉州（刺桐）史迹文化遗产的价值与保护传承”和东亚文化之都的建设经验。

此次论坛以“文化与城市发展——可持续性与合作”为主题，分为市长论坛和专家论坛两个平行论坛。参加论坛的有中国泉州、青岛、宁波、长沙、哈尔滨5个历届“东亚文化之都”当选城市和创建扶持城市西安、三亚，以及英国利物浦、希腊雅典、瑞典于默奥、罗马尼亚蒂米什瓦拉等15个“欧洲文化之都”城市的市长和专家，大家围绕“‘文化之都’对城市转型和城市重塑的推动”“‘文化之都’成功经验对城市特色建设的启示”“‘文化之都’创建与城市软实力”“‘文化之都’背景下的国际文化交流合作”等议题展开讨论。在市长论坛上，泉州市以“古泉州（刺桐）史迹文化遗产的价值与保护传承”为题进行分享。古泉州（刺桐）史迹有16处代表性遗产点，是公元10—14世纪海上丝绸之路繁荣鼎盛时期形成并留存至今的宝贵遗产，是世界文化多样性的杰出代表。泉州古港已成为记载古丝绸之路这段历史的“活化石”。

古泉州（刺桐）史迹系列遗产的代表性遗存之一万寿塔

（图/吴寿民）

11月14日

农历丁酉年九月廿六
星期二
温度：19℃—25℃
多云

●省委宣讲团到泉州宣讲中共十九大精神。

●市委召开常委会（扩大）会议，传达学习《中共中央政治局关于加强和维护党中央集中统一领导的若干规定》和《中共中央政治局贯彻落实中央八项规定的实施细则》文件精神。

●中央文明委发布《第五届全国文明城市名单和复查确认继续保留荣誉称号的往届全国文明城市名单》。泉州市蝉联全国文明城市荣誉称号，石狮市、晋江市入选第五届全国文明城市。

●由中国文化部和欧盟委员会教育与文化总司主办的“东亚文化之都”与“欧洲文化之都”合作论坛在上海举办，泉州作为中国首个东亚文化之都应邀参加，分享“古泉州（刺桐）史迹文化遗产的价值与保护传承”和东亚文化之都的建设经验。

●泉州市高速公路交通事故空地立体化医疗救援演练暨泉州航空医疗救援启动仪式举行，旨在通过开展高速公路事故演练，在传统路面救援基础上注入空中直升机医疗救援的新元素。

11月15日

农历丁酉年九月廿七
星期三
温度：19℃—24℃
小雨

●康涛到市信访局接访。

●在省冬春火灾防控工作电视电话会议后，泉州市召开会议作出部署，要求对老旧城区、商业密集区，以及现有消防力量难以及时到达的区域，加快推进微型、小型消防站建设。

●泉州市“一地一品”团建项目竞赛结果出炉。

●市总工会启动《福建省工会劳动法律监督条例》系列宣传暨服务农民工法治宣传活动，宣布成立泉州市总工会劳动法律监督委员会，并聘请一批工会劳动法律监督员和特邀监督员。

●由市经信委主办的泉州市企业家讲师团巡回宣讲在泉港区举行。

●第二届中国（安溪）家居工艺文化博览会和第十届世界安溪乡亲联谊会新闻发布会在安溪县召开，介绍活动筹备情况和活动亮点。

康涛到市信访局接访

市长康涛到市信访局接访，现场为群众排忧解难。康涛要求，各级各部门要认真对待群众合法的利益诉求，对群众反映较集中的问题，要明确牵头单位及责任人，专项梳理，厘清问题根源，查找问题症结，研究解决方案；对已经和群众达成共识的具体事项，责任单位和责任人要盯紧办理过程，抓紧办理落实。

泉州市部署冬春火灾防控工作

在省冬春火灾防控工作电视电话会议后，泉州市召开会议作出部署，要求对老旧城区、商业密集区，以及现有消防力量难以及时到达的区域，加快推进微型、小型消防站建设。会议要求，各地要分析研判消防安全形势，全面排查火灾易发高发区域、单位，逐级压实消防监管责任，逐一落实人防物防技防措施，减少火灾总量。要突出抓好高层建筑、电气火灾和“三合一”三项治理；推进微型消防站和小型消防站建设，强化联勤联训和演练拉动，提升快速灭火处置能力；加强基层网格化管理工作，探索建立行之有效的网格化管理机制；以“必配达标装备、补配急需装备、增配高精装备”的总体思路，配齐配强处置高层、石油化工等火灾和危险化学品泄漏的灾害事故专业抢险救援装备，强化消防战勤保障。

泉州市“一地一品”团建项目竞赛结果出炉

泉州市“一地一品”团建项目竞赛现场评审会举行，评选出一批示范性强、创新性高、成效性好的优秀团建项目，推动基层团组织工作扎实开展。入围此次评审的12个“一地一品”团建项目负责人以PPT的形式，展示所申报项目的立项背景、项目内容、创新点、工作成效、开展情况等。经现场打分，并结合前期网络投票结果，晋江“育婴院儿童心智成长工程”项目获一等奖，石狮“‘三大平台’助推青年创新创业”项目、泉港“‘爱进百村’关爱老人孩子”项目获二等奖，另评出三等奖3个、优秀奖6个。竞赛旨在贯彻“项目化管理”理念，形成“创先争优”的氛围，体现泉州市共青团组织的创新活力、责任担当和改革成效。

市总工会劳动法律监督委员会成立

市总工会启动《福建省工会劳动法律监督条例》系列宣传暨服务农民工法治宣传活动，宣布成立泉州市总工会劳动法律监督委员会，并聘请一批工会劳动法律监督员和特邀监督员。今后，工会劳动法律监督委员会如果认为用人单位可能违规，在必要时可发出《工会劳动法律监督提示函》。在受理职工举报投诉后，工会劳动法律监督委员会可以进行现场调查，对可能存在违法行为且协商不成的企业，向本级或者上一级工会报告，由本级或者上一级工会根据实际情况向用人单位发出《工会劳动法律监督意见书》，提出改正意见。如用人单位在15日内未答复或拒不改正的，行业工会、基层工会应当提请县以上地方总工会向相关部门发出《工会劳动法律监督建议书》。

泉州市企业家讲师团巡回宣讲在泉港区举行

由市经信委主办的泉州市企业家讲师团巡回宣讲在泉港区举行。讲师团成员——福建联友化工有限公司副总经理林栩、福师大泉港石化研究院常务副院长陈登龙、天马科技股份有限公司董事长陈庆堂到场宣讲。林栩以《石化产业发展现状与未来趋势》为主题，分析原油供需现状、成品油市场，并介绍聚酯产业链、烯烃产业链等市场状况。陈登龙认为，传统制造业创新体系要适应经济社会发展需要，亟须实现由技术引进为主向自主创新的转变、由单项技术产品攻关向全要素汇聚的产业链转变、实现由关注单一企业局部创新环境改善向重视营造产业跨界协同创新环境转变。陈庆堂以《企业转型升级及上市探讨》为主题，认为上市可以为企业带来更加广阔的市场，推进企业持续发展。

320

市十六届人大常委会第十二次主任会议召开

会议现场　（图/陈意鸣）

市十六届人大常委会第十二次主任会议召开。会议讨论市人大常委会关于召开泉州市第十六届人民代表大会第二次会议的决定（草案），市人大常委会工作评议调查组有关2016年度财政审计发现问题整改情况、市住建局实施重点项目情况、市卫计委实施重点项目情况的调查报告，市人大常委会法工委关于基层立法联系点工作规定（草案）和基层立法联系点名单（草案）。

厦沙高速安溪段和德化县城至国宝段通车

中午12时，厦沙高速公路安溪段和德化县城至国宝段先行通车，使泉州市高速公路实现通车总里程突破600千米大关（达617千米）、高速出入口总数达49个。于2014年开工建设的厦沙高速公路是一条贯通泉州南北的高速公路，总长约100千米（新建约79千米），时速100千米，双向四车道，分安溪、德化两个路段建设，途经安溪、永春、德化3个县，并通过枢纽互通与沈海复线、泉三、莆永等高速公路衔接，最终实现与全省乃至全国各地的高速联通。安溪县的金谷、蓬莱以及德化县的国宝、赤水等乡镇结束未通高速公路的历史。这些乡镇及周边地区群众能就近上高速，到泉州市区可节省30分钟—40分钟，到厦门市区也可节省30分钟—50分钟。

德化段九仙山互通　（图/张九强）

中心市区2017年度保障性住房分配方案公布

市保障性安居工程协调小组公布中心市区2017年度保障性住房分配方案，明确中心市区（鲤城、丰泽、泉州开发区）保障房选房队列及房源分配等具体情况。该轮保障房的选房对象为：截至11月16日，经“泉州市保障房管理系统”公示完毕，符合条件，处于轮候状态的申请家庭，即第1—4550号段的轮候家庭。该轮选房对象分为两个队列，即优先选房队列和普通选房队列，其中：优先选房队列为符合优先选房条件的家庭，包括低保在保家庭（对象）、三级（含）以上残疾人员、区级（含）以上见义勇为人员、市级（含）以上劳模、驻泉州官兵、烈属家庭、廉租补贴在保家庭等轮候家庭；普通选房队列为优先选房对象外的其他轮候家庭。该轮保障房分配按先分配租赁型房源、再分配销售型房源的步骤进行。单身轮候家庭选择承租保障房时，只能选择一房型租赁房。选择销售型保障房时，申请家庭可根据自身需求，在供选房源中自由选择一套销售型保障房。该轮租赁型保障房房源共计127套（市直47套、鲤城22套、丰泽58套），销售型保障房包括东宝花苑、东莲花苑、江南花园城B三个项目474套。

中心市区保障房轮候对象正在咨询看房选房相关事宜　（图/谢　曦）

11月16日

农历丁酉年九月廿八
星期四
温度：19℃—25℃
多云

●市十六届人大常委会第十二次主任会议召开，讨论关于召开泉州市第十六届人民代表大会第二次会议的决定（草案）等。

●市人大常委会召开党组会议，通过《中共泉州市人大常委会党组学习宣传贯彻党的十九大精神实施方案》。

●市政协召开专题会议，听取市纪委工作情况通报。

●16—18日，泉州、厦门、漳州、龙岩、三明五市老区建设促进会第二十三次工作交流座谈会在泉州召开。

●厦沙高速公路安溪段和德化县城至国宝段先行通车。

●全市年轻一代民营企业家学习贯彻十九大精神坚定理想信念报告会举行。

●市保障性安居工程协调小组公布中心市区2017年度保障性住房分配方案，明确中心市区保障房选房队列及房源分配等具体情况。

●高层次人才安居保障申请工作启动。

●“刺桐帆影”泉州海外交通史博物馆“海上丝绸之路”藏品展在日本长崎历史文化博物馆开幕。

●中国报协党报分会30届年会（五届二次理事会）在云南曲靖召开，泉州晚报获评“中国城市党报经营创新十强”。

11月17日

农历丁酉年九月廿九
星期五
温度：20℃—28℃
多云

●全国精神文明建设表彰大会在北京举行，泉州蝉联全国文明城市，石狮、晋江获全国文明城市。

●市党风政风监督员座谈会召开，通报2017年全市党风廉政建设和反腐败工作情况。

●“华大讲堂”第69讲举行。中央党校科学社会主义教研部原主任、中国社会科学院世界社会主义研究中心副主任严书翰做题为《新时代坚持和发展中国特色社会主义的政治宣言——学习贯彻党的十九大精神》的报告。

●由团市委发起成立的泉州市青年音乐人协会第一届会员大会召开，标志全省首个地市级音乐人青年社团成立。

●阿里研究院公布2017中国淘宝村及淘宝镇名单，泉州淘宝镇数量达33个，居全国第二。

●17—18日，2017年全国异地泉州籍商会秘书长培训班暨首次全国异地泉州籍商会秘书长工作交流会在北京举行。

●17—19日，由泉州市旅游协会和泉州市自驾旅游协会主办的泉州首届国际涂鸦活动在市区举行，邀请海内外涂鸦艺术家和团体参与，以集装箱为载体、以“烟火”等为主题进行创作。

●2017“中国伞都杯”国际伞具创意设计大赛在晋江市启动。

●德化县委宣传部举办“永远跟党走 书香满校园”教师现场书法比赛。

泉州获得全国精神文明建设表彰大会多项荣誉

全国精神文明建设表彰大会在北京举行，表彰新一届全国文明城市、文明村镇、文明单位、文明校园、未成年人思想道德建设工作先进和全国道德模范。泉州蝉联全国文明城市，石狮、晋江获全国文明城市。此次表彰会上，泉州还获全国未成年人思想道德建设工作先进城市；全市新增全国文明村镇8个，新增全国文明单位（社区）10个。全市21个村镇保持或获全国文明村镇，28个单位保持或获全国文明单位（社区）；泉州第五中学等3所学校获评第一届全国文明校园；1人获第六届全国道德模范提名奖。

市党风政风监督员座谈会召开

市党风政风监督员座谈会召开，通报2017年全市党风廉政建设和反腐败工作情况。市领导温惠榕、张永宁参加座谈。座谈会上，党风政风监督员肯定全市纪检监察工作成效，并就改进党风政风、提升服务水平、加强廉洁风险防控、城市管理监管等建言献策。市领导指出，党风政风监督员对泉州市党风廉政建设发挥积极作用，所提出的意见建议也很中肯。下阶段，市委、市政府将认真研究，压紧压实“两个责任”，提升履职水平，为建设“五个泉州”提供有力保障。

相关链接：2017年以来，全市纪检监察机关坚持全面从严治党、依规治党，忠诚履行党章赋予的职责，把纪律挺在前面，党风廉政建设和反腐败各项工作取得新进展、新成效。据统计，泉州市严肃追责问责，对108名党政领导干部实施责任追究，给予党纪政纪处分45人，24次通报曝光相关典型案例；加大纪律审查力度，立案2573件，给予党纪政纪处分2206人，移送司法机关处理123人。

“华大讲堂”第69讲举行

“华大讲堂”第69讲举行。中央党校科学社会主义教研部原主任、中国社会科学院世界社会主义研究中心副主任严书翰做题为《新时代坚持和发展中国特色社会主义的政治宣言——学习贯彻党的十九大精神》的报告。市委学习中心组成员陈万里、翁祖根、陈铁晗等，市直有关部门、在泉州各高校、各民主党派负责人，华侨大学校负责人和部分师生等参加报告会。严书翰围绕中国特色社会主义进入新时代的理论分析、领会习近平新时代中国特色社会主义思想、需要把握十九大几个重要理论创新三方面展开论述，阐释“两步走”战略、中国特色大国外交思想和党的政治建设三个基本战略问题。

泉州市成立全省首个地市级音乐人青年社团

由团市委发起成立的泉州市青年音乐人协会第一届会员大会召开，标志全省首个地市级音乐人青年社团成立。协会由众多在泉州以及泉州籍在外的独立音乐创作人、独立歌手、独立乐队和音乐艺术团体成员等组成。2017年以来，团市委贯彻落实团中央实施的新兴青年群体“筑梦计划”，聚焦独立演员歌手、签约作家、自由撰稿人、独立制片人、自由美术工作者和新社会组织从业人员等新兴青年群体，帮助新兴青年群体素质提升、职业发展、实现梦想，并取得显著成效，也拓展服务青年发展平台。泉州市青年音乐人协会会长潘乔风介绍，协会将以发展音乐事业为主线，通过举办音乐演出、音乐作品评选等，提升青年音乐人的创作、表演能力，致力为青年音乐人搭建学习、交流和展示平台。协会还将加强与全国各地青少年音乐社团的互动交流，联系省内外、港澳台以及海外知名泉州籍音乐人士和音乐团体，为推动泉州青年音乐人对外交流提供支撑。

泉州淘宝镇数量全国第二

阿里研究院公布2017中国淘宝村及淘宝镇名单，在全国发现超过2100个淘宝村，超过240个淘宝镇。福建省淘宝村数量位居全国第五，泉州淘宝村数量位居全省第一，占比超过2/3。泉州淘宝镇数量达33个，居全国第二。石狮的灵秀镇、宝盖镇被确定为“淘宝镇”。石狮已有20个村被确定为“淘宝村”。

市委常委会会议传达贯彻全国精神文明建设表彰大会精神

市委召开常委会会议，传达全国精神文明建设表彰大会精神，研究泉州市贯彻意见。会议强调，各级各部门要贯彻全国精神文明建设表彰大会部署要求，担负起职责使命，抓好新时代精神文明建设。要紧抓学习宣传贯彻中共十九大精神首要任务，加强习近平新时代中国特色社会主义思想的学习教育和宣传阐释。坚持以社会主义核心价值观为引领，在贯穿结合融入、落细落小落实上下功夫。抓好全国农村移风易俗工作试点，深化“家+文化”滋养涵育，以家庭的“小气候”湿润社会的“大气候”。坚持创建为民惠民，解决好群众反映强烈的问题，提高城市宜居程度和群众幸福指数。抓常态促长效，推动文明创建规范化制度化。注重全城覆盖、全面参与，纵深推进创建范围、参与领域和目标层次，完善精神文明创建、城市精细化管理的长效管理制度，提升城市城镇文明整体水平。抓基层打基础，提升全国未成年人思想道德建设工作先进城市的创建水平，针对新形势、新要求、新环境，建立研究协调推进工作机制，利用各种平台加强未成年人社会主义核心价值观的教育和引导。

泉州市文艺家宣传十九大精神座谈会在惠安县举行

由市委宣传部、市文联组织的泉州市文艺家宣传中共十九大精神座谈会在惠安县崇武镇五峰村委会举行。中共十九大代表、梅花奖得主、泉州市高甲戏传承中心副主任陈娟娟以《坚定文化自信，弘扬中华优秀传统文化》为题进行宣讲。陈娟娟认为，文化自信是当代中国的文化自信，同理论自信、道路自信、制度自信融为一体，统一在中国特色社会主义的伟大实践之中，是中国特色社会主义的文化自信。弘扬中华优秀传统文化，需要薪火相传、代代守护，也需要与时俱进、推陈出新。绝不是简单复古，也不是盲目排外，而是古为今用、洋为中用，辩证取舍、推陈出新，弘扬以爱国主义为核心的民族精神和以改革创新为核心的时代精神，挖掘和阐释中华优秀传统文化的时代价值。促进中国优秀传统文化的创造性转化、创新性发展，是破解中国文化发展面临的重大而又急迫的课题。近年来，泉州市创作生产大量弘扬时代精神、艺术精湛、制作精良的文艺作品。如泉州市高甲戏传承中心的《大河谣》《星光》等戏，紧抓题材创新、舞台艺术形式创新，将清官廉吏和优秀党员的形象搬上舞台，感染、鼓舞、带动党员干部做到为民、务实、清廉，营造充满正能量、主旋律的文化氛围。

晋江传统弓射箭公开赛举行

18—19日，2017年“港益杯”晋江传统弓射箭公开赛举行。此次比赛是泉州市首次举办传统弓射箭全国公开赛，赛事规格高、影响力大，吸引全国各地近150名男女射箭选手参赛。比赛项目涵盖布龙靶、环靶、土靶，选手可采用角弓、竹木弓、现代传统弓三种弓种进行较量。经过角逐，内蒙古巴林右旗射箭协会获得男、女团体组冠军。

全国肥胖与体重管理学术会议在晋江市召开

18—19日，由中华医学会杂志社、中华医学会《中华健康管理学杂志》编辑委员会、福建省医学会健康管理学分会主办，泉州一八〇医院健康管理中心承办的2017年全国肥胖与体重管理学术会议暨福建省第十一次健康管理学术会议在晋江市召开，国内外从事健康服务业和健康管理专业的数百名专家学者、从业人员及企业代表参加。

在国家《“健康中国2030”规划纲要》和《中国防治慢性病中长期规划（2017—2025年）》等政策文件出台背景下，该学术会议探讨以体重管理为主题的慢性病健康管理、以“医体结合”为抓手的健康促进课题，助力健康管理学科的建设和理论创新。会议邀请白书忠、曾强、糜漫天等14位国内知名专家与参会者分享肥胖与体重管理的最新研究进展与成果。

11月18日

农历丁酉年十月初一
星期六
温度：14℃—21℃
小雨

●市委召开常委会会议，传达省委十届四次全会精神，研究召开市委全会有关事项，决定于19日召开市委十二届五次全会；传达全国精神文明建设表彰大会精神，研究泉州市贯彻意见。

●由市委宣传部、市文联组织的泉州市文艺家宣传党的十九大精神座谈会在惠安县崇武镇五峰村委会举行。

●由市委宣传部、市委文明办、市文广新局、市文联、泉州晚报社、泉州广播电视台等主办的“欢乐泉州·走进惠安”泉州市学习宣传贯彻党的十九大精神文艺演出在惠安县崇武镇文化广场举行。

●泉州市机动车驾驶培训教练员规范化教学技能竞赛在泉州康达考试场举行，系泉州市首次举办此类赛事。

●18—19日，2017年“港益杯”晋江传统弓射箭公开赛举行，系泉州市首次举办传统弓射箭全国公开赛。

●18—19日，由中华医学会杂志社、中华医学会《中华健康管理学杂志》编辑委员会、福建省医学会健康管理学分会主办，泉州一八〇医院健康管理中心承办的2017年全国肥胖与体重管理学术会议暨福建省第十一次健康管理学术会议在晋江市召开，国内外从事健康服务业和健康管理专业的数百名专家学者、从业人员及企业代表参加。

中共泉州市委十二届五次全会召开

11月19日

农历丁酉年十月初二
星期日
温度：14℃—17℃
阵雨

●中共泉州市委十二届五次全会召开。郑新聪代表市委常委会向全会作报告。全会审议通过《中共泉州市第十二届委员会第五次全体会议决议》。

●市委十二届五次全会第一次全体会议开始前，市委委员、候补委员一同观看习近平带领中共中央政治局常委集体瞻仰上海中共一大会址和浙江嘉兴南湖红船的中央电视台《新闻联播》视频，学习领会习近平讲话精神，重温入党誓词。

中共泉州市委十二届五次全会召开。市委书记郑新聪代表市委常委会向全会作报告。市委副书记、市长康涛，市人大常委会党组书记陈万里，市政协党组书记陈灿辉，市委常委翁祖根、孔繁军、林万明、陈铁晗、张永宁、林锦明，市委委员、候补委员出席会议。

会议强调，中共中央下发《中共中央政治局关于加强和维护党中央集中统一领导的若干规定》，以制度规范明确党中央集中统一领导是党的领导的最高原则。全市各级党组织和党员干部要把讲政治放在首位，维护党中央集中统一领导和习近平在党中央、在全党的核心地位。要理解习近平核心地位的历史必然，把维护核心作为政治建设的首要任务，作为严守政治纪律、政治规矩的第一条，从思想上、政治上、行动上，真诚地、由衷地忠诚核心、拥戴核心、维护核心，做到一切行动听从以习近平同志为核心的党中央指挥，不折不扣落实中央决策部署。

会议强调，要抓牢学习宣传贯彻首要政治任务，用习近平新时代中国特色社会主义思想武装头脑、指导实践、推动工作。要全面落实《中共中央关于认真学习宣传贯彻党的十九大精神的决定》和省委、市委要求，结合学习《习近平谈治国理政》第二卷，结合推进“两学一做”学习教育常态化制度化，结合即将在全党开展的“不忘初心、牢记使命”主题教育，兴起学习宣传贯彻热潮。坚持在“学懂弄通做实”上下功夫，引导党员干部通过原原本本、原汁原味、一遍一遍地学，深化认识、强化意识、坚定理想信念，把学习成效体现到全面加强党的领导、推动改革发展、坚定不移全面从严治党等工作中。坚持领导干部率先垂范，坚持分众化、对象化、互动式宣传宣讲，推动中共十九大精神进企业、进农村、进机关、进校园、进社区、进军营、进网络。

会议强调，要把贯彻党的十九大精神与贯彻习总书记对福建工作重要指示精神结合起来，乘东风、强动力，保持旺盛的“走前列”势头，转型攻坚聚力跨越。要加快构建现代产业体系，重点抓好传统产业提升、高新技术引进、服务制造融合和乡村振兴战略，力争2021年GDP达万亿元、工业总产值达2万亿元，基本形成传统、重化、高新三足鼎立格局，实现服务业占比超40%，农业集约发展、特色化规模化进一步提升。要打赢脱贫攻坚战，突出精准实效，致力稳定脱贫，把工作重心转到提高脱贫质量和解决因病因灾、村集体经济薄弱等问题上，确保小康路上一个不掉队、一村不落伍。要抓紧实施补短板工程，创新多层次多样化供给机制，力争2020年社会事业重点领域主要指标达到或高于全省平均水平，建设更高水平的平安泉州。以全面推进城市“双修”试点、举办世界中学生运动会等为契机，加快环湾城市建设和基础设施、人居环境改善，更广泛惠及人民群众。要打造生态文明试验区，加强制造业转型升级与生态文明建设战略研究，攻坚大气环境、水环境、人居环境等污染防治，实施环保设施与能力建设大会战，实现生态环境“高颜值”、经济发展“高素质”。要激发改革开放活力，对标一流营商环境，建立以“用”为导向的产学研结合新机制，融入海丝核心区建设，鼓励企业收购境外实体、进口先进技术产品和服务。扩大泉台交流合作，多做文化认同、民心相通的工作。要提升文化软实力，弘扬社会主义核心价值观，担当海丝“活化石”使命，扩大“古泉州（刺桐）史迹”申世遗效应，推动文化事业文化产业繁荣发展，力争2020年文化产业增加值占GDP比重达5%。

会议现场　（图/陈起拓）

中央和国家机关选派第一书记培训班在泉州举办

20—24日，中央组织部、国务院扶贫办第一期中央和国家机关选派第一书记示范培训班在泉州举办。会议要求，第一书记要把学习贯彻中共十九大精神作为当前和今后一个时期的首要政治任务，在学懂、弄通、做实上下功夫，坚持用习近平新时代中国特色社会主义思想武装头脑、指导实践、推动工作。要珍惜到基层锻炼机会，扑下身子、撸起袖子，与所在村干部群众一起加油干，把十九大描绘的宏伟蓝图一点一滴地落到实处，提升驻村工作成效。各地各派出单位要把第一书记工作抓紧落实，持续用力做好选派第一书记工作，推动工作长效化。

消费品工业智能制造试点示范交流会在泉州召开

工业和信息化部在泉州召开2017年消费品工业智能制造试点示范现场经验交流会。会议指出，增品种、提品质、创品牌"三品"战略是中国消费品工业深化供给侧结构性改革、加快转型升级的重要举措，推进智能制造是落实"三品"战略的重要抓手。要加强顶层设计和系统谋划，按照"推广一个模式""发扬两种精神""实现三个目标"的基本思路推进消费品领域工业智能制造。要坚持创新驱动，组建产业联盟协同推进共性技术创新，引导跨界融合，促进中高端智能轻纺装备、中高端消费品的研发及产业化。要坚持分类推进，开展离散型智能制造、流程型智能制造、网络协同制造、大规模个性化定制、远程运维5种新模式试点示范，在重点行业形成一批典范。要坚持质量第一，在降低运营成本、缩短产品研制周期、提高全要素生产效率、降低产品不良品率、提高能源利用率5个方面下功夫，促进行业提质增效。要坚持标准引领，依托智能制造试点示范项目，开展消费品工业智能制造标准的研制和应用，加快构建标准体系。

"海丝（晋江）国际科技创新合作周"启动

"海丝（晋江）国际科技创新合作周"启动仪式暨科技外交官跨国技术转移专场活动在晋江市举行。启动仪式上还为"晋江市海峡科技大市场"揭牌。晋江市海峡科技大市场是福厦泉国家自主创新示范区建设的重大布局，整合国内外优质科技资源，对接国家各类科技创新平台，打造便利化、一站式科技服务综合体。启动仪式结束后举行的科技外交官跨国技术转移专场活动，是科技部支持福建开展国际科技创新合作的重要活动，已连续举办11年，有效促进福建省高新技术产业的发展。

安溪铁观音集团正式移交重组方

福建安溪铁观音集团股份有限公司暨福建省安溪茶厂有限公司财产与营业事务交接仪式在安溪县举行。交接仪式上，两家的公司印章、证件正式移交，标志安溪铁观音集团、安溪茶厂，在泉州市、安溪县党委、政府，市中级法院、管理人和企业方的努力下，历时一年九个月，取得重整工作成功。安溪铁观音集团是全国茶行业首批农业产业化国家重点龙头企业，安溪茶厂为其全资子公司。2013年初，安溪铁观音集团因上市计划受阻，又受宏观经济下行、消费环境和市场调整、担保链等因素影响，陷入资金周转困难。2016年1月，市中级法院依法受理安溪铁观音集团、安溪茶厂重整案。2016年10月31日，安溪铁观音集团、安溪茶厂重整案召开第二次债权人会议，通过重整计划草案，由重组方北京和君三度投资管理有限公司向安溪铁观音集团投资2.2亿元，并持有铁观音集团76.2%的股份。2017年8月31日，重组方资金全部到位。2017年10月31日重整计划执行完毕。在该案重整程序的各个阶段，市中级法院从挽救有希望的企业再获新生和保护企业生产经营角度出发，督促管理人做好投资人的遴选工作，以继续经营、履行合同为先，妥善处理好涉及工人工资、债权人权益等问题，最终实现企业的成功转型，在兼顾全体债权人利益的同时，最大限度保护茶农、小微企业等小额债权人的利益。

11月20日

农历丁酉年十月初三
星期一
温度：15℃—17℃
小雨

●20—24日，中央组织部、国务院扶贫办第一期中央和国家机关选派第一书记示范培训班在泉州举办。

●工业和信息化部在泉州召开2017年消费品工业智能制造试点示范现场经验交流会。

●20—22日，三明市省十二届人大代表到泉州，就泉州市经济社会发展情况及依法行政、公正司法情况，开展异地视察活动。

●由市委宣传部、市委党校主办的泉州市宣传系统科级干部学习贯彻中共十九大精神培训班开班。

●"海丝（晋江）国际科技创新合作周"启动仪式暨科技外交官跨国技术转移专场活动在晋江市举行。

●福建安溪铁观音集团股份有限公司暨福建省安溪茶厂有限公司财产与营业事务交接仪式在安溪县举行。

11月21日

农历丁酉年十月初四
星期二
温度：15℃—20℃
小雨

●福建省晋华存储器集成电路生产线项目FAB主厂房封顶。

●市委政法委召开会议，点评全市政法系统十项创新工程拉练检查进展，部署下阶段工作。

●由泉州古城保护发展工作协调组办公室、市旅游局、市体育局、市文广新局、鲤城区政府主办的第二届泉州海丝古城徒步穿越活动启动仪式暨赞助商签约仪式在市区威远楼举行。

●全省首个芦柑苗木院士专家工作站——永春绿源柑橘苗木繁育场院士专家工作站揭牌。

●新加坡德明政府中学一行到泉州六中访问交流。

●南安海丝泛家居产业联盟硅谷战略合作高峰会在美国硅谷举行。会上举行南安海丝泛家居产业联盟与Z-Wave联盟战略合作签约仪式，及与美国NGY集团签订泛家居洛杉矶线下体验中心合作项目。

晋华集成电路项目主厂房封顶

福建省晋华存储器集成电路生产线项目（以下简称“晋华项目”）FAB主厂房封顶。市长康涛，省、市国资委以及项目投资方主要负责人，晋江市主要负责人等现场检查项目建设情况。康涛指出，晋华项目主厂房顺利封顶，这既是项目建设过程中的重要节点，也是泉州集成电路产业发展的重要时刻。2016年以来，在省委、省政府的大力支持和直接推动下，引进晋华等产业龙头项目，矽品、芝奇等22个产业链项目顺利推进，集群效应逐步显现。泉州、晋江两级政府将为晋华系列项目提供全方位的政策、环境和服务保障，同时继续加大招商选资力度，力促更多项目落地、建设、投产，加快打造千亿集成电路产业集群。封顶仪式后还举行一批集成电路产业链项目集中签约仪式。会上，晋江市与工信部软件与集成电路促进中心共建战略合作关系，“6·18”虚拟研究院微电子产业分院落户晋江。同时，芝奇、美国空气化工、创龙智新等14个产业链项目现场签约落地晋江，投资总额达29.05亿元。

相关链接：晋华项目2016年7月16日开工建设。随着FAB主厂房的封顶，项目将进入机电安装和洁净厂房施工阶段。同时，OB（办公综合楼）、CUB（中央动力站）、PSB（110KV变电站）及晋华苑宿舍均已封顶。项目一期计划于2018年第三季度投产。

晋华集成电路项目主厂房封顶　　（图/许雅玲）

全省首个芦柑苗木院士专家工作站在永春县揭牌

全省首个芦柑苗木院士专家工作站——永春绿源柑橘苗木繁育场院士专家工作站揭牌。该院士工作站将在中国工程院院士、国家柑橘产业体系首席科学家邓秀新指导下，开展“黄龙病绿色防控关键技术及栽培新模式研发与示范”项目。永春芦柑有60多年的种植历史，全县有柑橘8466.67公顷，年产19.15万吨，是国家级出口柑橘质量安全示范区、全国优势农产品产业带建设示范县。2000年以来,永春芦柑遭受严重的黄龙病疫情，危及整个芦柑产业的生存和发展。为应对黄龙病疫情，2008年2月，国家现代柑橘产业技术体系在永春县设立芦柑综合试验站。2017年6月，永春绿源柑橘苗木繁育场经省委组织部、省科协、省财政厅、省科技厅批准建立省级院士专家工作站。黄龙病防控示范园已落地永春。是日，农业部在永春举行“全国性黄龙病疫区（山地）柑橘种植新技术——永春模式”现场会，推广新品种、种苗繁育技术和丰产高效的栽培技术。

新加坡德明政府中学一行到泉州六中访问交流

新加坡德明政府中学一行到泉州六中访问交流。此系泉州六中首次迎接国外学校访问。交流活动中，新加坡师生参观六中的校园风光，观摩该校学生的五祖拳和广播操表演，聆听生物、美术活动课。在文艺会演中，泉州六中学生展示具有地方传统文化特色的南音、南拳、古筝等表演，新加坡的同学也带来新加坡民歌、舞蹈等。

南安海丝泛家居产业联盟与美国Z-Wave联盟达成战略合作

南安海丝泛家居产业联盟硅谷战略合作高峰会在美国硅谷举行。会上举行南安海丝泛家居产业联盟与Z-Wave联盟战略合作签约仪式，及与美国NGY集团签订泛家居洛杉矶线下体验中心合作项目。双方将通过优势互补搭建合作平台，推动在智能家居技术应用等领域建立长期战略合作。南安市相关负责人介绍，Z-Wave联盟是智能家居行业的龙头，拥有全球领先的智能家居技术，致力于构建安全、方便、舒适的智能居家环境。南安海丝泛家居联盟与Z-Wave联盟具有广阔的合作空间。

市政府第二十次常务会议召开

市政府第二十次常务会议召开，听取泉州市关于落实粮食安全行政首长责任制情况的汇报，研究并通过《关于认真开展2017年度粮食安全行政首长责任制考核工作的通知》。会议指出，粮食安全是关乎国计民生的大事。各级各部门要贯彻落实中央、省里和市委的统一部署，增强粮食安全的责任意识和危机意识，把保障粮食安全放在经济社会发展的突出位置，作为保障民生的基本任务，长抓不懈，毫不动摇。要加强监测预警，制订相关应急预案，未雨绸缪，维护粮食市场秩序稳定。要创新粮食调控机制，发挥中国粮食城、加工区等载体作用，充实地方粮食储备，提升泉州市粮食调度能力。要加快粮库等粮食仓储设施建设和管理，提高仓储容量和储粮水平，确保储备粮数量充足、结构合理、质量良好、调用高效。

民盟中央美术院泉州分院名家书画展开幕

民盟中央美术院泉州分院“丹青溢彩·闽水流韵”名家书画展开幕式及捐赠仪式在泉州盛世典藏艺术馆举行。展览共展出郭东建、郭宁、江松等30多位书画名家的代表作品，展期一个月。书画展开幕式后举行捐赠仪式，民盟中央美术院泉州分院执行院长、泉州盛世典藏艺术馆董事长万和龙向民盟中央美术院捐赠20万元。随后举行笔会活动，民盟中央美术院艺术家与泉州当地艺术家挥毫泼墨，创作一批反映新时代特色的书画作品。

相关链接：民盟与美术界、文艺界有深厚渊源和广泛联系，盟员中有众多艺术家，创作出大量具有鲜明时代特征、蕴含强烈民族精神的作品。民盟泉州市委会长期活跃在泉州文化战线上，每年开展近20场书画展、书画进基层及书画笔会采风等活动，通过书画艺术服务社会，多角度展现盟员风采。

首届多式联运及供应链发展研讨会在泉州举行

22—24日，首届多式联运及供应链发展研讨会在泉州举行，国内物流业的权威学者与知名专家、港口与铁路局负责人、金融机构代表、多式联运物流园区代表、船舶制造方代表、供应商代表以及主流媒体等500多人出席研讨会，就多式联运物流发展、“一带一路”下多式联运及供应链发展形势等话题展开交流探讨。发展多式联运是“十三五”期间中国综合交通运输发展的重点工作，是推进交通运输供给侧结构性改革的重要抓手。研讨会旨在立足国内外多式联运的发展现状、问题、战略与路径，通过加强交流与合作，为加快推进中国多式联运发展提供新理念、新思路。

泉州市食品职业教育集团成立

泉州市食品职业教育集团成立大会暨首届海峡两岸高职高专食品创新创意大赛启动仪式在泉州轻工职业学院举行。组建泉州市食品职教集团，是贯彻落实中共十九大“完善职业教育和培训，深化产教融合、校企合作”要求和加快现代职业教育体系建设的重要举措，集团的成立将为院校、企业、行业之间构建一个平等、互信、共赢的合作平台，将强化职业教育与产业对接，推进现代学徒制、教育教学改革和企业职工培训，促进校企合作、产教融合和职业院校与食品产业的共同发展。

泉州市食品职业教育集团由泉州轻工学院牵头，联合相关省、市级行业协会、高校、职业院校、食品企业等共29家单位共同组建。集团以推进福建食品行业快速发展为目标，以校企合作、校际合作和产学研结合为主要形式，校、行、企联合培养食品专业高素养人才，促进食品职业教育链与产业发展链的有效对接。集团将有效加大企业参与人才培养的力度，促进校企双方在课程设置、专业开发、实训基地、学生就业、科研成果等方面的对接，优化资源配置，促进资源共享，建立起适应市场、立足行业、依托企业、强化技能培训的现代职教模式，提高教育质量，形成办学特色。

11月22日

农历丁酉年十月初五
星期三
温度：15℃—20℃
阴

●在收看全省重点党报党刊发行工作视频会议后，泉州市随即召开贯彻落实会议，对2018年度全市重点党报党刊发行工作进行再动员、再部署。

●市政府第二十次常务会议召开，听取泉州市关于落实粮食安全行政首长责任制情况的汇报，研究并通过《关于认真开展2017年度粮食安全行政首长责任制考核工作的通知》。

●民盟中央美术院泉州分院“丹青溢彩·闽水流韵”名家书画展开幕式及捐赠仪式在泉州盛世典藏艺术馆举行。

●22—24日，以“新物流 新起点”为主题的首届多式联运及供应链发展研讨会在泉州举行。

●泉州市食品职业教育集团成立大会暨首届海峡两岸高职高专食品创新创意大赛启动仪式在泉州轻工职业学院举行。

●由永春县检察院、县委文明办等在永春三中建设的未成年人关爱基地投用。

11月23日

农历丁酉年十月初六
星期四
温度：14℃—19℃
多云

●市政协召开党组（扩大）会议，传达学习市委十二届五次全会精神，研究《中共泉州市政协党组关于认真学习宣传贯彻党的十九大精神的通知》《市政协机关学习宣传贯彻党的十九大精神工作方案》，研究《关于加强和改进人民政协民主监督工作的实施意见（代拟稿）》。

●十二届市政协第四次主席会议召开，协商《关于召开泉州市政协十二届二次会议的决定（草案）》，讨论修改《十二届市政协常委会工作报告（讨论稿）》、《提案工作报告（讨论稿）》。

●广西壮族自治区人大常委会相关人员和10位广西籍全国人大代表到晋江市视察检察机关服务非公有制经济工作。

●由市教育局、泉州市教育基金会主办，泉州晚报社、泉州市现代家具企业有限公司协办的泉州市第三届中小学名班主任评选活动座谈会暨培训开班式在泉州师范学院举行，表彰30名泉州市第三届中小学名班主任培养对象和5名提名培养对象。

●泉州晋江国际机场地面桥载设备改造项目启动。

市政协党组（扩大）会议召开

市政协召开党组（扩大）会议，传达学习市委十二届五次全会精神，研究《中共泉州市政协党组关于认真学习宣传贯彻党的十九大精神的通知》《市政协机关学习宣传贯彻党的十九大精神工作方案》，研究《关于加强和改进人民政协民主监督工作的实施意见（代拟稿）》。市政协党组书记、主席陈灿辉主持会议并讲话，党组副书记李冀平、王瑞强，党组成员洪川夫、林志建、陈伟平参加。市政协副主席骆沙鸣、王祖耀列席会议。会议要求，全市各级政协组织和政协委员要学习贯彻中共十九大精神，把思想和行动统一到中共十九大精神上来，坚持以习近平新时代中国特色社会主义思想为指导，按照市委部署要求，围绕中心、服务大局，主动作为、履职尽责，在新时代展现新作为。要做好政协当前各项工作，圆满完成年度工作任务，精心谋划2018年重点工作，为服务“五个泉州”建设，决胜全面小康作贡献。要全面落实新时代党的建设总要求，加强政协机关党的建设，以新姿态开创政协工作新局面。

十二届市政协第四次主席会议召开

十二届市政协第四次主席会议召开，协商《关于召开泉州市政协十二届二次会议的决定（草案）》，讨论修改《十二届市政协常委会工作报告（讨论稿）》、《提案工作报告（讨论稿）》。市政协主席陈灿辉，副主席骆沙鸣、王祖耀、李冀平、王瑞强、洪川夫、林志建，秘书长陈伟平参加。陈灿辉强调，全市政协各级组织要主动作为，按照市委部署要求，把学习贯彻中共十九大精神和履行好政协职能结合起来，科学谋划2018年重点工作，以新姿态展现新作为。要做好市政协十二届二次会议筹备工作，务必按照责任分工和时间表，一环紧扣一环，调整细化工作方案，确保会议胜利召开；要梳理2017年各项工作安排，统筹抓好落实，高质高效地完成目标任务。

泉州市第三届中小学名班主任培训班开班

由市教育局、泉州市教育基金会主办，泉州晚报社协办的泉州市第三届中小学名班主任评选活动座谈会暨培训开班式在泉州师范学院举行，表彰30名泉州市第三届中小学名班主任培养对象和5名提名培养对象，名班主任培训研修同时启动。其中，30名泉州市第三届中小学名班主任培养对象分别获得8000元奖金，5名提名培养对象分别获得3000元奖金。此次获选的30名班主任培养对象和5名提名培养对象，是经过层层推荐、多轮评审选拔，从全市26000多名中小学班主任中遴选出来的，是各地各校德育工作的骨干。为提升名班主任的专业素养，发挥名班主任的示范、引领作用，市教育局委托泉州师范学院继续教育学院对名班主任培养对象进行为期一年的培训，采取集中学习和分散自学相结合的在职培训方式，培训周期为1年。具体培训形式包括理论学习、实践探索、考察交流、示范引领等。此次为第一次集中培训，持续到26日。

泉州绿色空港电能替代改造项目启动

泉州晋江国际机场地面桥载设备改造项目启动。地面桥载设备是在机场登机廊桥上安装静变电源和飞机地面空调机组，替代飞机发动机辅助动力装置，为停靠廊桥期间的飞机供电供气。相对使用航空煤油的发动机辅助动力装置，使用电能的桥载设备具有提效降耗、减少飞机尾气排放和噪声污染的特点，同时可以降低机场内的噪声。为推进绿色空港电能替代工作开展，泉州供电公司多次主动上门，最终与泉州晋江国际机场签订合作意向书，对机场内12号和13号廊桥进行改造，将建成2套95千伏安的静变电源和2套90冷吨的空调机组，总容量520千伏安。该项目投用后，泉州晋江国际机场停靠廊桥的飞机年能耗预计减少610.2吨标准煤，减少二氧化碳排放14.64吨。

“新时代 新风采”文艺巡演泉州专场举行

由省文化厅主办，市委宣传部、市直机关工委等协办的福建省“新时代 新风采”党的十九大精神宣讲文艺巡演在市区中骏世界城和泉州影剧院举行。演出内容包括诗朗诵《主心骨》、快板《思想灯塔》、相声《数字看变化》、歌曲演唱《绿水青山就是金山银山》、杂技《中国力量》、戏歌联唱《文化兴国运兴》、大型歌舞《新时代新征程》等，以艺术形式系统解读十九大报告，同时宣传福建的新作为、新风貌、新变化。

演出现场　　（图/陈智勇 周健行）

全市首个本土网约车平台领证

泉州首家自主研发出一个网约车平台（亲亲快车）的本土企业（晋江市旅游集散中心有限公司），取得网约车经营许可证，结束泉州网约车市场零自主平台的历史，意味着网约车实现无缝监管。该平台可接受拟从事网约车经营、符合资质条件的企业、车辆、驾驶员接入，系泉州首个自主的、拥有本地服务器的合法网约车平台，将为全市合法网约车提供24小时出行信息与安全管理服务。全市已有4家网约车平台公司获得网络预约出租汽车经营许可证，具备合法经营资质。已有1000多名驾驶员获得网络预约出租汽车驾驶员证，近500辆车向公安交警部门申请将车辆性质变更为网络预约出租汽车，120辆正在申请办理网络预约出租汽车运输证。

泉州市纺织鞋服职业院校联盟成立

泉州市纺织鞋服职业院校联盟成立大会暨第一届成员代表大会召开。联盟11所学校将通过“大手拉小手”，实现区域内职业教育优质资源共享、优势互补、协调发展，为区域产业转型升级提供技术技能人才支撑。联盟是在市教育局指导下，由泉州纺织服装职业学院牵头，联合晋江华侨职业中专、安溪华侨职业中专、石狮市鹏山工贸、晋江职业中专、惠安职业中专、永春职业中专、泉州市农业学校、福建工贸学校、泉州泉中职业学校、泉州双喜科技学校、石狮鹏程鞋服技术学校11家单位共同组建，是对区域职业院校“集群发展”模式的积极探索，标志泉州市在纺织鞋服类职业教育上，有了更好的平台。联盟将以提高泉州市纺织服装职业教育教学质量为核心宗旨，促进“做专、做特、做优”，打造一批紧贴区域产业发展需求的、具有区域特色的纺织服装类职业教育品牌专业。

海峡两岸高校毕业设计展颁奖仪式在华侨大学举行

2017海峡两岸高校毕业设计展颁奖仪式在华侨大学举行。经多轮公开展示、评选及最终答辩，从3296件海峡两岸高校毕业设计作品中诞生20强作品，分获“十佳”作品及优秀作品。此次高校毕业设计展旨在全面展现海峡两岸设计师风采，发掘和发现独具前瞻力、创造力、影响力的年轻设计师与设计作品与泉州市制造业融合对接，推动泉州市工业设计提升、产业转型与升级。此次高校毕业设计展依托于全国首个设计产业化平台矮凳网，运用“互联网+”思维，实现在线报名、在线展示、在线评选。此次高校毕业设计展自4月底启动以来，组委会联系中央美术学院、天津美术学院、广州美术学院、福州大学厦门工艺美术学院以及台湾艺术大学、台湾长庚大学、台北实践大学、台中科技大学、台湾亚洲大学等海峡两岸知名设计院校，至活动截止，共收到97所海峡两岸知名设计院校的3296件作品，其中祖国大陆地区2156件、台湾地区1140件。参展院校数量较2016年整体增长一倍有余，参展作品数较2016年增加20%。

11月24日

农历丁酉年十月初七
星期五
温度：11℃—15℃
小雨

●由省委宣传部作为指导单位、省文化厅主办，市委宣传部、市直机关工委、市文广新局等协办的福建省“新时代新风采”党的十九大精神宣讲文艺巡演在市区中骏世界城和泉州影剧院举行。

●泉州首家自主研发出一个网约车平台（亲亲快车）的本土企业（晋江市旅游集散中心有限公司），取得网约车经营许可证，结束泉州网约车市场零自主平台的历史，意味着网约车实现无缝监管。

●泉州市纺织鞋服职业院校联盟成立大会暨第一届成员代表大会召开。

●2017海峡两岸高校毕业设计展颁奖仪式在华侨大学举行。经多轮公开展示、评选及最终答辩，从3296件海峡两岸高校毕业设计作品中诞生20强作品，分获“十佳”作品及优秀作品。

●24—28日，由福建省全民健身领导小组、省体育局主办，福建省篮球协会、泉州市体育局承办的2017福建省全民健身运动会篮球总决赛在石狮市举行。

11月25日

农历丁酉年十月初八
星期六
温度：11℃—15℃
小雨

●康涛到德化县暗访脱贫攻坚成效。

●泉州市建立臭氧污染防治长效机制。

●2017年度泉州市教育基金会特殊教育专项基金发放仪式在泉州市盲聋哑学校举行。

●2017年环泉州湾国际公路自行车赛骑行采风摄影活动举行。

●25—27日，全国第九次民间集邮研究会联谊活动在丰泽区举行。

●泉州那尔多足球俱乐部有限公司与集美大学体育学院足球人才实训基地签约仪式暨那尔多足球训练基地授牌仪式，在北京师范大学泉州附属中学举行。

●福建省姓氏源流研究会朱氏委员会泉州分会成立大会在晋江市金玛国宾酒店举行。

康涛到德化县暗访脱贫攻坚成效

市长康涛到德化县暗访脱贫攻坚成效。结合宣传贯彻十九大精神，康涛随机查访乡、村基层，突击抽查部分贫困户，翻阅扶贫手册，对照台账询问帮扶资金和措施的落实情况。康涛还围绕乡村旅游开发、美丽乡村建设进行调研。康涛还察看桂阳乡腾源公司新能源开发环保节能项目，勉励企业生产质优价廉的环保燃料。

泉州市建立臭氧污染防治长效机制

《泉州市臭氧污染防治工作攻坚实施方案》印发。方案提出，泉州市将以挥发性有机物整治为着力点和突破口，建立臭氧污染防治长效机制。泉州市将强化挥发性有机物（VOCs）污染减排，推进氮氧化物（NOx）排放控制，实现重点源稳定达标排放，建立臭氧污染防治长效机制。攻坚目标为：2017年，臭氧污染加剧趋势得到遏制；力争到2018年，石化、化工、表面涂装、包装印刷等重点行业VOCs排放总量比2016年下降5%以上。

泉州市教育基金会特殊教育专项基金发放仪式举行

2017年度泉州市教育基金会特殊教育专项基金发放仪式在泉州市盲聋哑学校举行。100名优秀教师、200名学生、17位大学生和9位特困生，成为此次专项基金奖教奖学助学对象。其中，100名特教老师每人获5000元奖教金；200名贫困残障学生每人获1000元助学金；9名本科生获得各3000元奖学金，8名专科生获得各2000元奖学金；9名特困生每人获5000元资助。另外，专项基金对获福建省基础教育成果一等奖团队奖励20000元，对刚获福建省首届“最美教师”的付心知老师奖励5000元。

相关链接：2017年，全市特殊教育学校有11所，各类残疾儿童在校生数5373人，各类残疾儿童入学率达98.80%，其中特殊教育学校在校生有2003人（视障145人，听障368人，智障1245人，自闭症245人），在校教师500余人，有120多位残障学生考上大学继续深造。近年来，泉州市特殊教育事业取得显著成果。2015年泉州市成功申报全国特殊教育低视力医教结合改革实验区，2017年实验成果获福建省基础教育成果一等奖，系福建省特殊教育首次获奖，填补福建省特殊教育的空白。有两项科研课题被教育部确定为教育部重点课题。

环泉州湾国际公路自行车赛采风摄影活动举行

2017年环泉州湾国际公路自行车赛骑行采风摄影活动举行，由泉州晚报社摄影部征集的30名摄影师拍摄记录30余名参赛者的身影。参加此次采风的都是进入2017“泰禾广场”环湾赛骑行宝贝复赛的选手，来自各行各业，有舞蹈老师、瑜伽老师、专业歌手，也有来自华侨大学、泉州师院等学校的学生。他们将组建泉州第一支骑行宝贝团队，为“环湾赛”代言。骑行采风所用单车由摩拜单车提供。

“骑行宝贝”（图/卢吉勇）

全国第九次民间集邮研究会联谊活动在丰泽区举行

25—27日，全国第九次民间集邮研究会联谊活动在丰泽区举行。活动内容包括“海上丝绸之路”集邮论坛、全国各地集邮研究会工作展示交流会等。重点结合“一带一路”倡议，探究邮品中蕴含的厚重的海丝历史文化，感受东西方文化互动、文明相长的深刻影响；研究民间集邮组织在新形势下如何更好地发挥民间集邮组织作用；介绍民间集邮组织与集邮协会、集邮公司、社区、学校、企业等开展活动的成功经验等。

泉州市加快培育发展生态保护市场主体

泉州市出台培育发展环境治理和生态保护市场主体的实施意见，提出力争到2020年，全市节能环保产业总产值达240亿元，年均增长10%左右；培育一批具有重要影响力、带动力的环保龙头企业，打造一批聚集度高、优势特征明显的节能环保产业示范基地和科技转化平台。根据意见安排，下阶段泉州市将鼓励推行生态环保投资工程包、工业领域第三方治理、城乡环保基础设施一体化投资运营、生态修复保护综合服务、“互联网+”绿色生态等市场化环境治理和生态保护模式。同时，加快培育工业环境治理市场、城乡环境治理和环境公用设施市场、生态修复和保护市场、节能节水服务市场、环境资源权益及技术装备服务交易市场、生态环保设计咨询服务市场，通过一系列政策体系和保障措施营造公平竞争的市场环境。值得一提的是，泉州市将发挥政府资金的引导带动作用，采取投资奖励、补助、担保补贴、贷款贴息等多种方式，调动社会资本参与环境治理和生态保护领域项目建设的积极性。发挥泉州市产业股权投资基金对社会资本的撬动作用，研究设立绿色环保产业子基金，加大对环境治理和生态保护市场主体的股权投资力度。

泉州新增两个国家级工业设计中心

国家工业和信息化部发布通告，公布2017年国家级工业设计中心名单及通过复核的2013年、2015年国家级工业设计中心名单。泉州市有两个企业工业设计中心被确定为2017年新增国家级工业设计中心，分别是361°度（中国）有限公司研创服务中心和福建七匹狼实业股份有限公司工业设计中心。同时，福建恒安有限公司卫生用品工业设计中心、泉州迪特工业产品设计有限公司、九牧厨卫股份有限公司工业设计中心则通过国家级工业设计中心的复核。至此，全市已有国家级工业设计中心5家、省级工业设计中心16家、市级工业设计中心27家。

相关链接：国家级工业设计中心认定自2013年开始，每两年认定一次。申报的设计中心需要在行业内具有一定的规模优势和竞争优势，并且用于工业设计的投入处于行业领先水平，需要具有较强的创新能力和较高的研发投入，拥有一定数量的自主知识产权和自主品牌。

全市推广应用运输车辆抓拍识别系统

为完善渣土车安全管控平台应用，加强对渣土沙石运输车辆动态管理，防范滴洒漏、乱倾倒以及超速、超载等道路违规行为发生，市渣土办在全市范围推广应用施工现场车辆抓拍识别系统，建设项目杜绝违章运输车辆参与营运。各类在建项目开工前，必须在施工现场所有出入口安装使用车辆抓拍识别系统，实时登记进出运输车辆信息，报送市政公用、行政执法、公安交警、交通运输和安监等部门。施工现场应将车辆抓拍识别系统与工地大门、围挡、洗车台、三级沉淀池、道路硬化和远程视频监控摄像机等设施设备配套安装布设，同步启动使用。抓拍设备的具体数量、位置由建设单位牵头组织施工单位、监理单位和管控平台服务商确定。监控内容为车辆运输行为，重点监控渣土车车载卫星定位在线运行、渣土与建筑垃圾处置核准和车辆路线牌审批监管以及是否纳入管控平台的车辆等。

万维生邮票艺术研讨座谈会在泉州举行

“方寸不了情 邮海再扬帆”万维生邮票艺术研讨座谈会在泉州万维生邮票艺术馆举行。研讨座谈会上，与会专家畅谈万维生邮票艺术。中国文艺评论家协会会员、中国书法家协会会员朱伯华表示，万维生以艺术为人民服务的精神和锲而不舍地艺术创造热情一直受到人们的赞誉与怀念。万维生儿媳妇何梅表示，万维生深爱自己的家乡，生前将大部分重要作品献给泉州，今后要进一步运用好万维生邮票艺术馆和万维生邮票艺术研究会，讲好方寸故事，扩大万维生这一泉州独特文化符号的影响力。

11月26日

农历丁酉年十月初九
星期日
温度：14℃—19℃
阵雨

●泉州市加快培育发展生态保护市场主体。

●国家工业和信息化部发布通告，公布2017年国家级工业设计中心名单及通过复核的2013年、2015年国家级工业设计中心名单。泉州市有两个企业工业设计中心被确定为2017年新增国家级工业设计中心。

●全市推广应用运输车辆抓拍识别系统。

●“方寸不了情 邮海再扬帆”万维生邮票艺术研讨座谈会在泉州万维生邮票艺术馆举行。

●由丰泽区委宣传部、区文体旅游新闻出版局、华大街道办事处主办的“高唱革命歌·迈向新征程”首届花海音乐节在泉州鲜花港举行。

11月27日

农历丁酉年十月初十
星期一
温度：15℃—22℃
多云

●市委常委会召开会议，传达中共中央办公厅转发《中央宣传部、中央组织部关于认真组织学习〈习近平谈治国理政〉第二卷的通知》，研究泉州市学习贯彻意见；传达学习十九届中央全面深化改革领导小组第一次会议和省委常委会会议精神。

●市全面深化改革领导小组召开会议，研究《泉州市贯彻落实安全生产领域改革发展实施意见》。

●第四季度“促进项目落地、帮扶企业发展”活动周启动。

●市人大常委会召开党组会议，传达《中央宣传部、中央组织部关于认真组织学习〈习近平谈治国理政〉第二卷的通知》文件精神，传达贯彻市委十二届五次全会精神。

●陈灿辉、洪自强到永春县企业、项目一线开展第四季度“促进项目落地、帮扶企业发展”活动周调研。

●泉州银行与泉州文旅集团达成战略合作，并签署2017环泉州湾国际公路自行车赛赛事合作协议。

●由市体育局、泉州市文化旅游发展集团主办的“2017泰禾广场环湾赛骑行宝贝选拔”决赛举行。

●在香港佳士得2017秋季拍卖会上，“明代瓷圣”何朝宗创作的德化窑白釉渡海观音创下德化白瓷拍卖的世界纪录。

市委常委会会议传达中共中央办公厅通知

市委常委会召开会议，传达中共中央办公厅转发《中央宣传部、中央组织部关于认真组织学习〈习近平谈治国理政〉第二卷的通知》，研究泉州市学习贯彻意见；传达学习十九届中央全面深化改革领导小组第一次会议和省委常委会会议精神。会议指出，全市各级党组织和全体党员要把学习《习近平谈治国理政》第二卷和先期出版的第一卷作为学习领会习近平新时代中国特色社会主义思想的重要内容，认认真真学、原原本本学、联系实际学，用习近平新时代中国特色社会主义思想武装头脑、指导实践、推动工作。要将理论与实践相统一，坚定不移地推动习近平新时代中国特色社会主义思想落地生根、开花结果。会议要求，要压茬拓展重点领域改革广度深度，全面梳理承担的国家级、省级改革试点，完善项目化推进机制，健全任务台账，落实具体责任，及时总结提炼经验、转化成果、复制推广；多用改革的思维和办法破解难题、推动工作，自觉将上级的改革部署和承担的改革试点任务融入各部门、各方块的中心工作之中；加强对基层改革工作的协调、调度和指导，鼓励各县域开展差别化改革探索，争创更多样板和典型。

市全面深化改革领导小组会议召开

市全面深化改革领导小组召开会议，研究《泉州市贯彻落实安全生产领域改革发展实施意见》。会议要求，要深化改革创新，打造安全生产治理新格局。对照实施意见提出的责任分工、完成时限，抓紧细化本部门本单位承担的任务，明确具体时间表、路线图，确保70项改革清单逐一按节点推进、取得实效。尤其是涉及责任体系、依法治理、监管体制等重点领域和关键环节的改革，要上下联动、条块结合、重点推进。要突出严格管控，加强岁末年初安全生产各项工作。开展第三阶段安全生产大检查，针对性地抓好重点环节、领域隐患排查治理，推动安全生产形势持续稳定好转；紧盯矿山、危化品、交通运输、烟花爆竹、人员密集场所等重点行业领域，深查问题，彻查隐患，强化监管执法；对辖区内所有重大风险隐患、责令停产整顿、关闭取缔的企业，要逐一复查，逐企落实安全防范措施。

第四季度“促进项目落地、帮扶企业发展”活动周启动

第四季度“促进项目落地、帮扶企业发展”活动周启动。活动周期间，各相关市领导以贯彻落实中共十九大精神，年度各项目标实现预期、确保完成全年目标及做好2018年工作谋划作为指导督促重点，到企业和项目现场协调解决问题，通过看、听、议的方式督促检查各地工作进展情况，推动2017年各项目标任务保质保量完成。具体包括以下5个方面：一是了解各地2017年各项主要经济指标完成情况，与全年目标任务及序时进度的比较；经济运行存在的问题及分析。同时了解2018年经济工作初步安排计划。二是重点检查完成投资进度低于50%的项目、纳入全市第二批计划新开工项目、第二批征迁攻坚项目的进展情况，项目滞后的原因；参加所在地第四季度集中开竣工活动。三是了解各地招商引资计划进展情况、遇到的困难以及拟采取的应对措施。四是到现场了解企业生产经营情况，重点关注防范化解金融风险、企业资金周转、年终岁首生产销售以及创新驱动、转型升级等方面情况，现场召开办公会协调解决企业生产经营中的具体困难和问题。五是督促检查2017年前三季度活动周分解立项的需要帮助协调解决问题及意见建议的落实情况。

何朝宗作品创德化白瓷拍卖新世界纪录

在香港佳士得2017秋季拍卖会举行的“御苑·文心·匠艺——明代器物书画晚间拍卖”专场上，“明代瓷圣”何朝宗创作的德化窑白釉渡海观音以1600万港元落槌（含佣金的成交价为1930万港币，折合人民币约1633万元），超越2014年香港佳士得1444万港元成交的何朝宗渡海达摩像，创下德化白瓷拍卖的世界纪录。

市十六届人大常委会第六次会议召开

市十六届人大常委会第六次会议召开。会议审议和表决通过市人大常委会关于召开泉州市第十六届人民代表大会第二次会议的决定（草案），关于泉州市与俄罗斯迈科普市建立友好城市关系的决定；听取和审议关于研究处理《市人大常委会关于我市旅游业专项资金使用管理情况的审议意见》情况的报告，关于行政审批制度改革、加快简政放权、规范行政自由裁量权工作情况的报告，关于市住建局和卫计委关于实施重点项目情况的报告，关于2016年度财政审计发现问题整改情况的报告；开展行政审批制度改革、加快简政放权、规范行政自由裁量权工作情况的综题询问。

会议现场　　（图/王虎文）

会议强调，要以正式缔结友好城市为新起点，推动双方优势互补、交流合作、共同发展；要以人大关于泉州市旅游业专项资金使用管理情况的测评为契机，抓好问题整改，确保旅游专项资金得到规范、安全和高效使用；要深化审计成果运用，加强有效衔接，加大追责力度，提高预算和管理水平；要狠抓重点项目建设进度，加强督查督办，落细落实质量管理和安全生产各项要求；要强化责任担当和行动自觉，做好简政放权的“减法”、加强监管的“加法”和优化服务的“乘法”，做到审批更简、监管更强、服务更优。

康涛到南安市开展“促进项目落地、帮扶企业发展”活动周调研

市长康涛到南安市调研。在九都镇林坑村集中搬迁安置点，康涛要求各级各部门加快项目进度，特别要紧盯施工关键环节，严把工程质量关。在海丝泛家居线下体验中心“成功馆”，康涛冀望泛家居产业融入“一带一路”建设，加快产业融合发展，增强产业的整体竞争力。在建设中的南安市储备粮中心库，康涛强调，粮食安全事关经济发展与社会稳定全局，要盯紧抓好粮食仓储基础设施建设，分析进度滞后原因，推动解决实际困难。调研中，康涛强调，各级各部门要贯彻落实中共十九大精神，凸显责任担当，落实赶超跨越；要有大理想、大抱负，狠抓项目进度，促成一批重大项目落地生根、开花结果；要坚持以人民为中心的发展思想，加快补齐民生短板，满足人民日益增长的美好生活需要。

市公安机关首届警体运动会开幕

泉州市公安机关首届警体运动会在市公安局训练基地开幕。图为运动会开幕式。

（图/陈龙山）

西藏洛隆县教育系统师资培养泉州研修班开班

西藏洛隆县教育系统师资培养泉州研修班开班典礼在泉州幼儿师范高等专科学校永春校区举行。培训为期三周，分两个阶段进行：第一阶段是理论研修为主，第二阶段是观摩泉州优质学校为主。此次培训是福建省“十三五”对口支援洛隆县的教育培训项目，也是洛隆县教育系统第一次到泉州培训，旨在促进闽藏两地教师交流学习，学习先进教育理念和方法，借鉴成功的教育经验，为洛隆培养优秀的师资队伍。

11月28日

农历丁酉年十月十一
星期二
温度：19℃—25℃
多云

●市十六届人大常委会第六次会议召开，审议和表决通过市人大常委会关于召开泉州市第十六届人民代表大会第二次会议的决定（草案）等。

●市十六届人大常委会第十三次主任会议召开，讨论市政府和市检察院相关人事任免事项。

●康涛到南安市开展第四季度“促进项目落地、帮扶企业发展”活动周调研，检查项目开竣工情况，协调解决具体困难和问题。

●杨晓山到石狮市企业、项目一线开展第四季度“促进项目落地、帮扶企业发展”活动周调研。

●泉州市公安机关首届警体运动会在市公安局训练基地开幕。

●28—29日，市食品药品监督管理局举办泉州市重大活动食品安全保障技能竞赛活动。

●西藏洛隆县教育系统师资培养泉州研修班开班典礼在泉州幼儿师范高等专科学校永春校区举行。

●泉州市志愿者协会第二次会员代表大会召开。

●28—29日，鲁迅文学院第33届中青年作家高级研修班和海峡青年作家高级研修班百余名师生到泉州进行社会实践和采风活动。

11月29日

农历丁酉年十月十二
星期三
温度：20℃—27℃
多云

●泉州市领导干部学习贯彻中共十九大精神专题研讨班开班。

●全省食品药品网格化监管工作推进会在泉州召开。

●张永宁到泉州台商投资区企业、项目一线，开展第四季度“促进项目落地、帮扶企业发展”活动周调研。

●2017年第十一届中国专利周泉州地区活动在晋江市启动。

●鲤城公安分局与福建医科大学附属第二医院签约达成警医互助合作，开通民警应急医疗救治“绿色通道”。

●由石狮市委政法委、共青团石狮市委、石狮市公安局、石狮市青年商会主办的石狮市“青商杯”第五届全年无交通违法车辆（车主）颁奖仪式暨“12·2”全国交通安全日宣传活动举行。

泉州市领导干部学习贯彻十九大精神研讨班开班

泉州市举办8期领导干部学习贯彻中共十九大精神专题研讨班，对全市党员领导干部进行集中轮训。市委书记郑新聪出席第一期研讨班开班式并作开班报告。市长康涛主持开班式。

郑新聪指出，要抓好跨越发展重要任务，加快构建现代产业体系，力争2020年GDP近万亿元、工业总产值超2万亿元，基本形成传统、重化、高新三足鼎立，实现服务业占比超40%，农业集约发展、特色化规模化进一步提升。要坚决打赢脱贫攻坚战，把工作重心转到抓稳定脱贫、提高脱贫质量和解决因病因灾返贫、村集体经济薄弱等问题上，确保小康路上一个不掉队、一村不落伍。要践行以人民为中心的发展思想，实施民生社会事业补短板工程，力争2020年社会事业重点领域主要指标达到或高于全省平均水平。

郑新聪强调，全市各级党组织和党员干部要旗帜鲜明讲政治，把对党忠诚作为生命线和立身之本，把维护核心作为严守政治纪律、政治规矩的第一条，维护习近平作为党中央的核心、全党的核心的地位，维护以习近平同志为核心的党中央权威和集中统一领导。要牢记入党誓词，经常拧紧理想信念“总开关”，经常开展严肃、认真的党内政治生活，营造本地区良好政治生态。要领会新时代党的建设总要求，落实中共十九大关于把党的政治建设摆在首位、把制度建设贯穿始终、用新思想武装全党、夺取反腐败压倒性胜利、提升基层组织力、监察体制改革试点等重要部署。要正视管党治党方面存在的现实问题，抓牢抓实问题整改，推动全面从严治党向基层、向各领域延伸。

郑新聪要求，全市党员领导干部要肩负起学习宣传贯彻中共十九大精神的领导责任和政治责任，既要以身作则，带头学、带头讲，又要担负起组织、推动、督促的责任。自觉加强理论武装，把习近平新时代中国特色社会主义思想作为强大的思想武器和行动指南，更好地改造主观世界，提升政治理论水平，夯实理想信念。密切联系工作思考，把学习宣传贯彻与落实新福建蓝图结合起来，与落实省委十届四次全会、落实市委十二届五次全会部署结合起来。紧扣新时代新课题，着眼于提升政治素质和业务能力，铸就担当事业的“宽肩膀、真本领”。激发干事创业精气神，通过学习宣传贯彻，鼓舞、调动全市党员干部群众振奋精神，做好当前各项工作。

研讨班现场　（图/陈起拓）

第十一届中国专利周泉州地区活动启动

2017年第十一届中国专利周泉州地区活动在晋江市启动。开幕仪式上举行专利技术交易签约仪式、第三批泉州市知识产权示范企业授牌仪式、国家技术转移海峡中心晋江分中心揭牌仪式、高等院校和科研机构优秀专利项目信息发布、泉州市专利交易运营与布局工作交流会、企业知识产权战略管理与运用培训等一系列主题活动。专利周期间，泉州市还开展“知识产权入园进企”、专利执法专项活动、知识产权专题培训等活动。

鲤城区民警应急医疗救治“绿色通道”开通

鲤城公安分局与福建医科大学附属第二医院签约达成警医互助合作，开通民警应急医疗救治“绿色通道”。“绿色通道”开通后，在遇到公安民警因公负伤或紧急医疗救治等情况时，福建医科大学附属第二医院将进行快速、及时、高效的救治，提供优质医疗服务。签约仪式上，鲤城公安分局负责人表示，近年来，基层公安民警工作压力日益增加，因公负伤、患病的民警逐年增多，开通民警就医“绿色通道”，将有效解决民警后顾之忧，激发民警斗志，凝聚更为强大的战斗力。

市领导到丰泽洛江开展“促进项目落地、帮扶企业发展”活动周调研

市人大常委会党组书记陈万里、副市长卢炳椿带队走访丰泽区企业、项目一线调研。在新竣工的城东中学体育馆，市领导要求丰泽加快教育提质扩容，改善学校办学条件，促进教育教学水平提升。在泉州佳乐电器有限公司，市领导鼓励企业强化主体创新意识，促进泉州市“智慧城市”建设发展。针对福建南方路面机械有限公司提出的关于泉州医疗健康产业园建设方面的问题，以及东海法石片区改造项目安置工作所遇到的困难，市领导指出，丰泽区和相关职能部门要回应企业和群众所急所呼，统筹考虑并提出可行解决方案。

市委常委、统战部部长林万明到洛江区企业一线和项目建设现场调研。市领导要求，要加强经济指标调度，以开展“项目攻坚年”活动为抓手，持续推进项目进度，力争超额完成年度目标任务。针对进度滞后的项目，要认真分析原因，采取措施确保项目按时保质完成。

“海艺节”青年志愿者通用知识培训会举行

团市委在泉州师范学院举行海上丝绸之路国际艺术节青年志愿者通用知识培训会。培训邀请海艺节执委会综合组相关负责人、华侨大学专业教师、市外办业务科室负责人等为青年志愿者讲授全面、系统、专业的志愿服务基础知识和理念，外事服务礼仪礼节，志愿服务注意事项、安全须知及海艺节整体概况和活动安排等。团市委相关负责人介绍，为服务好海艺节，团市委从泉州师范学院、黎明大学、仰恩大学等高校选拔招募488名青年志愿者。青年志愿者们承担嘉宾记者接送、礼宾服务、会场服务、秩序维护、舞台监督保障、报到引导、通道指引、翻译介绍等志愿服务工作，服务地点遍及全市各大会场、活动现场、酒店及各县（市、区），展现泉州市青年一代的青春风采。

泉州市2017年世界艾滋病日主题宣传活动启动

由市卫计委、市计生协会、泉州市疾控中心、鲤城区卫计局和区计生协会等主办的泉州市2017年世界艾滋病日主题宣传暨“为爱益行”防艾徒步行、共抗艾滋旗帜传递启动仪式在市区府文庙广场、泉州经贸学院举行。活动内容包括“为爱益行”防艾徒步行、防艾行动共参与签名活动、防艾知识游戏活动、防艾义诊咨询活动、“你我共参与”防艾知识现场有奖竞猜和微信知识竞赛。活动旨在推动艾滋病防治示范区工作的深入开展，全面实现艾滋病预防、治疗、关怀和支持服务普遍可及的目标，动员社会各界参与防治工作，关爱艾滋病病毒感染者和病人及其家庭，消除歧视。根据《国家卫生计生委办公厅关于启动第三轮全国艾滋病综合防治示范区工作的通知》，鲤城区被国家卫计委确定为第三轮全国艾滋病综合防治示范区。

泉州首创公证处参与法院业务

鲤城区法院与泉州市通淮公证处诉讼与公证对接合作协议签约仪式举行。法院携手公证处开展诉讼与公证协同创新，在泉州尚属首次，作为省高院指定的试点之一，鲤城区法院在泉州率先先行先试。按照合作协议，通淮公证处将参与法院的五项业务：参与调解、参与送达、参与取证、参与保全、参与执行。

11月30日

农历丁酉年十月十三
星期四
温度：15℃—22℃
阴

●陈万里、卢炳椿走访丰泽区企业、项目一线，结合宣传贯彻中共十九大精神，开展第四季度“促进项目落地、帮扶企业发展”活动周调研，了解企业生产经营和项目建设进展，帮助协调解决困难问题。

●林万明到洛江区企业一线和项目建设现场开展第四季度“促进项目落地、帮扶企业发展”活动周调研。

●团市委在泉州师范学院举行海艺节青年志愿者通用知识培训会。

●由市卫计委、市计生协会、泉州市疾控中心、鲤城区卫计局和区计生协会等主办的泉州市2017年世界艾滋病日主题宣传暨“为爱益行”防艾徒步行、共抗艾滋旗帜传递启动仪式在市区府文庙广场、泉州经贸学院举行。

●“美好青春我做主，红丝带校园行”——第三十个“世界艾滋病日”主题宣传活动在泉州师范学院举行。

●161名中国旅客搭乘印尼苏拉维加亚航空公司航班抵达泉州晋江国际机场，此系因火山喷发致印尼巴厘岛努拉雷国际机场临时关闭后，福建省第一批从巴厘岛回国的旅客。

●鲤城区法院与泉州市通淮公证处诉讼与公证对接合作协议签约仪式举行。法院携手公证处开展诉讼与公证协同创新，在泉州尚属首次。

12月1日

农历丁酉年十月十四
星期五
温度：14℃—20℃
阴—多云

●郑新聪到晋江开展第四季度活动周调研。翁祖根、季翔峰带队到鲤城区企业一线和项目建设现场开展专题调研。陈铁晗带队到德化县企业、项目一线开展调研，协调解决相关问题。

●2017年度福建省乡村（城市）学校少年宫成果展示活动（泉州专场）在惠安县举办活动期间，还举行泉州市《海丝文明礼仪读本》首发仪式。

●泉州市智能制造职业院校联盟成立大会举行。

●2017年马来西亚海外华裔青少年“中国寻根之旅”冬令营黎明职业大学“海丝”文化体验营举行开营仪式。

●泉州市南音传承中心在泉州南音艺苑献演南音专场，中国曲艺牡丹奖新人奖获得者庄丽芬等携手上阵，演唱南音创新作品《将进酒》。

●著名旅港泉州籍企业家、金威集团董事长蔡金榜在洛江庆祝八十大寿时，向泉州市慈善总会和洛江教育基金捐赠800万元。

郑新聪等市领导开展第四季度“帮促扶”活动周调研

市委书记郑新聪带队到晋江，深入宣传贯彻中共十九大精神，督促落实省委十届四次和市委十二届五次全会部署，结合项目集中开竣工，开展第四季度活动周调研，协调解决项目和企业具体困难。调研中，郑新聪走进车间，与企业负责人深入交流，鼓励企业专注主业、做大规模，发扬工匠精神，打造优质品牌。对企业提出的申报技改补助等事项，他当即要求相关部门协调落实。

市委常委、秘书长翁祖根，副市长季翔峰带队到鲤城区企业一线和项目建设现场开展专题调研。在新天·城市广场，市领导听取项目情况汇报，针对项目方提出的开业期间设置临时停车场、疏散人流车流、改造公交线路等问题，市领导要求公安、交警、市政公用部门以及区政府等联合召开现场协调会，做好安全方面的预案，企业安保力量要配齐，确保开业期间的安全秩序。在日舜物流中心，市领导鼓励企业创新模式、提升管理，助推鲤城区仓储物流业转型升级。在福建立信换热设备制造股份公司，针对企业提出的工业用地审批问题，市领导要求相关部门尽快研究解决。在泉州佰源机械科技股份有限公司，市领导对企业加强创新研发表示肯定，要求经信部门、区政府相关部门做好服务工作，主动将“数控一代”等相关扶持政策宣传、解读到位，引导企业用好各项优惠政策，助推企业发展。

市委常委、宣传部部长陈铁晗带队到德化县企业、项目一线开展调研，协调解决相关问题。在德化同鑫陶瓷的生产车间，市领导与企业负责人深入交流，鼓励企业注重产品研发和经营创新，打造优质品牌。对于企业发展过程中遇到的问题，市领导要求相关部门多为企业出谋划策，协调解决。在艺都花苑安置工程项目，市领导一边听取项目情况汇报，一边叮嘱相关部门及时跟进企业需求，解决相关问题。在兴泉铁路德化段戴云山1号隧道出口，市领导详细了解建设情况，要求施工单位及相关部门要把安全生产措施贯穿到施工的每一个环节中，落实各项安全措施，确保项目安全平稳推进。调研期间，市领导还走访看望了挂钩优秀人才，协调解决相关问题。

福建省乡村（城市）学校少年宫成果展示活动在惠安举办

2017年度福建省乡村（城市）学校少年宫成果展示活动（泉州专场）在惠安县举办，活动期间还举行泉州市《海丝文明礼仪读本》首发仪式。展演活动分室内和室外，室内展演有12个节目，包括经典诵读《吟腔诵调品经典》、拉丁舞、民俗表演、南音表演、乐器表演、武术表演等；室外展演10个，有街舞、花样篮球、影雕、烙画、抖空竹等。《海丝文明礼仪读本》对全市中小学生和未成年人学习良好文明礼仪规范，争做践行社会主义核心价值观先行者具有很好的现实意义，书中内容主要围绕中小学生的仪容仪表、待人接物以及公共礼仪等方面的文明礼仪进行整理和概括。

相关链接： 全市建成乡村（城市）学校少年宫300多个，投入建设资金约8000万元。除此，各地各学校少年宫还重视闽南文化，积极引进南音、高甲戏、梨园戏、提线木偶、灯谜、石雕、茶艺、纸编、香道等，基本做到“一宫一特色”。

马来西亚海外华裔青少年“中国寻根之旅”冬令营开营

由国务院侨务办公室主办，福建省人民政府侨务办公室、泉州市人民政府外事侨务办公室、黎明职业大学承办的2017年马来西亚海外华裔青少年“中国寻根之旅”冬令营黎明职业大学“海丝”文化体验营举行开营仪式。37名马来西亚海外华裔青少年在泉州期间，学习书法、茶艺、陶瓷、武术、国画，踏访中国闽台缘博物馆、海外交通史博物馆、闽南文化展示中心、开元寺、市区府文庙、清净寺、晋江五店市等，参加中马青年国际辩论友谊赛，开启文化交流、学习、寻根之旅。

环泉州湾国际公路自行车赛举行

2—4日，由中国自行车运动协会、福建省体育局、泉州市人民政府主办，泉州市体育局、泉州文化旅游发展集团有限公司承办的环泉州湾国际公路自行车赛在举行。来自欧洲、亚洲、大洋洲、非洲以及国内的18支顶级职业自行车队、108名运动员参加比赛。此次环泉州湾国际公路自行车赛以“海丝·青山（茶山）·古城·文旅”为主题，实现赛段央视体育频道（CCTV5）直播，赛事全程分为三天三个赛段，分别围绕“海、山、城”三条主线展开，穿越泉州府城、崇武古城、永宁卫城等三个古城，串联古泉州（刺桐）史迹申遗点，跨越两条江、环大泉州湾，途经鲤城区、丰泽区、洛江区、石狮市、晋江市、南安市、惠安县、安溪县、泉州台商投资区9个县（市、区），总里程约287.6千米。赛段途经各县（市、区）协办，泉州环湾文化体育投资有限公司运营，比赛等级为UCI2.2，18支国内外高水平职业车队参赛，分享12万美元赛事奖金。

2日，环泉州湾国际公路自行车赛开赛。市领导康涛、林锦明、周真平、卢炳椿、李冀平，国际自行车联盟主裁、省体育局相关负责人等参加启动仪式。首日进行的是第一赛段比赛，围绕主题“海”展开，从惠安崇武文化广场到晋江金井洋下村口，线路总长度约84千米。随着发令枪响，18支顶级车队98名车手从惠安崇武文化广场竞相驶出。经过一个多小时的激烈争夺，来自英国单车频道峡谷洲际队的车手哈里·坦菲尔德在终点单骑冲线，以1小时38分47秒的优异成绩夺得第一名。比赛当天，主办方在启动仪式前准备精彩的节目表演和互动环节，《青春飞扬》《大红灯笼》《惠女风情》《牛仔Rap》等节目让现场气氛高潮迭起。

3日，2017环泉州湾国际公路自行车赛移师安溪。18支国内外优秀的职业车队在“山线”赛段展开激烈角逐。环湾赛第二赛段整条线路都在安溪境内，线路总长度约111.4千米。随着发令枪响，18支顶级车队的车手从安溪茶博汇会展中心开拔，途经参内、凤城、城厢、官桥、虎邱、西坪、尚卿、湖头、金谷、蓬莱等多个乡镇，车手们在一浪又一浪茶乡人热情的助威声中，一路翻山越岭、爬坡过坎、奋力冲刺，最终抵达终点国家4A级景区清水岩景区。经过近3个小时的骑行，来自英国单车频道峡谷洲际队的马克思·斯特德曼以2小时51分37秒拿到赛段冠军。

4日，环湾赛进入以“城”为主题的九日山景区—泉州海丝艺术公园第三赛段，全程约90千米，属于平路赛段，也是此次比赛唯一一个可以让观众集中欣赏车队集团高速绕圈骑行的赛段。赛段充分展现城市风光，包括海峡体育中心、洛阳桥、滨海公园、海丝艺术公园等。在最终的冲刺中，拉脱维亚瑞图银行洲际队戴恩夺得冠军。

随着第三赛段的结束，此次赛事完美收官，英国单车频道峡谷洲际队的马克思·斯特德曼获得个人成绩总冠军，最佳团体总成绩属于厄尔特里亚国家队。

比赛现场　　　　（图/晚　报）

蔡国强在美国爆破《彩色蘑菇云》

泉州籍著名艺术家蔡国强在美国芝加哥大学成功爆破《彩色蘑菇云》。此次白天爆破计划由芝加哥大学公共艺术策展人劳拉·斯图尔特策划。在该校实验室旧址上空，借助科技晶片弹定位技术，炸出一朵75米高的“彩色蘑菇云”。爆破吸引数千观众共同见证，活动还通过网络进行现场直播。

12月2日

农历丁酉年十月十五
星期六
温度：15℃—21℃
晴—多云

●2—4日，环泉州湾国际公路自行车赛在举行。

●世界中学生运动会筹办工作推进会召开，全面安排部署赛事筹办工作。

●泉州籍著名艺术家蔡国强在美国芝加哥大学成功爆破《彩色蘑菇云》。

●作为“2017年环泉州湾国际公路自行车赛”的配套比赛项目，“2017年探索泉州——中国（泉州）全能定向公开赛”徒步定向赛在泉州侨乡体育馆开幕，近2000名选手参加此次比赛。

12月3日

农历丁酉年十月十六
星期日
温度：16℃—23℃
晴—多云

●康涛会见泉州籍乡亲——菲律宾总统中国特使、菲律宾宋庆龄基金会董事长、上好佳（国际）有限公司荣誉董事长施恭旗。

●中央电视台综艺频道《群英汇》栏目邀请泉州市艺术馆组织泉州市多个群众文化团体晋京参加节目录制。

●2017年泉州市青少年机器人电视大赛在泉州市科技馆开幕。

●泉州古建筑修缮工程队伍进驻南安中宪第，对中宪第展开修复工作，工程计划用时480天。

康涛会见泉州籍乡亲施恭旗

市长康涛会见泉州籍乡亲——菲律宾总统中国特使、菲律宾宋庆龄基金会董事长、上好佳（国际）有限公司荣誉董事长施恭旗及其家族成员一行。康涛对施氏家族成员一行回乡寻根谒祖、参观访问表示欢迎，感谢他们多年来对祖籍国和家乡建设的贡献，希望他们一如既往支持泉州发展，进一步促进中菲交流合作。康涛向施恭旗赠送施氏家族家谱。

央视综艺频道邀请泉州多个群众文化团体参加节目录制

中央电视台综艺频道《群英汇》栏目邀请泉州市艺术馆组织泉州市多个群众文化团体晋京参加节目录制，长达一个多小时的专场节目对泉州海丝文化建设成果进行全方面的展示。此次节目内容丰富多彩，各具特色，包括开场舞蹈《生活就是舞台》、群舞《惠女·惠女》、惠女服饰展示《美丽的惠安女》、泉州拍胸舞《拍胸舞》、提线木偶戏《驯猴》、闽南语歌曲《爱拼才会赢》和《望春风》、南少林武术《少林之光》等，较全面地展示泉州文化。参加录制的群众文化团体包括泉州幼儿师范高等专科学校、泉州市提线木偶戏传承保护中心、泉州市闽南民间歌舞传承中心、泉州少林寺武僧团、泉州市拍胸舞协会、晋江市青年艺术团等。《群英汇》以群众业余文艺团体节目展示为亮点，讲述老百姓平凡而真实的文化生活故事。每个展演节目通过现场观众打分，最终得分最高的节目胜出返场，一段时间后该栏目再组织返场节目重新制作专场展示。在此次泉州专场演出中，提线木偶戏《驯猴》以满票胜出。此外，其余的节目得票率几乎都在90%以上，泉州拍胸舞、惠女舞蹈、闽南语歌曲等都深受观众喜爱。

泉州青少年机器人电视大赛开赛

由市科协、市教育局等单位主办的2017年泉州市青少年机器人电视大赛在泉州市科技馆开幕。活动旨在通过活动培养青少年的科技创新精神和动手实践能力，鼓励广大青少年机器人爱好者在信息、自动控制等领域学习、探索、研究和实践，强化团队合作精神，提高青少年的科学素质。比赛以“放飞中国梦，快乐共成长”为主题，来自全市的111支队伍243人参加4个竞赛项目的角逐。其中“综合技能比赛”22队44人，“WER创新工程赛”21队42人，“FLL工程挑战赛”57队114人，“VEX工程挑战赛”11队43人。

南安中宪第修复工作启动

泉州古建筑修缮工程队伍进驻南安中宪第，对中宪第展开修复工作，工程计划用时480天。远近闻名的南安石井中宪第古厝迄今有280多年的历史，整体结构保存较为完整。2013年，中宪第获批成为国家级文物保护单位。由于年代久远，中宪第古厝木质部分遭白蚁侵蚀严重，出现屋顶坍塌、墙体脱落等情形，存有不少隐患。中宪第修复是个巨大的工程，在确保维修范围内一切文物安全的基础上，施工队伍将按要求修缮中宪第的主厝、后落、万化堂、书轩等，根据维修方案，先开始修复的是后落。屋顶部分的大脊和一些完好的椽、柱等旧木料，尽量保留，能利用起来的也会锯短；内墙方面脱落、开裂的进行仿古修复；损毁的木窗也是修旧如旧；屋内、天井、过道等处的地板也将尽量保留原有的石头特色。修缮工程严格遵守不改变文物原状的原则，尽可能真实完整地保存中宪第的历史原貌和建筑特色，在维修过程中以现有传统做法为主要修复手法。此次修缮要求新旧材料均应进行防虫和防腐处理。

南安中宪第　（图/资料图片）

市人大常委会召开中共十九大精神读书班

4—5日，市人大常委会召开学习贯彻中共十九大精神读书班暨工作务虚会，推动学习宣传贯彻中共十九大精神深入开展，务虚谋划2018年人大工作。市委书记、市人大常委会主任郑新聪出席开班式并作动员讲话。市人大常委会党组书记陈万里主持开班式，副主任张建生、朱团能、曾巍、许文贵、吴友才、蔡思红，秘书长欧阳秋虹，各县（市、区）人大常委会主任参加会议。其间，与会人员听取党的十九大精神和新党章专题辅导讲座，各县（市、区）人大常委会主任、市人大常委会各工委室主任作交流发言。

郑新聪动员讲话中指出，首先要明确“为什么学”的问题。加强学习型人大建设，是贯彻中共十九大关于健全人民当家作主制度体系、发展社会主义民主政治重大部署的必然要求。要借助读书班平台，切实学懂弄通做实十九大精神，练就“宽肩膀、真本领”，更好地全面履行宪法法律赋予的职责，更好地贯彻落实中央、省委和市委的重要决策部署。要明确“学什么”的问题。认真学习领会习近平新时代中国特色社会主义思想，提高做好人大工作的政治站位和理论水平。加强对法律知识、城市建设等专业知识的学习，提升依法履职能力。落实市委全会提出的构建“1234”现代产业体系、打赢脱贫攻坚战、实施补短板“四心”工程等工作部署，认真思考找准人大工作的切入点、结合点、发力点。要明确“怎么学”的问题。坚持领导干部带头学、带头讲，注重创新学习载体，结合履职活动选定学习题目、建立人大学习专家库等，真正学有所悟、学有所得，取得实实在在的成效。

读书班现场　　（图/王虎文）

温惠榕林锦明分别到安溪和泉州开发区开展活动周调研

市委常委、市纪委书记温惠榕带队到安溪县企业一线和项目建设现场开展专题调研。在安溪铁观音集团，市领导来到安溪铁观音集团陈年铁观音仓库和制茶工艺大师工作室，详细了解茶叶制作工艺。市领导勉励企业提升茶叶品质，引入现代企业管理理念和技术，更加注重技术创新、更加注重食品安全，以实现茶产业转型升级。在茂雄生物农业科技产业园项目，市领导要求相关部门和项目业主要在保障质量安全的前提下加快项目建设进度，力促项目早建成、早投产、早受益。

市委常委、政法委书记林锦明带队到泉州开发区企业、项目一线开展调研，协调解决相关问题。市领导参加当天举行的2017年项目攻坚年第四季度集中开竣工仪式，要求要逐一对照年度工作要求，严格落实指标进度，全力以赴完成全年目标任务，统筹科学谋划2018年发展计划，确保开好局、起好步。在安记食品股份有限公司，市领导鼓励企业加大创新力度，推出丰富多样的组合产品；参与行业标准制定，努力掌握发展话语权；持续开拓国内外市场，与世界分享安记味道。

12月4日

农历丁酉年十月十七
星期一
温度：13℃—21℃
多云

●4—5日，市人大常委会召开学习贯彻中共十九大精神读书班暨工作务虚会。

●温惠榕带队到安溪县企业一线和项目建设现场开展专题调研。

●林锦明带队到泉州开发区企业、项目一线开展调研，协调解决相关问题。

●中国第四个“国家宪法日”，由市依法治市办、市司法局等单位主办的“学习贯彻中共十九大精神，维护宪法权威”泉州市2017年国家宪法日专场活动在市区泉州商城广场举行。

12月5日

农历丁酉年十月十八
星期二
温度：11℃—18℃
多云

●市委书记郑新聪、市长康涛分别率队到驻泉部队，召开科技文化拥军现场办公会，推动中共十九大精神进军营，帮助部队解决实际困难。

●郑新聪带队实地检查第三届海上丝绸之路国际艺术节筹备工作进展情况，召开专题会听取工作汇报。

●泉州社区营造工作总结推进会召开。

泉州市科技文化拥军现场办公会召开

市委书记郑新聪、市长康涛分别率队到驻泉部队，召开科技文化拥军现场办公会，推动中共十九大精神进军营，帮助部队解决实际困难。副市长季翔峰，泉州军分区政委刘建军，晋江、南安、惠安及市直有关单位负责人，驻泉部队领导等参加办公会。

郑新聪代表泉州市委、市政府、泉州军分区，对部队2017年以来军改和建设取得的可喜成绩表示祝贺，向长期关心支持泉州事业发展的广大官兵表示衷心感谢。他说，近年来，驻泉部队坚决听从习近平主席和中央军委指挥，认真贯彻新形势下军事战略方针，有力有序推进国防和军队各项建设。广大官兵主动融入“五个泉州”建设，给予地方全力支持，在抢险救灾等急险关头冲锋在前，有力保障了人民群众生命财产安全。

郑新聪指出，中共十九大着眼于国家安全和发展战略全局，对国防和军队现代化作出一系列战略安排。认真学习宣传贯彻十九大精神，是人民军队坚决听党指挥、维护核心最实际的体现。要坚持用习近平新时代中国特色社会主义思想武装头脑，牢固确立习近平强军思想指导地位，把学习贯彻成效转化为加强思想政治建设、持续深化改革、聚力备战打仗、全面从严治军的思路举措，推动强军事业在习近平强军思想引领下阔步前行。

郑新聪表示，泉州市委十二届五次全会，把军民融合深度发展列入工作重点。全市上下将全力争创全国双拥“九连冠”，继续发扬双拥优良传统，健全拥军现场办公、资金投入、项目建设等机制，更好服务国防和军队改革大局。持续推进军民融合深度发展，鼓励企业、科研院所主动对接部队需求，开拓“民参军”市场，努力为强军事业多作贡献。

康涛指出，泉州素有拥军优属、拥政爱民的优良传统，在军地双方的共同努力下，7月，泉州及其11个县（市、区）获得新一轮省级双拥模范城（县），实现满堂红“三连冠”目标，命名数量居全省首位。要深入贯彻新时代党的强军思想，弘扬拥军优属的优良传统，在促进融合、整合资源、强化保障等方面加大力度，全力支持部队建设和发展。希望广大官兵继续支持和参与泉州各项建设，与驻地人民齐心协力、携手并肩，巩固和发展同呼吸、共命运、心连心的新时代军民关系，为加快“五个泉州”建设作出新的更大贡献。

驻泉部队领导介绍部队一年来的建设情况。他们表示，部队所取得的成绩和进步，离不开泉州各级党委、政府的关心支持，承载着驻地人民群众的深情厚谊。广大官兵将进一步发扬拥政爱民的光荣传统，与驻地人民携手开创现代化泉州建设新局面。

郑新聪检查第三届海上丝绸之路国际艺术节筹备工作情况

市委书记郑新聪带队实地检查并召开专题会，听取筹备工作进展情况汇报。市领导翁祖根、陈铁晗、卢炳椿、季翔峰、李冀平等参加活动。郑新聪一行实地查看府文庙、海峡体育中心等展馆、场馆及沿线氛围布置，了解节目排练、场馆布展等进展情况。

郑新聪强调，展馆、场馆布置要逐个环节过细，电力、消防等部门要提前介入、及时消除隐患，确保安全；同时，要抓好城市环境整治提升，充分调动媒体进行立体宣传，倡导“做文明市民、迎海丝宾客”，精心营造凸显海艺节主题特色的城市氛围，全面展现良好的城市品位和人文风貌。

在听取汇报后，郑新聪指出，此届海艺节是十九大后泉州市承办的第一场国家级活动，也是2017年最后一场“主场文化活动”“压轴戏”，各级各相关部门要发扬良好工作作风，毫不懈怠、再接再厉，确保交出一份满意的答卷。要全面进入实战状态，逐项过细冲刺筹备任务，抓好重点项目、重要环节的沟通和衔接，布置精致、演出精彩，打造亮点。要穷尽预测，完善细案预案，开展仿真演练，加强现场检查巡查，及时整改提升。要办成“艺术的盛会、人民的节日”，坚持文化惠民，重心向基层一线倾斜，让老百姓有参与感、获得感。要坚持节俭办节，做到既热情周到又规范专业，确保服务保障工作细致完善。要守土有责、守土尽责，抓好现场安保、风险隐患排查化解、舆论引导等，统筹做好医疗保障及食品安全、卫生消杀等工作，营造团结稳定祥和向上的社会环境。

“泉州芯谷”获福建省政府批复设立

福建省人民政府正式批复，同意在泉州设立省级半导体高新技术产业园区，定名为“福建（泉州）半导体高新技术产业园区”（简称“泉州芯谷”）。泉州结合“十三五”规划，提出规划建设福建（泉州）半导体高新产业园区，旨在培育产值超千亿元的半导体产业集群，打造经济新增长极。“泉州芯谷”整合晋江、南安、安溪的三个产业园区，核定总规划面积1480.91公顷。其中，晋江集成电路产业园区，规划面积604.78公顷；南安高新技术产业园区，规划面积661.43公顷；安溪湖头光电产业园区，规划面积214.70公顷。

作为“泉州芯谷”核心区的南安园区，将以化合物半导体为重点发展方向，集聚产业链上下游企业，最终形成化合物半导体全产业链体系。南安园区位于该市石井镇，范围涵盖该镇院前、杨山、溪东、岑兜、老港、淘江、前坂、西福等8个村，布局建设“半导体产业核心区、后井生态休闲区、芦青科教区、中央商务区、配套居住与物流集散区、滨海总部花园与运动度假区”等6个功能分区，规划建设高铁、城际轨道、城市地铁、高速路、快速路，将投入60亿元修建11条园区联结道路，未来园区半径50公里范围内将形成“5个机场、5个港口、5个动车站、5条连接厦门与泉州的快速通道”，并配套科研、教育、医疗、物流、商超、公建等项目，致力打造一个“港产城”高端融合发展的高新技术产业园区。

第十届世界安溪乡亲联谊会开幕

6日，以“根脉相连，共融发展”为主题的第十届世界安溪乡亲联谊大会在安溪开幕。市委书记、市人大常委会主任郑新聪出席开幕式并致辞。市人大常委会副主任吴友才，市政协副主席林志建，市政府领导陈荣洲，以及500多名安溪籍海内外乡贤等参加活动。郑新聪代表市四套班子向大会的召开表示热烈祝贺，向与会的海内外乡亲致以亲切问候。通过听乡音、忆乡愁、叙乡情、观乡景系列活动，进一步增强海内外安溪乡亲的归属感、认同感。活动期间，编制《第十届安溪乡亲联谊会项目投资手册》，举办“砥砺奋进跨越发展——腾飞的中国茶都”图片展，发布《第十届世界安溪乡亲联谊大会宣言》。此次联谊大会的一大重头戏是，对42位2005年以来捐赠安溪县公益事业累计达500万元以上的单位和个人进行表彰，其中海外侨胞及港澳台同胞19人，内地各界人士23人。此次大会是自1992年世界安溪乡亲联谊大会创会以来第五次在安溪举办，距上次在安溪举办时间已隔十年。这是一次展示安溪发展新成就的盛会，是一次增进安溪乡亲大团结的盛会，是一次助推安溪发展迈进新时代的盛会。

联谊会现场　　（图/陈龙山）

12月6日

农历丁酉年十月十九
星期三
温度：11℃—18℃
多云—晴

●福建省人民政府正式批复，同意在泉州设立省级半导体高新技术产业园区，定名为“福建（泉州）半导体高新技术产业园区”。

●第十届世界安溪乡亲联谊大会在安溪开幕。

●泉州市成立重大动物疫病防控延伸绩效管理领导小组，对各县（市、区）、泉州台商投资区2017年度全市重大动物疫病防控延伸绩效管理进行考评。

12月7日

农历丁酉年十月二十
星期四
温度：12℃—21℃
阴—多云

●市委、市政府出台《泉州市生态环境保护工作职责规定》，职责规定明确各级党委、政府及部门生态环境保护工作职责。

●孔繁军带队到惠安企业一线和项目建设现场开展调研，协调解决相关问题。

●中美电视节“金天使奖”颁奖典礼在美国洛杉矶派拉蒙影业举行，26集电视剧《马兰谣》获中美电视节十大“金天使奖”连续剧。

●由华侨大学旅游学院、市社科联、市餐饮行业协会主办的“闽南小吃的海丝基因：传承与创新”研讨会在泉州举行。

泉州市生态环境保护工作职责规定出台

市委、市政府出台《泉州市生态环境保护工作职责规定》（以下简称“职责规定”），职责规定明确各级党委、政府及部门生态环境保护工作职责，以列明环保责任清单的方式，划定环保“责任田”，为落实环保“党政同责”“一岗双责”、构建大环保工作格局提供制度保障。相比此前各级政府和市直部门的环保“一岗双责”，职责规定对责任主体的覆盖横向更广、纵向更深。职责规定明确，地方党委、政府对本辖区生态环境保护及环境质量负总责，环保部门实施统一监管，其他有关部门在各自职责范围内履行生态环境保护责任。横向上新增了党委工作职责，将生态文明建设考核评价结果以及各部门履职情况，作为经济社会发展综合评价和党政领导政绩考核的重要内容，实施党政领导干部生态环境损害责任追究制度，实行终身追责制；纵向上把适用对象从市级拓展至乡镇（街道），打通了环保履职的“最后一公里”。根据泉州市当前生态环境保护工作重点，职责规定在省委、省政府相关文件的基础上，新增政府及有关部门的工作职责。

孔繁军到惠安开展活动周调研

市委常委、组织部部长孔繁军带队到惠安企业一线和项目建设现场开展调研，协调解决相关问题。在惠东建筑产业化基地，市领导指出，装配式建筑项目符合国家政策和产业导向，各级各有关部门要主动靠前服务，加强政策引导，发挥“有形之手”作用，协调解决项目落地建设之所需。同时，企业要坚持以市场需求为导向，通过发挥主观能动性，积极适应市场。随后，市领导来到惠东食品产业园，察看麦王食品项目。市领导详细了解企业发展情况，勉励企业安全、环保生产，努力做大做强，为泉州经济社会发展作出新贡献。调研期间，市领导还参加惠安县第四季度部分重点项目集中开工活动。

《马兰谣》获“金天使奖”

中美电视节“金天使奖”颁奖典礼在美国洛杉矶派拉蒙影业举行，26集电视剧《马兰谣》获中美电视节十大“金天使奖”连续剧。此届中美电视节共有超过500部优秀中美影视剧参展。获奖作品电视剧《马兰谣》以永春籍中国工程院院士、中国人民解放军少将、爆炸力学工程技术专家、2012年感动中国人物之首林俊德（1938—2012）为创作原型，真实讲述林俊德52年扎根大漠戈壁，参加中国全部核试验任务，为国防和军队现代化建设作出卓越贡献的人生历程。

《马兰谣》剧组于2015年1月到永春取景，剧中展示多个“永春元素”：闽南绝无仅有的长廊屋盖梁式桥东关桥、俯瞰桃源的城中胜地留安山、林俊德院士出生地介福乡等。

电视剧《马兰谣》剧照　（图/泉州晚报社）

闽南小吃研讨会在泉州举行

由华侨大学旅游学院、市社科联、市餐饮行业协会主办的“闽南小吃的海丝基因：传承与创新”研讨会在泉州举行。全市文化界和餐饮界人士畅谈闽南小吃传承创新，助力海丝文化发展。与会人员表示，闽南小吃历史悠久，承载非常优秀的闽南传统文化，在传承和展现属地文化方面发挥重要的作用。中国烹饪大师程振芳在“闽南小吃介绍”主题中，阐述闽南小吃的烹饪方法与四季饮食习俗的关系。

市委常委会召开会议传达贯彻习近平总书记重要指示精神

市委常委会召开会议，传达贯彻《中共福建省委关于认真贯彻习近平总书记重要指示大力学习弘扬“红船精神”的通知》。市委书记郑新聪主持会议，市委常委参加会议，市人大常委会党组、市政协党组主要负责人列席会议。

会议指出，“红船精神”是中国革命精神之源，其所承载的首创精神、奋斗精神、奉献精神，是新时代坚持和发展中国特色社会主义的坚强精神支撑。各级各部门要认真贯彻习总书记关于弘扬“红船精神”等革命精神的重要指示，深刻领会“红船精神”的重大意义和深刻内涵，推动把学习贯彻党的十九大精神和习近平新时代中国特色社会主义思想引向深入，激励和鼓舞广大干部群众用伟大精神推动伟大实践，不忘初心、牢记使命、永远奋斗，为实现中共十九大提出的战略目标任务而不懈努力。

首届海丝建筑文化（泉州）高端论坛举行

论坛现场　　（图/陈　灵）

由中国建筑学会、华侨大学、泉州市科学技术协会、泉州市土木建筑学会主办的首届海丝建筑文化（泉州）高端论坛举行。论坛邀请多位国内知名专家学者，在国家“一带一路”倡议背景下，以“承继海丝建筑文化、建设民族特色城市”为主题，围绕如何传承与发扬泉州海丝建筑文化、凝聚城市民族特色和文化精神、扩大海丝建筑文化的国际影响力、推动泉州绿色智慧城市建设等方面作演讲。论坛还邀请台湾、香港地区的专家作学术交流。

第五届中国泉州国际木偶节开幕

第五届中国泉州国际木偶节开幕式在泉州市木偶剧院举行，来自亚洲、欧洲、大洋洲13个国家和地区31个木偶表演团队共同演绎精妙绝伦的木偶艺术。市委书记郑新聪宣布国际木偶节开幕，市委常委、宣传部部长陈铁晗主持开幕式，市领导张建生、周真平、陈益，联合国教科文组织国际木偶联会秘书长伊黛娅·奥泰古伊，福建省文化厅、联合国教科文组织国际木偶联会中国中心领导和前来参加盛会的31个木偶艺术团队的艺术家一道参加活动。

第十二届泉州国际南音大会唱开幕

第十二届泉州国际南音大会唱开幕式在泉州梨园古典剧院上演。市领导康涛、张建生、周真平、陈益，省文化厅领导和来自菲律宾、日本、印度尼西亚、新加坡、马来西亚等海丝沿线国家和中国香港、澳门、台湾地区，以及省内外36个南音社团的弦友们参加开幕式。

开幕式后，海内外弦友同台献上《悠悠海丝唱乡音》专场演出，共有嗳仔指《一身爱到我君乡里》、合唱《趁赏花灯》、南音表演唱《南音随想》等10个节目，展示海内外南音发展的最新成果。最后，海内外南音社团同台合奏《梅花操》将这场演出推向高潮，再现天下南音一家亲盛况。活动期间，海内外南音社团在市区泉州南音艺苑、泉州高甲剧院、泉州府文庙李文节祠、市工人文化宫、鲤城区群艺馆、西街肃清门等场馆举行20多场会唱交流活动。

12月8日

农历丁酉年十月廿一
星期五
温度：9℃—17℃
多云

●市委常委会召开会议，传达贯彻《中共福建省委关于认真贯彻习近平总书记重要指示大力学习弘扬“红船精神”的通知》。

●由中国建筑学会、华侨大学、泉州市科学技术协会、泉州市土木建筑学会主办的首届海丝建筑文化（泉州）高端论坛举行。

●第五届中国泉州国际木偶节开幕式在泉州市木偶剧院举行。

●第十二届泉州国际南音大会唱开幕式在泉州梨园古典剧院举行。

●8—12日，“庆祝十九大·海丝辉煌——2017泉州美术作品展”在泉州海外交通史博物馆开展，展出作品102件。

●晋江向全世界发出邀请，正式启动晋江第十八届世中运主题歌曲和吉祥物全球征集活动。

12月9日

农历丁酉年十月廿二
星期六
温度：9℃—16℃
多云

- ●石狮国际快件监管中心揭牌。
- ●闽南快运决定退出泉州市场。
- ●“重走海上丝路·助力泉州申遗”摄影大展在鲤城区源和1916公共展厅开展。
- ●第三届海上丝绸之路国际艺术节县域联动项目——“重走瓷帮古道，感悟海丝文化”徒步活动在德化举行。
- ●“清新崇武·古镇任我行”的骑行活动在惠安崇武古城举行
- ●泉州市破产管理人协会成立大会暨第一次会员大会召开。

石狮国际快件监管中心揭牌

石狮国际快件监管中心在石湖口岸揭牌。石狮国际快件监管中心是集报关、报检、查验、放行功能“一条龙”的进出境快件通关平台，该项目的运营将促进地方经济增长，为石狮外贸业态的转型升级注入新活力，助力石狮乃至泉州跨境电子商务零售出口的进一步发展。

石狮国际快件监管中心先期开通与泉州晋江国际机场、厦门高崎国际机场、福州长乐国际机场等国际空港的入境快件接驳通道，承接美国、欧洲、澳大利亚、东南亚等国及港澳台地区的入境快件业务，实现入境快件一站式通关。该项目一期依据海关快件监管场所标准进行设计建设，借鉴国际先进管理模式开发包括电子报关系统、快件监管分拣系统、电子卡口系统、视频监控管理系统、企业及车辆人员备案管理系统及快件信息管理系统等六大系统，以满足进出境快件通关及转运的监管需求。项目将采用电子关锁或转关直通式的监管模式，直接从厦门、泉州、福州等地的机场和深圳、珠海等地的港口将快件类货物运到石狮国际快件监管中心，进行快件EDI申报，利用条形码技术、电子数据交换技术、全球定位技术、X光自动分拨线查验技术对快件进行管理、报关、报检、分拣、派送，最大化提高快件通关效率。

闽南快运退出泉州市场

因动车、网约车等对市场的冲击导致近年来亏损较大，闽南快运决定退出泉州市场。闽南快运泉州分公司就和车站方面协商退出运营，并办理交接事宜。从2004年闽南快运泉州分公司成立以来，它给泉州到福州、厦门、漳州等地的乘客们带来诸多方便。

福建省闽南快运股份有限公司成立于1998年，公司以泉厦漳三地的运输骨干企业为依托，经营闽南地区城际间及周边道路的客运业务，公司鼎盛时期，拥有近两百部客运车辆，年营业额2亿元左右，年利润约3000万元，曾是福建省第三产业的百强企业。闽南快运泉州分公司成立于2004年，其经营收入曾经占到总公司的一半。2016年，闽南快运泉州分公司亏损370多万元；2017年1月至10月，分公司亏损额扩大至2200多万元。为扭转上述不利局面，早在两年前，公司就开始实行一系列措施，但收效甚微。由于近年来泉州分公司亏损较大，公司有意退出这一市场。公司依据《劳动法》进行裁员，总公司出资700万元，买断职工工龄。泉州分公司有73名驾驶员，其中23名进入公司股东单位继续工作，其他司机也将陆续推荐给泉州各旅游公司、公交公司等单位，让他们得到妥善安置。

“重走海上丝路·助力泉州申遗”摄影大展开展

“重走海上丝路·助力泉州申遗”摄影大展在鲤城区源和1916公共展厅开展。此次展览邀请各地和港澳台地区知名摄影家到泉州采风创作，征集到海内外323位作者2500多件作品，并从中遴选出100余件作品予以展出。在摄影大展上，一幅名为《古泉州刺桐史迹》的摄影作品是首次与公众见面，作品创作历时三年之久，由泉州众多摄影家共同完成，涵盖“古泉州（刺桐）史迹”的16个遗产点。

重走瓷帮古道徒步活动举行

第三届海上丝绸之路国际艺术节县域联动项目——“重走瓷帮古道，感悟海丝文化”徒步活动在德化开幕，来自德化县徒步协会、厦门市徒步协会的徒步爱好者及陶瓷文化爱好者约300人重访瓷帮古道，探寻人文景观，重温陶瓷外销的辉煌历史。历史上，德化陶瓷产品外销，会先由挑夫肩挑背驮，将一筐筐陶瓷送至永春，再走水路至刺桐港，“瓷帮古道”由此而来。古道沿途可探寻古窑旧址、喝大碗茶、领取通关文牒以及体验古窑点火。沿着瓷帮古道，羊广岭窑、后湖窑和日记窑等古窑址清晰可见，金城桥、高洋铺、一屋两县厝和虎豹关等人文景观遍布。

第三届海上丝绸之路国际艺术节开幕

由文化部和省政府主办、省文化厅和市政府承办的第三届海上丝绸之路国际艺术节开幕，开幕式后举行专题文艺演出《向大海》。文化部部长雒树刚；副省长洪捷序，省政协副主席陈绍军；中国轻工业联合会副会长陶小年；市领导郑新聪、康涛、陈万里、陈灿辉、翁祖根、林万明、陈铁晗、张永宁、林锦明、杨晓山等；突尼斯驻华大使等外国使节，与海内外嘉宾、艺术家和各界群众出席开幕式。

开幕式由市委书记、市人大常委会主任郑新聪主持。雒树刚致辞并宣布开幕。洪捷序代表省政府在开幕式上致辞。开幕式后，专题文艺演出《向大海》拉开帷幕。情景表演《风暴》、男声合唱《造船歌》、音乐短剧《市井十洲人》、舞蹈《亚历山大新娘》等节目突出"海丝风情、地方特色"，再度呈现泉州千年文脉，讲述爱拼敢赢精神，勾勒出中华民族"扬帆再启航"的中国梦。

此届海丝艺术节以"展示、交流、合作、提升"为宗旨，以"海丝建设"为主题，包括展演展示、思想文化论坛、文化项目建设和其他项目等四大板块，10个核心项目和60多个联动项目，将着力凸显国际元素，突出地方特色，坚持全民共建共享，把海艺节办成"艺术的盛会，人民的节日"。

开幕式　　（图/陈起拓）

康涛到晋江调研项目建设情况

市长康涛率队前往晋江，就项目建设、企业发展、古村落保护等开展调研。在金门供水工程项目工地，康涛指出，金门供水工程是造福金门同胞的民生工程，要持续抓好水源地保护和水质监测等工作，确保水质安全；要加大周边环境整治力度，在保障稳定供水的同时，为周边群众打造和谐优美的生态环境。在位于英林镇的福建柒牌时装科技股份有限公司，康涛深入厂区立体仓库、西服配套车间等，了解企业生产经营情况。康涛一路走、一路问，了解到企业已经深耕服装行业近40年，他鼓励企业进一步涵养专业、独特的企业文化，继续加大产品、技术创新力度，推动高质量发展，提高核心竞争优势，为产业转型升级作示范。在金井镇的塘东沙堤，康涛强调，当地政府和相关部门要加强组织协调，强化论证，在进一步优化规划的基础上，研究建立科学合理的实施机制，确保规划落实到位；要加大沙堤、特色建筑群的保护力度，积极发动当地群众参与，让群众从中受益，共同打造"留形、留神、留人"的特色村落。

第五届中国海丝书画小品大赛作品展开幕

10日，第五届中国海丝书画小品大赛作品展在中国闽台缘博物馆开幕，展出获奖、入展书画作品93件。9月起，大赛面向全球征稿，经过一个多月时间的征集，组委会收到各地书画家投稿作品5235件，其中不乏来自美国、英国、加拿大、新加坡、印尼、马来西亚等海外作者的作品，投稿者年龄最大93岁。经评审，193件书画作品获奖、入展、入选本次大赛。此次展出的93件作品，书法作品风格多样。

12月10日

农历丁酉年十月廿三
星期日
温度：12℃—21℃
多云—晴

●第三届海上丝绸之路国际艺术节开幕。

●康涛率队前往晋江，就项目建设、企业发展、古村落保护等开展调研。

●第五届中国海丝书画小品大赛作品展在中国闽台缘博物馆开幕，展出获奖、入展书画作品93件。

●海丝（泉州）工艺美术精品博览会在中国闽台缘博物馆开幕。

●第三届海丝国际艺术节"鹤武九州·丝路永春"首届海丝武术IP文化产业发展论坛在永春举办。

●第三届海丝国际艺术节县域联动项目——海丝文化遗产展演周首场活动在惠安螺阳镇举行。

●泉州台商投资区海丝嘉年华活动开幕。

12月11日

农历丁酉年十月廿四
星期一
温度：12℃—18℃
晴—阴

●海上丝绸之路艺术发展论坛在泉州举行。

●市人大常委会召开党组会议，传达学习省委《关于认真贯彻习近平总书记重要指示大力学习弘扬“红船精神”的通知》等文件精神。

●市政协召开党组会议，传达学习省委《关于认真学习贯彻习近平总书记重要指示大力学习弘扬“红船精神”的通知》等文件精神。

●海上丝绸之路非物质文化遗产展启动。

●晋江、丰泽、台商区、安溪、泉港等地率先迎来“2017中国—中东欧国家文化季”泉州分场的首批表演。

●第五届中国泉州国际木偶节艺术研讨会暨泉州市木偶剧团建团65周年座谈会举行。

●第三届海艺节“海归嘉年华”海丝国际文化推动者论坛举办。

●仿宋祈风仪典暨《丝路碧海情》历史纪实小说首发式、央视七套“一带一路”主题电影采风首站活动在南安丰州九日山举行。

●主题为“梯航百货万国商”的海上丝绸之路货币与贸易展在泉州海外交通史博物馆开展。

海上丝绸之路艺术发展论坛举行

作为第三届海上丝绸之路国际艺术节系列活动的一项重要内容，海上丝绸之路艺术发展论坛在泉州举行。此次论坛围绕“共享的价值——艺术在海丝文化中的多元发展”主题展开，下设“不同的创造——新海丝语境下的多种可能性”“共同的遗产——跨文化的当代诠释”“多元的视角——全球化的拓展与深化”三个分论题。来自德国、法国、美国、乌克兰等国以及北京、上海、台湾等地的艺术家齐聚泉州，从不同视角诠释多元文化魅力，增进文明交流互鉴。

副省长洪捷序，文化部外联局局长谢金英，市委书记、市人大常委会主任郑新聪在开幕式上致辞。市长康涛主持开幕式。中央美术学院院长、教授范迪安，法国电子乐团“太空乐队”创办人、作曲家迪迪埃·马洛安尼作主旨演讲。

论坛现场 （图/张九强）

海上丝绸之路非物质文化遗产展开展

11日，海上丝绸之路非物质文化遗产展启动。每天9—17时，市区府文庙、鲤城区文化馆、新门街花灯馆、通政巷苏廷玉故居等四个展区，迎来亚洲、欧洲、非洲8个国家、110多个非物质文化遗产项目传承人团队及他们带来的精美展品、精妙绝技。

启动仪式 （图/李芸生）

该展以“一条海上丝路，万千非遗瑰宝”为主题，府文庙展区、鲤城区文化馆、苏廷玉故居、新门街花灯展区四大展区集中于泉州古城区范围内，展出包括海丝沿线国家和地区、国内各非遗代表性项目富集区域、福建省各地市及泉州本土的重要非遗项目。此次前来参展的7个国家分别是突尼斯、伊朗、尼泊尔、土耳其、越南、柬埔寨、巴基斯坦。

仿宋祈风仪典暨《丝路碧海情》首发仪式举行

11日，仿宋祈风仪典暨《丝路碧海情》历史纪实小说首发式、央视七套“一带一路”主题电影采风首站活动在南安丰州九日山举行。

泉州的仿宋祈风仪典全国独有，在袅袅和音、曼妙舞步中，“泉州知府”“市舶司”“南安县令”官员等古代人物依次出场，祭祀祈风。来自海丝沿线国家的“市井十洲人”出席观礼。祈风仪典历经千年，儒、释、道三教合一，仪式中龙虎旗、彩旗、香炉、宫灯、花篮、十八般兵器、凉伞等一一出场。在悠扬动人的南音乐曲中，舞伎、武士分别上场。舞伎们手拿如意婀娜多姿，武士们则手握拂尘气势非凡，整场表演扣人心弦，形象再现在宋元时期的东方第一大港——泉州港，官员们为番舶祈风的盛况。

《丝路碧海情》是首部反映古代泉州海上丝绸之路的长篇历史纪实小说。作者于强历时两年之久，完成这部30余万字的作品。

首发仪式 （图/陈龙山）

省综治调研组到泉州调研

12—15日，按省委、省政府统一安排部署，省综治调研组对泉州贯彻落实2017年省市党政领导综治（平安建设）责任书情况开展调研，并召开座谈会，听取泉州市综治（平安建设）工作情况汇报。市长康涛主持会议，市领导林锦明、张建生、卢炳椿、陈益，市中级人民法院代院长陈明、市人民检察院检察长高扬捷，市综治委有关成员单位主要负责人参加会议。

座谈会上，调研组对泉州市在综治平安建设工作上取得的成效表示肯定并指出，泉州全面统筹，有力部署，着力开展重点领域整治，推进基础基层工作，全市社会大局平稳安定。受市委书记郑新聪委托，康涛在会上作表态，他表示，泉州将按照督导组提出的意见要求，逐一列出问题清单，明确整改方案，确保责任、措施、整改到位。

市委召开政党协商专题座谈会

市委召开政党协商专题座谈会，就重要地方性法规《泉州市中山路骑楼建筑保护条例（草案）》征求意见和建议。

市委书记郑新聪出席会议并讲话。市委常委、统战部部长林万明主持会议。市委常委、副市长杨晓山，市人大常委会副主任蔡思红分别介绍条例有关情况和立法进展情况。市领导陈铭福、陈益等出席会议。各民主党派泉州市委员会、市工商联主要负责同志及无党派人士先后发言，围绕骑楼建筑的保护、修缮、管理、利用，从立法的规范性、表述的严谨性、条例的可操作性等方面提出意见、建议。郑新聪认真听取、记录，不时与发言者互动交流。

第二届中国（安溪）家居工艺文化博览会举办

12—15日，第二届中国（安溪）家居工艺文化博览会在中国（安溪）家居工艺城举办。此届博览会以“艺术家居，品质生活”为主题，共设置展览展示、工美竞赛、文化论坛、商贸对接四大主题板块，涵盖十几项精彩纷呈的活动，让海内外客商共享家居工艺艺术盛宴。主展馆共设三层，展出面积2万平方米，设有973个标准展位和353间商铺，吸引意大利、马来西亚、巴基斯坦、尼泊尔、缅甸、加纳等17个国家，以及香港、澳门、台湾、河南、山西等地的专业客商组团前来参展。展品涵盖园林户外家具、花园公园用品、陶瓷艺术品、户外雕刻艺术、家居软装饰品、现代家居工艺、茶文化艺术品、旅游文化纪念品、创意产品、高校及创客设计师设计作品等。

安溪家居工艺城　　（图/刘伯怡）

三明沙县至泉州德化国宝互通段通车

三明沙县至泉州德化国宝互通段正式开征，标志着国家高速公路沙厦线全线通车运营。该路段全长117.95千米，同时泉州境内的德化上涌及三明境内的尤溪坂面、尤溪西城、沙县虬江四个收费站开放通行。厦沙高速泉州段全线通车，泉州新增一条贯通南北的高速公路大动脉，德化县有了首条贯通南北全境的高速公路，德化上涌、汤头、桂阳等中北部山区乡镇结束不通高速公路的历史。德化中北部乡镇到德化县城、泉州市区以及厦门的行车时间比厦沙高速通车前分别节省约30—40分钟，带动沿线旅游、陶瓷、电商等产业经济发展，方便群众出行，对推动泉州山海联动发展，强化福建内陆与沿海的经济协作，扩展泉州港、湄洲湾港等港口的内陆经济腹地意义重大。

12月12日

农历丁酉年十月廿五
星期二
温度：13℃—15℃
小雨—阴

●12日—15日，省综治调研组对泉州贯彻落实2017年省市党政领导综治（平安建设）责任书情况开展调研。

●市委召开政党协商专题座谈会，就重要地方性法规《泉州市中山路骑楼建筑保护条例（草案）》征求意见和建议。

●市政协召开工作务虚会，谋划部署下阶段及2018年工作任务。

●12—15日，第二届中国（安溪）家居工艺文化博览会在中国（安溪）家居工艺城举办。

●三明沙县至泉州德化国宝互通段正式开征，标志着国家高速公路沙厦线全线通车运营。

●12—16日，由福建省委宣传部主办、泉州市委宣传部承办的“青年新闻人基层共学十九大”联合采访活动在泉州举行。

12月13日

农历丁酉年十月廿六
星期三
温度：13℃—18℃
阴—小雨

●郑新聪主持召开市委常委会会议，开展“两学一做”学习教育常态化制度化第三专题学习讨论。

●市政府、市政协召开专题协商会议，围绕“培育要素市场，助推泉州国家级自主创新示范区建设”进行专题协商。

●由福建省委宣传部组织的“青年新闻人基层共学十九大”大型联合采访活动泉州组采访团到德化采访。

●泉州晋江国际机场迎来2017年第500万名旅客，标志着泉州晋江国际机场年旅客吞吐量创下历史新高。

市委常委会开展“两学一做”教育学习讨论

市委书记郑新聪主持召开市委常委会会议，开展“两学一做”学习教育常态化制度化第三专题学习讨论。市委常委参加会议，市人大常委会党组、市政协党组主要负责人列席会议。会上，常委们围绕“深入学习全面贯彻中共十九大精神，奋力开创现代化泉州建设新局面”主题，结合学习中共十九大报告、《中国共产党章程（修正案）》和《习近平谈治国理政》第二卷，开展学习讨论。常委们认为，学好第二卷，有助于更加全面、系统地理解习近平新时代中国特色社会主义思想的时代背景、重要观点和发展脉络。学习十九大精神是一个不断深化的长期过程，要准确把握发展新的历史方位，主动融入赶超跨越大局，在不断发展的实践中深化理论认识。

会议强调，领导干部要把《习近平谈治国理政》第二卷、先期出版的第一卷和《党的十九大报告辅导读本》等，作为案头卷、工具书，先学一步、学深一层，真正学懂弄通做实中共十九大精神。要按中办通知要求，把学习活动与推进“两学一做”学习教育常态化制度化和即将开展的“不忘初心、牢记使命”主题教育结合起来，与“三会一课”结合起来，组织广泛深入学。要坚持以习近平新时代中国特色社会主义思想为行动指南，推动学习贯彻与落实新福建建设蓝图结合起来，与落实省委十届四次全会、落实市委十二届五次全会部署结合起来，保持旺盛的“走前列”势头，鼓足干劲抓好转型攻坚、聚力跨越各项工作，更有针对性谋划2018年发展，推动学习成果转化为“五个泉州”建设新成效。

市政府市政协召开专题协商会议

13日，市政府、市政协召开专题协商会议，围绕“培育要素市场，助推泉州国家级自主创新示范区建设”进行专题协商。市领导康涛、陈灿辉、张永宁、杨晓山、周真平、洪自强、陈铭福、王祖耀、李冀平、陈益、洪川夫、林志建，市政协秘书长陈伟平等参加会议。市科技局书面汇报有关情况，市政协部分委员及科技界专家建言献策。

市长康涛指出，此次专题协商聚焦泉州国家级自主创新示范区建设，从创新要素角度切入，选题准、思路清、研究深，形成的课题总报告和子课题成果指导性、针对性、操作性都很强。相关部门要认真整理、吸收、采纳，并分解落实到具体工作中。他强调，各级各相关部门要在市委统一领导下，持之以恒推进国家级自主创新示范区建设，强化政策支撑，明确阶段性目标，完善工作推进机制，着力在科技创新平台、人才、金融等要素方面提供强有力的保障。要突出泉州特色，围绕“传统产业怎样在转型升级中走出一条自己的道路”“高新技术改造提升传统产业”“支持新一代企业家接班传承、创业创新”“营造良好创新生态”等关键问题，致力在“示范”和“创新”上下功夫，努力形成可复制、可推广的经验。康涛感谢市政协长期以来对市政府工作的大力支持。他希望市政协一如既往地关心、支持、监督、帮助政府做好工作，发挥“人才库”“智囊团”作用，积极建言献策，促进政府决策科学化、民主化、法制化，共同推动泉州新一轮跨越发展。

市政协主席陈灿辉指出，国家级自主创新示范区建设，事关泉州未来核心竞争力。要注重顶层设计，积极培育市场要素，以人才为本，合理规划设置职业教育专业，持续探索和打造高层次人才集聚创新平台，多措并举引才留才用才。要盘活和整合现有资源，强化资金政策支持，努力推动一批企业上市，助力传统产业转型升级。要着眼体制机制创新，增强自主创新原动力，发挥要素集聚效应，提高服务水平，做优做强高新技术产业。要进一步实施创新驱动发展战略，把科技创新摆在更加重要位置，加快推进示范区建设，发挥好示范区的示范引领效应，为建设创新型城市打下良好基础。

市政府召开党组会开展“两学一做”专题学习教育

市政府党组书记、市长康涛主持召开市政府党组会，开展“两学一做”学习教育常态化制度化第三专题学习讨论，学习贯彻习近平总书记关于进一步纠正“四风”、加强作风建设的重要指示精神和中共中央办公厅“通知”要求。市政府党组成员参加会议。会上，各党组成员围绕“深入学习全面贯彻党的十九大精神，奋力开拓现代化泉州建设新局面”主题，结合学习中共十九大报告、《中国共产党章程（修正案）》和《习近平谈治国理政》（第二卷），开展学习讨论。大家纷纷表示，要认真学习贯彻中共十九大精神，结合实际工作，践行新思想，展现新气象，实现新作为。

会议指出，学习贯彻中共十九大精神是一个持续深化、常读常新的过程。各党组成员要始终把讲政治摆在首位，坚持以习近平新时代中国特色社会主义思想为行动指南，确保十九大精神在政府各项工作中落地生根、开花结果。要当好表率、作好示范，做到先学一步、学实一点、学深一层，同时督促指导分管部门单位抓好全员化学习、全过程贯彻、全方位落实。要主动融入全省赶超大局，全力推动传统、重化、高新三大板块成形成势，加快构建“1234”现代产业体系，不断增强人民群众的获得感幸福感。

会议强调，要深入学习把握习近平总书记关于进一步纠正“四风”、加强作风建设的重要指示精神，身体力行，以上率下，坚持不懈转作风改作风，让纠正“四风”成为自觉行动、行为习惯。要进一步做好自查自纠，深入剖析原因，拿出过硬措施，确保整改到位。要发扬“钉钉子”精神，从一件一件小事抓起，一个节点一个节点坚守，一刻不停歇地推动作风建设向纵深发展，坚决捍卫来之不易的作风建设成果。

泉州籍著名诗人余光中在台湾病逝

泉州籍著名诗人、作家余光中在台湾高雄病逝，享年89岁。余光中曾因创作《乡愁》等诗饮誉海内外，近10多年来，他更是频频返回泉州，力促两岸文化交流，备受泉州乡亲爱戴。

29日，余光中告别式在台湾高雄举行，海峡两岸暨海外文化界人士、余光中亲友、学生等近千人为余光中送别。台湾地区前领导人马英九和夫人周美青、中国国民党主席吴敦义到场。泉州市作为余老的祖籍地，永春县相关部门负责人和余氏宗亲代表到场参加活动。

相关链接：余光中祖籍永春，1928年生于江苏南京，他一生从事诗歌、散文、评论、翻译，称之为自己写作的“四度空间”；驰骋文坛逾半个世纪，被誉为当代文坛苏东坡，梁实秋曾盛赞余光中是“右手写诗，左手写文，成就之高，一时无两”。2003年，在阔别家乡半个多世纪后，余光中终于踏上返乡路，回到永春故居圆满地完成“寻根之旅”；2004年，他又专程回到家乡，欣然担任泉州参评“中国最佳魅力城市”的推荐人，向海内外宾客介绍自己的家乡；2011年回乡时，他为家乡留下新的诗篇——《洛阳桥》。2011年，余光中获首届“全球华文文学星云奖”贡献奖。1992年，余光中首次应邀回大陆。此后20多年来，他前来大陆多达60余次，除了回泉州外，还踏足山东、湖南、湖北等很多“小时候都没去过的地方”，写了许多关于返乡的诗。

余光中生前担任泉州参评“中国最佳魅力城市”推荐人　（图/晚报社）

12月14日

农历丁酉年十月廿七
星期四
温度：15℃—18℃
多云—阴

●康涛主持召开市政府党组会，开展“两学一做”学习教育常态化制度化第三专题学习讨论，学习贯彻习近平总书记关于进一步纠正“四风”、加强作风建设的重要指示精神和中共中央办公厅《通知》要求。

●泉州籍著名诗人、作家余光中在台湾高雄病逝，享年89岁。

12月15日

农历丁酉年十月廿八
星期五
温度：14℃—20℃
多云—阴

●泉州市召开统战工作务虚会。

●全市群团改革工作推进会召开。

●在全省保障农民工工作暨治欠保支工作视频会议召开后，泉州市紧接着召开全市农民工工作暨治欠保支工作视频会议，部署下阶段工作。

●由福建省旅游发展委员会主办的“清新福建·情境之旅”海丝线活动在泉州举行。

●由市旅游局主办的第六批“泉州伴手礼”名单揭晓，28种（类、系列）产品入选第六批“泉州伴手礼”正式名录。

全市统战工作务虚会召开

泉州市召开统战工作务虚会。会议听取各地统战部门2018年的工作思路和建议，并初步确定“围绕一条主线，完善三个机制，办好五件实事，统筹推进八个方面重点工作，力争五个方面取得新进展”的工作思路。“一条主线”是将深入学习宣传贯彻中共十九大精神、习近平新时代中国特色社会主义思想贯穿统战工作全过程；在“三项机制”上，建立完善“市委出题，统战部牵头，党派调研献策”的政党协商调研机制，党外知识分子和新的社会阶层人士统战工作联席会议制度以及交流联络发挥作用机制，规范宗教场所建设管理办法；在“五件实事”上，成立“同心松柏成才助学基金”，每年资助200名贫困大学生，同时助力各县（市、区）中心卫生院建设“同心妇产科”；在城区若干社区成立新的社会阶层人士“同心服务站”；由市、县统战部牵头，民主党派、商会等组织举办10场义诊、讲学、送药以及技术文化服务等社会公益活动；依托异地商会，协同医管部门，为在外泉商以及务工人员提供医保报销服务；筹建泉州工商联“泉商商学院”，精准开展民企培训，有效提升企业家素质。

全市群团改革工作推进会召开

全市群团改革工作推进会召开，传达中央、省委关于群团改革的部署精神，部署下阶段工作重点。会上，市总工会、团市委、市妇联、市科协及有关县（市、区）代表作交流发言。

会议强调，全市各级群团组织要提高思想认识，自觉增强改革担当。通过转变工作职能、工作方式、工作作风，切实使群团改革取得成效，推动群团工作开创新局面。要坚持党的领导，牢牢把握改革方向，全面把握“六个坚持”的基本要求和“三统一”的基本特征，最广泛地把群众组织起来、动员起来、团结起来，为新时代中国特色社会主义事业贡献力量。要增强政治性、先进性、群众性，落细落实改革任务，发挥好联系群众的桥梁纽带作用，为加快推动“五个泉州”建设作出新贡献。

“清新福建·情境之旅”海丝线活动在泉州举行

由福建省旅游发展委员会主办的“清新福建·情境之旅”海丝线活动在泉州举行。活动以“五感海丝穿越之旅”为主题，通过骑游体验的方式，让游客调动“形声闻味触”的感官，充分体验和感受泉州海上丝绸之路深厚的历史文化遗存。活动从清净寺出发，50余位来自全国各地的骑行爱好者，途经开元寺、海外交通史博物馆、真武庙、江口码头等泉州海丝代表性景点，最后到达目的地蟳埔。沿途，主办方在各个景点都安排讲解员及地道有趣的闽南文化互动体验，希望游客告别拍照“打卡”的形式，从形声闻味触的五感出发，碰触海丝文化，将“海丝”概念转化为可观赏、可聆听、可细嗅、可品味、可触摸的旅行体验。

第六批“泉州伴手礼”出炉

由市旅游局主办的第六批“泉州伴手礼”名单揭晓，28种（类、系列）产品入选第六批“泉州伴手礼”正式名录。此次116种特色产品参与第六批“泉州伴手礼”认定。在经过各县（市、区）旅游行政管理部门的层层把关、严格筛选后，泉州旅游协会旅游商品专委会组织由业内专家、学者、旅游企业代表组成的评委组，对商品的本土特性、包装特点、携带方便性等方面进行评审。此次全市116种特色伴手礼参与新一批伴手礼认定。在经过层层把关、严格筛选后，最终认定《金煜煌豆豉礼盒》《涂岭猪脚》《三角鱼露》等28种（类、系列）产品入选第六批泉州伴手礼正式名录，《茶具》《马上成功》等8种（类、系列）产品入选预备名录。至此，泉州有189种（类、系列）产品入选泉州伴手礼正式名录，37种（类、系列）产品入选预备名录。

350

第二届泉州海丝古城徒步穿越活动举行

“穿越古城，探寻海丝”第二届泉州海丝古城徒步穿越活动举行，来自海内外的5013位参与者共赴一场城市徒步盛会，参加者年龄10岁至65岁，活动分6千米体验、25千米经典、50千米挑战3条线路。此届古城徒步活动以泉州历史文化为背景，以古城巷弄为特色，以海丝侨乡为纽带，结合泉州多元宗教文化特点，是全民参与的人文徒步活动，旨在打造海丝沿线国家文化旅游交流的平台。雅典奥运会举重冠军石智勇领走25千米路线，2000年世界青年羽毛球锦标赛冠军邱波辉领走6千米路线。身穿不同颜色服装的队员穿梭在古城街巷里，成为一道靓丽的风景线。

相关链接：6千米体验路线共有2007人报名，其中男性753人，女性1254人。路线从府文庙出发，沿途可参观观东巷、新府口、玉犀巷、中山中路、通政巷、会通巷等古街巷。25千米的经典路线参与人数最多，共有2505人。其中，男性1248人、女性1257人，路线从府文庙出发，沿途可参观闽台缘博物馆、李贽故居等景点。50千米挑战路线相较于6千米体验路线和25千米经典路线，全程50千米的挑战路线，显得更为专业和更具难度。更多错综复杂的小巷子、更有挑战性的清源山山路以及对体力耐力更高的要求。501名50千米路线挑战者从泉州府文庙出发，经历6—10小时的徒步完成赛程。

活动现场 （图/李芸生）

泉州市农村生活污水治理示范村名单出炉

市住建局、市财政局开展2017年农村生活污水治理示范村创建工作。经评审，全市13个村庄获评2017年农村生活污水治理示范村。

示范村须达到以下要求：示范村所在县或乡镇农村生活污水治理统一规划、统一建设、统一管理；因地制宜选择农村生活污水治理模式，城镇周边的纳入市政管网，人口较为集中的采用标准三格化粪池+二级处理设施，山区及人口较分散的采用标准三格化粪池+尾水入田；示范村生活污水治理覆盖率达到全村常住户数的90%以上；农户标准三格化粪池实现定期清掏，二级处理设施实施市场化运维，探索建立污染者付费制度。

经镇级申报、县级推荐、市级组织专家实地评审，泉港区后龙镇柳亭村、山腰镇叶厝村、峰尾镇上楼村，石狮市永宁镇郭坑村、鸿山镇洪厝村，安溪县祥华乡东坑村、龙涓乡内灶村、参内乡田底村、福田乡场前村，永春县下洋镇下洋村、湖洋镇吴岭村，德化县浔中镇土坂村、上涌镇桂林村等13个村庄获评2017年农村生活污水治理示范村。市级财政对13个示范村予以每个村20万元的奖补。

12月16日

农历丁酉年十月廿九
星期六
温度：10℃—17℃
阴—多云

● “穿越古城，探寻海丝”第二届泉州海丝古城徒步穿越活动举行。

● 市住建局、市财政局开展2017年农村生活污水治理示范村创建工作。经评审，全市13个村庄获评2017年农村生活污水治理示范村。

● 泉州交通发展集团有限责任公司举行成立揭牌仪式。

12月17日

农历丁酉年十月三十
星期日
温度：8℃—12℃
阴—多云

●市政府征求《政府工作报告》意见建议。

●市住建局、市财政局联合印发《泉州市中心市区公共租赁住房货币化保障工作的实施意见》，在全省率先实施中心市区公租房货币化保障。

●泉州市教育基金会第四届理事会成立大会举行。

●受冷空气影响，德化九仙山出现入冬以来第一次面积较大的雾凇景观，吸引了不少市民和摄影爱好者竞相前往观赏。

市政府征求《政府工作报告》意见建议

市政府分别与市人大常委会、市政协举行联席会议，和原任地厅级老干部，各民主党派、工商联负责人及无党派人士代表座谈，征求对市政府工作和即将提交市十六届人大二次会议审议的《政府工作报告（征求意见稿）》的意见及建议。

市长康涛主持会议，市领导陈万里、陈灿辉、林万明、张永宁、杨晓山、张建生、朱团能、曾巍、吴友才、周真平、卢炳椿、季翔峰、洪自强、吕刚、陈铭福、王祖耀、陈益、洪川夫、林志建；市人大常委会秘书长欧阳秋虹、市政府秘书长廖国文、市政协秘书长陈伟平等分别参加会议。

联席会和座谈会气氛热烈，与会同志对《政府工作报告（征求意见稿）》给予肯定，认为报告通篇贯彻中共十九大精神，同以习近平总书记为核心的党中央保持高度一致，认真落实中央和省里各项决策部署，充分体现省委十届四次全会、市委十二届五次全会精神，紧紧围绕主题主线，客观反映2017年以来全市经济社会发展成效，提出的2018年工作安排切合泉州实际、思路清晰、振奋人心。讨论中，大家就产业转型升级、乡村振兴、城市“双修”、生态文明建设、补齐民生短板、脱贫攻坚等方面，提出具体意见建议。

康涛等市政府领导班子成员认真听取发言，并不时和与会同志展开交流。康涛感谢市人大、市政协，全市老干部和各民主党派、工商联、社会各界一年来对政府工作的关心、理解与支持。他表示，2018年是贯彻落实中共十九大精神的开局之年，是改革开放40周年，也是决胜全面建成小康社会、实施“十三五”规划承上启下的关键一年。市政府要在市委领导下，全面贯彻落实党的十九大精神，坚持以习近平新时代中国特色社会主义思想为指导，坚持稳中求进总基调，践行新发展理念，按照高质量发展的要求，主动融入全省发展大局，全力推动赶超跨越，勇当建设“新福建”领头羊，深入推进“五个泉州”建设。市政府将仔细梳理、认真吸纳大家的真知灼见，进一步充实完善《政府工作报告》。希望大家一如既往地帮助、支持、监督市政府工作，集思广益、贡献力量，共同推动泉州新一轮跨越发展。

康涛强调，市政府将始终自觉接受人大监督，依法执行市人大及其常委会的决定决议，完成好政府各项“法定作业”；更加主动接受政协民主监督，完善联席会议制度，把协商民主贯穿政府履职全过程；更加用心用情做好老干部工作，在政治上关心、生活上照顾好老干部；更加广泛深入听取各民主党派、工商联和社会各界的意见和建议，共同推动全市各项事业发展再上一个新台阶。

泉州在全省率先实施公租房货币化保障

市住建局、市财政局联合印发《泉州市中心市区公共租赁住房货币化保障工作的实施意见》，在全省率先实施中心市区公租房货币化保障。即日起，中心市区（含鲤城区、丰泽区、泉州开发区，下同）符合公共租赁住房保障条件，且轮候2年（含）以上未获得实物配租的家庭，可申请享受公共租赁住房货币化保障。2018年年底前，这项工作将在全市推广。泉州市中低收入轮候家庭可通过领取货币补贴来解决租房问题。泉州加快实施公共租赁住房货币化保障，建立健全以实物配租和租赁补贴相结合，并逐步转向以租赁补贴为主的住房保障机制，是泉州市落实十九大报告提出的“让全体人民住有所居”的重要举措。通过租赁补贴的形式，住房保障对象就可以根据自己的实际需求，选择市面上权属清楚、使用功能齐全的出租房源解决住房困难问题。

相关链接：《泉州市中心市区公共租赁住房货币化保障工作的实施意见》明确提出，中心市区（含鲤城区、丰泽区、泉州开发区，下同）符合公共租赁住房保障条件，且轮候2年（含）以上未获得实物配租的家庭，可申请享受公共租赁住房货币化保障。轮候期限从公共租赁住房保障资格的最终审核通过时间开始计算。其中认定为廉租住房保障的家庭不受轮候2年（含）以上的限制。中心市区正在享受廉租住房租赁补贴的保障对象，统一转为公共租赁住房货币补贴对象，发放公共租赁住房货币补贴，补贴标准按实施意见重新认定。

市政府召开第二十三次常务会议

市长康涛主持召开市政府第二十三次常务会议，研究并通过《泉州市关于深化行政审批标准化改革的实施方案》《泉州市"十三五"节能减排综合工作方案》等。会议指出，此次深化行政审批标准化改革，有利于降低制度性交易成本，优化政务服务供给。会议要求，要通过优化产业和能源结构、加强重点领域节能、强化主要污染物减排、发展循环经济、完善激励和约束政策等，确保完成"十三五"节能减排约束性目标。

市政府与市人民检察院联席会议召开

18日，市政府与市人民检察院第三次联席会议召开，围绕"推进法治政府建设，强化行政执法检察监督"主题，就深化协作机制、促进公正司法、推进依法行政、建设法治政府展开深入探讨。市长康涛向全市检察系统全体同志为泉州经济社会发展作出的贡献表示衷心感谢。市人民检察院检察长高扬捷介绍泉州市检察机关开展公益诉讼，加强行政执法检察监督，探索推进检察监督指导中心建设，支持政府依法行政等工作情况。会议通报泉州市加强依法行政、推动法治政府建设的工作情况。市领导张永宁、杨晓山、卢炳椿、季翔峰、洪自强、肖汉辉等参加会议。

泉州市召开贯彻内沟河保护管理条例动员部署会

18日，泉州市召开贯彻《泉州市市区内沟河保护管理条例》动员部署会。会议指出，条例的颁布实施，将内沟河保护管理工作上升到法律层面，是泉州市城市管理法规体系建设的一项重要成果。会议要求，一要提高认识，构建"水清、河畅、岸绿、景美"的内沟河环境，既寄托着侨乡人民的"思古"情怀，又是"美丽泉州"建设的重要组成；二要营造氛围，做好宣传造势，深入发动群众，共享共建美好家园；三要狠抓落实，加强组织领导，明确职责分工，加大资金投入，强化考核问责，提升市区内沟河保护管理水平，为建设"五个泉州"营造良好环境。会上，鲤城区、丰泽区代表作表态发言。

市残疾人联合会第六次代表大会召开

泉州市残疾人联合会第六次代表大会召开。市领导郑新聪、康涛、陈万里、陈灿辉、孔繁军、吴友才、季翔峰、王瑞强，省残联理事长柯少愚出席会议。市委书记郑新聪代表市四套班子向全市残疾人及其亲属致以诚挚问候，向关心支持泉州残疾人事业发展的社会各界表示衷心感谢。郑新聪要求，各级残联组织要持续改革创新，为残疾人走向社会、融入社会搭起"爱心之桥"。广大残疾人工作者要秉承"人道、廉洁、服务、奉献"的职业道德，满腔热情地为残疾人服务。

央视综艺频道专场播出泉州文化

18日晚，中央电视台综艺频道《群英汇》专场播出泉州文化，这是央视首次以专场的形式展示泉州文化，整场节目约一个小时左右。此次《群英汇》泉州专场内容丰富多彩，有舞歌表演、"非遗"展示，也有南少林武术表演，开场由舞蹈《生活就是舞台》拉开序幕，紧接着是群舞《惠女·惠女》、惠女服饰展示《美丽的惠安女》、泉州拍胸舞《拍胸舞》、提线木偶戏《驯猴》、闽南语歌曲《爱拼才会赢》、闽南语歌曲《望春风》、南少林武术《少林之光》等，各具特色的节目全面展示泉州文化。

12月18日

农历丁酉年十一月初一
星期一
温度：8℃—15℃
多云

●康涛主持召开市政府第二十三次常务会议，研究并通过《泉州市关于深化行政审批标准化改革的实施方案》《泉州市"十三五"节能减排综合工作方案》等。

●市政府与市人民检察院第三次联席会议召开。

●泉州市政府与辽宁省营口市政府签订《缔结友好城市协议书》。

●泉州市残疾人联合会第六次代表大会召开。

●十二届市政协第五次主席会议召开，协商泉州市政协十二届二次会议相关事项，协商有关人事事项。

●市政协召开党组会议，开展"两学一做"学习教育常态化制度化第三专题学习讨论。

●泉州市召开贯彻《泉州市市区内沟河保护管理条例》动员部署会。

●中央电视台综艺频道《群英汇》专场播出泉州文化，这是央视首次以专场的形式展示泉州文化。

●中国戏剧家协会梅花奖艺术团在市区梨园古典剧院为泉州观众献演，17位中国戏剧梅花奖获得者参与演出。

●2017年海外华裔及港澳台地区青少年"中国寻根之旅"冬令营——福建永春营在余光中文学馆开营。

12月19日

农历丁酉年十一月初二
星期二
温度：7℃—15℃
多云—晴

●市人大常委会召开党组会议，开展“两学一做”学习教育常态化制度化第三专题学习讨论。

●市十六届人大常委会第十四次主任会议召开。

●泉州市工会第十六次代表大会召开。

●泉州市慈善总会第三次会员代表大会召开。

市人大常委会第十四次主任会议召开

市十六届人大常委会第十四次主任会议召开。市人大常委会党组书记陈万里列席会议。副主任张建生、朱团能、曾巍、许文贵、吴友才，秘书长欧阳秋虹出席会议。会议讨论有关人事任免，市人大常委会工作报告稿，市人大常委会视察组关于市十六届人大一次会议代表建议、批评和意见办理工作的综合报告稿，市人大常委会执法检查组关于《泉州市海上丝绸之路史迹保护条例》执行情况的检查报告和审议意见稿，市人大常委会代表资格审查委员会关于个别代表的代表资格的审查报告稿，市十六届人大二次会议的日程安排（草案）及各项建议名单，市人大常委会2018年立法计划（草案），市人大常委会三个工作评议意见稿。会议还确定市十六届人大常委会第七次会议及第八次会议的召开时间和建议议程，并提出第十五次主任会议建议议题。

会议现场　　（图/王虎文）

泉州市工会第十六次代表大会开幕

泉州市工会第十六次代表大会召开。省总工会党组书记、副主席丁文清到会指导。市领导郑新聪、康涛、陈万里、陈灿辉、孔繁军、吴友才、洪自强、洪川大等出席大会。市委常委、市总工会主席孔繁军主持会议并作工作报告。市委书记郑新聪代表市四套班子向大会的召开表示祝贺。

会议现场　　（图/陈起拓）

市慈善总会第三次会员代表大会召开

泉州市慈善总会第三次会员代表大会召开。市领导郑新聪、康涛、温惠榕、吴友才、季翔峰、王瑞强出席会议。受市委书记郑新聪委托，市长康涛代表市委、市政府向新一届理事会成员表示热烈祝贺。就下阶段工作，康涛提出三点要求。一要以法治善，提升慈善组织公信力。二要与时俱进，增强慈善事业生命力。三要共创共享，彰显慈善文化感召力。会议听取审议市慈善总会第二届理事会工作报告、收支情况报告和总会章程修改说明，选举产生第三届理事会组成人员，向相关成员颁发证书，并举行捐赠仪式。沈耀钦当选新任会长。

会议现场　　（图/陈起拓）

12月20日

农历丁酉年十一月初三
星期三
温度：8℃—17℃
晴

●省人大常委会副主任张广敏率调研组到泉州，征求对《省人大常委会工作报告（征求意见稿）》和省人大常委会工作的意见和建议。

●市委常委会召开会议，分析1—11月全市经济运行情况，部署下一阶段工作。

●泉州市全面深化改革领导小组会议召开，研究并原则通过《关于深化全市公安执法规范化建设的实施意见》《泉州市环保机构垂直管理制度改革工作方案》《关于进一步推进国有农场改革发展的实施意见》。

●十二届市政协第四次常委会召开。

●泉州国家农业科技园区（茶叶园）通过验收。

●泉州市职业教育研究所成立。

市委常委会召开会议分析经济运行情况

市委常委会召开会议，分析1—11月全市经济运行情况，部署下一阶段工作。市委书记郑新聪主持会议，市委常委参加会议，市人大常委会党组、市政协党组主要负责人列席会议。会议还研究通过2018年市委、市政府为民办实事项目，要求把实事办好、好事办实。会议强调，要一刻不放松地抓好年底冲刺攻坚，加强研判、加大督促推进，力争各项指标完成得更好更快。要扛起作为全省经济大市应有的责任和担当，认真落实赶超战略，围绕“转型攻坚、聚力跨越”，及早做实2018年及后三年发展支撑、项目接续攻坚，以及重点工作由点及面推开等，为后期发展争取更大主动、更多空间。

市全面深化改革领导小组会议召开

市全面深化改革领导小组会议召开，研究并原则通过《关于深化全市公安执法规范化建设的实施意见》《泉州市环保机构垂直管理制度改革工作方案》和《关于进一步推进国有农场改革发展的实施意见》。市领导郑新聪、康涛、陈万里、陈灿辉、翁祖根、温惠榕、林万明、陈铁晗、张永宁、林锦明、杨晓山等参加会议。

市政协第四次常委会召开

十二届市政协第四次常委会召开。市政协主席陈灿辉，副主席骆沙鸣、陈铭福、王祖耀、李冀平、王瑞强、洪川夫、林志建，市政协领导苏小青，秘书长陈伟平参加会议。会上，副市长肖汉辉通报市政协十二届一次会议以来提案办理情况。会议协商通过有关人事事项；讨论修改十二届市政协《常委会工作报告（征求意见稿）》和《提案工作报告（征求意见稿）》；协商通过市政协十二届二次会议相关事宜。

相关链接：政协第十二届泉州市委员会增补委员名单，因工作需要，同意增补边廷功、苏天恩、张招山、陈晖、范伟民、林水龙、林成基、郑宇朋、郑国明、施绍琳、聂泳忠、徐挚明、黄景生、蒋楠（女）、温锦辉、蔡飞昌（按姓氏笔画为序）等16人为政协第十二届泉州市委员会委员。因工作变动，张秀清、林起雄、黄科安、詹小强（按姓氏笔画为序）等4人不再担任政协第十二届泉州市委员会委员。因提前退休，黄惠聪不再担任政协第十二届泉州市委员会常务委员、委员。

泉州国家农业科技园区（茶叶园）通过验收

科技部官网公布第五批国家农业科技园区验收结果，安溪县承建的福建泉州国家农业科技园区（茶叶园）名列榜中。

泉州国家农业科技园区于2013年9月经科技部批复同意建设，园区采用“一区三园”（果蔬园、茶叶园和海洋生物园）的建设布局思路与原则。每个分园的功能布局由核心区、示范区和辐射区组成。以三个分园的核心区为中心逐层向外分别布局示范区和辐射区。

其中，茶叶园由安溪县承建，核心区包括“两园四镇”，核心区覆盖县城区工业园、龙桥工业园以及龙涓、感德、祥华、西坪四乡镇，拟建设“351”工程，即福建农林大学安溪茶学院、国家茶业质量安全工程技术研究中心、省乌龙茶质量与安全控制省级重点实验室三大科教研发基地；茶叶标准化种植与初加工、茶叶精深加工、茶机具制造与包装、茶叶贸易物流、茶文化休闲旅游五大产业基地；茶叶质量安全检测与监管中心。茶叶园建设的总体目标是整合资源，提升安溪茶产业，实现茶产业的转型升级，从而辐射带动全国茶产业发展。

茶叶园除核心示范区外，还包括泉州市主要产茶区，如永春、南安等地，面积约30万亩。示范区内推广核心区的优质茶树品种，乌龙茶加工工艺以及自动化、清洁化生产线，茶机具制造，包装技术等科研技术成果的同时，推广核心区的总部经济、茶叶专业合作社等创新经营模式和品牌族群建设机制，产学研科研机制，部门联动机制，产业一体化机制来带动周边产茶区茶产业的科技化、产业化发展，实现茶业产业升级转型，提高茶农收入。

12月21日

农历丁酉年十一月初四
星期四
温度：9℃—16℃
晴—多云

●康涛率队到晋江、惠安，围绕企业发展、安全生产和美丽乡村建设等工作展开调研。

●市十六届人大常委会第七次会议召开。

●21—22日，泉州市第八次归侨侨眷代表大会召开。

●21—25日，全市机关学习贯彻党的十九大精神系列活动巡展在泉州海交馆举办。

●泉州市海外联谊会召开第五届理事大会，选举产生市海联会新一届理事会名单，市领导林万明当选为市海联会第五届理事会会长。

●泉州市供销合作社联合社第三次代表大会召开。大会选举产生泉州市供销合作社第三届理事会、监事会，郑显章当选为理事会主任。

●第二届“海峡杯”福建（晋江）创新创业大赛决赛在泉州晋江三创园举行。

市十六届人大常委会第七次会议召开

市十六届人大常委会第七次会议召开。市人大常委会主任郑新聪主持会议并讲话。副主任张建生、朱团能、曾巍、许文贵、吴友才、蔡思红，秘书长欧阳秋虹出席会议。副市长肖汉辉，市中级人民法院、市人民检察院相关负责人列席会议。会议听取和审议市政府关于市十六届人大一次会议代表建议、批评和意见办理工作的报告和市人大常委会视察组综合报告，市中级人民法院、市人民检察院书面报告市十六届人大一次会议代表建议、批评和意见办理工作情况，市政府研究处理市人大常委会关于2017年1—7月国民经济和社会发展计划审议意见情况的报告，市人大常委会执法检查组关于《泉州市海上丝绸之路史迹保护条例》执行情况的检查报告，市人大常委会代表资格审查委员会关于个别代表的代表资格的审查报告；对市政府研究处理市人大常委会关于2017年1—7月国民经济和社会发展计划审议意见的情况进行满意度测评，测评结果为满意；讨论、通过泉州市人大常委会工作报告稿；审议表决通过泉州市人民代表大会常务委员会公告稿，市十六届人大二次会议的日程安排（草案）及各项建议名单，及有关人事任免事项。

会议现场　　（图/王虎文）

康涛到晋江惠安调研

市长康涛率队到晋江、惠安，围绕企业发展、安全生产和美丽乡村建设等工作展开调研。康涛首先到位于晋江西滨镇的泉州振兴纺织有限公司，在车间，康涛认真听取介绍，不时插话询问，他鼓励企业继续加大创新投入。随后，康涛到中化泉州石化有限公司的检修现场，深入一线了解企业安全生产情况。在东岭镇湖埭头村，康涛要求，要充分挖掘和保护当地红色文化，加强规划设计，串联优质旅游资源，助推“美丽乡村”建设；要探索农村“三权分置”改革，推动土地经营权有序流转，进一步帮助农民创业增收。调研中，康涛一行还前往位于惠安涂寨镇的泉州家世比家具有限公司，详细了解企业生产经营情况。康涛肯定企业在细分市场、品牌打造、产品创新等方面所做的努力，要求当地政府要继续做好服务工作，支持民营企业发展。

泉州市第八次归侨侨眷代表大会召开

21—22日，泉州市第八次归侨侨眷代表大会召开。中国侨联副主席、省侨联名誉主席王亚君，省侨联主席陈式海到会指导。市领导郑新聪、康涛、陈万里、陈灿辉、林万明、杨晓山、张建生、洪川夫出席大会。会议选举陈晓玉为新一届市侨联主席。来自全市各条战线、各行各业的归侨侨眷代表和海外及港澳台地区的特邀嘉宾600多人参会。

“开启新时代，亮出新作为”巡展活动举办

21—25日，由泉州市纪委、市委市直机关工委、市妇联、市文联、市国税局、泉州晚报社、泉州海交馆、泉州网、泉州市摄影家协会等联合举办的“开启新时代，亮出新作为”全市机关学习贯彻中共十九大精神系列活动巡展在泉州海交馆举办。此次巡展汇集“点赞和美泉州”家风家训征集、“机关党旗红，‘五个泉州’在行动”手机摄影比赛、“贯彻十九大·翰墨承家训”书法邀请展的优秀家风故事、影像作品和书法作品。

康涛到安溪检查扶贫工作

市长康涛率市直相关部门到安溪检查扶贫工作。辗转偏远的大坪乡、芦田镇两个乡镇，康涛一行深入乡村基层，随机抽查部分贫困户，仔细翻阅扶贫手册，对照台账询问帮扶资金和措施的落实情况。在高玉、高路刺、魏万等三户贫困户家中，康涛关切询问道。了解到通过精准扶贫，高玉一家搬进造福工程新居，子女在镇村干部“搭线”下也有了稳定的工作；高路刺和自家兄弟合建起二层小楼，鞋厂工作的稳定收入，使其顺利摆脱了贫困；魏万拿到挂钩帮扶企业捐赠的茶叶烘焙机械，开启红红火火的“老万烘焙”代加工事业，康涛由衷赞许。在芦田茶场，康涛听取相关介绍，不时询问企业还有哪些扶贫措施需要党委政府协助。康涛一行还围绕乡村旅游开发、美丽乡村建设，前往大坪乡大坪村进行调研。康涛详细询问古街历史和发展规划，得知大坪乡现有台胞30多万人，他特别叮嘱当地，要充分借助台胞祖籍地优势，吸引台胞返乡投资兴业，学习借鉴台湾文创产业发展先进经验，科学谋划古街业态，保留本地民俗风情和乡土气息，串联周边特色景点，丰富文化娱乐活动，着力延伸乡村旅游产业链条。

全省民营企业产业项目对接会泉州四个项目现场签约

全省民营企业产业项目对接会在福州举办，24个代表项目现场签约，涵盖先进制造业、战略性新兴产业、高新技术产业等领域，总投资1132亿元。其中，泉州市环氧丙烷生产项目、安溪县2025产业园—海尔园中园、米哆儿童智能穿戴产业园等4个项目现场签约，总投资377.8亿元。

相关链接：2017年，泉州市组织形式多样的龙头企业项目对接活动，开展石化、纺织和印漂染行业、机械“数控一代”、互联网+等十多场重点产业民企项目招商对接活动。民企对接工作呈现出项目规模大、质量优等特点，一批投资规模较大的优质项目发挥了明显支撑作用;产业结构更加优化，切合泉州市17个产业转型升级路线图招商方向，不少项目填补了泉州市重点产业集群的产业链缺失环。

“何朝宗杯”中国（德化）陶瓷工业设计大赛颁奖典礼举行

由德化县人民政府、泉州市经济和信息化委员会、福建省陶瓷行业协会主办的“何朝宗杯”2017中国（德化）陶瓷工业设计大赛颁奖典礼在德化举行。该赛事吸引国内21个省市及全球17个国家的参赛者参赛，收到来自天津美术学院、四川美术学院、景德镇陶瓷大学、台湾东海大学、台湾树德科技大学、西班牙MaiaMingDesigns设计公司、顺美集团、冠福股份有限公司等73所院校和相关设计机构企业作品3217件。其中，实物类作品1930件，占60%；概念类作品1287件，占40%。来自意大利的FrancecaGattollo的作品《Calcarca》获得此次比赛特等奖，奖励15万元人民币。

此次大赛以“慧聚瓷都·智创未来”为主题，立足瓷都德化，面向全球，融汇世界，整合设计、科技、产业和服务的前沿力量，寻找能优化生产生活方式、助推陶瓷产业创新发展和提供企业转型升级示范价值的优秀设计。

会议现场　（图/连江水）

12月22日

农历丁酉年十一月初五
星期五
温度：11℃—19℃
多云

●康涛率市直相关部门到安溪检查扶贫工作。

●全省民营企业产业项目对接会举办，泉州四个项目现场签约。

●“何朝宗杯”2017中国（德化）陶瓷工业设计大赛颁奖典礼在德化举行。

12月23日

农历丁酉年十一月初六
星期六
温度：15℃—22℃
多云

●市委、市政府出台《关于加快城乡民生基础设施建设的实施意见》，重点推进九大工程，确保到2020年，泉州市城乡民生基础设施主要指标达到或超过全省平均水平。

●全市农村实用人才培训会召开，会议指出，泉州围绕农业供给侧结构性改革工作主线，突出脱贫攻坚、现代农业建设、农业农村改革，农业农村各项工作持续稳步推进，农业农村经济平稳增长。

●由安溪县委、县政府、安溪廖长官历史文化研究会及长官纪念馆管委会联合摄制的大型历史人物电影《长官传奇》，入围第四届丝绸之路国际电影节，并在福州中瑞南华影城举行展映见面会。

市委市政府出台城乡民生基础设施建设实施意见

市委、市政府出台《关于加快城乡民生基础设施建设的实施意见》（以下简称“意见”），重点推进九大工程，确保到2020年，泉州市城乡民生基础设施主要指标达到或超过全省平均水平。全市安排362个项目，投资规模1912.01亿元。

意见提出要完善中心城区跨组团快速联系通道，实现环湾“369”快速交通圈，即主城区内30分钟、中心城区内60分钟、城市规划区内90分钟通达。同时打通“断头路”，拓宽“瓶颈路”，畅通微循环。至2020年，城市建成区平均路网密度达到8公里/平方公里，力争全市新增公共停车泊位超1.5万个。

意见提出，中心市区建成区要在2018年年底前完成黑臭水体清淤疏浚、河道清障、沿河主要排污口截污、生态补水工程，基本消除黑臭水体。中心市区建成区、县（市）城市建成区分别要在2019年年底前、2020年年底前基本完善污水管网，达到长治久清。

水源地保护方面，到2020年，县级城市集中式饮用水水源地全部实现水质自动监测，所有县（市、区）实现双水源供水或建成应急备用水源。同时，通过老旧水厂改造提升、供水管网改造等，到2020年，全市供水水质合格率达到99.6%、农村自来水普及率达到80%以上。

防洪防涝工程主要构筑“上调下防，库堤结合，疏挡并重，滞泄并重”的江海防洪（潮）安全体系，到2020年，泉州市城区防洪标准达到50—100年一遇，县级城区防洪标准达到20—50年一遇。同时，建立城市排水防涝信息数据库，构建暴雨内涝监测体系。至2020年，中心城区内涝防治水平明显提高，基本消除易涝隐患点，做到中小雨不积水，大雨暴雨不发生严重内涝，特大暴雨城市运转基本正常。

加快餐厨垃圾处理厂建设步伐，到2019年中心市区建成餐厨垃圾处理厂，到2020年，各县（市、区）建成餐厨垃圾处理站。开展农村生活垃圾“干湿”分类试点，到2020年，乡镇生活垃圾无害化处理率达到90%以上。中心市区2017—2018年实现垃圾分类“大分流”，将生活垃圾、建筑垃圾、园林垃圾、大件垃圾、非工业源有害垃圾等分别处理；2019年实现生活垃圾“干湿分离”，2020年实现“小分类”和资源循环利用。

全面实行公厕专人管理、免费开放，到2020年，新增改造城乡公厕740座，基本实现城区（含乡镇所在地）每万人有3—4座公厕，步行15分钟左右有1座公厕，乡村每个村庄有1—2个水冲式公厕。

共享单车极大方便了广大市民　　（图/晚报社）

安溪县摄制的《长官传奇》入围丝路国际电影节

由安溪县委、县政府、安溪廖长官历史文化研究会及长官纪念馆管委会联合摄制的大型历史人物电影《长官传奇》，入围第四届丝绸之路国际电影节，并在福州中瑞南华影城举行展映见面会。

《长官传奇》以台湾廖俨后裔回乡祭祖为引脉线，采用穿越时空的形式，艺术再现唐末御史中丞，开发安溪第一人廖俨逢乱世却兼济天下，率民除暴、招揽流民、开垦山地、布施教化、造福桑梓的传奇故事。影片呈现廖长官爱国爱民、为官清正的风范和不畏艰难、奋发自强的精神。通过电影艺术的手法来缅怀先贤、激励后辈，进一步增进海峡两岸年轻人的血脉意识、乡土情怀，提升海外乡亲对祖籍地的向心力和凝聚力。

相关链接：在“一带一路”倡议背景下，丝绸之路国际电影节以电影为纽带，旨在促进丝路沿线各国文化交流与合作，传承丝路精神，弘扬丝路文化，努力实现“一带一路”国家之间文化互通、民心相通。此次《长官传奇》入围丝绸之路电影节，有利于将优秀中国传统文化传播给世界。

统一战线与“一带一路”研讨会在泉州召开

由福建省社会主义学院与河南省社会主义学院主办，泉州市社会主义学院承办的统一战线与“一带一路”研讨会在泉州召开。来自全国各地的40多名专家学者深入学习贯彻中共十九大精神，围绕“统一战线如何更好地服务‘一带一路’建设”的课题展开研讨。大会特邀省、市专家分别作《“一带一路”与海外华人华侨》和《“一带一路”倡议与21世纪海上丝绸之路先行区建设》的主题演讲，让大家更加深入地了解统一战线与“一带一路”的核心要义。随后，与会人员结合自身经验对统一战线如何参与“一带一路”建设进行了精彩的交流发言，大家各抒己见、畅所欲言，紧贴历史、聚焦现实，从不同的层面和角度阐述了统一战线与“一带一路”的关系，并就如何充分调动统一战线各方面力量参与“一带一路”建设提出许多建设性意见。

研讨会现场　　（图/洪　旭）

泉州44家企业上榜首批省级“专精特新”中小企业名单

福建省首批“专精特新”中小企业名单正式公布，全省224家企业入选，泉州44家企业入选。在上榜泉州企中，14家符合专业化条件，9家符合精细化条件，12家符合特色化条件，9家符合新颖化条件。省级“专精特新”企业的基本条件为在福建登记注册两年以上，符合《中小企业划型标准规定》界定的工业、信息传输业、软件和信息技术服务业中小企业。企业主导产品或服务符合“中国制造2025”和《福建省实施“中国制造2025”行动计划》重点方向，具有良好发展前景和较好经济社会效益，信用良好。同时，企业上年度营业收入2000万元以上，上年度营业收入增速不低于15%或近两年平均增速不低于10%。

相关链接：2017年5月，福建省经信委出台《福建省“专精特新”中小企业认定管理暂行办法》，通过认定福建省“专精特新”中小企业，旨在引导中小企业围绕“中国制造2025”重点领域，利用“互联网+”战略机遇，走“专精特新”发展之路，提升自主创新能力，加快转型升级，培育一批主营业务突出、竞争力强以及具有良好发展前景的“专精特新”中小企业，持续为经济发展注入新的活力。

吴达新作品《铸浪》被金砖国家领导人厦门会晤主会场永久收藏

泉州籍艺术家吴达新被授予“金砖国家领导人厦门会晤”美术创作突出贡献奖，其作品《铸浪》被金砖国家领导人厦门会晤主会场永久收藏。《铸浪》是一件以不锈钢为材料制作的作品，定格海浪翻腾的瞬间。不锈钢的材质展现海浪的气势，特别是在光线下金光闪闪，晶莹剔透，给观众带来强烈的感受。吴达新表示，《铸浪》的创作初衷源于华侨精神，海外华侨对海的情感与寄托，吴达新感同身受，对《铸浪》的构思愈加清晰——创作一件能够展现华侨为家庭幸福敢于闯荡、背井离乡去奋斗的精神的作品。

相关链接：吴达新，1969年出生，华侨大学日语系毕业后，东渡日本，师从山口静一，于日本国立琦玉大学学习东洋美术史。2001年，移居美国纽约，在纽约市立大学学习影像技术，主要从事摄影和装置作品创作。2008年，美国“真正艺术之路”艺术基金为其举办“吴达新—货币肖像”摄影个展。2012年，其摄影作品参加“西班牙摄影展”。2007—2012年，吴达新的装置作品先后参加“纽约亚洲艺术博览会”“芝加哥艺术博览会”“改造历史2000—2009年中国新艺术展”“北京今日文献展”“首届南京双年展”“日本越后妻有大地三年展”“香港国际艺术博览会”等展览。

12月24日

农历丁酉年十一月初七
星期日
温度：11℃—24℃
多云—晴

●由福建省社会主义学院与河南省社会主义学院主办，泉州市社会主义学院承办的统一战线与“一带一路”研讨会在泉州召开。

●泉州44家企业上榜首批省级“专精特新”中小企业名单。

●泉州市篮球协会举行换届选举大会，选举产生新一届市篮球协会理事会成员，王珊珊当选新一届市篮球协会主席。

●泉州籍艺术家吴达新被授予“金砖国家领导人厦门会晤”美术创作突出贡献奖，其作品《铸浪》被金砖国家领导人厦门会晤主会场永久收藏。

12月25日

农历丁酉年十一月初八
星期一
温度：9℃—16℃
多云

●泉州市木偶剧团一行9人到央视国际频道《记住乡愁》录制节目。

●泉州2017年引进院士专家创新团队497人。

●中国人民解放军长江支队泉州纪念园奠基活动举行。

泉州提线木偶戏亮相央视《记住乡愁》节目

泉州市木偶剧团一行9人到央视国际频道《记住乡愁》录制节目。在刚刚录制完成的《记住乡愁》第四季开播特别节目中，该团演职人员与好妹妹乐队共同献演《归乡》。在该节目中，市木偶剧团表演保留节目《闹元宵》，将高超的表演技艺与丰富多彩的民俗活动融合在一起。同时，该团青年演员庄丽娥还现场通过提线木偶书写《记住乡愁》，赢得好评如潮。

此次录制是泉州市木偶剧团一个月内第四次走进央视栏目，一个地方剧种能在如此短的时间内频频亮相央视，实属全国罕见。此前，泉州市木偶剧团演职人员先后走进央视综艺频道《群英会》、央视军事农业频道《乡村大世界》和央视综艺频道《艺术人生》等栏目，展现泉州提线木偶艺术，分享传承与传播情况，展示泉州深厚的文化底蕴。其中，在央视综艺频道《群英会》栏目中，市木偶剧团副团长夏荣峰表演的提线木偶戏《驯猴》赢得满堂喝彩，获得荣誉返场机会，近期再次走进该栏目展示泉州提线木偶魅力；在央视军事农业频道《乡村大世界》栏目中，市木偶剧团实力派演员傅端凤通过提线木偶展示安溪茶道，很好地将提线木偶艺术与安溪铁观音文化结合起来；在央视综艺频道《艺术人生》栏目中，市木偶剧团团长洪世键率老中青传承人和演职人员10多人，与央视名嘴共话千年艺术传承，展示高超的提线木偶艺术。

录制现场 （图/晚报社）

泉州2017年引进院士专家创新团队497人

泉州全面启动实施人才“港湾计划”，提出“推动院士、专家、博士后等工作站建设，积极转化应用科研成果”“注重柔性引才，支持引导院士、国家‘千人计划’人才、海外博士等专家到泉州考察，进行技术项目对接”。推进院士（专家）工作站建设，“柔性”引进院士45名，引进院士专家创新团队497人，为泉州市产业转型发展提供技术和智力支撑。

对经认定的院士工作站、专家工作站分别给予每家30万元、15万元的资金补助；对获评泉州市院士示范工作站、专家示范工作站分别给予每家10万元、5万元资金补助等奖励措施。

至2017年年底，全市组建院士工作站45家、专家工作站48家，院士专家工作站的建设经验被列为全省典型。借助院士专家团队，泉州企业不断攻克关键技术难题，转型升级“快马加鞭”。其中，院士蒋士成与百宏公司合作开展的“超仿棉涤纶长丝的开发”等4个项目，有效破解纺织化纤产业的重点技术攻关难题，累计为公司新增产值2亿元、税收1700万元。晋江理工学院依托院士胡永康及其创新团队资源优势，获批“汽车清洁能源福建省高校应用技术工程中心”“绿色油品生产技术与应用科技创新平台”等，提高高校的科研创新能力。泉州市各院士专家工作站获评国家、省级企业工程中心、企业技术中心、重点实验室15个。此外，全市76个院士合作项目中有21个项目完成或投产，推动建站企业年新增产值11.41亿元。

“泉州芯谷”南安园区首个百亿项目开工

“泉州芯谷”南安园区三安高端半导体项目开工建设。市委书记郑新聪带队到现场检查开工建设情况。副市长吕刚参加检查。

此次启动的三安高端半导体项目，投资总额333亿元（含公共配套设施投资），是在国家集成电路产业投资基金和华芯投资管理公司的帮助支持下，落户“泉州芯谷”南安园区的首个百亿元龙头项目。项目包括高端氮化镓LED衬底、外延、芯片的研发与制造产业化项目，高端砷化镓LED外延、芯片的研发与制造产业化项目，大功率氮化镓激光器的研发与制造产业化项目等七大产业集群，预计全部项目五年内投产，七年内达产。

近年来，市委、市政府按照省委、省政府的决策部署，提出规划建设泉州半导体高新技术产业园区，形成“一区三园”的开发格局，全力引进龙头企业，以两个关键产业——存储器制造和化合物半导体制造为支柱，以福建集成电路产业园区、南安高新技术产业园区、福建泉州（湖头）光电产业园为平台，培育设计、制造、封测、终端应用等全产业链，努力打造经济新增长极。其中，南安园区是“泉州芯谷”的核心区，规划面积约33平方千米，将以化合物半导体为重点发展方向，集聚产业链上下游企业，最终形成化合物半导体的全产业链体系。

华大讲堂第71讲举行

华大讲堂第71讲举行。中国人民大学国际关系学院院长、中央马克思主义理论工程首席专家、教育部长江学者特聘教授杨光斌作题为《国际意识形态较量与中国话语权建设》的精彩报告。市领导陈灿辉、翁祖根、孔繁军等市委学习中心组成员，市直有关部门、在泉各高校、各民主党派负责人，华侨大学校领导和部分师生等参加报告会。杨光斌以意识形态的含义、本质特征等为切入点，通过翔实的例子阐释意识形态领域斗争的复杂性，并提出中国如何建设话语权，观点鲜明、理论性强，对今后如何做好新时代意识形态工作具有深刻的指导意义。杨光斌呼吁，要找到发展哲学社会科学的正确道路，为中国话语权构建提供强大的支持。市政协主席陈灿辉为杨光斌颁发华大讲堂主讲嘉宾纪念牌。报告会还设立视频分会场，并通过华大讲堂专题网现场直播、新浪微博图文直播。

2017年泉州旅游商品设计创作大赛揭晓

由市旅游局主办的2017年泉州旅游商品设计创作大赛揭晓，19件（种、系列）极具创意、富有泉州特色的旅游商品创意作品分获金、银、铜及优秀奖。此次大赛的参赛作品须围绕列入“古泉州（刺桐）史迹”的16个遗产点为设计元素进行创作，可以选择其中一个元素或者几个元素结合在一起进行创作。

大赛自启动以来，主办方收到各类参赛作品300余件，种类涵盖工艺品、食品、文具用品等。经过评委的认真评选，在综合评估参赛作品的创新性、纪念性、工艺性、市场性、实用性、示范性等元素后，最终，作品《斑斓泉城》获金奖；作品《泉州遗韵·木雕摆件》《镂空屏风系列（妈祖、老君岩）造像》《东方女神·世界共仰》获银奖；《又见泉州》作品等获铜奖；《宝塔茶具》等作品获优秀奖。

第二届海峡两岸青年旅游学者研究生论坛在华大举行

第二届海峡两岸青年旅游学者研究生论坛在华侨大学举行。两岸三十多所院校的教授、博士和研究生以“知识共享、跨界融合”作为主线，就两岸共同关心的旅游发展议题展开深入交流和讨论，分享旅游学术发展的前沿形势。此届论坛围绕“互联网+背景下的旅游企业管理”“旅游安全与风险管理”“智慧旅游与旅游信息管理”“旅游资源开发与景区管理”“文化、旅游、健康、养老等休闲与服务管理”等主题展开。

12月26日

农历丁酉年十一月初九
星期二
温度：11℃—18℃
多云

●“泉州芯谷”南安园区三安高端半导体项目开工建设。郑新聪带队到现场检查开工建设情况。

●“华大讲堂”第71讲举行。中国人民大学国际关系学院院长、中央马克思主义理论工程首席专家、教育部长江学者特聘教授杨光斌作题为《国际意识形态较量与中国话语权建设》的精彩报告。

●由市旅游局主办的2017年泉州旅游商品设计创作大赛揭晓，19件（种、系列）极具创意、富有泉州特色的旅游商品创意作品分获金、银、铜及优秀奖。

●第二届海峡两岸青年旅游学者研究生论坛在华侨大学举行。

12月27日

农历丁酉年十一月初十
星期三
温度：13℃—19℃
多云—阴

●洪捷序率队到泉州召开座谈会，就省《政府工作报告（征求意见稿）》广泛征求泉州市社会各界的意见建议。

●市委常委会召开会议，听取2017年泉州市党风廉政建设形势分析汇报，研究下一步工作。

●27—28日，泉州市科学技术协会第七次代表大会召开。

●27—30日，香港“泉州历史考察团”一行到泉州进行考察。

●27—28日，全市社区治理工作现场推进会召开。

洪捷序到泉州征求省《政府工作报告》意见建议

副省长洪捷序率队到泉州召开座谈会，就省《政府工作报告（征求意见稿）》广泛征求泉州市社会各界的意见建议。市领导郑新聪、康涛、吴友才、李冀平，市政府秘书长廖国文，部分在泉省人大代表、省政协委员和有关县（市、区）、市直部门的负责人参加座谈会。

会上，大家纷纷围绕全省发展大局，立足泉州实际，从传统产业转型升级、贫困人口帮扶工作、国有企业发展、中小城市特色小镇建设、历史文化名城名街保护、教育、医疗、安全生产等方面，对进一步修改完善省《政府工作报告》提出意见和建议。

在认真听取发言后，洪捷序感谢大家对省政府工作的关心和支持。他说，针对大家提出的意见建议，起草小组将充分吸纳，充实、完善省《政府工作报告》，科学谋划各项工作措施。省政府及相关部门也将一如既往地关心、支持泉州发展，希望泉州再接再厉，为推动福建赶超跨越、高质量发展作出更大贡献。

泉州市科学技术协会第七次代表大会召开

27—28日，泉州市科学技术协会第七次代表大会召开。省科协党组书记杨江帆到会指导。市领导郑新聪、康涛、陈万里、陈灿辉、孔繁军、张建生、洪自强、骆沙鸣出席大会。市委书记郑新聪代表市四套班子向大会的召开表示祝贺，向全市广大科技工作者致以问候。

会议审议通过市科协第六届委员会工作报告和大会决议，选举产生第七届委员会、常务委员会，骆沙鸣当选为新一届市科协主席。会议还通过授予市科协名誉主席的决定。

会议现场　（图/陈起拓）

泉州香港举办地方志文化交流活动

27—30日，受香港特区政府教育局委托，香港地方志办公室组织的香港中学教师和文史工作者组成的“泉州历史考察团”一行40多人，由香港地方志办公室副主任、香港文史馆原馆长丁新豹博士带队，以“海上丝绸之路及伊斯兰文化在亚洲”为主题，到泉州进行为期四天的考察。考察活动旨在增强香港教师对华南地区历史文化的认识，提升教师策划实地考察活动能力，优化爱国主义和历史教学，并在加深香港教师对于香港和内地联系的认识、增强爱国情感的同时，帮助提高香港学生学习中国历史的兴趣，加强爱国教育。

12月29日中午，泉州市方志委与香港考察团举行“泉州·香港地方文史工作座谈交流会”，这是泉州与香港在地方志文化领域的首次交流。市政府副市长肖汉辉与省方志委副主任俞杰出席会议并致辞，两位领导分别介绍市情、省情，并对考察团的到来表示热烈欢迎。

在交流会上，大家分享泉州、香港在地方志研究方面取得的成果，并互赠地方志研究书籍、资料。泉州市方志委常务副主任张惠评，香港地方志办公室副主任丁新豹，香港特区教育局领队李淑贤，分别在会上作交流发言。泉州市文广新局副局长、海交馆馆长丁毓玲应邀介绍“古泉州（刺桐）”史迹申遗情况。

考察期间，团员们考察泉州众多文化遗产和申遗点，并与泉州五中开展教学交流等活动。

全市11个县级监委会全部挂牌成立

28—31日，石狮、丰泽、泉港、南安、永春、鲤城、洛江、晋江、安溪、德化、惠安等11个县级监察委员会相继依法产生并挂牌，全市县一级监察委员会全部组建完成。

全国、全省监察体制改革试点工作电视电话会议后，各县（市、区）党委高度重视、迅速部署，坚决扛起改革试点政治责任。成立以党委书记为组长的深化监察体制改革试点工作小组，快速启动改革试点工作，形成党委统一领导、纪委牵头推进、部门密切配合、合力协同攻坚的良好工作局面。在学深悟透中央、省委、市委决策部署精神的基础上，结合本地实际，制定试点工作实施方案，明确指导思想、目标任务、实施步骤和工作要求，确立路线图和时间表，倒排工期、挂图施工，确保按时保质推进。

各县（市、区）均把政治思想工作贯穿改革始终，组建由纪委、政法委和检察院组成的思想政治工作队伍，纪委书记亲自带队，对全部拟转隶人员开展家访和谈心活动，引导涉改人员自觉参与改革、拥护改革、支持改革，确保改革期间思想不乱、队伍不散、工作不断。经严把政治关、廉洁关，各县（市、区）于2016年12月26日前全部完成人员转隶工作，139名转隶人员在机构挂牌前按时到岗到位。其中，12月26日，石狮市在全省第一个率先完成监察委员会主任选举，产生全省第一个监察委员会主任，同日，石狮市监察委员会副主任、委员获得石狮市人大常委会任命。12月28日，石狮市监察委员会挂牌成立，成为全省率先挂牌的7个县（市、区）之一。

各县（市、区）将组织纪检监察干部尤其是转隶干部进行培训，提升全面履行党的纪律检查和国家监察的本领。抓紧制定各项业务规程，提高制度化、规范化水平。加强对基层公职人员的监督，推动全面从严治党、强化监察监督覆盖到“最后一公里”。

安溪虎邱镇入选福建省十佳旅游休闲集镇

经过大众投票和专家评审，“福建省十佳旅游休闲集镇”和“福建省二十佳旅游特色村”从全省各地推荐的26个休闲集镇和49个特色村中产生。其中，获评“福建省十佳旅游休闲集镇”的分别是：福州市罗源县霍口乡、三明市尤溪县洋中镇、龙岩市上杭县古田镇、泉州市安溪县虎邱镇、福州市永泰县嵩口镇、宁德市蕉城区霍童镇、漳州市南靖县梅林镇、莆田市仙游县榜头镇、南平市武夷山市五夫镇、厦门市同安区汀溪镇。

获评“福建省二十佳旅游特色村”的分别是：三明市明溪县夏阳乡紫云村、龙岩市漳平市南洋镇北寮村、厦门市同安区军营村、三明市尤溪县洋中镇桂峰村、三明市建宁县修竹村、泉州市晋江市金井镇围头村、南平市邵武县竹源村、福州市连江县梅洋村、福州市罗源县福湖村、莆田市涵江区坪盘村、漳州市漳浦县轧内村、平潭流水镇北港村、厦门市海沧区院前社、南平市浦城水北街道际岭村、龙岩市永定区湖坑镇南江村、宁德市寿宁县西浦村、南平市建瓯市迪口镇可建村、龙岩市连城县宣和乡培田村、漳州市华安县官畲村、莆田市荔城区后黄村。

泉州市工艺美术学会成立

泉州市工艺美术学会第一次会员代表大会暨成立大会在泉州工艺美术职业学院召开。邱少煌当选泉州市工艺美术学会会长。泉州市工艺美术学会是由泉州市工艺美术科技、艺术工作者及相关的科研、教学等企事业单位以及社会团体自愿结成的地方性社会团体，属于非营利性社会组织。学会的宗旨是贯彻党的路线、方针、政策，坚持正确的政治方向和工作方针，为广大会员和工艺美术工作者服务，为泉州工艺美术的保护、传承、创新和发展，以及人才培养、学术研究作出贡献。该学会共有会员216人，覆盖陶瓷、石雕、木雕、树脂、藤铁工艺品等工艺美术产业30多个艺种，会员中有省级以上大师、名人30多人，有高级职称以上20多人。

12月28日

农历丁酉年十一月十一
星期四
温度：14℃—20℃
阴—多云

●28—31日，石狮、丰泽、泉港、南安、永春、鲤城、洛江、晋江、安溪、德化、惠安等11个县级监察委员会相继依法产生并挂牌，全市县一级监察委员会全部组建完成。

●安溪虎邱镇入选福建省十佳旅游休闲集镇，晋江金井镇围头村入选福建省二十佳旅游特色村。

●泉州市工艺美术学会第一次会员代表大会暨成立大会在泉州工艺美术职业学院召开。

●“复兴号”动车组首次驶入泉州站。

●泉州市2018新年音乐会在市区梨园古典剧院举行。

12月29日

农历丁酉年十一月十二
星期五
温度：14℃—22℃
多云

●中共泉州市委十二届六次全会召开。

●梨园戏《董生与李氏》献演新年戏曲晚会。

●泉州籍著名诗人余光中告别式在台湾高雄举行，海峡两岸暨海外文化界人士、余光中亲友、学生等近千人为余光中送别。

中共泉州市委十二届六次全会召开

中共泉州市委十二届六次全会召开。会议主要任务是，深入学习贯彻中共十九大精神和习近平新时代中国特色社会主义经济思想，全面落实中央经济工作会和省委十届五次全会决策部署，总结2017年全市经济工作，部署2018年经济工作，推动全市经济社会持续健康发展。市委书记郑新聪主持会议并讲话。市委副书记、市长康涛就做好2018年经济工作作具体部署。市人大常委会党组书记陈万里，市政协党组书记陈灿辉，市委常委翁祖根、孔繁军、林万明、张永宁、林锦明，市委委员、候补委员出席会议。

会议确定，2018年泉州市经济工作的总体要求是，全面贯彻中共十九大精神和中央、省委一系列工作部署，以习近平新时代中国特色社会主义思想为指导，加强党对经济工作的领导，坚持稳中求进工作总基调，坚持新发展理念，按照高质量发展的要求，统筹推进“五位一体”总体布局和协调推进“四个全面”战略布局，深入推进供给侧结构性改革，主动融入新福建建设大局，突出“转型攻坚、聚力跨越”工作主线，把高质量发展与实现赶超有机统一起来，进一步强化压实责任，强化正向激励，强化工作抓手，推动质量变革、效率变革、动力变革，系统抓好稳增长、促改革、调结构、惠民生、防风险各项工作，全面建设“创新、智造、海丝、美丽、幸福”的现代化泉州。

就做好2018年经济工作，会议作出具体部署。一要制定实施赶超三年行动计划。建立工作台账，分解细化目标任务，加强督查落实；完善项目推进机制，建立赶超计划项目库，强力推进招商选资和项目建设。二要全力构建现代化经济体系。坚持把发展着力点放在实体经济上，改造提升传统产业，做大做强重化产业，培育壮大高新技术产业，持续深化“第三产业提升年”，大力实施乡村振兴战略。三要发挥改革试点“多区”叠加效应。深化“全产业链金融服务”，加大实体经济的金融服务力度；深入推进民综改革，充分激发民间投资活力；深入实施海丝先行区行动方案和发展规划，加大对外合作交流；完善生态文明体制机制，开展15项综合试验任务。四要大力实施生态修复、城市修补。围绕古城提质、新城集聚，大手笔、大气魄推进城建项目建设，突出精细化管理，不断提高城市的承载力和宜居度。五要打好防范化解重大风险攻坚战、精准脱贫攻坚战、污染防治攻坚战“三大攻坚”。六要突出民生事业“补短板”，深入推进“四心工程”，滚动实施泉州“XIN”行动，抓好为民办实事项目，提高保障和改善民生水平。

会议现场　（图/陈起拓）

梨园戏《董生与李氏》献演新年戏曲晚会

29日，由中宣部和文化部主办的2018年新年戏曲晚会在国家大剧院举行，各剧种具有代表性的名家名角登台献艺，在晚会举办的第5年实现了31个省区市代表性剧种的全覆盖。

梨园戏《董生与李氏》上台献演，与昆曲《昭君出塞》、锡剧《珍珠塔》、京剧《徐策跑城》等经典片段，集中展示传统艺术历久弥新的艺术魅力和古老剧种薪火相传、人才辈出的时代景象。

市委市政府决定2018年兴办36个为民办实事项目公布

市委市政府通报2017年为民办实事项目完成情况，决定2018年兴办36个为民办实事项目。2017年市委市政府为民办实事33个项目中，31个项目顺利完成，2个项目基本完成。

2017年、2018年市委市政府为民办实事项目一览表

表2

序号	2017年完成的为民办实事项目	序号	2018年将兴办的为民办实事项目
1	在中心市区推行公交一元票价制	1	中心市区建设24小时自助行政服务区
2	中心城区公共自行车租赁系统往新区延伸	2	拓展完善全市公共自行车租赁系统
3	实施旧城区水压提升工程	3	新建旅游景区道路交通指引标志牌
4	提升和规范城市公厕管理水平	4	完善提升中心城区体育健身设施
5	进一步完善和提升市区体育功能设施	5	创建15家“放心肉菜示范超市”
6	建设30个“共建共享”新型社区	6	重点品种食品安全风险评价监测
7	持续深化农村人居环境整治	7	完善“菜篮子”工程体系建设
8	公路工程和农村公路危（病）桥改造工程	8	扩大中心城区垃圾分类试点
9	九、实施水土流失治理工程	9	建设30个“共建共享”新型示范社区
10	扶持10个老区村发展农民专业合作社	10	建设30个志愿服务驿站
11	建设100个示范村卫生所和50个“中医馆”	11	中心城区供水旧管网改造及水质优化
12	继续开展食品安全示范创建活动	12	完善提升城市安全信息系统
13	重点区域重点品种食品安全风险评价监测	13	建设100个微型消防站
14	十四、推进新一轮“菜篮子”工程建设	14	实施自然灾害避灾点提升工程
15	搬迁地质灾害隐患点44点134户471人	15	提升全市疾控机构检验检测能力
16	改造提升200个自然灾害避灾点	16	实施乡村医疗卫生服务提升工程
17	加密拓展城市安全信息系统（六期）	17	实施社区居家养老服务工程
18	继续开展“计生特殊家庭”关爱行动	18	新建150个农村居家养老服务站
19	继续为特困失能老人实施政府购买服务	19	扶持建设20个老年文化服务示范点
20	继续实施残疾人辅助器具适配救助工程	20	改造提升泉州市老干部活动中心
21	为全市“一户多残”家庭残疾人发放补贴	21	新建10座村级老年体育活动中心
22	为321户农村低保家庭建设安居房	22	为低保重度肢体残疾人发放养护补助
23	持续开展“救急难”工作	23	为“一户多残”家庭残疾人发放补贴
24	开展呵护母婴健康服务全面“二孩”行动	24	实施农村低保（含特困人员）安居工程
25	扶持新建20所公办幼儿园	25	持续开展“计生特殊家庭”关爱行动
26	建设提升33个“妇女儿童之家”	26	持续开展“救急难”工作
27	新建20个社区未成年人文体活动设施场所	27	提升24个村综合性文化服务中心示范点
28	建设100个农村居家养老服务中心（站）	28	开展文艺精品公益性演出350场
29	深化拓展居家养老专业化服务	29	扶持新建20所公办幼儿园
30	继续实施“关爱女孩”五项工程	30	继续实施呵护母婴健康工程
31	建设和改造提升30个老年体育活动中心	31	建设提升33个“妇女儿童之家”
32	提升24个村综合性文化服务中心示范点	32	继续实施“关爱女孩”五项工程
33	继续扶持文艺精品公益性演出	33	建设20个社区未成年人文体活动场所
—	—	34	继续实施公路安全生命防护工程和农村公路危（病）桥改造工程
—	—	35	继续实施水土流失治理工程
—	—	36	扶持10个老区村发展农民专业合作社

12月30日

农历丁酉年十一月十三
星期六
温度：13℃—20℃
多云

●市委、市政府通报2017年为民办实事项目完成情况，研究决定2018年将兴办36个为民办实事项目。

●泉州泉台民间交流协会会员大会召开，总结2017年工作成果，部署2018年工作计划。

●泉州首座钢桁架人行天桥投用，主梁采用一跨穿式钢桁架结构，跨度54.56米，主梁桥面总宽度4.5米，梯坡道总宽3.3米，设计使用年限100年。

●华纳唱片中国区原总裁、中国原创音乐领军人物、泉州著名音乐制作人许晓峰在泉州青年大厦举办《音乐产业与泉州文化》专题讲座。

12月31日

农历丁酉年十一月十四
星期日
温度：10℃—17℃
多云

●截至31日，2017年第四季度，全市各地举行“项目攻坚年”集中开竣工活动，集中开竣工项目271个，总投资1196亿元。

●截至31日，泉州晋江国际机场2017年出入境旅客人数达到71万余人次，首次突破70万大关，同比增长25%，创历史新高。

●由泉州晚报社举办的2018“城市之巅”“泉”城跨年活动举行。

●德化县举办第五届顺美国际陶瓷文化艺术节，当地首个以“海丝”为主题的陶瓷展馆正式揭牌，300余件曾远销海外的德化白瓷藏品首度亮相。

泉州271个重点项目集中开竣工

2017年第四季度，全市各地举行“项目攻坚年”集中开竣工活动，集中开竣工项目271个，总投资1196亿元，涵盖交通、工业、能源、教育、旅游、基础设施、城建环保和社会民生等领域。其中，新开工项目110个，总投资827亿元；竣工项目161个，总投资369亿元。

新开工项目110个。其中，基础设施项目30个，产业项目67个，社会民生项目13个，总投资827亿元。

作为国家《石化产业规划布局方案》的重点项目，总投资300亿元的中化泉州炼化一体化项目（二期）由炼油改扩建、乙烯芳烃工程、公用辅助工程组成，其中新建设100万吨/年乙烯等装置，炼油装置扩能至1500万吨/年。项目建成后，将有效带动福建以及华东、华南地区石化中下游产业及相关行业发展，促进福建省经济社会实现更大发展。

大型旅游项目方面，总投资80亿元的泉州台商投资区八仙过海生态旅游项目，规划建设凤凰山水乐园、冰雪世界、珍宝馆、海洋极地世界、度假酒店及相关配套服务设施。建成后，将填补泉州市大型旅游项目的空缺，有利于推动泉州市旅游产业迈上新的台阶。

总投资10亿元的安溪官桥福建“七层共挤高阻隔薄膜”项目，占地约6.67公顷，将建设4条高阻隔薄膜生产线，年可产高阻隔薄膜2万吨以上，预计投产后年产值可达15亿元，将促进当地经济发展。

此外，晋江尚之佳纺织生产项目、锐奔服装生产项目、南安中荣幕墙企业运营中心及梅山电气设备生产项目等一批项目利用新技术、新材料改造提升，有力推动传统产业转型升级。泉州五中桥南校区项目，泉州老年医院，南安、丰泽、泉州开发区等一批补短板中小学、医院项目的相继开工建设，将进一步改善市民的就学就医条件。

161个竣工投产项目中，包括基础设施项目25个，产业项目115个，社会民生项目21个，总投资369亿元。

投资20亿元的安溪天电光电LED封装应用项目，是安溪湖头光电产业园的重点项目之一，专注于照明级大功率LED器件封装，提供LED照明光源、LED照明模组、LED灯具解决方案。项目的竣工投产，将进一步延展完善安溪、泉州乃至福建的光电产业链，推动湖头光电产业园的加速发展壮大。

福建经贸学校洛江校区总投资3.5亿元，总建筑面积11.5万平方米，主要建筑包括学生公寓、食堂、行政办公楼、实训楼等配套设施。新园建成后，可满足5000名学生的教学规模，为升格高职院校创造条件，将为全市经济建设和社会发展培养更多人才。

安溪官桥味博生物科技园项目，总投资3亿元，规划占地95亩，将建成集研发、生产、销售等全产业链的生物科技园，建成后可实现日产10万吨可溶性大豆多糖及日产10吨食用果胶，达产后年产值10亿元以上。

中科院海西研究院泉州装备制造研究所晋江园区建设项目，涵盖现代电机控制与电力电子、机器人与智能系统等研究领域，将打造成为国内一流的装备制造高端创新平台，以及装备制造企业技术开发、交流与协作的中心，成为科技人才聚集的“洼地”和科技创新的“高地”。

此外，南安省新至梅山公路、安溪双安浦口大桥段、永春北环路东延伸段、德化雷峰公路提级改造等安南永德苏区县一批补短板基础设施的竣工投产，将提升该地区的互联互通水平。永春国家燃香类产品质量监督检验中心、泉州开发区国鼎检测公共服务平台项目等一批第三方平台的竣工投产，将更好推动泉州市香品、食品的发展。

泉州晋江机场出入境及往返港澳台旅客首破70万人大关

截至31日，泉州晋江国际机场2017年出入境旅客人数达到71万余人次，首次突破70万人大关，同比增长25%，创历史新高。近年来，在国家推进“一带一路”建设的引领下，泉州口岸的区位优势日益凸显，口岸对外开放交往范围扩大。泉州晋江国际机场开通往返菲律宾、新加坡、马来西亚、泰国及中国香港、澳门、台湾等多条的航线，每周航班126架次。每逢节假日，泉州晋江国际机场都会迎来出入境客流高峰。

编　后　记

地方志是地情文献，是客观记录现实情况的载体，具有长久留鉴后世之功能。泉州市方志委多年来着力探索地情文献编纂新路，创新了以年鉴为主、日记为辅的地方综合年鉴编纂办法，两者的资料组织体系不同，功能各有所长，既分工合作又有机联系，联袂反映丰富多彩的地方经济社会发展全貌。

《泉州年鉴》2018卷《泉州日记》分册以马克思列宁主义、毛泽东思想、邓小平理论、“三个代表”重要思想、科学发展观、习近平新时代中国特色社会主义思想为指导，坚持辩证唯物主义和历史唯物主义的立场、观点和方法，以图文编年纪事的形式，按时序客观真实地记载2017年泉州地面上每一天发生的大事、要事、新事、特事，反映地方经济社会发展实况和城乡人民生活时态。该书实录2017年泉州市认真学习贯彻中共十九大精神，深入学习贯彻习近平新时代中国特色社会主义思想，全面落实中央、省委和市委决策部署，着力稳增长、惠民生、控风险、谋长远，有效化解金融风险，优化产业格局，集中力量办大事，有力推动经济社会发展迈上新台阶的实践进程。

《泉州日记》作为《泉州年鉴》的分册，较好地提升了年鉴反映现实的质量，其编纂水平随同年鉴不断提升，功能及实用性也不断拓展。《泉州日记》注重地情信息实录工作的项目带动作用，开发信息渠道，整合传媒资源，及时对有效资讯进行筛选、核实，将其转化为地方志的史实资料，使海量信息源源不断地充实到地方志资料库中，在建设文化强市，推动泉州文化大发展大繁荣的工作大局中，发挥了存史、资政和文化传承的积极作用。

值此书出版之际，特作此记。因信息资源及资料来源、编辑水平所限，收录和记述事件难免错漏，敬请指正；并借此向提供文字、图片等资料信息，以及所有关心、支持、帮助《泉州日记》编纂工作的各有关单位和各界人士表示衷心的感谢！

编　　者

2018年9月